江苏文库

研究编

江苏历代
文化名人传

江苏文脉整理与研究工程

江苏历代文化名人传·洪亮吉

纪玲妹 著

江苏人民出版社

图书在版编目（CIP）数据

江苏历代文化名人传. 洪亮吉 / 纪玲妹著. -- 南京：
江苏人民出版社，2025.5. --（江苏文库）. -- ISBN
978 - 7 - 214 - 29523 - 1

Ⅰ. K825.4；K825.6

中国国家版本馆 CIP 数据核字第 20243Y6R95 号

书　　　　名	江苏历代文化名人传·洪亮吉	
著　　　　者	纪玲妹	
出 版 统 筹	张　凉	
责 任 编 辑	陆　宁	
责 任 监 制	王　娟	
装 帧 设 计	姜　嵩	
出 版 发 行	江苏人民出版社	
地　　　　址	南京市湖南路 1 号 A 楼，邮编:210009	
照　　　　排	江苏凤凰制版有限公司	
印　　　　刷	苏州市越洋印刷有限公司	
开　　　　本	718 毫米×1 000 毫米　1/16	
印　　　　张	29　插页 4	
字　　　　数	410 千字	
版　　　　次	2025 年 5 月第 1 版	
印　　　　次	2025 年 5 月第 1 次印刷	
标 准 书 号	ISBN 978 - 7 - 214 - 29523 - 1	
定　　　　价	97.00 元	

（江苏人民出版社图书凡印装错误可向承印厂调换）

江苏文脉整理与研究工程

总主编

信长星　许昆林

第二届学术指导委员会

主　　任　莫砺锋

委　　员　（按姓氏笔画排序）

邬书林　宋镇豪　张岂之　茅家琦

郁贤皓　袁行霈　莫砺锋　赖永海

编纂出版委员会

出版说明

　　江苏文化源远流长、历久弥新,文化经典与历史文献层出不穷,典藏丰富;文化巨匠代有人出、彪炳史册,在中华民族乃至整个人类文明的发展史上有着相当重要的地位。为科学把握江苏文化的内涵与特征,在新时代彰显江苏文化对中华文化的贡献,江苏省委、省政府决定组织实施"江苏文脉整理与研究工程",以梳理江苏文脉资源,总结江苏文化发展的历史规律,再现江苏历史上的文化高地,为当代江苏构筑新的文化高地把准脉动、探明趋势、勾画蓝图。

　　组织编纂大型江苏历史文献总集《江苏文库》,是"江苏文脉整理与研究工程"的重要工作。《文库》以"编纂整理古今文献,梳理再现名人名作,探究追溯文化脉络,打造江苏文化名片"为宗旨,分六编集中呈现:

　　(一)书目编。完整著录历史上江苏籍学人的著述及其历史记录,全面反映江苏图书馆的图书典藏情况。

　　(二)文献编。收录历代江苏籍学人的代表性著作,集中呈现自历史开端至一九一一年的江苏文化文本,呈现江苏文化的整体景观。

　　(三)精华编。选取历代江苏籍学人著述中对中外文化产生重要影响、在文化学术史上具有经典性代表性的作品进行整理,并从中选取十余种,组织海外汉学家翻译成各国文字,作为江苏对外文化交流的标志性文化成果。

　　(四)方志编。从江苏现存各级各类旧志中选择价值较高、保存较好的志书,以充分发挥地方志资治、存史、教化等作用,保存江苏的地方文献与历史文化记忆。

（五）史料编。收录有关江苏地方史料类文献，反映江苏各地历史地理、政治经济、文化教育、宗教艺术、社会生活、风土民情等。

（六）研究编。组织、编纂当代学者研究、撰写的江苏文化研究著作。

文献、史料、方志三编属于基础文献，以影印方式出版，旨在提供原始文献，以满足学术研究需要；书目、精华、研究三编，以排印方式出版，既能满足学术研究的基本需求，又能满足全民阅读的基本需求。

"江苏文脉整理与研究工程"工作委员会

江苏文库·研究编编纂人员

主　编

王月清　张新科

副主编

徐之顺　姜　建　王卫星　胡发贵　胡传胜　刘西忠

一脉千古成江河

——江苏文库·研究编序言

樊和平

　　"江苏文脉整理与研究工程"是江苏文化史上继往开来的一个浩大工程。与当下方兴未艾的全国性"文库热"相比,江苏文脉工程有三个基本特点:一是全面系统的整理;二是"整理"与"研究"同步;三是以"文脉"为主题。在"书目编—文献编—精华编—史料编—方志编—研究编"的体系结构中,"研究编"是十分独特的板块,因为它是试图超越"修典"而推进文化传承创新的一种学术努力。

　　"盛世修典"之说不知起源于何时,不过语词结构已经表明"盛世"与"修典"之间的某种互释甚至共谋,以及由此而衍生的复杂文化心态。历史已经表明,"修典"在建构巨大历史功勋的同时,也包含内在的巨大文化风险,最基本的是"入典"的选择风险。《四库全书》的文化贡献不言自明,但最终其收书的数量竟与禁书、毁书、改书的数量大致相当,还有高出近一倍的书目被宣判为无价值。"入典"可能将一个时代的局限甚至选择者个人的局限放大为历史的文化局限,也可能由此扼杀文化多样性而产生文化专断。另一个更为潜在和深刻的风险,是对待传统的文化态度。文献整理,尤其是地域典籍的整理,在理念和战略上面临的最大考验,是以何种心态对待文化传统。当今之世,无论对个体还是社会,传统已经不仅是文化根源,而且是文化和经济发展的资源甚至资本。然而一旦传统成为资源和资本,邂逅市场逻辑的推波助澜,就面临沦为消费和运作对象的风险,从而以一种消费主义和工具主义的文化态度对待文化传统和文献整理。当传统成为消费和运作的对象,其文化价值不仅可能被误读误用,而且也可能在对传统的消费中使文化坐吃山空,造就出文化上的纨绔子弟,更可能在市场运作中使文化不断被糟蹋。"江苏文脉整理与研究工程"的"整理工程"以全面系统的整理的战略应对可能存在的第一种风险,即入典选择的风险;以"研究工程"应对第二种可能的风险,即消费主义与工具主义的风险。我们不仅是既往传统的继承者,更应当是未来传统的创造者;现代人的使命,不仅是继承优秀传统,更应当创造新的优秀传统,这便是传统的创造性转化与创新性发展的真义。诚然,创造传统任重道远,需要经过坚忍不拔的卓越努力和大浪淘沙般的历史积淀,但对"江苏文脉整理与研究工程"而言,无论如何必须在"整理"的同时开启"研究"的千里之行,在研究中继承和发展传统。这便是"研究编"的价值和使命所在,也是"江苏文脉整理与研究工程"在"文库热"中于顶层设计层面的拔群之处。

一　倾听来自历史深处的文化脉动

20世纪是文化大发现的世纪,20世纪以来西方世界最重要的战略,就是文化战略。20世纪20年代,德国社会学家马克斯·韦伯的《新教伦理与资本主义精神》,揭示了西方资本主义文明的文化密码,这就是"新教伦理"及其所造就的"资本主义精神",由此建构"新教伦理＋资本主义"的所谓"理想类型",为西方资本主义进行了文化论证尤其是伦理论证,奠定了20世纪以后西方中心论的文化基础。20世纪70年代,哈佛大学教授丹尼尔·贝尔的《资本主义文化矛盾》,揭示了当代资本主义最深刻的矛盾不是经济矛盾,也不是政治矛盾,而是"文化矛盾",其集中表现是宗教释放的伦理冲动与市场释放的经济冲动分离与背离,进而对现代西方文明发出文化预警。20世纪70年代之后,亨廷顿的《文明的冲突与世界秩序的重建》将当今世界的一切冲突归结为文明冲突、文化冲突,将文化上升为西方世界尤其是美国国家战略的高度。以上三部曲构成西方世界尤其是美国文化帝国主义的国家文化战略,正如一些西方学者所发现的那样,时至今日,文化帝国主义被另一个概念代替——"全球化",显而易见,全球化不仅是一种浪潮,更是一种思潮,是西方世界的国家文化战略。文化虽然受经济发展制约甚至被经济发展水平所决定,但回顾从传统到现代的中国文明史,文化问题不仅逻辑地而且历史地成为文明发展的最高最难的问题,正因为如此,文化自信才成为比理论自信、道路自信、制度自信更具基础意义的最重要的自信。

在全球化背景下,文脉整理与研究具有重大的国家文化战略意义,不仅必要,而且急迫。文化遵循与经济社会不同的规律,全球化在造就广泛的全球市场并使全球成为一个"地球村"的同时,内在的最大文明风险和文化风险便是同质性。全球化催生的是一个文化上的独生子女,其可能的镜像是:一种文化风险将是整个世界的风险,一次文化失败将是整个人类的文化失败。文化的本质是什么?梁漱溟先生说,文化就是人的生活的根本样法,文化就是"人化"。丹尼尔·贝尔指出,文化是为人的生命过程提供解释系统,以对付生存困境的一种努力。据此,文化的同质化,最终导致的将是人的同质化,将是民族文化或西方学者所说地方性知识的消解和消失;同时,由于文化是人类应对生存困境的大智慧,或治疗生活世界痼疾的抗体,它所建构的是与自然世界相对应的精神世界和意义世界,文化的同质性将导致人类在面临重大生存困境时智慧资源的贫乏和生命力的苍白,从而将整个人类文明推向空前的高风险。应对全球化的挑战和西方文化帝国主义的国家战略,"江苏文脉整理与研究工程"是整个中华民族浩大文化工程的一部分和具体落实,其战略意义绝不止于保存文化记忆的自持和自赏,在这个全球化的高风险正日益逼近的时代,完整地保存地方文化物种,认同文化血脉,畅通文化命脉,不仅可以让我们在遭遇全球化的滔滔洪水之时可以于故乡文化的山脉之巅"一览众山小"地建设自己的精神家园和文化根据地,而且可以在患上全球化的文化感冒甚至某种文化瘟疫之后,不致乞求"西方药"来治"中国病",而是根据自己的文化基因和文化命理,寻找强化自身的文化抗体和文化免疫力之道,其深远意义,犹如在今天经过独生子女时代穿越时光隧道,回首当年我们的"兄弟姐妹那么多"

和父辈们儿孙满堂的那种天伦风光,不只是因为寂寞,而且是为了中华民族大家庭的文化安全和对未来文化风险的抗击能力。

"江苏文脉整理与研究工程"是以江苏这一特殊地域文化为对象的一次集体文化自觉和文化自信,与其他同类文化工程相比,其最具标识意义的是"文脉"理念。"文脉"是什么?它与"文献"和文化传统的关系到底如何?这是"文脉工程"必须解决的基本问题。

庞朴先生曾对"文化传统"与"传统文化"两个概念进行了审慎而严格的区分,认为"传统文化"可能是历史上曾经存在过的一切文化现象,而"文化传统"则是一以贯之的文化道统。在逻辑和历史两个维度,文化成为传统都必须同时具备三个条件:历史上发生的,一以贯之的,在现实生活中依然发挥作用的。传统当然发生于历史,但历史上发生的一切,从《道德经》《论语》到女人裹小脚,并不都成为传统,即便当今被考古或历史研究所不断发现的现象,也只能说是"文化遗存",文化成为传统必须在历史长河中一以贯之而成为道统或法统,孔子提供的儒家学说,老子提供的道家智慧,之所以成为传统,就是因为它们始终与中国人的生活世界和精神世界相伴随,并成为人的生命和生活的文化指引。然而,文化并不只存在于文献典籍之中,否则它只是精英们的特权,作为"人的生活的根本样法"和"对付生存困境"的解释系统,它必定存在于芸芸众生的生命和生活之中,由此才可能,也才真正成为传统。《论语》与《道德经》之所以成为传统,不只是因为它们作为经典至今还为人们所学习和研究,而且因为在中国人精神的深层结构中,即便在未读过它们的田夫村妇身上,也存在同样的文化基因。中国人在得意时是儒家,"明知不可为而偏为之";在失意时是道家,"后退一步天地宽";在绝望时是佛家,"四大皆空"。从而建立了与自给自足的自然经济结构相匹合的自给自足的文化精神结构,在任何境遇下都不会丧失安身立命的精神基地,这就是传统。文化传统必须也必定是"活"的,是在现实中依然发挥作用的,是构成现代人的文化基因的生命因子。这种与人的生活和生命同在的文化传统就是"脉",就是"文脉"。

文脉以文献、典籍为载体,但又不止于文献和典籍,而是与负载它的生命及其现实生活息息相关。"文脉"是什么?"文脉"对历史而言是

"血脉",对未来而言是"命脉",对当下而言是"山脉"。"江苏文脉"就是江苏人的文化血脉、文化命脉、文化山脉,是历史、现在、未来江苏人特殊的文化生命、文化标识、文化家园,以及生生不息的文化记忆和文化动力。虽然它们可能以诸种文化典籍和文化传统的方式呈现和延续,但"文脉工程"致力探寻和发现的则是跃动于这些典籍和传统,也跃动于江苏人生命之中的那种文化脉动。"江苏文脉整理与研究工程"的最大特点就在于它是"文脉工程"而不是一般的"文化工程",更不是"文库工程"。"文化工程""文库工程"可能只是一般的文化挖掘与整理,而"文脉工程"则是与地域的文化生命深切相通,贯穿地域的历史、现在与未来的生命工程。

　　"江苏文脉整理与研究工程"是"整理"与"研究"的璧合,在"研究工程"中能否、如何倾听到来自历史深处的文化脉动,关键是处理好"文献"与"文脉"的关系。"整理工程"是对文脉的客观呈现,而"研究工程"则是对文脉的自觉揭示,若想取得成功,必须学会在"文献"中倾听和发现"文脉"。"文献"如何呈现"文脉"? 文献是人类文明尤其是人类文化记忆的特殊形态,也是人类信息交换和信息传播的特殊方式。回首人类文明史,到目前为止,大致经历了三种信息方式。最基本也是最原初的是口口交流的信息方式,在这种信息方式中,信息发布者和信息传播者同时在场,它是人的生命直接和整体在场并对话的信息传播方式,是从语言到身体、情感的全息参与,是生命与生命之间的直接沟通,但具有很大的时空局限。印刷术的产生大大扩展了人类信息交换的广度和深度,不仅可以以文字的方式与不在场的对象交换信息,而且可以以文献的方式与不同时代、不同时空的人们交换信息,这便是第二种信息方式,即以印刷为媒介的信息方式或印刷信息方式。第三种信息方式便是现代社会以电子网络技术为媒介的信息方式,即电子信息方式。文献与典籍是印刷信息方式的特殊形态,它将人类文化史和文明史上具有特殊价值的信息以印刷媒介的方式保存下来,供后人学习和研究,从而积淀为传统。文字本质上是人的生命的表达符号,所谓"诗言志"便是指向生命本身。然而由于它以文字为中介,一旦成为文献,便离开原有的时空背景,并与创作它的生命个体相分离,于是便需要解读,在解

一脉千古成江河

005

读中便可能发生误读,但无论如何,解读的对象并不只是文字本身,而是文字背后的生命现象。

文献尤其是典籍是不同时代人们对于文化精华的集体记忆,它们不仅经受过不同时代人们的共同选择,而且经受过大浪淘沙的历史洗礼,因而其中不仅有创造它的那个个体或文化英雄如老子、孔子的生命表达,而且有传播和接受它的那个民族的文化脉动,是负载它的那个民族的文化生命,这种文化生命一言以蔽之便是文化传统。正因为如此,作为集体记忆的精华,文献和典籍是个体和集体的文化脉动的客观形态,关键在于,必须学会倾听和揭示来自远方的生命旋律。由于它们巨大的时空跨度,往往不能直接把脉,而需要具有一种"悬丝诊脉"的卓越倾听能力。同时,为了把握真实的文化脉动,不仅需要对文献和典籍即"文本"进行研究,而且需要对创造它们的主体包括创作的个体和传播接受的集体的生命即"人物"进行研究。正如席勒所说,每个人都是时代的产儿,那些卓越的哲学家和有抱负的文学家却可能成为一切时代的同代人。文字一旦成为文献或典籍,便意味着创作它的个体成为一切时代的同代人,但无论如何,文献和它们的创造者首先是某个时代的产儿,因而要在浩如烟海的文献和典籍中倾听到来自传统深处的文化脉动,还需要将它们还原到民族的文化生命之中,形成文化发展的"精神的历史"。由此,文本研究、人物研究、学派流派研究、历史研究,便成为"文脉研究工程"的学术构造和逻辑结构。

二 中国文化传统中的江苏文脉

江苏文脉是中国文化传统的一部分,二者之间的关系并不只是部分与整体的关系,借助宋明理学的话语,是"理一"与"分殊"的关系。文脉与文化传统是民族生命的文化表达和自觉体现,如果只将它们理解为部分与整体的关系,那么江苏文脉只是中国文化传统或整个中华文化脉统中的一个构造,只是中华文化生命体中的一个器官。朱熹曾以佛家的"月映万川"诠释"理一分殊"。朗月高照,江河湖泊中水月熠熠,此番景象的哲学本真便是"一月普现一切水，一切水月一月摄"。天空中的"一月"与江河中的"一切水月"之间的关系是"分享"关系，不是分享了"一月"的某一部分，而是全部。江苏文脉与中国文化传统之间的关系便是"理一分殊"，中国文化传统是"理一"，江苏文脉是"分殊"，正因为如此，关于江苏文脉的研究必须在与整个中国文化传统的关系中整体性地把握和展开。其中，文化与地域的关系、江苏文化在中华文化发展中的贡献和地位，是两个基本课题。

到目前为止的一切人类文明的大格局基本上都是由以山河为标志的地理环境造就的，从轴心文明时代的四大文明古国，到"五大洲四大洋"的地理区隔，再到中国山东—山西、广东—广西、河南—河北、江苏的苏南—苏北的文化与经济差异，山河在其中具有基础性意义。在这个意义上，可以将在此以前的一切文明称为"山河文明"。如今，科技经济发展迎来一个"高"时代：高铁、高速公路、电子高速公路……正在并将继续推倒由山河造就的一切文明界碑，即将造就甚至正在造就一个"后山河时代"。"后山河时代"的最后一道屏障，"山河时代"遗赠给"后山河时代"的最宝贵的文明资源，便是地域文化。在这个意义上，江苏文脉的整理与研究，不仅可以为经过全球化席卷之后的同质化世界留下弥足珍贵的"文化大熊猫"，而且可以在未来的芸芸众生饱尝"独上高楼，望尽天涯路"的孤独之后，缔造一个"蓦然回首"的文化故乡，从中可以鸟瞰文化与世界关系的真谛。江苏独特的地域环境与江苏文化、江苏文脉之间的关系，已经不是所谓"一方水土一方人"所能表达，可以说，地脉、水脉、山脉与江苏文脉之间的关系，已经是一脉相承。

我们通过考察和反思发现，水系，地势，山势，大海，是对江苏文脉尤其是文化性格产生重大影响的地理因素。露水不显山，大江大河入大海，低平而辽阔，黄河改道，这一切的一切与其说是自然画卷和自然事件，不如说是江苏文脉的大地摇篮和文化宿命的历史必然，它们孕生和哺育了江苏文明，延绵了江苏文脉。历史学家发现，江苏是中国惟一同时拥有大海、大江、大湖、大平原的省份，有全国第一大河长江，第二大河黄河（故道），第三大河淮河，世界第一大人工河大运河，全国第三大淡水湖太湖，全国第四大淡水湖洪泽湖。江苏也是全国地势最低平的一个省区,绝大部分地区在海拔 50 米以下,少量低山丘陵大多分布于省际边缘,最高峰即连云港云台山的玉女峰也只有 625 米。丰沛而开放的水系和低平而辽阔的地势馈赠给江苏的不只是得天独厚的宜居,更沉潜、更深刻的是独特的文化性格和文脉传统,它们是对江苏地域文化产生重大影响的两个基本自然元素。

不少学者指证江苏文化具有水文化特性,而在众多水系中又具长江文化的特性。"水"的文化特性是什么?"老聃贵柔",老子尚水,以水演绎世界真谛和人生大智慧。"天下莫柔弱于水,而攻坚强者莫之能胜。"柔弱胜刚强,是水的品质和力量。西方文明史上第一个哲学家和科学家泰勒斯向全世界宣告的第一个大智慧便是:水是万物的始基。辽阔的平原在中国也许还有很多,却没有像江苏这样"处下"。老子也曾以大海揭示"处下"的智慧:"江海所以能为百谷王者,以其善下之,故能为百谷王。"历史上江苏的文化作品、江苏人的文化性格,相当程度上演绎了这种"水性"与"处下"的气质与智慧。历史上相当时期黄河曾经从江苏入海,然而黄河改道、黄河夺淮,几番自然力量或人力所为,最终黄河在江苏留下的只是一个"故道"的背影。黄河在江苏的改道当然是一个自然事件或历史事件,但我们也可能甚至毋宁将它当作一个文化事件,数次改道,偶然之中有必然,从中可以发现和佐证江苏文脉的"长江"守望和江南气质。不仅江苏的地脉"露水不显山",而且江苏的文化作品,江苏人的文化性格,一句话,江苏文脉,也是"露水不显山",虽不是"壁立千仞",却是"有容乃大"。一般说来,充沛的水系,广阔的平原,往往造就自给自足的自我封闭,然而,江苏东临大海,无论长江、淮河,还是历史上的黄河,都从这里入大海,归大海,不只昭示江苏的开放,而且演绎江苏文化、江苏文脉、江苏人海纳百川的博大和静水深流的仁厚。

黄河与长江好似中华文脉的动脉与静脉,也好似人的身体中的任督二脉,以长江文化为基色的江苏文化在中华文脉的缔造和绵延中作出了杰出贡献。有学者指出,在中国文明史上,长江文化每每在黄河文化衰弱之后承担起"救亡图存"的重任。人们常说南京古都不少为小朝廷,其实这正是"救亡图存"的反证,"天下兴亡,匹夫有责"的口号首先由江苏人顾炎武喊出，偶然之中有必然。学界关于江苏文化有三次高峰或三次大贡献，与两次大贡献之说。第一次高峰是开启于秦汉之际的汉文化，第二次高峰是六朝文化，第三次高峰是明清文化。人们已对六朝文化与明清文化两大高峰对中国文化的贡献基本达成共识，但江苏的汉文化高峰及其贡献也应当得到承认，而且三次文化高峰都发生于中国社会的大转折时期，对中国文化的承续作出了重大贡献。在秦汉之际的大变革和大一统国家的建构中，不仅在江苏大地上曾经演绎了波澜壮阔的对后来中国文明产生深远影响的历史史诗，而且演绎这些历史史诗的主角刘邦、项羽、韩信等都是江苏人，他们虽然自身不是文化人，但无疑对中国文化产生了深远影响。董仲舒提出"罢黜百家，独尊儒术"的主张，奠定了大一统的思想和文化基础，他本人虽不是江苏人，却在江苏留下印迹十多年。江苏的汉文化高峰对中国文化的最大贡献，一言概之即"大一统"，包括政治上的大一统和思想文化上的大一统。六朝被公认为中国文化发展的高峰，不少学者将它与古罗马文明相提并论，而六朝文化的中心在江苏、在南京。以南京为核心的六朝文化发生于三国之后的大动乱，它接纳大量流入南方的北方士族，使南北方文化合流，为保存和发展中国文化作出了杰出贡献。明朝是中国历史上第一次在南京，也是第一次在江苏建立统一的帝国都城，江苏的经济文化在全国处于举足轻重的地位，扬州学派、泰州学派、常州学派，形成明清时期中国文化的江苏气象，形成江苏文化对中国文化的第三次重大贡献。三大高峰是江苏的文化贡献，在重大历史转折关头或者民族国家危难之际挺身而出，海纳百川，则是江苏文化的精神和品质，这就是江苏文脉。也正因为如此，江苏文化和江苏文脉在"匹夫有责"的担当精神中总是透逸出某种深沉的忧患意识。

江苏文脉对中国文化的独特贡献及其特殊精神气质在文化经典中得到充分体现。中国四大文学名著，其中三大名著的作者都来自江苏，这就是《西游记》《红楼梦》《水浒》，其实《三国演义》也与江苏深切相关，虽然罗贯中不是江苏人，但以江苏为作品重要的时空背景之一。四大名著中不仅有明显的江苏文化的元素，甚至有深刻的江苏地域文化的基因。《西游记》到底是悲剧还是喜剧？仔细反思便会发现，《西游记》

就是文学版的《清明上河图》。《清明上河图》表面呈现一幅盛世生活画卷,实际却是一幅"盛世危情图",空虚的城防,懈怠的守城士兵……被繁华遗忘的是正在悄悄到来的深刻危机。《西游记》以唐僧西天取经渲染大唐的繁盛和开放,然而在经济的极盛之巅,中国人的精神世界却空前贫乏,贫乏得需要派一个和尚不远万里,请来印度的佛教,坐上中国意识形态的宝座,入主中国人的精神世界。口袋富了,脑袋空了,这是不折不扣的悲剧。然而,《西游记》的智慧,江苏文化的智慧,是将悲剧当作喜剧写,在喜剧的形式中潜隐悲剧的主题,就像《清明上河图》将空虚的城防和懈怠的士兵淹没于繁华的海洋一样。《西游记》喜剧与悲剧的二重性,隐喻了江苏文脉的忧患意识,而在对大唐盛世,对唐僧取经的一片颂歌中,深藏悲剧的潜主题,正是江苏文脉"匹夫有责"的担当精神和文化智慧的体现。鲁迅说,悲剧将人生的有价值的东西毁灭给人看。《西游记》是在喜剧形式的背后撕碎了大唐时代人的精神世界的深刻悲剧。把悲剧当作喜剧写,喜剧当作悲剧读,正是江苏文化、江苏文脉的大智慧和特殊气质所在,也是当今江苏文脉转化发展的重要创新点所在。正因为如此,"江苏文脉研究"必须以深刻的哲学洞察力和深厚的文化功力,倾听来自历史深处的江苏文化的脉动,读懂江苏,触摸江苏文脉。

三 通血脉,知命脉,仰望山脉

江苏文化的巨大魅力和强大生命力,在数千年发展中已经形成一种传统、一种脉动,不仅是一种客观呈现的文化,而且是一种深植个体生命和集体记忆的生生不息的文脉。这种文化和文脉不仅成为共同的价值认同,而且已经成为一种地域文化胎记。在精神领域,在文化领域,江苏不仅有灿若星河的文学家,而且有彪炳史册的思想家、学问家,更有数不尽的才子骚客。长江在这片土地上流连,黄河在这片土地上改道,淮河在这片土地上滋润,太湖在这片土地上一展胸怀。一代代中国人,一代代江苏人,在这里缔造了文化长江、文化黄河、文化淮河、文化太湖,演绎了波澜壮阔的历史诗篇,这便是江苏文脉。

为了在全球化时代完整地保存江苏文脉这一独特地域文化的集体记忆,以在"后山河时代"为人类缔造精神家园提供根源与资源,为了继承弘扬并创造性转化、创新性发展中国优秀传统文化,2016年江苏启动了"江苏文脉整理与研究工程"。根据"文脉"的理念,我们将研究工程或"研究编"的顶层设计以一句话表达:"通血脉,知命脉,仰望山脉。"由此将整个工程分为五个结构:江苏文化通史,江苏历代文化名人传,江苏文化专门史,江苏地方文化史,江苏文化史专题。

"江苏文化通史"的要义是"通血脉",关键词是"通"。"通"的要义,首先是江苏文化与中国文明的息息相通,与人类文明的息息相通,由此才能有民族感或"中国感",也才有世界眼光,因而必须进行关于"中国文化传统中的江苏文脉"的整体性研究;其次是江苏文脉中诸文化结构之间的"通",由此才是"江苏",才有"江苏味";再次是历史上各个重要历史时期文化发展之间的"通",由此才能构成"史",才有历史感;最后是与江苏人的生命与生活的"通",由此"江苏文脉"才能真正成为江苏人的文化血脉、文化命脉和文化山脉。达到以上"四通","江苏文化通史"才是真正的"通"史。

"江苏文化专门史"和"江苏文化史专题"的要义是"知命脉",关键词是"专",即"专门"与"专题"。"江苏文化专门史"在框架上分为物质文化史、精神文化史、制度文化史、特色文化史等,深入研究各类专门史,总体思路是系统研究和特色研究相结合,系统研究整体性地呈现江苏历史上的重要文化史,如哲学史、文学史、艺术史等,为了保证基本的完整性,我们根据国务院学科分类目录进行选择;特色研究着力研究历史上具有江苏特色的历史,如民间工艺史、昆曲史等。"江苏文化史专题"着力研究江苏历史上具有全国性影响的各种学派、流派,如扬州学派、泰州学派、常州学派等。

"江苏地方文化史"的要义是"血脉延伸和勾连",关键词是"地方"。"江苏地方文化史"以现省辖市区域划分为界,13市各市一卷。每卷上编为地方文化通史,讲述地方整体历史脉络中的文化历史分期演化和内在结构流变,注重把握文化运动规律和发展脉络,定位于地方文化总体性研究；下编为地方文化专题史，按照科学技术、教育科举、文学语言、宗教文化等专题划分，以一定逻辑结构聚焦对地方文化板块加以具体呈现，定位于凸显文化专题特色。每卷都是对一个地方文化的总结和梳理，这是江苏文化血脉的伸展和渗入，是江苏文化多样性、丰富性的生动呈现和重要载体。

"江苏历代文化名人传"的要义是"仰望山脉"，关键词是"文化"。它不是一般性地为江苏历朝历代的"名人"作传，而只是为文化意义上的名人作传。为此，传主或者自身就是文化人并为中国文化的发展、为江苏文脉的积累积淀作出了重要贡献；或者虽然自身主要不是文化人而是政治家、社会活动家等，但对中国文化发展具有重大影响。如何对历史人物进行文化倾听、文化诠释、文化理解，是"文化名人传"的最大难点，也是其最有意义的方面。江苏历史上的文化名人汗牛充栋，"文化名人传"计划为 100 位江苏文化名人作传，为呈现江苏文化名人的整体画卷，同时编辑出版一部"江苏文化名人辞典"，集中介绍历史上的江苏文化名人 1000 位左右。

一脉千古成江河，"茫茫九派流中国"。江苏文脉研究的千里之行已经迈出第一步，历史馈赠我们一次千载难逢的宝贵机遇，让我们巡天遥看，一览江苏数千年文化银河的无限风光，对创造江苏文化、缔造江苏文脉的先行者们献上心灵的鞠躬。面对奔涌如黄河、悠远如长江的江苏文脉，我们惟有以跋涉探索之心，怵惕敬畏之情，且行且进，循着爱因斯坦的"引力波"，不断走近并播放来自江苏文脉深处的或澎湃，或激越，或温婉静穆的天籁之音。

我们一直在努力；

我们将一直努力！

目　录

绪　论

　　有清一代,诗人学人辈出,洪亮吉就是其中一位出色的诗人兼学人,也绝对算得上一个奇人,一个具有传奇色彩的人物。同时代的张问陶称他为"奇人有奇遇"①,赵翼称之为"第一奇才"②。他自己也以"好奇狂客"自称,可谓人奇、事奇、诗文奇。

　　洪亮吉的奇,首先在于他的因言获罪,被遣戍伊犁,引起朝野震动。嘉庆四年(1799)洪亮吉乞假南归并已获准,在离京前托成亲王转呈了《乞假将归留别成亲王极言时政启》。嘉庆皇帝阅后大怒,下令军机处会同刑部严审,所定之罪为"大不敬"。同僚及亲友以为他要被"斩立决",抱着他痛哭不止,他反而安慰他们道,"丈夫自信头颅好,须为朝廷吃一刀"③,最后免死遣戍伊犁。他之前因一篇《征邪教疏》直陈时弊,为时所忌,此次明知会违逆圣颜,依然初心不改,直言进谏。最后即使被遣戍边地,也无怨无悔,"人笑冷官罹法网,天教热血洒边尘"④,他以一腔热血,在历史上写下了浓墨重彩的一笔。

　　更奇的是,洪亮吉被百日赐还,世所罕见。当年京城旱灾,赤地千里,嘉庆皇帝虔诚祷告三坛,祈求雨泽,命人清理监狱,分别减罪释放等,依旧滴雨未下。而在赦免洪亮吉圣谕下达后,连日晴朗的天空当天

---

① 张问陶:《寄贵州学使洪稚存同年》,《船山诗草》卷八,中华书局 1986 年版,第 216 页。
② 赵翼:《题稚存万里荷戈集》,《瓯北集》卷四十二,上海古籍出版社 1997 年版,第 1044—1045 页。
③ 洪亮吉:《遣戍伊犁日记》,《洪北江全集》,光绪初授经堂刊本。
④ 洪亮吉:《八月二十七日请室中始闻遣戍伊犁之命出狱纪恩二首》,《更生斋诗》卷一,《洪亮吉集》,中华书局 2001 年版,第 1199 页。

下午就乌云密布,子夜即降甘霖,一直下到第二天,湿透干涸的土地,堪称神奇。洪亮吉西行路上九死一生,于嘉庆五年(1800)二月初十抵伊犁惠远城戍所,当年闰四月初三即有释还圣旨下达,在戍所仅及百日,前所未有。

洪亮吉的奇,还在于他少有的戆劲及气节风骨。在乾隆朝和珅弄权时,多少人为仕途通达趋炎附势,而洪亮吉却坚决不与和珅来往,他与孙星衍让和珅"求一见不得,析一字不得"①,士人们给京城中人数最多的常州士子起了一个"戆翰林"的雅号。刘禺生在其《世载堂杂忆》中《和珅当国时之戆翰林》这样记载:"乾隆朝和珅用事,常州诸老辈在京者,相戒不与和珅往来。北京呼常州人为戆物,孙渊如、洪稚存其领袖也。"②这些翰林们甚至在和珅生日当天集会于松筠庵,与和珅唱对台戏。所以他们自然做不到仕途通达,"但气节独归孙、洪"③。

洪亮吉还有一件为人称道的事,就是与黄景仁(仲则)的生死友情。洪亮吉与里中士子交往较多,他与孙星衍、赵怀玉、黄景仁、杨伦、吕星垣、徐书受七人被冠以"毗陵七子"之名,洪亮吉堪称"毗陵七子"之首,黄景仁才子之名最盛,两人感情最好。黄景仁抱病入秦,客死于山西运城,临终前寄信洪亮吉,以身后事相托。洪亮吉接书后立即昼夜兼程赶到山西,又素车千里,护送好友灵柩回乡安葬。他的行为得到很多士人的称赞,被誉为"巨卿"。

他的奇事还有很多,如他在去伊犁的途中,遭遇翻车,差点命丧黄泉。出事处地名为"苏吉",似乎冥冥中注定他亮吉会死而复生,命不至绝。在伊犁时,魑魅魍魉也奈何不了他。在贵州也常有奇遇,他到南笼岁试,时南笼久旱,他抵达后即天降骤雨。贵州大部分地方天无三日晴,但在洪亮吉即将离任前,却连续两个月天气晴朗,当地土人说,这样的天气,为数十年所未有,也是一奇。

但他的"奇",却又是在情理之中,既"奇"又"常",好比他对诗歌的

---

① 刘禺生:《世载堂杂忆》,中华书局 1960 年版,第 24 页。
② 刘禺生:《世载堂杂忆》,中华书局 1960 年版,第 23 页。
③ 刘禺生:《世载堂杂忆》,中华书局 1960 年版,第 25 页。

要求——"奇而入理"①，除少数偶然因素外，大多数是必然的。这其中的原因，笔者认为无非两个，一是忠义仁厚，二是豪迈耿直。忠义仁厚是他的文化人格，豪迈耿直是他的个人性格。

洪亮吉年轻时就有远大志向，对朝廷对国家赤胆忠心。看到时局动荡、战乱不断，他很想有机会为国家做点什么。他有慈悲胸怀，时时忧黎元，看到生活艰辛、饱受战火摧残的百姓，内心焦虑，总要想办法呼吁，救民于水火。他有知识分子的责任心，有对社会、对时代负责的悠悠寸心、责任道义。《洪北江先生年谱》载："先生目击时事，晨夕过虑，每闻川陕官吏偶言军营情状，感叹焦劳，或至中宵不寐。"②

洪亮吉虽然是个典型的江南人，受到江南"水文化"的影响，既浸润了水的柔性，又有水的刚性，血性担当的一面非常明显。《清史稿》说他"长身火色，性豪迈，喜论当世事"③。从他"长身火色"的长相来看，他具有"南人北相"，是民间认为的奇人之相。他性格耿直豪迈，爱憎分明，性情刚烈，忠义仁厚。舒仁《乾嘉诗坛点将录》将他与"花和尚"鲁智深相对应，"好个莽和尚，忽现菩萨相。六十二斤铁禅杖"④。他的一生，可谓"高谈忠义傲神仙，火色飞腾六十年"⑤。

洪亮吉（1746—1809），常州府阳湖县（今江苏常州市）人。他六岁丧父，随母寄居外家蒋家。虽然生活艰辛，但他母亲及外家对教育十分重视，让他早年一直受到很好的教育，加上自己学习勤奋刻苦，为他日后成为清代一流的学者打下了很好的基础。二十二岁时与黄景仁一起在龙城书院受业于邵齐焘，邵称二人为"二俊"。二十六岁游幕于安徽学政府，深得幕主朱筠器重，朱筠将他与黄景仁比之为"龙泉太阿"。三十四岁北上京师，谋得四库馆校书一职。三十六岁西行入陕，入毕沅署。洪亮吉的科举之路可谓充满艰辛，他四应童试，五应乡试，五应会试，终于在乾隆五十五年（1790）四十五岁时获隽，殿试钦定一甲第二名

① 洪亮吉：《北江诗话》卷五，人民文学出版社 1998 年版，第 86 页。
② 吕培等：《洪北江先生年谱》，《洪亮吉集》，中华书局 2001 版，第 2345 页。
③ 赵尔巽等：《清史稿》卷三百五十六《列传一百四十三》，中华书局 1977 年版，第三十七册，第 11307 页。
④ 舒仁撰，黄硕校证：《乾嘉诗坛点将录校证》，凤凰出版社 2022 年版，第 91 页。
⑤ 张问陶：《过阳湖怀稚存》其二，《船山诗草》卷十九，中华书局 1986 年版，第 537 页。

（榜眼），授翰林院编修，充国史馆纂修官。四十七岁时奉命出任贵州学政。三年任满回京，仍入翰林院，后又派充咸安宫官学总裁，奉旨上书房行走，侍皇曾孙读书。嘉庆三年（1798）五十三岁，于翰詹诸员大考时，写《征邪教疏》力陈时弊，言辞剀切，阅卷者皆动色。嘉庆四年（1799）在再次乞假南归前，因托成亲王上书言事，直言进谏，被遣戍伊犁，后又百日赐还。回到家乡后，致力于讲学、编纂方志等，还亲自参加家乡赈灾。嘉庆十四年（1809）病故，享年六十四岁。

洪亮吉是清代著名的文学家，他在诗歌创作、诗学理论、词、骈文、散文等领域，都取得标志性的成绩。他一生创作颇丰，作品奇气横溢，真挚感人，尤其是他笔下描写西域美丽景色、独特风土人情的诗文篇章，不仅生动有趣，也大大丰富了西域文化，为后人研究西域提供了很好的素材。诗文作品无论是数量上还是质量上，在清朝都名列前茅，堪称巨擘。

他一生勤奋刻苦，穷究学问，著述不辍，除了创作许多优秀的文学作品外，还在经学、史学、方志学、舆地学、社会学等多个领域均取得不凡的成绩，堪称一代大家。近年来洪亮吉的人口论思想受到学术界广泛关注，被称为"中国的马尔萨斯"。他的生态观，能摆脱人类中心主义的论调，平等客观地看待大自然中的生命。他尊重自然的生态意识，闪耀着理性的光芒，在当时十分前卫，在今天依旧有现实意义。

本书在学界已有的研究基础上，细读文本，对其人生经历、文化品格、文学成就、学术贡献等进行全面评价。第一章至第十章，以生平经历为脉络，梳理剖析其交游、思想及人格等，第十一章评价其诗、诗论、词、骈文等文学成就，第十二章论述其经学、史学、方志学、地理学、社会学等学术成就和贡献。尽量客观真实地还原传主的人生轨迹、心路历程以及非凡的成就和贡献，呈现一个真实、神奇、可敬、可爱的洪亮吉。

第一章 家道中落 寄居外家

"天下名士有部落,东南无与常匹俦"(龚自珍《常州高材篇送丁若士[履恒]》),在这座被称为"中吴要辅,八邑名都"的历史文化名城常州,诞生了许多在我国历史上产生重大影响的名士。常州文化在清代达到高峰,名人辈出、学派林立,诗、词、散文、骈文、经学、绘画、医学等领域都取得举世瞩目的成就,出现了独领风骚、具有全国影响的流派,如常州学派(今文经学派)、阳湖文派、常州词派、毗陵诗派、常州派骈文、常州画派、孟河医派等。洪亮吉不仅是毗陵诗派、常州派骈文的代表人物,还是著名的经学家、史学家、方志学家、舆地学家等,是这"名士部落"中的重要一员。

洪亮吉,初名莲,后改名礼吉,再改名亮吉,字华峰,又字君直、稚存,号北江,晚年别号更生居士,生于乾隆十一年九月初三(1746年10月17日),卒于嘉庆十四年五月十二(1809年6月24日),享年六十四岁。常州府阳湖县人。洪亮吉一生遭遇坎坷,历经波折,却始终耿介不阿,忠诚正直,著述不辍,成就卓著。

洪亮吉像
(洪亮吉纪念馆供图)

第一节　百年古歙称高门

　　清代乾隆十一年九月初三（1746 年 10 月 17 日）凌晨，洪亮吉诞生于阳湖县中河桥东南兴隆里（今常州市天宁区古村附近）赁宅中。洪家后定居于左厢花桥里（今常州市天宁区东狮子巷洪亮吉纪念馆西）。

　　赁屋而居的洪家此时显然已没落，但他的祖上却曾经辉煌。据洪亮吉自己讲，他的远祖在敦煌。在他被遣戍伊犁到达玉门县时，曾作诗"万余里外寻乡郡（余家郡望敦煌），三十年前梦玉关（余弱冠时，在天井巷汪宅课甥，曾夜梦至天山。详见所著《天山客话》）"①，他在《天山客话》中说："余家郡望为敦煌，不知始于何代，今自玉门县安西州以迄巴里坤皆汉敦煌郡地也。故余纪行诗云'万余里外寻乡郡，三十年前梦玉关'，皆纪实耳。"②洪姓自东汉共勋平定北方，共勋之子共普为避祸迁至敦煌，改姓为洪，洪普被不少洪氏人奉为始祖，所以洪亮吉说敦煌是他们洪氏的发源地。

　　郡望敦煌不知始于何代，但有据可考的是，洪亮吉原籍为安徽歙县，始祖公自唐代开元天宝年间迁居于此。洪亮吉在《洪源谒宗祠》诗中云："开宝风原古"，自注"自唐开宝时，始祖谏议公为宣歙观察使，始家于此"③。"八世从祖"洪远为明朝工部尚书，故洪家宗祠门前的月华山又名司空山，"水源分大壑，山势表司空"④。洪远，字克毅，明成化十四年（1478）进士，历任福建莆田等县知县、御史、浙江佥事、陕西左布政使、南京大理寺卿、右都御史、工部尚书等。卒于官，嘉靖中赐谥恭靖。恭靖公为官清廉有政声，言事不避权贵，万斯同《明史稿》有传。所以洪亮吉的好友蒋士铨赠诗云："尚书五世为清门，几人眼识司空孙。"⑤可见，洪亮吉的家世曾经显赫，贫困中的洪亮吉曾不无感慨地在诗中说：

---

① 洪亮吉：《抵玉门县》，《更生斋诗》卷一，《洪亮吉集》，中华书局 2001 年版，第1200 页。

② 洪亮吉：《天山客话》，《洪北江全集》，光绪初授经堂刊本。

③ 洪亮吉：《洪源谒宗祠》，《更生斋诗续集》卷一，《洪亮吉集》，中华书局 2001 年版，第1494 页。

④ 洪亮吉：《洪源谒宗祠》，《更生斋诗续集》卷一，《洪亮吉集》，中华书局 2001 年版，第 1494 页。

⑤ 洪亮吉：《寄铅山蒋编修士铨》诗后附蒋士铨原赠作，《附鲒轩诗》卷四，《洪亮吉集》，中华书局 2001 年版，第 1979 页。

"在昔吾祖居新村,百年古歙称高门。仓庾岂独富亲族,徒隶也感吾家恩。"①

见证洪家家世由盛而衰的关键人物,是洪亮吉的曾祖父洪璟。洪璟,字昆霞,号秋山,曾任山西大同知府。清劳逢源《道光歙县志》卷八记载:"洪璟,字昆霞,虹源人。康熙戊寅(1698)拔贡,入太学,由教习选授山西交城知县。县岩邑,璟以清慎治之。设义学,修卢川书院、薛公祠。"②洪璟为官期间,重视教育,设义学,建书院,每月还亲至月波书院课士。洪璟勤政爱民,政声卓著,北郭外有卧虹堤年久失修,每年春夏山洪暴涨,淹没田地村舍,洪璟"捐俸筑长堤八十余丈"。升大同知府,"滑吏敛迹,民困以苏"③,当地百姓建生祠以祀。洪亮吉诗中曾提道:"十载并州政声起,穷边民富家如洗。(先曾祖守大同,有德政,里民建生祠以祀。)遗爱空留君子津,传家惟剩先生履。"④

洪璟曾担任八旗教习,在京师结识许多名流。其中有一位名画家禹之鼎还曾为他作画《秋山读书图》,此画一度遗失,后在扬州重新购得。此事对于洪家来说是件大事,赵翼、赵怀玉等都曾为此画题诗,赵怀玉写下题记,"康熙癸未(1703)作于京师,禹鸿胪之鼎笔也,中更遗失,乾隆己酉(1789),洪之族人于广陵购得,乃复归焉。先侍御与君为儿女姻,图中独无题句,因系一诗于后。"赵怀玉有诗称:"昆霞先生古为徒,蓄畚经训被服儒。宦游不忘读书乐,乘兴遣画秋山图。是时先生选上舍,诜诜弟子门墙趋(时大同君方教习八旗)。……图中作者尽名宿,画师好手推鸿胪。草堂三间万卷积,如入黄海游天都。两家旧事颇能述,明德之后要非诬。"⑤赵怀玉提到的洪赵两家的联姻,当时是颇为显赫的。

洪璟的众多友人中,感情最好的是常州老乡赵熊诏,两人结为儿女亲家,洪璟的儿子洪公寀娶了赵家的女儿,洪家遂迁居阳湖。于是洪赵

① 洪亮吉:《夜坐忆舍弟清迪》,《附鲒轩诗》卷二,《洪亮吉集》,中华书局 2001 年版,第 1937 页。
② 劳逢源:道光《歙县志》卷八,道光八年(1828)刻本。
③ 劳逢源:道光《歙县志》卷八,道光八年(1828)刻本。
④ 洪亮吉:《夜坐忆舍弟清迪》,《附鲒轩诗》卷二,《洪亮吉集》,中华书局 2001 年版,第 1937 页。
⑤ 赵怀玉:《洪大亮吉以其曾祖大同君璟〈秋山读书图〉见示》,《亦有生斋集·诗》卷十四,道光元年(1821)刻本。

两家的命运便休戚与共,紧密相连。

洪璟与赵熊诏于康熙三十七年(1698)同在京城应试时相识,两人结下深厚感情,康熙三十八年(1699)赵熊诏中顺天乡试举人,十年后康熙四十八年(1709)殿试一甲第一名进士,状元及第,名扬京师,授翰林院编修,曾入值南书房,参与草拟诏谕等朝廷政务,后又担任记录康熙皇帝起居的重任,可以说是皇帝的近臣。赵熊诏笃于恩义,工于诗文,有《裘萼公剩稿》三卷。

俗话说朝中有人好做官,有了赵熊诏的支持,洪璟的升擢较顺,由教习选授山西交城知县,后又升迁为大同知府。但是,好景不长,洪家即受赵家的牵连而迅速没落。

赵熊诏的父亲是赵申乔。赵申乔(1644—1720),字慎旃,江南武进(今江苏常州市)人。康熙九年(1670)进士。历任河南商丘知县、刑部主事、员外郎、浙江布政使、巡抚、左都御史。赵申乔治事皆躬亲,不挟幕客,例得火耗银两,悉屏不取,以勤政爱民、敬慎、清廉、贤能、强毅深得皇上信任。赵申乔对自己要求甚严,对同僚也很苛求,数次弹劾别人,得罪了很多人。也有人弹劾他苛刻,但康熙帝还是理解他的一片苦心,擢升他为左都御史,谕曰:"申乔甚清廉,但有性气,人皆畏其直。朕察其无私,是以护惜之。"[1]

但赵申乔的一次弹劾,却使他在历史上留下很不好的名声,那就是他上奏弹劾翰林院编修戴名世所著《南山集》《孑遗录》有大逆语,致使戴名世被判斩立决,受株连的人甚多,这就是清朝著名的文字狱"《南山集》案",也称"戴名世狱"。这是一桩极不得人心的事,以致赵熊诏为他父亲写《赵申乔行述》,其他大事都记述详细,唯有这件事却只字不提,似乎刻意为父隐瞒。

赵申乔在官场多年意气用事,专与人争,动不动弹劾同僚,且言辞激烈,就连康熙皇帝都说他:"尔性苛急,不能容人。天地之大德曰生,非但不杀而已。盖于万物皆养育而保全之。尔在官诚廉,然岂可恃廉

---

① 赵尔巽等:《清史稿》卷二百六十三,中华书局1977年版,第三十三册,第9914页。

而矫激乎？"①赵申乔恃廉而骄，苛刻不容人的性格，在官场上积怨甚多。有人找不到他的错，就拿他们的姻亲洪家及他儿子开刀。洪璟任上被核查认为修建城工的费用不实，当追赔款十万以上。洪璟和他儿子洪公寀变卖私产以偿还。洪亮吉在赋中曰："张俭至而全家倾（先大父以外姻株累，又为大王父偿大同城工核减帑项，赀产遂罄）"②，"余家自追赔先曾祖大同城工核减帑项，田产悉入官，至先君子下世，遂无乙椽可居。"③至此，洪家开始败落。

　　这一事件对洪家可以说是毁灭性的打击，洪亮吉说："及癸巳甲午间，频遭变故，县西宅复入官。"④说明这是发生在康熙五十二年（1713）至康熙五十三年（1714）间的事。真可谓祸不单行，之后的变故更使洪家雪上加霜，那便是康熙五十四年（1715）赵凤诏贪赃案，及康熙五十六年（1717）赵熊诏被革除起注官之职。

　　赵申乔另一个儿子赵凤诏时任大同知府，因得罪巡抚被疏劾贪赃三十余万两。按当时律令，赵凤诏之罪当处以极刑。此时赵申乔为救儿子，多方恳求，康熙皇帝在朝廷议事时，也特地征求大学士们的意见，但这些人都认为宜正国法，当处斩，可见赵申乔在朝中的孤立。一个出了名的清官，儿子却因贪赃被处死，也是十分具有讽刺意味。结果赵凤诏按律问斩，所有家产包括田产、衣服、器皿、书籍，甚至一碗、一箸、一纸、一缕均籍没，还远远不够追赔的款项，家族亲戚也受到株连。洪家作为赵家的姻亲，肯定未能幸免。而且赵凤诏被处斩前曾将四个孩子托付给洪家抚养，此事被人告发，还被怀疑转移赃款，所以洪家有限的家产也一并悉数籍没，真正是无一椽可居，只能赁屋而居，"日不能一食"。但即使这样，洪家还是抚养了赵凤诏的遗孤，被称为"乡人之义"⑤。

　　洪亮吉的父亲洪翘，虽已是贫苦书生，但毕竟是官宦之后，婚姻上

① 赵尔巽等：《清史稿》卷二百六十三，中华书局1977年版，第三十三册，第9915页。
② 洪亮吉：《伤知己赋》，《卷施阁文乙集》卷二，《洪亮吉集》，中华书局2001年版，第288页。
③ 洪亮吉：《南楼忆旧诗四十首》其二，《卷施阁诗》卷十，《洪亮吉集》，中华书局2001年版，第662页。
④ 洪亮吉：《伤知己赋》，《卷施阁文乙集》卷二，《洪亮吉集》，中华书局2001年版，第289页。
⑤ 朱筠：《国子监生洪君权厝碣铭》，《笥河文集》卷一四，嘉庆二十年（1815）椒华吟舫刻本。

还是门当户对。洪翘娶了武进名门、明代礼部侍郎蒋宗武的后代蒋敦淳的女儿为妻。根据朱筠《笥河文集》卷十四《国子监生洪君权厝碣铭》及蒋士铨、邵晋涵等人文章记述，洪翘（1714—1751），字午峰，国子监生，美髭须，嗜酒善吟，诗文俱佳，为人耿介正直，慷慨任侠有父风。屡应江南乡试，均未中举，先后在江宁府、镇洋县署任幕客，以微薄馆资养家。生有三个女儿、两个儿子。洪翘辛未年（1751）患病于太仓，廿四日申时在归家途中客死于无锡洛社舟次，距常州还有五十里。死后因贫未能及时安葬，权厝于常州天宁寺。洪亮吉母亲带着他和他三个姐姐一个弟弟，守灵五十多天才回家。那一年，洪亮吉虚岁六岁。

第二节　孤另偏应托外家

本来贫困的洪家，因洪翘的病故而失去了唯一的经济来源，日子更加艰难。洪亮吉的母亲蒋氏无奈之下，带着五个孩子投奔娘家。洪亮吉后来回忆道："载来尘具不盈车，孤另偏应托外家。绝似几番霜信后，一枝篱落寄生花。"[①]他们在外家生活了五年，这五年给幼小的洪亮吉留下了深刻的印象，多年后他写下《外家纪闻》及《南楼忆旧诗四十首》等，回忆那段难忘的岁月。

洪亮吉外家蒋宅位于白云溪南头。白云溪大致位于今常州迎春步行街的位置，当时溪水清澈，两岸多世家大族居住，帘幕映波，烟水空蒙，环境优美。他在《外家纪闻》中说："云溪一曲，自运河及南运河分派入城，南运河即西蠡河，上承洮滆诸湖，水故极清。"[②]他在诗中说："沿溪楼阁枕南头，溪水迢迢自北流。怪底近来乡梦好，一旬多半杏花楼。"[③]洪亮吉外祖母龚氏住南楼，南楼前有一棵杏花树，"外家南楼前有红杏一株，余常呼之曰杏花楼。其前即前湟杨氏老宅。杨氏科第之盛甲于

---

① 洪亮吉：《南楼忆旧诗四十首》其二，《卷施阁诗》卷十，《洪亮吉集》，中华书局 2001 年版，第662 页。
② 洪亮吉：《外家纪闻》，《洪北江全集》，光绪初授经堂刊本。
③ 洪亮吉：《南楼忆旧诗四十首》其一，《卷施阁诗》卷十，《洪亮吉集》，中华书局 2001 年版，第662 页。

里中。"①他外祖母去世后,这棵杏花树也枯萎了。洪亮吉一家寄居在南楼西的一间偏房里。南楼西偏,是表舅启辰先生所居,种有很多花木,洪亮吉幼时与中表兄弟寅谷、定安等都喜欢在这里嬉戏玩耍。南楼东偏,是从舅氏秀君先生所居,南楼后有一块空地,是各家晒衣的地方,南楼外临水,有小家住宅三四间,洪亮吉乳母王氏的女儿所嫁的倪姓人家就住在这里,以卖糕为生。南楼外东侧,即是学宫。外家东厅侧有一条长巷,有三四个门,从外祖父永嘉及从舅氏于璜先生等居于此。

洪亮吉的外祖父蒋敦淳,人称嵋峨先生,"年四十始寄籍直隶,举雍正甲辰科乡试后,历官云南江山、嵋峨数县而卒,年仅五十三。"②蒋家虽为官宦之家,但此时也并不富裕,田不满百,大家族开销却浩繁,舅氏素园馆于京师,不时寄些钱回来以供匮乏。这样一个大家庭突然增加六口人也是一个沉重的负担。此时洪亮吉的外祖母张开双臂接纳了他们,吕培等的《洪北江先生年谱》:"先生七岁,以午峰府君卒,贫无所依,随蒋太宜人及姊弟寄居外家,外王母龚太孺人之意也。"③母亲带着儿女们寄居外家后,尽量自立,自己单独做饭,不增加大家庭的负担,她和女儿们纺纱织布做女工,来维持全家生计及洪亮吉兄弟的学习费用。他在诗中写道:"循廊三折入层梯,板屋居然判畛畦。不向大家厨索米,自泥新灶小楼西(外王母以南楼西偏一间,令太安人率余兄弟及三姊居之)。"④洪亮吉的三个姐姐小小年纪终日跟着母亲纺织做女工,分担家庭的困难,很少下楼玩耍。他在诗中说:"婉转随娘识百忧,贫家照水亦梳头。不知梁燕缘何事,却怪春人懒下楼(此言诸姊随太安人作苦,终岁不下楼也)。"⑤洪亮吉在外家的生活无疑是艰难的,"由春徂冬,衣无单复之制;以夜继日,瓶无逮晨之粮。"⑥"敝衣经数补,莫讶未纯青。"⑦衣服补了又补,天寒无冬衣,瓶中无晨粮,童年的洪亮吉遍尝了生活的艰辛。

① 洪亮吉:《外家纪闻》,《洪北江全集》,光绪初授经堂刊本。
② 洪亮吉:《外家纪闻》,《洪北江全集》,光绪初授经堂刊本。
③ 吕培等:《洪北江先生年谱》,《洪亮吉集》,中华书局 2001 年版,第 2324 页。
④ 洪亮吉:《南楼忆旧诗四十首》其三,《卷施阁诗》卷十,《洪亮吉集》,中华书局 2001 年版,第662 页。
⑤ 洪亮吉:《南楼忆旧诗四十首》其五,《卷施阁诗》卷十,《洪亮吉集》,中华书局 2001 年版,第662 页。
⑥ 洪亮吉:《南楼忆旧诗四十首》序,《卷施阁诗》卷十,《洪亮吉集》,中华书局 2001 年版,第 660 页。
⑦ 洪亮吉:《附塾篇》,《附鲒轩诗》卷一,《洪亮吉集》,中华书局 2001 年版,第 1909 页。

洪亮吉在外家虽说是寄人篱下，正如他自己所说的，恰似经过几番严霜之后的"一枝篱落寄生花"。虽然生活艰辛，但他也感受到亲情的温暖，得到外祖、舅氏、舅母、姨母等的照拂，他们对洪亮吉都很好。外祖母第一时间把生活无所依托的孤儿寡母接到家里，还特别钟爱洪亮吉。"极为外王母龚孺人钟爱，以楼后庑居之，时给其缺乏。"①他在《外家纪闻》中说，自己四岁就识很多字，外祖母特别赏爱他，"于诸孙及外孙中尤奇爱余，尝告母曰：'是儿必成大名，惜我不及见矣。'"②所以后来洪亮吉取得一点成绩，他母亲都要设奠泣告其外祖母。外祖母对聪颖好学的洪亮吉寄予家族殷切的希望，给予他有别于其他孙儿更多的爱，还将外祖所藏的部分书籍，赠送给他。《卷施阁文乙集》卷四《南楼赠书图记》云：

> 南楼者，外王母龚太孺人怡老之室也。予以髫年，过承识爱，别异诸孙之列，策其凌绝之程。先是外王父嵽峨君喜贮书，有田十双，岁以半所入购积轴，历数十年，而仓粟未满，书签已盈。又赴洛之后，增蓄异书，校阁之余，兼存别本。每当朱明入序，赫日悬庭，陈万卷于轩楹，散群函于室牖。仲达之简，雨急自收；高凤之居，麦漂不顾。盖自嵽峨君卒后，辄遇伏日举而行之。
>
> 一日暴书之暇，外王母抽数册以授曰："吾家代衰矣，能读是者，其惟甥乎？"予时十岁，再拜受之，迄今又二十寒暑。③

洪亮吉二十年后，依然清晰记得外祖母当时授书的情形及说过的话，他在《送蒋大齐耀南归》诗中云："手授一编仍未习，十年端愧望孤甥。"自注："予少为外祖母钟爱，今手授书尚存。"④可见，外祖母的赠书，长辈手泽存焉，时常鞭策他发奋苦读。

他的舅氏、舅母、姨母等也很疼爱他。姨母庄孺人，洪亮吉母亲的姐姐，十九岁嫁给同里附贡生庄君辇萼，常携这位外甥至家中。洪亮吉

---

① 洪亮吉：《平生游历图序》，《更生斋文乙集》卷二，《洪亮吉集》，中华书局2001年版，第1074页。
② 洪亮吉：《外家纪闻》，《洪北江全集》，光绪初授经堂刊本。
③ 洪亮吉：《南楼赠书图记》，《卷施阁文乙集》卷四，《洪亮吉集》，中华书局2001年版，第315页。
④ 洪亮吉：《送蒋大齐耀南归》，《卷施阁诗》卷三，《洪亮吉集》，中华书局2001年版，第520页。

后来写了《从母庄孺人墓表》，其中写道："庄孺人，吾母同产姊也。……与吾母尤相爱，每当归宁，辄周所乏。亮吉七岁时，孺人常携至家，时孺人五子，均在塾中……又一日，至孺人家，悯其宿饥，食之过饱。……此则淮母之惠爱，有见于拂情；溧姬之壶浆，不忘乎没齿。"①洪亮吉还有一个姨母，他母亲的妹妹，嫁给了芳茂山的杨安吉，夫君去世后带着两个女儿，也被外祖母接回了娘家居住。洪亮吉与她感情也很好，曾写下诗歌《母命口占送从母归芳茂山故宅》《芳茂山省从母》《夜宿芳茂山》等诗，以及《从母杨孺人墓表》。他的表舅母庄孺人也特别喜欢他。他在《外家纪闻》中回忆说："余年四岁，以识字多为外祖母所赏，九岁，从舅氏裕中先生妻庄孺人有知人之鉴，以骨格奇爱余，二十复受知于侍御舅氏，自念童年知己皆出外家，庄孺人又亲督余右手举箸，令娴习乃送归。"②庄孺人看到他左手拿筷子吃饭，还把他带回家，亲自教他用右手，熟练后才送他回去，纠正他的左撇子。

他与表兄弟们也在此时结下了深厚的感情，如蒋寅谷、蒋定安、蒋定熙，洪亮吉后来跟随表兄蒋肇新。他与定安、定熙感情最好，小时候经常在一起学习，一起玩耍，两人均不幸早逝，洪亮吉十分伤心，《伤知己赋》中将两人列为平生知己。"时表弟阿定小余二岁，亦在塾中。以年相若，尤相昵爱。"③表弟阿定即蒋定熙。洪亮吉在十三岁时学习写诗，当时写下《中秋即景》诗，中有"日出百尽楼，花香三重门"句，不敢示人，只悄悄地给定熙看。④ 他还写有《同蒋十二阿定登太平寺浮屠》《闰思同蒋十二赋》《清明后一日得蒋十二阿定江西讣》。

洪亮吉与外家仆人也结下深厚的感情。他在《外家纪闻》中记载，外祖父有两个旧仆，一曰管亭，一曰顾艺林，管亭兼厨役，嗜酒贪杯。有一次晚上，管亭抱着年幼的洪亮吉到浴池洗澡，水太烫，但醉酒的他却浑然不知，以致将洪亮吉的双脚都烫伤了，外祖母心疼不已，为此还打

① 洪亮吉：《从母庄孺人墓表》，《卷施阁文乙集》卷七，《洪亮吉集》，中华书局 2001 年版，第 355、356 页。
② 洪亮吉：《外家纪闻》，《洪北江全集》，光绪初授经堂刊本。
③ 洪亮吉：《外家纪闻》，《洪北江全集》，光绪初授经堂刊本。
④ 吕培等：《洪北江先生年谱》，《洪亮吉集》，中华书局 2001 年版，第 2326 页。

了这个仆人。但管亭对洪亮吉最好，叫他"团"，这是江南人对孩子的昵称，只要有好吃的，都悄悄地藏给他吃。这两位仆人居住在外家井旁的几间旧屋里，后来洪亮吉"每过其侧，则泫然思之"①。

外家不仅照顾他们一家的生活，也给了洪亮吉很好的早年教育。洪亮吉对外家是感恩的，他在《南楼忆旧诗四十首》序中写道："《诗》曰：'维桑与梓，必恭敬止。'又况螟蛉果蠃之场，与松柏茑萝之所乎！此则明明如月，难忘在闳之辰；悠悠我思，无逾树杞之里。遗闻传于厮养，琐事得于邻童。"②童年的生活会给人的一生留下难以磨灭的印记，他在成年后经常回忆在外家南楼的日子，甚至在乡梦中，十有六七都是梦回南楼，可见他对外家感情之深。

洪亮吉姐弟五人与母亲在外家过了五年清贫的生活，十一岁那年，随母亲回到中河桥南兴隆里赁舍居住。③ 这一年常州一带春秋发生大疫，是个灾荒之年，洪亮吉母亲卖掉了陪嫁的四十亩田，才让一家度过了艰难的时光。洪亮吉在《过徐湖桥感旧》诗中说："却典外家田十亩，薄营饘粥度凶年。（太宜人有赠嫁四十亩，在桥侧，亮吉少孤，藉以自给，及乾隆丙子岁大荒，始鬻田以资饘粥。）"④

他们一家回到旧居后，洪亮吉也时常去外家，间或留宿小住，他在《平生游历图序》一文中有提及。几年的中秋节洪亮吉都回到外家，与表兄弟姊妹一起守月过中秋。"已凉天气清如许，约伴今宵守月华（庚辰、辛巳岁后，值中秋日，每与外兄弟鸿三、定安、重光等及外家姊妹于南楼守月华，恒至彻晓）。"⑤令洪亮吉印象深刻的是，他们回旧居的第二年，二舅蒋素园以国史馆誊录议叙选授江西省德兴县知县，便将母亲接到江西任所将养。外祖母离开常州前，将孙儿女、外孙儿女二十多人召集在一起，与她同吃同住旬日。《外家纪闻》中记载："南楼盛事，以外祖母将赴江西就养，因招集诸孙男女、外孙男女共二十许人，昕夕宴集楼

---

① 洪亮吉：《外家纪闻》，《洪北江全集》，光绪初授经堂刊本。

② 洪亮吉：《南楼忆旧诗四十首》序，《卷施阁诗》卷十，《洪亮吉集》，中华书局2001年版，第661页。

③ 洪亮吉：《平生游历图序》，《更生斋文乙集》卷二，《洪亮吉集》，中华书局2001年版，第1075页。

④ 洪亮吉：《过徐湖桥感旧》，《更生斋续集》卷十，《洪亮吉集》，中华书局2001年版，第1880页。

⑤ 洪亮吉：《南楼忆旧诗四十首》其三十六，《卷施阁诗》卷十，《洪亮吉集》，中华书局2001年版，第665页。

上下者旬日,夜即环外祖母卧榻以寝。及晨光乍起,则诸人卧具前饼饵等物,皆已毕具。盖诸舅妗及从母等杂迭所馈贻也。余犹忆卧初觉时,颊上堆花糕二方,热气熏蒸,方从梦中醒,食竟未足,又攫诸姊妹未醒者之食食之乃已。时余年甫十二。迄今思之,实童年第一乐事也。"[1]这情形是何等热闹温馨,老夫人应是觉得以后很难再见到孙儿们了,带着惜别的伤感,倍加珍惜与孩子们在一起的时光,对于洪亮吉等小孩子们来说,有吃有玩自是开心,故称之为"南楼盛事",是"童年第一乐事"。

随着外祖母离开常州,他们一家也少了一个依靠。根据吕培等的《洪北江先生年谱》中载,乾隆二十八年(1763)五月,常州发生时疫,洪家多人染病,祖父洪公寀、祖母都在这一年因病去世,洪亮吉弟弟出嗣叔父,叔父又不幸亡故,且两个叔父均相继离世,这对于洪家又是一个不小的打击,他们的家境更加艰难了。"居无一椽食无继,穷冬出门布袍替……六棺未葬将谁俟,两两衰宗老孙子。"[2]六口棺木都无钱下葬,可见他们家是何等贫困,年幼的洪亮吉已感受到家族沉重的担子。

第三节　四书五经都过目

洪亮吉幼时生活虽然贫困,但他却一直受到很好的教育,他自己学习也勤奋刻苦。洪亮吉的成功,得益于他母亲的教导和外家对教育的重视。他的母亲是名门闺秀,举人、知县的女儿,从小受到了很好的家庭教育。洪亮吉在写他的姨母庄孺人墓表时说:"庄孺人,吾母同产姊也。少而开敏,为外王父嵋峨君所爱,与吾母皆亲课之,所读倍于诸兄。"[3]可见,他的外祖父并没有忽略女儿的教育,反而因为女儿聪慧而亲自教育她们,读的书甚至比儿子还多,这是非常难得的。在这样的家

----

① 洪亮吉:《外家纪闻》,《洪北江全集》,光绪初授经堂刊本。
② 洪亮吉:《夜坐忆舍弟清迪》,《附鲒轩诗》卷二,《洪亮吉集》,中华书局 2001 年版,第 1937 页。
③ 洪亮吉:《从母庄孺人墓表》,《卷施阁文乙集》卷七,《洪亮吉集》,中华书局 2001 年版,第 355—356 页。

庭氛围中,洪亮吉的母亲"知书,善小楷"①,完全有能力为自己的儿子督课。

因为对子女教育的重视,洪亮吉的家庭教育起步较早。《洪北江先生年谱》记载:"先生四岁,午峰府君令伯姊课之识字,先生每字必询其义。日晚,皆为蒋太宜人述之。是年,凡识七八百字。"②四岁就能识七八百字,与母亲每晚的询问与督促分不开,父亲去世后,所有的教育责任都落到了母亲柔弱的双肩。母亲看到了洪亮吉表现出较高天赋,也知道只有读书才能改变命运,重振家业,所以再苦再难也要创造条件让儿子读书。"清明过了又端阳,母不梳头针线忙。几日断餐缘底事,叠钱来买束脩羊。"③常州当时的规矩,是在清明、端午、重阳、岁除四节给塾师交束脩,所以在这四节来临前,经济拮据的洪家都要想方设法凑齐费用,甚至断炊几日。但即使这样,依旧难以为继,"母勤三年绩,儿受一年经"④,三年的纺织,勉强只够支付一年的学费。一时凑不齐学费,还曾被私塾遣退,他作诗《驱儿篇》以纪其事,诗前小序:"余八岁,自塾中遣归,吾母抱余泣,云云。及稍长有知,遂作《驱儿篇》,以记母语。"诗云:"东家驱儿,不使读书。儿跑告母,母惊儿呼。西家驱儿,不使入塾。儿跑告师,儿已受扑。入告母,出告师,孤儿不食泪若丝。牧群羊,牧群豕,孤儿宁愿读书死。君不见,三尺孤儿亦人子。"⑤望子成龙的母亲,无奈地抱着被遣归的儿子哭泣,说出"孤儿宁愿读书死""三尺孤儿亦人子"的心酸激愤之语,这一幕,深深地印在幼年洪亮吉的心里。不过洪亮吉有一位伟大的母亲,还有外家的支持,他的辍学只是短暂的。

母亲除了辛勤劳作为儿子挣学费外,对儿子督课也很严,自儿子四岁识字始,就每晚要听他复述一遍白天所学,稍大一点还亲自教他。"六岁孤,从母育于外家。虽间出从塾师读,然《毛诗》《鲁诗》《尔雅》《孟子》,实皆母太宜人所亲授也。"⑥回到旧居后在旁边私塾学习《尚书》,所

---

① 洪亮吉:《外家纪闻》,《洪北江全集》,光绪初授经堂刊本。
② 吕培等:《洪北江先生年谱》,《洪亮吉集》,中华书局 2001 年版,第 2324 页。
③ 洪亮吉:《南楼忆旧诗四十首》其十五,《卷施阁诗》卷十,《洪亮吉集》,中华书局 2001 年版,第 663 页。
④ 洪亮吉:《附塾篇》,《附鲒轩诗》卷一,《洪亮吉集》,中华书局 2001 年版,第 1909 页。
⑤ 洪亮吉:《驱儿篇》,《附鲒轩诗》卷一,《洪亮吉集》,中华书局 2001 年版,第 1909—1910 页。
⑥ 洪亮吉:《平生游历图序》,《更生斋文乙集》卷二,《洪亮吉集》,中华书局 2001 年版,第 1074 页。

学功课每晚回来都要背诵给母亲听,如果背不熟或有错误,如将兖州的"兖"背成"衮",母亲必"泣而正之"①。难怪洪亮吉说"始知阿母胜严师"②。

母亲每天天不亮就送儿子去私塾上学,"送尔书堂去,窗疏尚见星"③。晚上边纺织边陪伴、辅导儿子读书。他在回忆诗中说:"夜寒窗隙雨凄凄,长短灯檠焰欲迷。分半纺丝分半读,与娘同听五更鸡。"诗后注曰:"余八九岁时自塾中遣归,每夜执经从太安人纺侧读,恒至漏尽。"④母亲教儿子读书是中国的优良传统,清代常州士子的母教更是明显,多位有成就的学子得益于母亲的教育,洪亮吉之所以能成为清中叶一流的大家,与他母亲的教导和激励是分不开的。洪亮吉经常回忆在摇曳的灯光下在母亲身边读书的情景,还请画家画下《鸡声灯影图》《寒檠永慕图》等,并请许多友人在上面题诗,有翁方纲、赵翼、黄仲则、汪中、张问陶、管世铭、伊秉绶等。

黄仲则家在白云溪边,与洪亮吉外家邻近,两人自小相识,他在《鸡声灯影图》上题诗曰:

> 君家云溪南,我家云溪北。唤渡时过从,两小便相识。白杨头望何妥居,辛夷树访迁辛宅。君言弱岁遭孤露,却伴孀亲外家住。尘封蛛网三间楼,阿母凄凉课儿处。读勤母颜喜,读倦母心悲。不惜寒机杼千币,易得夜灯膏一瓶。灯灭尚可挑,机断不可续。楼风刮灯灯一粟,书声机声互相逐。屋角时闻邻姬愁,烟中每撼林鸟宿。老渔隔溪住十年,君家旧事渠能言。打渔夜夜五更起,蒋家楼上灯犹然。⑤

其他人的题诗内容也都接近,主要赞颂慈母课子辛苦,"读勤母颜喜,读倦母心悲",母亲的悲喜与儿子的读书紧密相连,这是激励儿子发奋苦读的重要因素。

① 吕培等:《洪北江先生年谱》,《洪亮吉集》,中华书局 2001 年版,第 2325 页。
② 洪亮吉:《南楼忆旧诗四十首》其四,《卷施阁诗》卷十,《洪亮吉集》,中华书局 2001 年版,第 662 页。
③ 洪亮吉:《附塾篇》,《附鲒轩诗》卷一,《洪亮吉集》,中华书局 2001 年版,第 1909 页。
④ 洪亮吉:《南楼忆旧诗四十首》其八,《卷施阁诗》卷十,《洪亮吉集》,中华书局 2001 年版,第 662 页。
⑤ 黄景仁:《题洪稚存鸡声灯影图》,《两当轩集》卷十五,上海古籍出版社 1998 年版,第 376 页。

母亲除了督促儿子功课外,还教他作诗,让他读乐府诗,洪亮吉后来还写过《拟两晋南北朝乐府》两卷。母亲还经常出题让他练习作诗,如《附鲒轩诗》中就有《元夕侍母坐命作》《母命咏月》《母命口占送从母归芳茂山故宅》等。《外家纪闻》中记载:"余八九岁时,侍外祖母居南楼,庭桂正开,秋月初出,外祖母命余率以意以咏之。余得二句云:'明月照千里,秋花香一庭。'外祖母亟赏之,以为他日必有诗名。"①他八九岁就能写出这样的诗句,可谓诗才早显。当时私塾只教"四书""五经"、制举业,为科举考试做准备,洪亮吉母亲能从小培养他诗歌方面的爱好,十分难得,洪亮吉诗歌方面的才华与成就,也得益于母亲早年的教育。

除了母亲的督课外,洪亮吉从小就有严师,在私塾里受到塾师的严格管教。他在《外家纪闻》中回忆私塾生活:"外家课子弟极严,自五经、四子书,及制举业外,不令旁及。自成童入塾后,晓夕有程,寒暑不辍。夏月别置大瓮五六,令读书者足贯其中,以避蚊蚋。"②江南的夏天,天气湿热,蚊虫叮咬,为了不干扰读书,塾师让学生双脚放在大瓮里,以避免蚊虫叮咬。

洪亮吉受教育较早,且有严师和"胜严师"的母亲教导督促,打下了较好的学问基础。根据吕培等《洪北江先生年谱》及《外家纪闻》等记载可以知道,洪亮吉四岁就在他父亲的要求下,跟大姐学习识字,当时已能认识七八百字,也因而得到外祖母的特别钟爱。四岁开始学习"四书",即《大学》《中庸》《论语》《孟子》,这是科举考试的基本内容。五岁,在家跟随叔父国子监生洪翔(字希李)读《大学》《中庸》,六岁,在家塾学《论语》,当年父亲去世,随母寄居外家,继续学《论语》,七岁,随城西坂上乡(今江苏常州市)人庄觐五先生读《孟子》。

乾隆十八年(1753),洪亮吉八岁,在外家书塾团瓢书屋上学,老师为武进县学附生恽牧庵先生,学习《孟子》和《诗经》。恽先生同情洪亮吉,悯其"幼孤而慧","常分馆餐食之"③,将自己的馆餐分一些给洪亮吉

---

① 洪亮吉:《外家纪闻》,《洪北江全集》,光绪初授经堂刊本。
② 洪亮吉:《外家纪闻》,《洪北江全集》,光绪初授经堂刊本。
③ 吕培等:《洪北江先生年谱》,《洪亮吉集》,中华书局 2001 年版,第 2324 页。

吃，免其饥饿。《外家纪闻》："团瓢书屋，为外家读书之所。……余少时犹及与诸中表读书其中。"①洪亮吉诗中说："七龄入学感孤儿，逃塾先教都讲嗤。灯下国风还课读，始知阿母胜严师。"诗后注曰："余七龄附学实君舅氏书塾，蒙师为恽牧庵先生。外兄肇新则学长也。"②这里的七岁应是七周岁。洪亮吉八岁那年，得了一场重病，差点不治，几个月后才痊愈。据他在《外家纪闻》中回忆，自从那场病后，他读书智慧顿减，与以前判若两人。这令他怀疑："岂人之愚知增减一分，亦有定命耶？"③洪亮吉开智较早，可以说是早慧儿童，但八岁那场病对他的智力有一定损伤，以至于外家诸兄姊用"判若两人"来形容。可知洪亮吉一生所取得的成就，主要是他勤奋的结果。

　　九岁，仍然在外家私塾，跟随武进县增生黄敬庵继续学习《孟子》以及"毛诗"《国风》，黄先生对学生要求非常严格。当年，外祖母和母亲以《诗经·周南·桃夭》中的"宜其室家"让洪亮吉对对子，洪亮吉随口说出"饱乎仁义"，对仗工整，含义又好，外祖母十分欣慰，更加喜欢这个小外孙了。这一年表弟蒋定熙也入塾，两人一同学习，一同玩耍，结下了深厚的友谊。十岁，在外家黄先生授"毛诗"毕，十一岁回到中和桥南赁屋，在家旁边的私塾学《尚书》，十二岁，从周线里岳介锡学习《礼记》，十三岁仍在外家塾，从表兄肇新学习《礼记》《周易》。肇新，字铭三，洪亮吉舅氏蒋君实的长子，他素工举子业，然一生勤苦，终究老于童子军。蒋肇新酷爱魏晋文，洪亮吉跟随他学习了陶渊明的《桃花源记》、陆机的《豪士赋序》、张敏的《头责子羽文》等。这一年的秋天，洪亮吉的舅舅君实即表兄肇新的父亲卒于德兴官舍，表兄前往奔丧，洪亮吉只能又换老师。

　　此后他寄读于陈宝（蕴宾）家塾二月余，陈宝是洪亮吉的远房亲戚，洪亮吉叫他表舅。根据《外家纪闻》记载，陈宝与洪亮吉父亲有一段很深的交情。当初陈宝赴江宁乡试，乘坐的小船不幸倾覆。当时洪亮吉的父亲正好客居江宁，得知消息后，立即划了一条小船前去相救，千方

① 洪亮吉：《外家纪闻》，《洪北江全集》，光绪初授经堂刊本。
② 洪亮吉：《南楼忆旧诗四十首》其四，《卷施阁诗》卷十，《洪亮吉集》，中华书局 2001 年版，第662 页。
③ 洪亮吉：《外家纪闻》，《洪北江全集》，光绪初授经堂刊本。

百计将其救出,后又接济他衣服、鞋子及生活费用,让他能按时参加考试。陈宝后来跟随洪亮吉父亲,如父子一般。洪亮吉跟随陈宝学习虽然时间不长,只有短短的两个月,后母亲倾其所有也凑不齐束脩和餐费,他又不得不离开,但陈宝对他的影响不小。陈宝在作制举文之余也喜欢作诗,又喜欢录唐宋小词,不数日即成一卷,洪亮吉经常在旁边窥视,看过即能背诵,陈宝很赏识他。洪亮吉也是从十三岁这一年开始学习作诗的,曾作《中秋即景》诗,有"日出百尺楼,花香三重门"句①。这与他在陈宝身边两个月受其影响有一定关系。陈宝还曾作诗嘲笑他荒废学业。"以余孤露失学久,尝戏作嘲之曰'饱食无余事,嬉游了此生。读书心弋鹄,遇事口吞鲸'云云。余虽少,读之悚然,至今尚深感其劝学之意。"②虽是戏作,但洪亮吉当时触动很大,多年后仍感念其"劝学之意",可见对他的影响很大。

洪亮吉离开外家后,因家境原因,频繁更换学习地方和老师。乾隆二十四年(1759),十四岁的洪亮吉在常州鹿苑庵跟随府学附生董献策读《春秋》《左传》,学习制举文写作。这一年他写了一篇《斥释氏文》③,虽然这篇文章没有流传下来,但仅从题目,就可以看出少年洪亮吉对佛教的态度。这一年他也创作了诗歌十数首。其中有一篇《岁歉篇》,诗云:"十三知岁歉,十四忍朝饥。母病通师俸,儿长著父衣。瘦怜亲串识,贫觉馆僮讥。冷巷归来晚,书声出破扉。"④生动地写出当时洪家的贫寒以及他努力读书的情形。破扉中传出的书声,是一家人的希望。

次年,洪亮吉在常州西庙沟谢氏塾跟随武进附学生唐为垣(麟臣)继续学习《左传》,并学习《史记》《汉书》、杂文等。作制举文全篇,题为《则以学文》,唐先生极赏之。从这一年开始,洪亮吉注意留存自己的诗文稿,《附鲒轩诗》卷一中的第二篇《附塾篇》,就创作于这一年。十六岁,在常州城北四十里邮村邹元士家塾,仍从唐为垣学习制举文。还在常州茭蒲巷从江阴县学廪生缪映藜学习唐宋杂文及制举文,次年在常

---

① 吕培等:《洪北江先生年谱》,《洪亮吉集》,中华书局 2001 年版,第 2326 页。
② 洪亮吉:《外家纪闻》,《洪北江全集》,光绪初授经堂刊本。
③ 吕培等:《洪北江先生年谱》,《洪亮吉集》,中华书局 2001 年版,第 2326 页。
④ 洪亮吉:《岁歉篇》,《附鲒轩诗》卷一,《洪亮吉集》,中华书局 2001 年版,第 1910 页。

州百花楼巷庄氏塾跟随金坛县廪生荆汝翼(廷纬)学习《公羊传》《谷梁传》以及制举文写作。十九岁,在常州北后街跟随常州府学附生余苣亭先生学习唐宋古文及制举文的写作。余丰,号苣贻,余苣贻特别欣赏洪亮吉,称他为"异才",岁暮学塾放假了,余先生还专门送诗给他。洪亮吉读书也很认真,每学完一篇,则自己要学写数篇,或老师出一个题目,他要另写二篇三篇,有时其他同学还没有构思完,洪亮吉就已经写好交卷了,所以余先生对他"击节叹赏"①。洪亮吉有诗《清泉白石图为余苣贻先生赋》,其中有"就中数子业最醇,乃独誉我称能文。风狂雪暗短景臻,作诗送别迈等伦"②。这一年,他创作《云溪春词》《独酌谣》等诗,也开始学习骈体文的写作。

从以上这些学习经历来看,洪亮吉从小天资聪颖,生过一场病后智力受到影响,但他以刻苦读书补之。他受教育较早,系统地学习"四书""五经"等儒家经典,就像他自己说的,"我年始十三,六经都过目"③。虽频繁更换学习地点及老师,但洪亮吉的学习却从未中断过,少年洪亮吉是不会"饱食无余事,嬉游了此生"的。

第四节　四应童试成秀才

在清王朝,贫寒之士改变命运实现自己理想的唯一途径,就是科举。只有科举取得功名,才有做官的资格,从而给自己带来较高的政治地位、社会地位以及经济收入,许多寒士在这条崎岖的小道上走得十分艰辛,可谓血泪斑斑,但毕竟科举取士还是相对公平的人才选拔制度,给出身寒门的读书人以希望。从小受到良好的教育以及制举文训练的洪亮吉,自然也走上科举之路,别无选择。但他的科举之路却也并不平坦。

① 吕培等:《洪北江先生年谱》,《洪亮吉集》,中华书局2001年版,第2327页。
② 洪亮吉:《清泉白石图为余苣贻先生赋》,《附鲒轩诗》卷五,《洪亮吉集》,中华书局2001年版,第2007页。
③ 洪亮吉:《洪儿歌为徐同年书受赋》,《卷诗阁诗》卷八,《洪亮吉集》,中华书局2001年版,第625页。

乾隆二十六年(1761)三月,洪亮吉十六虚岁,初次参加童子试,但未被录取。他在诗中写道:"寻常不放到门边,生小都怜疾病牵。记得廿三逢县考,小心嘱上渡头船。(此指十五岁时,初寄籍阳湖,应童子试也。)"①初次失利,虽然小小受挫,但也激励他更加努力读书。

虽然洪亮吉小时候读书也勤奋,但十五六岁是他学习的自觉时期。他在给友人蒋士铨的诗中说,"我年十五知读书"②。家境的贫寒,使洪亮吉小小年纪就感受到了世态炎凉、人情冷暖。他在《夜坐忆舍弟清迪》诗中云:"贫来亲串何足多,昔时受恩今反戈。朱门大第亘山立,短褐欲进遭其诃。飘然一身谢家末,识字还忧不能活。残衫破帽驱出门,手把遗书为呜咽。辛丑癸甲遭鞠凶(先王父王母暨诸叔父相继没),生者更瘝饿寒中。憨孙不死亦天幸,觅食自此无西东。"③家道中落,让洪亮吉过早感受到生活的不易,甚至有的人家"昔时受恩今反戈",不认世家的交情,将衣衫破旧的贫儿驱赶出门。长大懂事后,更加觉得母亲辛苦劳作供他读书之不易,也更加知道只有考取功名,才能改变衰落家庭的命运。所以在他十五六岁时,变懵懂为自觉。尤其是初次参加童子试的失利,激发了他发愤图强的斗志,他写有《初生十五六》四首,可见其当时的思想。其中二首如下:

> 初生十五六,如犊甫离乳。车旁随母走,相距不数武。诚知刍秫好,未识谁是主。忽报上齿生,劳劳驾车苦。

> 初生十五六,如鸟始出巢。毛翮虽未强,气已凌碧霄。一母将众雏,飞处不欲高。朝出莫共还,稍知念劬劳。④

初生十五六,就像初断乳的牛犊,初离巢的雏鸟,虽稚嫩,却已有凌云之志,只待羽翼丰满,翱翔于蓝天之上。

少年洪亮吉,除了专心读书外,还经受住了两个考验,一个是人品

---

① 洪亮吉:《南楼忆旧诗四十首》其二十二,《卷施阁诗》卷十,《洪亮吉集》,中华书局 2001 年版,第664 页。

② 洪亮吉:《寄铅山蒋编修士铨》,《附鲒轩诗》卷四,《洪亮吉集》,中华书局 2001 年版,第 1978 页。

③ 洪亮吉:《夜坐忆舍弟清迪》,《附鲒轩诗》卷二,《洪亮吉集》,中华书局 2001 年版,第 1937 页。

④ 洪亮吉:《初生十五六》,《附鲒轩诗》卷一,《洪亮吉集》,中华书局 2001 年版,第 1918 页。

的考验。洪亮吉在城北邹士元家塾,跟随旧师唐麟臣先生学习,其实还充当邹元士儿子的伴读,"附翁钱一千,伴翁儿读书"①。邹翁家境富有,田产较多,"丈人十双田,岁得千斛粮。丈人一陂泽,岁牧千尾羊。"②邹翁并没有因为洪亮吉贫寒而看不起他,反而觉得他读书好,很看重他,"读书书何多,翁言儿大好。枉有七八男,无如此儿矫。"③邹翁看好洪亮吉,也同情他家贫,想把自己女儿嫁给他。但洪亮吉此时已聘自己的表妹为未婚妻,他如实相告,谢绝了邹翁的好意。面对已聘的贫寒女及富裕的邹家女,洪亮吉信守聘约,诚实守信,有好的人品。

关于此事的年份,洪亮吉在自己不同的诗文中表述有出入。他在《更生斋文续集》卷二《唐见山先生传》中说:"犹忆年十七时,读书郭北四十里邹翁塾中。"④十七岁应该是周岁,吕培从此说。吕培等《洪北江先生年谱》系于乾隆二十八年(1763),"二十八年癸未,先生十八岁,在城北四十里邮村邹翁元士家塾,仍从唐麟臣先生习制举义。同学为邹福、梅廷、梅金川。邹翁极重先生,欲以女妻之,知有所聘,乃止。"⑤而《附鲒轩诗》卷一《郭北篇》序言中说:"辛巳岁,洪子读书郭北邹翁家。翁怜其贫欲以女妻之,闻有所聘,乃止。洪子感其意,作《郭北篇》。"⑥李金松《洪亮吉年谱》系于乾隆二十六年,辛巳(1761),先生十六岁。"入读城北邹翁家塾,塾师为唐为垣。邹翁赏爱之,欲以女妻之,闻有所聘,作罢。"⑦《唐见山先生传》是晚年所作,回忆四十多年前的事记忆或许出现差错,而《郭北篇》是早年作于当时,记忆应是比较准确,所以,此事发生在十六岁比较可信。

第二个考验是生命的考验,乾隆二十八年(1763)江南发生疫情,五月,洪亮吉身染时疫,并将疫病传染给他家人,他的母亲数次濒危,祖父、祖母都是这个月感染时疫相继去世。病中的洪亮吉很伤心,心理压

① 洪亮吉:《郭北篇》,《附鲒轩诗》卷一,《洪亮吉集》,中华书局 2001 年版,第 1912 页。
② 洪亮吉:《中井乡歌为邹翁赋》,《附鲒轩诗》卷一,《洪亮吉集》,中华书局 2001 年版,第 1914 页。
③ 洪亮吉:《郭北篇》,《附鲒轩诗》卷一,《洪亮吉集》,中华书局 2001 年版,第 1912 页。
④ 洪亮吉:《唐见山先生传》,《更生斋文续集》卷二,《洪亮吉集》,中华书局 2001 年版,第 1166 页。
⑤ 吕培等:《洪北江先生年谱》,《洪亮吉集》,中华书局 2001 年版,第 2327 页。
⑥ 洪亮吉:《郭北篇》,《附鲒轩诗》卷一,《洪亮吉集》,中华书局 2001 年版,第 1912 页。
⑦ 李金松:《洪亮吉年谱》,人民出版社 2015 年版,第 14 页。

力也很大,几天水浆不进,勉强拄着拐杖才能起身,在家住了一个月病才慢慢好转,到八月才又回到书塾。

由自然和社会等原因造成的灾难,自古以来一直是人类难以完全避免却又必须正视的劫难。清代康雍乾时期是我国历史上著名的盛世,乾隆朝更是这个盛世的巅峰,根据《清史稿》的记载,清代江南每隔几年就会出现一次疫情,仅乾隆年间,就有十八个年份发生疫情,其中涉及范围最广的两次分别为丙子(乾隆二十一年[1756])和丙午(乾隆五十一年[1786])之疫。乾隆二十一年(1756)的江南之疫是乾隆年间具有代表性的大疫。大疫的前一年,即乾隆二十年(1755),发生了一场大水灾,这场水灾涉及的范围至少包括今江苏、浙江、安徽、湖北等省。水患之后继以虫灾,小小的飞虫遍布田野,乡人称之为稻飞虱。继而是粮食减产或绝收,紧接着便是饥荒。这一年,在江南的各州县方志的"祥异志"中,大都有灾情记载。常说"大灾之后必有大疫",第二年便是瘟疫流行。《清史稿》记载道:"二十一年春,湖州大疫,苏州大疫,娄县大疫,崇明大疫,武进大疫,泰州大疫。夏,通州大疫。十一月,凤阳大疫。"①从记载来看,这次瘟疫主要集中在江南以及周边地区。限于以前的医学水平,关于这场瘟疫的性质,史料基本只是笼统地称之为"疫""瘟疫""大疫""疫疠"等,没有说明究竟是何种疾病。现代医学人士根据当时的病症判断,认为这些疫病可能包含伤寒、流行性乙型脑炎等多种夏季常见的急性传染病。在大疫流行时,大量人员死亡,人口损减,在当时的史籍中有大量"民死几半""人死无算""死者枕藉"之类的记载,瘟疫对当时社会带来的危害十分明显,展现出了盛世背后的另一幅图景。

这一年,洪亮吉母亲卖掉了陪嫁的田地,才让全家度过了灾年。乾隆二十一年(1756)大疫,七年之后的乾隆二十八年(1763),江南再次发生疫病,这次在《清史稿》中并没有记载,其实江南发生的时疫不止《清史稿》记载的十八次,至少有二十多次,有的年份并没有记载。乾隆二十八年(1763)的这次时疫,洪亮吉家深受其害,他自己身患疫病,家人多人被传

① 赵尔巽等:《清史稿》卷四十《志十五·灾异一》,中华书局1977年版,第六册,第1529页。

染患病,祖父母病亡,从他一家的情况来看,此次疫情很严重,但幸运的是,洪亮吉从死亡线上挣扎过来了,他经受住了命运的考验。

不久之后,洪亮吉又回到外婆家生活了一段时间。他的蒋素园舅父从江西罢官回乡,外祖母自然也一同回到了阔别已久的家乡,洪亮吉随母亲再次回到外家,和母亲一起陪伴自小宠爱自己的外祖母,受到外祖母的诸多照拂。此时洪亮吉已年近弱冠,也有些学问了,素园舅父就让他在团瓢书屋教自己的孩子读书。洪亮吉以塾师的身份回到自己熟悉的书屋,自此开始教馆生涯,赚些钱以补贴家用。后来他还曾在他二姐丈汪德渭家做塾师,他二姐嫁给了同里的汪德渭,汪家富裕,请有三位塾师。一般情况是成为秀才后,才会去做塾师,洪亮吉未取得生员资格,就做起了童子师,一是因为他确实有学问,不会误人子弟,在汪家三位塾师中,他的才学常居首位,另一个很重要的原因,还是他的舅舅、姐姐们照顾他,让他可以自食其力,减轻家里的负担。但在做塾师的同时,他也没有放松自己的学业,空闲时间经常向舅舅们学习。

这段时间洪亮吉也读一些历史书,之前他只读过《史记》《汉书》,正好书塾案头有《唐书》《五代史》《宋史》等史籍,他便在教书之余阅读。他外祖母年岁已大,喜欢听些稗官野史、遗闻逸事等,洪亮吉晚上回来,边陪外祖母和母亲吃晚饭,边把白天从史书上看来的故事绘声绘色地讲给她们听,她们听得很高兴。外祖母住的南楼前,有一棵老杏树,枝繁叶茂。五六月份间,江南的天气开始闷热,杏子由青泛黄即将成熟,洪亮吉和外祖母、母亲经常坐在杏树下,讲讲白天的事。为了给她们娱乐,他还创作了《唐宋小乐府》百篇。①

这个阶段,在洪亮吉生命里,是难得的幸福温馨时光。四年之后的乾隆三十二年(1767)十月,八十四岁高龄的外祖母病重,得知消息后洪亮吉立刻赶回,日夜伺候在外祖母身边,"衣不解带者旬日"②,最终还是没能留住自幼宠爱自己的外祖母,他伤心至极,恸哭呕血。这年的秋天,常州连日大雨,外家门前白云溪的水满溢出。为外祖母守灵"七七"

---

① 洪亮吉:《唐宋小乐府》,《附鲒轩外集》,《洪亮吉集》,中华书局 2001 年版,第 2236 页。
② 吕培等:《洪北江先生年谱》,《洪亮吉集》,中华书局 2001 年版,第 2328 页。

后，洪亮吉侍奉母亲蒋太宜人又回到兴隆里旧宅居住。第二年洪亮吉经过外祖母居住的南楼，触景生情，写下《重过南楼哭外祖母》，有"半世文章夸阿士，十年风雨梦空楼"句。①

喜欢看书而又无钱购买，是少年洪亮吉的一大烦恼，外祖母生前曾悄悄地把范祖禹的《唐鉴》送给他，他自然很欢喜。当时洪亮吉很喜欢咏诗，市面上也有些当代诗人的诗集，洪亮吉想买来学习，但又无钱购买，就偷偷地将几件棉夹衣典当，买了三四种当代人的诗集。母亲觅衣不得，气得痛打了他一顿，不得不将自己正织的布剪下来拿去卖，将衣服一一赎出。

洪亮吉二十岁受知于蒋和宁舅氏。蒋和宁（1709—1786），字耕叔、用安，一字榕庵，江苏武进人。乾隆十七年（1752）进士，改庶吉士。散馆，授翰林院编修。官至湖广道监察御史、贵州乡试正考官、侍御、晚年主休宁讲席。事具袁枚《诰授奉政大夫湖广道监察御史蒋公墓志铭》等。外家杏花楼有杨氏腾光馆，当时不仅仅为里中士子课文之所在，春秋花事亦盛，春有牡丹，秋有桂花，每逢花事则常开馆宴客，赏花会文。洪亮吉《附鲒轩诗》卷一有《春尽日腾光馆赏牡丹》②，即记述当时的情形。暮春三月，与里中同人"会课"于腾光馆，并赏牡丹，蒋和宁特别欣赏这个外甥的文章，"阅其文，奇赏之，亦列为第一。"③《外家纪闻》记载："余弱冠时，与里中诸同人结会课于杨氏腾光馆，共四十人，诸老宿俱在，而侍御舅氏评其文，以余为第一。"④

洪亮吉年纪虽小却在同辈中出类拔萃，得到长辈的赏识，但是，他第二年六月参加童子试，依旧落第。二十二岁时，由她姐姐、姐夫资助，跟随乾隆十九年（1754）举人时月圃学习，专攻制举文写作。当年他还与黄景仁一起在龙城书院受业于邵齐焘。邵齐焘（1718—1768），字叔山，号荀慈，江苏常熟人。幼异敏，读书晓大义。乾隆七年（1742）进士，改翰林院编修，主讲常州龙城书院，黄景仁、洪亮吉皆从受学。著有《玉

---

① 洪亮吉：《外家纪闻》，《洪北江全集》，光绪初授经堂刊本。
② 洪亮吉：《春尽日腾光馆赏牡丹》，《附鲒轩诗》卷一，《洪亮吉集》，中华书局2001年版，第1925页。
③ 吕培等：《洪北江先生年谱》，《洪亮吉集》，中华书局2001年版，第2328页。
④ 洪亮吉：《外家纪闻》，《洪北江全集》，光绪初授经堂刊本。

芝堂诗集》三卷、《文集》六卷,事具《清史列传》卷七十二。是年六月,他第三次参加童子试,还是落榜。三次落第,对洪亮吉打击很大,迫使他刻苦读书,苦练制举文。他还送已考取生员的秀才去江宁参加乡试,这又刺激了他一次,之后他专心在鹿苑庵后依云阁读书,每夜至三鼓不歇,使得庵里的僧人都讨厌他了,托言有人要租这间房,把他赶到一间漏雨透风的土房子里,但他怡然处之,继续苦读。

乾隆三十四年(1769)年五月,二十四岁的洪亮吉第四次参加童子试,终于被录取为阳湖县学附生。功夫不负有心人,这次成绩很好,县试第二,府试第三,院试第八。这样,洪亮吉在科举之路上,终于登上了第一个阶梯,取得了生员的资格,成了一名秀才,有资格参加省里的乡试了。

在考取生员前一年的九月十六日,洪亮吉结婚了,妻子是他大舅蒋君实的女儿。因他自幼丧父,家境又不好,婚事还是在舅舅家操办的。住在外家三日后,他才带着新婚妻子回到兴隆里旧宅。此时龙城书院的恩师邵齐焘离世,他将妻子安顿好后,也顾不得尚在新婚,立即前往常熟,吊唁邵齐焘先生。此事也足见洪亮吉是一个重情重义之人。

第五节　典衣沽酒喜交游

洪亮吉从少年时代就喜欢和志同道合的朋友交游结社,但这在洪亮吉外家是不被允许的,他十八岁在外家教表弟们读书,当时他素园舅舅已罢官归里,舅舅对子弟管教很严厉,不让子弟结客交友,主要是怕分散精力影响科举考试。但严格的家教压制不住年轻人的天性,在这种情况下,洪亮吉还是冲破长辈的管教,私下与里中士子交往。据他在《外家纪闻》中记载,他外家左侧即是县学,里中名流士子们在此学习,有一天晚上他又瞒着舅舅带着表弟鸿三来到县学明伦堂,与士子交流,不知不觉夜已深,宅门已经关闭,他们也不敢敲门,怕被舅舅知道,只好徘徊门前,到天亮宅门开启才敢回家。

这段时间洪亮吉只有短暂的外出,基本都在家乡,但他也结交了不少名士。他十多岁时就认识里中名士汤大奎。因为他家与汤大奎都居住在城东兴隆里曹庵之侧。他早年写有《赠汤大令大奎即题吟秋图卷子》①，后来又有《汤大令大奎以公事至甘肃往来皆过西安书赠六首》，中有"所居曾咫尺，岸柳不能分"，诗中有注"旧与君皆居城东兴隆里曹庵之侧"②，"余年十数岁，以里中公事识君于刘氏宅。"③汤大奎(1728—1787)④，字曾辂，号纬堂，江苏武进人。乾隆二十八年(1763)进士，授福建凤山县知县。乾隆五十一年(1786)冬，死于台湾林爽文乱。洪亮吉作有《福建凤山知县赠云骑尉世袭死节汤君墓表》。

十六岁，与董心牧订交。董心牧(1746—1799)，江苏阳湖人，进士，官至广西浔州知府。他与董心牧也是远房亲戚，小时候曾在一起玩耍，成年后两人订交。

十七岁，在钱维城家认识了崔龙见。崔龙见(1741—1817)，字翘英，号曼亭，江苏阳湖人，原籍山西永济。乾隆二十六年(1761)进士，历官陕西南郑知县，乾州直隶州知县，四川顺庆知府，杭州通判、同知，荆州知府，荆宜施道等。同年，与黄仲则结交，遂成为一生的挚友。冬天，在朋友处读到朱筠的古赋数首，开始与朱筠诗文往来。

十九岁在余丰家塾读书时，与杨清轮同学。杨清轮，字仲陆，江苏武进人。乾隆四十九年(1784)进士。为福建长乐县知县，断狱有杨铁案之称。后主讲龙城书院，为乡里所称。

二十岁不到结识杭世骏。杭世骏(1696—1772)，字大宗、号堇浦，别号智光居士、秦亭老民、春水老人等，浙江仁和(今浙江杭州市)人。清代经学家、史学家、文学家、藏书家。雍正二年(1724)举人，乾隆元年(1736)举博学鸿词，授翰林院编修，官御史。乾隆八年(1743)，因上疏言事，遭帝诘问，被革职放还。乾隆十六年(1751)官复原职。晚年主讲广东粤秀和江苏扬州两书院。工书，深于史学，著述颇丰，著有《道古堂

---

① 洪亮吉：《赠汤大令大奎即题吟秋图卷子》，《附鲒轩诗》卷三，《洪亮吉集》，中华书局2001年版，第1971页。

② 洪亮吉：《汤大令大奎以公事至甘肃往来皆过西安书赠六首》其四，《卷施阁诗》卷三，《洪亮吉集》，中华书局2001年版，第517页。

③ 洪亮吉：《汤大令大奎以公事至甘肃往来皆过西安书赠六首》其三，《卷施阁诗》卷三，《洪亮吉集》，中华书局2001年版，第517页。

④ 汤大奎卒于乾隆五十一年十二月十三日，公历为1787年1月31日。

集《榕桂堂集》等。洪亮吉《更生斋文甲集》卷四有《书杭检讨遗事》，其中有云："余年未二十，省从叔邗沟，始识先生。先生见所拟乐府及古赋，奇赏之，留语数日，曰：'汝后必入翰林，不可不知掌故。'因日举翰林故事十数则告之。"[1]杭世骏当时应是主讲扬州安定书院，奇赏少年洪亮吉的诗文，很看重他。

二十岁左右认识屠绅。屠绅（1744—1801），字贤书，一字笏岩，号磊砢山人、黍余裔孙、竹勿山石道人等，江苏常州府江阴县（今江苏无锡市）人。幼丧父，天资聪慧。乾隆二十八年（1763）进士，授云南师宗县知县、甸州知州、广州通判等。所著有小说《蟫史》二十卷、志怪笔记《六合内外琐言》二十卷、《鹗亭诗话》一卷、附诗一卷等。事具沈燮元《屠绅年谱》。洪亮吉《玉尘集》也提到他，与洪亮吉、黄景仁等为诗友。《卷施阁诗》卷十六《屠二绅自寻甸州守擢判广南道过贵阳留饮三日醉后赋赠》："依绿亭边识君日，三十年来五回别。"[2]

乾隆三十二年丁亥（1767）春天，洪亮吉去苏州昆山拜访做昆山尉的从叔，有机会认识家乡以外的名流，并与之交往。他拜访过李存厚。李存厚，字懋和，号未庵，江苏昆山人，国子监生。通经史，工诗文，尤其长于骈体。有《瓿余吟草》《卧樗子诗文集》等。《卷施阁诗》卷十七《李公子存厚梅窝图》有小字自注："余未弱冠时，从叔为昆山尉，曾过访，留居旬日。"[3]

在昆山还结识秀才徐克庄。徐克庄，江苏昆山人。在徐克庄家一起读宋宝祐四年（1256）进士录，一起登昆山传是楼。《附鲔轩诗》卷三《读宋宝祐四年进士录作》题下自注："丁亥年，在昆山徐秀才克庄家见之。"[4]《更生斋诗续集》卷一《昆山登文笔峰回憩花神庙作》，其中有"童年旧事仍能记，传是楼翻汉石经"，有注云："丁亥春，初访从叔县尉至

① 洪亮吉：《书杭检讨遗事》，《更生斋文甲集》卷四，《洪亮吉集》，中华书局 2001 年版，第 1038 页。
② 洪亮吉：《屠二绅自寻甸州守擢判广南道过贵阳留饮三日醉后赋赠》，《卷施阁诗》卷十六，《洪亮吉集》，中华书局 2001 年版，第 833 页。
③ 洪亮吉：《李公子存厚梅窝图》，《卷施阁诗》卷十七，《洪亮吉集》，中华书局 2001 年版，第 848 页。
④ 洪亮吉：《读宋宝祐四年进士录作》，《附鲔轩诗》卷三，《洪亮吉集》，中华书局 2001 年版，第 1972 页。

此,曾偕戚徐某一登传是楼。"①他与徐克庄秀才的交往虽然短暂,但在晚年重登此楼时还能记起此事。

二十岁东游,在壁间初次读到蒋士铨诗句,流连淹留三旬。当时蒋士铨主扬州讲席。《附鲒轩诗》卷四《寄铅山蒋编修士铨》:"我年十五知读书,廓然二十东出游。东游见君壁间句,一室偃卧三旬留。当时止识诗句好,欲讯君名识君少。客有传言姓字真,生今恨不知名早。"②蒋士铨(1725—1785),字心余、苕生、藁生,号藏园,又号清容居士,晚号定甫。江西铅山人。乾隆二十二年(1757)进士,官翰林院编修。乾隆二十九年(1764)辞官后主持蕺山、崇文、安定三书院讲席。精通戏曲,工诗古文,著有《忠雅堂诗集》《藏园九种曲》等。

在龙城书院读书期间,除了黄仲则外,同学还有左辅、杨梦符、杨伦及其弟杨炜。同窗共读,结下深厚友谊。

左辅(1751—1833),字仲甫,一字蘅友,号杏庄,江苏阳湖人。乾隆五十八年(1793)进士。历官安徽南陵知县、霍邱知县、泗州直隶州知州、颍州知府、广东雷琼道、浙江按察使、湖南布政使、巡抚等。勤政爱民有政声。工诗词古文,著有《念宛斋集》,有诗、词、古文、书牍等。

杨梦符(1750—1793),字六士,又字西躔,号与岑,江苏武进人,原籍浙江山阴(今浙江绍兴市),后移居武进。乾隆五十二年(1787)进士,官刑部员外郎。工骈体文。

杨炜(1749—1814),字槐占,又字槐瞻,号星园,江苏武进人。乾隆四十三年(1778)进士,改庶吉士,散馆以知县用,在河南、江西、广东多地任知县、知府等。著有《西溪草堂集》等。

根据吕培等《洪北江先生年谱》以及洪亮吉诗文所及,在家乡的这段时间,他与里中诸子往来颇多。如他与赵怀玉、刘骏往城西徐墅访陈明善于亦园,诗词唱和。与秀才邵辰焕、屠绅、刘骏、庄宝书、赵怀玉等唱和极多。

陈明善(1736—1803),字服旃,号野航,江苏武进人。勤学问,耽吟

---

① 洪亮吉:《昆山登文笔峰回憩花神庙作》,《更生斋诗续集》卷一,《洪亮吉集》,中华书局2001年版,第1482页。

② 洪亮吉:《寄铅山蒋编修士铨》,《附鲒轩诗》卷四,《洪亮吉集》,中华书局2001年版,第1978页。

咏,工书翰,游京师,名动公卿。历任代、朔、吉三州后,以母不能迎养乞归。家有亦园,擅林亭之胜,赵翼、洪亮吉等悉与交游,一时宾客之盛甲于州郡。有《亦园四书》,世称"亦园先生"。事具《清代毗陵名人小传稿》卷四。

邵辰焕(1736—1795),字星城,江苏常州府金匮(今江苏无锡市)人,诸生。因娶于江阴,故侨寓江阴。工书法,善诗,著有《传砚堂稿》等。

庄宝书(1740—1795),字然乙,小字梅生,江苏武进人,监生。历知赞皇、河间知县。擅书,工诗古文辞,高古简洁,自成一家,操笔立就,少即以文学名。有《梅屐山房诗钞》。

乾隆三十四年(1769),黄仲则从安徽归来,里中士子经常在一起,漫步城东,泛舟白云溪。八月十九日,与钱璟、庄宝书、屠绅、刘骏、赵怀玉集味辛斋桂树下。钱璟(1721—1770),字希宋,又字广平,江苏武进人。乾隆二十八年(1763)进士。及第后不仕,居家养母。精于明史。事具赵怀玉《亦有生斋集·文》卷十二《进士钱君行状》等。

赵怀玉《亦有生斋集·诗》卷一《八月十九日钱八璟、庄四宝书、刘大骏、洪大莲、屠二绅集味辛斋桂树下》:"平分秋色秋刚半,屈指年光速流换。庭前老桂一夜开,黄雪飞香清鼻观。招邀同辈三五人,据石临流设风幔。是时日午悬清光,大豁前盈敞虚馆。……声壶漏刻屡移下,卜饮讵嫌宵复旦。酒阑乘兴蹋六街,冷月侵衣人影散。归来墙角鸡三号,东有启明光烂烂。"[1]从诗中可见,他们几个诗友饮酒赋诗,从日中一直到次日黎明方散。十月初二日,赵怀玉与屠绅邀洪亮吉味辛斋联句,他未至。过了一两天,即与赵怀玉、屠绅于味辛斋联句。赵怀玉《亦有生斋集·诗》卷二有《味辛斋后联句》。这一年他们几个经常聚在一起诗酒风雅。黄仲则短暂出游,也经常有书信往来,表达对家乡朋友的思念。

腊月初,一个异常寒冷的冬日午后,屠绅、赵怀玉、黄仲则过访,洪

① 赵怀玉:《八月十九日钱八璟、庄四宝书、刘大骏、洪大莲、屠二绅集味辛斋桂树下》,《亦有生斋集·诗》卷一,清道光元年(1821)刻本。

亮吉将他们拉入酒肆痛饮欢聚,即使囊中羞涩,也要典衣沽酒,他们饮酒赋诗,洪亮吉作诗《典衣行》,其他三人都和韵以赠。《玉尘集》卷上云:

> 腊后一日,寒甚。午后忽屠笏岩、赵味辛、黄仲则过访,余拉入酒肆痛饮,明日典衣偿之,作《典衣行》,三君皆和韵以赠。屠《后雨夜怀人绝句》云:"旗亭风雪便勾留,一榼能教五体投。我忆洪都狂道士,兴阑亲典鹔鹴裘。"其诗今不存。①

赵怀玉也专门就此次欢聚作诗《典衣行为洪秀才莲作》,诗云:

> 客苦寒,客衣单;客不醉,客颜悴。客欲觅酒羞囊空,呼朋还过旗亭中。亭中小儿知客贫,拍手笑客客不嗔。客不嗔,典衣去,人生痛饮余莫顾,明日拍浮任何处。烛花乱落漏正长,婆娑起舞欢未央。始知酒力胜于火,大地忽变为春阳。朔风城头堕霜月,孤雁一声冻云裂,客归酒醒僵如铁。②

从诗中描写可知,他们几个青年才俊,从午后痛饮至深夜,大醉而归,足见年轻时候他们的狂放和豪情。过了几天腊月初九,初雪,洪亮吉和屠绅又去拜访赵怀玉,又是一次赋诗饮酒的聚会。他还与赵怀玉、管世铭泛舟白云溪,与黄仲则一起访左辅,并与董轴驷订交,与黄仲则赏月并作诗。管世铭(1738—1798),字缄若,号韫山,江苏武进人。乾隆四十三年(1778)进士,历官户部主事、郎中、军机章京、监察御史等。深通律令,凡谳牍多由他主奏,大学士阿桂尤善之,倚如左右手。有《韫山堂诗文集》传世。董轴驷,字惠畤,江苏武进人,乾隆五十四年(1789)进士。由员外郎为广西寻州知府。

牡丹花开了,桂花开了,下雪了,月亮圆了,白云溪涨水了,朋友间的聚会总是有理由的,甚至不需要任何理由,他们的友谊也在这一次次的诗酒交往中越来越深厚。

交友聚会少不了饮酒,洪亮吉小时候就体弱多病,饮酒多了难免伤

---

① 洪亮吉:《玉尘集》,光绪十年(1884)刻本。
② 赵怀玉:《典衣行为洪秀才莲作》,《亦有生斋集·诗》卷二,清道光元年(1821)刻本。

身,在又一次酒病呕血数升之后,洪亮吉被母亲禁足在家养病。闲来无聊,将师友间的言论风采记录下来,形成了《玉尘集》上下两卷。他在《玉尘集》卷前序中说:"屠维赤奋若夏,复以酒病,呕血数升。太夫人素严厉,因敕闭户不出。闭居无聊,取平生师友间言论风采可记忆者伸纸疾书,不复窜削,至丙夜,得二百余则,以笺烛俱尽而至。因列其可诃可愕者为《燃犀集》六十余则,均属屠笏岩、赵味辛为之序,盖浴佛之后五日也。莲自记。"①

《玉尘集》中有许多洪亮吉年轻时读书、师友交往等的趣事,也有对前代及当代诗人的评价,可看出洪亮吉好学勤奋,对人对事有独到见解,与家人、亲戚、朋友间的交往甚多,重感情,讲情义。

① 洪亮吉:《玉尘集》,光绪十年(1884)刻本。

第二章　游幕安徽　"七子"名扬

取得生员资格是洪亮吉科举道路上跨出的第一步,之后他一边游幕维持生计,一边积极备考乡试,也游历山水,增长识见,师友间相互学习,学业精进,宴饮唱和,诗酒风雅,创作了很多诗文,体现他的远大志向和对现实的关怀。

第一节　朱筠幕府受赞赏

洪亮吉取得生员资格后,继续在科举之路上跋涉。乾隆三十五年(1770)七月,二十五岁的洪亮吉与好友黄仲则一起,搭一只瓜船从常州沿运河北上,至江宁(今江苏南京市)参加八月的乡试。江宁秋试揭晓一般在重九前后,九月榜发,洪亮吉荐而不售。首次乡试失利,并不影响他与黄仲则一起游玩江宁及京口三山等名胜。第二年七月,他与杨炳文、刘培基一起再次赴江宁参加乡试,九月初发榜,又没有考取。这也不影响他交友,他在江宁与汪中、顾九苞订交,汪中以学术相激励。

汪中(1744—1794),字容甫,江苏江都(今江苏扬州市)人,祖籍安徽歙县。幼孤,稍长为人佣书,遍读经史百家典籍,因学识渊博为时所重。乾隆四十二年(1777)拔贡,后绝意仕进。能诗,工骈文,精于史学,卓然成家。与阮元、焦循同为"扬州学派"的杰出代表。他疾恶如仇,性情狂放,被当世目为狂士,与洪亮吉并称"汪洪",与黄仲则也性情相投。著有《述学》六卷、《广陵通典》十卷、《大戴礼正误》一卷、《容甫遗诗》六卷等。

顾九苞（1738—1781），字文子，江苏兴化人。乾隆四十六年（1781）进士，被荐《四库全书》校录。自幼博闻强记，刻苦读书，嗜学不倦，贯通经史，是“扬州学派”早期代表人物之一。一生著作颇丰，惜文稿大多散失。

连续两次乡试失利，内心失落迷茫是难免的。他《附鲒轩诗》中的《杂诗》应该写于这一时期，有些诗是他此时苦闷心情的写照。其中一首如下：

> 黄云蔽四野，中有孤飞鸿。行行不敢下，怯此虞人弓。三日不得食，忧心常忡忡。道逢苍鹰使，分食悲其穷。闻言鸥鹭肉，三叹不敢充。云霞作羽衣，冰雪为心胸。饥当啄寒虫，渴当饮朔风。①

他就像诗中的那只孤鸿，虽有餐风饮露之高洁，以云霞作羽衣、以冰雪为心胸的志向，不与苍鹰为伍，但是，这只孤鸿也要为果腹而忧心忡忡。贫寒之家的洪亮吉，生存问题是必须考虑的大问题。当塾师收入微薄，于是，他以“馆谷不足养亲”②为由，买船去安徽太平府（今安徽马鞍山市），谒安徽提督学政朱筠，开始了他的幕府生涯。

朱筠（1729—1781），字竹君，又字美叔，号笥河，顺天府大兴（今北京市）人。乾隆十九年（1754）进士，官至翰林院编修、侍读学士。历任福建乡试同考官，安徽、福建学政。喜奖掖人才，主持风会，所得士皆著名，戴震、王念孙、章学诚、洪亮吉等多出其门，人称“竹君先生”。酷爱诗书金石，考古著录日夜不倦。有《笥河文集》《笥河诗集》等。

洪亮吉在十七岁那年冬天，在朋友处读到朱筠的古赋数首，爱不释手，又听闻朱筠爱士，于是写诗《寄大兴朱编修筠》③寄于朱筠，与朱筠有了诗文往来。听闻朱筠即将赴任安徽学政，想去投奔于他，希望得到他的帮助。当洪亮吉到达安徽当涂时，朱筠还未到任，此时，同样爱士的太平府知府沈业富接纳了他，将他留在府中。沈业富（1732—1807），字

① 洪亮吉：《杂诗》其三，《附鲒轩诗》卷二，《洪亮吉集》，中华书局 2001 年版，第 1934 页。
② 吕培等：《洪北江先生年谱》，《洪亮吉集》，中华书局 2001 年版，第 2330 页。
③ 洪亮吉：《寄大兴朱编修筠》，《附鲒轩诗》卷一，《洪亮吉集》，中华书局 2001 年版，第 1915 页。

既堂,号方谷,江苏扬州府高邮人。乾隆十九年(1754)进士,官翰林院编修、太平知府、河东盐运使。兴学爱士,有政声,公正清廉、不徇私情,著有《味灯书屋诗集》。

不到一月朱筠抵达太平府,"即专使相延入幕"①,朱筠十分欣赏洪亮吉,待之如宾。此时黄仲则先已在幕,两人均深得幕主赏识,比之为"龙泉太阿"。洪亮吉《卷施阁文乙集》卷二《伤知己赋》云:"复飞笺于虎观,喻得士于龙泉。"句下自注:"先生(朱筠)致钱詹事大昕、程编修晋芳书云'甫莅江南,晤洪黄二君。其才如龙泉太阿,皆万人敌'云云。"②可见朱筠得到洪黄二生之后的欣喜。

洪亮吉在朱筠府做一些类似文书的工作,报酬虽不丰,但生活安定,而且这段时间也是他学习的好机会。除了向幕主学习外,还向当时同在朱筠幕的同僚学习,他与邵晋涵、高文照、王念孙、章学诚、吴兰庭等交往最密。

邵晋涵(1743—1796),字与桐,号二云,又号南江,浙江余姚人。乾隆三十六年(1771)进士,入《四库全书》馆任编修,于四库七略无不研究,主持《四库全书·史部》的编撰工作,其经学著作《尔雅正义》为研究训诂学的重要著作,此外还有《孟子述义》《韩诗内传考》《谷梁正义》《辎轩日记》《方舆金石编目》《皇朝谥迹录》《南江诗文抄》《南江札记》等。

高文照(1738—1776),字润中,号东井,浙江武康(今浙江湖州市)人。乾隆三十九年(1774)举人,工诗,有《东井山人诗选》。

王念孙(1744—1832),字怀祖,自号石臞,江苏高邮人,与其子王引之并称"高邮二王"。乾隆四十年(1775)进士,历任翰林院庶吉士、工部主事、工部郎中、陕西道御史、吏科给事中、山东运河道、直隶永定河道。编纂《河源纪略》,著有《广雅疏证》《读书杂志》《古韵谱》《释大》《王石臞先生遗文》等。

章学诚(1738—1802),字实斋,号少岩,浙江会稽(今浙江绍兴市)人。乾隆四十三年(1778)进士,官国子监典籍。自少读书,好辩论。主

---

① 吕培等:《洪北江先生年谱》,《洪亮吉集》,中华书局 2001 年版,第 2330 页。
② 洪亮吉:《伤知己赋》,《卷施阁文乙集》卷二,《洪亮吉集》,中华书局 2001 年版,第 290 页。

讲定州定武、保定莲池书院,并为南北方志馆主修地方志。先后主修《和州志》《亳州志》《永清县志》《湖北通志》等十几部志书。撰写了《文史通义》《校雠通义》《史籍考》等著作。其《文史通义》与唐代刘知几的《史通》齐名,为中国古代史学理论的"双璧"。

吴兰庭(1730—1802),一作兰亭,字胥石,浙江归安(今浙江湖州市)人。乾隆三十九年(1774)举人。少有文名,壮游燕赵,晚年流寓京师。稽古博闻,精于史学。著有《南雪草堂集》《读通鉴笔记》《五代史记纂误补》及《五代史考异》。

这些人都是饱学之士,洪亮吉在与他们的相互学习中,识见益进。他开始"从事诸经正义及《说文》《玉篇》,每夕至三鼓方就寝"①。

朱筠在安徽学政任上,做了一件在中国文化史上很有意义的事。他上奏搜集遗书,组织人缮写,详细检阅,核其得失,写于卷首,这就是编辑《四库全书》的最初倡议。《清史稿》中记载:"诏求遗书,奏言翰林院藏《永乐大典》内多古书,请开局校辑。旋奉上谕:'军机大臣议复朱筠条奏校核《永乐大典》一节,已派军机大臣为总裁。又朱筠所奏将《永乐大典》择取缮写,各自为书,及每书校其得失,撮举大旨,叙于本书卷首之处,即令承办各员,将各原书详细检阅,并书中要旨总叙崖略,呈候裁定;又将来书成,著名《四库全书》。'《四库全书》自此始。筠又请仿汉熹平、唐开成故事,校正'十三经'文字,勒石太学。"②乾隆三十七年(1772),清廷正式下诏开馆编辑《四库全书》,第二年安徽省太平府设局,搜集遗书,组织缮写。这是一项十分重要且浩大的工程,朱筠让洪亮吉总负责,可见对他的信任。徽州也是江南的文化中心,刊印业较发达,在明之后刊刻的图书较多,甚至超过苏州、常州,朱筠自己也收藏了一些珍本书籍,悉数誊录。洪亮吉总负责这项工作,颇有成绩。乾隆三十八年(1773)七月,朱筠因为"阅卷乏人",带着洪亮吉巡回徽宁二府,考核各府县的生员。

这段时间,洪亮吉的工作比较辛苦。朱筠是个非常尽职敬业的人,

---

① 吕培等:《洪北江先生年谱》,《洪亮吉集》,中华书局 2001 年版,第 2330 页。
② 赵尔巽等:《清史稿》卷四百八十五《列传二百七十二·文苑二》,中华书局 1977 年版,第四十四册,第 13393—13394 页。

乾隆三十五年(1770)典福建乡试时,得了疟疾,病得很厉害,还不停地批阅试卷,侍者让他休息,他严正地说,我奉皇帝之命来此选拔人才,只要一息尚存,就不敢忘记我的职责。他的这种精神感动了其他人,被称为"至诚君子"。督学安徽期间,每一次考试完毕,他都要召集多名士子教导他们。等到发榜日,他从天刚亮开始坐在堂前,一直到天黑了秉烛办公。诸生一等至三等十名以上,岁、科两试新进者,不下数百人,他必定一一叫到案前,为之详细分析试卷利弊得失,根据每个人的实际情况给以适当教导,在今后读书学问上给予指点。刚开始时,学校各官、巡捕官,以及唱名、抱案、书吏各色杂役无不依次进入,肃立左右,渐渐地,人们疲倦了,饥饿了,支持不住都悄悄散去,最后只剩下唱名者一人,诸生执卷听讲者三四人而已,可见学使工作的认真尽职。关于朱筠按部课士之况,洪亮吉在《更生斋文甲集》卷四《书朱学士遗事》一文中作了详细记载。朱筠为人宽厚仁爱,但在工作上却要求较高,因为他时刻不忘奉皇命教育人才、整饬士子的职责。洪亮吉这段时间除旅途劳顿外,校文、阅卷的工作也比较繁重。洪亮吉跟随这样的幕主,也受到他的影响,从他身上学到不少东西。

除了辛苦为幕主工作,师友间相互学习,学业精进之外,洪亮吉在此期间的一大收获,是借游幕的机会,遍游安徽省的名山大川。他利用随学政到所属府、州、县学,对生员岁考的机会,游历了徽州、宁国、池州、太平、安庆、庐州、凤阳七府,六安一州,遍游了采石矶、敬亭山、青山、齐云山、黄山等名胜古迹,大大开阔了视野,增长了识见,也为他的诗歌创作带来激情和题材,一年就创作文二十多篇,诗二百余首。在山水游历中,他为自然界的奇景所震撼,写下了多首咏山水的诗,如《齐云山阻雨》《唐坞》《山坑》《从焦村入黄山至慈光寺宿》《自慈光寺下山二里浴硃砂泉》《文殊洞》《文殊台望天都峰》《夜起登蓬莱岛看日出不见》《冒雨登莲花峰》《慈光寺观明郑贵妃所制袈裟》《黄山松歌和黄二韵》《同邵进士晋涵寻益然大师塔不得》等,这些山水诗组成了《黄山白岳集》。

洪亮吉自小生活的江苏常州,基本是平原,苦无名山大川,只有外家门前的白云溪风景甚好,之前也只去过江苏的扬州、无锡、昆山等地。初到安徽,第一次见到陡峭耸立的山峰、摄人心魄的泉水瀑布、湍急奔腾的河流,内心的激动无以言表,他在这些山水诗中表达了这份激动的心情及对大自然鬼斧神工的赞叹。如:"独峰峨峨百尺身,刻削极处归真淳。……信知太古纵森峭,那得良工恕斤尺。"①"兹峰九百仞,积厚撼地轴。青冥阻元气,久视眩群目。危峰闪虚声,冥雨随所触。回飙荡遥紫,倒影虚众绿。东南此分际,层累不厌复。元黄汇江河,一气转涧谷。"②这样的景色是他之前从未见过的,这些高耸入云望之令人眩目的山峰,在洪亮吉的笔下生动起来,我们仿佛感受到山峰的陡峭、山谷的幽深、雾霭的飘忽,足见洪亮吉描摹的功力。对山中气温的变化之大,他也感到很好奇,"南郊郁炎理,黍谷纡凉氛。真疑造化力,不足齐冬春。"③"空山五月中,水寒虫尚蛰。"④面对奇景,大雨云雾的天气,险峻难登的山路,都阻止不了他攀登探险的脚步。诗歌表现出年轻人的豪情和对山水的热爱。他冒雨登山(《冒雨登莲花峰》),甚至一个人半夜起来,提着一盏昏暗的灯,登山看日出,即使筋疲力尽也没有看到日出,也是无怨无悔,"谁行深谷中,泠泠出疏语"⑤,这些难忘的经历,被记录在《平生游历图》中,《更生斋文乙集》卷二《平生游历图序》云:

> 右《黄山云海图》第五。主人壬辰年四月,随安徽学使者朱先生筠,历游黄山、齐云、九华诸胜。黄山视二山尤奇。天都、莲花二峰,则奇而又奇者也。尝忆偕诸同人,自慈光寺抵文殊院看云海毕,即留宿山顶。夜半,知学使者不能更上,遂曳杖独行,先陟天都之半,道梗塞,不得上(至戊戌岁四月,又从座主刘先生权之至此。始偕土人陈某直陟峰顶,以补壬辰年之缺),复回从间道至莲花绝顶,久憩乃下。学使已不能待,先从文殊院下山矣。主人凡一日半夕不食,方追及于云谷寺,履已穿决,衣为荆棘所刺尽裂。⑥

① 洪亮吉:《叶岭》,《附鲒轩诗》卷三,《洪亮吉集》,中华书局 2001 年版,第 1953 页。
② 洪亮吉:《文殊台望天都峰》,《附鲒轩诗》卷三,《洪亮吉集》,中华书局 2001 年版,第 1955 页。
③ 洪亮吉:《自慈光寺下山二里浴硃砂泉》,《附鲒轩诗》卷三,《洪亮吉集》,中华书局 2001 年版,第 1954 页。
④ 洪亮吉:《天台》,《附鲒轩诗》卷三,《洪亮吉集》,中华书局 2001 年版,第 1963 页。
⑤ 洪亮吉:《夜起登蓬莱岛看日出不见》,《附鲒轩诗》卷三,《洪亮吉集》,中华书局 2001 年版,第 1956 页。
⑥ 洪亮吉:《平生游历图序》,《更生斋文乙集》卷二,《洪亮吉集》,中华书局 2001 年版,第 1076—1077 页。

文中足见他对大自然的热情。有时游览山水还有意外的惊喜,如他登临齐云山阻雨,在道院墙壁上居然看到好友黄仲则的题诗。齐云山在安徽休宁县西四十余里,黄仲则也曾两度游览。第一次是乾隆三十三年(1768),他写下了《石鳌坞洞天福地遗址》一诗,题注中说:"地为张三丰仙处"①,当时诗兴大发,在道馆的墙壁上挥毫题诗,后洪亮吉也游览到此,阻雨于道院,看到仲则在墙壁上的题诗,内心十分亲切。写下"名山遥遥数佳客,佳客曾经题旧壁(黄大景仁有戊子年题壁诗在道院)"②。

在游历山水中,洪亮吉还有博物情怀,关注山中的动植物资源状况、植物的分布情况等。如他在诗中说:"我寻舆地志,药物此最足。明霞积松肤,华星缀芝肉。游踪契元术,居人饷黄独。"③诗中的"松肤"可能是指松树表面的松膏、松胶,也就是松香,其他灵芝、黄独等都是中药。注意到"地灵草木识山性"④,"凉暄本难齐,草木各有心。峰明炫朝芝,道湿茂紫葍。"⑤山势的向背不同,植物的生长就不一样。可以说他观察细致,有一颗关爱植物之心。

洪亮吉此时的诗歌除了讴歌壮美山河外,也表现了他对现实的关怀,以及深刻的历史观。如他的《慈光寺观明郑贵妃所制袈裟》,诗云:

老僧破衲生春风,褊褆如云降九重。九重神鬼识真意,监织万缕霞光红。霞光红逾出川日,内府珍奇此其一。三番宫女催绣迟,一骑中官入云疾。万人集福归一人,神器已曳空中陈。祖宗朝庙自有法,欲假佛力回明神。呜呼,乾宁宫中职何旷! 天地兵戈开甲账。东南织造苦不支,一半今归法王藏。当时恩重惭孤僧,讽经朝夕启大乘。披衣入座祈冥福,日月已暗长明灯。沧桑一百年,遗物

---

① 黄景仁:《石鳌坞洞天福地遗址》,《两当轩集》卷一,上海古籍出版社 1998 年版,第 23 页。
② 洪亮吉:《齐云山阻雨》,《附鲒轩诗》卷三,《洪亮吉集》,中华书局 2001 年版,第 1952 页。
③ 洪亮吉:《文殊台望天都峰》,《附鲒轩诗》卷三,《洪亮吉集》,中华书局 2001 年版,第 1955 页。
④ 洪亮吉:《叶岭》,《附鲒轩诗》卷三,《洪亮吉集》,中华书局 2001 年版,第 1953 页。
⑤ 洪亮吉:《自文殊院下云谷寺别休宁戴霖》,《附鲒轩诗》卷三,《洪亮吉集》,中华书局 2001 年版,第 1956 页。

犹久存。……①

郑贵妃为明神宗朱翊钧的皇贵妃,明恭宗(即福恭王)朱常洵之母。万历十年(1582)明神宗册封九嫔,郑氏被封为淑嫔,其在之后的四年内逐步晋封为德妃、贵妃、皇贵妃,宠冠六宫长达三十八年之久。因明神宗不喜王恭妃所生的皇长子,有意立郑皇贵妃之子皇三子朱常洵为太子,继而导致了国本之争、妖书案、梃击案的发生。在安徽黄山朱砂峰下的慈光寺,保存一件当年郑贵妃所制的袈裟,为镇寺之宝,异常华贵。

黄景仁也有一首创作于同一时期相同题材的诗,《慈光寺前明郑贵妃袈裟歌》,"洛阳宫殿安在哉!珠襦玉匣飞成灰。犹余此物镇初地,空山阅得沧桑来。君不见,南朝三百六十寺,至今一一荒烟里。又不见,萧梁同泰何崔巍,朝闻舍身夕被围。铜驼荆棘寻常见,何论区区一衲衣。"②黄诗除了对前朝佞佛的批判之外,更多的是抒写历史的沧桑之感。洪亮吉的诗中,虽也有沧桑之感,但更多的是对宫女、对织造之人辛苦的同情。诗歌也表现出他对佛教的态度,他十四岁时就写过一篇《斥释氏文》。"万人集福归一人""我谓阴谋本无用""长生枉向空王乞"等句,道出了明代灭亡的原因之一。

洪亮吉在朱筠幕府取得了一些收入后,于乾隆三十七年(1772)十一月,回家完成了一件大事,安葬了他父亲、祖父母等六位亲属的灵柩,让他们入土为安。他父亲洪翘去世已二十多年,因无钱下葬,权厝于城东的天宁寺,后来他祖父母,两位叔父,一位婶娘共六位亲属离世,六棺未葬。这次洪亮吉回来,将他们安葬在常州城北前桥村(今江苏常州新北区三井街道)。以洪亮吉一年游幕的微薄收入,根本不足以完成这件事,为此他负债颇多,十二月往扬州访好友蒋士铨、汪端光,得蒋士铨解金相助才得以回家,回家已近除夕。蒋士铨的母亲还典当了自己的羊裘给他筹措归葬的费用,这都让洪亮吉倍感温暖。洪亮吉在《寄铅山蒋编修士铨》诗中"羊裘奚奴复付质"句下注:"去冬,余急葬归里,太夫人

① 洪亮吉:《慈光寺观明郑贵妃所制袈裟》,《附鲒轩诗》卷三,《洪亮吉集》,中华书局 2001 年版,第 1957 页。
② 黄景仁:《慈光寺前明郑贵妃袈裟歌》,《两当轩集》卷五,上海古籍出版社 1998 年版,第 130 页。

质羊裘赠行。"①

第二年，对于二十八岁的洪亮吉来说，有几件值得纪念的事情。春天，他的长子饴孙出生，他之前有过两个女儿，都不幸早夭，儿子的出生无疑令他高兴，但也让他更觉养家责任之重。夏天经过徽州，谒洪源祖墓，有诗《洪源谒祖墓》，"五世还支子，全家问憨孙。野花生墓阙，古柏及祠门。"②他受到同宗长辈的热情接待，"未嫌新礼简，记取旧名呼"③，安徽的山水对他来说是亲切的，"朴学传家久，乡山照眼青"④。

还有一件值得一提的事，是钱维城因居忧在家乡，看到洪亮吉诗文，"奇之，徒步过访焉"⑤。以钱维城当时的声望及地位，能亲自过访一位秀才，对后学晚辈洪亮吉有很大的激励，洪亮吉也深受感动。钱维城（1720—1772），初名辛来，字宗磐，一字幼安，号纫庵、茶山，晚号稼轩，江苏武进人。乾隆十年（1745）状元，授翰林院修撰，后入直南书房，充日讲起居注官，侍读学士，侍讲学士，内阁学士，礼、工、刑部侍郎等职。谥文敏。书法师法苏轼，绘画初学写意折枝花果，后学山水，远学元代四家即黄公望、倪瓒、吴镇、王蒙，近学清初四王即王时敏、王鉴、王翚、王原祁，后经董邦达指导，遂成名手，供奉内廷，为画苑领袖。曾随乾隆帝木兰围场狩猎、巡视江南，以图纪事。其以乾隆南巡为题材，将常州胜景舣舟亭入画的《苏轼舣舟亭图卷》，今被常州一著名企业家购得收藏。著有《茶山集》、《茶山诗钞》十一卷、《茶山文钞》十二卷、《鸣春小草》七卷等。

此年他家移居白马三司徒里赁宅。洪亮吉先是总司太平府四库馆之事，七月继续随朱筠阅卷，九月和汪端光一起自徽州归里，沿新安江遍游严陵、富春及钱塘山水诸名胜。十月，以不能家食，往谒苏州胡季堂，因访赵怀玉于穹窿山，同游东西两洞庭（今苏州东山、西山）。十二月，朱筠因"生员欠考事降级"，调离安徽入都，"坐事降编修，充《四库全

---

① 洪亮吉：《寄铅山蒋编修士铨》，《附鲼轩诗》卷四，《洪亮吉集》，中华书局 2001 年版，第1978 页。
② 洪亮吉：《洪源谒祖墓》其一，《附鲼轩诗》卷五，《洪亮吉集》，中华书局 2001 年版，第 1992 页。
③ 洪亮吉：《洪源谒祖墓》其二，《附鲼轩诗》卷五，《洪亮吉集》，中华书局 2001 年版，第 1992 页。
④ 洪亮吉：《洪源谒祖墓》其三，《附鲼轩诗》卷五，《洪亮吉集》，中华书局 2001 年版，第 1993 页。
⑤ 吕培等：《洪北江先生年谱》，《洪亮吉集》，中华书局 2001 年版，第 2331 页。

书》纂修官,兼修《日下旧闻考》》"①。洪亮吉一听说此事,即从家乡搭乘一位表亲江阴缪晋阶(舅父蒋素园的女婿)赴任广西来宾县界牌司巡检的便船,去安徽当涂,为朱筠送行。朱筠好客爱才,善提携人才,"汲引人才,常若不及。因材施教,士多因以得名。时有朱门弟子之目。"②他欣赏、善待洪亮吉,时常给予帮助,为洪亮吉父亲写《国子监生洪君权厝墓碑》,母亲六十寿辰时朱筠也有诗相赠。蒋士铨也曾在诗中说:"卷轴填胸字难煮,学士爱才心独苦(谓竹君先生)。为怜松柏少青邱,特赠泉刀买黄土。"③诗中提及朱筠相助洪亮吉归葬之事。洪亮吉是个重情义、知恩图报之人,听说朱筠要离开太平府,不管路途遥远,立即赶来相送。分别十多天后,又寄诗于他,《寄大兴朱学使三十韵》,表达对游幕岁月的回忆与感念,以及自己前途迷茫,家贫无计的窘迫,"固穷归未得,众口尚嘤嘤"④。

洪亮吉送别朱筠后,已没有路费回家,后来得到太平知府沈业富及江宁袁枚的帮助,在除夕那一天,骑驴回家了。人是回来了,可囊中空空,除夕日,家家辞旧迎新,可洪亮吉家却无米下锅。他写下《除夕无米适族人馈薪炭至》诗,诗云:

> 囊空无复计饔飧,白发相看有泪痕。渐典葛衣知岁冷,远劳薪炭起春温。风尘多事留吟骨,凉暖关情感哲晜。惭愧饥鸟隔林住,十年啼不近朱门。⑤

在朱筠幕府不到两年,是洪亮吉初次离家谋生,于他而言有不小的收获,师友间的相互学习和友谊、名山大川的游历,都增长了他的阅历和识见。但是,当幕僚收入是微薄的,洪亮吉在朱筠幕时还兼做太平知

---

① 赵尔巽等:《清史稿》卷四百八十五《列传二百七十二·文苑二》,中华书局1977年版,第四十四册,第13394页。

② 赵尔巽等:《清史稿》卷四百八十五《列传二百七十二·文苑二》,中华书局1977年版,第四十四册,第13394页。

③ 洪亮吉:《寄铅山蒋编修士铨》诗后附蒋士铨原赠作,《附鲒轩诗》卷四,《洪亮吉集》,中华书局2001年版,第1979页。

④ 洪亮吉:《寄大兴朱学使三十韵》,《附鲒轩诗》卷五,《洪亮吉集》,中华书局2001年版,第2000页。

⑤ 洪亮吉:《除夕无米适族人馈薪炭至》,《附鲒轩诗》卷四,《洪亮吉集》,中华书局2001年版,第1990页。

府沈业富的部分文书工作,以补收入之不足,即使这样,洪亮吉依旧无法养家,落得无钱回家、无米下锅的结局,愧对白发老母,他就像啼饥号寒的饥鸟一样,遍尝生活的艰辛。

在那个年代,一介书生,"不近朱门"又能靠什么谋生呢?乾隆三十九年(1774)正月初六,洪亮吉赴江阴补壬辰岁试。钱维城给学使彭元瑞作了推荐,说洪亮吉是"昌黎复生",以当代韩愈誉之,朱筠回京前也有书信推荐洪亮吉,"主人罢去留书存(谓竹均前辈)"①。彭元瑞看了洪亮吉的诗也十分欣赏,称他的诗"哦诗作作更有芒,宁失不工句必强"②,将他这次的补试定为"一等三名"③。彭元瑞还怜其贫,写书信推荐他去常镇通道袁鉴署授徒,岁得白银一百二十两,又以书代简,向当时主持扬州书院的蒋士铨推荐,让洪亮吉到扬州书院学习,"必能为汝读书供,此士讵比锥刀流。作诗代简蒋夫子,介绍其间自君始。两君不能致一客,故人可以三叹起。"④蒋士铨处可得"膏火费"类似于学习补助金一百两左右,这样,洪亮吉一年的收入就有二百多两,自此赡养老母、抚育幼子稍显宽裕。

这一年七月,和黄仲则一起第三次赴江宁乡试,本来应该录取了,但是房师贾景谊(乾隆二十二年[1757]进士,官苏州总捕同知)对他的首篇试文有异议,与两位主考发生激烈争论,遂改为副榜第一。两位主考是翰林院侍读学士即文华殿大学士董诰、司经局洗马即兵部尚书刘权之。榜发,两位座师及学使彭元瑞对他的落榜都非常遗憾,觉得十分可惜。因为副榜第一也不能算上榜,没有取得举人资格,必须再次参加乡试。这对洪亮吉来说又是一次打击。他在诗中说"试看万事东流水,

---

① 洪亮吉:《寄铅山蒋编修士铨》诗后附彭元瑞次韵,《附鲔轩诗》卷四,《洪亮吉集》,中华书局 2001 年版,第 1979 页。

② 洪亮吉:《寄铅山蒋编修士铨》诗后附彭元瑞次韵,《附鲔轩诗》卷四,《洪亮吉集》,中华书局 2001 年版,第 1979 页。

③ 吕培等:《洪北江先生年谱》,《洪亮吉集》,中华书局 2001 年版,第 2331 页。

④ 洪亮吉:《寄铅山蒋编修士铨》诗后附彭元瑞次韵,《附鲔轩诗》卷四,《洪亮吉集》,中华书局 2001 年版,第 1979—1980 页。

贫贱于今莫深耻"①,"我信西来本无佛,茅庵还坐苦吟人"②,表达了心中的无奈与不平。

第二节　"毗陵七子"名不虚

　　洪亮吉与里中士子交往较多,感情很深,其中七人被冠以"毗陵七子"之名。"七子"的称号较早出现于乾隆三十九年(1774),《洪北江先生年谱》记载:"三十九年甲午……是岁始与孙君星衍订交,同里则孙、黄、赵诸君外,复偕杨君伦、吕君星垣、徐君书受,唱酬无间,里中号为七子。"③毕沅为徐书受的《教经堂诗集》作序时云:"自昔一才之生,必有众才以和之。……今毗陵钱文敏公以沉宏博丽之才提倡后学,一时异才辈出,指不胜屈,而'七子'为最著,惊才绝艳,均齿齐名已二十年。其长者甫逾强仕,或入直承明,出为令长,抑亦盛矣。"④吴育在《亦有生斋集·文》序中,也称赵怀玉"年二十余以诗文翰墨布人口,与郡中洪编修亮吉、孙观察星衍诸君有'七子'之目"⑤。孙星衍、黄景仁的年谱中也都有着此类的记录。洪亮吉在给徐书受的诗中虽有"七子才名虚拟议"⑥的感叹,但是由于他们才情横溢,议论风发,具有全国性的影响,因此关于"七子"的称呼也一直延续了下去。《清史稿·赵翼传》:"其同里学人后于翼而知名者,有洪亮吉、孙星衍、赵怀玉、黄景仁、杨伦、吕星垣、徐书受,号为'毗陵七子'。"⑦

　　"毗陵七子"中,洪亮吉与黄仲则较早成名,也最有影响,最早有"洪

---

① 洪亮吉:《与杨秀才伦夜话作即寄其尊人诗南上舍》,《附鲒轩诗》卷五,《洪亮吉集》,中华书局 2001 年版,第 2005 页。
② 洪亮吉:《赠木兰院僧诵苕》,《附鲒轩诗》卷五,《洪亮吉集》,中华书局 2001 年版,第 2005 页。
③ 吕培等:《洪北江先生年谱》,《洪亮吉集》,中华书局 2001 年版,第 2331 页。
④ 毕沅:《教经堂诗集》序,徐书受:《教经堂诗集》,清嘉庆四年(1799)刻本。
⑤ 吴育:《亦有生斋集·文》序,赵怀玉:《亦有生斋集·文》,道光元年(1821)刻本。
⑥ 洪亮吉:《续怀人诗十二首·徐太守大榕暨从弟县丞书受》,《卷施阁诗集》卷十五,《洪亮吉集》,中华书局 2001 年版,第 810 页。
⑦ 赵尔巽等:《清史稿》卷四百八十五《列传二百七十二》,中华书局 1977 年版,第四十四册,第 13391 页。

黄"之称，是"毗陵七子"的中坚力量。洪亮吉堪为"毗陵七子"之首，黄仲则才子之名最盛。他们两人交往也最多，关系也最密切的。

黄景仁(1749—1783)，字汉镛，一字仲则，号鹿菲子，江苏武进人。四岁而孤，一生穷困潦倒。诗负盛名，被誉为"清代李白"。七岁时随祖父从高淳回常州，居住在白云溪北岸的马山埠，洪亮吉寄居外家时，两人时相过从。黄仲则诗中云："唤渡时过从，两小便相识。"①"我家君家不半里，中间只隔白云渡。"②但他们两个真正订交是在乾隆三十一年(1766)去江阴应童子试的途中。"岁丙戌，亮吉亦就童子试，至江阴，遇君于逆旅中。亮吉携母孺人所授汉魏乐府镂本，暇辄朱墨其上，间有拟作，君见而嗜之，约共效其体，日数篇。逾月，君所诣出亮吉上，遂订交焉。"③

次年洪亮吉与黄景仁同在龙城书院师从邵齐焘，两人同窗读书，探讨诗艺，情同手足。邵先生也最欣赏他们两位，呼为"二俊"。读书之暇则是"相思即访无常期，饮酒辄醉无好步"④。洪亮吉长黄仲则三岁，常给予他兄长般的关怀，青年时期的朝夕相处，让两人建立了深厚的友谊。

邵齐焘去世后，黄仲则踏上浪游之路。每一次出行，洪亮吉都为他送行，两人都依依不舍。"前年送我吴陵道，三山潮落吴枫老。今年送我黄山游，春江花月征人愁。啼鹃声声唤春去，离心催挂天边树。垂杨密密拂行装，芳草萋萋碍行路。嗟予作客无已时，波声拍枕长相思。鸡鸣喔喔风雨晦，此恨别久君自知。"⑤离别之后，他们相互之间都会非常想念，黄仲则浪游安徽期间，有《醉歌寄洪华峰》《新安与洪稚存》等诗，倾诉离别之苦。游楚期间，黄仲则清明之夜作《与洪稚存书》：

著作何如？出门时，犹见君研脂握铅，为香草之什。君兴已

① 黄景仁:《题洪稚存〈机声灯影图〉》,《两当轩集》卷十五,上海古籍出版社1998年版,第376页。
② 黄景仁:《醉歌寄洪华峰》,《两当轩集》卷二十一,上海古籍出版社1998年版,第494页。
③ 洪亮吉:《候选县丞附监生黄君行状》,《卷施阁文甲集》卷十,《洪亮吉集》,中华书局2001年版,第212页。
④ 黄景仁:《醉歌寄洪华峰》,《两当轩集》卷二十一,上海古籍出版社1998年版,第494页。
⑤ 黄景仁:《短歌别华峰》,《两当轩集》卷二十一,上海古籍出版社1998年版,第497页。

至,不敢置喙,但仆殊不愿足下以才人终身耳。高青邱诗,近日复读,以君曾称其五古故也。及细玩之,殊爽然失。盖青邱虽不以五古传,而仆谓胜其乐府、七古远甚,味清而腴,字简以炼,《拟古》诸章尤佳。过此而往,欲足下深心阅之,求其用意不用字,字意俱用处。且更欲足下多读前人诗,于庸庸无奇者,思其何以得传,而吾辈呕出心血,传否未必,其故何在?①

书信开门见山,直接问及著作何如? 时洪亮吉正为蒋骐昌题《仕女图》,仲则诚恳地对其劝诫,又论及对明代诗人高启诗的评价,旨在提醒亮吉用心阅读前人之作。洪亮吉在《玉尘集》卷下提及此书信,此信属于"良友赠言"。

两人远游回到家乡,便要在第一时间内与对方相见,登临红梅阁,放舟白云溪,畅饮酒肆中,日相过往,沉浸在与朋友重逢的喜悦中。一次,黄仲则自湖南归,洪亮吉正要与其见面,突然天降大雨,无法渡过白云溪,他内心十分焦急,写有《闻黄大景仁自湖南归阻雨不见却寄》一诗。

乾隆三十六年(1771),洪亮吉与黄仲则同客太平知府沈业富署中,得到沈业富的赏识。同年十一月,黄仲则入安徽学政朱筠幕,不久,洪亮吉也入幕,同为幕主所重,呼二人为"猨鹤"。沈在廷《经余书屋诗钞》卷首《自序》中也说:"时大兴朱竹君太史督学安徽,驻姑孰,一时名流咸集。言诗者则武进黄仲则、阳湖洪稚存、高邮贾稻孙三君为最。黄近李,洪近杜,贾近韩,倾耳绪论,颇有师承。"②朱筠幕中虽然人才济济,高士如云,但洪亮吉和黄仲则两位是幕主朱筠特别看重的。两人共同校文,还经常一起随座主出游,前往各府州县岁试,旅途中两人同住一室,黄仲则经常作诗到深夜,每有佳句,则把睡梦中的洪亮吉叫醒。他们随朱筠临徽州阅卷、校文之余,还一起游历了齐云山、黄山、九华山等名山。

两人一同游幕,一样的飘零作客,"已识牛衣贱,还惊马齿加。新春

---

① 黄景仁:《与洪稚存书》,《两当轩集》卷二十,上海古籍出版社 1998 年版,第 480 页。
② 沈在廷:《经余书屋诗钞》卷首,清道光九年(1829)刻本。

同作客,多病独思家"①。漂泊之中,有友朋相伴,是最大的慰藉。黄仲则在《舟泊偕稚存饮江市次韵》云:"小住征桡醉旅亭,晚钟烟外正星星。不知明月几时有,但见数峰江上青。葭葵暗时秋雨过,鱼龙多处湿风腥。乡关此夜休回首,极目川途正杳冥。"②人在旅途,乡愁难以排遣,有朋友的友情,能暂时忘却漂泊之苦。

两人在精神上相互慰藉,生活中也相互照顾。乾隆三十七年(1772)中秋,他们随幕主到安庆府,时洪亮吉在病中,黄仲则于中秋之夜携酒与饮。洪亮吉在诗中云:"揭来江北复逾月,寒鸟徙木虫离窠。承君携壶尉离疾,饮即不醉心先荷。挑灯对君饮君酒,酒半惜我遭沉疴。"③在中秋团圆之夜,对于一个远离家乡,又重病在身的人来说,朋友的看望与安慰是何等的重要。黄仲则也作有《春风袅娜·中秋夜使院对月》词,以纪念这个异乡的中秋之夜。

在朱筠幕一年半后,黄仲则因与幕友意见不合离开,质衣买舟,访时在徽州的郑虎文先生去了。第二天,洪亮吉就去追他,但没有追到。黄仲则走后,洪亮吉顿感孤单,写下多首诗歌相忆。如随学使朱筠至宁国府时,洪亮吉写下《欲至北楼不果兼忆黄二》,"谢公楼上月,复此愁中敞。……徒劳企英躅,复此念吾党。幽区既神契,灵踪亦虚往。"④一个月后洪亮吉也因"不合"离开了朱筠府。洪亮吉去徽赴杭,而黄仲则由杭赴徽,两人相失于道,黄仲则不无遗憾地写下了《稚存从新安归,而余方自武陵来新安,相失于道,作此寄之》。他们两人还一同在扬州,成为蒋士铨的座上客,游扬州胜景,还一起由扬州到江宁乡试,同寓明徐氏东园旧址。

乾隆三十九年(1774)十月,洪亮吉与黄仲则同赴常熟,吊恩师邵齐焘于虞山。黄仲则自知年命不永,以编印遗集一事托付洪亮吉。"夕登虞山,游仲雍祠,北望先生墓,慨然久之,曰:'知我者死矣。脱不幸我先若死,若为我梓遗集如《玉芝堂》乎?'《玉芝堂》者,王君太岳为邵先生所

① 洪亮吉:《与黄大景仁夜话》,《附鲒轩诗》卷二,《洪亮吉集》,中华书局2001年版,第1945页。
② 黄景仁:《舟泊偕稚存饮江市次韵》,《两当轩集》卷二,上海古籍出版社1998年版,第55页。
③ 洪亮吉:《中秋病甚偕黄二景仁饮》,《附鲒轩诗》卷三,《洪亮吉集》,中华书局2001年版,第1966页。
④ 洪亮吉:《欲至北楼不果兼忆黄二》,《附鲒轩诗》卷四,《洪亮吉集》,中华书局2001年版,第1986页。

刊诗文集名也。亮吉以君语不伦,不之应,君就便爇神祠香,要亮吉必诺乃已。"①以身后事相托,足见两人非寻常感情。

黄仲则于乾隆四十年(1775)岁末北上京师,与洪亮吉南北相隔,洪亮吉有多首诗柬仲则,如《独鹤行寄黄景仁》《独居怀黄二》《简黄二景仁》等。如洪亮吉《简黄二景仁》诗云:

> 东西南北谁能达,一月不寄长安札。金陵江头候消息,兀兀束装闻欲发。泥中垂翅亦其理,殿上策名知有几(时献赋报罢)。我贫已是历三州,嗟子何不远千里。……我今作客苦乏资,女复告我归无时。穷愁属女休苦思,破闷聊寄孙郎诗。②

洪亮吉也萌发了去京城的念头,但苦于无北上之资,而仲则也南归无期,黄仲则在京城收到洪亮吉书信,"客心羁孤不可论,忽有故人书在门"③,那份欣喜溢于言表。

洪亮吉母亲去世的消息传到京城,黄仲则十分意外和悲伤。"消息惊闻胆竟寒"④,在家乡时黄仲则常去洪亮吉家,也时常聆听洪亮吉母亲蒋氏的教诲,"已觉吾亲即若亲"⑤,如今斯人已去,黄仲则挥泪写下《闻稚存丁母忧》诗二首。其后洪亮吉为纪念母亲绘《机声灯影图》,名公巨卿题诗满卷,黄仲则也在画上题诗,《两当轩集》卷十五有《题稚存机声灯影图》诗。

洪亮吉母亲的去世也触动了黄仲则,黄仲则决定将家眷接到京师以就近奉养,他将这个艰巨的任务交给时在家中的洪亮吉。洪亮吉将黄仲则家"田半顷、屋三椽"抵押,筹得北上旅资,并安排亲戚护送一家老少北行。三年后黄仲则因无法支撑八口之家在京城的生活,无奈又将家眷再送回家乡。此时洪亮吉也已来京,又为其筹措归资,安排其家眷南归。

① 洪亮吉:《候选县丞附监生黄君行状》,《卷施阁文甲集》卷十,《洪亮吉集》,中华书局 2001 年版,第 213 页。

② 洪亮吉:《简黄二景仁》,《附鲒轩诗》卷八,《洪亮吉集》,中华书局 2001 年版,第 2067—2068 页。

③ 黄景仁:《得稚存渊如书却寄》,《两当轩集》卷十二,上海古籍出版社 1998 年版,第 302 页。

④ 黄景仁:《闻稚存丁母忧》,《两当轩集》卷十三,上海古籍出版社 1998 年版,第 311 页。

⑤ 洪亮吉:《与黄大景仁话旧》,《卷施阁诗》卷一,《洪亮吉集》,中华书局 2001 年版,第 471 页。

乾隆四十四年（1779），洪亮吉也到京师，并一度居住在黄仲则寓斋。老友久别重逢，欣喜万分，夜坐话旧，"剪烛听君话苦辛"①，回忆两人的订交、相聚的欢乐、别离的忧伤，感慨万千。他与黄仲则一同被邀参加翁方纲等人组织的都门诗社，经常一起参加京城名流的雅集，两人还经常饮于当时京师文人常去的天桥酒楼。洪亮吉在诗中说："昨日送君回，今日约君来。送君约君于此桥，长安酒人何寂寥！"②当时二人经常相聚，几乎无日不往还。这也是他们在京师最欢娱的一段时光。黄仲则卧病法源寺时，洪亮吉经常去看望，春天法源寺海棠花盛开，两人常一同看花，作饯花之饮，留下许多传诵至今的名篇。若干年后洪亮吉再次经过法源寺，回忆起当年一同看花的情境，不胜伤悲，感赋其事。

乾隆四十六年（1781），洪亮吉离京赴陕，依陕西巡抚毕沅，临行前与黄仲则辞别，而此时黄仲则已病重，洪亮吉的心情也十分沉重。他在诗中云：

> 抛得白云溪畔宅，苦来燕市历风尘。才人命薄如君少，贫过中年病却春。

> 枵腹谁怜诗思清，掩关真欲废逢迎。期君未死重相见，与向空山证世情。③

洪亮吉去陕西后不久，黄仲则也离京赴陕，他们与孙星衍同游西安荐福寺等名胜。黄仲则第二次带病赴陕，客死于山西运城沈业富署中，临终前寄信洪亮吉，以身后事相托。洪亮吉接书即昼夜兼程赶到山西，但黄仲则已谢世，洪亮吉又素车千里，护送黄仲则灵柩回乡安葬，两人的友谊可以说是生死不渝。

洪亮吉于极度伤心之中写下挽诗四首，《行状》一篇，并将黄仲则遗诗寄毕沅，请求毕沅为他出版遗集。末了还不忘关照"惟稿草皆其手

---

① 黄景仁：《与稚存话旧》其一，《两当轩集》卷十四，上海古籍出版社1998年版，第346页。
② 洪亮吉：《八月二十日偕黄二暨舍弟饮天桥酒楼》，《卷施阁诗》卷一，《洪亮吉集》，中华书局2001年版，第477页。
③ 洪亮吉：《将出都门留别黄二》，《卷施阁诗》卷二，《洪亮吉集》，中华书局2001年版，第496页。

写,别无副本,梓后尚望付其遗孤,以为手泽耳"①。可见洪亮吉对黄仲则及其后人的关爱。洪亮吉对其家人慰恤备至,黄仲则的儿子乙生曾从洪亮吉游,黄仲则一子一女,皆为之婚嫁。洪亮吉诗中有"向平婚嫁为君毕"句,自注"君一子一女,皆君没后为之婚嫁"②。黄仲则去世后,洪亮吉写下多首怀念他的诗歌,如:

> 偪侧行,歌黄郎。黄郎五岁始识字,十五十六能文章。十七试冠军,十八登词场。十九客浙东,二十游潇湘。当其兴发欲赋诗,寒暑昏旦皆忘之。山行麋鹿憎,水行蛟龙嗤。有时沿林觅句不知远,前飞鸥鸦后猎犬。我疑苍苍位置皆得宜,独出此人天不管。春非我春,秋非我秋,一世出不得,延回历九州。大儿小儿亦何有,忽向燕台访屠狗。形疲骨瘦志已灰,偶尔一官头上来。驱车入解梁,誓将涉咸阳。避责未筑台,块然身遽亡。三十既已逾,四十渺难得。赴君之丧哭君切,伶仃一棺诗数册。……姓名一日长安市,交口诵君如未死。我顷闻之泪难止,却忆石交疑隔世。③

这首诗题黄仲则《悔存诗集》,以形象的语言对其一生做了一个总结,体现了对黄仲则的理解和怀念。洪亮吉由新疆赐还归里,行至安徽凤阳府临淮关,有诗悼黄仲则。"及到淮南路,寻思三十年。夜窗书共读,吟舫客如仙。癖更谁能解,贫仍不受怜。伤心黄叔度,泉下已高眠。"④

洪亮吉能与黄仲则成为终生挚友,并非偶然。首先,他们自小便相识,同喝白云溪水长大,这种"发小"加同窗的友情,十分珍贵。两人的身世也颇为相似,都是自小失怙,靠母亲抚养教育,家境贫寒。成年后又一同游幕,一起流寓京师,一同漂泊,结伴赴试,共游名山,共赴雅集,相互慰藉,相互照应,增加友谊。其次,对诗歌的共同爱好让他们走得

---

① 洪亮吉:《出关与毕侍郎笺》,《卷施阁文乙集》卷六,《洪亮吉集》,中华书局2001年版,第345页。
② 洪亮吉:《刘刺史大观为亡友黄二景仁刊〈悔存轩集〉八卷,工竣,感赋一首,即柬刺史》,《卷施阁诗》卷十八,《洪亮吉集》,中华书局2001年版,第867页。
③ 洪亮吉:《偪侧行同金秀才学莲作,题亡友黄二〈悔存诗集〉后》,《卷施阁诗》卷十八,《洪亮吉集》,中华书局2001年版,第878—879页。
④ 洪亮吉:《过临淮关忆亡友黄二景仁》,《更生斋诗》卷二,《洪亮吉集》,中华书局2001年版,第1246页。

更近。他们因诗结缘，以诗传情，两人都有非凡的诗才，彼此之间惺惺相惜。再次，两人性情相投，均狂傲绝俗，有奇气。洪亮吉生性率直，以性情狂放著称。朋友称其"性超迈，歌呼饮酒，怡怡然。每兴至，凡朋侪所为，皆掣乱之为笑乐，而论当世大事，则目直视，颈皆发赤，以气加人，人不能堪"①。洪亮吉在京师时，"每在师友座扼腕论事，劝诸大僚。激扬人物清浊，人多以为狂。"②在座的不论是朝廷大员还是社会名流，无不被讥，可见个性狂傲耿直，绝不圆滑迎合。黄景仁何以与他所处的乾隆盛世如此格格不入，主要原因是他个性狂傲、高迈，身上有一股桀骜不驯的野性。洪亮吉在《候选县丞附监生黄君行状》中这样描述："慕与交者，争趋就君，君或上视不顾，于是见者以为伟器，或以为狂生，弗测也。"③即使客游幕府，也不失其狂傲个性。王昶在《黄子景仁墓志铭》中云："乾隆戊戌，黄子仲则来受业门下，读其诗，固已奇之。及久为之处，落落然，招之不来，麾之不去，因以益奇其人。"④左辅也认为其"为人俶傥有奇气"⑤。两人都有一股狂放不羁的野性，为人率直，有傲岸自许的个性，他们能相互理解，惺惺相惜，成为可以死生相托的终生挚友。

袁枚在《随园诗话》中称："近日文人，常州为盛。赵怀玉字映川，能八家之文；黄景仁字仲则，诗近太白；孙星衍字渊如，诗近昌谷；洪君亮吉字稚存，诗学韩、杜，俱秀出班行。"⑥提及赵怀玉、黄景仁、孙星衍、洪亮吉四人。毕沅编的《吴会英才集》则收录了洪亮吉、黄景仁、孙星衍、杨伦和徐书受五人，可见洪亮吉、黄景仁、孙星衍、赵怀玉是"毗陵七子"中的主要人物。

孙星衍（1753—1818），字渊如，号季逑，别号芳茂山人、微隐，江苏阳湖人。肄业龙城书院，是著名的藏书家、目录学家、书法家、经学家。乾隆五十二年（1787）进士，殿试为榜眼，授翰林院编修，历官山东兖沂曹济道、山东督粮道、山东布政使等。博览群书，勤于著述，袁枚称他为

---

① 恽敬：《前翰林院编修洪君遗事述》，《洪亮吉集》，中华书局 2001 年版，第 2372 页。
② 孙星衍：《翰林院编修洪君传》，《洪亮吉集》，中华书局 2001 年版，第 2358 页。
③ 洪亮吉：《候选县丞附监生黄君行状》，《洪亮吉集》，中华书局 2001 年版，第 212 页。
④ 王昶：《黄子景仁墓志铭》，《春融堂集》卷五十八，嘉庆十二年（1807）熟南书舍刻本。
⑤ 左辅：《黄县丞景仁状》，《念宛斋文稿》卷四，嘉庆二十五年（1820）刻本。
⑥ 袁枚：《随园诗话》卷七，凤凰出版社 2004 年版，第 164 页。

"天下奇才"。著作有《周易集解》《寰宇访碑录》《孙氏家藏书目录内外篇》《芳茂山人诗录》等多种。

洪亮吉与孙星衍在家乡相识,乾隆三十九年(1774)订交,洪母去世那年,洪亮吉为避债与孙星衍一起在句容过年。孙星衍去京师后邀请洪北上,后又同游陕西毕沅幕,性情相投,感情深厚,诗词往来颇多。孙星衍也是位特立独行、敦品励节之士。"时大学士和珅知星衍名,欲令屈节一见,星衍不往,曰:'宁得上所改官,不受人惠也。'遂就职。又编修改官可得员外郎,或谓一见当道即得之,星衍曰:'主事终擢员外郎,何汲汲为!'补刑部主事,总辨秋审。屡迁至兖沂曹济道,署按察使,以母忧归。"①登门一见即能留京做高官,许多人求之不得,而孙星衍却不肯为之。"孙渊如点传胪,留京,无一日不骂和珅;其结果,传胪不留馆,散主事,和珅为之,人尽知之。渊如为人题和尚袈裟画,有'包尽乾坤赖此衣'句,和珅为銮仪卫包衣出身,有人献此诗以媚和者,遂恨之刺骨,知者鲜矣。"②孙星衍在山东为官时,身边招募的属僚也都是个性狂傲之士,在别人眼里这些人"脱略绳检",而孙星衍却与他们相处融洽,"传书朝来,报札夕往",认为"明明如月,寄其奇怀;岩岩者山,共此风骨。僚友惮其暌孤,荐绅以为圭臬焉"③。这就难怪孙星衍与洪亮吉能成为好朋友了。

赵怀玉(1747—1823),字亿孙,号味辛,晚号收庵,江苏武进人。乾隆四十五年(1780)南巡,召试,赐举人,授内阁中书。历官山东青州府海防同知,登州、兖州知府。丁父忧归,遂不复出。后主通州石港讲席六年,受诸生爱戴。"性坦易,无城府,自言不敢好名为欺人之事,不敢好奇为欺人之学,其学于校勘为尤精。"④工古文词,诗与孙星衍、洪亮吉、黄景仁齐名,著有《亦有生斋集》等。赵怀玉是赵申乔的后代,是洪亮吉的姻亲表弟,赵怀玉诗云:"我之先王姑,实为君大母"⑤。两人自小

① 张惟骧编纂,朱隽点校:《清代毗陵名人小传稿》卷五,凤凰出版社2017年版,第74页。
② 刘禺生:《世载堂杂忆》,中华书局1960年版,第23页。
③ 洪符孙:《跋蒋伯生所藏孙季逑先生手札》,《齐云山人文集》,《丛书集成》续编本。
④ 张惟骧编纂,朱隽点校:《清代毗陵名人小传稿》卷五,凤凰出版社2017年版,第69页。
⑤ 赵怀玉:《哭洪大亮吉》,《亦有生斋集·诗》卷二十五,道光元年(1821)刻本。

相识,都曾在白云溪边居住过,洪亮吉有诗云:"我年四五即识君,相与赌字倾其群。尔来岁月及卅载,文笔喜各持坚军。"①两人弱冠后订交,感情甚笃。他们最初的交往是在家乡常州,其次一个阶段是在京城,最后一阶段的交往又以常州为中心,两人晚年又都回到家乡。他们雅集相聚、出游相从、诗文往还,从订交开始两人的友谊持续了四十多年。②

杨伦(1747—1803),字敦五,号西河,江苏阳湖人。"少有隽才",乾隆四十六年(1781)进士,官广西荔浦县知县。晚年主讲江汉书院,门下多尊信之。杨伦诗得力于少陵,与洪亮吉、孙星衍、徐书受等唱酬最富。所著有《九柏山房诗》及《杜诗镜铨》二十卷。

杨伦是洪亮吉表姐之子,外家都是蒋氏,两人为"髫龀之交",正如杨伦所言:"贱子与君同处出,外家并住云溪侧。"③杨伦还是孙星衍的堂姐夫,关系尤为亲密。也与洪亮吉等同在龙城书院受业于邵齐焘,有同窗之谊。杨伦是著名的杜诗学家,在他的《九柏山房诗》中,我们也可看到一个清狂的诗人形象:"横行阔视异流辈,意气不减前清狂。索居两载寡偶侣,奇气因君思一吐。"④其诗集中也有许多诗作对狂狷戆直之士的赞颂,如拜谒宋代常州直臣邹浩祠后,写下了这样一首诗:"顽懦百世兴,所重在大节。忠公吾乡彦,慎独学尤切。白笔充台官,不忍便结舌。露章劾奸辅,秋霜严斧钺。立后独抗疏,和平兼激烈。即无田承君,一死宁所怵。晚遭元长忌,方起复蹉跌。岭表再谪迁,骨骼劲如铁。万里拜遗祠,孤忠仰前哲。"⑤诗中可以看到诗人对这位耿介之士的敬仰,从而也反映诗人的追求和旨趣。

徐书受(1751—1807),字尚之,江苏武进人,茶坪诗老徐永宣曾孙。乾隆四十五年(1780)副贡,历官南台知县。与杨伦、吕星垣家族有世代姻亲关系。少贫,耽于著述,为人作诗有奇气,"性情纯挚,内行可钦,

---

① 洪亮吉:《送赵表弟怀玉南归即呈侍御舅氏兼寄孙大》,《卷施阁诗》卷一,《洪亮吉集》,中华书局2001年版,第480页。
② 蓝士英:《赵怀玉与洪亮吉交游考论》,《文学研究》2016年[第2卷·1]。
③ 杨伦:《题稚存云溪一曲图》,《九柏山房诗》卷三,嘉庆十七年(1812)遂初堂刻本。
④ 杨伦:《武昌喜晤徐民部惕庵表兄赋赠长句》,《九柏山房诗》卷九,嘉庆十七年(1812)遂初堂刻本。
⑤ 杨伦:《昭州谒邹道乡先生祠》,《九柏山房诗》卷十六,嘉庆十七年(1812)遂初堂刻本。

其诗悱恻缠绵,意由心发"①,有《教经堂集》,洪亮吉曾为其诗集作序②。乾隆五十四年(1789)洪亮吉在开封毕沅府,还曾居徐书受寓斋数日。

吕星垣(1753—1821),字叔讷,号映微,江苏武进人,诸生,大学士吕宫五世孙。乾隆四十八年(1783)在京师,饱览《四库全书》馆书籍,尤喜史籍。历官邯郸、赞皇、河间等县知县。"工诗古文辞,高古简洁,自成一家,操笔立就,少即以文学名。"③有《白云草堂诗钞》《白云草堂文钞》等。洪亮吉在《北江诗话》中赞赏他的诗奇特,但也有规劝。

"毗陵七子"作为里中好友,在家乡时过往甚密,后各自离家谋生,聚少离多,相聚的机会不多,但也有两次。一次是在乾隆三十九年(1774),洪亮吉、黄仲则、孙星衍、杨伦均在扬州,时蒋士铨为安定书院山长,洪亮吉在安定书院学习,他们时常宴会于蒋士铨处,放舟看荷至平山堂,饮酒小秦淮,"他时曾接轸,今日共飘蓬"④,享受这他乡遇故知的人生之乐,诗文相和,其乐融融。还有一次相聚是乾隆四十四年(1779)在京师,朱筠视学福建即将离京,洪亮吉与黄仲则、杨伦、徐书受、赵怀玉等饯于陶然亭并联诗,又是一次里中好友在他乡相聚,五位聚首,着实不易。

"毗陵七子"的交往有地缘、亲缘、学缘等因素,七人中除孙星衍外,都曾在白云溪边居住过。除黄景仁外,其他人相互之间均有或近或远的姻亲关系。他们自小认识,相互亲近,对诗歌的共同爱好是他们友谊的基础。"毗陵七子"个个才情横溢,个性鲜明。他们不仅均有狂狷个性,不流于俗,更具有高尚的气节。他们相互欣赏、相互理解,相似的经历,相投的性情,使他们的友谊得以升华。

① 张惟骧编纂,朱隽点校:《清代毗陵名人小传稿》卷五,凤凰出版社 2017 年版,第 84 页。
② 赵厚均:《〈洪亮吉集〉集外诗文补遗十三则》,《古典文献研究》第十二辑,凤凰出版社 2009 年版。
③ 张惟骧编纂,朱隽点校:《清代毗陵名人小传稿》卷五,凤凰出版社 2017 年版,第 84 页。
④ 杨伦:《邗上逢黄大仲则二首》其二,《九柏山房诗》卷二,嘉庆十七年(1812)遂初堂刻本。

第三节 三与袁枚辩分明

乾隆三十五年（1770）八月，二十五岁的洪亮吉首次去江宁参加乡试，出场后拜见了袁枚。袁枚（1716—1798），字子才，号简斋，晚年自号仓山居士、随园，钱塘（今浙江杭州市）人，乾隆四年（1739）进士，授翰林院庶吉士。乾隆七年（1742），外调江苏，先后任溧水、江宁、江浦、沭阳等知县共七年。乾隆十四年（1749），父丧回家守孝，不复为官，隐居于南京小仓山随园，时称"随园先生"。袁枚初见洪亮吉及其诗文，很赏识，"诗有奇气，逢人辄诵之"①。后洪亮吉与袁枚有三次书信往来，可以说是与袁枚商榷，表达了不同的观点，虽然在某些事情上与袁枚的观点不尽相同，但袁枚还是很赏识这位有才情、敢直言的年轻人，两人自此保持了一生的友谊。

乾隆四十一年（1776），洪亮吉与袁枚有三次书信往来，争论的焦点是明朝吴中行弹劾座师张居正一事。吴中行（1540—1594），字子道，号复庵，江苏武进人。父亲吴性、兄吴可行皆进士。吴中行隆庆五年（1571）进士，选庶吉士，授编修。万历五年（1577），座师大学士张居正遭父丧，没有奔丧丁忧，继续在朝廷任职，夺情视事，御史曾士楚等疏奏挽留，举朝和之，吴中行却很愤怒。这时有一彗星出现在西南方向，亮出天际，皇帝诏令百官反省，吴中行上疏弹劾张居正，并将副本给张居正，张居正看后很惊愕，第二天又有三人上疏。张居正大怒，不顾众人求情，廷杖了吴中行等上疏及争辩者五人，几乎毙命。"中行等受杖毕，校尉以布曳出长安门，舁以板扉，即日驱出都城。中行气息已绝，中书舍人秦柱挟医至，投药一匕，乃苏。"②吴中行几乎被打死，被抬至家中，挖去的腐肉数十块，大的拳头那么大，深有一寸许，一肢都被挖空了。后屡起屡废，终不大显。

洪亮吉收到袁枚寄到赵怀玉府上的书信，作《与袁简斋书》回复。

---

① 吕培等：《洪北江先生年谱》，《洪亮吉集》，中华书局2001年版，第2329页。
② 张廷玉等：《明史》卷二百二十九《列传一百七十》，中华书局1974年版，第5999页。

首先表示感谢，"阁下奖掖后进，勤勤无己之心，为赵君称感者再，反复数四。"①但是不同意袁枚关于吴中行劾座主夺情一事。

> 惟内于吴中行劾座主夺情一事，阁下缀四十六字曰："弟子劾师，鄙意颇不以为然。师有过当谏，谏而不听当避位去，此君子之道也。东汉周举劾左雄，皆好名之过，不可为法。"

> 伏见阁下以仁义为心，重师友之渊源，立人伦之至正，意有所感，笔辄书之，而实不觉其言之过也。……今阁下何得以君臣之义例师弟之伦乎？士大夫出身事主，不得顾其私。若皆徇知己之偏恩，昧事人之大义，谏师不听，皆可避位，私门之焰日长，偏党之祸已成。设使其屡主文衡，尽收桃李，而天下固已缄口结舌不能动摇矣。②

洪亮吉认为，《礼记》中的"谏而不听当避位去"是君臣之礼，非师生之礼。他从君臣大义的角度，认为士大夫事主不能只顾及师生之义，而置君臣大义于不顾。洪亮吉早年的观点，即可见其对朝廷的忠心，对君主的赤诚之心。应该承认，洪亮吉的观点有比较通达的全局观。

袁枚在回信《答洪稚存书》曰："明吴中行劾座主江陵，仆心不喜，道师有过当谏，谏而不听，当避位。斯言也，下笔后颇知其非。位受之于君，非受之于师，不得以孟子论异姓之卿之礼援为事师之则。继而思之，位虽受之于君，而所以能受之于君者，未尝非师之力。饮水知源，不为无理。以故仍而不改。昨接手书，果招阁下之规，夫复何辨！"③袁枚虽然同意洪亮吉"座主轻于举主说"④但仍认为没有座师，士大夫无由进身。"果如仆言，则门生多，谏者愈多，避位者愈多。大臣不善，朝廷且为之一空矣。彼座主者，独无所摄于心而不改弦易辙乎？又安见植党满朝，而不可动摇也？"⑤并且认为张居正的出发点是好的，并没有谋反，夺情只是个人之私罪，于社稷安危并无关系。吴中行既然讲人伦孝道，

① 洪亮吉：《与袁简斋书》，《卷施阁文甲集》补遗，《洪亮吉集》，中华书局 2001 年版，第 232 页。
② 洪亮吉：《与袁简斋书》，《卷施阁文甲集》补遗，《洪亮吉集》，中华书局 2001 年版，第 232—233 页。
③ 袁枚：《答洪稚存书》，《小仓山房诗文集》卷十九，上海古籍出版社 1988 年版，第 1574 页。
④ 袁枚：《答洪稚存书》，《小仓山房诗文集》卷十九，上海古籍出版社 1988 年版，第 1574 页。
⑤ 袁枚：《答洪稚存书》，《小仓山房诗文集》卷十九，上海古籍出版社 1988 年版，第 1575 页。

他也是为人之父,怎么能忍心身体被廷杖毁伤至此呢? 况且他弹劾被廷杖一事,导致台臣与阁臣水火不容,互相攻击,无一日休,必至国亡而后已。就像庸医医病,只为斗药争方,不顾伤了病人的元气与命脉。

洪亮吉接到袁枚书信,又作《再与袁简斋书》,再次提出不同意见,认为如果期待座主"改弦易辙",实际上"夫欲一人悟而至空朝廷以致之,是又古今来必不能行之势也"①。对于张居正的功绩,认为"有明一代相业,礼吉尝以居正居首,而至于夺情及逐高拱之事,固不必为居正讳之"②。张居正夺情与吴中行劾师,"其贤不肖固不在夺情及劾师一事"③,并不能成为评价他们贤与不肖的主要内容,不能以事废人。由此可见,洪亮吉评价历史人物的态度,是比较客观公正的。还认为袁枚说此事引起台臣与阁臣的矛盾,甚至亡国,是"欲加之罪,何患无辞,特不宜出之于阁下耳"④。

洪亮吉不久又写了一封《三与袁简斋书》,继续与袁枚商榷,就此事阐明自己的观点。袁枚引《论语》《孟子》语,认为"不在其位,不谋其政",不可"位卑言高",洪亮吉认为,"有明一朝,谏疏数千,出于御史者十之四,出于馆阁者亦十之三,其余则皆内外诸臣所便宜论奏者耳……中行官编修,位也不卑,阁下之引《论语》《孟子》得无误乎?"⑤

这三封书信以及袁枚的信件,可以说非常精彩,双方观点鲜明,论据充分,认证严密,态度有理有节。洪亮吉作为晚辈,知道袁枚当时在文坛的地位,"执牛耳,以进退天下士"⑥,况且袁枚对洪亮吉很是赏识,几次对他进行过指导,可以说是他老师辈的人物。洪亮吉初喜作古字,袁枚一开始都不认识,考之书,才能得其音义,袁枚在肯定洪亮吉学问的同时,也在信中规劝:"仆与足下,皆今之人,非古之人也,生今反古,圣人所戒。"⑦然后举例,哪些情况下"当反古",哪些情况下"不当反古"。

① 洪亮吉:《再与袁简斋书》,《卷施阁文甲集》补遗,《洪亮吉集》,中华书局 2001 年版,第 236 页。
② 洪亮吉:《再与袁简斋书》,《卷施阁文甲集》补遗,《洪亮吉集》,中华书局 2001 年版,第 235 页。
③ 洪亮吉:《再与袁简斋书》,《卷施阁文甲集》补遗,《洪亮吉集》,中华书局 2001 年版,第 235 页。
④ 洪亮吉:《再与袁简斋书》,《卷施阁文甲集》补遗,《洪亮吉集》,中华书局 2001 年版,第 235 页。
⑤ 洪亮吉:《三再与袁简斋书》,《卷施阁文甲集》补遗,《洪亮吉集》,中华书局 2001 年版,第 237 页。
⑥ 洪亮吉:《与袁简斋书》,《卷施阁文甲集》补遗,《洪亮吉集》,中华书局 2001 年版,第 233 页。
⑦ 袁枚:《答洪华峰书》,《小仓山房诗文集》卷十九,上海古籍出版社 1988 年版,第 1567 页。

洪亮吉自己也承认"阁下之年与阁下之学,皆礼吉之师也"①。而且,袁枚对洪亮吉颇有恩惠,乾隆三十八年(1773)冬,洪亮吉在安徽当涂穷得连回家的路费都没有,是袁枚资助接济了他。但他还是冒着被误解为冒犯师辈、对师友薄情寡义、不知恩图报的风险,坚决要表达不同意见,依旧敢于质疑权威,与袁枚商榷。他认为"圣贤尚不废辩论",说明洪亮吉虽年轻却很有胆识,不胆小怕事,不世故圆滑。同时他也表示,他不是对师友薄情之人,他说:"阁下闻此言,必曰此人于师友必薄……若礼吉于师友间稍有所缺,阁下可声其罪而责之,以为寡恩失义者戒,则礼吉不敢复置喙矣。"②洪亮吉此后用实际行动证明了他对师生的重情重义。

别人也规劝他,"后进之于前辈,非可以笔舌取胜也,盍少示屈乎?"③而他的态度非常明确,"不然"。甚至袁枚也表示:"仆山居,老矣,未必有为座主之日。而足下高才少年,为门生,为座主之日正长。言之者无私,闻之者有益,故不觉其倾尽云。"④洪亮吉一而再再而三,连写三封书信与袁枚争辩,说明他很有原则性,个性耿介,甚至也有些固执,不争个分明不罢休。

好在袁枚是个大度之人,没有因此怪罪于他,两人保持了终生的友谊。洪亮吉去江宁拜访袁枚,袁枚拿出《随园雅集图》让洪亮吉题诗⑤。袁枚后来还写信给洪亮吉,讨论诗歌创作,提醒他写诗不能模仿别人,要保持自己的风格。他说:"古之学杜者,无虑数千百家,其传者皆其不似杜者也……稚存学杜,其类杜处,乃远出唐、宋诸公之上。此仆之所以深忧也。"⑥对洪亮吉写诗模仿杜甫,表示"深忧"。他说:"鄙意以洪子之心思学力,何不为洪子之诗,而必为韩子、杜子之诗哉?无论仪神袭貌,终嫌似是而非,就令是韩是杜矣,恐千百世后人,仍读韩、杜之诗,必

① 洪亮吉:《与袁简斋书》,《卷施阁文甲集》补遗,《洪亮吉集》,中华书局2001年版,第233—234页。
② 洪亮吉:《与袁简斋书》,《卷施阁文甲集》补遗,《洪亮吉集》,中华书局2001年版,第233页。
③ 洪亮吉:《三再与袁简斋书》,《卷施阁文甲集》补遗,《洪亮吉集》,中华书局2001年版,第236页。
④ 袁枚:《答洪稚存书》,《小仓山房诗文集》卷十九,上海古籍出版社1988年版,第1577页。
⑤ 洪亮吉:《花朝日访袁大令枚江宁即出随园雅集图索题因赋以志别》,《卷施阁诗》卷八,《洪亮吉集》,中华书局2001年版,第611页。
⑥ 袁枚:《与稚存论诗书》,《小仓山房诗文集》卷三十一,上海古籍出版社1988年版,第1848页。

不读类韩、类杜之诗,使韩、杜生于今日,亦必别有一番境界,而断不肯为从前韩、杜之诗。"①袁枚的见解十分深刻,他的教导对洪亮吉的诗歌创作有较大帮助。袁枚还为洪亮吉的《卷施阁文乙集》作序,因为袁枚特别喜欢洪亮吉的文,"以予素嗜其文,因请序于予"②,在序中,对洪亮吉从小自力于学,刻苦做学问表示赞赏,认为他"其文之渊雅,气质之深厚,世皆能知之"③,给予很高的评价。

袁枚在晚年,与洪亮吉仍有诗歌唱和。袁枚在病中写了自挽诗,索洪亮吉和诗,洪亮吉作诗云:"唯公丈人行,早结文字缘……若论文福兼,公可死者一……公今虽自挽,我更欲速公。公如读之竟,大笑声隆隆。当嘉此狂生,交道有始终。"④以戏谑的笔调,表达对袁枚的敬意。可喜的是袁枚的病痊愈了,袁枚除夕又作诗《除夕告存戏作七绝句》给洪亮吉,洪亮吉自然很高兴他能康复,作诗云:"告存才接七篇诗,此语宾朋喜可知。谁识仙山楼阁里,有人望眼欲穿时。"⑤可见,两人的感情确实非同一般,正如洪亮吉自己所说,他并非对师友薄情之人,而是情深意厚,"交道有始终"。

第四节　读书只欲究世务

洪亮吉第三次乡试虽有出色的表现,却还是与举人失之交臂,学使彭元瑞为之感到十分惋惜与不平,于是推荐他到江宁知府陶易署中,帮助校文。陶易(1712—1778),字经初,号悔轩,山东文登(今山东威海市)人。乾隆十七年(1752)举人,历署湖南桃园、武陵、安化、安福、浏阳等县,官至益阳、衡阳知县,江苏淮安、江宁知府,江宁布政使等。有《惜

---

① 袁枚:《与稚存论诗书》,《小仓山房诗文集》卷三十一,上海古籍出版社 1988 年版,第 1848—1849 页。
② 袁枚:《卷施阁文乙集》序,洪亮吉:《卷施阁文乙集》,《洪亮吉集》,中华书局 2001 年版,第 265 页。
③ 袁枚:《卷施阁文乙集》序,洪亮吉:《卷施阁文乙集》,《洪亮吉集》,中华书局 2001 年版,第 265 页。
④ 洪亮吉:《袁大令枚病中以自挽诗索和率赋一篇寄呈》,《卷施阁诗》卷十,《洪亮吉集》,中华书局 2001 年版,第 674—675 页。
⑤ 洪亮吉:《袁大令以辛亥除夕复作告存诗七首索和戏加二绝奉答》,《卷施阁诗》卷十,《洪亮吉集》,中华书局 2001 年版,第 675 页。

阴诗草》《游雍随笔》等。他在给《尚史》作序时称,守淮阴时得李锴《尚史》副本,欲付梓公之于众,并奉送《四库全书》馆。乾隆四十年(1775)洪亮吉受聘来陶易署修校《尚史》,一个月完成此书的修校,并作《李铁君尚史后序》。

知府陶易很看重洪亮吉,校书工作完成后又延聘洪亮吉教他的孙子,兼文书工作,但不久他任满入都,又擢升惠潮嘉兵备道,洪亮吉以"亲老不能远游"为由,接受了离常州较近的句容林光照的聘约,教他的女婿郑联华秀才。此时孙星衍的父亲担任句容教谕,县丞汪苍霖等皆工诗爱客,洪亮吉留在句容直到第二年四月林光照罢任归里,每天除了工作外就是与朋友诗文唱和,殆无虚日,还遍游茅山风景,作诗数十篇。年底他的次子盼孙出生,他欣喜之余,生活的负担更重了。洪亮吉短暂在家乡,即与友人宴饮赋诗,如与孙星衍、王育琮、吴堂夜访青山庄故址,与赵怀玉、赵学愈、孙星衍饮于觅渡桥上,中秋夜与郭焜、吕星垣、孙星衍、王育璇等泛舟白云溪,均有诗纪之。

洪亮吉这段时间创作的诗文,体现了他对社会的关注,对现实的关怀,尤其是对底层民众生活的关心,因为他自己生活在贫寒之家,对普通百姓的生活有深切的体会。乾隆三十九年(1774),清廷在四川西北平定金川,山东寿张县人王伦又利用白莲教的一支清水教,组织农民、盐工发动武装起义,震动清廷。王伦起义,揭露了乾隆盛世之下的许多矛盾,揭开了虚伪的"盛世"面纱。同年江苏发生大水灾,次年又出现大旱,灾情严重,农民粮食减产甚至绝收,生活极度艰难,甚至以树皮、草根、观音土充饥。洪亮吉曾作有《悯旱》《苦雨》等诗,他的两首《即事》诗,反映了当时的情况,诗云:

> 乡民数千人,晓集龙祖殿。焚香祷灵雨,老小叩头遍。痛哭对县官,民情亦堪见。乡间报荒册,堆案惊雪片。君等司牧民,无为数清宴。灾荒尚屠杀,事已动谣谚。宴客设八珍,嗟余岂能咽。家虽无负郭,八口寄吴甸。晨昏助祈祷,天岂鉴微贱。斋肃告牧民,勉思民所便。

去冬淮安荒,民死十七八。天意未可知,水荒兼旱魃。感兹财赋地,频复降兹罚。抑闻物力侈,商贾更轻猾。土木既已繁,多金建崇刹。奢淫理召祸,谁复肯深察。盛夏百草枯,炎炎肆诛杀。①

诗歌充分揭露了民间与官府的对立,穷富之间的悬殊。水灾连旱灾,民间数千老小一早起来在龙祖殿前叩头求雨,老百姓没有活路,而官府却不管报荒的册子像雪片一样堆积在案头,还照样山珍海味,大宴宾客,灾荒之年大加杀戮,大办宴席,甚至底层已有谣谚传唱,可见怨言四起,作者不禁要问,面对饿死的百姓,你们是怎样咽得下这珍馐美味的? 对不顾百姓死活的官府,进行了无情的质问。在灾荒之年"民死十七八"的情况下,还有人大肆兴建寺庙,他甚至认为这天灾人祸就是官府的骄奢淫逸带来的。洪亮吉在《偶书呈朱博士》一诗中,对扬州的风俗不淳,富人奢侈,淫祠众多等表示忧虑。"十余年来俗不淳,水陆食谱宗吴门。维扬富人益轻猾,土木侈丽穷奇珍。淫祠一方有千百,媚祷役役劳心魂。衣裳更厌陈制度,袍袖割裂无完纯。一方好尚匪细事,此事得不尤荐绅。吾曹读书有原本,忍酿薄俗忧君亲。十年此论不敢发,得过公等眉才申。一门风气最淳古,兀兀把卷勤人伦。广文虽微有禄入,节啬尚得分亲朋。喜公招客只一尊,五簋不必罗鸡豚。佳儿四十布作裤,冠服称体无新陈。行之一方俗可敦,请以此法遗子孙。"②洪亮吉认为扬州十余年来建筑奢华、淫祠众多、衣服尚奇,风俗不淳。读书人有责任纠正不良的风俗,将节俭朴实、读书重人伦的风俗传承下去。

洪亮吉和孙星衍在句容时,目睹了民间的惨状,深受触动。他在《十月六日同朱大桂芳孙大星衍城南晚步》中写道:"十日五日一出游,原上草木初辞秋。惜哉岁歉寡欢思,且觅二子吟穷愁。市中扰扰无百家,落日鼓已鸣官衙。饥民入市竞拿攫,野店插竹凭栏遮……道旁一辈还相告,日昨征西捷书到(时金川大捷)。百斛襄船米禁开,征人失喜居人噪。我今作客虽一方,百里尚得称吾乡。眼中见此谁得忍,树赤无皮石无粉。"③洪亮吉与友人漫步城南,亲眼看到饥民为了生计被迫流亡到

---

① 洪亮吉:《即事》,《附鲒轩诗》卷六,《洪亮吉集》,中华书局 2001 年版,第 2029 页。

② 洪亮吉:《偶书呈朱博士》,《附鲒轩诗》卷七,《洪亮吉集》,中华书局 2001 年版,第 2041 页。

③ 洪亮吉:《十月六日同朱大桂芳孙大星衍城南晚步》,《附鲒轩诗》卷七,《洪亮吉集》,中华书局 2001 年版,第 2040—2041 页。

城里,却被官府无情捉拿,看到连树皮草根都被饥民吃光,实在不忍心。即使听到清廷平定金川的消息,也高兴不起来,想到当地百姓无米下锅忍饥挨饿的生活,感到十分难过。

现实中的惨状,上层的官吏却假装不知,只想粉饰太平。当洪亮吉得知句容县丞汪苍霖为民请命,如实汇报灾情反而受到上司怒斥,感到愤慨,也十分赞赏汪苍霖。汪苍霖,浙江钱塘人,少年赴京师,晚年为官江南句容县丞。乾隆四十年(1775)县中大旱,百姓庄稼无收成,有的人以观音土、芦根为食,这个父母官内心非常着急,正好州府官员来勘察灾情,汪苍霖如实相告,却被怒斥,跪在外面一整天。洪亮吉晚年回忆此人时这样写道:"适大府勘灾入境,苍霖裹数物示大府,大府怒,命跪行辕外一日,晚复召入,斥曰:'汝何官,狂惑若此!'苍霖伏曰:'卑吏诚狂惑,然实不敢随诸贪黠者病民,欲于中流中作一砥柱耳。'大府笑曰:'汝诚砥柱,但砥柱太短也。'叱出之。"①汪苍霖还奉命运米赈淮安水灾,终日立泥淖中分米,拨救灾米,事后曾写《灾民谣》三章,洪亮吉认为"赋诗三章,仁人之言,知民疾苦矣。昔杜甫读元结《舂陵行》谓'得结辈十数公,参错天下为邦伯,天下可安',余亦谓今日得苍霖辈十数人为令丞,于吏治未必无补。苍霖又尝以强直为上官所斥,因赋赠此章,非特赠苍霖,亦甫所云庶几知者听耳"②。他针对当时吏治的腐败,不顾民生疾苦,悲愤难平,感慨万千。写下《书汪少尹苍霖民谣三章后(并引)》,诗曰:

> 淮民水中哭,闻者为咽哽。风谣谱三章,言重意深警。江南财赋地,水旱更苦并。今年零雨绝,赤地百万顷。山邑命更悬,饥寒久延颈。心期长官至,为可急匡拯。慷慨前竭诚,果遭上司屏。丞微顾白事,不斥良已幸。归来卧荒厅,逸气空耿耿。稽查又蒙檄,零雨泥没胫。流离散清奉,不忍沟壑挺。我闻昔丞簿,得为民命请。监门绘流图,蓝田奏蒙省。吾儒所当效,不必厌官冷。酌酒读

① 洪亮吉:《又书三友人遗事》,《更生斋文甲集》卷四,《洪亮吉集》,中华书局2001年版,第1042页。
② 洪亮吉:《书汪少尹苍霖民谣三章后(并引)》,《附鲒轩诗》卷七,《洪亮吉集》,中华书局2001年版,第2034页。

子诗,中心契刚鲠。①

大府居然嘲笑汪苍霖"砥柱太短也",正是有像汪苍霖那样的人做基石,帝国才不至于那么快"哗啦啦似大厦倾"。洪亮吉在诗中,赞赏这位县丞,并明确表示要和他一样刚鲠,效法他为民请命,做一个好官。

洪亮吉从小就有远大志向,读书的目的,不做"章句儒",而要"究世务","不作章句儒,平生慕奇节"②,"读书只欲究世务,放笔安肯为词章,胸中之奇亦思吐,意欲上书丞相府。"③他有一首诗,写自己读书是要学习古圣贤,诗云:"我思古圣贤,一一备载记。读书无余闲,安能复营利。幸兹将母暇,入室却游戏。力食既已周,盘飧幸粗备。少穷本孤露,离析到暑季。长识干禄艰,无心学毛义。陈编恣偃仰,非欲置论议。丈夫一寸心,笔墨非可寄。千秋万岁外,有人知此意。"④可见他年轻时就有远大志向,他读书的目的,并非只是做学问写文章,而是要像古圣贤那样,为了社稷苍生。他关注民生疾苦,一心想能有机会为民请命。他决心效法汪苍霖,耿直为官,不怕得罪上级,做一中流砥柱。年轻时的志向、耿直的个性,及汪苍霖这样刚正的官员对他的影响,也为他晚年的冒死直谏埋下伏笔。

洪亮吉在陶易署校刊完成《尚史》后,撰写了《李铁君尚史后序》。在这篇序文中,他首先是肯定该书的价值,"兹书之作,一以《左传》《国语》《世本》《国策》《史记》诸书为经,而兼采百家诸子之说为纬,或从正见,或从附列。其搜采之广洽,用心之专挚,庶几谯氏、苏氏而集其成与!"⑤应该说评价较高,与三国时著《五经论》的谯周及宋代编《古史》的苏辙相提并论,然而他也指出其不足之处,如"类例不明",秦诸臣"列传不备","乃地理则略区域,而反详世系;氏族则昧分合,而专载言行","详所不当详","略所不当略"等,借对《尚史》的评述表达了他严谨的史

① 洪亮吉:《书汪少尹苍霖民谣三章后(并引)》,《附鲒轩诗》卷七,《洪亮吉集》,中华书局2001年版,第2034—2035页。

② 洪亮吉:《偶成》,《附鲒轩诗》卷六,《洪亮吉集》,中华书局2001年版,第2016页。

③ 洪亮吉:《赵大怀玉招饮醉后却寄》,《附鲒轩诗》卷七,《洪亮吉集》,中华书局2001年版,第2063页。

④ 洪亮吉:《读书》,《附鲒轩诗》卷六,《洪亮吉集》,中华书局2001年版,第2017页。

⑤ 洪亮吉:《李铁君尚史后序》,《卷施阁文甲集》补遗,《洪亮吉集》,中华书局2001年版,第254页。

学观,还有对地理区域的重视。他认为此书最失当的,是删除了方术、货殖等列传,"顾减去方术、货殖、游侠数类之人,则此书之失也。"①《尚史》的作者李锴是汉军正黄旗人,此书减去的"方术、货殖、游侠数类之人",都是出身低微之人,这也反映身为寒士的洪亮吉关注下层人民的存在和历史地位。这篇序文反映了洪亮吉早期的史学观。

另外,洪亮吉还创作了诗歌《咏史十首》,在诗歌中表达了他对历史事件的看法。"项羽欲入关,沛公无如何。神明所都会,日复寻干戈,咸阳宫殿中,流血遂成河。哀哉青门瓜,乃比人头多。"②他反对血流成河的杀戮,也总结了历史上朝代兴替的教训和规律,"废兴非此端,今古若一辙。亡隋视亡秦,皆至二世失。才非不兼人,志乃在玩物。雷塘一斛萤,竟以天下易。"③诗歌认为隋朝的灭亡与大秦一样,都在玩物丧志,讽刺隋炀帝抓萤火虫夜游,晚年醉心游山玩水,与李商隐"于今腐草无萤火,终古垂杨有暮鸦"(《隋宫》)有异曲同工之妙。他在诗中表示想学习张良和范蠡,做一个良相,帮助帝王建功立业,但他最欣赏的人是项羽,"我思盖世豪,实惟楚重瞳。其事虽不成,气已吞域中。男儿头可断,不惜归江东。始知孙伯符,未足称英雄。"④"楚重瞳"是指项羽,他气吞山河,虽败犹荣,是真正的盖世英雄。可见洪亮吉年轻时就有远大的政治理想,看轻个人恩怨成败,是一个慷慨有大义之人。

第五节　归闻母讣惊堕水

乾隆四十一年(1776)七月,洪亮吉应浙江学使王杰邀请,经过嘉兴、杭州到绍兴,去见王杰。王杰(1725—1805),字伟人,号惺国,别号畏堂,陕西韩城人。乾隆二十六年(1761)一甲第一名进士(状元)。当年本来以常州人赵翼第一名、陕西王杰第三名进呈乾隆帝殿试,乾隆认

① 洪亮吉:《李铁君尚史后序》,《卷施阁文甲集》补遗,《洪亮吉集》,中华书局2001年版,第254页。
② 洪亮吉:《咏史十首》其一,《附鲒轩诗》卷六,《洪亮吉集》,中华书局2001年版,第2010页。
③ 洪亮吉:《咏史十首》其四,《附鲒轩诗》卷六,《洪亮吉集》,中华书局2001年版,第2010页。
④ 洪亮吉:《咏史十首》其九,《附鲒轩诗》卷六,《洪亮吉集》,中华书局2001年版,第2011页。

为状元大多出在江浙，而陕西当朝尚无一名状元，又见王杰书法工整清秀，便把他和赵翼对调了一下，于是王杰就成了清朝陕西第一名状元。王杰初在南书房当值，后官至浙江学使、侍读学士、刑部侍郎、吏部侍郎、兵部尚书、东阁大学士、军机大臣。嘉庆帝即位，仍为首辅。居官清正，爱惜人才。有《惺园易说》《葆醇阁集》等。

当洪亮吉到达绍兴时，正值扃试，即考生各闭一室应答试题，按例不能通报。洪亮吉只能在外等候，身边的盘缠全部用尽。王杰与洪亮吉一见如故，马上留用他，一起前往台州、处州二府考试学生，中途游历天台、雁荡诸胜，皆有诗纪事。关于出发绍兴的时间，吕培等《洪北江先生年谱》认为是"七月，往谒学使于绍兴"①，李金松《洪亮吉年谱》认为是八月十六日②。因为洪亮吉此年八月十三与赵怀玉等饮酒觅渡桥上，洪亮吉、赵怀玉均有诗记录，八月十五中秋还与友人泛舟白云溪，有《八月十五泛舟白云溪诗序》，明确时间为"时乾隆四十一年丙申八月十五日"③，并有同行者吕星垣诗《中秋夜云溪泛舟》④相互印证。并在中秋泛舟诗作中有"风尘明日即别家，辛苦牵船不居屋"⑤之句，认为出发浙江日当在八月十六日。但也有可能他七月去浙江，八月又返回家中过中秋，毕竟绍兴与常州并不太遥远。

天有不测风云，十月二十六日，洪亮吉随幕主在外考试生员时，他六十三岁的母亲突然在家中风去世，他的弟弟怕洪亮吉在千里外听到噩耗受不了，写信称母病，"属姊婿史君德孚持至处州，并促偕归。到日亦值扃试，留书而返。"⑥洪亮吉考试学生完毕得书，即星夜兼程赶回家中。他走水路沿运河北上，十一月十四日，舟行至距常州约三十里的戚墅堰，上岸快步往城里走，途遇仆人窥园的父亲仇三告知母亲病故的消息，悲痛过度，失足落水，差点丧命。

---

① 吕培等：《洪北江先生年谱》，《洪亮吉集》，中华书局 2001 年版，第 2331 页。

② 李金松：《洪亮吉年谱》，人民出版社 2015 年版，第 77 页。

③ 洪亮吉：《八月十五泛舟白云溪诗序》，《卷施阁文乙集》卷三，《洪亮吉集》，中华书局 2001 年版，第 297 页。

④ 吕星垣：《中秋夜云溪泛舟》，《白云草堂诗钞》卷一，嘉庆八年（1803）刻本。

⑤ 洪亮吉：《中秋夕邀同钱唐郭焜暨孙大吕大携笛及酒至云溪泛舟作》，《附鲒轩诗》卷八，《洪亮吉集》，中华书局 2001 年版，第 2073 页。

⑥ 吕培等：《洪北江先生年谱》，《洪亮吉集》，中华书局 2001 年版，第 2332 页。

先生骤闻哀耗，五内昏迷，方度八字桥，忽失足堕水。两岸陡峭，人不及救，随流至滕公桥。有汲者见发飏水上，揽之，得人，试心口尚微温，始呼众集救，问里中识者，共舁至家，救者不知先生，疑为避债赴水，及审状，则皆曰'孝子，孝子！'悲叹而散。天严寒，衣履冰湿，邻人蒋松圆释先生衣，自解衣衣之。举家号哭呼救，久之方苏。抢呼痛哭，几不欲生，水浆不入口者五日。诸姊以大义责先生，始稍进米饮。七七内仅啜粝粥，席藁枕凷，昼夜号哭，终丧不进肉食，不入内室。所服皆白衣冠，不御缌布，自以未及侍蒋太宜人含殓，哀感终身。嗣后每遇忌日，辄终日不食，客中途次不变，三十年如一日。①

这一段叙述十分细致且生动，读之令人泪目。洪亮吉自幼丧父，是母亲含辛茹苦养育他，又教他读书、教他做人，他与母亲感情深厚，母亲突然离世，犹如晴天霹雳，未曾侍疾一日，未能见最后一面，甚至未能给老人含殓送终，这是他作为儿子最大的遗憾，也是他心头永远的痛。

他的朋友们如吕星垣、孙星衍、杨芳灿、吴蔚光等得知消息后，也纷纷前来吊唁或写诗文追挽及安慰。吕星垣诗《唁洪明经亮吉》云："洪生慕古独行传，早有健笔称词场。归闻母讣蹜河死，救而得生为神伤。生才甚偏果于用，往往血性奋至刚。生乎自此益加勉，重于泰山死乃当。呜呼乾坤生才厚中央，前后万古未敢望。"②杨芳灿买舟百里前来吊唁。杨芳灿（1754—1816），字才叔，号蓉裳，江苏常州府金匮人。乾隆四十二年丁酉（1777）拔贡，应廷试，得补甘肃伏羌县知县，后历官灵州知府、户部广东司员外郎。丁母忧，贫甚，鬻书以归，主讲衢杭、关中、锦江三书院。工诗文，尤长骈义，著有《芙蓉山馆诗词稿》十四卷、骈体文八卷、《直率斋稿》十二卷及传奇《罗襦记》等。洪亮吉在《吕广文星垣文钞序》中回忆了杨芳灿来常州吊唁他母亲，与吕星垣、孙星衍四人彻夜长谈的情状。"犹忆丁酉春，余居忧，授徒里中，杨君者买舟百里相唁。时君与孙君皆落拓居里，因约至舍，作竟夕谈。余时赁廛在白马三司徒巷侧，

① 吕培等：《洪北江先生年谱》，《洪亮吉集》，中华书局 2001 年版，第 2332 页。
② 吕星垣：《唁洪明经亮吉》，《白云草堂诗钞》卷一，嘉庆八年（1803）刻本。

贫甚,无几榻,三人者相与就余苦次,鳞比而寝,夜半月出,谈亦益纵。顾饥甚,无所得食,君独敲石火,搜旁室中,得败蒮及麦屑升许,就三隅灶作餐,竞以手掬食至饱。天破曙,生徒以次进,三人者始散去。"①洪亮吉几十年后回忆当时的情形,依旧历历在目。

母亲去世后,洪亮吉在家守孝一年,设馆授徒聊以谋生,清贫守寂,还写了母亲蒋太宜人行述。但一家人生活要继续,母亲安葬也需要资金,十一月,之前惋惜洪亮吉乡试未录取的座师刘权之视学安徽,遣人相延,洪亮吉于是到安徽学政署中,协助其校文阅卷。刘权之(1739—1819),字德舆,号云房,湖南长沙人。乾隆二十五年(1760)进士,改庶吉士,授翰林院编修,历官司经局洗马、安徽学政、大理寺卿、左副都御史、礼部侍郎、兵部尚书、左都御史等,曾预修《四库全书》,在事最久。

这次洪亮吉与孙星衍一同从陆路前往安徽当涂,他们除了助刘权之校文外,还一起做《三礼》训诂之学,还随同学政到太平、徽州、宁国、池州等地考核府县学生员,刘权之对他们二人"相待有加"。

洪亮吉在刘权之府,依旧穿缟素,为母戴孝,不肯更换,以示对母亲的怀念和歉疚,大多数时间他都一人独处,刘权之也很理解,还专门派人负责他的清淡饮食,这样在学署一年,大家都习以为常了。

为安葬母亲做准备,他写信请汪中给他母亲写墓志铭,请赵怀玉为他祖父撰墓表之文,让孙星衍写父母合葬圹志,作书催促朱筠为他母亲立传。乾隆四十三年(1778)十一月,洪亮吉从安徽回常州安葬他母亲,十二月将他母亲与父亲合葬于城北前桥村。洪亮吉在墓冢三日夜,"负土成坟",始归,足见其孝心。

洪亮吉是难得的孝子,他的孝行已广为传颂,感动了很多人。此次安葬母亲,百里以内得知消息的亲友都前来会葬。如杨芳灿兄弟、孙星衍,还有刚订交不久的金兰。金兰(1757—1795),字畹芳,号湘谷,晚号碧云居士,江苏高邮人。乾隆五十四年(1789)拔贡,后考取八旗官学教习,曾入翁方纲幕。有《湖阴草堂遗稿》。这些朋友都陪着他,在他的白马三司徒赁宅十日后才离开,金兰走时,洪亮吉与孙星衍、赵怀玉皆

---

① 洪亮吉:《吕广文星垣文钞序》,《更生斋文甲集》卷一,《洪亮吉集》,中华书局 2001 年版,第 977 页。

远送。

洪亮吉为葬母又欠下不少债务,许多地方的风俗都是年前上门要债,过了除夕就不能要债了,所以欠债的人一般会出门避债。洪亮吉年前与孙星衍一起去句容,到了句容听闻学使刘权之的母亲亡故,两人赶到当涂吊唁,之后又回到句容,在句容过年,躲过了年债。

洪亮吉两次营葬都欠下很多债务,一次是乾隆三十七年(1772)安葬他祖父母、父亲、叔父等六位亲属,多亏朱筠、蒋士铨等朋友的相助才还清债务,这次安葬母亲,又落得过年出门躲债的凄惨境地。洪亮吉对丧葬制度深有体会,他后来写的《丧葬篇》中,对古代的厚葬和当时的营冢谋穴提出了深刻的批判。"今人之惑。营一冢之地或迟及十年,谋一穴之吉必访及百辈。……则祈福之念十倍于爱亲之心,为子孙之谋百倍于为祖父之计也。是则古人之厚葬尚近于爱亲,而今人之营冢则实欲为己谋为子孙谋耳。其心术之不可问一至此乎!"①文章对后人千方百计选一风水宝地作为墓地,进行了无情的揭露,实则就是为自己、为子孙后代谋,对于已故亲人,一抔黄土,哪里不能安身? 针对当时流行的丧礼用僧尼道士、箫鼓铙吹,洪亮吉尤其可恨,进行了严厉批评和讽刺,不要说用于军中之乐的铙吹及用于宾嘉之礼的钟鼓,不应该用于死丧之家,且僧尼道士之众超过死者的亲人,铙吹喧闹超过亲人的哀哭,也是很不正常的,而且僧尼所念之经都是释罪超度的,难道把祖先当成有罪之人吗?"僧尼道士所诵之经,又必为解冤释罪之语,是真视吾亲为愆尤丛集之身,不如此则罪莫可释,冤莫可解也。何其以君子之道待僧尼道士,而以至不肖者待吾祖若考乎? 其始愚民为之,其后士大夫踵而行之。孔子曰:'始作俑者,其无后乎!'作俑之害,尚至无后,吾不知始创延僧尼道士箫鼓铙吹者又将何如也?"②这些文字尖锐深刻,鞭辟入里,洪亮吉认为丧葬制度应该简便,墓地风水之说,实则是为自己及后代考虑的自私行为,僧尼道士、箫鼓铙吹则更是扰了死者的清静,增加了生者的负担。这些观点与他早年的生活经历有关,无疑是客观而理性的。

① 洪亮吉:《丧葬篇》,《卷施阁文甲集》卷一,《洪亮吉集》,中华书局 2001 年版,第 22—23 页。
② 洪亮吉:《丧葬篇》,《卷施阁文甲集》卷一,《洪亮吉集》,中华书局 2001 年版,第 23 页。

第三章　北上京师　都门进取

为了生计和前途,洪亮吉北上京师。在京城,他与黄仲则、赵怀玉等里中好友相聚,又参加翁方纲等的都门诗社,结识众多京城名流,他的诗文也得到前辈及同道的赏识,可谓名满京师,他也终于不负辛勤,高中举人。

第一节　一路向北兼访古

洪亮吉服阕归里,安徽学使刘权之也遭母丧回家守孝,接下来何去何从是洪亮吉必须要考虑的问题。此时,他的好友孙星衍、赵怀玉都邀请他去京师,他在诗中说:"孙郎约我游燕台,尔者八月无书来。赵生约共长安住,亦复驱车觅归路。"①孙郎即孙星衍,赵生是指他表弟赵怀玉。洪亮吉的弟弟少孤失学,借了二姐银两做本钱经商,结果经营不善,几年下来连本钱都亏掉,以致无力偿还。他在自己前途迷茫的情况下,还要照顾这个弟弟,于是在乾隆四十四年(1779)的春天,"决计携弟北上,别谋进取"②。

对于洪亮吉来说,路途遥遥,最大的困难是行资,没有路费寸步难行。为了筹措行资,道员袁鉴推荐他到常州知府黄泽定署阅卷试文,

---

① 洪亮吉:《送赵表弟怀玉南归即呈御史舅氏兼寄孙大》,《卷施阁诗》卷一,《洪亮吉集》,中华书局 2001 年版,第 480 页。
② 吕培等:《洪北江先生年谱》,《洪亮吉集》,中华书局 2001 年版,第 2333 页。

"薄有所赠,方得成行"①。洪亮吉兄弟俩乘船沿运河北上,到达扬州。扬州是他熟悉的地方,他曾经在此学习、教馆,此次经过觉得扬州比以前更热闹了,"今日扬州胜昔时,歌台已遍堤南北,吾徒流滞几春秋,魂寄东风第一楼。"②在扬州他得到汪端光的资助,在到京后寄给汪端光和诗中说:"我生惭世间,感子引作徒,为倾囊中金,为计道上储。"③当时的情形是:

> 木叶暗天地,雨声连晓昏。吾行数千里,别子旧东门。家在依乡党,亲亡忆弟昆。犹余尼父叹,三至席难温。④

离开熟悉的扬州,渐行渐远,去往千里之外陌生的他乡,诗人心情复杂,才出家门不远,就已思念故乡,有"尼父叹归"之感。在这个昏暗的雨天,洪亮吉作别汪端光,舍舟从陆路,与途中遇到的秀才缪俨联车,继续一路向北。

洪亮吉经过高邮,写诗痛悼曾经帮助过他的朋友贾田祖,贾田祖(1714—1777),字稻孙,号醴耕,江苏高邮人。喜读《春秋左传》,著有《春秋左氏通解》,有《稻孙集》。三年前的夏天,洪亮吉带着自己的文章去太平府拜访过他,路费用完无法回去,是贾田祖带着钱,带着酒,给他送行。现在到了朋友的家乡,当初的握手言别盟言未忘,如今却已阴阳两隔。"城角参差暮雨昏,水程何处吊骚魂。吟狂陌巷三间屋,骨冷高原五尺坟。遗业尚存通德里,旧交真轶古夷门。囊钱斗酒江南路,他日相期报愍孙(丙申夏,予留滞太平几不能行。先生假钱携酒送归)。"⑤"公子才名终不达,故人歌哭总无端"⑥,想到自己也是前途未卜,不禁悲从中来。

为了早日到达京城,洪亮吉兄弟俩经常昼夜兼行,夜行宿迁道中,有诗:

① 吕培等:《洪北江先生年谱》,《洪亮吉集》,中华书局2001年版,第2333页。
② 洪亮吉:《题僧石涛竹西歌吹图》,《卷施阁诗》卷一,《洪亮吉集》,中华书局2001年版,第480页。
③ 洪亮吉:《代书寄汪大端光八十韵》,《卷施阁诗》卷一,《洪亮吉集》,中华书局2001年版,第476页。
④ 洪亮吉:《扬州别汪大端光》,《卷施阁诗》卷一,《洪亮吉集》,中华书局2001年版,第466页。
⑤ 洪亮吉:《高邮哭亡友贾田祖》其一,《卷施阁诗》卷一,《洪亮吉集》,中华书局2001年版,第467页。
⑥ 洪亮吉:《高邮哭亡友贾田祖》其二,《卷施阁诗》卷一,《洪亮吉集》,中华书局2001年版,第467页。

荒原真厌马行迟,不定阴晴四月时。破涧怒雷分雨势,断崖高树表风枝。无家已绝经年梦,有约先悬出世思。他日故巢相忆处,好寻芳草寄卷施。①

他们赶路心切,风雨无阻,只嫌马儿跑得慢。现在他已无父母牵挂,可以远行,暂且把出世的想法高悬,一往无前,开启另一段人生的旅程,奔赴一个未知的前程。

他从北上京师这一年开始的诗歌,编入《卷施阁诗》。"卷施"二字在《夜行宿迁道中》首次出现。"卷施"是一种草,《尔雅》谓卷施草"拔心不死",晋代郭璞认为卷施草就是"宿莽",《楚辞·离骚》:"朝搴阰之木兰兮,夕揽洲之宿莽。"王逸注:"草冬生不死者,楚人名曰宿莽。"《本草经》认为宿莽为八角类之莽草,《江苏植物志》记载红茴香或八角茴香,古名莽草,"产于宜兴,常生于沟谷、溪边阴湿的常绿阔叶疏林中。常熟、无锡、南京等地有栽种。"②笔者认为,诗中提到的"卷施"就是指这种江南常见的八角茴香。洪亮吉后于乾隆五十二年(1787)建书斋,命名为"卷施阁"。将此作为阁名、诗集名,一是取其经冬不死,叶含香气,表达诗人坚韧、倔强,不屈服于现实的个性;二是取其"茴香"之音,谐音"回乡",诗人虽远走他乡,但时刻不忘故土。诗中"他日故巢相忆处,好寻芳草寄卷施",也是回忆故巢,心念回乡之意。

在旅途中有时也有意外的收获,四月,他在黄河岸边与缪恩相识并订交。缪恩,字公俨,号笠庄,生平不详。《卷施阁诗》有《送缪公子公俨之江浦兼简孙大》题下自注:"余四月中入都,与缪遇于逆旅,遂订交焉。"③其一:"魂摇青草东风路,梦立黄河远岸时(与缪初相值处)。"④

洪亮吉夜宿晓行,为了赶路经常凌晨就出发。不顾客舍的破旧,"纸屋绳床拥败衾,鸣鸡声里惨晨阴"⑤,也不顾晓寒难当,"向晓寒尤劲,

---

① 洪亮吉:《夜行宿迁道中》其二,《卷施阁诗》卷一,《洪亮吉集》,中华书局2001年版,第467页。

② 刘启新:《江苏植物志》(第2卷),江苏凤凰科学技术出版社2015年版,第47页。

③ 洪亮吉:《送缪公子公俨之江浦兼简孙大》,《卷施阁诗》卷一,《洪亮吉集》,中华书局2001年版,第478页。

④ 洪亮吉:《送缪公子公俨之江浦兼简孙大》其一,《卷施阁诗》卷一,《洪亮吉集》,中华书局2001年版,第478页。

⑤ 洪亮吉:《客舍》,《卷施阁诗》卷一,《洪亮吉集》,中华书局2001年版,第470页。

车前雨脚腥"①，"四野月明迷向背，一山云出定阴晴"②。有时四野月明，不辨方向，但这些都阻挡不了他前进的脚步。他们经邳州城外，过永济桥，在山东境内，过萧望之故里兰陵，行峄县道中，拜谒滕文公庙、孟子庙、西楚霸王墓、柳下惠墓。沿途顺路访问名胜古迹，尤其是古圣贤的遗迹，发思古之幽思。

孟子是儒家亚圣，洪亮吉从小读孟子的书，他拜谒孟子庙并作诗，"忆赁东西庑，曾传内外篇。承师北堂上，勤学断机前。幼贱同尼父，亲丧愧少连。寝筵虔拜谒，心折为三迁。"③孟母曾"断机""三迁"，联想到自己也是自幼丧父，受母亲教导，孟子能成为圣贤也激励洪亮吉勤学苦读，以期有所成就。

西楚霸王项羽是洪亮吉早年就崇敬的人物，他称之为盖世豪杰。北上经过山东东阿，与弟弟、缪恩一起寻找、拜谒项羽墓，并写下诗歌及《东阿寻西楚霸王墓记》。项羽墓位于山东省泰安市东平县旧县乡旧县三村，古谷城南。他们找到了项羽墓，并发现一块石碑，读到碑文载"有李将军从王死，实附葬焉"④。《史记·项羽本纪》载："项王已死，楚地皆降汉，独鲁不下。汉乃引天下兵欲屠之。为其守礼义，为主死节，乃持项王头视鲁，鲁父兄乃降。始，楚怀王初封项籍为鲁公，及其死，鲁最后下，故以鲁公礼葬项王谷城，汉王为发哀，泣之而去。"⑤据传项羽死后，他三千子弟兵中的李将军并不知，仍在谷城与汉军作战。刘邦为招降李将军，派人把项羽之首级送往谷城，并劝其投降。李将军要求以王礼葬之，刘邦答应了。项羽之头被厚葬后，李将军随后即自刎于墓前，后人将他附葬于项羽之墓。洪亮吉感叹道："嗟乎！史迁不纪其名，班氏并逸其说。独使田横之客，扬义魄于东潮；彭越之臣，振哀声于西日。予实恨焉。"⑥他一点不掩饰对李将军的敬佩，以及名字不传于世的遗憾，感喟道："讵知一士噩噩，剖心生前；孤忠英英，纳肝身后。如生之

① 洪亮吉：《四鼓行峄县道中》，《卷施阁诗》卷一，《洪亮吉集》，中华书局 2001 年版，第 469 页。
② 洪亮吉：《晓行》，《卷施阁诗》卷一，《洪亮吉集》，中华书局 2001 年版，第 468 页。
③ 洪亮吉：《谒孟庙》其二，《卷施阁诗》卷一，《洪亮吉集》，中华书局 2001 年版，第 469 页。
④ 洪亮吉：《东阿寻西楚霸王墓记》，《卷施阁文乙集》续编，《洪亮吉集》，中华书局 2001 年版，第 378 页。
⑤ 司马迁：《项羽本纪》，《史记》，中华书局 1982 年版，第 337—338 页。
⑥ 洪亮吉：《东阿寻西楚霸王墓记》，《卷施阁文乙集》续编，《洪亮吉集》，中华书局 2001 年版，第 378 页。

面,入九地而不灰;已裂之眦,伴重瞳而不瞑。炎汉国土,或构藏弓之冤;楚邦遗臣,独高埋乌之谊。大王之爱士至矣,将军之报主忠矣。"①他虽然崇敬项羽,但也指出他的不足,"且夫世之谓大王者,徒以淮阴归汉,范增去楚,生有简贤之名;虞兮一歌,骏马再叹,死惟玩好之恋。以此短大王耳。"②他认为作为大王,不应该重儿女情长,而轻慢贤士,导致韩信得不到重用而投奔刘邦,范增受到猜忌而辞官离开。这样的评价符合史实,体现了洪亮吉爱憎分明但又客观冷静的史学观。

他谒项羽墓也写下诗歌,诗云:

> 松柏曾无半亩宫,蒿莱时起愤王风。学书我亦惭无就,刎剑君应恨未穷。十载通侯酬项伯,千秋大义戮丁公。犹余一事逃清议,卖友谁诛吕马童?③

诗人自叹"学书"无就,敬佩项羽愤起反秦,但最终"刎剑"而死,应是遗恨未穷,洪亮吉为他鸣不平。不满刘邦以"十载通侯"酬谢不忠于项羽的项伯,却以"春秋大义"之名,诛杀在交战中手下留情放自己一马,同样不忠于项羽的楚将丁公。还有一人,曾为项羽故人,归汉后参与追杀项羽的吕马童,卖友求荣,却没有被诛杀反而封侯。虽然刘邦最终取得政权,但洪亮吉在诗歌中表达的情感十分明显,同情项羽,责难刘邦随心所欲,赏罚不均,是非不明。

第二节　佣书生计尚淹留

经过两个月左右的千里之行,洪亮吉于乾隆四十四年(1779)五月初到达京城。此时他的好友黄仲则已在京师,他先在黄仲则寓斋住下,与其话旧。"壮志都从忧患移,别离如梦见犹疑。寻山踪迹谁还健?戴斗文章尔独奇。尘海此时容小住,书仓终日坐长饥。朝来欲上燕台望,

---

① 洪亮吉:《东阿寻西楚霸王墓记》,《卷施阁文乙集》续编,《洪亮吉集》,中华书局2001年版,第378页。
② 洪亮吉:《东阿寻西楚霸王墓记》,《卷施阁文乙集》续编,《洪亮吉集》,中华书局2001年版,第378页。
③ 洪亮吉:《东阿谒西楚霸王墓》,《卷施阁诗》卷一,《洪亮吉集》,中华书局2001年版,第470页。

好觅天街瘦马骑。"①黄仲则早已盼望能与洪亮吉在京城相聚,他离开家乡常州来京师前就在《别稚存》诗中说:"我剩壮心图五岳,早完婚嫁待君来。"②老友久别重逢,欣喜万分,两人秉烛夜谈,话旧聊天,"剪烛听君话苦辛"③,回忆两人订交、相聚的欢乐,别离的忧伤,感慨万千。"登堂此度先垂涕,我已伤心作鲜民。"④"鲜民",无父母穷独之民,可见洪亮吉流寓京师,前途未卜,情绪比较低沉。

此时四库馆刚开,校雠事务繁忙,洪亮吉昔日座师董诰为总裁官,让四库馆总校江宁的孙溶延请洪亮吉,洪亮吉因此谋得一个佣书四库的职务,移居孙溶打磨厂寓斋,岁得二百金,即白银二百两。一起来京的仲弟也送入方略馆效力。洪亮吉生活非常节俭,他的收入一半给弟弟做馆费,一半要寄到家中养家。除了要养活妻儿外,还把叔母余孺人、叔父希李先生接到家中养老,所以开支不小,用度更加窘迫。为了能多寄些钱回家,他到十里五里之外访友借书,无不步行,省下车钱。有一首诗描写他当时的生活,诗云:"佣书生计尚淹留,并叠咏怀事校雠。独鹤见人殊惘惘,饥鸟得树亦啾啾。云和草色荒三径,月与花光艳一楼。却厌软红尘里逐,放教愁坐转忘愁。"⑤他把自己比作"独鹤""饥鸟",虽有高洁的理想、济世的情怀,如今却不得不为生计发愁。

洪亮吉来到千里之外的京师,时常想念江南的家乡,一次梦回外家南楼,醒后感慨赋诗,"楼头残烛迥凄清,楼下愁人怨晓明。千里断虹随梦远,五更零叶打衣轻。风鸦巢树知前后,竹马邻童识姓名。若把旧时情绪谱,杏花楼上是三生。"⑥外家南楼的杏花楼,是洪亮吉童年最熟悉最亲切的地方,也是他的心灵家园,远离家乡后更是心中最温暖的所在。也许是之前长途奔波、生活环境的改变、对家乡的思念、生活的艰苦等诸多原因,洪亮吉在初秋小病了一场,"却怜新病入秋初"⑦,到了冬

① 洪亮吉:《与黄大景仁话旧》,《卷施阁诗》卷一,《洪亮吉集》,中华书局 2001 年版,第 471 页。
② 黄景仁:《别稚存》,《两当轩集》卷九,上海古籍出版社 1998 年版,第 237 页。
③ 黄景仁:《与稚存话旧》,《两当轩集》卷十四,上海古籍出版社 1998 年版,第 346 页。
④ 洪亮吉:《与黄大景仁话旧》,《卷施阁诗》卷一,《洪亮吉集》,中华书局 2001 年版,第 471 页。
⑤ 洪亮吉:《佣书》,《卷施阁诗》卷一,《洪亮吉集》,中华书局 2001 年版,第 471 页。
⑥ 洪亮吉:《梦入外家南楼觉后有感寄内弟阿魁阿愚四首》,《卷施阁诗》卷一,《洪亮吉集》,中华书局 2001 年版,第 472 页。
⑦ 洪亮吉:《小病》,《卷施阁诗》卷一,《洪亮吉集》,中华书局 2001 年版,第 471 页。

天人更消瘦了,"穷冬道我颜何瘦,我为伤亲益思舅"①,但他还是慢慢适应"残岁燕山风雪冷"②,坚持在这北国谋求发展。

他弟弟却因病回了家乡。洪亮吉的弟弟霭吉身体本来较弱,一路从江南常州颠簸至京城,经常半夜或凌晨还在赶路,路途十分辛苦。到了京师紧接着有一个适应新环境的问题,还要克服对家乡亲人的思念。他弟弟因此得了咯血的疾病,"仲弟以思家得咯血疾,新岁益甚。先生质衣具资,遣人送归。时甫近上元,以无衣不克出门,托疾断庆吊绝从者凡两月。"③因为衣物典当了作为弟弟的路资,他两月无衣外出。

后来洪亮吉发挥了写赋的才能,替人写献颂赋,经济略有改善。乾隆四十五年(1780)正值乾隆皇帝南巡,还是乾隆帝七十大寿,诸臣例献颂赋,他先给山阴的梁国治尚书写了颂赋十八章,得到很高评价,于是有很多人找他写。洪亮吉为了生计,白天在孙溶处校文,一天要校书八大册,考证数十条,晚上则给人写进呈的文章册页,每天要写到三更方休。他从二月到七月,一共写了五六十篇,赚得银两四百两。虽然他替人写这些称颂文章也是不得已而为之,但有这么多人请他写,说明他的赋写得好,得到众人的肯定。此时,在家乡有富豪之家想占买他家祖坟前的一亩地,他得到消息后,便将辛苦赚得的卖文钱寄了一半回去,把这块地买下,立了地契。他的仲弟病愈之后,又去了京城,当时的路费是借贷的,洪亮吉用这些钱还了借贷,还有一些以前典当的衣物要赎回。这样,他的买文钱也所剩无几了。

乾隆四十四年(1779)八月,洪亮吉参加顺天乡试,还是没有考取,不得不继续边事校雠佣书,边准备继续应考。这一阶段最大的乐事就是与朋友相聚。黄仲则是他见得最多的人,他们常去的地方是热闹的天桥。据记载,天桥大约最早建于元代,南北方向,两边有汉白玉栏杆,桥身很高。这座桥是供天子到天坛、先农坛祭祀时使用的,最早只允许

---

① 洪亮吉:《送赵表弟怀玉南归即呈御史舅氏兼寄孙大》,《卷施阁诗》卷一,《洪亮吉集》,中华书局 2001 年版,第 481 页。
② 洪亮吉:《送赵表弟怀玉南归即呈御史舅氏兼寄孙大》,《卷施阁诗》卷一,《洪亮吉集》,中华书局 2001 年版,第 481 页。
③ 吕培等:《洪北江先生年谱》,《洪亮吉集》,中华书局 2001 年版,第 2334 页。

"天子"行走,故称之为天桥。明朝时桥的两边景色优美,桥下有荷花池,清初时无人打理,河水干涸,桥两边造满了房屋。乾隆年间天桥变成热闹繁华的闹市,熙熙攘攘,酒肆林立。在京师文人作品中经常可见"天桥"这个地名。洪亮吉在京师的这几年,经常去天桥与朋友喝酒聚会。这年他落榜后,就与黄仲则等在天桥酒楼饮酒,有诗如下:

> 长安百万人,中有贱男子。日挟卖赋钱,来游酒家市。昨日送君回,今日约君来。送君约君于此桥,长安酒人何寂寥!酒人无多聚还喜,破帽尘衫挈吾弟。摄衣上坐只三人,爽语寥寥落檐际。君言内热需冷淘,我惯手冷应持螯。闲无一事且沉醉,不然辜负青天高。青天高高复飞雨,二十四棂风欲举。飞篷卷叶十里间,直视城南落惊羽。浓云欲暗南郭门,斜日忽破千林昏。阴晴万态斗秋景,醒醉一梦恬吟魂。持千螯,挥百尊,不觉楼上空无人。君归虽遥莫先走,万事要须落人后。君不见,门前豪骑控双龙,笑我西行马如狗。①

他与黄仲则相约最频繁,"昨日送君回,今日约君来"。诗中自称是京城中的贱男子,在繁华的京师,破帽旧衫,寂寥孤独,落拓载酒。卖文换酒,其实也是借酒浇愁。

除了黄仲则、徐书受先已在京外,家乡好友杨伦、赵怀玉也先后来京,"毗陵七子"中五位已聚集,时常能相聚。此时洪亮吉最想念的是另一个家乡好友孙星衍,此时孙星衍在江宁,他们经常书信往来,或以诗代书,交流情况,传递消息,抒发思念之情。他刚入都这段时间,写了好几首寄给孙星衍的诗,如《得孙大江宁书却寄》《七夕露坐忆孙大》《读〈长庆集〉寄孙大》《结交行寄孙大》《华阳忆旧行,寄朱博士沛、林海州光照、汪县丞苍霖,兼呈孙丈勋及令子星衍》《送赵表弟怀玉南归即呈御史舅氏兼寄孙大》《客感寄孙大》《连得孙大书却寄》《忆远行寄孙大》,还有词《忆秦娥·寄季仇》,文《与孙季仇书》等。

乾隆四十四年(1779)十二月,洪亮吉送别表弟赵怀玉回常州,弟弟

---

① 洪亮吉:《八月二十日偕黄二暨舍弟饮天桥酒楼》,《卷施阁诗》卷一,《洪亮吉集》,中华书局2001年版,第477—478页。

也已抱病南归,京城少了一个朋友和兄弟,高兴的是他的朋友汪端光也来到京城,乾隆四十五年(1780)正月十五,洪亮吉与汪端光宴游,二月十五与汪端光至天桥酒楼薄饮,"尔念邗沟水,经时照玉颜。予悲白门柳,曾复伴春闲。"①他们两人都是从南方客居京师,各有所思,同怀故土,"痛饮消余暑,能闲有几人?"②只有痛饮消磨时光。"出门不逐万古愁,聊上高阁开吟眸,天桥楼前一杯酒,昨日苦思今在手。"③二月二十三日又与汪端光至天桥酒楼饮酒,"我能饮,君能留,三十莫抱二十忧。识君二十年尚少,屈指十年君未老。眉痕鬓影未减青,一色绿衫同似草。"④二月二十六日洪亮吉又过访汪端光,留下饮酒,晚上做梦,醒后留诗。他与汪端光相识已有十年,但蹉跎十年,都未取得功名。唐代下级官员的朝服为绿色,所以"绿衫"是地位卑微的象征,唐代元稹见他的朋友时说"与君依旧绿衫行",洪亮吉与汪端光感叹"一色绿衫同似草",两个异乡人落拓京师,内心是失落的,只有下一年继续努力,等待命运的垂青。

第三节　都门诗社才名扬

洪亮吉在京师还有一个朋友,就是他和黄仲则昔日的座主朱筠。九月,朱筠要离京视学福建,洪亮吉与黄仲则、杨伦、徐书受、赵怀玉、程晋芳等在陶然亭为朱筠饯行,宴会后集于香炉僧舍联句。《亦有生斋集·诗》卷六有《朱筠、程晋芳两丈招饮陶然亭》《自陶然亭醉归集香炉僧舍联句四十韵》,杨伦《九柏山房诗》卷十有《陶然亭醉归僧舍小集联句》。

---

① 洪亮吉:《二月十五与汪大至天桥酒楼薄饮乘月而归》其二,《卷施阁诗》卷一,《洪亮吉集》,中华书局2001年版,第484页。

② 洪亮吉:《二月十五与汪大至天桥酒楼薄饮乘月而归》其一,《卷施阁诗》卷一,《洪亮吉集》,中华书局2001年版,第484页。

③ 洪亮吉:《二月二十三日复与汪大上天桥饮醉歌》,《卷施阁诗》卷一,《洪亮吉集》,中华书局2001年版,第486页。

④ 洪亮吉:《二月二十三日复与汪大上天桥饮醉歌》,《卷施阁诗》卷一,《洪亮吉集》,中华书局2001年版,第486页。

洪亮吉到京师后，随着交往圈子的扩大，认识了众多京城有名的才士学子，并与之交友，参加名流的诗社及宴会，他的诗文也得到前辈及同道的赏识，可谓名满京师。吕培等《洪北江先生年谱》乾隆四十四年（1779）条记载：

> 时翁学士方纲、蒋编修士铨、程吏部晋芳、周编修厚辕、吴编修锡麒、张舍人埙，共结诗社，首邀先生及黄君入会，每一篇出，人争传之。是以先生遇虽甚困，而友朋之乐，以此二年为最。①

乾隆四十四年（1779），翁方纲、蒋士铨、程晋芳、周厚辕、吴锡麒、张埙等结都门诗社，洪亮吉与黄仲则被邀入社。洪亮吉于乾隆四十四年（1779）的夏天结识翁方纲。翁方纲（1733—1818），字正三，号覃溪、苏斋，顺天府大兴县人。乾隆十二年（1747）举人，乾隆十七年（1752）进士。由翰林院编修，累至内阁学士兼礼部侍郎。著有《复初斋诗文集》《苏诗补注》等。翁方纲欣赏洪亮吉的诗文，洪亮吉哀切恳求翁方纲为其母亲作传，翁方纲因作《洪节母传》（《复初斋文集》卷十三）。翁方纲喜结交士子，以文会友，加上这些人多担任较清闲之职，政事不多，又无巴结权势之习，所以就三五知己，组织诗社，诗词唱和。加入诗社之后，与名流之间的聚会宴集、诗词唱和更频繁了。洪亮吉、黄仲则这两个来自常州的青年才俊，在人才济济的京师，可谓意气风发，声名日扬。

文人结社始于中唐，至明代而极盛。据考证，明代文人结社的总数，至少达到三百家之多，尤以江南文人社团为最多，其中东林书院影响最大。万历三十二年（1604），因推选内阁首辅人选"忤帝意"而被革职回乡的无锡人顾宪成，在常州知府欧阳东风、无锡知县林宰的资助下，修复宋代杨时讲学的东林书院，与高攀龙、钱一本、薛敷教、唐鹤征、孙慎行、史孟麟、于孔兼及顾允成等人，讲学其中。讲习之余，他们往往讽议朝政，裁量人物，当时其言论被称为清议。各地学者、名士都闻风附归，纷纷慕名赴会，一部分在职的正直官吏如赵南星等，也遥相呼应。这种政治性讲学活动，形成了广泛的社会影响。吴地士绅、在朝在野的

---

① 吕培等：《洪北江先生年谱》，《洪亮吉集》，中华书局 2001 年版，第 2334 页。

各种政治代表人物、东南城市势力、某些地方实力派等,都聚集在以东林书院为中心的东林派周围,一时盛况空前,名声大振,成为舆论中心,时人称之为"东林党"。明熹宗时,朝政大权旁落至宦官魏忠贤手里,许多人趋炎附势,结成阉党,东林人士与宦官展开不懈的斗争。魏忠贤借"梃击""红丸""移宫"三案,打击东林党,并唆使其党羽造作《东林党点将录》等,想把东林党人一网打尽。天启五年(1625),熹宗下诏,烧毁全国书院。次年,东林书院首遭其灾,立即被捣毁,变成一片废墟瓦砾。东林党人也遭到迫害,杨涟、左光斗等许多著名的东林人物都惨遭杀害。天启七年(1627),崇祯帝即位,逮治魏忠贤,将大批阉党定为逆案,分别治罪,东林党人才免遭杀害。崇祯二年(1629),皇帝下令为东林党人恢复名誉,并诏修东林书院。

经过多年的杀逐,东林党得以幸存者寥寥无几。后来太仓庶吉士张溥集合诸郡文人,以复兴古学为标榜,组成复社,继东林书院之后闻名全国,东南名士纷纷响应,但复社后来同样遭到打击和迫害。

历朝历代统治者为了加强思想统治,对文人结社都极力反对。东林党和复社都试图以党社的形式为士人提供一条关心朝政、参与政事的途径,但均以失败告终。这种以横向的党团性质的文人群体,很容易被人称为"朋党",遭到打击,难以生存。清代民族矛盾加深,引起了许多汉人尤其是汉族知识分子的反抗,清廷为了加强对士人思想的防范,严禁文人结社。这样一种严防的气氛,甚至连文人私下交往都受到影响,私交受到很大的限制。

但是到了清代中叶,这种严密防范的氛围逐渐变松,一些文人开始举诗社,以文会友,翁方纲等人的都门诗社就是在这样的背景之下兴起的。翁方纲为诗崇苏轼、黄庭坚,倡"肌理"说,他将自己的书斋起名为"苏斋"。而苏轼与常州有着不解之缘,东坡晚年居住并最后终老之地藤花馆,与洪亮吉的外家近在咫尺,他们在常州时也常于东坡的生卒日举行祭祀活动及诗歌集会。可以说,是他们共同景仰的苏轼,将京师的翁方纲与常州才俊洪亮吉联系在了一起。

乾隆四十四年(1779)农历十二月十九日,苏东坡诞辰日,洪亮吉应邀参加翁方纲的苏斋雅集。这次焚香雅集有两个主题:一是纪念东坡生日,翁方纲非常倾慕苏东坡,东坡诞日经常举行诗文集会以表敬仰之意。第二个主题是为罗聘出都饯行。罗聘(1733—1799),字遁夫,号两峰,江苏江都人,原籍安徽歙县,不事科举,是著名画家,"扬州八怪"之一。罗聘当时在京师,应邀为摹龙眠(李公麟,北宋画家)、松雪(赵孟頫,元代画家)、老莲(陈洪绶,明代画家)诸公画像。他离开京师前一日,翁方纲召集部分诗人及画家朋友聚会,赏画、吟诗、畅诉友情。参加此次聚会的还有程晋芳、张埙、桂馥、吴蔚光、陈鸿宾、周厚辕、吴锡麒、陈崇本、沈心醇、宋葆淳、黄仲则。这次雅集,有多首诗作存留。翁方纲《复初斋诗集》卷二十有《东坡生日,两峰为摹龙眠、松雪、老莲诸画像,邀诸公集苏斋,兼送两峰出都,同用苏字二首》,诗云:"笛声又作鹤飞孤,尚忆穿云裂石手。坐客翻占星聚北,道人能记室名苏。更超言象非诗笔,岂止精神在画图。"[1]洪亮吉《卷施阁诗》卷一有《东坡生日集翁学士方纲苏斋即送罗山人聘出都》,张埙《竹叶庵文集》卷十六有《东坡先生生日,覃溪置酒苏斋,并送两峰,得苏字》诗,吴蔚光《素修堂诗集》卷九有《翁学士方纲招集宝苏斋,送罗山人聘出都,十一月十九日也》诗,罗聘《香叶草堂诗存》有《十二月十九日为东坡生日,翁覃溪学士邀集同人,用苏字韵送余出都,余亦继作》诗。

从洪亮吉的诗中,我们可以体会他当时的感受。诗云:"殊乡作客初逢腊,学士开斋尚号苏。雅有诗名仿西蜀,愁闻征棹反东吴。买田傥遂中年愿,亦拟归收阳羡租。"[2]洪亮吉和黄仲则从熟悉的东坡旧宅来到陌生的京师,却又能在苏斋祀东坡,应是十分欣慰与亲切。诗歌表现出淡淡的消极与失落,正是京城生活不如意的信号,来到京师后的科举考试,又以失败告终,再次打击了他对仕途的信心。

在京城,同道相聚对洪亮吉来说是最快乐的事。这一年,程晋芳邀请洪亮吉等人去观赏他珍藏的著名僧人画家石涛的《竹西歌吹图》。程晋芳(1718—1784),字鱼门,号蕺园,安徽歙县人。乾隆三十六年(1771)进士。历官吏部主事、翰林院编修、武英殿分校官等。程晋芳家

---

① 翁方纲:《复初斋诗集》卷二十,清刻本。
② 洪亮吉:《东坡生日集翁学士方纲苏斋即送罗山人聘出都》,《卷施阁诗》卷一,《洪亮吉集》,中华书局2001年版,第479页。

世代为盐商,生活豪侈,但程晋芳独好儒,罄其资购书五万卷。因他不善经营,又为官清廉,晚年十分贫困,甚至到"不能举火"的地步,有时不得不变卖收藏的书画度日。这次他要将珍藏的石涛名画《竹西歌吹图》卖了,出手前邀知己好友前去观赏,以示"惜爱"。洪亮吉有题诗《题僧石涛竹西歌吹图》,石涛画的是扬州美景,图上的画面是何等的熟悉,这让洪亮吉想起了在扬州度过的日子,以及江南的家乡常州。"浮云急景安得留,我顷四月离邗沟。堤边歌吹尚沸耳,回视已隔天南头。怀乡念友殊孤闷,我见此图惊复问。中有春波荡漾舟,七年往事帆樯趁。"①

过了几天,程晋芳又邀请洪亮吉及黄仲则、翁方纲等到自己家中饮酒,观赏他的藏画《耶律文正像》,并且赋诗。《耶律文正像》也是他十分珍爱的藏画,也许过不了多久,这幅名画也将被他卖了。耶律文正即耶律楚材,政事、诗文、相貌俱佳。黄仲则在诗中对他大加赞赏,"冠金花冠衣只孙,丹青褒鄂森有神。宝鉴寒冰出颜色,云霾草昧思经纶。西穷瀚海登昆仑,角端人语天回嗔。留将不尽付天地,身是闾山一片云。巍然遗集见余事,一代文章占初气。谁知字字《华严》来,真宰填胸偶游戏。"②诗中黄仲则主要赞美其容貌及文章,这两点最能引起诗人的共鸣,诗最后云:"昔时展墓今展画,为结一重文字缘。翰林诗仙亦髯叟,千载同堂酹杯酒。今髯何必非古髯,落落寒空数星斗。"③诗人将古人视为友人,邀其一同举杯,表现出他浪漫情怀。然而思古抚今,又不免伤感。洪亮吉也有《程编修晋芳斋观元耶律文正画像赋》。

当时文人之间赏画题诗风气很盛,黄仲则年谱中,此年十二月二十五日,黄仲则应翁方纲之邀,饮宝苏斋,观赏钱舜举名画《和靖像》并题诗。黄仲则有《腊月廿五日饮翁学士宝苏斋,题钱舜举画林和靖小像,用苏韵》④,还于翁方纲宝苏斋观看罗克昭、闵贞临画,罗克昭、闵贞临摹

① 洪亮吉:《题僧石涛竹西歌吹图》,《卷施阁诗》卷一,《洪亮吉集》,中华书局 2001 年版,第 480 页。
② 黄景仁:《冬夜饮程鱼门编修斋观耶律文正公像》,《两当轩集》卷十四,上海古籍出版社 1998 年版,第 347 页。
③ 黄景仁:《冬夜饮程鱼门编修斋观耶律文正公像》,《两当轩集》卷十四,上海古籍出版社 1998 年版,第 347 页。
④ 黄景仁:《腊月廿五日饮翁学士宝苏斋,题钱舜举画林和靖小像,用苏韵》,《两当轩集》卷十四,上海古籍出版社 1998 年版,第 351 页。

米元晖(即米友仁,宋代杰出书画家,米芾长子,世称"小米")《五洲烟雨》,还与一起观看的周厚辕联句作诗。翁方纲《复初斋集外诗》卷十四有《罗冶亭、闵正斋过宝苏室,对临米元晖〈五洲烟雨〉及钱舜举〈和靖像〉,载轩、仲则同观联句》诗,这些活动很大可能洪亮吉也参加了。

洪亮吉与诗友们频繁聚会、宴饮、雅集,可以暂时排遣客居京师的孤独寂寞,以及对家乡、朋友的深切思念,也给洪亮吉带来许多诗酒之乐、友朋之乐。而且参加者如朱筠、翁方纲、程晋芳等均为名流大家,文人雅集,经常会趁着酒兴赋诗、联句、作词,这对于年轻的洪亮吉来说,是难得的学习机会,诗友间的相互切磋不仅提高了他的诗歌水平,也扩大了他在京师的影响和名声。洪亮吉才情横溢,经常在雅集中一鸣惊人,得到许多前辈的赏识,经过许多名流的褒奖、传扬,在京师名声大增。

第四节　五策进呈中举人

洪亮吉在都门诗社才名远扬,终究不能真正改变命运,依旧要通过科举取得功名才行。乾隆四十五年(1780)乾隆皇帝南巡及七十大寿,不仅给洪亮吉提供了卖文的机会,还因增加恩科乡试会试而多了一次机会。在两年前的乾隆四十三年(1778)就下诏,"以庚子年七旬万寿,巡幸江、浙,命举恩科乡会试,并普蠲钱粮。"①前一年乡试落第的洪亮吉不会轻易错过这个机会,所以他弟弟因思乡得了咯血病,他典当衣物凑了路费,请人送回,自己没有亲自送他回乡,大概也是为了参加这次恩科。

八月,洪亮吉与黄仲则、杨伦等一同参加顺天府的恩科乡试。经历一次一次的科举失利,他对这次考试也不抱什么希望,"以屡困场屋,不复有进取心"②,出了考场,他就辞了孙溶处校书的活,应聘四川按察使

---

① 赵尔巽等:《清史稿》卷十四《高宗本纪五》,中华书局 1977 年版,第三册,第 512 页。
② 吕培等:《洪北江先生年谱》,《洪亮吉集》,中华书局 2001 年版,第 2334 页。

查礼的书记,准备入蜀,岁得四百金。他从打磨厂搬到莲花寺居住,等待升任为四川布政使的查礼一同前往四川。查礼(1715—1783),原名为礼,又名学礼,字恂叔,号俭堂,一号榕巢,又号铁桥,顺天府宛平(今北京市)人。乾隆元年(1736)举博学鸿词科,报罢。入赀为户部主事,后历官广西太平知府,四川按察使、布政使,湖南巡抚。喜收藏,擅诗文,勤写作,又擅绘画,尤擅画梅,有《铜鼓书堂遗稿》三十二卷。

九月初七发榜,洪亮吉中了第五十七名举人。杨伦、孙溶皆中举,徐书受中副榜,左辅中江南乡试副榜。黄仲则依然报罢,因生计艰难在发榜当天将全家人又送回常州。洪亮吉中举的过程也有点曲折,险些又错过。

这一科的座师为协办大学士蔡新、刑部左侍郎杜玉林、内阁学士崇贵,房师为贵州道监察御史李孔阳。蔡新(1707—1799),字次明,号葛山,别号缉斋,福建漳浦人。乾隆元年(1736)进士,授庶吉士、翰林院编修、入值上书房、翰林院侍讲,历官内廷总师傅、兼理兵部尚书兼管国子监事务、礼部尚书兼理兵部尚书、吏部尚书兼国子监事务、文华殿大学士兼吏部尚书,加授太子太师。杜玉林(1728—1786),字宝树,号凝台,江苏金匮人。乾隆十九年(1754)进士,授刑部主事,历官刑部郎中、江西南康知府、四川布政使、刑部侍郎、工部侍郎。因海昇杀妻案,戍伊犁,在召回返京途中卒。崇贵(1733—1789),字抚棠,号补堂,蒙古正黄旗人。乾隆二十六年(1761)进士,改庶吉士,授编修,累官内阁学士。屡掌文衡,八旗俊杰多出其门。著有《邮囊存略》等。李孔阳(?—1780),直隶清苑(今河北保定市)人。乾隆二十五年(1760)举人。官至刑部主事、贵州道监察御史等。

清代乡试会试制度沿袭明制,用八股文。"取《四子书》及《易》《书》《诗》《春秋》《礼记》五经命题,谓之制义。"[1]共三场:"首场《四书》三题、《五经》各四题,士子各占一经……二场论一道,判五道,诏、诰、表内科一道,三场经史时务策五道。"[2]康熙二年(1663)、康熙二十六年(1687)

---

[1] 赵尔巽等:《清史稿》卷一百八《志八十三·选举三》,中华书局1977年版,第十二册,第3147页。
[2] 赵尔巽等:《清史稿》卷一百八《志八十三·选举三》,中华书局1977年版,第十二册,第3148页。

等又有一些变化,乾隆二十二年(1757),"诏剔旧习、求实效,移经文于二场,罢论、表、判,增五言八韵律诗。明年,首场复增《性理》论。"①三场并试,实则以首场为最重,首场又以《四书》艺为重。由同考官阅卷后,推荐给主考审定录取。洪亮吉的首场考试,由房师李孔阳评阅后,即推荐给主考,但李孔阳阅完首场就生病了,二场由郎中丁云锦代阅,三场由中允曹仁虎代阅。曹仁虎对洪亮吉的五策非常推崇,将他推荐给主考,主考蔡新也十分肯定,"制艺皆散体,已定作副榜第一矣。忽中允得五策,以为顾亭林复生,蔡文恭公取阅,亦深赏之,遂移入前列,以五策进呈。"②就这样,洪亮吉因为策论写得好,终于成了举人。

策论不同于八股时文,是指议论当前政治问题,向朝廷献策的文章。清康熙二年(1663),废制义,将第三场策论五道提前至第一场,二场增论一篇,只考两场,这样其实是以策论代替了八股文。康熙四年(1665)礼部侍郎黄机言:"制科向系三场,先用经书,使阐发圣贤之微旨,以观其心术,次用策论,使通达古今之事变,以察其才猷。今止用策论,减去一场,似太简易。且不用经书为文,人将置圣贤之学于不讲,请复三场旧制。"③康熙七年(1668)复初制,仍用八股文。到了清末科举又废八股文,用策论代替。策论不仅要通达古今之变,而且关键要了解当时的政治及现实,进行正确的评判,敏锐地发现存在的问题,向朝廷建言献策。洪亮吉生活在社会底层,一直关注民生,关注现实,看到了所谓盛世背后的千疮百孔,如老百姓生活的艰难、贫富的巨大差异等问题,迫切想把这个世道治理好,所以,他才能写出好的策论,受到考官的赞赏。

洪亮吉中了举人在科举之路上迈进了重要一步,取得了参加礼部会试的资格。所以查礼认为洪亮吉前途无量,不能耽误了他参加会试,影响大好前程,遂极力阻止他随同入蜀,于是洪亮吉还是搬回原来住的孙溶打磨厂寓舍,后移居贾家胡同。边校勘书籍,边准备参加第二年三月礼部的会试。

---

① 赵尔巽等:《清史稿》卷一百八《志八十三·选举三》,中华书局1977年版,第十二册,第3151页。
② 吕培等:《洪北江先生年谱》,《洪亮吉集》,中华书局2001年版,第2335页。
③ 赵尔巽等:《清史稿》卷一百八《志八十三·选举三》,中华书局1977年版,第十二册,第3149页。

中了举人之后的洪亮吉,心情也没有以前那么失落了,之前他曾说"待营田一顷,早与共扶锄"①,曾想回老家,现在他又看到了希望,"江湖浩荡休归急,风月分番且赋愁"②。以前经常去天桥喝酒,更多的是为前途担忧,"一色绿衫同似草","座中谁识两少年,江南江北无一田"③。现在去天桥喝酒更多了份狂放。"少年谁最狂,雅数孙与黄"④,狂放的黄景仁、孙星衍身上,有他自己的影子,"屈指春三月,还输逸客狂"⑤。他与黄仲则在天桥饮酒,结识武亿,并相知相交,武亿(1745—1799),字虚谷、授堂,一字小石,号半石山人,河南偃师(今河南洛阳市)人。乾隆三十五年(1770)举于乡,游学京师,乾隆四十五年(1780)进士。官山东博山知县,在官七月,以忤权贵罢。著有《授堂文钞》《授堂诗钞》《偃师金石记》《安阳县金石录》等。据江藩《汉学师承记》记载,一次武亿与洪亮吉、黄仲则在天桥喝酒,数盏之后,武亿忽然痛哭失声,曰:"予幸叨一第,而稚存、仲则寥落不偶,一动念,不觉涕泣随之矣。"⑥为洪、黄二人寥落不遇而感怀伤心。

这一年,他与黄仲则、钦州冯敏昌编修、顺德张锦芳解元等唱和,及诗社所作,得诗百余篇,杂文数十篇,还著有《三国疆域志》二卷。⑦

乾隆四十六年(1781)清明前后,三十六岁的洪亮吉第一次参加礼部会试。同考官王增阅完卷,已推荐给主考,拟作江南第二,但副总裁吴玉纶却将军机中书汪学金的试卷替换掉洪亮吉的卷子。洪亮吉对这初次应试本来也没抱什么希望,落第也在意料之中。

清明节还在闱中,洪亮吉梦见了自己的母亲,后来他写诗寄给孙星衍,诗云:"三千里外无家客,寒食伤心念北堂。未死梦魂通夜永,浮生

---

① 洪亮吉:《忆舍弟》,《卷施阁诗》卷一,《洪亮吉集》,中华书局 2001 年版,第 484 页。

② 洪亮吉:《酬黄上舍钺》,《卷施阁诗》卷二,《洪亮吉集》,中华书局 2001 年版,第 491 页。

③ 洪亮吉:《二月二十三日复与汪大上天桥饮醉歌》,《卷施阁诗》卷一,《洪亮吉集》,中华书局 2001 年版,第 486 页。

④ 洪亮吉:《赵大至得孙大入关之信,兼闻蒋表弟良卿欲入都,城东酒徒无一人居里者,感赋此首近简黄二杨三徐大》,《卷施阁诗》卷二,《洪亮吉集》,中华书局 2001 年版,第 492 页。

⑤ 洪亮吉:《十八日早偕同人至天桥酒楼》,《卷施阁诗》卷一,《洪亮吉集》,中华书局 2001 年版,第 493 页。

⑥ 江藩纂,漆永祥笺释:《汉学师承记笺释》,北京联合出版公司 2022 年版,第 427 页。

⑦ 吕培等:《洪北江先生年谱》,《洪亮吉集》,中华书局 2001 年版,第 2335 页。

泪眼怯春光。频移骨肉依青陇,雅课儿童种白杨。天末故人还抱病,风檐此日思茫茫。"①清明时节本是给故去亲人上坟扫墓的日子,洪亮吉在千里之外无法祭扫母亲之墓,况且正在闱中,更会想到母亲生前对他的教导及殷切希望,故而梦见母亲。洪亮吉对母亲感情深厚,乾隆四十五年(1780)冬,请同里的画家陆寿昌为他绘了《机声灯影图》。陆寿昌(?—1799),字维南,号凫冈,江苏武进人,乾隆五十八年(1793)进士,授安徽东流训导。幼博学,通经史,工山水画。翁方纲在上面题了《洪稚存机声灯影图三首》,是最早在上面题诗的,后名流题诗满卷。常州钱维乔《寒簪永慕图为洪孝廉稚存作并系以诗》,"谓君绩学由此基,颂君闱教各有诗",句下注曰:"同里陆君维南为绘《机声灯影图》,名公巨卿题诗已满卷矣。"②

阳春三月,洪亮吉会试下第后,除了与朋友天桥饮酒外,就是不辜负春光,作看花、饯花之饮。三月二十六日至崇效寺看花,"丝风飘林雨洒空,寒甚十日留春容……海棠无言压桃杏,莺声不来空昼永……花开雅兴无虚日,三度饯春留冀北。柳丝厅北敞高筵,赢得山僧姓名识。看花十辈多少年,花下两两联吟肩。花枝已阑离思牵(时崔二景俨欲南回),目断送尔江南天。"③春天花开似锦,他们赏花吟诗无虚日,雅兴很高。崇效寺除诗中提到的海棠花外,还有丁香花盛开,"法源寺近称海棠,崇法寺远繁丁香"④。可这盛开的花枝也牵动诗人的离思,他的朋友崔景俨就要回江南了。他作诗《送崔二景俨南归读书并就婚》,"人生聚散殊草草,君不见,百回相思令人老。"⑤崔景俨,杭州通判崔龙见之子。崔景俨的妻子是庄素磬,字少青,武进人。知府庄钧女,自幼聪慧好学,亦工诗,有《蒙楚阁遗草》。

好友黄仲则卧病寓居宣武门外的古刹法源寺,法源寺的海棠花开

---

① 洪亮吉:《清明日闱中梦先慈感赋并寄孙大关中二首》其一,《卷施阁诗》卷二,《洪亮吉集》,中华书局2001年版,第492页。

② 钱维乔:《寒簪永慕图为洪孝廉稚存作并系以诗》,《竹初诗钞》卷十三,嘉庆间刻本。

③ 洪亮吉:《二月二十六日同人至崇效寺看花作》,《卷施阁诗》卷二,《洪亮吉集》,中华书局2001年版,第494页。

④ 洪亮吉:《法源寺访黄二病因同看花》,《卷施阁诗》卷二,《洪亮吉集》,中华书局2001年版,第493页。

⑤ 洪亮吉:《送崔二景俨南归读书并就婚》,《卷施阁诗》卷二,《洪亮吉集》,中华书局2001年版,第495页。

得正盛,洪亮吉常来探访生病的黄仲则,并一同看花。作诗云:"长安城中一亩花,远在廛西法源寺。故人抱病居西斋,瘦影亭亭日三至。一丛两丛各称心,前年去年看至今。今年花盛病亦盛,转恐病久花难寻……看花抱病还难顾,我更因花乞同住。"①他们前年去年也到法源寺看海棠,不同的是,今年黄仲则病得更厉害了,因朋友前来,黄仲则勉强支撑病体一同看花,洪亮吉又要看花又要问疾,恨不得搬来与他同住。过了几日,三月二十八日,他又与黄仲则、冯敏昌、张锦芳、金兆燕、安嘉相、余鹏翀等一同在法源寺看花,黄仲则、冯敏昌、张锦芳均有诗以纪,张锦芳即席绘《墨竹图》一幅赠黄仲则。

冯敏昌(1747—1806),字伯求,号鱼山,广东钦州(今广西钦州市)人。乾隆四十三年(1778)进士,改庶吉士,授翰林编修,历官会试同考官、主事、浙江司行走、刑部河南司主事,诰授奉政大夫。有《小罗浮草堂诗集》《小罗浮草堂文集》《岭南感旧录》《笃志堂文抄》《师友渊源集》《华山小志》《河阳金石录》等。

张锦芳(1747—1792),字粲夫,号药房、花田,广东顺德县(今广东佛山市)人。乾隆五十四年(1789)进士,官至翰林院编修。工诗善画,著有《逃虚阁诗集》《南雪轩文钞》《南雪轩诗余》。

金兆燕(1719—1791),字钟樾,号棕亭,安徽全椒人。乾隆三十一年(1766)进士。官扬州教授、国子监博士。幼称神童,与张鹏翀齐名。性不耐静坐,多言笑,时目为喜鹊。工古文辞,著有《棕亭古文钞》十卷、《骈体文钞》八卷、《诗钞》十八卷、《词钞》七卷,总名《国子先生集》。

安嘉相,字桂甫,湖北江夏(今湖北武汉市)人。举人。历官长寨同知、广顺州知县、开州知县等。工书法,好吟咏。

余鹏翀(1755—1784),字少云,号月村,安徽怀宁人。鹏年弟,诸生。曾纂《四库全书》,善作水墨山水,工诗善属文,尤擅词曲,有《息六斋遗稿》三卷、《词曲遗稿》二卷、《墨香居画识》等。

四月初二日,他们又聚集在黄景仁寓居的法源寺,为饯花之饮。余鹏翀作图,分韵赋诗。洪亮吉作诗《四月初二日黄二景仁邀同人于法源

---

① 洪亮吉:《法源寺访黄二病因同看花》,《卷施阁诗》卷二,《洪亮吉集》,中华书局2001年版,第493页。

寺饯春即席同赋得饯字》,黄景仁作诗《冯鱼山、张粲夫、洪稚存、安桂甫、余少云同集寓斋为饯花之饮得饯字》,诗云:

> 今朝百事从屏遣,一饮无名借花饯。春藏佛地晚更浓,客惜芳时会频展。入杯一片意已醺,铺径重茵坐随选。绣幡微袅星辰间,锦幕不张蜂蝶善。高谈欲下曼陀罗,结习讵了摩诃衍。我今示疾倏衰飒,公等逢欢宜劝勉。明当闉闳谢羊欣,门外香泥愁踏践。①

与朋友一同赏花是件乐事,但两年后黄仲则病故。十年后,洪亮吉再次来到法源寺看海棠,已物是人非,看到亡友旧寓室已倾圮不可入,触景生情,回忆起与黄仲则一同赏花的情景,十分伤感。

① 黄景仁:《冯鱼山、张粲夫、洪稚存、安桂甫、余少云同集寓斋为饯花之饮得饯字》,《两当轩集》卷十五,上海古籍出版社1998年版,第378页。

第四章　西行入秦　毕沅倚重

洪亮吉在京师近两年时间,中了举人,结识了不少名流,对当时社会和吏治也有更多地了解,初次参加会试,落第也在意料之中,留在京城暂时也无更好的发展,与朋友看花饯花度过了一个春天之后,决定西行入秦,赴陕西巡抚毕沅之邀。

第一节　西行途中感兴衰

洪亮吉好友孙星衍于乾隆四十五年(1780)冬天,应陕西巡抚毕沅之邀入其幕,乾隆四十六年(1781)年初,赵怀玉入都,带来孙星衍赴秦中之信,三月底孙星衍又寄来书信,转达毕沅对洪亮吉的钦慕之意,洪亮吉遂决意游秦。"四月十六日,偕崔同年景仪西行。"①崔景仪(1760—1815),字云客,号一士,江苏武进人,祖籍山西永济,崔龙见子。乾隆四十九年(1784)进士。改庶吉士,授翰林院编修,历官翰林院选侍读学士、广西思恩知府、广州兵备道、河南南汝光道、河南按察使等,有惠政,卒于官。

临走前洪亮吉告别好友黄仲则,黄仲则此时已病重,洪亮吉很担忧,心情也十分沉重。他在诗中云:

> 抛得白云溪畔宅,苦来燕市历风尘。才人命薄如君少,贫过中

---

① 吕培等:《洪北江先生年谱》,《洪亮吉集》,中华书局 2001 年版,第 2335 页。

年病却春。

桕腹谁怜诗思清,掩关真欲废逢迎。期君未死重相见,与向空
山证世情。①

他与黄仲则自小便相识,又一起"抛得白云溪畔宅,苦来燕市历风
尘",共同的经历更加深了两人的感情。洪亮吉到西安不久,黄仲则也
离开京师去了西安。

洪亮吉临走前还与丁履端话别。丁履端(1757—1804),字希吕,一
字郁兹,江苏武进人。乾隆四十四年(1779)举人。充咸安宫教习,丁父
忧归。历官河南尉氏,河北南宫、鸡泽、威县知县。工骈文与诗。洪亮
吉在给丁履端的赠别诗中说:"燕车代马三千里,越水吴乡二顷田。此
志十年仍未遂,对君一夕竟忘眠。"②诗题下自注:"时余约与屠大令绅共
买外家鹳荡庄别业,丁君言已为渠亲串所得,并以志感。"③洪亮吉自小
寄居外家,对外家感情深厚,买下外家祖产鹳荡庄别业对他来说意义非
同寻常,但这小小愿望"十年仍未遂",很有感慨。诗最后说:"风色满天
云气冷,更从岐路入西秦。"④北方的春天多风且冷,"岐路"可能也有两
层含义,一是为了避入陕的清军,当时西部有义军,清军入陕镇压,道出
山西,洪亮吉没有从常规的路线由山西入秦,而是迂回转道从馆陶、临
清至河洛。⑤ 二是在一般人看来,入秦游幕也非科举正途,多少带着些
无奈惆怅,洪亮吉在"风色满天云气冷"的人间四月天,踏上了西行的
"岐路"。

他们首先到达涿州,洪亮吉想到他和弟弟以前经过三家店水木明
瑟,有"诛茅之思",意为芟除茅草,即结庐安居之意。"异时我作樵苏
计,幸有孙郎及难弟。夫容湖畔结庐好,我亦川居富菱芰。门前流水屋

① 洪亮吉:《将出都门留别黄二》,《卷施阁诗》卷二,《洪亮吉集》,中华书局 2001 年版,第 496 页。
② 洪亮吉:《与丁履端夜话即以赠别》其一,《卷施阁诗》卷二,《洪亮吉集》,中华书局 2001 年版,第
496 页。
③ 洪亮吉:《与丁履端夜话即以赠别》,《卷施阁诗》卷二,《洪亮吉集》,中华书局 2001 年版,第 496 页。
④ 洪亮吉:《与丁履端夜话即以赠别》其二,《卷施阁诗》卷二,《洪亮吉集》,中华书局 2001 年版,第
496 页。
⑤ 吕培等:《洪北江先生年谱》,《洪亮吉集》,中华书局 2001 年版,第 2335 页。

后山,照影几度惊屏颜。野夫何时得暂闲,偶借客梦归蓬关。"①这里的风景他弟弟非常喜欢,他又何尝不想找一处这样的所在安顿下来？但现实又不得不为生计奔波,面对水中照出的憔悴面容,感叹作客漂泊的无奈。同样,洪亮吉看到涿州遍地芃麦青青,也慨然有田庐之思,一口气写下二十首田家诗。这些诗有同情田家辛苦的,如:"朝耕山上田,颇苦赤日酷……日晚牵犊归,下山泥没足。"②"社日集子孙,烹蔬酌村醪。中坐垂诚言,百事须积劳。"③有对鸡犬之声相闻的隐逸生活表示羡慕的,如"山村十余家,古木自回互。笋穿来东邻,果熟落北户。居邻结姻娅,鸡犬互相顾。"④也有对淳朴民风表示喜欢的,如:"穷乡寡文学,颇爱土俗淳。茅檐八九家,五世相与邻。"⑤还有对农村清幽环境表示赞美的,如:"乱云埋古径,飞瀑落人家。境地殊清绝,寥寥噪晓蛙。"⑥

四月二十六日抵河间,写诗寄崔景俨,五月初三日临清阻雨,临近端午,在车前吃了角黍,角黍即粽子,"沉思此景伤年载,溪上幽云久相待。三更清梦越乡间,尚有半楼灯火在。"⑦因吃粽子而想到在家乡过端午的情形,引发了他的故园之思。但现在人在旅途,为生计而奔波,拂晓晨星还在天上,他们又要出发了,从临清关渡运河,继续西行。经过馆陶,感叹古路雄直,苍松矫健,"城边古路尤雄直,松矫如龙百余尺。古来奇士倘复然,独立原南叹高格。"⑧雄直的古路,挺立的苍松,多么像古来的奇士,这也是洪亮吉一直追求的高洁品性。五月五日端午,他更

---

① 洪亮吉:《涿州三家店水木明瑟,舍弟前共过此,有诛茅之思,书此以寄,并当示孙大》,《卷施阁诗》卷二,《洪亮吉集》,中华书局 2001 年版,第 496 页。

② 洪亮吉:《出都行涿州道中,见芃麦遍野,慨然有田庐之思,因作田家诗二十首寄意,并寄芮光照、杨毓舒两布衣》其一,《卷施阁诗》卷二,《洪亮吉集》,中华书局 2001 年版,第 497 页。

③ 洪亮吉:《出都行涿州道中,见芃麦遍野,慨然有田庐之思,因作田家诗二十首寄意,并寄芮光照、杨毓舒两布衣》其二,《卷施阁诗》卷二,《洪亮吉集》,中华书局 2001 年版,第 497 页。

④ 洪亮吉:《出都行涿州道中,见芃麦遍野,慨然有田庐之思,因作田家诗二十首寄意,并寄芮光照、杨毓舒两布衣》其三,《卷施阁诗》卷二,《洪亮吉集》,中华书局 2001 年版,第 497 页。

⑤ 洪亮吉:《出都行涿州道中,见芃麦遍野,慨然有田庐之思,因作田家诗二十首寄意,并寄芮光照、杨毓舒两布衣》其六,《卷施阁诗》卷二,《洪亮吉集》,中华书局 2001 年版,第 497 页。

⑥ 洪亮吉:《出都行涿州道中,见芃麦遍野,慨然有田庐之思,因作田家诗二十首寄意,并寄芮光照、杨毓舒两布衣》其十六,《卷施阁诗》卷二,《洪亮吉集》,中华书局 2001 年版,第 498 页。

⑦ 洪亮吉:《五月初三日临清关阻雨因食角黍有感》,《卷施阁诗》卷二,《洪亮吉集》,中华书局 2001 年版,第 500 页。

⑧ 洪亮吉:《自临清关渡运河晓行》,《卷施阁诗》卷二,《洪亮吉集》,中华书局 2001 年版,第 500 页。

加想念家乡的亲人和朋友,如今旅途奔波,但即使"客里闻歌"依旧磊落高格。诗云:

> 吾侪流落纵如许,客里闻歌尚轩举。终能不学轻薄儿,醉挈妖姬作吴语。崔生似舅尤清婉。共我遥程数千远。佳辰只惜乡梦无,卧看车前斗杓转。[①]

纵然流落如许,他仍然愿意像"独立原南叹高格"的苍松,不学轻薄儿,在温柔乡里排遣旅途的寂寞,这更说明他品行的高格。

到达距黄河岸边还有十里的地方,无奈被狂风暴雨所阻,无法前行,他们只能夜宿辛店,第二天柳园口渡黄河。这一夜洪亮吉写下《未至黄河十里阻风宿辛店,明日始从柳园口渡》,诗云:"恶风一日阻急程,十里外听黄河声。黄河声急暑雨横,高浪战雨喧三更。汹汹到枕不安寐,厩下劣马时奔鸣。披衣支户起危坐,饮满百盏神终醒。村荒味淡食不咽,雨暗饱嗅蛟龙腥。耳中历历听颓壁,川原旷望生夜明。楼高烛冷万虑绝,不觉孤月来窥楹。风声雨声罢酣斗,百鸟归树天光清。半生饱向江海宿,此夕河浪声尤惊。清晨径渡大波伏,霞气压席青红平。十年履险不知数,狂直自笑波涛轻。"[②]诗歌形象地写出了黄河的惊涛骇浪,十里之外就能听到汹涌的黄河浪声,这咆哮的声音让他们无法安眠,厩下马儿也被惊得不时奔鸣,即使像洪亮吉那样半生经常在江湖奔波的人,听到这水浪声也分外惊骇,他自认为"十年履险不知数",面对今夜的黄河风浪声,也自笑"波涛轻",此时他有没有想到,人生中更大的波涛还在等着他呢。

第二天他们在柳园口渡黄河,没想到渡河时又受到祥符县衙役的欺负,这些衙役一马占一船,手拿长鞭和大棒,说官津只能官人渡,不让寻常旅客渡河,为此与他们发生了冲突,僮仆被衙役殴打,洪亮吉十分生气,也有自伤卑贱之感。他向当时任户部主事的管世铭叙述了这件事,管世铭也义愤填膺,表示一定要当地官吏惩处他们,不能姑息,并写

---

① 洪亮吉:《五日客感示崔同年景仪》,《卷施阁诗》卷二,《洪亮吉集》,中华书局 2001 年版,第 501 页。
② 洪亮吉:《未至黄河十里阻风宿辛店,明日始从柳园口渡》,《卷施阁诗》卷二,《洪亮吉集》,中华书局 2001 年版,第 501—502 页。

下纪事诗《渡河篇为洪稚存崔生云客赋》①。洪亮吉亲身经历下层官吏的作威作福，深切感受到乾隆时期下层吏治存在的问题，在他今后的治学与从政中也一直关注这些问题。洪亮吉走到河南开封附近，旅费已经全部用完，幸亏有管世铭等朋友帮助才得以继续前行。

自河南入关，所经过处皆秦汉旧迹，作为一个对历史有研究的士子，一定不会放过寻访历史古迹的机会，他实地考察了许多史迹，如刘邦和项羽相争的荥阳城、前朝帝陵集中的北邙山、田横自刭地偃师尸乡、贾谊墓、董宣祠、石崇的金谷园、传说中夏后皋之墓所在的二崤山、函谷关、潼关门、华清宫等地，在车中无事，仿白居易新乐府体，写了十首咏史的诗歌，这些诗歌反映了洪亮吉的历史观。如第一首《荥阳城》：

> 荥阳城，高百尺，因阜筑城如铁色。汉王夜出城西门，荥阳以东属楚人。惜哉一鹿抵死争，食肉不足思分羹！当时若翁幸不烹，乃火纪信燔周生。嗟嗟两烈士，殉主亦殉名。我行天下历州七，奇险无若荥阳城。君不见，荥阳城，值太平；排百雉，无一兵。司关午卧门掩扇，百战古城今下县。②

荥阳城位于今河南郑州，地势险要，历来乃兵家必争之地，当年刘邦项羽相争于荥阳，项羽以烹刘邦的父亲相威胁，幸项伯劝说没有烹杀，却烧死了护主救刘邦的纪信，烹杀了忠于刘邦的周苛。虽然项羽是洪亮吉敬佩的人，但他也理性地批评他不该乱杀人，感叹两位殉主的"烈士"惨死于项羽之手。而对于面临自己父亲将要被烹杀居然无动于衷，还说要分一杯羹的刘邦，洪亮吉是持批评态度的。他今天经过险要的荥阳城，看到无一兵一卒，一片太平景象，内心十分欣喜。

北邙山位于河南省洛阳市北，黄河南岸，有东周、东汉、曹魏、西晋、北魏、后唐等朝代几十个帝王的陵墓及数以千计的皇族、大臣、将士的埋葬墓，此外还有散布在北邙山各处的名人贵族墓群不计其数。唐朝王建、张籍、沈佺期、白居易等许多诗人写过关于北邙山的诗，洪亮吉经过此处，也写下《北邙山》一诗。诗云："林鸟夜啼穴兔蹲，千年不看葬贵

---

① 管世铭：《渡河篇为洪稚存崔生云客赋》，《韫山堂诗集》卷四，嘉庆六年(1801)读雪山房刻本。
② 洪亮吉：《荥阳城》，《卷施阁诗》卷二，《洪亮吉集》，中华书局 2001 年版，第 502 页。

人。居僧闲乞纸钱挂,寂寞知是谁家坟？穷碑愈残文愈好,前人传多后人少。始知坏土系功德,不在森森数华表。"①这许多王侯将相,千年以后也化作了尘土。在《尸乡置》中,洪亮吉赞赏田横之高节、爱士,田横不肯自辱称臣,在距洛阳三十里地的偃师首阳山自刎,让人将他的人头快马加鞭送给刘邦,刘邦见后也感慨落泪。逃往海岛的五百门客知田横已死,也都自杀身亡,令人唏嘘。"君不见,王爱士,士效忠。诚不若项王故人吕马童,手裂王体居奇功。"②他肯定田横贤达爱士,士也以死效忠,对项羽故人吕马童"手裂王体"来邀功,十分不齿。将田横五百门客与吕马童作对比,也有讽刺项羽不爱惜人才之意。

贾谊是洪亮吉敬佩的人,"汉廷唯生识成败"③,他对贾谊的怀才不遇倍感可惜,"坐令人惜贾洛阳,怀奇亦不值武皇……长沙西来对宣室,汉皇才高殊自失。固知尚鬼由楚人,因从楚来询鬼神。"④贾谊年少而有突出的政治才能,因受到周勃、灌婴等排挤,谪为长沙王太傅,三年后被召回长安,为梁怀王太傅。汉文帝于未央宫祭神的宣室接见贾谊,向贾谊询问鬼神之事。汉文帝听得不觉移坐到席的前端,一直谈到深夜。但汉文帝始终没有重用贾谊,就像李商隐在《贾生》一诗中所写的:"宣室求贤访逐臣,贾生才调更无伦。可怜夜半虚前席,不问苍生问鬼神。"洪亮吉的这首《贾谊墓》也是借古讽今的咏史诗,意在借贾谊的遭遇,指出统治者不能真正重视人才,使其在政治上发挥作用。他自己也有杰出的政治才华,却也沉沦下僚,科举落第,长途奔波去做人幕僚,油然而生怀才不遇之感。"君不见,微吟贾生赋,车过洛阳界,坟荒无人碑已坏。纷纷何况里中见,我亦少年先下拜。"⑤他看到如今贾谊墓坟荒碑坏,感慨万千,"我亦少年先下拜",表达自己对贾谊的崇敬之情。

在《董宣祠》中,洪亮吉感叹"臣贤主圣诚难得"⑥,盼望有个臣贤主

① 洪亮吉:《北邙山》,《卷施阁诗》卷二,《洪亮吉集》,中华书局 2001 年版,第 502 页。
② 洪亮吉:《尸乡置》,《卷施阁诗》卷二,《洪亮吉集》,中华书局 2001 年版,第 503 页。
③ 洪亮吉:《贾谊墓》,《卷施阁诗》卷二,《洪亮吉集》,中华书局 2001 年版,第 503 页。
④ 洪亮吉:《贾谊墓》,《卷施阁诗》卷二,《洪亮吉集》,中华书局 2001 年版,第 503 页。
⑤ 洪亮吉:《贾谊墓》,《卷施阁诗》卷二,《洪亮吉集》,中华书局 2001 年版,第 503 页。
⑥ 洪亮吉:《董宣祠》,《卷施阁诗》卷二,《洪亮吉集》,中华书局 2001 年版,第 503 页。

圣的朝代，"丛碑虽高复谁记，只向道旁思酷吏"①，对虽有"滥杀"，但不畏权贵，敢于惩治杀人的公主家奴，整饬京师得力的董宣表示怀念。洪亮吉还游历了在今洛阳老城东北七里处金谷洞内的金谷园旧址。金谷园是西晋大富豪石崇的别墅，园内楼榭亭阁，高下错落，珍珠、玛瑙等无数珍宝将园子装饰得金碧辉煌，宛如宫殿。石崇在金谷园中挥霍无度，过着极其奢靡的生活，但最后也落得个园废人亡的结局，石崇宠爱的绿珠也因不愿被孙秀夺去而坠楼而亡。"晋家全盛只卅载，却值金谷园中春。美人颜红与花匹，百斛名珠易珠一。楼头光碎红珊瑚，主人殉财兼殉珠。伤心岂独名珠堕，转眼洛阳城亦破。持螯仙客最达观，兴废都从醉中过。"②洪亮吉对晋代的短暂、朝代的兴替持达观的态度，在这段历史中，他欣赏刘琨。"二十四友皆金人，此辈可惜惟刘琨。"③他经过函谷关，描绘函谷关的险要，"今晨始及关北门，月黑望关关欲崩。新关高插天，旧关深入地。"④他在感叹函谷关天险时，还写道："君不见，秦人虎狼据谷口，百二遂为虎狼有。宁知天险不属人，六国败后终无秦。岂如乾坤荡平天险失，前车后车行接辙。"⑤以秦与六国兴亡的史实，告诫人们"天险失"的历史教训。洪亮吉还留意窑居百姓的生活。江南农村也有土窑，他深知窑民生活的辛苦。"树根石脚露土窑，穴土一尺经旬劳。居人生世稀见日，面黑映户疑山魈。"⑥同情窑居百姓，长期不见日光，辛苦劳作，肤色被熏黑。

他咏华清宫的诗如下：

秦皇坟上野火红，万人烧瓦急筑宫。筑基须深劚山破，百世防惊祖龙卧。云暄日丽开元朝，祖龙此时庶解嘲。人间才按羽衣曲，地下未烬鲸鱼膏。前人愚，后人巧，工作开元逮天宝。离宫别馆卅里环，罗绮障眼如无山。红阑影向空中折，高处疑通广寒窟。仙妃

① 洪亮吉：《董宣祠》，《卷施阁诗》卷二，《洪亮吉集》，中华书局 2001 年版，第 503 页。
② 洪亮吉：《金谷园》，《卷施阁诗》卷二，《洪亮吉集》，中华书局 2001 年版，第 504 页。
③ 洪亮吉：《金谷园》，《卷施阁诗》卷二，《洪亮吉集》，中华书局 2001 年版，第 504 页。
④ 洪亮吉：《函谷关》，《卷施阁诗》卷二，《洪亮吉集》，中华书局 2001 年版，第 504 页。
⑤ 洪亮吉：《函谷关》，《卷施阁诗》卷二，《洪亮吉集》，中华书局 2001 年版，第 504 页。
⑥ 洪亮吉：《函谷关》，《卷施阁诗》卷二，《洪亮吉集》，中华书局 2001 年版，第 504 页。

天上坐无聊,玉笛一声飞入月。华清宫,台殿工,欲访旧事无衰翁。泉流呜咽助凄思,冷暖曾无内官试。君不见,山前四月开海棠,早有野人来试汤。①

在这首诗中,洪亮吉嘲讽秦始皇建第一个封建专制皇朝,在骊山建筑宫殿,之后唐朝又在此建华丽的华清宫,享受华清池的温泉。随着时代的更替、历史的变迁,现在除了海棠依然盛开,华清池早已不见昔日的繁华,"早有野人来试汤",他冷静的眼光穿越千年,体现了一个历史学家的达观态度。

第二节　毕沅府中不懈怠

洪亮吉带着一箱书,经过一个月的长途奔波,于乾隆四十六年(1781)五月十六日抵达西安。洪亮吉在即将离别毕沅南归时,写诗回忆当时来西安时的过程,诗云:"维时岁辛丑,四月节值晦。春官初下第,喜极乃不慨。急束一箧书,重欲等粗末。艰于行李费,肩背自负戴。途长三十日,勇进不暂退。"②为了节省搬行李的费用,他肩背手提,但一往无前来投奔毕沅。毕沅当时正忙于军务,《清史稿》记载:"四十六年,甘肃撒拉尔回苏四十三为乱,沅会西安将军伍弥泰、提督马彪发兵讨之。"③洪亮吉先在开元寺住了一宿,投刺通报,"乘闲一投刺,急复请相对。"④"毕公闻先生来,倒屣以迎。翌日,遂延入节署。"⑤

毕沅(1730—1797),字湘衡,一作纕蘅,又字秋帆,自号灵岩山人,苏州府镇洋县(今江苏苏州市)人。乾隆二十五年(1760)进士,状元及第,授翰林院编修,历任侍读学士、太子左庶子、安肃道道台、陕西按察使、陕西布政使、河南巡抚、湖广总督等。师从沈德潜,喜欢金石地理之

① 洪亮吉:《华清宫》,《卷施阁诗》卷二,《洪亮吉集》,中华书局2001年版,第505页。
② 洪亮吉:《将赋南归呈毕侍郎六十韵》,《卷施阁诗》卷五,《洪亮吉集》,中华书局2001年版,第560页。
③ 赵尔巽等:《清史稿》卷三百三十二《列传一百十九》,中华书局1977年版,第三十六册,第10976页。
④ 洪亮吉:《将赋南归呈毕侍郎六十韵》,《卷施阁诗》卷五,《洪亮吉集》,中华书局2001年版,第560页。
⑤ 吕培等:《洪北江先生年谱》,《洪亮吉集》,中华书局2001年版,第2335页。

学。嘉庆帝即位,赏轻车都尉世袭。病逝后获赠太子太保。后被追究"教匪"初起失察贻误、滥用军需帑项,籍没家产,革除世职。著有《续资治通鉴》《灵岩山人诗文集》等。

毕沅爱才下士,"公乎称好士,一世冀盼睐。"①洪亮吉《更生斋文甲集》卷四《书毕宫保遗事》云:"公爱士尤笃,闻有一艺长,必驰币聘请,惟恐其不来,来则厚资给之。余与孙兵备星衍留幕府最久,皆擢第后始散去。"②已在毕沅府中的,除了孙星衍外,还有严长明、钱坫、吴泰来等。

严长明(1731—1787),字冬友,一字道甫,江苏江宁(今江苏南京市)人。乾隆二十七年(1762)高宗南巡,以诸生献诗,召试赐举人,授内阁中书。旋入值军机处,博学多智,又工奏牍,大学士刘统勋最奇其才。累官至内阁侍读。历充《通鉴辑览》《一统志》《热河志》《平定准噶尔方略》纂修官。著有《归求草堂诗文集》《西清备对》《毛诗地理疏证》《尊闻录》《献征余录》《知白斋金石类签》等。

钱坫(1741—1806),字献之,号十兰,江苏嘉定(今上海市)人。自署泉坫,钱大昕之侄。乾隆三十九年(1774)举人,累官知乾州、兼署武功县。精训诂、舆地,尤工小篆;晚年右手病发,左手作篆尤精绝。间亦作画,其墨梅有寒瘦清古之致。有《十经文字通正书》《汉书十表注》《圣贤冢墓志》《十六长乐堂古器款识考》《浣花拜石轩镜铭集录》《篆人录》《尔雅古义》等。

吴泰来(1722—1788),字企晋,号竹屿,江苏长洲(今江苏苏州市)人。祖父吴铨,父亲吴用仪,皆为藏书之家。吴泰来于清朝乾隆九年(1744)由副贡生进校官,任宿松县教谕,才情逸秀,与王昶、王鸣盛、钱大昕、赵文哲、曹仁虎、黄文莲等称"吴中七子"。乾隆二十五年(1760)进士,赐内阁中书,竟不赴官。筑"遂初园"于木渎,藏书数万卷。著有《砚山堂集》。

这些都是饱学之士,所以洪亮吉说:"嘉其一言善,俾得列朋辈。宾

---

① 洪亮吉:《将赋南归呈毕侍郎六十韵》,《卷施阁诗》卷五,《洪亮吉集》,中华书局 2001 年版,第 559—560 页。

② 洪亮吉:《书毕宫保遗事》,《更生斋文甲集》卷四,《洪亮吉集》,中华书局 2001 年版,第 1037 页。

僚皆天人,讵敢骤置喙。"①加入这些宾客的行列,洪亮吉很是欣慰,和他们一起做学问,相互切磋,丝毫不懈怠。他经常挑灯夜读,"残灯未灭枕书在,手记卷页劳重寻"②,他胸怀远大,"谈经既惭中垒歆,著史亦愧山阴沈。惟余一事似朱穆,欲守六义追邹湛……寥寥一编望古今,今音不操操古音。三千卷在倘传世,寄此一寸空明心。"③他以刘向、刘歆等前辈为榜样,谈经著史,并研究训诂之学,为毕沅校刊《道德经》五千言,"五千言古昨校定(昨偕秋帆先生以傅奕本校《道德经》)"④,写成了《汉魏音》,一起修《续资治通鉴》,开始从事地理之学,为后来取得的学术成就打下了很好的基础。

　　洪亮吉在毕沅府,和幕主同僚们经常在一起联句,或举行消寒诗会等,颇得友朋之乐、唱和之乐。联句是古代作诗的一种方式,是指一首诗由两人或多人共同创作,每人一句或数句,联结成一篇。真伪充满争议的汉武帝君臣的《柏梁台诗》曾被认为是最早的联句诗,后人又称其为"柏梁体"。洪亮吉他们的联句诗,有访古有感而发的联句,如《华清宫故址联句》,也有对文物古迹鉴赏的联句,如《周忽鼎联句》《开成石经联句》《集终南仙馆观董北苑潇湘图卷联句》等。

　　《华清宫故址联句》诗云:"探怀惟古意(泰来),发韵总清商。旧史书承统(长明),绥猷倚峻良。如何三纪盛(亮吉),旋致髦期荒。重色原倾国(星衍),由奢每积殃。存亡机自决(绍昱),修短运靡常。几见宵烽误(沅),空悲夜市忙。何因降西母(泰来),坚坐话沧桑(长明)。"⑤诗歌对唐朝由盛而衰的历史进行总结,有咏史诗的沧桑之感。

　　《周忽鼎联句》前有铭及释文,据此可知,周忽鼎是毕沅在西安得到的古鼎。鼎高二尺,围四尺,深九寸,牛首形款足。有铭文三百多字,蚀、半蚀者三十多字。毕沅嘱钱坫对铭文进行考释,并宾主一起联句一首。其中有:"陈仓石鼓昔初得(沅),韩始欲歌辞不敏。伟哉斯鼎晚方

① 洪亮吉:《将赋南归呈毕侍郎六十韵》,《卷施阁诗》卷五,《洪亮吉集》,中华书局 2001 年版,第560 页。
② 洪亮吉:《十六日早梦破书怀》,《卷施阁诗》卷三,《洪亮吉集》,中华书局 2001 年版,第518 页。
③ 洪亮吉:《十六日早梦破书怀》,《卷施阁诗》卷三,《洪亮吉集》,中华书局 2001 年版,第518—519 页。
④ 洪亮吉:《自城东沿山行至楼观作》,《卷施阁诗》卷五,《洪亮吉集》,中华书局 2001 年版,第555—
　　556 页。
⑤ 洪亮吉等:《华清宫故址联句》,《卷施阁诗》卷四,《洪亮吉集》,中华书局 2001 年版,第530 页。

出(泰来),坐使才人俊难忍。铸成二尺径四尺(长明),字或如螭又如蚪。东坡欲读叹塞默(亮吉),南仲如寻有伪僻。赖通六义求偏旁(星衍),颇涉百家知的埻(沅)。"①诗歌描述古鼎的现状,充分肯定古鼎的历史价值。

唐文宗开成石经,是至今保存较早的完整碑刻经籍。明嘉靖三十四年(1555)西安地震,碑"石半摧陷"。清康熙五十九年(1720),曾经搜集而未成,乾隆三十七年(1772),毕沅在西安再次搜集,"复得遗刻数十方。爰议修建堂庑,排比甲乙,分植其间,用以侈锡方夏,垂示永久"。②乾隆四十七年(1782)正月,毕沅与他的幕客们为石经修整堂庑,完成后举行"典礼",并相与共赋长律,达八百字,以志其事,即《唐开成石经联句》,嘱吴泰来书于碑末,以代题名。诗云:"孔壁群经在(沅),斯书八体更。请观唐太学(长明),直绍汉东京……流传多赝版(星衍),剥落半沉坑。一片从樵牧(沅),何方避鼓铤。代移应鬼守(长明),时去惧雷轰(亮吉)。有客来开府(复纯),多年此驻营。使君终好武(坫),幕吏竟非伦。便讶摧为炮(亮吉),翻成爱似琼。圣经危更续(星衍),物理否还贞(长明)。"③复纯,即张复纯,字仁斋,一字葆初,号止原,江苏江宁人,乾隆年间诸生。他们痛惜石经的遗落,希望有价值的历史文物能得到很好保护并流传。

《潇湘图》卷是五代南唐名画家董源的传世之作。董源,字叙达,钟陵(今江西南昌市)人。曾任北苑副使,人称董北苑。毕沅与洪亮吉等观董源的《潇湘图》卷并联句:"一绿千里何迢迢(沅),人烟不接水气骄(泰来)。云霞今古见复消(长明),天若盖笠峰覆瓢(坫)。扁舟胡来波上飘(亮吉),丝风微吹丝雨撩(星衍)……题诗愧比英咸韶(坫)。直须大斗胸中浇(亮吉),为公浮白歌《离骚》(星衍)。"④他们在欣赏南唐画家董源佳作之时,描绘出潇湘水云的图景,让人有身临其境的真实感受,

① 洪亮吉等:《周忽鼎联句》,《卷施阁诗》卷四,《洪亮吉集》,中华书局2001年版,第533页。
② 洪亮吉等:《唐开成石经联句》,《卷施阁诗》卷四,《洪亮吉集》,中华书局2001年版,第535页。
③ 洪亮吉等:《唐开成石经联句》,《卷施阁诗》卷四,《洪亮吉集》,中华书局2001年版,第535—536页。
④ 洪亮吉等:《集终南仙馆观董北苑潇湘图卷联句》,《卷施阁诗》卷四,《洪亮吉集》,中华书局2001年版,第537—538页。

也借此抒发自己的情怀。

洪亮吉和他的同僚们还经常举行消寒诗会。《卷施阁诗》卷四就有《消寒一集，登静寄园平台望南山积雪（分赋得雪字）》《消寒二集，同人集姚观察颐冠山园分赋斋中草木》《消寒三集，吴舍人泰来招集讲院席上同赋食品二首》《消寒四集，十二月十九日为东坡先生生日，同人集终南仙馆设祀并题陈洪绶所画笠屐像后》《消寒五集，严侍读长明招集寓斋分赋岁事四首》《消寒六集，同人集花镜堂分赋青门上元灯词》《消寒七集，招同人集朝华阁分赋长庆集生春诗四首》《消寒八集，同人集小方壶赋忆梅词》《消寒第九集，同人出西安城西南访第五桥故址，回途至香积寺小憩，约赋六言二章分韵得长头二字》。可见从观南山积雪、元宵赏灯、东坡生日、花卉草木、食品、扫室、烹茶、试香、糊窗等等，都是诗人们歌咏的对象，表明他们的生活丰富多彩且充满诗意。

王昶也抵西安，一起举诗会唱和。王昶（1725—1806），字德甫，号兰泉，又号述庵，江苏青浦（今上海市）人。乾隆十九年（1754）中进士。历官内阁中书、侍读、刑部郎中、鸿胪寺卿、江西按察使、陕西按察使、云南布政使、刑部右侍郎等。以年迈为由辞官，举家南归。之后主讲娄东、敷文两书院。工诗文，有《春融堂集》共六十卷。穷半生精力搜罗商周青铜器及历代碑刻拓本，撰成《金石萃编》一百六十卷，还辑有《明词综》《国朝词综》《湖海诗传》《湖海文传》等。

除了友朋之乐、诗词唱和之乐外，洪亮吉在毕沅府还有山水之乐。他是性本爱山丘之人，在风光与江南不同的西北，自然不会放过亲近山水的机会。西岳华山之游就是他一次难忘的经历。

乾隆四十七年（1782）六月，洪亮吉应邀访时在陕西任职的庄炘，回途经过潼关，又赴陆维垣之约，留二日，即顺道游华山。庄炘（1736—1818），字景炎，一字似撰，号虚庵，江苏武进人。与洪亮吉、孙星衍、赵怀玉、张惠言共为汉学，于声音训诂尤深。乾隆三十三年（1768）副贡生。历官陕西邠州直隶州知州、榆林府知府。洪亮吉代庄炘修《延安府志》。① 陆维垣，字景高，浙江钱塘人，原籍顺天府大兴。监生，历官华阴

① 吕培等：《洪北江先生年谱》，《洪亮吉集》，中华书局 2001 年版，第 2335 页。

县丞、知县，潼关厅同知、同州知府、雷州知府等。

七月初三日，抵玉泉院。玉泉院，是道教全真派圣地，建于宋代。位于华山脚下，是攀登华山的必经之地。从玉泉院至五里关，由车厢谷经十八盘，自莎罗坪至青柯坪，从天井上千尺幢，过二仙桥，憩媪神洞，经天梯升日月岩、仙人砭、望云台诸峰，经苍龙岭，登通天门、玉女峰、落雁峰、莲花峰，夜宿金天宫，松桧亭待新月，缥纱岭纳凉，四更上落雁峰看日出，均有诗记录，这是一组优秀的纪游山水诗。华山以"险"著称，有"自古华山一条路"的说法，洪亮吉这一路游来，用诗歌记录下所见的奇险之景。如：

> 峰危殊难飞，路断铁索在。高瞻诚堪惊，欲往宁有待。思随天风升，值此云气暧。千寻无寸曲，百上不一逮。足势久已虚，腕力忽欲怠。先登倘一堕，直下无地载。谁云心胸奇，骤觉腹气馁。遵峰意犹掉，履险志不悔。乾坤分层梯，日月绚叠采。巉岩升甫半，突兀观顿改。腰平终南山，目直大瀛海。①

诗歌形象地写出了华山的险，危绝险峰直上直下，有时需要攀缘铁索，他本来是"步行若飞，余人不能及也"②，但到这里也是觉得"足势久已虚，腕力忽欲怠"。再险峻的山峰，也阻止不了他攀登的脚步，因为只有到达顶峰，才能有"一览众山小"的感觉，感受到"腰平终南山，目击大瀛海"的气势，诗歌也抒发了他"履险志不悔"的气概。

洪亮吉在登临山水的同时，始终不忘关注民生疾苦和吏治现状，他的《朝阪行》三首，即反映了他关注到西北风沙、黄河水患及吏治腐败等问题。

这两年洪亮吉也有不少伤心事，他失去了几位亲近的人。乾隆四十六年（1781）五月二十五日，嫁给汪氏的仲姊去世，年仅 41 岁。洪亮吉于七月十二日收到弟弟寄来的书信，得此噩耗，第二天"为位而哭"③。洪亮吉大姐早夭，仲姊得父母宠爱，父亲去世后与母亲和弟弟们寄居外

---

① 洪亮吉：《经天梯升日月岩》，《卷施阁诗》卷五，《洪亮吉集》，中华书局 2001 年版，第 547 页。
② 吕培等：《洪北江先生年谱》，《洪亮吉集》，中华书局 2001 年版，第 2336 页。
③ 洪亮吉：《适汪氏仲姊哀诔》，《卷施阁文乙集》卷三，《洪亮吉集》，中华书局 2001 年版，第 300 页。

家,十分孝顺外祖母,也得外祖母宠爱。知书达礼,"年十五,通《论语》《毛诗》"①,出嫁前"尤勤于夜织"②,与母亲一起纺纱织布以养家,十年不下楼。十八岁嫁给国子监生同里汪德渭,"相夫有礼,处家以勤,上承君姑,内接同室。"③夫家经济条件较好,母亲多亏有这个女儿照顾,"姊事母孝,一岁迎养,常及十旬。亮吉以贫故辍读,姊哀其志,俾得卒业。"④洪亮吉也幸亏有这个姐姐资助,才得以继续学业。这个与自己感情甚笃的二姐去世,洪亮吉伤心恸哭,并写下《适汪氏仲姊哀诔》,表达对姐姐的哀悼。

还有一位是他昔日的幕主朱筠,于同年六月二十七日卒于京师。洪亮吉得知消息,"共哭寝门思往日"⑤,与黄仲则同哭于兴善寺,回忆当初朱筠对他们的好。乾隆四十七年(1782)他的朋友朱潞去世,八月,洪亮吉有诗《哭朱秀才潞二首》,诗云:"曾同原北数归雅,原树南头识尔家。上巳觅春衣袂冷,清明吹雨帽幨斜。诗从公子筵前讽,酒忆瞿昙坐上赊(君侧巷有草庵僧酿酒极美)。零落数人重点检,两沉泉路两天涯(君与余及孙君既林公子奕眠,过从最数。今林及君俱下世)。"⑥不久更令洪亮吉悲痛的是,他还失去一位从小一起长大的感情最深的朋友——黄仲则。

第三节 素车千里送君归

洪亮吉到西安后不久,他的好朋友黄仲则为赴选谋资入秦,于乾隆四十七年(1782)抵达西安。"毗陵七子"中的洪、黄、孙三位主要人物聚首西北。黄仲则与洪亮吉感情最深,洪亮吉离京前往西安告别黄仲则

① 洪亮吉:《适汪氏仲姊哀诔》,《卷施阁文乙集》卷三,《洪亮吉集》,中华书局 2001 年版,第 301 页。
② 洪亮吉:《适汪氏仲姊哀诔》,《卷施阁文乙集》卷三,《洪亮吉集》,中华书局 2001 年版,第 301 页。
③ 洪亮吉:《适汪氏仲姊哀诔》,《卷施阁文乙集》卷三,《洪亮吉集》,中华书局 2001 年版,第 301 页。
④ 洪亮吉:《适汪氏仲姊哀诔》,《卷施阁文乙集》卷三,《洪亮吉集》,中华书局 2001 年版,第 301 页。
⑤ 洪亮吉:《自西安至安邑临黄二景仁丧奉挽四首》其二,《卷施阁诗》卷六,《洪亮吉集》,中华书局 2001 年版,第 561 页。
⑥ 洪亮吉:《哭朱秀才潞二首》其一,《卷施阁诗》卷三,《洪亮吉集》,中华书局 2001 年版,第 511 页。

毕沅对黄仲则的才华颇为赏识,也同情他寒士穷愁的遭遇。光绪二年(1876)本《两当轩集》附录第四引陆继辂《春芹录》:"秋帆宫保初不识君,见《都门秋思》诗,谓值千金,先寄五百金,速其西游,好事惜才,亦佳话也。"①据说毕沅读完黄仲则的《都门秋思》,徘徊半夜,"全家都在风声里,九月衣裳未剪裁"的诗句令人心酸动容,随即暗中为其家人准备钱和衣服送至其家,并邀黄仲则入秦。黄仲则深受感动,加上好友孙星衍、洪亮吉都在毕沅府,京城也不能给他带来希望,遂决定赴西安依毕沅。

此时"毗陵七子"中三位核心成员同在西安,他们从事一些校文工作,闲暇便是和幕友诗词唱和,或游览附近名胜。九月初三日,秋雨过后,洪亮吉偕黄仲则、孙星衍游荐福寺。洪亮吉《卷施阁诗》卷三有《九月初三日雨后偕黄二孙大游荐福寺》诗云:"荐福寺中秋气阴,寂寥一辈惬幽寻。唐余旧碣苔文暗,僧老闲庭竹树深。金碧楼台清磬响,青苍岩谷暮鸦沉。眼中历历皆千古,留与诗人劫后吟。"②孙星衍《澄清堂续稿》之《别长安诗》其十一,也提及此游。

黄仲则在西安不数月,急于回京铨选县丞,"在武英殿书签,例得主簿,入资为县丞,铨有日矣。"③黄仲则大约于秋末由陕返都待选,临行前,以旧得宋铸"山谷诗孙"印,属洪亮吉题诗。洪亮吉作《黄二景仁以旧得宋铸山谷诗孙印属题即以志别》《关中送黄二入都待选》诗以送别。两人依依不舍,不想就此一别,竟成永诀。

黄仲则再次回到京师已是冬天,赁法源寺南偏屋两间以居。是年在京师,黄仲则才人失意,落拓困顿,甚至从伶人乞食,登场歌哭,以泄其愤。黄逸之《黄仲则年谱》本年条:

> 先生在京侘傺无聊之况,亦可由先生赴秦谋选资而推想以得。

---

① 钱仲联:《清诗纪事》乾隆朝卷,凤凰出版社 2004 年版影印本,第 1862 页。

② 洪亮吉:《九月初三日雨后偕黄二孙大游荐福寺》,《卷施阁诗》卷三,《洪亮吉集》,中华书局 2001 年版,第 514 页。

③ 洪亮吉:《候选县丞附监生黄君行状》,《卷施阁文甲集》卷十,《洪亮吉集》,中华书局 2001 年版,第 214 页。

兹附录《京尘杂录》一则，以见先生高才不遇侘傺客邸之况："昔乾隆间，黄仲则居京师，落落寡合，每有虞仲翔青蝇之感，权贵人莫能招致之。日惟从伶人乞食，时或竟于红氍毹上现种种身说法，粉墨淋漓，登场歌哭，谑浪笑傲，旁若无人。如杨升庵在滇南醉后胡粉傅面，插花满头，门生诸妓舆以过市；唐六如与张梦晋大雪中游虎丘，效乞儿唱莲花落。才人失意，遂至逾闲荡检等云。"按之翁方纲《悔存诗钞序》"其有放浪酣嬉，自托于酒筵歌肆者，盖非其本怀也"，暨毕秋帆《吴会英才集小序》"卒以不自检束，憔悴支离，沦于丞倅"等语，则事或非无稽。①

一个高才不遇的落魄文人，以如此极端的形式，放浪形骸，一吐胸中抑塞不平之气，可见其失意之态、寥落之状以及对现实的绝望。

乾隆四十八年（1783）春，黄仲则生活无着，债台高筑，"为债家所迫，复抱病逾太行，出雁门，将复游陕。"②在债主催逼下，无奈力疾出都，打算再次赴秦依毕沅。二月到达山西运城，客居河东盐运使沈业富署中，病情加剧，已无力继续西行。

黄仲则在弥留之际，拼尽最后一丝气力，作书洪亮吉，"临终以老亲弱子拳拳见属"③。洪亮吉在挽诗中说："倜傥平生执可如，遗缄欲发屡踟蹰。交空四海惟余我，魂到重泉更付书（君作太夫人书毕，目已瞑复苏，乃更作书贻予于西安）。庚亮报函疑可达，台卿服友感难除。伤心昨岁青门道，执手危言未尽纾。（君不善摄生，去岁别西安，余又苦规之，君虽颔之，而不能从也。）"④黄仲则临死前给他母亲写完遗书，眼睛已闭上重又苏醒，作书给远在西安的洪亮吉，因为洪亮吉是他平生最好的挚友，唯有他才能以身后之事相托。四月二十五日，黄仲则以肺病卒于沈业富署中，于贫病抑塞中匆匆走完了短短三十五个春秋。一只风

① 黄葆树等：《黄仲则研究资料》，上海古籍出版社 1986 年版，第 72 页。
② 洪亮吉：《候选县丞附监生黄君行状》，《卷施阁文甲集》卷十，《洪亮吉集》，中华书局 2001 年版，第 214 页。
③ 洪亮吉：《候选县丞附监生黄君行状》，《卷施阁文甲集》卷十，《洪亮吉集》，中华书局 2001 年版，第 214 页。
④ 洪亮吉：《自西安至安邑临黄二景仁丧奉挽四首》其四，《卷施阁诗》卷六，《洪亮吉集》，中华书局 2001 年版，第 561—562 页。

中起舞的病鹤飞离了人间，一颗如月般闪亮的星星就此陨落！黄仲则本身体弱多病，又不善摄生，洪亮吉多次苦苦相劝无果，如今不幸英年早逝，他内心万分悲痛。

洪亮吉接到黄仲则书信，立即出发，由西安借驿骑，星夜兼程，"四昼夜驰七百里，抵安邑"①，五月十六日，洪亮吉至运城。虽然"十驿五驿，兼程以驰；俟我瞑目，云何敢迟"②，但黄仲则还是没有等到他。洪亮吉赶到时，沈业富已移其殡于古寺中，洪亮吉于寺中扶柩痛哭。步入黄仲则临终之寓舍，遗篇断章，狼藉几案，他想起以前黄仲则在虞山邵齐焘先生墓前之所托，更加伤心欲绝。洪亮吉料理完黄仲则后事，便亲自护送其灵柩归常州。

> 归骨中条我未安，为怜亲在欲凭棺（君病中欲葬中条）。须营江畔坟三尺，好种篱前竹百竿（君生平喜竹）。空有头衔书尺旐，愁余名纸伴高冠（君衣裘为医药质尽，卒后余名纸及敝冠数事）。才人奇气难销歇，六月松风刮殡寒。③

黄仲则病中流露过死后欲葬中条山之意，中条山临近运城。但洪亮吉觉得不妥，老亲弱子欲凭棺，还是一路风餐露宿，偕其柩以归葬之于黄氏先垄之侧。洪亮吉在《平生游历图序》中说："中条西去兮，随雨奔波；饥不及食兮，掬盈怀之饼饵。鬼伯催人兮，俟不及待；一书缠绵兮，尚附棺盖。蠡河之东兮，妥此旅魂；遗经而可读兮，庶以期夫愍孙。"④

黄仲则的不幸早逝，朋友们都悲痛万分，纷纷解囊筹资理丧，抚恤家人。沈业富哭奠黄仲则，一日三临，并为文告殡，"君之丧，沈君经恤之甚至，巡抚毕公暨今陕西按察使王君昶等亦厚赙之，皆俾亮吉挟之归，以奉君之亲，以抚君之孤，以无贻君九泉之戚。"⑤

---

① 吕培等：《洪北江先生年谱》，《洪亮吉集》，中华书局 2001 年版，第 2337 页。
② 洪亮吉：《平生游历图序》，《更生斋文乙集》卷二，《洪亮吉集》，中华书局 2001 年版，第 1081 页。
③ 洪亮吉：《自西安至安邑临黄二景仁丧奉挽四首》其二，《卷施阁诗》卷六，《洪亮吉集》，中华书局 2001 年版，第 561 页。
④ 洪亮吉：《平生游历图序》，《更生斋文乙集》卷二，《洪亮吉集》，中华书局 2001 年版，第 1081 页。
⑤ 洪亮吉：《候选县丞附监生黄君行状》，《卷施阁文甲集》卷十，《洪亮吉集》，中华书局 2001 年版，第 214 页。

洪亮吉于五月十九日扶黄仲则灵柩抵潼关,致书毕沅,托付毕沅为黄仲则编梓遗稿。五月二十六日,行次宜阳,撰成黄仲则行状。八月初一日,扶柩抵里。吕培《洪北江先生年谱》本年条:"八月朔日,抵里门。因为黄君营葬。"①洪亮吉一进黄仲则家门,便拜倒于堂下。黄仲则老母亲看到儿子好友凄惨的表情,已猜出了几分,相对泣下。黄怀孝《存斋古文》之《节孝屠孺人传》:"后先兄卒于解州,北江洪先生以其丧归,拜孺人于堂下,颜色惨凄。孺人忖知之,曰:'高生其死矣乎?'高生,先兄小字也。洪先生哭,孺人亦哭。"②黄仲则遽然离世,母亲白发人送黑发人,且黄仲则已无兄弟,只留下老亲弱子,境遇的凄惨可想而知。黄仲则归葬于家乡常州,光绪《武进阳湖县志》卷十四:"黄文学景仁墓,在阳湖永丰西乡。子乙生附。"其墓址在今常州市天宁区北环小学内,一侧现建有景仁公园。

洪亮吉写下挽诗四首,其三云:"早年猿鹤与齐名,月旦人先赴九京(朱筜河先生尝呼余及君为猿鹤,今先生已下世)。共哭寝门思往日(向偕君在西安,闻筜河先生讣,同哭于兴善寺),独临遗殡怆生平。贞孤论尽朱公叔,存没交余范巨卿。却愧素车来未晚,树头飘雨旐将行。"③回忆他们为悼朱筜同哭兴善寺,如今自己独自为好友之丧而痛哭。

黄仲则一生贫寒,身后并无长物,只有倾注了他全部心血的几千首诗,生前曾托付给洪亮吉。洪亮吉在护送黄仲则灵柩南下抵潼关时,将他的诗及乐府四大册寄给毕沅,毕沅也承诺为黄仲则刊刻诗集。洪亮吉在《出关与毕侍郎笺》中,交代了自己将黄仲则的遗诗托付毕沅的过程。

黄仲则临终于沈业富署,也将遗稿托于沈在廷。乾隆四十八年(1783)冬,沈在廷将黄仲则诗千首,抄寄翁方纲。翁方纲又删除其半,存五百首,编成《悔存斋诗钞》八卷。洪亮吉《行状》称黄仲则诗可传者有二千首,沈在廷抄寄诗一千首给翁方纲。翁方纲一方面痛惜其诗不

---

① 吕培等:《洪北江先生年谱》,《洪亮吉集》,中华书局 2001 年版,第 2337 页。
② 黄怀孝:《存斋古文》,金武祥辑:《粟香室丛书》第 22 册,清光绪刻本。
③ 洪亮吉:《自西安至安邑临黄二景仁丧奉挽四首》其三,《卷施阁诗》卷六,《洪亮吉集》,中华书局 2001 年版,第 561 页。

尽抄，不知其余可传之诗落于何处，另一方面于一千首中又严加筛选，只取其半。翁方纲在《悔存斋诗钞序》中透露了自己的观点，"予初识仲则于吾里朱竹君学使坐上，读其诗大奇之，自此仲则时以其诗来质，其信予之笃，出于中心之诚。予今是钞，如见仲则，亦相待以不欺而已。……仲则天性高旷，而其读书心眼，穿穴古人，一归于正定不佻。故其为诗，能诣前人所未造之地，凌厉奇矫，不主故常。其有放浪酣嬉，自托于酒筵歌肆者，盖非其本怀也。仲则为文节后裔，每来吾斋，拜文节像，辄凝目沉思久之，余亦不著一语，欲与之相观于深处。而孰知其饥寒驱迫，无暂刻发箧陈书之隙，而其精气已长往矣。然而其诗尚沉郁清壮，铿锵出金石，试摘其一二语，可通风云而泣鬼神，何必读至五百首哉！所以兢兢致慎，删之又删，不敢以酒圣诗狂相位置者，欲使仲则平生抑塞磊落之真气，常自轩轩于天地间，江山相对，此人犹生，正不谓以长歌当痛哭也。"①翁方纲删定黄仲则诗的标准，与他以学为诗的诗论观有关，认为黄仲则读书为学"正定不佻"，那些放浪形骸，有关饮酒、风月之诗，并非黄仲则本怀，一律不取。在编完《悔存斋诗钞》后写的诗中也反映了他的想法，"但祝同心戒，放浪与枯槁。切莫金尊劝，时夸玉山倒。酒圣诗之狂，虽才亦非宝。删此岂得已，请会于意表。"②翁方纲认为饮酒放浪，终究不值得提倡，所以就忍痛割爱，认为只有这样严加筛选才能使黄仲则诗长久流传。后来洪亮吉读到《悔存斋诗钞》，不无遗憾，认为："检点溪山余笠屐，删除花月少精神（诗为翁学士方纲所删，凡稍涉绮语及饮酒诸诗皆不录入）。"③还是洪亮吉理解黄仲则，其实那些被删掉的诗，正是黄仲则真性情的流露，是最有个性之作，删除实属可惜。

① 翁方纲：《悔存斋诗钞序》，嘉庆元年(1796)刘大观刻本。

② 翁方纲：《编次黄仲则诗偶述五首》其五，《复初斋诗集》卷二十七，清刻本。

③ 洪亮吉：《刘刺史大观为亡友黄二景仁刊〈悔存轩集〉八卷，工竣感赋一首即柬刺史》，《卷施阁诗》卷十八，《洪亮吉集》，中华书局 2001 年版，第 867—868 页。

第四节　会试落第赴河南

洪亮吉于乾隆四十八年（1783）八月初一回到家乡常州，为黄仲则营葬。暂时留在家乡，与妻儿及家乡的朋友蒋熊昌等小聚。幕主毕沅很体恤他，知道他家境不好，住所逼仄，出资为他购宅，十月初三移居花桥北居第①（位于今常州市天宁区东狮子巷洪亮吉纪念馆西）。虽然生活有所改善，有了较为宽敞的宅第，但他还无法过上安逸的生活，因为心中之志向尚未实现，还要为今后的前途和生活奔波。他在此时的诗中说："我豪于饮诗亦豪，胸有太华终南高。"②在年关将近的十二月，为了参加第二年三月的会试，洪亮吉偕同年陆寿昌、表弟赵怀玉，迂道至句容、江宁，设法北上。此时乾隆皇帝即将于次年南巡，车马多为地方官所用，致使"车马皆乏"，他们只得"雇小车前行"③。

乾隆四十九年（1784）正月十八，洪亮吉一行抵达都门，二月与江阴缪汝和寓居泡子河观音寺。洪亮吉的女儿嫁给了缪汝和四子，他们是儿女亲家。三月，应礼部会试。

四月会试榜发，洪亮吉又一次"荐而不售"，而且这一次他的试卷又一次引起主考们的不同意见。"本房编修祥庆公阅卷最迟，至四月四日，方以三场并荐，总裁蔡文恭公及纪公昀奇赏之。纪公尤击节五策，必欲置第一。时内监试丰润郑侍御澄以得卷迟，疑之，欲移置四十名外。纪公坚执不允，因相与忿詈不可解。总裁胡公高望调停其事，遂置不录。纪公于卷末赋《惜春词》寄意。出闱，即先诣寓斋相访焉。"④本来可以第一的卷子，却因阅卷迟而受怀疑，真是冤枉。纪昀（1724—1805），字晓岚，又字春帆，道号观弈道人、孤石老人，河北献县人。乾隆十九年（1754）中进士，改庶吉士，授编修，历官侍读学士、《四库全书》总

---

① 吕培等：《洪北江先生年谱》，《洪亮吉集》，中华书局 2001 年版，第 2337 页。
② 洪亮吉：《九月九日蒋太守熊昌招同人集息养斋雅宴即席赋赠》，《卷施阁诗》卷六，《洪亮吉集》，中华书局 2001 年版，第 574 页。
③ 吕培等：《洪北江先生年谱》，《洪亮吉集》，中华书局 2001 年版，第 2337 页。
④ 吕培等：《洪北江先生年谱》，《洪亮吉集》，中华书局 2001 年版，第 2337 页。

纂官、日讲起居注官、内阁学士、礼部尚书、左都御史、协办大学士、太子少保,谥号"文达"。纪昀敏而好学,文采出众,尤其穷一生精力于《四库全书》的编纂。著有《纪文达公遗集》《阅微草堂笔记》二十四卷、《河源纪略》三十六卷等。

　　考完会试发榜前,洪亮吉应言朝标、赵怀玉、朱屏之等邀请,游京郊西山及潭柘寺、龙潭等地,有诗纪之,《卷施阁诗》卷六有诗《游西山自花犁坎至慧聚寺因止宿》《由慧聚寺上岭行三里许抵化阳洞,复持火入洞行二里许》《由檀柘寺后二里抵龙潭憩八角亭作》《戒坛古松歌》《龙潭憩八角亭,亭外樱桃百余株,花色红白可爱,桃杏亦盛开,因而有作》等。这些在等待考试结果时短暂出游的诗歌,也反映洪亮吉对大自然的热爱,他"千盘升天门,再转入地腹"①,升天入地,持着火把在黑洞中行走二里许,是为"奇险不可名"②,可见他具有不畏艰难的探险精神。春天的花草诱人,但洪亮吉偏爱苍松。"我留三宿非爱山,松下百匝偏忘还。君不见,看松如我亦无两,黄海终南各千丈。"③"岁寒,然后知松柏之后凋也",偏爱松树,也是诗人君子人格的体现。

　　得知落榜消息后,洪亮吉于四月出都,从河北、山西入陕西,仍前往毕沅府中。他途经获鹿县、井陉县、塞鱼古城、介休县、洪洞县、临汾、襄汾、运城等,一路有诗纪之。他的诗除了记录行程、观赏风物外,依然可见其关注民生、咏史感怀的情感。如他在井陉县,"我行县东及县西,百里石田麻麦稀"④,关心粮食和庄稼,"深山五月果作粮,客来入钱许饱尝"⑤,留意物产和民风,"人家总临水,山翠亦浮屋"⑥,留心山水和民居,"邻歌度崇垣,闻声惜遗俗"⑦,珍惜民歌和民俗。他在介休县望见介

---

① 洪亮吉:《由慧聚寺上岭行三里许抵化阳洞,复持火入洞行二里许》,《卷施阁诗》卷六,《洪亮吉集》,中华书局2001年版,第574页。
② 洪亮吉:《由慧聚寺上岭行三里许抵化阳洞,复持火入洞行二里许》,《卷施阁诗》卷六,《洪亮吉集》,中华书局2001年版,第574页。
③ 洪亮吉:《戒坛古松歌》,《卷施阁诗》卷六,《洪亮吉集》,中华书局2001年版,第576页。
④ 洪亮吉:《井陉县》,《卷施阁诗》卷六,《洪亮吉集》,中华书局2001年版,第578页。
⑤ 洪亮吉:《核桃原》,《卷施阁诗》卷六,《洪亮吉集》,中华书局2001年版,第578页。
⑥ 洪亮吉:《晚宿水头镇》,《卷施阁诗》卷六,《洪亮吉集》,中华书局2001年版,第579页。
⑦ 洪亮吉:《晚宿水头镇》,《卷施阁诗》卷六,《洪亮吉集》,中华书局2001年版,第579页。

山,想到介子推等古圣贤,"我思古圣贤,忧来不能坐"①,内心忧思不已,"禁烟缘子推,竞渡吊累屈。秦昭专上巳,陶潜名九日。不知千载上,何竟少佳节?古风殊堪钦,吾怀若饥渴。四序任所遭,何心记年月。"②由介子推寒食节想到上巳、端午、重阳等佳节,感叹之后上千年竟很少再增加类似有纪念意义的传统佳节,对古贤和古风都十分钦羡。

因路费告急,洪亮吉于运城访盐运使沈业富。"萍蓬踪迹尚天涯,十五年前客君斋(辛卯岁,沈君官太平太守,余客其署)"③。十五年前得到沈业富赏识的还有挚友黄仲则,去年黄仲则途中病重在沈府去世,他千里驱驰来此为黄仲则办理丧事,"炎天骑马谒公门,剪烛频招旅客魂(谓黄君景仁去夏客死于此)。元伯纵亡留母在,白头朝夕感深恩(谓黄太孺人)。"④此次再度来到伤心地,也代黄仲则母亲表达谢意。

五月半,洪亮吉抵达潼关。此时陕西天旱,毕沅来太白山祈雨,他便到盩厔(今作"周至")仙游寺相见,第二天还同游楼观。在半道上得到甘肃的回警情报,毕沅即回西安调拨兵饷。乾隆四十九年(1784)四月,甘肃回民阿訇田五起义失败后,再度起兵反抗清廷,朝廷以大学士阿桂为将军率军平叛,陕西巡抚毕沅在西安调拨兵饷。洪亮吉因病暑加上长途奔波,到潼关又昼夜兼程追赶使节,"兼程追使节,勒马时一放。迷途入深谷,屡被野人诳。一日一夜驰,旌节乃在望……东西及高下,兴至靡不往。"⑤追到毕沅一行后又同游,游兴十足,没有得到休整,因而生病,留在周至县署旬日,方返西安。到西安后即听命于幕主毕沅,"时西安修浚城隍未竟,而西事颇急,毕公属先生及孙君时假出游为

---

① 洪亮吉:《介休县署中望介山有感作》其一,《卷施阁诗》卷六,《洪亮吉集》,中华书局 2001 年版,第 579 页。

② 洪亮吉:《介休县署中望介山有感作》其二,《卷施阁诗》卷六,《洪亮吉集》,中华书局 2001 年版,第 579 页。

③ 洪亮吉:《运城与沈运使业富话旧即席赋呈二首》其一,《卷施阁诗》卷六,《洪亮吉集》,中华书局 2001 年版,第 581 页。

④ 洪亮吉:《运城与沈运使业富话旧即席赋呈二首》其二,《卷施阁诗》卷六,《洪亮吉集》,中华书局 2001 年版,第 581 页。

⑤ 洪亮吉:《甲辰四月自都门抵西安,闻使节有太白祈雨之行,追及于盩厔,遂同寻仙潭止宿,时四月望日也。庄大尹炘方宰此县,公子逵宣因绘元池访古图索诗,归途于马上得一千字,即寄大尹并公子》,《卷施阁诗》卷六,《洪亮吉集》,中华书局 2001 年版,第 583 页。

111

第四章 西行入秦 毕沅倚重

名,规画其事。"①

这一年五月十九日,洪亮吉的儿子符孙出生。六月好友程晋芳乞假来陕,到西安后就一病不起,他和毕沅等为他求医问药想尽办法,但还是没能将他救回来,只得伤心为他含殓。这一年,他除了有诗文百余首外,还写下经学著作《公羊谷梁古义》二卷。

乾隆五十年(1785)正月,毕沅入京觐见乾隆皇帝,"并摩唐开成石经进呈,拟荐先生、孙君及吴县江布衣声书国朝三体石经,即在西安刻石以进,为当轴者所阻而止。"②毕沅本想利用觐见皇上的机会,推荐他的幕僚洪亮吉、孙星衍及江声,为他们谋求一官半职,但因受阻未成。此时毕沅调抚河南,洪亮吉也跟随幕主至开封。

从西安至开封,这一路上爱好山水的洪亮吉似乎已没有心情游玩,也没有留下多少纪游诗。他们寒食时节从潼关至闵乡,大风雨雹,气候恶劣。"兼程驿路犹飞雪(是日大风并雨雹),隔岸山村乍禁烟。旧友别来逾二稔(晤风陵渡巡检李玘),名花看尽入中年。匆匆节序浑难遣,柳叶牵人到酒边。"③此时一是因为天气不佳,二是诗人心情也不好,年已四十,仕途无成,还只能依人作幕。洪亮吉是一位爱花惜花之人,"惜花平生不折花,只向花下矜春华"④,面对盛开的春花,诗人只在花下感流年,而在又一年春天到来时,已觉"名花看尽入中年"了。他此时的心情在其他诗中也可体会到,"一种人间未了愁,杏花斜月屋西头。都无芳草能迷径,只有闲云易上楼。"⑤"马上游丝拂面过,匆匆寒食奈愁何。莺花已逐华年去,风雪偏于歧路多。"⑥人至中年,年华流逝,"五年客京

---

① 吕培等:《洪北江先生年谱》,《洪亮吉集》,中华书局 2001 年版,第 2337—2338 页。
② 吕培等:《洪北江先生年谱》,《洪亮吉集》,中华书局 2001 年版,第 2338 页。
③ 洪亮吉:《寒食自潼关至闵乡道中书怀二首》其一,《卷施阁诗》卷七,《洪亮吉集》,中华书局 2001 年版,第 586 页。
④ 洪亮吉:《龙潭憩八角亭,亭外樱桃百余株,花色红白可爱,桃杏亦盛开,因而有作》,《卷施阁诗》卷六,《洪亮吉集》,中华书局 2001 年版,第 576 页。
⑤ 洪亮吉:《寒食自潼关至闵乡道中书怀二首》其二,《卷施阁诗》卷七,《洪亮吉集》,中华书局 2001 年版,第 586 页。
⑥ 洪亮吉:《清明后一日憩灵宝东二十里风雪寺作》,《卷施阁诗》卷七,《洪亮吉集》,中华书局 2001 年版,第 587 页。

师,五年客西秦。十年亦何为,颇与载籍亲。"①回想这些年,十年客居他乡,多次科举落第,功业未成,郁郁不得志的感觉充斥心头,满腹愁绪无法排遣,即使"柳叶牵人到酒边",也只能是借酒浇愁愁更愁。

虽然个人仕途失意,但洪亮吉对民生疾苦的关心始终没有减少,在去河南途中,看到旱情严重,赤地千里,写下《悯旱》《偶得五百字酬景方伯安枉赠之作》等诗,对吏治也表达了自己的看法。他不愿空谈,更想做点实事,在去河南途中就对毕沅表明,"报公欲著《河防略》,烛跋更残手未停"②,表示要尽心尽力撰写《河防略》,为河防事务效力,想办法减少水旱灾害,也尽其拳拳"悯旱"之心。他的水利著作在今天仍有一定的参考意义。

乾隆五十年(1785)十一月,洪亮吉由豫南回乡,他迂道至固始县谢聘署斋,"盘桓旬日,方还里门"③,同年他修《固始县志》。回到家乡后,得知家乡也是灾荒歉收之年,他"回里后,岁歉甚,复节啬衣食,赡诸亲友,间亦与钱大令维乔、蒋太守熊昌诸人,为销寒小集"④。

乾隆五十一年(1786)二月,洪亮吉与蒋维乔等买舟至杭州,他到杭州后居住在他表弟即表舅蒋榕庵的儿子蒋重耀寓斋。此时蒋榕庵先生、舅氏蒋曙斋先生父子、杨梦符、孙振学、吴祖健、蒋承曾、陆继辂、钱孟钿及公子崔景侃都有事在杭州,他们经常聚在一起,"连舫十数,遍游锡山虎溪,复至元墓灵岩,流连篇什,继以清歌,极琴尊游览之乐。"⑤钱孟钿(1739—1806),字冠之,号浣青,江苏武进人,尚书钱维城女,巡道崔龙见妻。幼受母教,工诗词,其诗以杜甫(浣花)李白(青莲)为宗,故自号"浣青"。著有《浣青诗草》《浣青诗余》《鸣秋合籁集》。崔景侃,字瘦生,崔龙见子,江苏阳湖人,原籍山西永济。有《红叶词》。洪亮吉长年游幕在外,难得在风景如画的杭州与诸位家乡好友在一起,自然很开心,他们游历无锡、苏州以及杭州龙井、天竺、灵隐、净慈等名胜,还与朋

① 洪亮吉:《偶得五百字酬景方伯安枉赠之作》,《卷施阁诗》卷七,《洪亮吉集》,中华书局 2001 年版,第595 页。
② 洪亮吉:《出关日先柬毕侍郎》,《卷施阁诗》卷七,《洪亮吉集》,中华书局 2001 年版,第 586 页。
③ 吕培等:《洪北江先生年谱》,《洪亮吉集》,中华书局 2001 年版,第 2338 页。
④ 吕培等:《洪北江先生年谱》,《洪亮吉集》,中华书局 2001 年版,第 2338 页。
⑤ 吕培等:《洪北江先生年谱》,《洪亮吉集》,中华书局 2001 年版,第 2338 页。

友们吟咏诗词,常至彻夜,写下纪游诗多首。

花朝日,洪亮吉访袁枚于江宁,并题《随园雅集图》,袁枚也为洪亮吉的《卷施阁文乙集》作序。花朝日即百花生日,一般北方为农历二月十五,南方为二月十二。洪亮吉与袁枚相交甚早,"生年虽后可不惭,图中五君识者三"①,图中的尚书沈德潜,洪亮吉青年时期在常州舣舟亭边见过一次,"骚坛落落此数翁,若论文笔尤推公"②,虽然来往随园的大多是名流大家,但洪亮吉对袁枚的诗文才华格外推崇,"卅余年来执牛耳,不到兹园名不起(公自言名士未有不到兹园者)"③,他的诗反映了当年随园雅集的盛况以及袁枚在文坛中的地位和威望。

三月,洪亮吉再赴开封毕沅巡抚署。八月,登封知县陆继萼延请洪亮吉修县志,并相约一起游嵩山,于是有嵩山之行。"以十月由郑州密县抵登封,陟太室、少室,访崇阳书院暨启母石,手拓三石阙铭,信宿少林寺,乃回。"④洪亮吉爱好古代书法篆刻,拓下著名的嵩山三石阙,他"牛车驮百张,回铺草元亭"⑤,可见他很高兴能得到此拓片。对于平生爱好山水的洪亮吉来说,能到嵩山一游本身也是一大收获,他说,"五岳此游四,还家鬓未华"⑥,他这里所说已游历过的四座名山,是指真定恒山,六安霍山,华山及嵩山。一回到开封就听闻蒋榕庵先生去世的消息,伤心恸哭。

这一年除了诗歌外,他还修《登封县志》,为友人改纂《怀庆府志》,在舆地和地方志领域,他一直没有松懈。

乾隆五十二年(1787)正月,洪亮吉与孙星衍一起,由开封北上京师,三月应礼部会试。洪亮吉仍落第,孙星衍获一甲第二名进士(榜

---

① 洪亮吉:《花朝日访袁大令枚江宁,即出随园雅集图索题,因赋以志别》,《卷施阁诗》卷八,《洪亮吉集》,中华书局2001年版,第611页。

② 洪亮吉:《花朝日访袁大令枚江宁,即出随园雅集图索题,因赋以志别》,《卷施阁诗》卷八,《洪亮吉集》,中华书局2001年版,第611页。

③ 洪亮吉:《花朝日访袁大令枚江宁,即出随园雅集图索题,因赋以志别》,《卷施阁诗》卷八,《洪亮吉集》,中华书局2001年版,第611页。

④ 吕培等:《洪北江先生年谱》,《洪亮吉集》,中华书局2001年版,第2339页。

⑤ 洪亮吉:《自密县至登封谒嵩高山,留山下三日,遍游崇阳书院及少林寺,回途访三石阙》其四,《卷施阁诗》卷七,《洪亮吉集》,中华书局2001年版,第594页。

⑥ 洪亮吉:《自少林寺携僧欲登少室峰,以积雪不得上,还憩子晋峰待月》,《卷施阁诗》卷七,《洪亮吉集》,中华书局2001年版,第594页。

眼）。这是他第三次会试落第了,内心非常失落。五月初回到家乡常州,外家门前的白云溪,每年端午节都会举行赛龙舟活动,热闹非凡。洪亮吉回家后与表兄庄宝书、陈宝、陆寿昌等,"日为泛舟之游"①,稍稍宽慰他科举落第的失落。

五月,洪亮吉于住宅西建书斋,命名为"卷施阁"。他以"拔心不死"的卷施草来命名自己新建的书斋,充分表达了他当时的心境。他在卷施阁落成后写的诗中说:"我非一世人,世味本无泊。中年感孤露,顾影失栖托。故巢有时归,戚戚寡欢乐。妻孥中道合,久对面生怍。"②诗作写尽了长年游幕的无奈与悲凉,人到中年还漂泊在外,夫妻难得团聚。

> 晨凉始读书,午倦亦展衾。昔梦既为昔,今梦成其今。梦醒理未殊,安得分戚歆。昨者疏一池,贮水不欲深。安知旬日间,不复成雨霖。闲门昼常关,石古苔气阴。积卷贮石旁,一咏兼一吟。掩卷忽怃然,此意难复寻。迷阳花断肠,卷施草伤心。伤心以名阁,泪下沾衣襟。③

虽然长年羁旅游幕,但他没有妄自菲薄,"闲身置天地,非可自菲薄。台佟亡世事,幽赏寄岩壑。藉此山一房,寥寥通五岳"④,仍然读书、吟诗、做学问,表现了对生活的热爱和追求。但一次一次的科举落第,对他的打击确实不小,以卷施草命名书斋,充分表达了他这一时期的伤心失落之情。

洪亮吉新建卷施阁后,"稍有树石及小池,日偃仰其中"⑤,过了一段居家安逸的生活。因毕沅多次书信催促,他于十一月又抵开封。第二年八月,毕沅擢升湖广总督,洪亮吉又随行,九月五日到湖北武昌节署。对于又一次的奔波,他仿佛也已习惯了,"人生扰扰东西走,快意登临亦

---

① 吕培等:《洪北江先生年谱》,《洪亮吉集》,中华书局 2001 年版,第 2339 页。
② 洪亮吉:《卷施阁落成偶赋四首》其一,《卷施阁诗》卷八,《洪亮吉集》,中华书局 2001 年版,第617页。
③ 洪亮吉:《卷施阁落成偶赋四首》其二,《卷施阁诗》卷八,《洪亮吉集》,中华书局 2001 年版,第 617—618 页。
④ 洪亮吉:《卷施阁落成偶赋四首》其一,《卷施阁诗》卷八,《洪亮吉集》,中华书局 2001 年版,第617页。
⑤ 吕培等:《洪北江先生年谱》,《洪亮吉集》,中华书局 2001 年版,第 2339 页。

何有"①，仿佛充满对生活不稳定的厌倦，不再有快意登临之乐。中秋佳节，旅途中的他心境是"此时心迹冷，谁复梦思家"②，有点心灰意冷之感。

然而即使是这样郁闷伤感的心境，洪亮吉也没有放松著书和研究，他在诗中说，"一编欲正《春秋》癖"③，他钻研《春秋》成癖，撰写了著名的《春秋左传诂》。

离家在外朋友情谊更珍贵，更何况是家乡的朋友。此时"毗陵七子"之一的杨伦正好主讲武昌，两人一起游历晴川、黄鹤诸名胜，唱和甚多。"岁暮，毕公甫自荆州堤工回署。汪明经中、毛州判大瀛、方上舍正澍、章进士学诚，亦先后抵署。谈燕之雅，不减关中。"④

乾隆五十四年(1789)正月，洪亮吉再次动身北上京师。正月初二日，梅已半开，他从汉阳北上，元夕后抵开封，居"毗陵七子"之一的徐书受寓斋数日。渡河至武陟，访王复不遇，独自寻访济源。洪亮吉一直关注并研究河道水利，并重视实地考察，这次访友不遇，正好考察河道，"我昔寻淮源，骑马至大复。济源今始访，尚未及王屋……寻源入庙得数潭，酌以木枓殊清甘。坐思地脉出灵泉，更有一源穿寺南(延庆寺西南有一源，俗名海眼)。"⑤他仔细考察济水的源头，并尝了一下泉水的甘甜。由这个"济"字想到钱坫对这个字的争辩，写下诗歌寄给他，"我有故人官故京，万言能辨济为荥(州倅以《尔雅》济为濋为荥字之误，置论甚辨)。何时并马入河淅，应讶蔡河原号楚。"⑥可见他与钱坫等朋友在一起也经常切磋学问，实地考察和理论考证相结合，治学严谨。

二月抵都，居孙星衍琉璃厂寓斋。三月，第四次应礼部会试，又一

---

① 洪亮吉：《八月初九日将付楚中童少詹凤三邀同张学使泰崔编修景仪赵舍人怀玉蒋上舍齐耀预至吹台登高归饮寓斋即席赋别》，《卷施阁诗》卷七，《洪亮吉集》，中华书局2001年版，第601页。

② 洪亮吉：《中秋夕自尉氏至朱曲途中玩月作》，《卷施阁诗》卷七，《洪亮吉集》，中华书局2001年版，第602页。

③ 洪亮吉：《自樊城渡汉游岘山归谒羊杜二公祠作》，《卷施阁诗》卷七，《洪亮吉集》，中华书局2001年版，第602页。

④ 吕培等：《洪北江先生年谱》，《洪亮吉集》，中华书局2001年版，第2339页。

⑤ 洪亮吉：《济源谒济渎庙作并寄钱州倅坫西安》，《卷施阁诗》卷八，《洪亮吉集》，中华书局2001年版，第626页。

⑥ 洪亮吉：《济源谒济渎庙作并寄钱州倅坫西安》，《卷施阁诗》卷八，《洪亮吉集》，中华书局2001年版，第626页。

次落榜。"五月八日,抵里。七月,之杭州访友,留旬余,乃归。八月,仲弟选授崇文门副使。时同年李太守廷敬官常州,延修府志,并选唐百家诗,以九月进署。十二月,返舍。与钱大令维乔、庄公子逵吉为消寒小集。"①为家乡修府志,与家乡友人相聚唱和,也许能稍稍疏解他又一次落第的郁闷。

① 吕培等:《洪北江先生年谱》,《洪亮吉集》,中华书局 2001 年版,第 2339—2340 页。

第五章　钦点榜眼　翰林编修

洪亮吉二十年作客游幕,四应礼部会试皆不售,心情虽失落,但他始终没有放弃,以代表伤心而不死的卷施草命名新建的书斋名,表露其执着不屈的心态。命运在他四十五岁时终于有了转机。

第一节　擢第偏教逊一筹

乾隆五十五年(1790)正月元夕,洪亮吉夜乘山东使船入都。此年是乾隆帝八十寿辰,有恩科考试,洪亮吉不会轻易放过这次机会。热爱山水的天性,使他途中也想着顺道游历。他嫌舟行太慢,至王家营,由陆路取道泰安,顺道登泰山。"至高老桥,日已逼暮,欲径上,同伴不可,乃还。"[①]如果没有同伴的理性阻止,恐怕要夜登泰山。他于二月底抵都,住在弟弟霭吉海岱门三条胡同。

三月,参加礼部会试,四月初九榜发,终于获隽,并经殿试,钦定为一甲第二名榜眼。当年的主考为东阁大学士王杰、吏部侍郎朱珪、内阁学士邹奕孝,同考官为刑部主事王奉曾。法式善的《清秘述闻》"乾隆五十五年庚戌科会试"条记载:"考官:内阁大学士王杰字伟人,陕西韩城人,辛巳进士。吏部侍郎朱珪字石君,顺天大兴人,戊辰进士。内阁学士邹奕孝字念乔,江南无锡人,丁丑进士。……会元朱文翰字屏兹,江

---

① 吕培等:《洪北江先生年谱》,《洪亮吉集》,中华书局 2001 年版,第 2340 页。

南歙县人。状元石韫玉,字执如,江南吴县人。榜眼洪亮吉字君直,江南阳湖人。探花王宗诚字中孚,江南青阳人。"①朱珪(1731—1807),字石君,号南崖,顺天府大兴人,为朱筠之弟,与其兄朱筠,时称"二朱"。乾隆十三年(1748)进士,选庶吉士,散馆授编修,历官侍读学士、按察使、布政使、安徽及广东巡抚、体仁阁大学士等。著有《知足斋诗集》三十余卷、《知足斋文集》六卷。邹奕孝(1728—1793),字念乔,常州府金匮人,乾隆二十二年(1757)进士。授翰林院编修,曾任多省乡试、会试同考官、副考官。历官右春坊右中允、左中允、翰林院侍讲、右春坊右庶子、文渊阁校理、左庶子、国子监祭酒、工部侍郎等。王奉曾,字序恩,顺天宛平(今北京市)人,乾隆四十九年(1784)进士。历官刑部主事、安襄荆道等。

据吕培等《洪北江先生年谱》记载:"先是朱文正公虽未识面,然知先生名已久,入闱后,欲暗中摸索得先生作第一人。及得李君庚芸卷,有驳策问数条,以为先生,拟第一。复得朱君文翰卷,用古文奇字,又以为先生,遂置李君卷第六,而以朱君冠多士。及拆号,而先生名在第二十六。乃相与叹息,以为名次亦有定数云。殿试,先生卷条对详明,读卷大臣进呈第一,钦定第一甲第二名。"②当年他的读卷大臣为阿桂。阿桂(1717—1797),字广廷,号云岩,满洲正白旗人。乾隆三年(1738)举人。以父荫补兵部主事,官至武英殿大学士。洪亮吉在《书文成公阿桂遗事》中写道:"余登第日,公为读卷官,拟第一进呈。余素不习书,公独赏之,尝谓余友刑部郎孙君星衍曰:'人皆以洪编修试策该博,不知字亦过人。'余首拔之者,取其无一毫馆阁体耳。"③经过多次失利,洪亮吉终于考取进士,并被钦点榜眼,虽然与状元失之交臂,有点遗憾,但对他来说已十分不易,这是他仕途的转折点。

传胪日得到喜讯,他就给幕主毕沅寄诗,《胪传日马上口占寄毕尚书师湖北》,诗中说:

① 法式善:《清秘述闻》,中华书局1982年版,第289页。
② 吕培等:《洪北江先生年谱》,《洪亮吉集》,中华书局2001年版,第2340页。
③ 洪亮吉:《书文成公阿桂遗事》,《更生斋文甲集》卷四,《洪亮吉集》,中华书局2001年版,第1028页。

五年为客曲江头，屡向慈恩寺里游。曾解绿衫陪广谦，爱拈红杏上高楼。看花未必输前度，擢第偏教逊一筹。好缴公门旧衣钵，至今惭愧说袁州。①

他虽然以未能中状元为憾，但毕竟不用再穿绿衫旧衣，兴奋之情可以从诗中感受得到。

管世铭、汪中等有诗文贺洪亮吉登第。管世铭《韫山堂诗集》卷六有《贺洪稚存登第》，诗云："才士论场屋，常艰针芥投。僻书惊枉酉，难字误盱眙。赖有宗工出，能遗迹象求。终为学古勤，潘鬓也将秋。"②诗中认为洪亮吉好古，为"难字""僻书"耽误，好在终于在中年登第，也值得庆贺。洪亮吉在《又书三友人遗事》中，也写到汪中给他写信，"及余登第一月，中致书曰：'足下与量殊、渊如皆吾弟也，而前后登第，名次悉同，老兄不出，岂欲虚左以相待耶？'"③"量殊"为侍御江德量，"渊如"即孙星衍，都是汪中好友，且相继登第，汪中与他们以兄弟相称，如今洪亮吉也高中，汪中真心为朋友感到高兴。

五月初一被引见，授职翰林院编修。虽然这个职位官职不高，只有正七品，但从此，洪亮吉就是一位朝廷命官，而不是寄人篱下的幕僚了。七月，又被派为国史馆纂修官，开始专心修国史。

被乾隆皇帝钦点榜眼的洪亮吉，内心自是感念皇帝的恩德，于是他参照唐元结《补东歌》十章、白居易《新乐府》五十篇的形式，写下《万寿乐歌三十六章》，以恭贺乾隆皇帝八十寿辰。他在序言中说："伏见我皇上御极五十五年，仁如天，弘如地，举凡广圣极神，谟文定武，类非形容所克尽致。今者恭值八旬万寿庆节，臣幸得擢魏科，备员词馆。自正月一日恭读恩诏以后，亲见皇上敬天法祖、勤民察吏诸大政，足以度越百王而垂则万世者，已不下数十事。辄不自量，谨依类撰次，为《万寿乐歌三十六章》，非敢断元白之逸尘，亦庶乎衢谣壤咏，得附本朝乐章之末云

---

① 洪亮吉：《胪传日马上口占寄毕尚书师湖北》，《卷施阁诗》卷九，《洪亮吉集》，中华书局 2001 年版，第 646 页。
② 管世铭：《贺洪稚存登第》，《韫山堂诗集》卷六，嘉庆六年(1801)读雪山房刻本。
③ 洪亮吉：《又书三友人遗事》，《更生斋文甲集》卷四，《洪亮吉集》，中华书局 2001 年版，第 1041 页。

尔。"①《万寿乐歌三十六章》内容为表圣乾隆,歌颂太平盛世。

他赞颂乾隆朝边疆安宁,远方少数民族归顺来朝,如《巴勒部第三》:"巴勒一部,远在西徼。酪食浆饮,同时献表。云敬大皇帝,如敬佛三宝。珠瑟瑟,衣班班。道毕拉,兼乌阑。哈哩萨野先稽颡,巴拉八部还合掌。"②周边国家也来祝寿,如《安南来第三十》:"安南来,安南来,国统虽旧基新开。广南大吏为陈奏,亲诣天朝祝天寿。路人指点尽识名,安南国王阮光平。海邦自此知冠履,好变文身与椎髻(阮光平请奏从本朝章服,特旨俞允)。"③安南国国王阮光平不仅亲来祝寿,还请求赐清朝官服,尽现天朝大国的威仪。还赞颂皇帝免钱粮减赋税,减轻百姓的负担,如《普免租第七》:"免钱粮,免漕粮,四次两次看誊黄。今年诏下恩尤厚,普免正供由万寿。三分减一十减三,前世盛事何庸谈。大农钱粟虽频散,耕九余三积储惯,户部银仍八千万。"④据《清史稿》记载,乾隆元年,诏免天下租,十年,普免全国钱粮,仿康熙例,将各省划为三年,以次豁免,还有多年免某省份的额征。还称颂皇帝勤于政事,如《殿勤政第八》,"夜未央,乾清宫中烛煌煌。日将出,勤政殿前传警跸。"⑤还有称赞乾隆皇帝纂修《四库全书》,如《厘四部第十二》:"四部书,帙万万。提要一百卷,臣(昀)臣(熊)奉敕撰。全书告竣已十年,有敕亥鲁须重编。本朝实事皆求是,不遗传疑留一字。文渊毕,厘文源。百臣日夕来御园。东南三分皆无误,海上然藜校文溯。"⑥诗中"昀"指纪昀,"熊"指陆锡熊,两人为《四库全书》主要纂校官,撰写《四库全书总目提要》。《四库全书》分藏于宫内文渊阁、圆明园文源阁、承德文津阁、沈阳文溯阁、扬州文汇阁、镇江文宗阁、杭州文澜阁。乾隆皇帝曾多次下令校核《四库全书》的疏漏之处。洪亮吉对乾隆这一浩大的文化工程大加赞颂,并称赞其实事求是、认真严谨,对历史对文化负责。

这是一组歌功颂德之作,陈金陵在其《洪亮吉评传》中认为,做了官

① 洪亮吉:《万寿乐歌三十六章》,《卷施阁诗》卷九,《洪亮吉集》,中华书局2001年版,第637页。
② 洪亮吉:《巴勒部第三》,《卷施阁诗》卷九,《洪亮吉集》,中华书局2001年版,第638页。
③ 洪亮吉:《安南来第三十》,《卷施阁诗》卷九,《洪亮吉集》,中华书局2001年版,第643页。
④ 洪亮吉:《普免租第七》,《卷施阁诗》卷九,《洪亮吉集》,中华书局2001年版,第639页。
⑤ 洪亮吉:《殿勤政第八》,《卷施阁诗》卷九,《洪亮吉集》,中华书局2001年版,第638页。
⑥ 洪亮吉:《厘四部第十二》,《卷施阁诗》卷九,《洪亮吉集》,中华书局2001年版,第640页。

的洪亮吉,便对清廷讴歌了,过去那种不满情绪、隐蔽的反清情绪也消失不见了。① 但过去的知识分子在科举之路上艰难攀登,有朝一日终于登上天梯,在这样激动心情下写些歌功颂德的诗作,也是可以理解的。这组颂圣诗在形式上有创新,用拟民歌的形式,内容庄重,形式却轻松活泼。

洪亮吉的批判精神并没有消失,他对当时社会不合理现象依然无情抨击。如他在乾隆五十七年(1792)花朝日独游二闸,观京郊附近运河,归来应编修冯集梧要求,给康熙时的户部侍郎田雯的《大通河秋泛》卷子题句,他写道:"米船东来画舸西,百丈往往牵朱旗。群公觞咏致堪乐,可念民力东南疲。君不见,东南十郡沿江浒,陟险谁怜挽输苦。就中若以河沙量,我亦江乡一编户。田郎仁者固不同,刻石告诫垂桥东。"②诗中的"米船东来"是指大运河漕运盛况。

漕运起源很早,是中国历史上从内陆河流和海路运送官粮到朝廷、运送军粮到军队的系统。西汉定都长安后,每年需从关东运送大量谷物至关中,以满足贵族、官吏和军队的需要,动用人力很多,费用浩大,用时很长,隋炀帝开凿京杭大运河,连接黄河、淮河、长江三大水系,打通南北的漕运通道,形成"南粮北调"的局势,把长江流域尤其是长三角地区生产的粮食、手工业产品等供应给朝廷和整个北方。清朝漕运至京师仓库者为正兑,以备八旗营兵食用;储于通州仓廪者为改兑。据《江苏通史》记载:"清初定漕运江苏原额 1113000 石,改兑 93950 石,此后漕运数额稍有增减。乾隆十八年(1753),江苏省有人丁 12628987 口,民田 68908445 亩,每年赋银 3371334 两,额定征赋米、麦、豆 2155021 石,其中漕运京师 1716889 石,留存本省经费 438132 石,岁漕占赋粮的 80%,占全国漕运总数的 25.63%。是年,江苏漕运米、麦、豆实数 1237884 石,占全国漕运总数的 36.09%。乾隆二十五年(1760),江苏省设立江安督粮道和苏、松督粮道后,凡征收漕粮均分别由两督粮道征收与结报。乾隆三十一年(1766),江苏省人丁 23779812 口,民田

65981720 亩,每年赋银 3255236 两,赋粮 2085451 石,岁漕京师 1762601 石,留存本省经费 322850 石,岁漕运解数占实征赋粮的 85%,占全国漕运总数的 25.07%。"①

　　以上数据可见漕粮在江苏省赋粮中所占比例之大,给地方上造成的负担之重。东南地区江苏苏、松、常三府,太仓一州,浙江嘉、湖两府等地,均是漕粮的供给地,再加上造船、运输、疏浚河道等,都要耗费大量人力物力。所以当漕运船队浩浩荡荡从东而来,皇帝南巡、王公贵族、文武大臣的"画舸"挂着"朱旗"由京城西来,"群公"见此情景"觞咏致堪乐",而洪亮吉生长在大运河沿岸"东南十郡"之一的江苏常州,深切同情百姓之苦,发出"可念民力东南疲"的悲叹。同时也感慨自己仅仅是小小一个"江乡一编户",人微言轻,感谢当时的户部侍郎田雯,刻石告诫,起到警示的作用。另外,他还写下"总是劫灰烧不尽,有人闲里仿阿房"②之语,告诫统治者要重视前车之鉴,避免骄奢淫逸。

　　洪亮吉作为一个刚考取功名的人,没有一味歌功颂德,这些诗句完全是肺腑之言,但在别人看来似有"发泄"之意,所以他的好朋友何道生、张问陶等还劝他不要有发泄之妄语。张问陶对他说:"轩然读大作,一片宫音亮。万象罗心中,此才胡可量。诗人遇不穷,名士语何妄。努力颂升平,殷勤副时望。"③称赞他有才,但劝诫他不要妄语,要努力颂升平。对于洪亮吉来说,出发点不是为发泄不满,而是为了国富民安。

第二节　举家迁京生计艰

　　洪亮吉中进士后入职翰林院编修,同年秋天,与仲弟迁居至三里河清化寺街的查莹旧宅,这里饶有竹木之胜。查莹(1743—1803),字韫

① 潘群、周志斌主编:《江苏通史·明清卷》,凤凰出版社 2012 年版,第 395 页。
② 洪亮吉:《吴布衣蓬痴寄示纸仿秦汉瓦当为题二绝》,《卷施阁诗》卷九,《洪亮吉集》,中华书局 2001 年版,第 650 页。
③ 洪亮吉:《题张同年问陶诗卷》诗后附张问陶原赠作,《卷施阁诗》卷十,《洪亮吉集》,中华书局 2001 年版,第 667 页。张问陶《船山诗草》中《题同年洪稚存(亮吉)卷施阁诗》无后四句。

辉,号映山,别号竹南逸史,浙江海宁人。乾隆三十一年(1766)进士,授编修,历官文渊阁校理、武英殿提调官、山西道御史、吏科给事中等。这所住宅已年久失修,洪亮吉租下后也无多余资金修缮,以至一到下雨则"屋漏顶上堕"①,在里面读书,"一句复一滴,恍与檐漏和"②,但不管怎样,他们兄弟终于有个安顿的地方了。

　　洪亮吉虽收入微薄,但也算在京师稳定下来,可以考虑将家眷接到京城团聚。他在给杨芳灿的信中说:"亮吉已入中年,偶登一第,又禄不及养亲,视足下奉母而居,真望之如天上。……令弟近入机庭,亦可稍救贫乏。一月中亦时时相叙,无不谈及足下耳。"③他十分羡慕杨芳灿能奉母而居,而他的母亲已去世,其他家人更应好好珍惜,即使"禄不及养亲",也要把家眷接来。何况他弟弟此前谋得崇文门副使一职,虽为未入流吏目,俸禄不高,也可稍微贴补家用,减轻一点他的负担。他写信给在家乡的亲人,交代他们将里屋典当,作为去京的路费。他在诗中云:

　　　里中谁最忆,我忆卷施谷。拔心不死人,时来谷中宿。谷中有群书,谷中有嘉木。主人出门去,书好无人读。花红上斗栱,草绿出垣腹。赖有主人儿,时来理书簏。稍移碍帘燕,时剪出墙竹。昨宵家问至,北上期亦卜。愁无束装具,典却里中屋。一书寄令弟,一书示饴孙。此谷不入券,为吾锁重门。④

　　诗中再以卷施草"拔心不死"的坚韧品格自喻,也表达了对卷施阁的喜爱和思念,现在主人不在家,卷施阁也冷落了。诗中也交代了家人北上京师团聚的日子已定,但路费短缺,解决办法是典当里屋。留下卷

---

① 洪亮吉:《雨窗读何水部道生诗适有馈蟹者率赋一首即题卷末》,《卷施阁诗》卷十一,《洪亮吉集》,中华书局 2001 年版,第 682 页。

② 洪亮吉:《雨窗读何水部道生诗适有馈蟹者率赋一首即题卷末》,《卷施阁诗》卷十一,《洪亮吉集》,中华书局 2001 年版,第 682 页。

③ 冉耀斌:《洪亮吉佚札六通——兼谈洪亮吉与杨芳灿、杨揆兄弟之交游始末》,《飞天》2010 年第 22 期。

④ 洪亮吉:《昨年里中有人都者,偶占五篇寄友,海内交旧见之,共诧以为洪体。今适一年,余留官京师,里中知好复往来不能去怀,适汪甥楷以定省南归,爰更赋五篇寄诸同人,末章并以示弟原吉及儿子饴孙,见者幸勿复以为创体也·弟原吉儿子饴孙》,《卷施阁诗》卷九,《洪亮吉集》,中华书局 2001 年版,第 648 页。

施阁,一是因为卷施阁"不入券",不能交易,二是他很喜欢这个书斋,不舍得典去。这首诗也让人了解到,洪亮吉虽然已高中榜眼,但洪家此时经济状况依然很困难。

卷施阁寄托了洪亮吉对家乡的情感,他的《自题城东访月图》充分体现了身居京师的他对家乡的怀念之情。

> 余家清晖桥,距城东门不三十步,出城古寺五六,排比而立,寺后为晋陵县故址,广场数百亩,幽人三两家,余每晚食后必一诣其处,半里之内,鸟之有巢,花之有名者,莫不与余相识。即风雨夕不能至,梦亦诣焉。庚戌献岁将北行,友人钱明府竹初、毕上舍蕉鹿为合作《城东访月图》,遂系以诗云尔。

> 月初三,至初九,一日一回城外走。十三以后人不闲,人静月好更先阑。彻夜不遣城门关,月过二十看星出。乘残月归更欲绝,人言我爱月如痴,不识城东月尤洁。城东有白塔,城东有红桥,桥痕下欲枕蘋藻,塔影上直干云霄。迎春堂北东西路,一草一花都识数。匝月能来二十回,绕堤何止三千步。三松一客静淹留,复有危巢结四周。好寄吟魂与乌鹊,夜深随月上城头。①

这首诗充分表达了洪亮吉对家乡的深厚情感。诗的序言中,诗人交代了他的家距城东门不到三十步,出城有五六古寺,寺后为晋陵县故址,环境清幽,他几乎每晚饭后都会去城外散步,即使风雨不能至,梦里也会去,对那里的一草一木都十分熟悉,诗人对家乡的一草一木都怀有深情,半里之内,鸟之有巢,花之有名者,没有不知晓的,身居异乡的人,家乡的草木最能抚慰人心。他经常到城东观月望星,人道是"月是故乡明",身居京城的他,月明之夜对家乡的思念则更甚。

洪亮吉有诗《十五对月独坐有怀里中旧游》,诗云:"独酌一樽酒,含情上小楼。故人难会面,明月却当头。只影长廊入,清辉满镜收。谁云天上好,今夜不胜愁。"②明月当头,更让他怀念故人和故乡,似乎天上的

① 洪亮吉:《自题城东访月图》,《卷施阁诗》卷九,《洪亮吉集》,中华书局 2001 年版,第 648 页。
② 洪亮吉:《十五对月独坐有怀里中旧游》,《卷施阁诗》卷九,《洪亮吉集》,中华书局 2001 年版,第 651 页。

嫦娥也和他一样孤单寂寞。虽然他已高中榜眼,身居京城天子脚下,但对家乡的思念,让他产生浓浓的乡愁。一年后洪亮吉写下《南楼忆旧诗四十首》,饱含深情地回忆他童年时寄居外家,外祖母等人对他的照应,表兄弟之间的情谊等,可谓感人至深。

乾隆五十六年(1791)正月十三日,洪亮吉长子饴孙在家乡常州娶妻,洪亮吉此时在京城未能回家,但也很高兴,他与张问陶等喝酒,以示庆贺。张问陶《船山诗草》卷五有《正月十三日稚存子饴孙(孟慈)在常州娶妇,稚存招饮于上下三千年纵横二万里之轩,席上口占为稚存侑酒》。吕培等的《洪北江先生年谱》本年条记载:"正月十六日,长子饴孙娶妇,汪氏仲姊季女也。"①张问陶诗中是正月十三日,张问陶是亲历者,诗作写作于当时,准确度应高于《洪北江先生年谱》。张问陶当时还写下诗歌两首,其一云:"狂奴气象猝然尊,娶妇称翁欲抱孙。日下歌声将进酒,江南春色正盈门。一攒星月房中烛,十里笙簧柳外村。我醉竟思乘鹤去,试灯风里看新婚。"②张问陶似乎很难将洪亮吉的"狂奴"形象与"称翁""抱孙"联系在一起,诗歌借助想象也让人感受到当时的喜庆气氛。

为儿子办完婚事后,夫人蒋宜人就准备举家入都。四月,蒋宜人率家人由水路抵都。③虽然"长安米贵",生计艰难,但一家人终于告别了聚少离多的日子,在京师团聚了。

清朝皇室贵族如亲王、贝勒的俸禄较优厚,一般官吏的俸禄较少,而京城物价较其他城市要高,所以京官比较清苦,要害职位的官员会有外官的孝敬,一般官员则要多方筹措,靠家产补贴、亲友接济,甚至给人当馆师以贴补家用。洪亮吉是正七品京官,俸禄较少,连养活自己都困难,他单身在京城的时候,年终还因欠债较多,躲债到城东数日,至除夕黄昏才回去。④现在要养活一家老小更是生计艰难。老家没有家产依

① 吕培等:《洪北江先生年谱》,《洪亮吉集》,中华书局2001年版,第2340页。
② 张问陶:《正月十三日稚存子饴孙(孟慈)在常州娶妇,稚存招饮于上下三千年纵横二万里之轩,席上口占为稚存侑酒》其一,《船山诗草》卷五,中华书局1986年版,第141页。
③ 吕培等:《洪北江先生年谱》,《洪亮吉集》,中华书局2001年版,第2340页。
④ 吕培等:《洪北江先生年谱》,《洪亮吉集》,中华书局2001年版,第2340页。

靠,家里几间老屋都典当了换成家人来京的路费,现在几乎一无所有。

岁暮时节,洪亮吉开始为年关而发愁。"比邻指挥署,对户车裸坊。邻鸡第一声,马嘶人亦忙。否则公案侧,贯索声琅琅。群动既已繁,吾行起彷徨。门户尚未开,初日上北墙。窥厨炊烟稀,正苦瓶无粮。吾师昔人言,冬日则饮汤。"[1]临近过年,邻里早早起来,开始忙碌,而自己家冷冷清清,瓶无储粮,已揭不开锅,只能以"冬日则饮汤,夏日则饮水"(《孟子·告子上》)来自嘲。

生计的艰难连童仆也跟着受苦,他在诗中云:"自为京朝官,童仆色不展。连晨朔风至,寒色到鸡犬。吴奴昨告去,朱户别思款。今晨关右仆,衣被亦将卷。欲留心不忍,各为计安善。十年依倚久,一旦忽辞远。周亲复交詈,食窘衣不暖。笑读东观书,如何北门管?"[2]自从做了京官,非但没有想象中的显赫,反而连童仆都"色不展",京城朔风寒冷,他们连御寒的衣服都没有着落,自然愁眉苦脸。一位仆人已另投朱户大门,另一位也已收拾衣被准备离开,对于相随已十年的仆人,洪亮吉虽很有感情,不舍得他们离开,但也要为他们的生计着想。亲戚也不了解他们一家的情况,可能还以为他做了京官忘了穷亲戚,而对他们有意见。对于这样的状况,他还是能安于清贫,即使收入不及他弟弟,还是能愉快地读着藏书。他弟弟为崇文门副使,一个未入流没有品级的小吏,但所在的部门类似于掌管税收工作,也算是个"肥缺",也许会有一些额外的收入,比他哥哥日子要好过些,他们住在一起,也可以相互帮衬。

洪亮吉对长期跟随他的童仆有深厚的感情,在两个仆人离开他的时候,他更加想念那个跟随他走南闯北十五年,现已病故的仆人窥园,除夕以酒酹之,并写了一首长诗以纪念。"自余为诸生,汝即侍左右。皖江随学使,姑熟依太守。两年居白下,一载住京口。逮擢明经科,相从浙东走。穷冬遭大故,九死返林薮。汝也痛哭随,衣穿露跟肘。经年垩庐内,料理及糇溲。一仆乘间逃,蓬门汝兼守。余心感其义,待汝乃

① 洪亮吉:《岁暮饮酒诗十篇》其五,《卷施阁诗》卷十一,《洪亮吉集》,中华书局 2001 年版,第687页。
② 洪亮吉:《岁暮饮酒诗十篇》其三,《卷施阁诗》卷十一,《洪亮吉集》,中华书局 2001 年版,第687页。

不苟。除丧来日下，百事益粉糅。春秋两闱试，十上九颠踬。屈指十五年，所值苦不偶。亲知久相弃，汝乃誓不负。"①这个仆人在他诸生时就随侍左右，南北奔走，精心照料他的生活，也与他一起经历生活的磨难，坚守蓬门，忠心耿耿跟随他。洪亮吉的很多朋友，他也大都认识，"不来同我忆，来即具尊酒。各能谙食性，默为理菘韭。"②主仆二人一同怀念那些朋友，朋友来了还能知道各人的习性，默默为客人准备饭菜。洪亮吉赞赏他的忠义品格，待他也很好，筹钱为他娶妻，还教他学习书法，甚至他写的字与主人的几可乱真，"汝才工料事，兼复习科蚪。每写百幅书，人疑出余手"③。在长期的朝夕相处中，洪亮吉早就把他当作朋友一样看待，"汝行虽厕仆，汝义实兼友"④，所以这位亦仆亦友的窥园在三十岁的壮年病故，洪亮吉非常悲痛和自责，"汝不善摄生，吾行又谁咎"⑤，在除夕夜酹酒相祭，"除夕酹一杯，伤心汝知否"⑥，并写下长诗一首。

洪亮吉是一个重情之人，不忘旧情，经常思念旧日师友，这也是人之常情，但是，在当时贵贱有别，等级森严的社会，他贵为榜眼，能不忘旧仆，将仆人当作朋友，为之祭奠并写长诗纪念，实属难能可贵。他自己也出身贫寒，能体会下层百姓的不易，并感同身受，这也体现洪亮吉的至情至性，对下层人民的同情以及平等意识。

虽然生活艰辛，一家人总算团聚了，他在岁暮写诗云：

> 昨来京华居，辟室作影堂。晨昏觐吾亲，旬朔申瓣香。禄苦不逮亲，时时我心伤。幸伴弱弟居，诸甥亦随行。诲以勤读书，庶几能显扬。岁晏风雪中，怀人益傍偟。一舅依郭门，两姊居江乡。何

---

① 洪亮吉：《岁除以酒炙酹亡仆窥园并系以诗》，《卷施阁诗》卷十一，《洪亮吉集》，中华书局2001年版，第688页。

② 洪亮吉：《岁除以酒炙酹亡仆窥园并系以诗》，《卷施阁诗》卷十一，《洪亮吉集》，中华书局2001年版，第689页。

③ 洪亮吉：《岁除以酒炙酹亡仆窥园并系以诗》，《卷施阁诗》卷十一，《洪亮吉集》，中华书局2001年版，第689页。

④ 洪亮吉：《岁除以酒炙酹亡仆窥园并系以诗》，《卷施阁诗》卷十一，《洪亮吉集》，中华书局2001年版，第688页。

⑤ 洪亮吉：《岁除以酒炙酹亡仆窥园并系以诗》，《卷施阁诗》卷十一，《洪亮吉集》，中华书局2001年版，第689页。

⑥ 洪亮吉：《岁除以酒炙酹亡仆窥园并系以诗》，《卷施阁诗》卷十一，《洪亮吉集》，中华书局2001年版，第689页。

时能合并,筑室先垄旁。①

　　自从家室迁居京城后,洪亮吉辟出影堂,供奉父母等先祖的遗像,尽后辈应尽之礼,遗憾的是俸禄难以养家,还有诸甥一起生活,一大家子生活负担很重,让这个一家之主时时心伤。洪亮吉教诸甥们读书,希望他们能有出息。所幸他们一家和弟弟一起居住,他的弟弟经济状况比他要好一些,"日旰弱弟归,粥饭喜与同"②。即使这样,洪亮吉依然要举债度日,到了年终还不上债,要出去躲债。家眷来京的当年年底,他就出门躲债。他在《里中十二月词》序中说:"辛亥小除夕,避债沙河门侧。因忆里中旧游及诸胜事,爰成十二月词十二首。"③第二年年关,他又避债城东,"人皆处城西,我独居城东。城西人不来,宾坐时时空。"④

　　年关难过,经常避债,心情郁闷,"饮酒或不乐,时时复啸歌"⑤,他并非追求财富,贪图享受之人,他说:"为善无近名,我师陈仲弓。干禄不欲多,我法邴曼容。"⑥他以东汉陈仲弓、西汉邴曼容为榜样,不在意俸禄多少,追求为善修身。没有人打扰,他正好读书,"非徒息纷纭,藉卧篇籍中"⑦,"读书有时疲,披笺亦吟哦……饮酒时究少,读书时究多"⑧,即使他深知"虽然万言富,无救一日饿"⑨,读书

---

①　洪亮吉:《岁暮饮酒诗十篇》其九,《卷施阁诗》卷十一,《洪亮吉集》,中华书局 2001 年版,第688 页。
②　洪亮吉:《岁暮饮酒诗十篇》其八,《卷施阁诗》卷十一,《洪亮吉集》,中华书局 2001 年版,第688 页。
③　洪亮吉:《里中十二月词》序,《卷施阁诗》卷十,《洪亮吉集》,中华书局 2001 年版,第676 页。
④　洪亮吉:《岁暮饮酒诗十篇》其八,《卷施阁诗》卷十一,《洪亮吉集》,中华书局 2001 年版,第688 页。
⑤　洪亮吉:《岁暮饮酒诗十篇》其二,《卷施阁诗》卷十一,《洪亮吉集》,中华书局 2001 年版,第687 页。
⑥　洪亮吉:《岁暮饮酒诗十篇》其八,《卷施阁诗》卷十一,《洪亮吉集》,中华书局 2001 年版,第688 页。
⑦　洪亮吉:《岁暮饮酒诗十篇》其八,《卷施阁诗》卷十一,《洪亮吉集》,中华书局 2001 年版,第688 页。
⑧　洪亮吉:《岁暮饮酒诗十篇》其二,《卷施阁诗》卷十一,《洪亮吉集》,中华书局 2001 年版,第687 页。
⑨　洪亮吉:《雨窗读何水部道生诗适有馈蟹者率赋一首即题卷末》,《卷施阁诗》卷十一,《洪亮吉集》,中华书局 2001 年版,第682 页。

也解决不了饥饿的问题,但他的态度还是积极乐观的,"向生无他奇,贫甚益偃蹇。人言年岁竟,屏当无一件。开函展然笑,一室尚仰偃。泉明乞食诗,吾行恐难免。欣然喻妻子,且设岁除宴。为欢极今日,先把百愁遣。待过元日朝,衣裘亦堪典。"①古代高洁之士也常常贫甚偃蹇,他以陶渊明自比,表达了自己高尚的情操和追求。

第三节　冷官一日无余事

编修是个闲职,平时也不太忙,闲暇之余洪亮吉结交了不少朋友,诗酒唱酬较多。传胪日即与法式善订交。法式善(1753—1813),姓伍尧氏,原名运昌,字开文,别号时帆、梧门、陶庐、小西涯居士。乾隆四十五年(1780)进士,翰林院庶吉士,散馆授检讨,官至司业、左庶子、侍读学士等。乾隆帝盛赞其才,赐名"法式善",满语"奋勉有为"之意。法式善曾参与编纂武英殿分校《四库全书》,著有《存素堂集》《梧门诗话》《陶庐杂录》《清秘述闻》等。据法式善《存素堂文续集》卷二《洪稚存先生行状》,传胪日正好法式善侍班,一见即与订交。②订交之后便经常在一起饮酒、赋诗、郊游、看荷等。赵厚均发现法式善的《存素堂文集》四卷(清嘉庆十二年[1807]刻本,上海图书馆藏)内有洪亮吉批语近二十条,可知洪氏推重法式善文,也可见他本人论文之旨趣。③

乾隆盛世,天下承平日久,不少馆阁重臣、文学侍从等经常组织诗酒酬唱活动,类似于文学沙龙,地址一般以府邸书斋,或延伸至附近风景名胜,如翁方纲的"苏斋"、王昶的"蒲褐山房"等,法式善的"诗龛"也是文人聚会的重要场所。法式善性格平易、待人坦诚温和,诗学观也较通达,乐于奖掖后人,提携青年才俊,而且长期担任国子监司业、国子监祭酒,可谓"两莅太学"。舒位的《乾嘉诗人点将录》中,将法式善点为

---

① 洪亮吉:《岁暮饮酒诗十篇》其十,《卷施阁诗》卷十一,《洪亮吉集》,中华书局 2001 年版,第688 页。
② 法式善:《洪稚存先生行状》,《存素堂文续集》卷二,嘉庆十二年(1807)程氏扬州刻本。
③ 赵厚均:《〈洪亮吉集〉集外诗文补遗十三则》,《古典文献研究》第十二辑,凤凰出版社 2009 年版。

"神机军师",是地煞星之首,与天罡星之首的袁枚南北呼应。法式善文友众多,不少人都多次到过他的诗龛,诗龛在乾隆后期的活跃程度和影响力,足以成为当时京城诗坛的活动中心,几乎可以媲美袁枚在南方的"随园"。"毗陵七子"中的洪亮吉、孙星衍、赵怀玉、吕星垣也曾是诗龛的常客。

尽管诗龛远离闹市,到达不易,但不影响文人们相聚于此的热情。洪亮吉在文中说:"自寓斋清化寺街至正阳门三里,正阳门至厚载门十里,厚载门至诗龛又三里。每诗龛主人之见招也,必戴启明而兴,聆鸡声而驾,饭仆于路,饮马于途,而后至焉。"①洪亮吉在乾隆五十五年(1790)四月二十五日与法式善订交,到乾隆五十七年(1792)八月二十四日离京前往贵州,短短两年多时间里,有十多篇诗文作品提及与法式善在一起,《卷施阁诗》卷九就有《法学士式善招饮诗龛并至西直门看荷花即席赋赠一首》《七月初四日游极乐寺看荷花分韵得看字》《法学士式善山寺说诗图》《雨中答法学士见怀之作》等诗,可见他们交往之频繁。

乾隆五十六年(1791)夏,法式善招饮诗龛,据另一首诗"长河万柄红荷花,匝月不来开已半"②,此次招饮应在六月初。诗云:"翰林近日诗名盛,远有诗龛近诗境(翁阁学方纲额其斋曰'诗境')。诗龛主人尤嗜诗,退直闭门吟多时。龙楼凤阁森前后,尺五天边住偏久。五陉山色落墙头,时有闲云堕高柳。开门十顷荷花潭,邀我早日同幽探。启明星落已催驾,我本蓄意来诗龛。马前遥遥两红烛,十里路中晨睡足。诗龛已到不索诗,旧读主人诗已熟。"③法式善热情邀请,洪亮吉欣然前来,天还没亮就启程出发,借着烛光前行。诗歌描写了周围清幽的环境,饭后散步看荷花,荷花尚未开放。

七月初四日,法式善又邀请洪亮吉等人到西直门外的极乐寺看荷花。《七月初四日游极乐寺看荷花分韵得看字》诗序云:

① 洪亮吉:《寒林雅集图序》,《卷施阁文乙集》卷八,《洪亮吉集》,中华书局 2001 年版,第 366 页。

② 洪亮吉:《七月初四日游极乐寺看荷花分韵得看字》,《卷施阁诗》卷九,《洪亮吉集》,中华书局 2001 年版,第 655 页。

③ 洪亮吉:《法学士式善招饮诗龛并至西直门看荷花即席赋赠一首》,《卷施阁诗》卷九,《洪亮吉集》,中华书局 2001 年版,第 654 页。

出西直门三里而近,有极乐寺焉。长河荫前,高阜倚后,其东有国花堂,西有勺亭,皆城外之幽构也。梧门学士以偶日下直,遍招同人,饭于诗龛,接轸以往,车行者三里,舍车而徒,复二里,甫抵寺门。绿阴当空,赤日亭午,池荷东西,曾不百步,间以杰阁,绕之回廊。水气升岸,结为轻绡;林香入波,漾此晴采。于是或暝坐岩侧,或孤行竹中,或擘笺庭隅,或读画坞侧。⋯⋯相与商确今古,纵谈雅俗,据石命句,临流作图,幽襟既抒,胜赏斯惬。又破曙而游,薄暝始返,星河满空,影乍曳乎笼烛;雷雨在后,势忽掣于轩帷。此又晴晦出于一时,凉燠交于俄顷者焉。同游者为许封君兆桂、张运判道渥、李刑部銮宣、何工部道生、吴明经方南及梧门学士与余凡七人。运判既为之图,余因序其颠末云。时辛亥年七月初四日也。①

这是一篇很美的文章,首先交代极乐寺的方位、距离,环境的优美,同游者七人,以及准确的时间"辛亥年七月初四日"。他们在绿荫、丛竹、荷香之中,"或暝坐岩侧,或孤行竹中,或擘笺庭隅,或读画坞侧",除了惬意地游览赏景、吟诗作画外,还在一起商榷古今,纵谈雅俗,对历史和现实发表自己的看法,各抒己见,充分交流。他们志趣相投,见解相近,是同道中人。洪亮吉在京城中这段时间,他们几人时常相聚。

此次同游者除了法式善和洪亮吉,还有许兆桂、张道渥、李銮宣、何道生、吴方南,共七人。许兆桂(约1746—1806),字香岩,湖北云梦人,贡生。好游历,历蓟北、粤西、楚南,晚年侨居金陵。有《梦云楼诗钞》等。张道渥(1757—1829),字水屋,一字封紫,号竹畦,自号张风子,山西浮山人,贡生。历仕广西河池知州、直隶蔚州知州。著有《水屋剩稿》。李銮宣(1758—1817),字伯宣,号石农,山西静乐人。乾隆五十五年(1790)进士,历官刑部主事、安徽司主使、湖广司员外郎、浙江温处道、云南按察使、天津兵备道、直隶按察使、广东按察使、四川布政使、云南巡抚等。善行、楷书,著有《坚白石斋诗集》等。何道生(1766—

---

① 洪亮吉:《七月初四日游极乐寺看荷花分韵得看字》,《卷施阁诗》卷九,《洪亮吉集》,中华书局2001年版,第654—655页。

1806),字立之,号兰士,山西灵石人。乾隆五十二年(1787)进士。历官工部主事及员外郎、山东监察御史、江西九江知府、甘肃宁夏府知府。居官清廉,工诗善画。著有《双藤书屋诗集》十二卷。吴方南(生卒年不详),字季游,山东泰安人。

八月八日,法式善偕赵怀玉、何道生、罗聘等集于洪亮吉卷施阁。法式善作《山寺说诗图》,洪亮吉题诗,"梧门学士才名劲,说法亦同僧入定"①,表达对法式善的钦佩。在一次次相聚交流中,他和法式善加深了感情和友谊,还写诗表达了雨中的思念之情,"重门三日雨,百鸟响俱寂。秋馆渺无人,青苔梦行客。闲房夜难寐,矫首望城北。昏雾接半天,连林色如墨。遥怜通德里,定闭草元宅。瓦灯红一盏,砌草荒三尺。应有苦吟人,披窗檐漏滴。"②雨夜难以入眠,想念在一起吟诗读画的日子。

次日,洪亮吉又招何道生等人集于卷施阁,近期还有,应何道生招,与曹锐、张道渥、李銮宣、罗聘、法式善、刘锡五集于秋堂。可见他们这段时间聚会的频繁。曹锐(1732—1793),字友梅,安徽休宁人。屡试不第,入赀为直隶州吏、兵马司指挥,善诗、工画。刘锡五(1758—1816),字受兹,又字澄斋,山西介休人。乾隆四十六年(1781)进士,选翰林院庶吉士,授检讨,历官内阁中书舍人、侍读学士、武昌知府。有《随侍书屋诗集》。席间罗聘、曹锐、张道渥三人合作,绘就了《秋堂雅集图》,洪亮吉在上面题诗,诗云:

> 一人画山,一人画树。旁有六七人,嘐嘐屋中住。曹兴宗,昔时画马今画松。罗江东,画人不工画鬼工。张风子画即有风,獝叶恍起秋堂中。兵曹诗百篇(法时帆),舍人酒一斗(刘淇斋),比部谈天(李石农)我叉手。屋顶有树树杪山,却怪树底门常关。晚晴巷口车声接,一径呼僮扫红叶。斜阳入树留一分,道远客欲趋城门(时帆居内城)。君不见,山雏窥客喜复嗔,认是昨日游山人。③

---

① 洪亮吉:《法学士式善山寺说诗图》,《卷施阁诗》卷九,《洪亮吉集》,中华书局 2001 年版,第 657 页。
② 洪亮吉:《雨中答法学士见怀之作》,《卷施阁诗》卷九,《洪亮吉集》,中华书局 2001 年版,第 658 页。
③ 洪亮吉:《何工部道生招饮,即席罗山人聘、曹指挥锐、张运判道渥合作一图名秋堂雅集,因系以诗》,《卷施阁诗》卷十一,《洪亮吉集》,中华书局 2001 年版,第 685—686 页。

此诗不仅将此次聚会场景生动地还原:热热闹闹六七个人,有人画山,有人画树,有人喝酒,有人谈天,有人叉手。不知不觉天色已晚,在斜阳西下,巷口车马喧嚣中,法式善匆匆往城门赶,当时他住内城,要赶在关城门前回去。这首诗还写出了各人的画风和特色,曹锐"昔时画马今画松",罗聘"画人不工画鬼工",张道渥"画即有风",法式善作诗才思敏捷,刘锡五喜喝酒,李銮宣高谈阔论。寥寥数句,生动传神。

同年冬日,又是一次诗龛雅集,应法式善之邀,与王友亮、曹锡龄、刘锡五、李銮宣、伊秉绶、何道生、王栋、吴方南、曹锐、张道渥、罗聘、王芑孙集于诗龛消寒。曹锡龄(1741—1820),字受之,号定轩,山西汾阳人。乾隆四十年(1775)进士,历官翰林院庶吉士、云南学政、京畿贵州道御史、吏科给事中等。有《周易集粹》《四书集粹》《翠微山房诗文集》《使蜀草》等。王栋(1745—1799),字子隆,号筠圃,满洲正白旗汉军。乾隆三十五年(1770)举人。历官山东宁阳、淄川、阳信等县知县,并署博兴、利津、章丘等县。好藏书。著有《金石过眼录》五卷、诗古文八卷、杂志二卷等。王芑孙(1755—1817),字念丰,号惕甫,一号铁夫、云房、楞伽山人。江苏长洲人。乾隆五十三年(1788)召试举人,历官咸安宫教习、华亭县教谕。后辞官归,任扬州乐仪书院山长。学问宏博,肆力于诗,最工五古,被称为"吴中尊宿"。著有《碑版广例》《楞伽山房集》《渊雅堂集》等。

在这次雅集中,善画的罗聘、曹锐、张道渥三人作画,长洲孝廉王芑孙作记,另外九人作诗,洪亮吉为序,他在《寒林雅集图序》中,对诗龛的位置、园内的布置,环境的优美,宾客的欢宴,都作了详尽地记载。还有令人意想不到的惊喜,他在序文中道:"久别之友,面壁而可亲(壁中粘友朋酬赠之作至数百首)。"①诗龛不仅藏有许多名家画作,有丰富的藏书等,客人想看的书都能在这里找到,还将友朋的酬赠之作数百篇,粘贴于墙壁之上,客人来到这里,能看到久别友人之手迹,也许还有自己的诗文,怎么能不感到亲切呢? 这也正是诗龛主人法式善的用心之处。洪亮吉在这样的氛围和这些文人交往,很开心,也许暂时忘却了生计与

---

① 洪亮吉:《寒林雅集图序》,《卷施阁文乙集》卷八,《洪亮吉集》,中华书局2001年版,第366页。

前途的烦忧。

这段时间与洪亮吉交往唱和最多的人,是张问陶。张问陶(1764—1814),字仲冶,一字柳门,又字乐祖,号船山,自称"老船",又因善画猿,亦自号"蜀山老猿"。四川遂宁人。乾隆五十五年(1790)进士,历官翰林院检讨、江南道监察御史、贵州道监察御史、浙江道监察御史、山西道监察御史、礼科给事中、吏科给事中、吏部郎中、山东莱州知府等。有《船山诗草》二十卷。

张问陶与洪亮吉同年出生,同年考取进上,相识于翰林院中。张问陶赠诗洪亮吉:"今春同拜官,识面銮坡上。示我《纪游》诗,双眸豁层障。"①"銮坡"为翰林院的代称,唐德宗时,尝移学士院于金銮殿旁的金銮坡,后遂以"銮坡"指代翰林院。洪亮吉相赠的《纪游》诗,让张问陶眼前一亮。原来张问陶也喜欢畅游山水,他说:"我生齐楚间,望古心无让。衣染泰山云,帆回洞庭浪。年来苦饥走,转喜游踪畅。足迹半人寰,舟车随所向。梦中窥海日,愁外看云嶂。方域所区分,莺花亦殊状。方知诗律难,一得终无当。小技具神工,乾坤归酝酿。轩然读大作,一片宫音亮。万象罗心胸,此才胡可量。"②张问陶游踪遍及半个华夏,深知写纪游诗将山水美景付诸笔端之不易,读到洪亮吉的诗,不禁被他的才华深深折服。

洪亮吉拿到张问陶的诗作已是深秋,"昨携君诗归,气候已迫冬。"③第二天就在赠诗上题诗,"同辈二三子,诗各有所优。或优春夏气,亦或优于秋。惟君一卷诗,尽把秋气收。"④深秋季节在灯下读此诗,仿佛能听到秋虫唧唧,秋鸟啾啾,满室空寒。洪亮吉一方面感叹"思君此意不可得,无乃造物赋尔偏多情"⑤,另一方面也认为张问陶"燕台住十旬,蜀道远千里,思亲兼念友,悒悒何能已"⑥。住在京城十载,家乡四川远在千里之外,思亲念友,伤感在所难免。洪亮吉有意用友情来温暖这位朋

① 张问陶:《题同年洪稚存(亮吉)卷施阁诗》,《船山诗草》卷五,中华书局 1986 年版,第 119 页。
② 张问陶:《题同年洪稚存(亮吉)卷施阁诗》,《船山诗草》卷五,中华书局 1986 年版,第 119 页。
③ 洪亮吉:《题张同年问陶诗卷》,《卷施阁诗》卷十,《洪亮吉集》,中华书局 2001 年版,第 666 页。
④ 洪亮吉:《题张同年问陶诗卷》,《卷施阁诗》卷十,《洪亮吉集》,中华书局 2001 年版,第 666 页。
⑤ 洪亮吉:《题张同年问陶诗卷》,《卷施阁诗》卷十,《洪亮吉集》,中华书局 2001 年版,第 666 页。
⑥ 洪亮吉:《题张同年问陶诗卷》,《卷施阁诗》卷十,《洪亮吉集》,中华书局 2001 年版,第 666 页。

友,"我欲借春气,生君十指间。方君作诗时,桃李皆开颜。迨余读诗日,花色犹斑斓。然后登君堂,饮君酒。我狂可百樽,君捷亦千首。谪仙和仲(二公皆蜀人,故云)并庶几,若说今人已无偶。"①洪亮吉非常钦佩张问陶的敏捷诗才,将他与谪仙李白相提并论,盼望能与他开怀畅饮。

十二月初三,洪亮吉招饮张问陶、顾王霖。顾王霖(1759—1805),字柱国,一字稚圭,号容堂,别号易农居士,江苏镇洋(今江苏苏州市)人。乾隆五十五年(1790)进士。由庶吉士改官户部主事,升员外郎。工诗文,善书画。著有《五是堂诗集》八卷。这天大雪初霁,洪亮吉保护一园雪景,只待贵客到来。"墙东半亩园,雪积难置足。客来亦锁门,护此一庭玉。高低枝上白万条,爱惜不遣儿童摇。今宵却初三,新月出墙腹。峨眉山下人,闲来访庭竹。扫此枝上雪,进作杯中春。冷饮亦可堪,胸次饶春温。闲中富贵谁能有,白玉黄金合成酒。屏除童仆不入门,行酒却驱坐上宾。公荣不饮亦殊苦,罚作怪禽筵上舞。"②"峨眉山下人"是指蜀地的张问陶,将树枝上的白雪烹茶煮酒,何等浪漫,奇才的马也清奇,吃海棠枝上的白雪,"君不见,人奇马亦清到骨,嚼我海棠枝上雪。"③宾主开怀痛饮,把童仆留在门外,不让看到主人的种种醉态。斜阳中来访,一直到深夜才散。

洪亮吉醉后作诗《十二月初三雪霁邀同年张问陶顾王霖过饮醉后作》,且附有张问陶同作。张问陶诗前有小序,云:

> 腊月初三,雪后拉容堂就稚存饮酒,醉后酣卧雪中,不知何以遂至松筠禅院。五更酒醒,见案上有朱习之、方茶山名刺。僮云:"此二公者,昨日戌时过访,坐此室中,谈笑久之乃去,主人不知也。"因细询昨日事。僮云:"主人在雪里时,但闻洪、顾二公呼'李

① 洪亮吉:《题张同年问陶诗卷》,《卷施阁诗》卷十,《洪亮吉集》,中华书局 2001 年版,第 666 页。
② 洪亮吉:《十二月初三日雪霁邀同年张问陶顾王霖过饮醉后作》,《卷施阁诗》卷十,《洪亮吉集》,中华书局 2001 年版,第 668 页。
③ 洪亮吉:《十二月初三日雪霁邀同年张问陶顾王霖过饮醉后作》,《卷施阁诗》卷十,《洪亮吉集》,中华书局 2001 年版,第 668 页。

太白'，主人在床上时，但闻朱、方二公叫'刘伯伦'而已。"①

序文及两人的诗句记述了此次三位同年的欢聚，宾主伏地牛饮，酒后脱略行状，威仪全无，狂歌醉舞，醉卧雪中，五更醒后不知身处何地，俨然李太白、刘伯伦再世。

此次聚会十日之后，夜半时分，洪亮吉突然出现在张问陶家，身穿道士装，张问陶正好与朋友朱锡经、石韫玉、钱学彬在喝酒，于是一起痛饮达旦。张问陶有诗云："胜侣偶然合，何妨一举杯。南邻朱老声如雷，大呼僮仆无迟回。曼卿亦复隐于酒，钱郎濯濯如春柳。闭门欢笑成一家，扫除剩客如挥帚。回看好月来窗下，更洗清樽如卜夜。看尽将擒寺狗烹，壶倾更向邻僧借。客贫岁暮常搔首，岂不怀归爱吾友？任他风栌响三更，密坐谈心还执手。何处微风入，开帘若有人。羊裘毡履五柳巾，庄严妙相如天神。大叫取酒来，四座皆逡巡。疑是唐朝酒人李太白，不然定是荷锸刘伯伦。屋漏之神忽大笑，公等无凿混沌之七窍。樽有余沥且浇之，乾坤浩浩知为谁。吁嗟乎乾坤浩浩知为谁，醉中各化飞云飞。"②此次聚会的亮点，是一身道士装突然出现的洪亮吉，他的"惊艳"出现，无疑给喝酒的人带来意想不到的惊喜和欢乐，于是举杯痛饮达旦，欢笑执手谈心，情深意切，亲密无间。这次的畅饮是十日前的延续，通过这次相聚，他与张问陶的朋友情谊又加深了。

几日后他们两人又在一起饮酒，并留宿张问陶处，通宵抵足长谈。根据张问陶的《船山诗草》卷五《十八夜与稚存质夫子卿饮酒朱习之家，醉后同车访竹堂茶山沧湄，皆各小谈乃去，夜近四鼓归松筠庵，与稚存同榻抵足狂谈，达旦不寐》，十二月十八日，洪亮吉与张问陶、钱学彬、汪泽在朱锡经家饮酒，酒后一家一家敲门拜访朋友，拜访了石韫玉、竹山、朱文翰，洪亮吉意犹未尽，与张问陶一起回到张的住处，两人同榻而卧，抵足狂谈，通宵不寐。这足以看出洪亮吉的狂放，以及两人感情的深

① 洪亮吉：《十二月初三日雪霁邀同年张问陶顾王霖过饮醉后作》诗后附张问陶同作，《卷施阁诗》卷十，《洪亮吉集》，中华书局2001年版，第669页。
② 张问陶：《十二月十三日与朱习之、石竹堂、钱质夫饮酒，夜半忽有作道士装者入门，视之则洪稚存也，遂相与痛饮达旦，明日作诗分致四君同博一笑》，《船山诗草》卷五，中华书局1986年版，第129—130页。

厚。分别后，张问陶还写诗回忆这个难忘的夜晚，"天涯梦绕卷施阁，尚忆狂谈坐夜分。"①

二十三日，小除夕，临近年末，洪亮吉与张问陶模仿唐朝贾岛，祭一岁所作诗。罗时进认为，岁末祭诗起源于唐朝，到清朝发展成一种文学批评的形式，是清朝文人在八股文文化氛围中坚守一方文学阵地表现，使除夕之夜闪耀出为诗神守岁的文学光辉。"有清一代，影响最大的朋俦文人岁除祭诗事件，当属乾隆五十五年（1790）腊月小除夜洪亮吉与张问陶在京师祭诗，并请王泽作图纪念。"②洪亮吉在诗中说："君诗四百篇，我诗六十首。君诗苦多我苦少，差喜流传同不朽。……前年同客龟山左，我不知君子知我。直待蓬山顶上行，相知一世方能果。我诗与君诗，识者不能别。虽然我自知，与尔陈一一。……醉中一客为作图，更遣一客题分书（时朱同年文翰适至）。君不见，门前车辙痛扫除，分付郁垒与神荼，今夜俗客不许来催租。"③《船山诗草》卷五也有《小除日与稚存松筠庵祭诗属子卿作图各题长歌纪之》。④ 此日又是畅饮欢聚，不醉不归，醉后作诗，更显狂放和真挚。诗歌一气直下，洋洋洒洒，将自己诗歌与张问陶诗进行比较，相信他们两人的诗作，不论数量多寡，定会流传不朽。诗中又抒发两人的友情，两年前洪亮吉随毕沅赴湖北，张问陶已知洪亮吉大名，但遗憾两人未能见面，如今同年进士，大有相见恨晚之感。而且两人的诗风也颇相像，"我诗与君诗，识者不能别"。

新的一年到来了，同是只身在异乡过年的好朋友，相聚畅饮自然少不了。乾隆五十六年（1791）正月十三日，洪亮吉的长子饴孙在常州家乡娶妻，洪亮吉招饮张问陶，共同庆祝洪亮吉"娶妇称翁欲抱孙"⑤。还有一次是应朱锡经招，洪亮吉与张问陶、王泽、石韫玉、琴山、钱学彬等几人，携酒游钓鱼台，张问陶《船山诗草》有记载。即使两人交往甚密，

---

① 张问陶：《华阴客夜读卷施阁诗文怀稚存》其一，《船山诗草》卷六，中华书局 1986 年版，第 155 页。

② 罗时进：《作为清代文学批评形式的"岁末祭诗"》，《文艺研究》2017 年第 8 期。

③ 洪亮吉：《小除日仿唐贾岛例与张同年问陶祭一岁所作诗，并属王文学泽为作图，各系以诗》，《卷施阁诗》卷十，中华书局 2001 年版，第 671—672 页。

④ 张问陶：《小除日与稚存松筠庵祭诗属子卿作图各题长歌纪之》，《船山诗草》卷五，中华书局 1986 年版，第 134 页。

⑤ 张问陶：《正月十三日稚存子饴孙（孟慈）在常州娶妇，稚存招饮于上下三千年纵横二万里之轩，席上口占为稚存侑酒》其一，《船山诗草》卷五，中华书局 1986 年版，第 141 页。

但几日不见,仍有诗作相赠。张问陶《赠稚存》诗云:"谤诿满耳尽无端,渐近中年得友难。异姓逢君疑骨肉,同朝知我耐饥寒。科名通显宜经世,诗酒流连莫负官。交到重泉心不死,他生还作眼前看。"①可见张问陶很珍惜洪亮吉这个中年结识的好友,将其视为异姓骨肉、知冷知热的兄弟、相互理解的知己。洪亮吉对张问陶说,"相知一世方能果",张问陶对洪亮吉说,"交到重泉心不死,他生还作眼前看",今世知己还不够,下辈子还像眼前这样做好友,都表达了生生世世为知己的愿望。

就在两人朋友感情日益深厚的时候,张问陶即将离京归乡。洪亮吉心中十分不舍,醉后作诗以送之,诗中叙写两人的友谊,以及离别的不舍。诗云:"一生居坊南,一生居坊北。车声马声不得停,十里路中常若织。我马见君马,鸣声一何高。君僮与我僮,望著手即招。我来时多子来少,马系寺门僮醉倒……人来雪里衣尽白,疑是送酒柴桑人。幕天席地原无碍,十万人中两人醉……一篇我作临行曲,马带离声僮欲哭。从此长安少一生,酒星只照南头屋。"②两人一南一北相距十里,经常往来,多数时候是洪亮吉来张问陶处,以至于两人的马和僮仆都相互熟识。他又情不自禁地回忆起雪中相约,醉后酣卧雪地的情景,令人难忘。张问陶读到洪亮吉的《两生行》,也在醉后倚歌而和之,洪亮吉诗后附和作,张问陶《船山诗草》卷五有《稚存闻余将乞假还山作两生行赠别,醉后倚歌而和之》,诗云:

> 读君《两生行》,涕笑一时作。黑夜关门读不休,打窗奇鬼争来攫。怀诗忽走心茫然,远登云栈如登天。人言彼土即吾土,藏诗可以经千年。我方欲西行,一星坠我前。戴樽衣瓮佩龙勺,俗客惊骇疑真仙。莫惊鬼夺诗,我为公呵护。且复立斯须,和此好诗去。是时下界冬已残,风狂雪虐天漫漫。一生牵衣不忍诀,一生和诗呕出血。城南柳秃空无枝,天诏酒星绾离别。重读《两生行》,如见两生情。——若吾语,大叫难为赓。……两生把盏同轩眉,居然日日相

① 张问陶:《赠稚存》,《船山诗草》卷五,中华书局 1986 年版,第 144 页。
② 洪亮吉:《张同年将乞假归蜀醉后作两生行送之》,《卷施阁诗》卷十,《洪亮吉集》,中华书局 2001 年版,第 669—670 页。

追随。一生偶送一生去,临歧何必吞声悲。我马莫怜君马独,我僮莫向君僮哭,云天万里好联吟,共把长空当诗屋。①

张问陶的和诗同样感情真挚,回忆相处的快乐,表达两人的深厚友情和离别的难舍之情。这样的长诗洪亮吉还嫌没有表达尽两人的感情,又写了一首《再送张同年一律》相赠,张问陶也随即写下和诗《又一首答稚存》。

乾隆五十六年(1791)的二月初一,洪亮吉为张问陶饯行,洪亮吉作《送张同年问陶乞假归蜀(并序)》,序云:"乾隆五十六年,岁在辛亥,二月朔日,同岁生张君问陶乞假归蜀,其友洪亮吉采玉田之蔬,挈山阴之尊,送之于国西门。"②序中说两人一见相知,饮中百篇,爱同前哲,性情相投,仿佛旧相识。离别在即,他又豁达超脱,安慰对方也是安慰自己,他说:"夫卅年成世,足下既近之,仆则又过半矣。俯仰一身,离合万里,常恐百年交道不尽,然精气不散,当成神明,风车电帷,来往不绝,则仆与足下,又何虑哉!又何虑哉!自此一别,一日之内,仆眺朝阳,君眺夕采;一江之流,君饮水源,我饮波末,则亦何尝有须臾之间、远近之殊哉!"③文章跳出小我,着眼于天地宇宙,人生短暂,然精神可以自由往来,相互神交,不受时空的限制。从空间上来讲,一个家在四川,一个家在江南,君住长江头,我住长江尾,"君饮水源,我饮波末",虽日日思君不见君,但能共饮一江水,这样想来,彼此的距离一下子拉近了,无"须臾之间、远近之殊"。这篇序文可见其境界开阔,思维跳脱,乐观豁达,昂扬向上。然而送别诗还是表达了依依惜别之情,诗云:"城南初日照高楼,楼下劳劳仆马愁。此日别君须握手,古人见尔尚低头。交同北郭推三世,学许东方记十洲。竟欲上天留不住,梦魂随过古安州。"④张问

① 张问陶:《稚存闻余乞假还山作两生行赠别,醉后倚歌而和之》,《船山诗草》卷五,中华书局1986年版,第130页。

② 洪亮吉:《送张同年问陶乞假归蜀(并序)》,《卷施阁诗》卷十,《洪亮吉集》,中华书局2001年版,第672页。

③ 洪亮吉:《送张同年问陶乞假归蜀(并序)》,《卷施阁诗》卷十,《洪亮吉集》,中华书局2001年版,第673页。

④ 洪亮吉:《送张同年问陶乞假归蜀(并序)》,《卷施阁诗》卷十,《洪亮吉集》,中华书局2001年版,第673页。

陶也有《留别诗》四首相和。

张问陶离京后行至华阴,夜读洪亮吉诗,更引起了他对朋友的思念之情,写下《华阴客夜读卷施阁诗文怀稚存》,诗云:

> 烧尽黄初已后文,居然摇笔学三坟。敢为险语真无敌,能洗名心更不群。死有替人应属我,诗多奇气为逢君。天涯梦绕卷施阁,尚忆狂谈坐夜分。入关风雨暮匆匆,胸有奇愁气自雄。浪逆洪河齐捲岸,云分太华乱腾空。能驱我马游天外,难得斯人到眼中。大笔一枝山万仞,题诗何日与君同。[1]

诗歌赞赏洪亮吉诗多奇气,敢用险语,这一点与他颇有相似之处,故有"死有替人应属我"的感叹。同时还回忆起他们在一起抵足狂谈的难忘夜晚。张问陶离京后,洪亮吉岁暮饮酒,也十分想念这位朋友,写诗云:"归鸦值归鸦,十十复五五,酒人忆酒人,相思倍云苦。寥寥心一寸,谁复可倾吐?欲因西逝日,寄此蜀江浒。江水杳以深,高原复相阻。思君不能见,夜起听更鼓。安得双鲤来,奇篇概今古(此首寄张问陶船山)。"[2]岁暮饮酒,最思念的人是张问陶,两个相别的友人备受离愁别绪的煎熬。

这段时间洪亮吉担任翰林院编修,是个冷官闲职,公务不多,自由支配的时间较多,真正是"冷官一日无余事"[3],而且他又喜欢交友,京城中不乏有才华有思想的同道中人,不会拒绝朋友的相约,就像他自己所说,"至如仆者,官既最闲,性尤嗜友。茂宏竟席,不逃金谷之觞;刘芳半生,虚有石经之号。又允宜陪尊俎之高会,追谈谑之余欢者也。"[4]他与法式善、张问陶等人诗酒唱和,连日无暇。

在京供职三年,除了和朋友聚会外,洪亮吉还流连于京城附近的山水名胜,从他的诗中我们可知,他自卢沟桥至花犁坎道中观日落月出,

---

① 张问陶:《华阴客夜读卷施阁诗文怀稚存》,《船山诗草》卷六,中华书局1986年版,第155页。
② 洪亮吉:《岁暮饮酒诗十篇》其六,《卷施阁诗》卷十一,《洪亮吉集》,中华书局2001年版,第687页。
③ 洪亮吉:《晦日卷施阁饯春偶赋十首》其一,《卷施阁诗》卷十一,《洪亮吉集》,中华书局2001年版,第695页。
④ 洪亮吉:《寒林雅集图序》,《卷施阁文乙集》卷八,《洪亮吉集》,中华书局2001年版,第366页。

"前山苍苍月初出,对面一山看落日。"①自慧聚寺至化阳朝阳观音诸洞,上到极乐峰,从慧聚寺夜起行至马鞍山麓,自潭柘寺至龙潭、猗玕亭,游石镜山、法源寺、五塔寺、崇效寺、积水潭、丰台、二闸等,纵情山水一直是洪亮吉的所好,在京城为官又有时间,自然不会放过京城及近郊的风景名胜,并一一留下诗篇。

在这段时间里,洪亮吉也写了许多饯春赏花之作,"红杏枝头拜朔来,丁香花底饯春回。冷官一日无余事,只向疏阑数举杯。"②闲来无事,流连于红杏枝头,丁香花底,连他的僮仆都会折一枝梨花供胆瓶,"折枝聊复诩春华,插向文窗影绛纱。"③仅乾隆五十七年(1792)上半年,他独游法源寺看海棠,看到海棠依旧,而曾经一起看花的黄仲则已去世多年,看到黄仲则曾住过的寓室已倒塌,想起两人以前一起看花的情景及深厚的友情,不禁悲从中来。应张道渥招,与朋友至海北寺街古藤书屋看紫藤花,五塔寺中看银杏,偕孙星衍至丰台看芍药,国花堂看牡丹,崇效寺看海棠,应法式善招与同人至积水潭汇通寺泛舟观荷花。除了他写到的红杏、丁香、梨花、海棠、紫藤、银杏、芍药、牡丹、荷花外,他那段时间诗中写到的植物还有:柳树、桃花、芦笋、梅花、麦子、菜花等十多种,可见他关注植物,爱惜花草。他曾写他常州老家"迎春堂北东西路,一草一花都识数"④,说明他一定是一个识花爱花之人,有一颗惜花护花之心,"白云间有护花心,时堕高枝作晓阴。"⑤爱花之人也是热爱大自然、热爱生活之人,也是内心敏感善良之人。

洪亮吉流连诗酒,赏花饯春,一方面因为他喜欢交友,热爱大自然,是性之所至,另一方面,也是冷官无事的无奈之举。洪亮吉有经世抱负,也有经世之才,却只做个清闲的编修,才华无法施展,心情难免郁

---

① 洪亮吉:《自卢沟桥西入山至花犁坎道中作》,《卷施阁诗》卷十一,《洪亮吉集》,中华书局 2001 年版,第 682—683 页。

② 洪亮吉:《晦日卷施阁饯春偶赋十首》其一,《卷施阁诗》卷十一,《洪亮吉集》,中华书局 2001 年版,第 695 页。

③ 洪亮吉:《馆僮折梨花一枝供胆瓶中率赋一绝》,《卷施阁诗》卷十一,《洪亮吉集》,中华书局 2001 年版,第 693 页。

④ 洪亮吉:《自题城东访月图》,《卷施阁诗》卷九,《洪亮吉集》,中华书局 2001 年版,第 648 页。

⑤ 洪亮吉:《晦日卷施阁饯春偶赋十首》其三,《卷施阁诗》卷十一,《洪亮吉集》,中华书局 2001 年版,第 695 页。

闷。他在流连花月时,也会流露出内心的忧愁。如"经旬常坐此花前,花幔愁开日影煎。怪底鬓丝都不润,江南抛却已三年"①。居京官三年,在他眼里花儿都带愁,似乎像他一样是在受煎熬,除了对家乡思念外,还有不能施展才华的郁闷,希望能像他的好友张问陶所说,"科名通显宜经世,诗酒流连莫负官"②。

---

① 洪亮吉:《晦日卷施阁饯春偶赋十首》其二,《卷施阁诗》卷十一,《洪亮吉集》,中华书局 2001 年版,第695 页。
② 张问陶:《赠稚存》,《船山诗草》卷五,中华书局 1986 年版,第 144 页。

第六章　视学贵州　惠泽苗岭

翰林院编修这个官职，虽然被称为"冷官"，清闲无大作为，且俸禄较少，但也有好处，毕竟离天子较近，比较容易得到升迁。洪亮吉在翰林院不到三年，就出任贵州学政。他在贵州视学勤政，惠泽苗岭，推动贵州教育的发展。贵州的美丽山水也丰富了洪亮吉的诗歌创作。他在此期间创作了大量优秀的诗文，以及《贵州水道考》《意言》等。

第一节　持节万里西南行

乾隆五十七年(1792)，对于四十七岁的洪亮吉来说，是仕途起步的关键一年，八月担任顺天乡试同考官，乡试期间又奉视学贵州之命①。科举考试是选拔人才的首要途径，历代极重考官的选拔和任用，乾隆朝时，礼部会试及顺天乡试的同考官，一般由礼部开出名单，再由皇帝亲自圈定，洪亮吉能荣选顺天乡试同考官，是不容易的。

洪亮吉一向好古，在担任同考官期间，充分展现了他训诂方面的才华。他在诗中说："二十三人说聚星(三主试、十八同考及内收掌二人，共二十三人)，横排几案敞扉枨。诸公僻事劳相访，我尚应惭刘石经。"②当年共有十八名同考官，协助主试阅卷，当时考生试卷中涉及文字音义

① 吕培等：《洪北江先生年谱》，《洪亮吉集》，中华书局 2001 年版，第 2340 页。
② 洪亮吉：《八月十四日闻中奉视学黔中之命，纪恩八首》其四，《卷施阁诗》卷十二，《洪亮吉集》，中华书局 2001 年版，第 700 页。

等有疑问的,往往会询问洪亮吉。诗中刘石经是北魏刘芳的美称,《魏书·刘芳传》记载:"昔汉世造三字石经于太学,学者文字不正,多往质焉。芳音义明辨,疑者皆往询访,故时人号为刘石经。"[1]洪亮吉对古文字音义多有研究,此时充分显示了他这方面的才学,虽说他很谦虚地说"我尚应惭刘石经",但当时如有疑问都去询问他,确有当年刘芳的感觉。

也许是因为洪亮吉在顺天同考官时的出色表现,"十四日,又在闱中奉视学贵州之命。"[2]按照常例,翰林院三年散馆后,才有机会外放为学政,翰林院编修俸禄很少,而学政则有较优厚的收入,有不菲的养廉银。洪亮吉此时在翰林院还未满三年,即被钦派为贵州学政,确实是殊荣。谢阶树《洪稚存先生传》记载:"翰林未散馆无为学政者,有之,自先生及修撰石韫玉始。"[3]《洪北江先生年谱》称这一现象为"盖异数也"[4],是非同寻常。洪亮吉有一种终于告别闲赋,得以有所作为的感觉。他写诗云:"一纸除书下九重,凌晨传遍棘闱中。神仙亦有升沉感,闲向瑶阶说杜冲(时分校十八人,惟余及江西李编修传熊奉视学恩命)。"[5]皇命下达,凌晨即传遍闱中,可谓轰动了顺天乡试的考官,洪亮吉的喜悦激动之情溢于言表。当时十八位同考官,只有两人奉命视学,另一人是李传熊。李传熊(生卒年不详),字尚佐,号玉渔,江西临川(今江西抚州市)人。乾隆五十二年(1787)进士,授翰林院庶吉士。历官云南学政、翰林院侍讲学士、日讲起居注官等。

想起这两年自己的境遇变化,洪亮吉感慨万千。"七尺筠蓝手乍抛(举子入场,例携竹蓝贮什物),竟携文笔试同曹。官资深浅由君较(坐中有言科分深浅者,是以及之),只我前年尚白袍。"[6]前年还没有功名,和那些考生一样参加科举,现在已担任同考官协助阅卷,不日又要视学

① 魏收:《魏书》卷五十五《列传第四十三》,中华书局 1974 年版,第 1220 页。
② 吕培等:《洪北江先生年谱》,《洪亮吉集》,中华书局 2001 年版,第 2340—2341 页。
③ 谢阶树:《洪稚存先生传》,《洪亮吉集》,中华书局 2001 年版,第 2360 页。
④ 吕培等:《洪北江先生年谱》,《洪亮吉集》,中华书局 2001 年版,第 2341 页。
⑤ 洪亮吉:《八月十四日闱中奉视学黔中之命,纪恩八首》其五,《卷施阁诗》卷十二,《洪亮吉集》,中华书局 2001 年版,第 700 页。
⑥ 洪亮吉:《八月十四日闱中奉视学黔中之命,纪恩八首》其七,《卷施阁诗》卷十二,《洪亮吉集》,中华书局 2001 年版,第 700—701 页。

贵州,真是有天壤之别。

翰林院编修未满三年,破例被乾隆皇帝钦点为贵州学政,洪亮吉十分感激,认为主恩过厚。他在诗中说:

> 手披口诵日巡环,清福谁言不等闲。却愧主恩原过厚,校文才了许看山。①

对于视学贵州这份工作,他也很满意,有诗为证:"学荒宁好作人师,心赏偏教下笔迟。日向一堂横处坐,沉思不异课经时。"②贵州地处偏远西南山区,教育落后,但正好可以去做人师,指导那里的青年学子,就连日后教学的情景他都已经联想到了。

洪亮吉在担任同考官阅卷时,也看到一些让人击节赞叹的好文章,"箱擎甲乙卷纵横,宵漏沉沉入五更。忽得一篇勤击节,却逢红烛语分明(俗言烛花语为吉祥)。"③填榜单时知晓其中也有一些知名之士,所以很关注此次乡试的最终结果。"九月,榜发,得士董履坦等十三人,副榜希龄等二人,即日至海淀御园谢恩,兼请圣训,即蒙召见,垂询乡贯科第甚悉,并命速赴新任。先生退,即束装。"④得知发榜消息,即日前去海淀御园谢恩,有幸被乾隆皇帝召见,还详细询问了他家乡的科第情况。洪亮吉应是很自豪,因为他的家乡常州,自明清以来一直是科第兴盛之乡。此次面圣对他是个激励,回来后整理行装,准备遵旨速赴新任。

可就在他收拾行装准备离京赴任的时候,他的次子盼孙因病去世。他伤心写下《九月十六日次子盼孙殇》,诗云:"一病经旬朔,行踪为尔迟。如何束装日,却值盖棺时。槚楚威初敛(予督课颇严),参苓命不支。九原翻羡汝,先得侍重慈(儿为太安人所爱)。"⑤正当洪亮吉沉浸在即将视学贵州的喜悦中的时候,命运却给了他一个大大的打击,他年仅

---

① 洪亮吉:《八月十四日闱中奉视学黔中之命,纪恩八首》其一,《卷施阁诗》卷十二,《洪亮吉集》,中华书局 2001 年版,第 700 页。

② 洪亮吉:《八月十四日闱中奉视学黔中之命,纪恩八首》其三,《卷施阁诗》卷十二,《洪亮吉集》,中华书局 2001 年版,第 700 页。

③ 洪亮吉:《八月十四日闱中奉视学黔中之命,纪恩八首》其六,《卷施阁诗》卷十二,《洪亮吉集》,中华书局 2001 年版,第 700 页。

④ 吕培等:《洪北江先生年谱》,《洪亮吉集》,中华书局 2001 年版,第 2341 页。

⑤ 洪亮吉:《九月十六日次子盼孙殇》,《卷施阁诗》卷十二,《洪亮吉集》,中华书局 2001 年版,第 701 页。

十七岁的次子盼孙因病离世。他内心十分悲痛，同时也有些自责，平时他对儿子督课颇严，没有考虑到他身体不好，现在自己的命运稍有好转，儿子却离开了他们。这个儿子也是洪亮吉母亲特别喜欢的，他只能认为次子是提前去侍奉另一个世界的奶奶了，以此来安慰自己。二十四日，在丧子的悲痛中，他们举家踏上前往贵州的旅程。

临行前王昶设宴为洪亮吉及视学云南的李传熊送行。《春融堂集》卷二十一有《放榜后李侍讲玉渔传熊、洪编修稚存被命督学滇黔即招分校诸君小集送行》。王芑孙、何道生等士子有诗赠行。

王芑孙赠诗云："一代作家无数公，天下健者方推洪。平生读书万万卷，怪眼嵌月星罗胸。三军背水旗帜赤，九牧铸金炉韛红。汉唐宋明无不有，百川灌河一洗空。文心如龙气如虎，牙须角甲光熊熊。开宝精神建安骨，创格自起今乾隆。廿年流宕不得意，一朝唱第蓬莱宫。受恩不次非故事，遂界督学黔西东。黔风侨傺士疏朴，江山入手偏奇雄。君昔好游如好学，题名历纪篓屏踪。往来岱华看不足，高歌嵩岳天当中（稚存登嵩旧句'四面各万里，兹山天当中'）。以谭天口注释地，三国补志疆横纵（君著有《三国疆城志补》）。篓中方草《九域志》，此行履勘证异同。果然万卷走万里，成就此学皆遭逢。"[1]在他的朋友王芑孙看来，洪亮吉担任贵州学政，是告别了二十年的流宕不得意，是何等的快意。而对于游踪遍海内的洪亮吉来说，更是可以游历山水，而且他对地理疆域颇有研究，如今可以实地勘察，亲自考证。洪亮吉在贵州期间，确实也做了许多这方面的研究。

洪亮吉临出发前，有感而发写下诗歌："万里初持节，经旬屡断魂。受恩原色喜，念母忽声吞。负米程非昔，传经席尚温。明明昨宵梦，亲见倚闾门。"[2]即将奉命出发，儿子生病十多天离世，作为父亲心情是悲痛的。升任学政本来应该是喜悦开心的事，但想到母亲却哽咽吞声，母亲对他的教导仿佛就在眼前，昨晚还梦见她倚在闾门前，现实却是阴阳两隔。洪亮吉早年丧父，全赖慈母的养育与教导，对母亲感情至深，他

---

① 王芑孙：《洪稚存亮吉出督黔学，石琢堂韫玉出典闽试遂往督学于楚，九月廿四日送稚存行因寄琢堂》，《渊雅堂全集》卷十，清嘉庆刻本。
② 洪亮吉：《临发志感》，《卷施阁诗》卷十二，《洪亮吉集》，中华书局2001年版，第701页。

每到人生重要时刻都特别想念母亲。在任同考官时,想到自己的科举生涯和母亲的期许,写下诗云:"姓名题向榜头迟,短李才偏噪一时(填榜毕,本房颇有知名之士)。才欲解颜先下泪,孤儿十载已无师(予少孤,从太安人授经。今太安人下世已十七年矣)。"①如今即将离京赴贵州,踏上一段新的人生旅程,又一次想念他的母亲,要是母亲在,一定会为他感到高兴的。

洪亮吉故居
(洪亮吉纪念馆供图)

　　洪亮吉全家于九月二十四日离京出发,"我行虽值秋,气候已冬月。"②九月时值秋日,但北方的天气已像冬天那样有寒意,有时还遇到秋雨秋风,更显秋意的萧瑟,"昨日晚凉翻急雨,满堤黄叶似游鱼"③。他离京赴任,担任心仪的"为人师"的工作,内心颇为自豪。一日阻雨于卫辉行馆,三年前北上京师曾经住宿于此,没想到逆宿主人还认识他,以前是白衣书生,如今是朝廷命官,心中感慨,写下诗作如下:"临街楼上

---

① 洪亮吉:《八月十四日闻中奉视学黔中之命纪恩八首》其八,《卷施阁诗》卷十二,《洪亮吉集》,中华书局 2001 年版,第 701 页。

② 洪亮吉:《良乡道中》,《卷施阁诗》卷十二,《洪亮吉集》,中华书局 2001 年版,第 702 页。

③ 洪亮吉:《早发良乡小雨》,《卷施阁诗》卷十二,《洪亮吉集》,中华书局 2001 年版,第 701 页。

雨纵横,三载重来感客情。莫讶马前双节引,道旁还识弃襦生。"①

但他除了有"马前双节引"的荣耀外,内心其实是有隐隐的担忧的,这两年在翰林院任编修,经常有机会接触权贵朝臣以及一些核心的档案,对当时朝政的弊端、官员的腐败、和珅的擅权等情况有一定的了解,所以才对这个国家有忧虑,对于自己的前程也有不安。他在诗中写道:"两年前尚一书生,持节今看万里行。自恐功名亦如梦,漫逢人说是皇程。"②怎知自己信心满满赴任,不会是"功名亦如梦"的结果呢?

洪亮吉一路向南,沿途留下的许多诗作,可以知晓他的行程以及他关注的东西。"早发泾阳驿,兼程日未西。力疲山县马,声短戍垣鸡。淀落云千顷,秋成菜百畦。传餐吾自愧,车下有饥黎。"③他一路兼程,急着赶路,马都跑累了,自己也很辛苦,但他看到车下饥饿的黎民,传餐吃饭都感到很惭愧。当时全国遭受大面积的水旱灾害,很多地方灾情严重,他的《自柏乡至磁州道中杂诗》等都记录了灾后炊烟稀少,百姓忍饥挨饿等惨状。行至湖北荆州这个兵家必争之地,他也关心此地百姓的生活是否已从战乱中恢复。

灾荒之年身在繁华的京城,也许没有深切的直观感受,一路上的所见所闻,深深地刺痛了他的心。虽然洪亮吉出身寒门,对艰苦的生活并不陌生,但路上的僵殍还是让他感到震惊,这也暴露了乾隆盛世表象下的阴暗面。从这些沿途的诗作来看,洪亮吉关心民瘼的品格并没有因他考取功名而消失,反而因为身居高位更多一份责任感,更加关心百姓的生活,这直接影响他后来不顾性命猛烈抨击时弊。

洪亮吉是一个重亲情友情之人,他一路上也不忘探亲访友,或写诗给朋友。他到河北,于莲花池暮色中访问修撰汪如洋。汪如洋(1755—1794),字润民,号云壑,浙江秀水(今浙江嘉兴市)人。乾隆四十五年(1780)进士,状元,授翰林院修撰,后入值上书房,官云南学政。博学儒

---

① 洪亮吉:《卫辉行馆忆己酉春计偕北上阻雨于此一日,逆旅主人尚识之》,《卷施阁诗》卷十二,《洪亮吉集》,中华书局2001年版,第704页。
② 洪亮吉:《邯郸题吕祖祠》,《卷施阁诗》卷十二,《洪亮吉集》,中华书局2001年版,第703页。
③ 洪亮吉:《由泾阳驿早发至望都县小憩复抵清风店》,《卷施阁诗》卷十二,《洪亮吉集》,中华书局2001年版,第702页。

雅,工诗词,有《葆冲书屋集》等。但洪亮吉拜访时主人外出不遇,只能遗憾留诗一律。"主人何处在? 双鹤入书堂。"①道中有诗寄真定知府邱学敏。邱学敏(? —1796),字至山,浙江鄞县(今浙江宁波市)人。乾隆二十一年(1756)举人。历官松阳县训导、广东保昌知县、真定知府、南雄知府、临江知府等。他写诗称赞邱学敏"太守文章老更工",自己"得句便思勤寄与,邮筒今变作诗筒"②。在河南汤阴道中有诗寄管世铭。管世铭是洪亮吉的同乡好友,又同年高中,他时在河南抚署,居忧在家,他们一别三年,此次"天许看山万里行"③,本有机会见面却还是错过,"尚喜石交难割席,若论子舍各沾缨(时君方居忧)。夷门东去繁台路,明日知君望远情。"④但他坚信两人的友谊。"夷门"是战国魏都城的东门,后泛指城门,亦成为开封的别称。在河南淇县道中,与谭光祜相识并订交,赠其《菩萨蛮》一首。谭光祜(1772—1831),字子受,一字铁箫,号栎山,江西南丰人。历官重庆府通判、江西厅同知、夔州府通判、归州知州、宝庆府知府等。

经过河南安阳,他的表弟蒋青曜自舞阳来访,两人从小一起长大,一起在白云溪东的团瓢书屋读书,此时相见,自是忆起许多童年的趣事,"酣嬉少年游,厥性谁最豪? 我齿加长三,赌跳欲竞高。阿母爱汝深,纵汝塾屡逃。压袖十数钱,日市倪婆糕。上树或偶闲,墙东纸鸢飘。阿定与阿馨,屈指无汝刁。光景若目前,岁月忽已遥。"⑤洪亮吉比他表弟大三岁,蒋青曜经常跳起与他比身高,他表兄弟中,数蒋青曜最调皮,然阿母最爱他,甚至骄纵他逃学。他们经常一起去买倪婆糕吃,一起放风筝玩耍。这些趣事仿佛就在眼前,一晃时光已过去很多年。回忆小时候的事,自然让他想起他的母亲,"自余为孤儿,怕与亲串遭。往事一

---

① 洪亮吉:《莲花池暮访汪修撰如洋不值留柬一律》,《卷施阁诗》卷十二,《洪亮吉集》,中华书局 2001 年版,第 702 页。

② 洪亮吉:《道中寄真定邱太守学敏》,《卷施阁诗》卷十二,《洪亮吉集》,中华书局 2001 年版,第704 页。

③ 洪亮吉:《汤阴道中简管同年世铭》,《卷施阁诗》卷十二,《洪亮吉集》,中华书局 2001 年版,第704 页。

④ 洪亮吉:《汤阴道中简管同年世铭》,《卷施阁诗》卷十二,《洪亮吉集》,中华书局 2001 年版,第704 页。

⑤ 洪亮吉:《抵南阳行馆,蒋表弟青曜自舞阳来访,因邀至前驿共宿,谈次出行卷索题,为拉杂书此并以志别》,《卷施阁诗》卷十二,《洪亮吉集》,中华书局 2001 年版,第706 页。

纵思,痛极只欲号。"①遇到亲戚就会谈论往事,一想起母亲,忍不住会失声痛哭。"十年三值君,京洛及汉皋。情话苦太长,日短继以宵。今作万里别,离怀益萧骚。"②两人十年里见到三次,每次见面有讲不完的话,从白天讲到晚上。现在表弟赘居河南,乐不思蜀,而洪亮吉还是希望他能回到故土,等他告老还乡后,两人还能经常在一起。"前赘汴水头,乐土愿久侨。我意乃不然,欲汝返旧巢。庶几三径中,剪此蓬茅蒿。他时我归田,与汝频招邀。投老暇日多,欢悰续垂鬌。支木斗拱间,匀砖补堂坳。盆池益栽荷,更植千叶桃。因君梦还乡,小立红阑桥。我醒君已行,双泪频频抛。"③畅想归田的生活,延续童年的欢愉,栽荷植桃,无限美好。想到这些,以致梦里还乡,醒来无限伤感和思念。

夜抵吕堰驿,回忆戊申八月与方正澍赴武昌阻雨于此,于是寄诗一首给当时在武昌的方正澍,"思君几回唤,恐有旧时魂。"④诗歌情真意切。行至湖北宜城,在行馆墙壁上看到他与孙星衍的联句诗,十分想念孙星衍。"壁间诗句在,三复忆狂孙(行馆壁上粘余及渊如联句诗)。"⑤洪亮吉将至荆州,写诗柬知府崔龙见。崔龙见以前在浙江等地做官,他都曾前往探望,现在崔龙见任荆州知府,经过此地,定要相见畅谈。"郎君昨来称使星,次者近复成明经。刘纲夫妇鬓犹绿,往往联句开中庭。膝前五辈吾皆识,阿四形疲阿三瘠。因君我复念存亡,痛哭东山谢安石(君为尚书钱文敏公婿,是以云)。"⑥他与崔龙见一家几辈都熟识,所以十分亲切。崔龙见为尚书钱维城的女婿,他怀念赏识自己的前辈钱维城,与崔龙见的妻子钱孟钿也有交往唱和,乾隆五十一年(1786)一起游玩了锡山、虎溪、灵岩等地。洪亮吉在《崔恭人浣青诗钞序》中也交代了

① 洪亮吉:《抵南阳行馆,蒋表弟青曜自舞阳来访,因邀至前驿共宿,谈次出行卷索题,为拉杂书此并以志别》,《卷施阁诗》卷十二,《洪亮吉集》,中华书局2001年版,第706页。

② 洪亮吉:《抵南阳行馆,蒋表弟青曜自舞阳来访,因邀至前驿共宿,谈次出行卷索题,为拉杂书此并以志别》,《卷施阁诗》卷十二,《洪亮吉集》,中华书局2001年版,第706页。

③ 洪亮吉:《抵南阳行馆,蒋表弟青曜自舞阳来访,因邀至前驿共宿,谈次出行卷索题,为拉杂书此并以志别》,《卷施阁诗》卷十二,《洪亮吉集》,中华书局2001年版,第706—707页。

④ 洪亮吉:《夜抵吕堰驿,因忆戊申八月与方五正澍赴武昌阻雨于此,却寄一首,时方尚在武昌节署》,《卷施阁诗》卷十二,《洪亮吉集》,中华书局2001年版,第708页。

⑤ 洪亮吉:《宜城》,《卷施阁诗》卷十二,《洪亮吉集》,中华书局2001年版,第709页。

⑥ 洪亮吉:《将至荆州先柬太守崔丈龙见》,《卷施阁诗》卷十二,《洪亮吉集》,中华书局2001年版,第709页。

他们的渊源及对钱孟钿诗歌的评价。"余以壬辰岁七月,以所业受知于同里尚书钱文敏公。越八年,与公之弥甥,今翰林院编修崔君景仪为同岁生,因得拜公之女崔恭人于里第。又逾年,恭人出前后所作诗示余,授而读之,则皆述世德之渊源,伤弟昆之奄忽,怀人、感事、纪行、赠答之所作也。夫门阀之盛也,荀氏八龙,而女荀复挺奇节;世祚之薄也,谢家群从,而道蕴独号高才。……以峰青江上之篇,配枫落吴江之咏,见者称劲敌焉。未几,而从宦汉中,远经函谷。鄠杜五陵之会,长安六陌之游。使君之妇,则望若神仙;名士之筵,则首推巾帼。揽大河之胜,思击楫而壮游;挹太华之奇,乃攀云而欲上。故百篇之杰作,以三秦为称首云。"①洪亮吉认为崔龙见与钱孟钿是神仙眷侣,钱孟钿才华横溢,堪比谢道韫,所以洪亮吉以传说中双双修仙的刘纲、樊云翘夫妇比喻二人,令人羡煞。他三年后贵州任满回京时,于乾隆六十年(1795)十二月十九日抵荆州,又拜访了他们家,见到了钱孟钿等人。

洪亮吉本来要与恩师毕沅见面却未能如愿。旅途中王复以《雪苑消寒集》属题,洪亮吉忆起与王复一起在西安毕沅幕府的情形,当时毕沅在江西南昌,洪亮吉便将刚写就的诗文寄给毕沅,以表达思念之情。他行至襄阳,停留两日,等毕沅的书信可惜没有等到。继续前行至建阳驿,半夜却收到毕沅的急递,得知毕沅欲往襄阳阅兵,约洪亮吉在钟祥见面。"襄阳日访闲僧寺,两日待公书不至。酒酣上马懒出城,纵有岘首愁重经。大堤南去方逾夕,夜宿荆门建阳驿。三更门外递急邮,失喜读罢翻成愁。偏怜此度缘难巧,急递书迟我行早。"②此时洪亮吉已越行了两百余里,再回过去实在不太方便,只能遗憾错过。洪亮吉相信在不远的将来他们又能在京城见面,写了长诗一首寄毕沅,"细思会合亦有期,公待入相光纶扆。同门数子各清要(谓邵二云、孙渊如),我亦官满归京师。城南奕奕鸣珂里,早侍趋朝暮归邸。三馆雠书我定随,百篇脱稿公应喜。此时忆公因不眠,起视落月行檐前。曹腾却梦旌麾过,只隔

---

① 洪亮吉:《崔恭人浣青诗钞序》,《更生斋文续集》卷二,《洪亮吉集》,中华书局2001年版,第1168页。

② 洪亮吉:《本欲诣武昌,以驿道迂回不果,行次建阳驿三鼓得尚书师急递,以适欲至襄阳阅兵为先期行二日,约相会于钟祥途次,时亮吉已越行二百余里,势不能回车再图握手,夜起不寐,辄成长句一篇却寄》,《卷施阁诗》卷十二,《洪亮吉集》,中华书局2001年版,第711页。

武陵山一座。"①他祝愿毕沅早日入朝为相,他也官满归京师,他们师生又可以在一起探讨学问和诗文了。这次错过见面,勾起了他许多难忘的回忆,以至于夜不能寐。三年后他从贵州回京途经辰州,终于与毕沅见面,留了三日乃别。

行至湖北公安写诗寄崔景侃,表达思念之情。宿湖南澧州行馆,柬州守方维祺。出新店驿柬学使李传熊,"积晦殊难霁,山灵倘待君。"②李传熊将前往云南。抵辰州,在知府陈延庆署饮酒,醉得厉害,依旧四鼓即起,行四十里酒才醒。下油榨关遇驿使寄诗张问陶,"君来蜀道如天上,我渡黔关入地中。今夜相思倘回首,各从北斗辨西东。"③当时张问陶正由蜀入都,一个蜀道之难如上青天,一个越黔关如入地中,两个旅途中的人相互思念。

重情重义的洪亮吉在旅途中除了思念朋友外,所到之处还时常触发他的乡情和亲情。如他在薄醉中出发,迷迷糊糊走过三驿,转过数个山冈,晚上行至湖北林水驿,看到如下情景,"岸藏茅屋小,村入密林长。水鸟依沙白,天星映月黄。依微有渔火,此景是江乡。"④真怀疑是家乡江南水乡的美景。在便水驿行馆见到一盆水仙花,也让他想起家乡。"傍山临水几人家,下马匆匆感岁华。牵得客怀无别事,芷江驿里一枝花。"⑤在清溪行馆看到一树梅花烂漫绽放,心中十分欣喜,又让他想到江南的春天。

风利如刀雨若梳,一林花密竹萧疏。墙头更有山无数,疑是江南二月初。何曾驿使解封题,空向长安醉似泥。三载别来惟两面,白云溪外即青溪(都门不产梅,惟庚戌春初,计偕北上,蒋大齐耀钱

① 洪亮吉:《本欲诣武昌,以驿道迂回不果,行次建阳驿三鼓得尚书师急递,以适欲至襄阳阅兵为先期行二日,约相会于钟祥途次,时亮吉已越行二百余里,势不能回车再图握手,夜起不寐,辄成长句一篇却寄》,《卷施阁诗》卷十二,《洪亮吉集》,中华书局2001年版,第711页。
② 洪亮吉:《出新店驿雨暂止留柬学使传熊》,《卷施阁诗》卷十二,《洪亮吉集》,中华书局2001年版,第715页。
③ 洪亮吉:《下关逢驿使却寄张同年问陶》,《卷施阁诗》卷十二,《洪亮吉集》,中华书局2001年版,第729页。
④ 洪亮吉:《夜至林水驿》,《卷施阁诗》卷十二,《洪亮吉集》,中华书局2001年版,第708页。
⑤ 洪亮吉:《便水驿行馆见水仙一盆,干长三尺,香亦较江乡者馥郁,为赋一绝》,《卷施阁诗》卷十二,《洪亮吉集》,中华书局2001年版,第722页。

我于舍南竹屋,时老梅适放数花,然不及此十分之一)。①

　　在他的家乡江南常州,早春常见疏影横斜的梅花,能闻到梅花淡淡的幽香。离别江南三年,他只见到过两次梅花,第二次就是在去贵州的旅途中,让他怀疑身处"江南二月初"。晚上他剪一枝梅花放入帐内,让花香伴眠,晨起花香更浓,一高兴又写了一首诗,《夜移瓶梅入纸帐作伴,晓起香愈酷烈复赋一首》,拂晓出发,他又将这枝梅花笼于袖底,一路相随,"风疏雨薄送出城,犹执一花笼袖底。"②山行崎岖,一路颠簸,"梅溪才过复小溪,十里肩上蓝舆飞。书签倒落茶具剖,只有梅枝犹在手。"③这枝梅花像宝贝一样,一直被他紧紧抓在手里。他在途中看到岩石边有一株古梅正盛开,十分喜爱,恋恋不舍,徘徊不忍离去。"碧涧层层暗绿苔,石阑干畔久徘徊。不知树向岩中出,只觉香从头上来。新月正宜当槛坐,高枝疑欲待人开(寺僧云:今日花始盛放)。泉声石色都成恋,便绕花光亦百回。"④他爱梅除了思乡之外,也因为他是一位爱花之人,且特别喜欢梅花。

　　经过风木塘,这个名称也让他感慨万千,想起养育教导自己的母亲。"及此塘西路,连冈百折余。径荒飞野马,名古泣皋鱼。人说官资好,吾伤禄养虚。望原徒步过,不忍坐蓝舆。"⑤在这个名为"风木"的地方,让他想起"风木之悲","皋鱼之泣","树欲静而风不止,子欲孝而亲不待",别人都说学政俸禄不低,而需要他奉养的母亲已经永远离他而去,这份俸禄就失去了意义。心中怀念母亲,他不忍心再乘坐车舆,徒步走过这个叫"风木塘"的地方。

　　洪亮吉一路走来,路途遥远,山高路险,非常难走,尤其是进入贵州省境内,基本上都是山地,没有平原,乌蒙磅礴,苗岭逶迤,"削峰峨峨天

---

① 洪亮吉:《清溪行馆见梅一株花甚烂漫喜而有作》,《卷施阁诗》卷十二,《洪亮吉集》,中华书局 2001 年版,第 726—727 页。

② 洪亮吉:《夜移瓶梅入纸帐作伴,晓起香愈酷烈复赋一首》,《卷施阁诗》卷十二,《洪亮吉集》,中华书局 2001 年版,第 727 页。

③ 洪亮吉:《发清溪县至梅峡塘二十里沿无水行,山径逼仄几不能上》,《卷施阁诗》卷十二,《洪亮吉集》,中华书局 2001 年版,第 727 页。

④ 洪亮吉:《岩侧古梅一株花正放》,《卷施阁诗》卷十二,《洪亮吉集》,中华书局 2001 年版,第 730 页。

⑤ 洪亮吉:《过风木塘有感》,《卷施阁诗》卷十二,《洪亮吉集》,中华书局 2001 年版,第 724 页。

半立，白马白云争路入"①。高山深谷，上下落差很大，山路狭窄，陡峭难行，他坐在车舆上都不敢往下看，"心惊不敢复俯视"②。行至界亭驿南，因山路险峻，要增加肩舆纤夫八名，才能继续前行，可见难度之大。"卅日历万山，所幸躯未损。今晨出门望，失喜忽一哂。舆丁增八个，系纤笋舆本。为言途崎岖，藉此力勉黾。不然升陡壁，或复致狂窘。我感邮卒意，百计致安稳。回思立身处，曾未藉牵引。兹虽凭众力，失足亦能殒。"③这样的山路，即使增加八个肩舆纤夫，也十分危险。"舆丁愁上山，我意怯下岭。步放不得停，颠危出俄顷。"④上山艰难，下山更危险，一不小心，顷刻之间，也许就有粉身碎骨的危险。

一路从京城到贵州，历尽千险万难，看到许多奇景，洪亮吉也有许多人生感悟，就像他在诗中说的，"山顶树，树杪人，树底历历吹轻尘。回头人复出树底，树上棱棱一山起。危途似却反得前，要在绝地方通天。抛书莫笑无心得，几日山行增学识。"⑤几日山行也增加了许多学识和感悟。"高低既相倚，曲折若施准。天路即可通，吾心尚当忖。"⑥山路高低相倚，绝地虽可通天，但危险也随时存在，路越险危险越大，"危途莫谓无人到，此是康庄通六诏"⑦，天路危途虽可通，但要不要走还是要考虑清楚，"吾心尚当忖"。在这样的危途中，他对人生、对仕途也产生许多感悟和感慨。想到自己踏上仕途不久，宦海沉浮，前途也可能充满危险，心中不免隐隐有些不安。当他几年后上书直谏获罪，也许会想到贵州的山路，是何其的相像。"山云本无心，人意有左右"⑧，山路危险不平，但人心始终要平，"山危不平心转平，马上睡起知身轻。"⑨人心平了

① 洪亮吉：《从山塘驿行十里至龙门塘一陡坡作》，《卷施阁诗》卷十二，《洪亮吉集》，中华书局 2001 年版，第 719 页。

② 洪亮吉：《上回龙关》，《卷施阁诗》卷十二，《洪亮吉集》，中华书局 2001 年版，第 722 页。

③ 洪亮吉：《界亭驿南以山险肩舆增纤夫八名》，《卷施阁诗》卷十二，《洪亮吉集》，中华书局 2001 年版，第 717 页。

④ 洪亮吉：《下山至大栗塘》，《卷施阁诗》卷十二，《洪亮吉集》，中华书局 2001 年版，第 722 页。

⑤ 洪亮吉：《大山顶》，《卷施阁诗》卷十二，《洪亮吉集》，中华书局 2001 年版，第 719—720 页。

⑥ 洪亮吉：《界亭驿南以山险肩舆增纤夫八名》，《卷施阁诗》卷十二，《洪亮吉集》，中华书局 2001 年版，第 717 页。

⑦ 洪亮吉：《度响琴峡》，《卷施阁诗》卷十二，《洪亮吉集》，中华书局 2001 年版，第 732 页。

⑧ 洪亮吉：《巳刻抵罗旧驿》，《卷施阁诗》卷十二，《洪亮吉集》，中华书局 2001 年版，第 720 页。

⑨ 洪亮吉：《渡周溪入山》，《卷施阁诗》卷十二，《洪亮吉集》，中华书局 2001 年版，第 719 页。

就会很轻松,马上也能睡着。看到山陡坡深,危险随时存在,"始知身世总若浮,譬若鸿毛轻一掷。"①在大自然面前,生命是何等脆弱,何等渺小,其生若浮,轻若鸿毛。所以当他冒死直谏的时候,一定是将生命看轻,将生死置之度外了。

从京城到贵州路途遥远,"一山历尽复一山,不到青天恐难住"②,"江南到此川程绝,想亦应名万里桥"③,他经常天不亮就赶路,走了几十里路天才亮,一日走几驿,访友也不敢多耽搁,有时到很晚才到驿站行馆休息。经历千山万水,所幸有惊无险,"我行十日历五溪,马蹄不南即向西(凡渡澧、沅、施、辰、无五水)"④。九月二十四日出京城,经河北、河南、湖北、湖南到贵州,山百折水百回,一路向西南,"南行逾万里"⑤。历经近两个月的长途跋涉,旅途劳顿,洪亮吉终于在十一月十三日抵达贵州省首府贵阳,贵州巡抚冯光熊出门迎接,十五日,接印上任。十二月初三日,眷属抵署。

第二节　学荒宁好作人师

洪亮吉抵达贵州后,就投入选拔、教育学生的工作中。延请表侄蒋维垣教书,堂弟洪显吉和洪原吉、再从侄洪建禾、表弟蒋曜西、外甥汪楷和屠景仪先后到署,还有桂阳当地的李秀才、万坤,一起佐理阅文及幕中杂事。他的侄子洪绳孙和洪悼孙、外甥史超宗随署读书。⑥

乾隆五十八年(1793)二月,即出巡岁试,他每年要到各州府考试当地的文武童生,文试作文,武试骑射,选拔出优秀的学生进贵州学府学习。上半年岁试安顺、南笼、大定、遵义、贵阳等府,下半年岁试平越、思

---

① 洪亮吉:《下山至大栗塘》,《卷施阁诗》卷十二,《洪亮吉集》,中华书局 2001 年版,第 722 页。
② 洪亮吉:《将至荆州先柬太守崔丈龙见》,《卷施阁诗》卷十二,《洪亮吉集》,中华书局 2001 年版,第 710 页。
③ 洪亮吉:《偏桥》,《卷施阁诗》卷十二,《洪亮吉集》,中华书局 2001 年版,第 729 页。
④ 洪亮吉:《无溪道中》,《卷施阁诗》卷十二,《洪亮吉集》,中华书局 2001 年版,第 723 页。
⑤ 洪亮吉:《小除夕祭诗作》,《卷施阁诗》卷十二,《洪亮吉集》,中华书局 2001 年版,第 735 页。
⑥ 吕培等:《洪北江先生年谱》,《洪亮吉集》,中华书局 2001 年版,第 2341 页。

南、镇远等府,一路有诗纪行。

他二月初行清镇道中,初九日春分抵安平行馆,二十三日寒食,出安顺府门校射,次日清明,在安顺府试士。他在三年后写诗《清明》:"三年寒食住三州(前年在安顺,昨岁在黎平,并皆局院试士),一样摊书据案头。"①三年后的寒食他在大定试院考试威宁等三州童生。安顺城南十里许有华严洞,华严洞外有一山秀丽而无名,当地土人请洪亮吉为此山起名。此地为赵氏族居地,当年岁试赵氏子弟中有四人获隽,文武各二人,洪亮吉便命名此山为"读书山"。他甚至想将旁边的华严洞改名为藏书穴,"我欲磨崖易旧名,读书山畔藏书穴。"②以此来激励当地年轻人读书考功名。

三月初六完成安顺岁试后离开前往南笼,"今日蓝舆向西去,海棠花放蜀葵开。……莫更匆匆感时序,山榴红绽客仍来。"③这里以各种花儿代表时序,山榴开放的五月,他还要去。上已日自镇宁抵安庄,经白水河、鸡公岭、关索岭抵永宁,经哈马塘抵盘江,过铁索桥,至凉水营,行普安道中作诗寄南中诸友,至新城行馆,抵南笼。南笼苦旱已久,洪亮吉抵达二日,即得骤雨。他很高兴,写诗寄知府张凤枝。诗云:"经旬谁说使车闲,忧旱心情未解颜。乍觉清凉思拥被,忽惊雷雨欲移山。沿堤松柏争飞瀑,合队乌鸦猛叩关。却趁电光升阁望,已闻欢喜到苗蛮。"④洪亮吉十分重视贵州尤其是苗民的教育,也希望自己的到来犹如这场及时雨,缓解偏远地区教育的"旱情"。张凤枝,字东生,江苏无锡人。官至南笼知府。张凤枝之前有诗见赠,他以诗答之。诗云:"领郡天南复几春,退衙仍是苦吟身。苗蛮绕郭风偏悍,孔李通家谊最亲。千树影中圆月上,万山深处一官贫。闲情谱到双红豆,莫哂吴侬白发新(太守有红豆词二阕,极工)。"⑤

---

① 洪亮吉:《清明》,《卷施阁诗》卷十六,《洪亮吉集》,中华书局 2001 年版,第 824 页。

② 洪亮吉:《初一日出南门至华严洞持烛入三里许》,《卷施阁诗》卷十三,《洪亮吉集》,中华书局 2001 年版,第 741 页。

③ 洪亮吉:《初六日发安顺作》,《卷施阁诗》卷十三,《洪亮吉集》,中华书局 2001 年版,第 741 页。

④ 洪亮吉:《南笼苦旱,余抵郡二日即得骤雨,然麦苗未畅发也,十三夜前就枕即闻雷声自南来,雨急如注彻晓不止,喜而有作即柬张太守凤枝》,《卷施阁诗》卷十三,《洪亮吉集》,中华书局 2001 年版,第 745 页。

⑤ 洪亮吉:《答张太守凤枝见赠之作》,《卷施阁诗》卷十三,《洪亮吉集》,中华书局 2001 年版,第 745 页。

洪亮吉在南笼试文武童生,《南笼府东郊试射士作》描写了当时的情景:

> 盘马场西绿欲匀,红旗猎猎起纤尘。贪看一角春山翠,忘却当前角伎人。

> 一条驰道倚晴空,破晓先闻响角弓。正是柳塘风急处,乱花随马入云中。①

南笼府东郊的盘马场,武童生考试正在进行,春天景色正好,诗人贪看春山翠色,竟然忘却当前比赛的生员。飞奔的马儿将野花带起,画面富有诗情画意。但诗中红旗猎猎,角弓声声,寥寥数语,一下子将比赛的紧张激烈气氛渲染到位了。

在岁试武童生时,结识提督花连布。花连布(?—1796),额尔德特氏,蒙古镶黄旗人。少读书,性质直。初为健锐营前锋校。累升至火器营委署鸟枪护军参领、武昌城守营参将、贵州南笼镇总兵、贵州提督。乾隆六十年(1795),随大将福康安平贵州苗民起义,率精兵三千为前驱,英勇善战,因功授贵州提督。后在与起义军交战时中石身死。他在《书提督花连布遗事》中记述两人相识的经过。"学政例岁试武生童,必移文所辖总督,乞派副将以下一员监视骑射。盖立法之始,恐文臣不谙弓马。故余试南笼,所派适公标下参将。余按定制,正坐演武厅,而参将及提调之知府左右坐。公闻,不悦,日晚,会宴公所,尚愠见于色。余笑曰:'非妄自尊大,实向例若此耳。况公不读左氏乎?王人叙诸侯之上。'语未竟,公意顿释。后两人者,意气合,遂约为兄弟。"②因考试时位置座次的问题,花连布起初很不高兴,晚上宴会见面时还面有愠色,洪亮吉笑着跟他解释,自己坐正中位置并非是"妄自尊大",而是"向例若此",并举《左传》的例子。花连布自幼熟读诗书,当然知道周王在诸侯之前叙述,是"尊君"的道理,明白洪亮吉是代表朝廷为君王选拔人才,

---

① 洪亮吉:《南笼府东郊试射士作》,《卷施阁诗》卷十三,《洪亮吉集》,中华书局 2001 年版,第 745 页。
② 洪亮吉:《书提督花连布遗事》,《更生斋文甲集》卷四,《洪亮吉集》,中华书局 2001 年版,第 1039—1040 页。

花连布顿时释然,两人后来意气相合,遂结为兄弟。这也是岁试过程中的一段佳话。

洪亮吉到各地试士,行程安排得很紧,南笼岁试完成后,又连忙出发赶到下一站大定。"蓝舆三折面方塘,雨后溪光着意凉。行到石桥刚夜半,野花残月斗深黄"①,雨后夜半,还行走在南笼道中,旅途奔波很辛苦。关键是贵州的山路十分难走,而且贵州多雨,道路湿滑,在曲折陡峭的山路行走,虽有车舆,但风险也随时存在。

> 百折途如绠,千林昼若昏。岭藏初祖塔,苗别仲家屯。竹瘦欲穿石,云奇竟塞门。随车谣已愧,偶值雨翻盆(连日至安南、永宁皆得雨,士人有随车之谣)。②

南笼久旱,洪亮吉抵达二日,天降骤雨,如今离开南笼又下雨,他们出行总是遇到下雨,士人都已有随车之谣。俗话说,贵人出行风雨多,正如张问陶说他是"奇人有奇遇,一往无不好"③。雨水也许对苗民的庄稼是甘霖,但对山路上的行人来说却并非幸事,无疑增加了出行的难度和风险。

他们离开南笼,经过羊肠塘、新城、三望坡,骑马历经黑土坡、老鸦关等诸隘,过保甸塘至盘江,自新铺赴永宁,经鸡公岭、北口塘、观音洞、界首塘、骆家桥,抵乾沟,渡鸭池河,至四方井,至四月十九日到达大定西坡校射,归途至斗母阁看飞瀑。黔西州州署西偏有一株大海棠,荫半亩,可惜此时花时已过,对于爱花之人洪亮吉来说是一件十分遗憾的事,于是同年张曾旸相约明年岁试再来赏海棠。张曾旸(1742—?),字鉴堂,安徽桐城人,乾隆四十六年(1781)进士,历官陕西华阴知县、邠州知州、贵州黔西州知州等。

月底,他们完成岁试离开黔西州,前往遵义。途经烂泥沟、革拨塘、三重堆等地,渡渭河桥,过杨柳塘、白蜡坎、鸭溪,到达遵义,皆有诗纪

① 洪亮吉:《南笼道中夜行》,《卷施阁诗》卷十三,《洪亮吉集》,中华书局2001年版,第746页。
② 洪亮吉:《自永宁州署发至北口塘值雨》,《卷施阁诗》卷十三,《洪亮吉集》,中华书局2001年版,第747页。
③ 张问陶:《寄贵州学使洪稚存同年》,《船山诗草》卷八,中华书局1986年版,第216页。

行。"烂泥沟",听这名字就知道行走其间的艰难,他在诗中写道:"四山飞瀑合,鸟亦误西东。乍劈林梢绿,遥分寺角红。几家波影外,终日雨声中。绝险蓝舆折,尤防扑面风。"①四山飞瀑,连鸟也不辨东西,况且还有终日雨声,还要防止扑面的山风打翻绝险之地的车舆。为了赶路还经常不顾危险雨夜急行,"卅里羊肠路,高低夜色浮。虎风腥扑面,榴火艳抬头。雨急三层磴,云迷百尺楼。林梢一声磬,隐隐出平畴。"②他们在黑夜急雨中走了三十里羊肠小道,还是忽高忽低的山路。

端午节他在遵义试院试士,怀念里中白云溪端午竞渡的盛况以及朋友在一起的情形,写诗十首寄好友钱维乔、赵怀玉。遵义校射场在城外六七里,因就近借副将署射圃校士。后游回龙洞、桃源洞等,渡乌江,返回贵州。

六月,贵阳府岁试,七月初五,至南岳山下射圃校士,回途小憩野人篱落。八月过陇首关,巡试平越府。"排空杰阁势迢迢,百折才能及岭腰。只向密林深处转,怕凭风力上层霄。"③陇首关地势险要。九月初九重阳节,他们署中同人至城南福泉山登高,知县郑五典设筵相待,宾主尽欢。十一日自平越出发,至葛公桥,行清平道中,经过蓝峤、草塘关、偏桥、翁头塘、平贯塘、白岩汛,抵石阡府,一路上他们"高高下下行不歇"④。石阡府有温泉,洪亮吉很喜欢,泡温泉以稍解旅途疲乏。他们一行离开石阡,自塘头舟行至思南府城外,在思南府试士,城东七里校射。十月,离开思南府,前往镇远府校士,在镇远城南三里试射士。完成各府岁试工作,回府已十一月。第二年第三年都是二月又开始出巡试士。"奉命宣化条,穷经事尤急。周行十三府,日或不暇给。"⑤奉皇命前来,深感责任重大,工作敬业而辛苦,也为这三年取得的成绩、选拔到的人

---

① 洪亮吉:《将至烂泥沟上岭》,《卷施阁诗》卷十三,《洪亮吉集》,中华书局2001年版,第751页。
② 洪亮吉:《夜黑行三重堆汛南诸山中》,《卷施阁诗》卷十三,《洪亮吉集》,中华书局2001年版,第751页。
③ 洪亮吉:《过陇首关》,《卷施阁诗》卷十三,《洪亮吉集》,中华书局2001年版,第760页。
④ 洪亮吉:《自塘头舟行至思南府城外》,《卷施阁诗》卷十三,《洪亮吉集》,中华书局2001年版,第764页。
⑤ 洪亮吉:《乙卯贵州揭晓,会城书院生徒获隽者二十七人,回途率成五百字志喜,全用十四缉韵,即呈吴烜、陈希曾两主试及许刺史学范诸同考》,《卷施阁诗》卷十六,《洪亮吉集》,中华书局2001年版,第830页。

才而高兴。

洪亮吉在贵州三年,每年大部分时间都在外面,赴各州府岁试、科试,长途奔波,旅途劳顿辛苦还是小事,关键是他历经了千难万险。首先是山路难行,车舆上下,有时还是雨天夜行,随时都有失足坠崖的危险,所以他在诗中说,"舆丁愁上山,我意怯下岭",上山辛苦下山危险。多数时候是进退不得,再危险也只能往前走,如他在都匀岁试途中,下陡坡渡鸡贾河,诗中写道:"上征诚云难,下达亦非易。横空旋若磨,百折始及地。蓝舆宁敢却,头上压飞骑。欲前仍缩足,蠹处石犀利。胡蝶忽一双,飞来立人臂。崖穷坡复陡,入隙途转细。平视鸡贾塘,斜阳落岩际。"①可以想见行走其间的危险。

除了山路难行,水路也危机重重,如过雷音滩,他的仆人就险些遇难。

> 一舟挈一绳,一绳长百尺。绳头持十辈,毕力踞岩隙。高低悬半里,观者咸失色。一瞥倏已过,微惊眼光黑。危崖排石齿,都向舵楼突。我仆忽失声,头低险遭咶。长年欣过险,缓棹出崖侧。却望四边山,苍苍路仍塞。②

过雷音滩,一船要十人拉纤,上下落差有半里之大,岸边还有危崖像牙齿一样排列突起,洪亮吉的仆人差点被岩石撞头,人们都大惊失色,他感叹自己"长年欣过险",所幸没有遇险。但他的学生就遭遇不测,天柱县学生刘纬、附生程三桂、童生谌忠钦等乘坐的小船,夜行中触石桥,小舟被劈为两半,三人不幸溺水身亡,他十分悲痛,到水边以清酒祭奠,写下《祭天柱县学生刘纬等文》③。

还有一个危险是雷电。贵州多雨,时而伴有雷电,他们在即将抵达黎平时就在滚马坡遭遇雷电险情。"古州及黎平,天黑少白日。忽然云际一闪红,天外雷惊劈山出。沿山巨石悉欲崩,转眼已失千

---

① 洪亮吉:《下陡坡渡鸡贾河》,《卷施阁诗》卷十六,《洪亮吉集》,中华书局 2001 年版,第 782 页。
② 洪亮吉:《雷音滩》,《卷施阁诗》卷十四,《洪亮吉集》,中华书局 2001 年版,第 782 页。
③ 洪亮吉:《祭天柱县学生刘纬等文》,《卷施阁文乙集》卷八,《洪亮吉集》,中华书局 2001 年版,第 371 页。

家村。白云茫茫时吐吞,阴崖束人疑鬼门。一坡直下如注矢,削壁棱棱仅容趾。舆夫叹息何至此,呼吸真堪判生死。峰形中断裂若沟,鞭马一跃愁回头。前峰行完后峰起,上欲摩天下无底。眼前亲切云雾生,足底忽已开山城,君不见,平冈鳞鳞铺万瓦,突起一峰名滚马。"①遇到这样的险情,有时还是要靠点运气,生死就在呼吸之间,连舆夫都叹息何至于此。真是"频于奇绝处,欲把生命置。……危疑行半日,深险已毕度。"②他常常身处奇绝处,冒着生命的危险,可谓九死一生。其实还有许多潜在的危险,如山中的毒蛇猛兽、瘴气,还有苗民起义,当时就有一些汉人官员被苗民义军所杀,这些都是意想不到的危险。好在洪亮吉一行是教育教导苗民,所到之处受到苗民的热烈欢迎。"花苗迎使节,半岭注红烛。十里戍鼓鸣,芦笙响空谷。"③他们历经许多险情,也是值得的。

洪亮吉非常重视学生日常所读之书,这些书就像常用之教材一样,会影响学生的基础与学识,他发现了一些问题,并专门上了折子,《请礼记改用郑康成注折子》:

> 奏为敬陈管见,恭请训定事。查贵州本年岁试,五经内轮出《礼记》,臣按试诸郡,皆于寻常拟题外出题。诸生百人中,即有曾读全经者,亦茫然莫知其解。臣推详其故,实缘元儒陈澔所撰《礼记集说》。自前明永乐以来,用以取士,澔书本为科举起见,是以凡遇可备出题者,注解略为详明,其余即谫陋殊甚,是以士子无所遵循。伏查《十三经正义》现列学宫,内《礼记》及《仪礼》《周礼》皆用汉儒郑康成注,最为详备。诚如我皇上钦定《礼记义疏》所云:"精奥无如郑注者也。"且陈澔《集说》,其详明者,皆采取郑注;其简略者,即自以意为删改,是用郑注则《集说》之精华已备,用《集说》则昔贤之训诂半沦。近奉到部咨,《春秋》一经,奏定改用三《传》,凡

---

① 洪亮吉:《将抵黎平历滚马坡诸险》,《卷施阁诗》卷十四,《洪亮吉集》,中华书局 2001 年版,第 786 页。

② 洪亮吉:《过偏桥西三里上一陡坡》,《卷施阁诗》卷十三,《洪亮吉集》,中华书局 2001 年版,第 763 页。

③ 洪亮吉:《将至都匀道中》,《卷施阁诗》卷十四,《洪亮吉集》,中华书局 2001 年版,第 780 页。

士子有志读书者,无不欢欣踊跃,争自濯磨。臣愚昧之见,可否《礼记》改用郑注?俾诸生通晓全经,兼明五礼,似于读书行己皆有裨益。未审有当与否,伏乞皇上训示施行。为此谨奏。①

洪亮吉到贵州后发现,岁试的题目均出自《礼记》,他每以寻常拟题外出题,考生即使通读过全经,也大多茫然不知其解。他发现学子所读的是元代陈澔的《礼记集说》,在可备出题处,注解较为详明,其余则注解十分简略,所以如果在寻常拟题外出题,学子则无所遵循。所以他上奏将陈澔的《礼记集说》换成注解详明的郑康成注本,这样便于士子掌握《礼记》的全部要义。他的论述理由充分,合情合理。尽管他的奏折没有得到批准,但他对学生也是尽心了。

据《洪北江先生年谱》记载,"先生每课士,皆终日坐堂皇,评骘试卷,积弊悉除。又历试诸府,皆拔其尤者,送入贵阳书院肄业。一岁捐廉俸数百金,助诸生膏火,又购经史足本及《文选》《通典》诸书,俾资讽诵。其在省日,每月必自课之,令高等诸生进署,讲贯诗文,娓娓不倦,款以饮馔,奖之银两。由是黔中人士,皆知励学好古。……是岁,具折奏请以《礼记》郑康成注易陈澔,奉旨交部议奏,为部臣所格,不行。"②不出行试士的日子,他大部分时间终日在学署教导士子,评阅试卷,发现试卷中出现的问题,有针对性地进行讲评和纠正。还捐出自己的俸禄,增加书院生员名额数十名,帮助家境贫寒的学子。购买经史书籍,供学子诵读。他亲自给学生讲解诗文,娓娓道来,不知疲倦,学习好的学生,他还请他们吃饭款待他们,甚至奖励银两。巡视在外,他也不忘教导学子,"一例青衫马首迎,罗施山半见诸生。眼前指点为文法,似此峰峦始不平。"③完成岁试,学子相送,他还进行现场教育,用眼前起伏不平的山峰打比方,指点写作文法"文似看山不喜平",还教育学子要珍惜光阴,

---

① 洪亮吉:《请礼记改用郑康成注折子》,《卷施阁文甲集》卷九,《洪亮吉集》,中华书局 2001 年版,第190 页。

② 吕培等:《洪北江先生年谱》,《洪亮吉集》,中华书局 2001 年版,第 2341—2342 页。

③ 洪亮吉:《晓发玉屏刘教谕嗣武陈训导秀升率诸生相送舆中口占六首示之》其一,《卷施阁诗》卷十二,《洪亮吉集》,中华书局 2001 年版,第 725 页。

"潜修莫恨闭门迟,倍惜分阴是此时"①,"我无奇术报殊恩,欲辟当时通德门。他日讲堂勤问业,六经谁似郑公孙?"②他以勤勉教学来报答皇恩浩荡,也赢得贵州学子的爱戴,每到一处都得到学子们的迎送,苗民们盛装列队出迎,男吹芦笙,女跳舞,场面喜庆热闹。

贵州属偏远省份本来教育比较落后,由于学政大人的奖励和重视,黔中人士读书上进。在贵州乡试中,取得比较好的成绩。乾隆六十年(1795)贵州乡试,会城书院生徒二十七人获隽,他在回途中十分高兴地写下五百字长诗以志喜,诗中说:"贵山储人才,两岁隽及册(谓贵山书院生徒,甲乙两科中式者至四十余人)。"③"甲寅乙卯两科,书院诸生中式者至五十余人。"④后来还有几人考取进士。

这首长诗也写了这些成绩取得之不易,可以说是他贵州学政任上的一个总结。

> 前年使者来,冬仲月初拾。奉命宣化条,穷经事尤急。周行十三府,日或不暇给。苴兰及毋敛,亘古属蛮邑。山坳嵌城郭,俯视类虫蛰。无旬不淫雨,万古地卑湿。蛮生粗识字,书不入行箧。删除到笔砚,所事者蓑笠。间岁试学官,泥途甫衣褶。低眉对文卷,窘若遭缚絷。四声疏不讲,颠倒出篇什。化俗具苦心,庠宫饬修葺。陈书数十箧,云以待温习。兼疏声韵谱,润此舌本涩。峨峨讲堂开,一善皆引汲。经旬辄分俸,俾得备粮粒。行之勤不懈,多士志方辑。⑤

贵州地处偏邑,多淫雨,地卑湿,黔人读书不多,四声不讲,洪亮吉

---

① 洪亮吉:《晓发玉屏刘教谕嗣武陈训导秀升率诸生相送舆中口占六首示之》其三,《卷施阁诗》卷十二,《洪亮吉集》,中华书局 2001 年版,第 725 页。

② 洪亮吉:《晓发玉屏刘教谕嗣武陈训导秀升率诸生相送舆中口占六首示之》其六,《卷施阁诗》卷十二,《洪亮吉集》,中华书局 2001 年版,第 725 页。

③ 洪亮吉:《乙卯贵州揭晓会城书院生徒获隽者二十七人,回途率成五百字志喜,全用十四缉韵即呈吴烜、陈希曾两主试及许刺史学范诸同考》,《卷施阁诗》卷十六,《洪亮吉集》,中华书局 2001 年版,第 831 页。

④ 吕培等:《洪北江先生年谱》,《洪亮吉集》,中华书局 2001 年版,第 2341 页。

⑤ 洪亮吉:《乙卯贵州揭晓会城书院生徒获隽者二十七人,回途率成五百字志喜,全用十四缉韵即呈吴烜、陈希曾两主试及许刺史学范诸同考》,《卷施阁诗》卷十六,《洪亮吉集》,中华书局 2001 年版,第 830—831 页。

来到这个地方,可谓煞费苦心,他整饬修葺学宫,购买书籍,捐出俸禄,亲自教授声韵,讲解诗文,勤勉不懈,终于取得了好成绩。仅乾隆甲寅(1794)和乙卯(1795)两科,他选拔的学生就中举人和副榜 50 多名,在短短五六年间,他选拔的优秀学生全部中举或被选为贡生,弟子中,徐时英、苏廷菜、焦承炜、刘煜、贺世清、莫与俦、胡万青、傅潢、花杰、何应杰、张本枝、翟景观、万全善等都是著名才俊。莫与俦是贵州著名学者和史地学家,主讲独山紫泉书院,创建影山草堂,后长期在遵义府学教授,传承黔中汉学,培养出莫友芝和郑珍两位"西南硕儒"。傅潢是他在贵州最得意的弟子,有《洪先生传》传世,并著《十六国方域考》以补老师疆域志之不足。花杰刚正敢言,工诗文,也擅书法,参加《贵州通志》的编修,有《宝研斋诗钞》传世。焦承炜是书法家,史称大字"如行云流水"。徐时英长期执教于都匀清平书院,翟景观晚年执教贵山书院,万全善长期执教于紫泉书院,使以洪亮吉为代表的乾嘉学术在贵州薪火相传,为贵州少数民族地区文化教育作出巨大贡献。

这些成绩也让他十分欣慰,"我行然炬返,欣此舆论翕。酬恩愿粗了,行且具舟楫。"①基本实现了他来贵州之前所说的"学荒宁好作人师"②的愿望。洪亮吉也被认为是"清廉爱士,数十年所未有"③。他任期满回京时,"诸生送者,自图云关至贵定,三日中常不绝。"④他的辛勤付出得到了贵州士人的认可,赢得了贵州士子的爱戴。

第三节 看山寻源谙土风

洪亮吉是热爱山水之人,在贵州各州府岁试,踏遍了贵州的山山水

---

① 洪亮吉:《乙卯贵州揭晓会城书院生徒获隽者二十七人,回途率成五百字志喜,全用十四缉韵即呈吴炟、陈希曾两主试及许刺史学范诸同考》,《卷施阁诗》卷十六,《洪亮吉集》,中华书局 2001 年版,第831 页。
② 洪亮吉:《八月十四日闻中奉视学黔中之命纪恩八首》其四,《卷施阁诗》卷十二,《洪亮吉集》,中华书局 2001 年版,第 700 页。
③ 吕培等:《洪北江先生年谱》,《洪亮吉集》,中华书局 2001 年版,第 2342—2343 页。
④ 吕培等:《洪北江先生年谱》,《洪亮吉集》,中华书局 2001 年版,第 2343 页。

水。贵州特殊的地形地貌、天象气候、风俗人情等，也让他觉得很好奇，大大丰富了他的诗文创作。他在贵州期间写了五百多首诗歌，这些诗歌，为人们打开了一个了解西南黔地的窗口，也是宣传贵州文化的重要史料。他很关心当地的民生，在旅途中勘查水源，写就《贵州水道考》，至今仍是研究贵州水利的重要参考资料。他对贵州文化贡献很大。这段时间还著有《意言二十篇》，表达对社会问题的理性思考。

"北人喜看山，南人喜看水。我虽南人居北久，有水有山方不悔。"[①]江南人洪亮吉长时间在北方居住，兼有南方人和北方人的特性，爱山又爱水，最喜有山有水的地方。贵州使院后墙俯临县仓，有荷池十顷，他到贵州第一年的二月即将外出巡试，命人筑三层台于墙内，江南人爱竹，堆土之后还可以补种竹子，"为补竹百竿，为筑台三层"[②]。五月他巡试回府，荷花开得正好，台也正好告竣，于是分日宴客于上，同里杨浦为绘千叶莲台雅集长卷，主客纷纷写诗以系之。"胸中先有万仞山，山外流水声潺潺。欲从山断水流处，更种疏花筑庐住。拜官昨岁来筑中，所见宛与胸中同。不特有山有水有高阁，且喜山绿绕阁阁外十顷荷花红。"[③]他写有《衙斋十咏》，诗前序云："贵州学使公廨最湫隘，乾隆癸巳，今大学士孙公士毅视学此方，始于其后积土为堂，名曰近山。然屋止三楹，不足以资燕息。余抵任后，复于堂西隙地筑屋十数楹，或高而为台，或曲而为坞，或因树构屋，或临溪制轩。宾僚觞咏之暇，昕夕读书，恒于此焉。开岁将报满入都，爱分咏十截句，以贻后之来者云。"[④]《洪北江先生年谱》也说，他一上任就捐银新建贵州学政署后西红香馆、听雨蓬、晓读书斋和千叶莲台等，改善了学政署的环境和条件。

---

① 洪亮吉：《使院后墙俯临县仓，有荷池十顷，癸丑二月将按试上游，命工筑三层台于墙内。五月秒归池荷正花，台适告竣，因分日谶客于上，同里杨上舍浦为绘千叶莲台雅集长卷，同人各系以诗，余亦率成此篇云尔》，《卷施阁诗》卷十三，《洪亮吉集》，中华书局2001年版，第755页。

② 洪亮吉：《使院后墙俯临县仓，有荷池十顷，癸丑二月将按试上游，命工筑三层台于墙内。五月秒归池荷正花，台适告竣，因分日谶客于上，同里杨上舍浦为绘千叶莲台雅集长卷，同人各系以诗，余亦率成此篇云尔》，《卷施阁诗》卷十三，《洪亮吉集》，中华书局2001年版，第755页。

③ 洪亮吉：《使院后墙俯临县仓，有荷池十顷，癸丑二月将按试上游，命工筑三层台于墙内。五月秒归池荷正花，台适告竣，因分日谶客于上，同里杨上舍浦为绘千叶莲台雅集长卷，同人各系以诗，余亦率成此篇云尔》，《卷施阁诗》卷十三，《洪亮吉集》，中华书局2001年版，第755页。

④ 洪亮吉：《衙斋十咏》，《卷施阁诗》卷十五，《洪亮吉集》，中华书局2001年版，第812—813页。

从京城出发到贵州，也许对于热爱山水的洪亮吉来说，首先吸引他的是沿路的山水，正如他出发前及途中所说的"校文才了许看山"①，"天许看山万里行"②。他此行一路"看山"，之前他的足迹到过江苏、浙江、安徽、山东、陕西等地，第一次进入地处云贵高原的黔地，这里的一切让他感到从未有过的新奇。崇山峻岭，一山连着一山，山体耸拔，山高坡陡，上下落差大，山上奇峰异石，云雾缭绕。

> 东峰视西峰，已与碧天界。南峰更孤迥，意乃出天外。峰头一峰云不收，似向天外仍回头。前山行完后山阻，我识天公用心苦，六曲屏风界黔楚。③

他看到东峰西峰已与天齐，更有南峰高出天外。这是贵州之山的特点，常见一峰突起，四周是断崖，更显孤绝。有时山峰的形状还很奇特，"一山方如筐，一山圆若筥。山真中绳尺，云亦就规矩。伟哉造化功，幻此亦奚取。奇零不能割，嵌以数僧宇。霞景正欲升，炊烟穿缕缕。林红初曙日，涧绿昨宵雨。谁辟天半扉，幽人正轩举。"④山峰有的方，有的圆，像是人为加工过似的，中规中矩，一边是霞光映得山林红红的，一边是涧水碧绿，像天被辟成了两半，让人不得不惊叹于大自然的鬼斧神工。还有如《相见坡》所写的情景也很奇特。"小相见坡折不休，三起三落时句留。蓝舆正对我来路，迎面不复劳回头。盘盘路向云中辨，七里来寻大相见，石古途危细如线。马头乱拨云濛濛，马上人面犹云中。东西对立峰何陡，天半惊看一招手。马头已西人面东，隐约尚见坡竿红。飞泉拦路复冲出，人面始同坡面隔。"⑤黔人谓岭曰"坡"，兜兜转转，三起三落，高皆千仞。

高山、飞瀑、山泉、溶洞、温泉、梯田，这些贵州山中常见之景，都生动地呈现在洪亮吉的诗中，读他的《黔中持节集》，仿佛欣赏一幅幅贵州

① 洪亮吉：《八月十四日闱中奉视学黔中之命，纪恩八首》其一，《卷施阁诗》卷十二，《洪亮吉集》，中华书局 2001 年版，第 700 页。
② 洪亮吉：《汤阴道中简管同年世敏》，《卷施阁诗》卷十二，《洪亮吉集》，中华书局 2001 年版，第704 页。
③ 洪亮吉：《波州汛南上山》，《卷施阁诗》卷十二，《洪亮吉集》，中华书局 2001 年版，第 724 页。
④ 洪亮吉：《出思南府遵化门道中》，《卷施阁诗》卷十三，《洪亮吉集》，中华书局 2001 年版，第764 页。
⑤ 洪亮吉：《相见坡》，《卷施阁诗》卷十二，《洪亮吉集》，中华书局 2001 年版，第 729 页。

山水图卷。"诚知山百折，每折非意想。飞瀑间一层，泠泠愈神往。"①"飞瀑空际来，湿此半岭花"②，"前行未及转，飞瀑已及额"③，飞瀑猝不及防，飞流直下。"出山泉百折，殊有恋山心"④，山泉百转千回，淙淙流淌。"半崖音响若闻钟，石罅才开藓复封。谁识洞中仍有洞，小桥流水一株松。"⑤这首诗写溶洞的神奇，洞中仍有洞。贵州是典型的喀斯特地貌，分布着大大小小的溶洞、漏斗、洼地等地貌景观，可谓无山不洞，无洞不奇，是中国喀斯特溶洞数量最多，类型最丰富的地区之一。在洪亮吉的诗中，我们就看到观音洞、诸葛洞、大风洞、太和洞、牟珠洞等好几个。

山中还有温泉，其中有个著名的石阡温泉，喜欢泡温泉的他当然不会错过。"石罅空濛逗烛光，访泉亭上拂衣忙。半生莫讶尘劳甚，已试人间第七汤（予所试温泉：直隶则盘山，陕西则临潼、鳌屋，江南则黄山朱砂泉及和州，句容与此而七矣）。"⑥这是他平生所泡的第七个温泉，与他之前泡过的温泉相比，这里更人迹稀少，"形神释后却危坐，蝙蝠吓人头上飞"⑦，还有吓人的蝙蝠在头上飞来飞去。但这对长途奔波的旅人来说是难得的享受，他在回途中还重浴了石阡温泉。"百里装方卸，孤亭马独来。谁云此冬日，聊比坐春台。"⑧他独自前来，在冬日里短暂享受春天般的温暖，以解旅途的疲乏。

贵州的梯田也是江南平原地区罕见的，洪亮吉也关注到了，"水田千百级，中有石泉青"⑨，"高下田如百衲衣，人家初日启双扉。草中尚有闲胡蝶，却恨芦花作雪飞。"⑩梯田高高下下千百级，犹如僧人的"百衲衣"，这个比喻非常形象。他也关注到了苗民的勤劳，天一亮就下地劳

① 洪亮吉：《将抵荆蓬塘》，《卷施阁诗》卷十三，《洪亮吉集》，中华书局 2001 年版，第 767 页。

② 洪亮吉：《十九日至大定城西坡上校射，归途复诣斗母阁看飞瀑》，《卷施阁诗》卷十三，《洪亮吉集》，中华书局 2001 年版，第 749 页。

③ 洪亮吉：《冒雨访诸葛洞》，《卷施阁诗》卷十三，《洪亮吉集》，中华书局 2001 年版，第 768 页。

④ 洪亮吉：《山行》，《卷施阁诗》卷十二，《洪亮吉集》，中华书局 2001 年版，第 726 页。

⑤ 洪亮吉：《观音洞》，《卷施阁诗》卷十三，《洪亮吉集》，中华书局 2001 年版，第 748 页。

⑥ 洪亮吉：《石阡城南温泉》，《卷施阁诗》卷十三，《洪亮吉集》，中华书局 2001 年版，第 764 页。

⑦ 洪亮吉：《石阡城南温泉》，《卷施阁诗》卷十三，《洪亮吉集》，中华书局 2001 年版，第 764 页。

⑧ 洪亮吉：《重浴石阡温泉》，《卷施阁诗》卷十三，《洪亮吉集》，中华书局 2001 年版，第 766 页。

⑨ 洪亮吉：《鸭溪道中》，《卷施阁诗》卷十三，《洪亮吉集》，中华书局 2001 年版，第 752 页。

⑩ 洪亮吉：《过思南塘道中》，《卷施阁诗》卷十三，《洪亮吉集》，中华书局 2001 年版，第 768 页。

作,"黔中有山皆可田,雨足便已成丰年。"①

洪亮吉"生平好奇性,失喜忽一笑"②,在过响琴峡时也不禁感叹:"我行万山无此奇"③。当他看到秀丽奇绝的山水,以及山中人生活的场景,喜欢得都不想离开。"一村松竹复疑绘,鸡犬亦杂居楼台。林阴染黛山成幄,我酌水泉疑漱玉。君不见,炊光上与云头平,烟火亦彻仙人扃。他时纵复得霞举,誓与此山通性灵。仆夫催行三十里,我坐松阴不能起。卜邻结宅亦虚言,但假十日山中眠。"④他们转入一山中,迷路走不出来,却意外看到如画中一样的美景,鸡犬相闻,炊烟袅袅,如仙境一般。面对如此景象,他坐在松树下面都不想起来,虽不可能卜邻而居,也恨不得在山中住个十天,惹得仆夫一路催行。

我们也能从他的诗中,感受到黔地温暖多雨的气候特点。这里冬天时间短,下雪比较少,"蛮地少冬雪"⑤。春天早早到来,百花盛开,"惹他桃杏一齐开"⑥,"疏杨成幄水如烟,错认江南二月天"⑦。这里气候温暖,正月里就有春景,元宵佳节,桃杏盛开,绿杨如烟,让他错认是江南二月天。江南"五月榴花照眼明",黔乡"三月榴花已如火"⑧。夏天山中凉爽,秋天也犹如春天一样,"蛮乡秋尽饶春气,十月犹黄菜甲花"⑨,十月已是冬月,还能看到菜花黄。但贵州天气有时却阴晴不定,时冷时热,昼夜温差大,"蛮方气候殊凌乱,晓日须裘午须扇"⑩,早晚穿裘午打扇,这样的温差之大,真让江南人凌乱。

贵州的气候,给洪亮吉印象较深的,是经常下雨,好像天漏了一样。

---

① 洪亮吉:《使院后墙俯临县仓,有荷池十顷,癸丑二月将按试上游,命工筑三层台于墙内。五月杪归,池荷正花,台适告竣,因分日谯客于上,同里杨上舍浦为绘千叶莲台雅集长卷,同人各系以诗,余亦率成此篇云尔》,《卷施阁诗》卷十三,《洪亮吉集》,中华书局 2001 年版,第 756 页。
② 洪亮吉:《盘石塘》,《卷施阁诗》卷十二,《洪亮吉集》,中华书局 2001 年版,第 728 页。
③ 洪亮吉:《度响琴峡》,《卷施阁诗》卷十二,《洪亮吉集》,中华书局 2001 年版,第 732 页。
④ 洪亮吉:《将至波州汛行入一山转转不得出,林木甚美,为小憩少顷乃别》,《卷施阁诗》卷十二,《洪亮吉集》,中华书局 2001 年版,第 723—724 页。
⑤ 洪亮吉:《十五日五鼓起看雪》,《卷施阁诗》卷十四,《洪亮吉集》,中华书局 2001 年版,第 777 页。
⑥ 洪亮吉:《贵阳元夕灯词》其一,《卷施阁诗》卷十三,《洪亮吉集》,中华书局 2001 年版,第 737 页。
⑦ 洪亮吉:《贵阳元夕灯词》其十,《卷施阁诗》卷十三,《洪亮吉集》,中华书局 2001 年版,第 738 页。
⑧ 洪亮吉:《抵盘江过铁索桥久憩复下坡至凉水营午饭》,《卷施阁诗》卷十三,《洪亮吉集》,中华书局 2001 年版,第 744 页。
⑨ 洪亮吉:《将至掌溪塘道中》,《卷施阁诗》卷十三,《洪亮吉集》,中华书局 2001 年版,第 766 页。
⑩ 洪亮吉:《早发谷洞塘》,《卷施阁诗》卷十四,《洪亮吉集》,中华书局 2001 年版,第 779 页。

"一旬强半雨连绵,不信黔南是漏天"①,"十日苦雨三日晴,秋老已觉无欢情"②,本应秋高气爽的秋天,十天里也只有三天是晴天,洪亮吉不喜欢这样一直下雨的天,他在诗中说:"两载逢人日,三年住鬼方。路疑穷北首,雨欲破南荒。"③他虽然经常称此地为"蛮方""蛮乡",但他也很喜欢这里的山水,也许是这个雨下得实在让人受不了,他唯一一次称为"鬼方"。但"黔中虽易雨,一雨亦易晴"④,雨下得多,晴得也快,有时是阴晴不定。"蛮方不定阴晴景,瘴岭先慵旦晚餐。"⑤天气阴晴不定,湿润多雨,南部气温又高,有时会有瘴气,需注意饮食居处。

洪亮吉最关注的还是贵州的河流水道。他来贵州前曾考察京城周边的水道,并准备写水道考,因离京而作罢。到了贵州后,开始考察贵州的水道,追寻水源。

> 我寻白水源,涧削流殊细。西经白虹桥,河声始如沸。前行十里响不停,巨石欲裂穿惊霆。河流至此经千曲,激得飞涛欲升屋。回头屋后山俱破,却让河流隙中过。非烟非雾郁不开,此景岂是人间来。忽惊一白垂无际,高欲切天低盖地。泉声落处构一亭,水色正压群山青。离潭一尺波如斛,衬出空潭影逾绿。蛮方三月景不妍,赖此两两悬珠帘。⑥

白水河是贵州的一条大河,著名的黄果树瀑布就在白水河上。他去寻找白水河的水源,沿河一走就是十里。河水一路轰鸣,在山石中奔腾穿行。看到瀑布从天而降,溅起水雾如烟,真是人间少有的美丽风景。"涧水复时落,重源何处寻"⑦,他还写了《白水河赞》。"一水出道

① 洪亮吉:《贵阳元夕灯词》其五,《卷施阁诗》卷十三,《洪亮吉集》,中华书局 2001 年版,第 738 页。

② 洪亮吉:《徐太守日纪饷菊数十盆,因结作花龛并邀同人共赏,即席赋谢太守》,《卷施阁诗》卷十五,《洪亮吉集》,中华书局 2001 年版,第 795 页。

③ 洪亮吉:《人日消寒第八集,同人登黔灵山复迂道访圣泉,归饮王参军湛恩一角山房,杂成三十二韵》,《卷施阁诗》卷十四,《洪亮吉集》,中华书局 2001 年版,第 776 页。

④ 洪亮吉:《黄花坪道中》,《卷施阁诗》卷十二,《洪亮吉集》,中华书局 2001 年版,第 733 页。

⑤ 洪亮吉:《普安道中作书寄南中诸友》,《卷施阁诗》卷十三,《洪亮吉集》,中华书局 2001 年版,第 744 页。

⑥ 洪亮吉:《白水河》,《卷施阁诗》卷十三,《洪亮吉集》,中华书局 2001 年版,第 742 页。

⑦ 洪亮吉:《山行》,《卷施阁诗》卷十二,《洪亮吉集》,中华书局 2001 年版,第 726 页。

旁,来源抑何赊"①,"寻源至亭侧,石阙方若井"②,大到奔腾的大河,小到山中溪水、涧水,他都想考察找寻水的源头。两年后,他写就《贵州水道考》,此书至今都是研究贵州水利的重要参考资料,对贵州文化贡献极大。

我们通过洪亮吉的诗歌,还可以很好地了解贵州的民俗民风。首先贵州人长得黑,民风也淳朴,"居人多半黑于乌"③,"却喜十州民气愿,殿头早荷圣人知(召见日,蒙谕以黔省士习淳朴,须勤为教导)"④。黔地的语言也不比北方,"一字离音总不成,黔音差较楚音清,诸生莫惯称天籁,好屈周颙学四声。"⑤发音不准,四声不辨。"赏心岂独无俦侣,莺燕南来亦蛮语"⑥,洪亮吉称之为蛮语,像鸟语一样难懂。苗族是能歌善舞的民族,如元宵佳节,"芦笙吹彻秧歌起,逐队花苗跳月来"⑦,描绘了苗民跳月的风俗。"嘈嘈天半响笙簧,雉尾排肩绣两裆。三百蛮姬拥前后,蓝舆飞过九朝塘。"⑧苗民迎接他也是吹着笙簧,唱着歌,跳着舞。"歌管初停舞袖忙,烛花红处劝飞觞。前身合是梁间燕,犹着乌衣入画堂(苗女衣裙皆黑,故云)。"⑨从这些诗歌中可知,苗族的青年男女,每当重要节日或活动,都会成群结队,载歌载舞,芦笙伴奏,非常热闹。他们盛装出席,服饰也很有特点,肩上插着雉尾,衣服绣着花,苗女的衣裙都是黑的,就像梁间燕子入画堂。

有感于贵州的民俗,洪亮吉写了《黔中乐府十二首》⑩,分别是《赛神

① 洪亮吉:《十九日至大定城西坡上校射,归途复诣斗母阁看飞瀑》,《卷施阁诗》卷十三,《洪亮吉集》,中华书局 2001 年版,第 749 页。
② 洪亮吉:《灵观阁春望》,《卷施阁诗》卷十四,《洪亮吉集》,中华书局 2001 年版,第 787 页。
③ 洪亮吉:《南笼试院即事》,《卷施阁诗》卷十五,《洪亮吉集》,中华书局 2001 年版,第 798 页。
④ 洪亮吉:《晓发玉屏,刘教谕嗣武、陈训导秀升率诸生相送,舆中口占六首示之》其二,《卷施阁诗》卷十二,《洪亮吉集》,中华书局 2001 年版,第 725 页。
⑤ 洪亮吉:《晓发玉屏,刘教谕嗣武、陈训导秀升率诸生相送,舆中口占六首示之》其五,《卷施阁诗》卷十二,《洪亮吉集》,中华书局 2001 年版,第 725 页。
⑥ 洪亮吉:《抵盘江过铁索桥久憩复下坡至凉水营午饭》,《卷施阁诗》卷十三,《洪亮吉集》,中华书局 2001 年版,第 744 页。
⑦ 洪亮吉:《贵阳元夕灯词》其四,《卷施阁诗》卷十三,《洪亮吉集》,中华书局 2001 年版,第 738 页。
⑧ 洪亮吉:《九朝塘》,《卷施阁诗》卷十四,《洪亮吉集》,中华书局 2001 年版,第 785 页。
⑨ 洪亮吉:《夜宿寨麻有苗女年十三四者结队来歌,苗童吹芦笙和之》,《卷施阁诗》卷十四,《洪亮吉集》,中华书局 2001 年版,第 784 页。
⑩ 洪亮吉:《黔中乐府十二首》,《卷施阁诗》卷十五,《洪亮吉集》,中华书局 2001 年版,第 798—801 页。

谣》《打虎谣》《起龙谣》《网鱼谣》《漏天谣》《跳月谣》《摘蔬谣》《采茶谣》《宴客谣》《嫁女谣》《织锦谣》《曳缆谣》,其中:

织锦谣

阿娘理红丝,阿妹理彩线。竹阁止一间,织丝看四面。眼波时向郎边瞥,十指纤纤化工出。春禽怪底齐上楼,织得一堤花欲活。①

曳缆谣

上官来,役夫走。百板双绳齐在手,上山居前下山后。排头雨汗挥不停,鬌上都插山花馨。生苗出语真无绪,官好牵他上天去。②

这组乐府诗以民歌的形式,集中展现贵州的民俗及苗民等少数民族的生活的细节,其中涉及祭祀信仰、气候天象、日常生活、生产劳动、恋爱婚嫁、宴客聚会、民间习俗、民族工艺等,几乎涵盖苗民生活的方方面面。黔地祭祀之风盛行,土地庙里祀土神,虽庙宇简陋只有半间,但他们的心是虔诚的。苗民还信仰龙,认为水中有龙,闲来无事看起龙。苗女洗衣服时,可以用衣裙网到鱼。苗民生活艰苦,平时以瓜果、茄子等蔬菜为食,但他们热爱生活,能歌善舞,劳动时头鬌插着野花。元宵及中秋,他们盛装举行跳月仪式,热闹隆重。苗民自由恋爱,青年男女经常在歌舞活动、生产劳动时眉目传情,秋波暗送。跳月等节庆活动也是苗族青年男女相亲、谈情说爱的大型社交活动。贵州青年婚嫁年龄较早,十三四岁就结婚了,女孩嫁妆比较丰厚,家里不惜倾尽家财,水牛、山羊、米等都可以作为嫁妆。诗歌还写到苗族织锦,苗族织锦是流传于贵州的传统手工艺,历史悠久。在他诗中,苗族织锦是妇女代代相传的,妈妈传给女儿,以五色彩线绣成,动物花卉栩栩如生。现在苗族织锦已列入第二批国家级非物质文化遗产,洪亮吉的诗是宣传苗族织锦很好的素材。

这些诗歌可以看出洪亮吉对贵州苗民的风俗十分熟悉,他回京后

---

① 洪亮吉:《织锦谣》,《卷施阁诗》卷十五,《洪亮吉集》,中华书局 2001 年版,第 800—801 页。
② 洪亮吉:《曳缆谣》,《卷施阁诗》卷十五,《洪亮吉集》,中华书局 2001 年版,第 801 页。

还写诗说:"我官蛮服谙土风,民戴长吏同家翁。"①他不仅熟谙土风,而且也喜欢淳朴的土风,这些民谣是带着感情写的。他虽然将西南偏远地区的贵州称为"蛮乡""蛮方""苗蛮",但看到贵州山水秀美,是江南不一样的风景,"江南无此好屏风"②,也喜欢上了这方土地,"蛮方惭久驻,丰岁喜频仍"③,回京后时常想念贵州的生活。洪亮吉在贵州期间还纳了一个十五岁的贵州女子为妾,他对这位女子也比较宠爱,离任时带了回去,但这位女子因思念家乡和父母,经常日夜啼哭,后来生病去世了,十分可惜。

洪亮吉来贵州的第三年,即乾隆六十年(1795)正月,他被邀偕冯光熊至贵阳甲秀楼宴集,席间得知贵州苗民石柳邓等率众起义,吕培等的《洪北江先生谱》本年条记载:"正月十九日,布政使以下奉邀巡抚冯公及先生至城南甲秀楼,张宴放灯,酒半,得铜仁苗石柳邓戎官起事耗,署按察使张公继辛、贵东道尼堪富什浑公闻信即行。甫曙,冯公继往。自此至任满入都,苗氛未参,数公并在军营,时有书函往复,颇靖规划焉。"④《清史稿》记载:"(乾隆六十年二月丙辰)贵州松桃厅苗匪石柳邓等,湖南永绥苗匪石三保等作乱。戊午,湖南苗匪陷乾州厅,同知宋如椿等死之。命福康安往剿,毕沅驻常德筹办粮饷。……辛酉,贵州苗匪围镇远镇总兵珠隆阿于正大营。……己巳,苗匪陷永绥厅鸦西寨,镇箪镇总兵明安图等死之。辛未,湖南永顺苗匪张廷仲等作乱,扰保靖、泸溪。……壬午,贵州苗匪扰思南、印江一带,窜入四川秀山。福康安赴铜仁督剿。命德楞泰领巴图鲁侍卫等赴贵州军营。"⑤由此看来,当年石柳邓等率众起义后,贵州湖南多地苗民起义响应,声势很大,几个地方被起义军攻陷,有官员被杀。

洪亮吉作为清朝的朝廷命官,站在起义军对立面,称之为"贼"

① 洪亮吉:《桂大令馥戴花骑象图》其二,《卷施阁诗》卷十七,《洪亮吉集》,中华书局 2001 年版,第856 页。
② 洪亮吉:《自平贯塘至白岩汛道中》其二,《卷施阁诗》卷十三,《洪亮吉集》,中华书局 2001 年版,第763 页。
③ 洪亮吉:《十六日消寒九集湛碧亭禅房看雪至二鼓乃返》其二,《卷施阁诗》卷十四,《洪亮吉集》,中华书局 2001 年版,第 777 页。
④ 吕培等:《洪北江先生年谱》,《洪亮吉集》,中华书局 2001 年版,第 2342 页。
⑤ 赵尔巽等:《清史稿》卷十五《高宗本纪六》,中华书局 1977 年版,第三册,第 560—561 页。

"匪",希望早日"平乱",这种立场也是可以理解的。"乌乌角声吹不停,忆昨夜过三千兵。山阴美酒赍百瓶,倾尔欲听苗蛮平(时铜仁苗匪滋事,巡抚以下并领兵亲往)。"①"梦好尚怜春思冷,尘飞时望捷书还。征东将士应无恙,何日先平板楯蛮(时铜仁逆苗尚未授首)?"②此时他担心将士的安危,希望早日听到捷报,盼望"早晚捷书来郡阁"③。"扃门莺燕时来觑,出谷烽烟昨已收(时得冯巡抚知会,初二日在嗅脑剿杀逆苗二千余人,正大营道路已通)。"④当他听到战胜的消息,内心是高兴的。端午日正值夏至,又得捷报,"官兵早破黄瓜砦,贼势愁亡榔木隘"⑤,他也写诗庆贺,"兴酣邀客共劈笺,铙吹雅乐吟连篇。"⑥当云贵总督福康安率军暂时平定"叛乱"时,他写诗《平苗凯歌十章即寄福康安公相行营》⑦,赞美他"军律严同细柳营,声威先已慑蛮荆","原知庙算真无敌,先定黔中下楚中。"还联想到明朝军队"平苗"之事,"五姓花苗敢猕猖,曾传吴毕石鸡娘。乌罗地大如瓯子,又见天兵下石梁(《明史·土司传》:宣德五年,石各野纠同石鸡娘、吴毕郎等扰乱铜仁。亦会川湖兵讨平之)。"他颇感自豪,"十万貔貅齐下拜,凯歌声里庆传觞"。他作为一名清朝官员,反对苗民起义,希望早日平定,还西南平安,于他是正常,但也有反思批判及对苗民的同情。

洪亮吉历来关心民生疾苦,到贵州后,也关心贵州人民的生活状况。看到贵州人民生活清贫,"厨中苦无盐,盘内久无肉",也看到役夫辛苦,他来贵州途中以及出门巡试,也使用役夫,亲眼所见他们的艰辛,"民夫征不足,搜剔到蛮洞。负担行万山,心伤足俱肿。衙胥不之恤,而

---

① 洪亮吉:《二月初六日偶成》,《卷施阁诗》卷十六,《洪亮吉集》,中华书局2001年版,第816页。

② 洪亮吉:《十九日出城东门看花至芳杜洲作》,《卷施阁诗》卷十六,《洪亮吉集》,中华书局2001年版,第817页。

③ 洪亮吉:《试院小楼独坐柬嵇太守承孟》,《卷施阁诗》卷十六,《洪亮吉集》,中华书局2001年版,第820页。

④ 洪亮吉:《清明》,《卷施阁诗》卷十六,《洪亮吉集》,中华书局2001年版,第824页。

⑤ 洪亮吉:《端五日闻官兵捷音》,《卷施阁诗》卷十六,《洪亮吉集》,中华书局2001年版,第826页。

⑥ 洪亮吉:《端五日闻官兵捷音》,《卷施阁诗》卷十六,《洪亮吉集》,中华书局2001年版,第826页。

⑦ 洪亮吉:《平苗凯歌十章即寄福康安公相行营》,《卷施阁诗》卷十六,《洪亮吉集》,中华书局2001年版,第827页。

复相惊恐。"①长时间负重行走山路，双脚肿胀，衙胥不但不体恤他们，还要恐吓他们，他很同情这些当地役夫。贵州山高路陡，肩舆上山，必用纤夫，官府经常征用苗民当肩舆牵缆。赵翼曾在《檐曝杂记》中记载："扬帆牵缆皆行舟事。然云、贵作吏者，肩舆上山必用纤夫。其纤以色布为之，承应上司或有用全帛者。盖山路高，舁舆而上，须藉此得力也。余在贵州，出行亦用之。因忆昔在山东途次，见挽小车者，顺风则张小帆于车，可援作一对，因得句云：'笑看南俗轿牵缆，好对北方车挂帆。'章湖庄云：'甘肃宁夏府有沙山，亦用缆挽轿。'"②可见肩舆牵缆之辛劳。洪亮吉听到役夫谣中传唱"官好牵他上天去"，感觉到了贵州官与民的矛盾，苗民的起义，与官府的压迫、赋税徭役的繁多是有密切关系的。他来贵州的途中，看到灾民的苦难，就借"惨不仁"厥吏无情鞭挞驿马，发出了"用以警牧民，危言匪无稽"③的警告了，这些见闻和思考，也决定他以后能写出《征邪教疏》等震惊朝廷的文章。

虽然他不希望发生苗民起义，但事情已经发生，他希望尽快平息，"还怜春夏行军久，倘念西南民力疲"④，他是出于仁爱之心，不希望西南长时间动荡，给百姓和士兵带来苦难。他爱惜他的学生，不同意他们投笔从戎去军队效力，"却笑青衿未知事，漫思投笔佐军筹（时有毕节附生熊瑶，具呈，欲移送军前效力，余已谕却之）。"⑤他更不希望过多杀戮，"黄旗植处许归耕，一半蚩氓庆更生。神武圣仁原不杀，诏书先筑受降城。"⑥看到苗民又恢复生产生活，看到清军不杀"叛民"，还帮助投降的城市修城，对他来说是最值得庆贺的。"我朝恩泽厚，域外悉蚷蠓。况兹梁楚界，大吏所控总。所期仁及物，役不到繁冗。公廉率其下，守宰

① 洪亮吉：《喜代人将至率赋六诗留以志别并贻新学使谈户部祖绶》，《卷施阁诗》卷十六，《洪亮吉集》，中华书局2001年版，第834页。
② 赵翼：《檐曝杂记》卷四，《赵翼全集》第三册，凤凰出版社2009年版，第63页。
③ 洪亮吉：《自柏乡至磁州道中杂诗》，《卷施阁诗》卷十二，《洪亮吉集》，中华书局2001年版，第703—704页。
④ 洪亮吉：《端五日闻官兵捷音》，《卷施阁诗》卷十六，《洪亮吉集》，中华书局2001年版，第826页。
⑤ 洪亮吉：《清明》，《卷施阁诗》卷十六，《洪亮吉集》，中华书局2001年版，第824页。
⑥ 洪亮吉：《平苗凯歌十章即寄福康安公相行营》其八，《卷施阁诗》卷十六，《洪亮吉集》，中华书局2001年版，第827页。

自惶悚。昨来驰尺一,荒户给田种。"①这是他即将离开贵州写的诗,诗中充满了对贵州苗民的同情。他希望朝廷体恤苗民,实行仁政,不要过分役使他们。他也曾借咏秦宫人镜为题时,抨击秦始皇的暴政。得知清廷"以苗匪乱,免贵州铜仁府属松桃、正大等处额赋"②,他为朝廷的免税政策而歌颂。在回京途中,看到兵燹之后的景象,他内心十分哀痛。这都体现了他的仁爱胸怀。

三年贵州学政已满,洪亮吉于乾隆六十年(1795)十一月离开贵州回京。他的家眷已于九月十九日先行离开。此日他独自饮酒,写下这首诗:"不觉萧萧雨,风声彻户凉。又添新别恨,独对古重阳。石镜花千朵,琴台酒一觞。遥怜车骑远,凝睇此高冈。"③诗歌表达了即将离别贵州的惆怅和依恋之情。他于十一月初十从贵阳启程回京,新科举人熊焕章、杨大奎随行,他们都是新中举而无力入都者,正好一同入都。十五日抵镇远,适遇新学使谈祖绶,当即交印。十二月初抵辰州,谒恩师毕沅,相谈甚欢,三日方别。他行至南阳过春节,初二即上道,经郑州、新乡、安阳等地,于正月二十八日入都。

洪亮吉在贵州常有奇遇,张问陶称之为"奇人有奇遇,一往无不好"④,他到南笼岁试,时南笼久旱,他抵达后即天降骤雨。贵州大部分地方多雨,天无三日晴,洪亮吉很不喜欢这样的天气,但在他即将离任前,却连续两个月天气晴朗,"云山殊恋别,忽作两月晴(自八月十四日至此已两月,并无大风雨。土人云:为数十年所未有)。"⑤数十年未有这样的天气,似乎贵州的山水也留恋他。洪亮吉任贵州学政三年,对当地教育和文化有很大贡献,可以说惠泽苗岭。

① 洪亮吉:《喜代人将至率赋六诗留以志别并贻新学使谈户部祖绶》,《卷施阁诗》卷十六,《洪亮吉集》,中华书局 2001 年版,第 834 页。
② 赵尔巽等:《清史稿》卷十五《高宗本纪六》,中华书局 1977 年版,第三册,第 561 页。
③ 洪亮吉:《十九日独酌偶成》,《卷施阁诗》卷十六,《洪亮吉集》,中华书局 2001 年版,第 831 页。
④ 张问陶:《寄贵州学使洪稚存同年》,《船山诗草》卷八,中华书局 1986 年版,第 216 页。
⑤ 洪亮吉:《喜代人将至率赋六诗留以志别并贻新学使谈户部祖绶》,《卷施阁诗》卷十六,《洪亮吉集》,中华书局 2001 年版,第 834 页。

第七章 官学总裁 闲职寸心

洪亮吉贵州学政任满,回到京城,先是担任咸安宫官学总裁,后被派为上书房行走,教导皇孙。此时时局动荡,西南苗民之乱尚未彻底平息,多地又发生白莲教起义,洪亮吉虽依旧是冷官闲职,却一如既往关心时局,忧心民生。

第一节 一事冷官差可慰

嘉庆元年(1796)正月初一,清高宗弘历在太和殿举行内禅礼,清仁宗颙琰即位,尊弘历为太上皇。此时洪亮吉行至河南安阳,他偕南阳镇总兵袁果、南阳知府完颜岱等,至幄殿行朝贺礼,有诗云:"幄殿趋朝夜向晨,宛南春首净无尘。早闻内禅光唐宋,又见元年值丙辰。全楚正欣秋再稔,史官应奏日重轮。尧阶未在追陪列,尚愧西清侍从臣。"①诗中说的"早闻内禅",是前一年乾隆皇帝八十五岁,宣示立皇十五子嘉亲王为皇太子,明年为嗣皇帝嘉庆元年。洪亮吉对此表示赞赏,比喻为"光唐宋",作为文学侍臣的他,此时不在京城不能当面庆贺,还有一种愧疚之感。

洪亮吉正月二十八日回京,第二天二十九日即诣宫门复命。"时先以任满日,黔省督抚保奏过优,蒙谕,见面时题奏。当日军机处将原折

---

① 洪亮吉:《元日南阳》,《卷施阁诗》卷十七,《洪亮吉集》,中华书局 2001 年版,第 842 页。

先递，旋即召见，谕问黔中课士情形，黔楚苗匪近状，民情安扰，官更贤否甚悉，又垂询祖父兄弟并甲第师生。良久方遣出。"①他入都后第二天就得到了嘉庆皇帝的召见，嘉庆皇帝对贵州的情况和他家庭、师生等都很关心，谈了很久。当年因新帝登基恩诏赠洪亮吉父亲承德郎、母亲安人，对他妻室、祖父母都有封典。

　　他回京后的住处也几经变迁。"二月，僦寓兵马司前街。……八月移寓沙土园八角琉璃井官房，有亭池树石之胜。"②他租住的兵马司前街与邵晋涵寓所相邻。他在诗中说："与君卜邻意非好，欲拉酒徒时醉倒。墙西望汝一树花，君病未瘳春遽老。笺云日啖半瓯粥，颇厌墙东酒徒扰。墙东酒徒非得已，匝月行完七千里。轰天炮火冲身出，吊影惊魂可知矣。昨来偶自窥青镜，不觉二毛填鬓底。期君醉我君辞疾，反作新诗恼行客。酒逋我纵盈门索，药券知君亦山积。君如戒药我戒酒，一日颠毛恐俱白。"③诗中"墙西望汝一树花"，说明洪亮吉的寓所在邵寓之东，所以他以"墙东酒徒"自称。诗歌的戏谑口吻，证明他们关系很好。洪亮吉住过来时，邵晋涵在病中，服药戒酒，遗憾不能开怀畅饮，但邵晋涵写来诗稿。从这首回赠的诗作，我们也可看出洪亮吉刚回京时的心境。他长途奔波，途中经历"轰天炮火"，回来仍然惊魂未定，揽镜自照，头发已花白，这几年的辛劳明显写在脸上。可惜的是这位好友邵晋涵再也未能如他所愿相期一醉，而是在本年六月二十五日病逝，年仅五十四岁。洪亮吉还写了《邵学士家传》。

　　租住兵马司前街后，就有人前来请教拜访，如皋的陈嵩就是其中一位。《送奎文阁典籍陈嵩归里省亲序》中云："柔兆执徐之岁，予自黔中入都，卸装闲廛，僦屋琐巷。于是，有挟素业以就质，操乡语而通款者，则如皋陈肖生也。望衡对宇，几将一周；连舆接茵，曾不间日。"④陈嵩（生卒年不详），字肖生，江苏如皋人。曾充任四库馆典籍。

---

① 吕培等：《洪北江先生年谱》，《洪亮吉集》，中华书局 2001 年版，第 2343 页。

② 吕培等：《洪北江先生年谱》，《洪亮吉集》，中华书局 2001 年版，第 2343 页。

③ 洪亮吉：《奉酬邵学士晋涵病中见寄之作》，《卷施阁诗》卷十七，《洪亮吉集》，中华书局 2001 年版，第847 页。

④ 洪亮吉：《送奎文阁典籍陈嵩归里省亲序》，《卷施阁文乙集》续编，《洪亮吉集》，中华书局 2001 年版，第 399 页。

洪亮吉回京后依例回到原来所在的翰林院,四月,翰林院举行散馆前的庶吉士考试,皇帝亲自测试并定等第,洪亮吉得了一等,奉旨留馆。"六月派本衙门撰文。七月,派充咸安宫官学总裁。"①

据《大清会典事例》记载,咸安宫官学最早设在咸安宫内,有学舍二十七间,为教习满洲八旗及内务府三旗大臣官员子弟肄业处。清朝以八旗包衣(家奴)为主组成内务府,管理所有宫廷事务。咸安宫官学就是统治者为教育这些包衣的子弟而设的专门学校,筹建于雍正六年(1728),咸安宫官学总裁一职设立于雍正七年(1729),总裁由翰林院委派,满官二员、汉官四员,共六人,不必长住馆内。学生几十人或一百多人,学习满文、汉文、翻译、骑射等。入学年龄为十五岁至二十岁,学习期限为十年。由闲散人挑补入学者,应于十年内考中生员,由举人、贡生、监生、生员挑补入学者,须在三届(每三年一届)乡试、会试中考取举人或进士,如不能考取,则退回本旗派用。学生清晨入学,日暮散归,如遇暴雨、严寒等特殊天气,教习、学生如果愿意也可以住在官学内。学生在学期间待遇优厚,教习等也定期供给米、煤、菜、肉等补贴银两,夏秋冬还有服装供给。洪亮吉是四位汉员总裁之一,生活条件得到改善,也分配到了住房。同年八月,移寓沙土园八角琉璃井官房,有亭池树石之胜。

他在贵州也是为人师,贵州虽然地处偏远,教育落后,但学子好学上进,看到他们的进步和成绩,虽辛苦也值得,但现在教授内务府包衣的子弟,情况就不一样了。清朝的内务府包衣大多担任人财管理、采购物品、修建工程等要职"肥差",生活条件优裕,随着八旗贵族的日益腐败,这些包衣的后代大多也没有多少进取心,不太重视学习,况且咸安宫官学也有多名专门的教习,所以他这个总裁事情并不多,正如他自己所说:"官闲乏尘事,敢尚旷厥职。"②他由贵州入都后的这段时间,又像刚入职翰林院编修时那样,有较多时间与士子朋友往来,他们会友宴集、饮酒赋诗、品画题画、郊游赏花等,乐在其中,但又有些许经世之才

① 吕培等:《洪北江先生年谱》,《洪亮吉集》,中华书局2001年版,第2343页。
② 洪亮吉:《十六夜独坐玩月至四鼓月食诣太常寺随班行礼》,《卷施阁诗》卷十七,《洪亮吉集》,中华书局2001年版,第860页。

得不到发挥的惆怅。

四月二十日与公子胡稷会饮于光禄金孝继宅,醉得厉害,归途于马上得五百字,送朋友们南归,并寄给家乡好友庄逵吉、陆继辂。诗云:"今年绝代才,皆下考功第。汪(端光)王(芑孙)徐(嵩)赵(怀玉)张(问安),尤苦不得意。……酒徒七八辈,痛饮日三四。我惭居下位,不克挽风气,尚书名知人(纪宗伯昀),本可惬群议,微嫌心有主,意在急防弊。遂令中材升,杞梓或被弃。几兹数君子,一一淘国器,中年饶底蕴,讵止文藻丽。沉沦致颠蹶,此事亦匪细。"①诗歌就汪端光、王芑孙、徐嵩、赵怀玉、张问安等几位友人的科举不第,抒发惋惜和不平之情。他认为这几位君子,不仅有好文采,而且底蕴丰厚,有经世之才,可堪大用,但如今皆沉沦下僚。诗中所指虽然是他的朋友们,但他自己又何尝不是如此呢?虽然担任咸安宫官学总裁的职务,但也经常无事可做。诗歌还借此表达了思念友人和思乡之情,"明春当乞假,官阁倘可诣。""倘及三月三,春江可修禊。"②

胡稷(生卒年不详),字公望,号梦湘,安徽庐江人,胡观澜之子。乾隆五十四年(1789)举人,历官四川川东兵备道、江西盐法道等职。著有《律诗》四卷、《诗余》一卷、《盐政利弊书》四卷等。金孝继(生卒年不详),字志祖,一字云皋,安徽休宁人。监生。历官广东阳江知县等。

五月初八,应方体、吴鼐邀,偕同人集于西直门外金氏园亭,饯送桂馥前往云南永平赴任。桂馥(1736—1805),字冬卉,号未谷,山东曲阜人。乾隆五十五年(1790)进士。官云南永平县知县,卒于官。精小学,工篆刻。著有《晚学集》八卷、《许氏说文解字义证》五十卷、《札朴》十卷及《后四声猿》等。方体(1754—?),字道坤,号茶山,安徽绩溪人。乾隆五十五年(1790)进士,历官刑部郎中、九江知府、湖北按察使等。著有《仪礼今古文考证》《仪礼今古文考误》《绿雨山房诗文集》等。

"雨丝疏不断,一路出西城。日闪塔头影,雷轰涧底声。草高飞骑

---

① 洪亮吉:《四月廿日与胡公子稷会饮金光禄孝继宅,被酒醉甚,归途于马上得五百字即送南归,兼柬庄上舍逵吉、陆秀才继辂》,《卷施阁诗》卷十七,《洪亮吉集》,中华书局 2001 年版,第 849—850 页。

② 洪亮吉:《四月廿日与胡公子稷会饮金光禄孝继宅,被酒醉甚,归途于马上得五百字,即送南归,兼柬庄上舍逵吉、陆秀才继辂》,《卷施阁诗》卷十七,《洪亮吉集》,中华书局 2001 年版,第 850 页。

入,花满露舟横。""岸柳阴三面,溪云白四边。遥程愁更数,西去万三千。"①因他有贵州西南行的经历,所以描写桂馥旅途中的情状,十分生动具体。根据张问陶《船山诗草补遗》卷五《七月十八日与洪稚存、伊墨卿、吴玉松、戴金溪、法时帆、马秋药重饯桂未谷明府、刘松岚刺史于赵味辛寓斋,醉归车中有作》②,七月十八日他与张问陶、伊秉绶、法式善等在赵怀玉寓斋,再次宴集为桂馥、刘大观饯行。他还写有《送桂大令馥之官永平》,诗云:

> 汪钱卢邵(汪明经中、钱教授塘,暨卢文弨、邵晋涵两学士)相继作,海内故人今益稀。洪生终日块然坐,欲哭不哭常歔欷。数君岂止伤夭折(汪、钱、邵,年皆仅五十左右),六艺微言亦将绝。闲搜箧底出手笺,精义犹堪补残缺。桂生亦是今儒者,六十局门校《苍雅》。远官万里无一钱,手抱遗经尚难舍。君不见,许君弟子有尹珍,首以小学传蛮人。二千年来师授绝,得毋待尔一一重敷陈。君不见,蛮方志乘尤疏略,若水兰沧考须确。博南倘许宦三年,他日应传眭君学。③

诗歌感慨很多友人相继谢世,桂馥的学问更加有价值。桂馥博涉群书,尤其精通小学,精通声义,对许慎的《说文解字》颇有研究,曾说:"士不通经,不足致用;而训诂不明,不足以通经。"④洪亮吉对小学也颇有研究,应该很赞同他的观点,希望他像许慎的弟子尹珍那样,将小学传递到云南。另外洪亮吉有视学贵州的经历,了解西南地区的情况,知道"蛮方志乘尤疏略",方志简略且谬误颇多,所以希望他也像自己考察贵州水源那样,考察云南水源。云南水资源丰富,有金沙江、澜沧江、怒江这样的大河,梳理水脉意义重大。希望他三年任满后,像他山东前辈西汉时的眭弘一样,在经学研究中成就卓著。洪亮吉还写有《桂大令馥

---

① 洪亮吉:《五月八日方比部体、吴孝廉廉萧邀同人出西直门小集金氏园亭,即席赋赠,并送桂大令馥之官云南》,《卷施阁诗》卷十七,《洪亮吉集》,中华书局 2001 年版,第 851 页。

② 张问陶:《七月十八日与洪稚存、伊墨卿、吴玉松、戴金溪、法时帆、马秋药重饯桂未谷明府、刘松岚刺史于赵味辛寓斋,醉归车中有作》,《船山诗草补遗》卷五,中华书局 1986 年版,第 668 页。

③ 洪亮吉:《送桂大令馥之官永平》,《卷施阁诗》卷十七,《洪亮吉集》,中华书局 2001 年版,第 853 页。

④ 赵尔巽等:《清史稿》卷四百八十一《列传二百六十八·儒林二》,中华书局 1977 年版,第四十三册,第 13230 页。

戴花骑象图》,诗云:"祝君官满无一钱,堆鬓花好垂吟肩。君不见,三年政成归亦好,叱象北来耕海岛。"①在这首题画诗中,洪亮吉也鼓励他的朋友去西南边陲云南为官,并且祝本来"远官万里无一钱"的桂馥,三年后仍然"官满无一钱"。

这三首与桂馥有关的诗,不仅记录了洪亮吉与桂馥的交往,还反映了他此时的心态和想法。他重视学问研究,包括经学、小学、地理学等,认为不管到哪里做官,均不能耽误做学问,任满后也应有相应的学术成果;他重视西南边地教育,不仅自己做好学问,还要传授学问于当地士子。另外,他为官清廉,被认为是"清廉爱士,数十年所未有"②,他也寄语即将远赴西南的桂馥"祝君官满无一钱"。

七月初七,七夕佳节,吴锡麒召集洪亮吉、张问陶等在澄怀园赏荷,并即席赋诗相赠,听着婉转的越地歌谣(吴锡麒为钱塘人氏),闻着荷花的清香,心情愉悦,酒喝到一半,他们不想辜负这佳节美酒,移樽池上,"莫负佳节欢,移樽酌波暝"③,也许是酒喝多了,他与张问陶两人均失足落入水中,"影先入水身误从,影没反讶身凌空。"④所幸"吾曹不死亦可咍,多谢花朵擎魂回"⑤。张问陶也有诗歌记录此次欢聚,"浮世几人能简傲,纵谈有客太飞扬。池巾醉态花应笑,枕上诗情梦亦香。他日江湖重听雨,剪灯难忘旧清狂。"⑥此外还有邵葆祺进士邀集其寓斋,饯送张问安归蜀,送黄钺乞假回芜湖。十月廿三日邵葆祺饷酒,约同年张问陶过卷施阁雪中小饮,别后复独酌池上,读亡友黄景仁的诗集至二鼓,此时他十分想念他的旧友黄景仁。

这段时间他写了不少题画、题诗卷的题咏诗,如《李公子存厚梅窝

① 洪亮吉:《桂大令馥戴花骑象图》,《卷施阁诗》卷十七,《洪亮吉集》,中华书局 2001 年版,第 856 页。
② 吕培等:《洪北江先生年谱》,《洪亮吉集》,中华书局 2001 年版,第 2342—2343 页。
③ 洪亮吉:《七月七夕吴侍讲锡麒招集澄怀园赏荷即席赋赠》,《卷施阁诗》卷十七,《洪亮吉集》,中华书局 2001 年版,第 854 页。
④ 洪亮吉:《酒半移酌池上与张同年问陶皆失足堕水,戏作一篇并呈》,《卷施阁诗》卷十七,《洪亮吉集》,中华书局 2001 年版,第 855 页。
⑤ 洪亮吉:《酒半移酌池上,与张同年问陶皆失足堕水,戏作一篇并呈》,《卷施阁诗》卷十七,《洪亮吉集》,中华书局 2001 年版,第 855 页。
⑥ 张问陶:《七夕吴谷人侍讲招同法时帆祭酒、赵味辛舍人、桂未谷大令、洪稚存编修、伊墨卿比部、何兰士水部集澄怀园看荷》其二,《船山诗草补遗》卷五,中华书局 1986 年版,第 667 页。

图（罗两峰画）《题王太守宸仿董北苑潇湘图为徐孝廉嵩赋》《城南雅集图》《法祭酒雪窗课读图》《少宗伯铁保暨少宰玉保绘联床听雨图属题率赋一篇》《题陈布衣嵩画梅册子》《题陈同年庆槐借树山房》《桂大令馥戴花骑象图》《赵大令希璜云车飞步图》《张同年问陶梦月卷子》《陈布衣嵩咏簧轩卷子》《题黄上舍恩长印谱》等，这些诗作虽然有特定的题材和场景，类似命题作文，但依然能反映洪亮吉此时的心态。如他题法式善、李如筠、张问陶、刘锡五、何元烺、何道生、王芑孙、徐嵩八人相集之后所绘的《城南雅集图》。

李如筠（1765—1796），字介夫，号虚谷，江西大庾（今江西赣州市）人。乾隆五十二年（1787）进士。授翰林院编修，历官湖南乡试主考。为人刚正不阿，工诗，著有《蛾术斋试帖古近体诗》等。何元烺（1761—1823），字良卿，号砚农，山西灵石人。乾隆五十二年（1787）进士，改翰林院庶吉士。历官户部江西司主事、山东司主事、河南司员外郎、广西司郎中，山东道监察御史、广西太平府知府、左江兵备道等。著有《砚农集》《方雪斋诗》。

洪亮吉在题画诗中云："一奴前行不着鞭，八骑矫首皆如仙。穿行古刹及荒墅，日永或借闲斋眠。数君才调皆经世，所喜升平无一事。木天粉署官本闲，欲以琴尊消壮志。"[1]图中这八位都有着经世之才，但他们都做着闲官，整天骑马闲逛，或者"昨日作一篇，今日作一篇"[2]，或者"酒徒七八辈，痛饮日三四"[3]，只能以琴樽消磨壮志。他在诗中说"所喜升平无一事"，但现实并非如此，在内乱不断的当时，这更像是一句讽刺。

在他的这些题咏诗中，可以看出他很想念家乡和亲人。他的家眷从贵州直接回了家乡常州，"全家既南归，一婢携向北"[4]，他也好几年没有回家乡了，而一直跟随他的旧仆朱禄又突发危疾去世，他伤心不忍视

① 洪亮吉：《城南雅集图》，《卷施阁诗》卷十七，《洪亮吉集》，中华书局 2001 年版，第 852 页。
② 洪亮吉：《城南雅集图》，《卷施阁诗》卷十七，《洪亮吉集》，中华书局 2001 年版，第 851 页。
③ 洪亮吉：《四月廿日与胡公子稷会饮金光禄孝继宅，被酒醉甚，归途于马上得五百字，即送南归，兼柬庄上舍逵吉、陆秀才继辂》，《卷施阁诗》卷十七，《洪亮吉集》，中华书局 2001 年版，第 850 页。
④ 洪亮吉：《十六夜独坐玩月至四鼓月食诣太常寺随班行礼》，《卷施阁诗》卷十七，《洪亮吉集》，中华书局 2001 年版，第 860 页。

之。他在诗中说:"几年作客思家切,手写一枝如铁屈。"①在题法式善《雪窗课读图》时,特别想念他故去多年的母亲,因为法式善和他有同样的遭遇,幼遭孤露,母亲课读。"所以人子心,常思事亲日。感君与我孤露同,六岁七岁称孤童(君以七岁孤,余甫六岁)。贫家无师读不得,卒业皆在纱帷中。虽然我与君稍异,忧患余生复难记。《五雅》《三苍》业纵同,经旬九食谈何易。白云前头一曲溪(余昨绘《机声灯影》卷子,亦图太安人课读时事),昔者我友曾分题。长檠无光短檠继,持较此卷殊依稀。"②看到法式善的《雪窗课读图》,他自然想到他的《机声灯影图》,对母亲的思念挥之不去,真希望"安得衰亲常存雪不化,儿宁读书终老茅檐下"③。如果母亲能永远和自己在一起,就像图中的冬雪永远不化,自己宁愿读书终老。他还梦见他舅氏白云溪的旧宅,并感赋一诗,"欢场总被风吹散,赢得春宵梦百回。"④

在这些诗中还可以看到他对人生苦短既感叹,亦旷达。此时他五十一岁,已是哀乐中年,好多师友已离他而去,"好友半夭折(谓邵进士、杨比部)"⑤,海内故人日益稀少。他痛惜朋友的离去,酒后读亡友黄仲则的诗,想到他这位挚友已去世很多年,感慨万千。"如何不酣饮,坐待生白发。君看空中花,真如电光掣。"⑥这些都让他有人生如朝露的感觉,但他也认为:"人生天地间,百物无不借。"⑦"朝看东篱花,暮折北堤柳。人生无根株,安得不奔走。"⑧虽然有朋友离去的忧伤,有人生苦短的烦恼,但同时也很旷达,能超脱个人小我,看到这是自然规律,人生如寄,谁也无法避免。既然无法避免奔走的命运,还不如超脱一点,把握

---

① 洪亮吉:《题陈布衣嵩画梅册子》,《卷施阁诗》卷十七,《洪亮吉集》,中华书局 2001 年版,第 853—854 页。
② 洪亮吉:《法祭酒雪窗课读图》,《卷施阁诗》卷十七,《洪亮吉集》,中华书局 2001 年版,第 852 页。
③ 洪亮吉:《法祭酒雪窗课读图》,《卷施阁诗》卷十七,《洪亮吉集》,中华书局 2001 年版,第 852 页。
④ 洪亮吉:《梦入从舅氏白云溪旧宅感赋长句》,《卷施阁诗》卷十七,《洪亮吉集》,中华书局 2001 年版,第 861 页。
⑤ 洪亮吉:《廿三日邵进士葆祺饷酒,并约张同年问陶过卷施阁小饮,别后复独酌池上,读亡友黄景仁悔存轩集至二鼓作》其一,《卷施阁诗》卷十七,《洪亮吉集》,中华书局 2001 年版,第 859 页。
⑥ 洪亮吉:《廿三日邵进士葆祺饷酒,并约张同年问陶过卷施阁小饮,别后复独酌池上,读亡友黄景仁悔存轩集至二鼓作》其一,《卷施阁诗》卷十七,《洪亮吉集》,中华书局 2001 年版,第 859 页。
⑦ 洪亮吉:《题陈同年庆槐借树山房》,《卷施阁诗》卷十七,《洪亮吉集》,中华书局 2001 年版,第 854 页。
⑧ 洪亮吉:《送张孝廉问安归蜀》,《卷施阁诗》卷十七,《洪亮吉集》,中华书局 2001 年版,第 857 页。

眼前,享受当下。从这些诗歌我们可以看到,洪亮吉既有诗人的情感和温度,又有学人的理性和深度。

洪亮吉此阶段的复杂心态,在他《偶成》四首诗中有更集中的体现,诗云:

> 哀乐中年讵可支,未衰恐已鬓添丝。遭谗真悔知名早,投隙方嫌见性迟。乍识面人偏入梦,不关心事忽沉思。平生学行吾能审,岂待悠悠论定时。

> 百种芟除癖尚留,闭门索句出门游。研摩未及唐余史,踪迹粗穷禹九州。胸次渐能忘宠辱,舌锋从不快恩仇。白云溪畔三间屋,略有头衔好乞休。

> 间来屈指溯从前,孤露余生我自怜。平辈半皆成老宿,故人多已学神仙。难忘砚北千秋业,却有城南二顷田。一事冷官差可慰,趋朝常得弟随肩。

> 亘亘平生一寸心,不同朝士竞升沉。凭谁可解胸中结,倩客时弹海上琴。乞与药垆希驻景,肯从尘网索知音。南舟北马频来往,坐使劳劳变古今。①

已到中年,并非事事如意。他平生好交友,与朋友赤诚相见,虽有许多志同道合的知己知音,如张问陶、法式善、赵怀玉等,也有些人与他产生嫌隙,但他对自己的学养品行等都很有信心,不需要他人品头论足。他半生已过,癖好尚存,闭门写诗,钻研学问,出门游历,寄情山水,踪迹几乎遍及九州。一方面他有经世之才和经世的抱负,居于闲职,难免胸中郁结,希望能有知音赏识,不辜负自己的"平生一寸心",另一方面对于仕途他并不热衷,难忘的是"砚北千秋业",即著书立说的千秋大业,这种心情比较矛盾。好在大自然山水的陶冶和自己丰富的阅历,使

① 洪亮吉:《偶成》,《卷施阁诗》卷十七,《洪亮吉集》,中华书局 2001 年版,第 862—863 页。

他的心胸越来越开阔,能宠辱不惊,也能与自己和解,因为他懂得生命是脆弱的,人生是短暂的,没有仙药可以留住生命。好在还有城南二顷田、白云溪畔三间屋,可以乞假回乡,虽任闲职却能与弟弟时常相随,所以对自己现在"略有头衔""一事冷官"的处境也勉强能接受。考察这些诗歌,可以感觉他此时的心态比较复杂,既有不甘,也有些许欣慰。

第二节　侍学传经圣人孙

嘉庆二年(1797)三月三日,洪亮吉奉旨在上书房行走,教乾隆的曾孙奕纯读书。[1] 爱新觉罗·奕纯(1767—1816),乾隆帝长曾孙,定安亲王永璜之孙,绵德之子。乾隆四十四年(1779)封三等辅国将军,四十九年(1784)晋镇国公品级,五十一年(1786)袭贝子。乾隆皇帝的长子、长孙都去世得早,所以对这个长曾孙比较宠爱。清朝对皇子的教育十分重视,他们认识到要统治人口众多、文化层次高的汉族,必须学习领会汉文化。雍正朝时,在乾清宫东南侧庑房设立上书房,让皇子们在此读书,雍正还为上书房题写"立身以至诚为本,读书以明理为先",作为对皇子们的要求,并委派满汉大学士张廷玉、鄂尔泰为总师傅。学习的内容主要是满蒙汉文、《四书》《五经》、吟诗作文及骑射等。

因任职的变动,他也乔迁至澄怀园近光楼下。澄怀园在圆明园福园门南、绮春园西墙外,为南书房和上书房翰林所设的寓所,俗称"翰林花园",这是清廷对汉族官员的最高礼遇,中有近光楼六间,是皇子师傅所居住的地方。五月,洪亮吉夫人蒋宜人率子妇等家眷抵都,一家人再次团聚。

上书房教书的师傅可自由出入宫禁,可以用御膳房的饮食,更有机会结交皇室贵族,这在洪亮吉看来,是一种荣耀。他有诗记载这一天,诗云:"不妨衣冷更装绵,十里冲寒笼玉鞭。到处雨犹零昨日,别来人乍入三天(是日,入直上书房)。情怀已分难成梦,消息缘知欲禁烟。只有

---

① 吕培等:《洪北江先生年谱》,《洪亮吉集》,中华书局 2001 年版,第 2343—2344 页。

御河桥畔柳,临风袅袅试初眠。"①诗中"三天"是上书房的别称,因上书房中悬挂世宗皇帝御笔的"前垂天贶""中天景运""后天不老"三匾额,而具"三天"之称,可见雍正帝对皇室命运寄予多大的期望。洪亮吉将这一年的诗歌命名为《侍学三天集》。虽然早春寒冷,但能欣赏到御河桥畔临风袅袅的柳树,心中有了春天的暖意。有时皇帝也会赏赐些物品和食物之类,洪亮吉还专门写了一首纪恩诗,诗云:

> 弱冠为人师,逮今几卅年。人言绅佩荣,簪毫入中天。经传圣人孙,戌削甫及肩。朝朝食天厨,齑盐梦仍牵。日午宣赐来,鹄立朵殿边。缤纷香药丸,纱葛欣有联。才出内左门,传宣复连翩。俯念节物佳,当食更赐鲜(是日并蒙赐克食)。我苦无母遗,承恩涕沧涟。会当家祭时,持此告寝筵。②

通过诗歌可知,他以能在上书房中"经传圣人孙"为荣,不仅可以天天享用御膳房的饮食,就连调味品也比寻常的好,让人做梦都回味,而且皇上还赏赐了香药丸和纱葛,香药丸是宫廷的一种保健药品。送赏赐物品的宫人刚出内左门,又有御赐物品送到。另外之前还曾赐过宫纱、宫扇,"宫纱赐罢颁宫扇,日午传宣集后天"③。"八月丁酉朔,皇上释奠于太学,奉旨偕李编修钧简、石编修韫玉、王编修宗诚分献后殿。"④本年十二月,还有"恩赐御书福字,风羊鹿尾诸品有差"⑤。洪亮吉对此感恩戴德,这不仅是他个人的荣耀,也是家族的荣耀,所以他要告慰他去世的母亲,以示没有辜负母亲的期许。

在上书房行走,还结识了成亲王永瑆,爱新觉罗·永瑆(1752—1823),是乾隆的第十一子,清代著名的书法家,以楷书、行书著称于世。洪亮吉在诗中写道:"携得剡溪藤十幅,成王书罢定千书。"⑥四月十一日他们在绮春园雅集,欣赏成亲王书写的堂额,还请成亲王为自己书写

① 洪亮吉:《三月三日作》,《卷施阁诗》卷十八,《洪亮吉集》,中华书局 2001 年版,第 868 页。
② 洪亮吉:《午日拜纱葛香药之赐纪恩一首》,《卷施阁诗》卷十八,《洪亮吉集》,中华书局 2001 年版,第878 页。
③ 洪亮吉:《澄怀园即事十首》其六,《卷施阁诗》卷十八,《洪亮吉集》,中华书局 2001 年版,第875 页。
④ 吕培等:《洪北江先生年谱》,《洪亮吉集》,中华书局 2001 年版,第 2344 页。
⑤ 吕培等:《洪北江先生年谱》,《洪亮吉集》,中华书局 2001 年版,第 2344 页。
⑥ 洪亮吉:《澄怀园即事十首》其四,《卷施阁诗》卷十八,《洪亮吉集》,中华书局 2001 年版,第875 页。

"卷施阁"匾额。"雅有剡溪笺百幅(时观成亲王所书堂额,亦乞写卷施阁榜),醉余书许乞羊欣。"①成亲王还亲自去澄怀园拜访洪亮吉,并有诗作相赠,洪亮吉也赋诗报谢。诗云:"偶厕谈经席,频劳问字车。过汀喧列骑,入室噪栖鸦。土灶茶难熟,丹林日易斜。不因邻禁御,犹认野人家。"②成亲王的突然到访让他十分激动,感到受宠若惊。他们相识后也有宴饮相聚,成亲王永瑆的《诒晋斋集》也有诗歌记载,次年洪亮吉乞假南归前有书信给成亲王,洪亮吉启程之日成亲王亲自前来相送,足见两人交情不浅,后来洪亮吉才会通过成亲王上书直谏。

上书房侍学皇孙的日子是比较清闲的,"五日一浣衣,十日一休沐。"③空闲时他便读书、思考,为时局担忧。"晨兴必资餐,夕寝必资被。一身虽无多,物物无不备。从兹百年内,殊觉太繁费。当前欣各足,安用事心计。微名在身后,亦以付天地。惟时把书读,掩卷辄垂涕。持此一寸心,寥寥欲谁寄。"④他对物质生活看得很淡,吃饭穿衣,足够就行,不必费心思。"斋粮时告匮,只复购薪束,不知何奇书,然火楼上读。"⑤甚至偶尔断粮也不要紧,只要有书读就好。即使在贵州这样气候不适,辛苦奔波的情况下,他也是无日不读书,这种不论何时何地都坚持学习的精神,他的勤奋,成就了他在学问上以及诗文创作上的巨大成就。同时他读书时经常思考,为时局而忧心,可他的悠悠寸心,又有谁能理解呢?

除了读书,空闲时候他就和何道生、法式善、伊秉绶、赵怀玉等朋友相聚,饮酒赋诗。他们在西爽村雅集、陶然亭宴饮、积水潭看荷、同游法源寺、西山等京城及近郊名胜。清明节时与同事朋友各自携酒至陶然

---

① 洪亮吉:《四月十一日绮春园雅集应教》,《卷施阁诗》卷十八,《洪亮吉集》,中华书局2001年版,第872页。

② 洪亮吉:《八月廿九日抵澄怀园,成亲王枉骑过访并辱赠诗,谨赋此报谢》,《卷施阁诗》卷十八,《洪亮吉集》,中华书局2001年版,第891页。

③ 洪亮吉:《古意十首贻晋斋应教同作》其五,《卷施阁诗》卷十八,《洪亮吉集》,中华书局2001年版,第870页。

④ 洪亮吉:《古意十首贻晋斋应教同作》其二,《卷施阁诗》卷十八,《洪亮吉集》,中华书局2001年版,第869页。

⑤ 洪亮吉:《古意十首贻晋斋应教同作》其五,《卷施阁诗》卷十八,《洪亮吉集》,中华书局2001年版,第870页。

亭，饯吴锡麒分韵赋诗。洪亮吉得"郭"字韵。即使是如此宴饮场合，他仍关注时事。"泥饮苦不豪，停舫叹离索。东瞻暨吴会，西念及商洛（时闻贼匪窜入鲁山）。如何迟露布，顾望期屡错。吾子又告归，心期渺谁托。"①此时白莲教起义烽火燃到山东，他希望早日传来露布捷报，不然他喝酒都是忧心忡忡，不能开怀畅饮。他在《望雨作》中也表达了这样的心情，"东西紫陌飞曲尘，祈祷日烦两圣人。君不见，安得檐头雨如注，更望驿西传露布（时望陕西，捷音甚切）。"②盼望捷报的心情，与天旱日久盼望雨水的心情一样急切。

立秋前一日清晨，偕颜崇榘、赵怀玉至太液池观荷，顺道拜访法式善，一同从德胜门徒步至西直门五里长河观荷，荷花花事正盛，在极乐寺勺亭休憩了很久才返回。颜崇榘（生卒年不详），字运生，号心斋，山东曲阜人。乾隆三十五年（1770）举人。工书善画，喜考订金石。第二天立秋日，同人再游极乐寺，赵怀玉诗记录了这次出行。闰六月二十日早，应章学濂邀，游积水潭看荷，同游的还有戴璐、罗聘、周厚辕、甘立猷、曹锡龄、马履泰、戴殿泗、赵怀玉、汪端光、法式善、章学濂、叶绍楏、戴尧垣、冯戌、伊秉绶、熊方受、宋鸣琦、沈琛、孔传薪、笪立枢、何道生、李调鼎、金学莲、谭光祜、颜崇榘、石韫玉、张问陶等，然后分韵赋诗，洪亮吉分韵得"光"字。洪亮吉还为此次的诗集写序。这是一次较大规模的诗会活动，他前几天至太液池观荷时说的"良朋屡约期屡误，世事何苦填心胸"③，说的应是此次之约。这样的聚会，除了欣赏大自然美景，同道交流感情，切磋诗意，讨论时局外，"亦可以志友朋之离合，寓今昔之感慨焉。"④

那段时间让洪亮吉产生"友朋之离合"之感的事情很多，最痛心的，是他的恩师毕沅去世。毕沅于七月初三病逝于湖南辰州军营中，享年

---

① 洪亮吉：《清明日同人各携酒至陶然亭饯吴侍读锡麒，分韵得郭字》，《卷施阁诗》卷十八，《洪亮吉集》，中华书局 2001 年版，第 872 页。

② 洪亮吉：《望雨作》，《卷施阁诗》卷十八，《洪亮吉集》，中华书局 2001 年版，第 873 页。

③ 洪亮吉：《立秋前一日偕颜大令崇榘、赵舍人怀玉侵晓诣太液池观荷，便访法祭酒式善，遂自德胜门徒步至西直门，五里长河花事甚盛，并过极乐寺勺亭，久憩乃返》，《卷施阁诗》卷十八，《洪亮吉集》，中华书局 2001 年版，第 880—881 页。

④ 洪亮吉：《游积水潭看荷花序》，《卷施阁文乙集》续编，《洪亮吉集》，中华书局 2001 年版，第 406 页。

六十七岁，七月十七日惊闻噩耗，他十分伤心，"此生谁念我，九死欲呼天"①。次日于家中设灵位痛哭，赋诗六章寄给曾受知于毕沅的八位好友。毕沅病逝于湖南辰州，应了姓名之谶，他名毕沅，沅水流经湖南，他小时候有个术士曾说他会死在湖南，果然一言成谶，也是奇事。"由来三楚事，终始一人支。微管功宁泯，亡彭谶独奇（公少时，术士言公官楚南日即当谢世，盖合公姓名为谶也）。夜星惊枥马，秋雾湿牙旗。千百孤寒泪，从今洒路岐。"②毕沅于乾隆六十年（1795）再授湖广总督，时湖南苗人石三保起义，奉命赴常德、荆州等地督饷，后又赴湖南平乱，"回天心独苦，匝月鬓都班（公体素强，自筹楚事旬日，须鬓皆白）。"毕沅身体本很好，赴湖南督饷仅十几日，须发都白了，可见十分辛苦，压力巨大，他一人苦苦支撑，恪尽职守。当初洪亮吉从贵州回京时，在湖南与毕沅话别，毕沅当初就抱着必死之心，"伤心别时语（乙卯冬，余自黔中报满入都，公留话三日方别），原不计生还"③，足见他对朝廷的忠心。三天后洪亮吉再以诗哭毕沅，诗云：

> 三日愁霖涨满池，打门消息到偏迟。南来薏苡冤方白，北渡琼瑰梦已知。无泪哭公惟有血，此身阅世讵多时。平原宾客消沉尽，谁共筵前奠一卮（谓邵学士诸人）。④

洪亮吉泣血写就此诗，想起毕沅的经历和与自己的交往，伤心之至，同受知于毕沅的邵晋涵、黄景仁等人均已谢世，连一起祭奠恩师的人也没有，怎不让人产生"友朋之离合"，今昔盛衰之感呢？次年他乞假归里后，五月、十一月两次去苏州毕沅墓痛哭祭奠，可见对毕沅的感情之深。

---

① 洪亮吉：《十七日惊闻毕尚书师楚南之赴，翌日于卷施阁中为位而哭，哀定赋诗六章，即寄庄邻州炘、钱乾州坫陕西、毛简州大瀛四川、孙兵州星衍山东、杨灵州芳灿甘肃、方伯揆贵州、杨大令伦广西、王大令复河南》其一，《卷施阁诗》卷十八，《洪亮吉集》，中华书局 2001 年版，第 886 页。

② 洪亮吉：《十七日惊闻毕尚书师楚南之赴，翌日于卷施阁中为位而哭，哀定赋诗六章，即寄庄邻州炘、钱乾州坫陕西、毛简州大瀛四川、孙兵州星衍山东、杨灵州芳灿甘肃、方伯揆贵州、杨大令伦广西、王大令复河南》其三，《卷施阁诗》卷十八，《洪亮吉集》，中华书局 2001 年版，第 886 页。

③ 洪亮吉：《十七日惊闻毕尚书师楚南之赴，翌日于卷施阁中为位而哭，哀定赋诗六章，即寄庄邻州炘、钱乾州坫陕西、毛简州大瀛四川、孙兵州星衍山东、杨灵州芳灿甘肃、方伯揆贵州、杨大令伦广西、王大令复河南》其五，《卷施阁诗》卷十八，《洪亮吉集》，中华书局 2001 年版，第 887 页。

④ 洪亮吉：《重哭尚书师》，《卷施阁诗》卷十八，《洪亮吉集》，中华书局 2001 年版，第 888 页。

十月又从赵希璜的书信中得知王复病故的噩耗,王复已于九月初二去世,而在山东的孙星衍还来函询问王复的近况,零落的好友又少了一个,"更怜交友少,已愧哭君迟"①,只能"茫茫挥老泪,西向酹亲知(谓毕尚书师及君)"②。

十一月袁枚去世。九月袁枚还寄诗二十首给洪亮吉,拟戊午己未重宴"鹿鸣琼林",洪亮吉写了十二首绝句回赠。其中一首云:"一辈人皆上玉京,独留老眼识群英。先生游戏蓬莱日,多恐诸贤尽未生。"③如今"独留老眼"也已不复存在,"鹿鸣琼林"之宴也未能实现,又是一痛心的消息。

洪亮吉家里也有喜有忧,喜的是嘉庆二年(1797)二月他的长孙女出生、八月儿子胙孙出生,胙孙的生母为洪亮吉的小妾郑氏,是洪亮吉在贵州时娶的一位当地女子,据家谱记载:"蒋宜人前以多病,为先生购得之,命随入都侍巾栉焉。"④十月他的弟弟霭吉以嗣母余太孺人年迈乞养归里,没承想霭吉于次年正月病故。霭吉回去的时候,洪亮吉垂泪相送,他自己也已萌生归意,准备于次年正月乞假归里。

第三节　全家南下因弟丧

洪亮吉于嘉庆三年(1798)二月在大考翰林时,以一篇《征邪教疏》力陈弊政,为时所忌。三月初四日得到弟弟抵家后骤然病故的噩耗,十分伤心,"痛哭不食者累日,即于初七日陈情引疾。二十五日,挈家属从陆路南回。"⑤出发前拜别恩师王杰,法式善、张问陶、何道生等为他钱行,有诗留别京邸同人,作书给王芑孙、杨芳灿等告知南归事。二十五日出发离京,成亲王永瑆、陈万全等前来相送。

---

① 洪亮吉:《挽王大令复二首》其一,《卷施阁诗》卷十八,《洪亮吉集》,中华书局2001年版,第895页。
② 洪亮吉:《挽王大令复二首》其一,《卷施阁诗》卷十八,《洪亮吉集》,中华书局2001年版,第895页。
③ 洪亮吉:《袁大令枚寄示拟戊午己未重宴鹿鸣琼林诗二十首,率成十二绝奉简》其五,《卷施阁诗》卷十八,《洪亮吉集》,中华书局2001年版,第894页。
④ 吕培等:《洪北江先生年谱》,《洪亮吉集》,中华书局2001年版,第2344页。
⑤ 吕培等:《洪北江先生年谱》,《洪亮吉集》,中华书局2001年版,第2344页。

洪亮吉于四月初抵山东兖州,正好孙星衍于济南回署,便邀游南楼。"奔鲸骇浪方迷目(时河决口未合),野鹤闲云偶掉头"①,当时黄河决口未合,登楼所见惊涛骇浪,心中不免又要为苍生担忧,哪里甘心仅仅做个闲云野鹤呢? 当时与王石华、张止原、毕恬溪、杨云三、王景桓、刘霞裳诸人不期而遇,令人开心。孙星衍还约他游济宁名胜,但洪亮吉因急着赶回去奔弟丧,相约下次。想当初他与里中孙星衍、黄仲则、赵怀玉、杨伦等人号为"毗陵七子",何等意气风发,"少日齐名孙与洪,即今相对俨衰翁"②,现在两个衰翁相对俨然,令人唏嘘。"十年共挂神仙籍,劫外居然胜劫中。"③两人考中进士十年左右,经历了很多事情,但究竟谁在"劫中"谁居"劫外",还真难说。

他于四月二十五日回到家乡常州,"哭仲弟于厝舍"④,他与二弟感情甚笃,他去京城任职后,弟弟也在京城谋得崇文门副使的差事,兄弟俩在一起居住,弟弟还时常接济这个收入拮据的哥哥。他从贵州回京任咸安宫官学总裁时,出入宫门时常能见到弟弟,这让他觉得这个冷官也有值得欣慰的地方,如今弟弟猝然离世,世上又少了一个至亲的人。

五月,他便到苏州,在老师毕沅墓前痛哭祭拜。毕沅虽是太仓人,但他从小便随母亲来到苏州灵岩山,灵岩山南麓观音洞下有毕沅修筑的灵岩山馆,去世后也葬在灵岩山木渎上沙村,墓地原为水木明瑟园旧址。洪亮吉在毕沅幕府多年,毕公对他有教导提携之恩,"公与古人争不朽,我思前事感无涯。"⑤于是他决定"便拟一年来一度,野花村酒奠江湄"⑥,每年都来毕沅墓,用野花村酒来祭奠他的恩师。后来只要有可能他都会来毕沅墓,这一年的年底他又一次来到毕沅墓,并写下《灵岩山重展毕尚书墓感赋》,诗云:

① 洪亮吉:《抵兖州日适孙大星衍自济宁回署,即日邀游南楼席上赋赠》,《卷施阁诗》卷十九,《洪亮吉集》,中华书局 2001 年版,第 904 页。

② 洪亮吉:《临别戏赠孙大并索和章(时河臣以孙未诸河务,奏离本任候补)》,《卷施阁诗》卷十九,《洪亮吉集》,中华书局 2001 年版,第 904 页。

③ 洪亮吉:《临别戏赠孙大并索和章(时河臣以孙未诸河务,奏离本任候补)》,《卷施阁诗》卷十九,《洪亮吉集》,中华书局 2001 年版,第 904 页。

④ 吕培等:《洪北江先生年谱》,《洪亮吉集》,中华书局 2001 年版,第 2344 页。

⑤ 洪亮吉:《灵岩谒毕尚书师墓》,《卷施阁诗》卷十九,《洪亮吉集》,中华书局 2001 年版,第 905 页。

⑥ 洪亮吉:《灵岩谒毕尚书师墓》,《卷施阁诗》卷十九,《洪亮吉集》,中华书局 2001 年版,第 905 页。

江左方传箭,天南伫洗兵(时闻川、陕捷音)。更驰新露布,无复旧书生。丘壑心徒恋(公屡欲遂初不果),岩峦气未平。松杉识人意,都作怒涛声。①

毕沅为平定白莲教起义殚精竭虑,如今终于有川、陕捷报传来,以此告慰他地下的英魂,松杉也似乎为他悲鸣,化作怒涛声声。在苏州他还顺便去虎丘谒白公祠。

后到上海访李廷敬。李廷敬(?—1806),字景叔,号宁圃,又号眛庄,直隶沧州(今河北沧州市)人。乾隆四十年(1775)进士,历官常州、苏州、江宁知府等。乾隆五十四年(1789)李廷敬为常州知府时,曾延请洪亮吉修府志,并选唐百家诗。"八载重来访素知,讶公头白我添丝。"②八九年后再次相见,双方都见老态,头发都白了。李廷敬还邀请他登上炮台观海,游叶氏园。"更阑急递书何数,只觉楼船出浦迟(时崇明、狼山二镇会剿洋匪,久未出海)"③,时海盗倭寇时骚扰沿海,沿海不得安宁。"鹭丝窥客久不去,或者疑我同眠鸥。客行将归客不乐,自觉身心杳无托。回澜万里生远风,一笠飞从海中落。"④,面对浩渺大海,人是何等渺小。他也许羡慕鹭鸶海鸥自由飞翔,但现实中却有许多羁绊,许多无奈。

他从上海、苏州回家要经过无锡,便到慧山,酌慧山泉。慧山泉据说是茶圣陆羽亲品,被称为"天下第二泉"。"一椀至百椀,走卒苦急递。清凉生齿颊,兼复沁心肺。童奴皆窃笑,已破往时例。先生语童奴,汝太不解意。我重在山泉,兼之故乡味。神清不思睡,偃仰借初地。"⑤泉水清凉,他喝了一碗又一碗,引得童仆窃笑,对于长年漂泊在外的人来说,故乡的味道特别美妙。江南的风物也特别亲切,就像九峰园的古

① 洪亮吉:《灵岩山重展毕尚书墓感赋》,《卷施阁诗》卷十九,《洪亮吉集》,中华书局2001年版,第926页。
② 洪亮吉:《上海榷署与李兵备廷敬夜话即席赋赠》,《卷施阁诗》卷十九,《洪亮吉集》,中华书局2001年版,第906页。
③ 洪亮吉:《上海榷署与李兵备廷敬夜话即席赋赠》,《卷施阁诗》卷十九,《洪亮吉集》,中华书局2001年版,第906页。
④ 洪亮吉:《炮台观海歌》,《卷施阁诗》卷十九,《洪亮吉集》,中华书局2001年版,第907页。
⑤ 洪亮吉:《慧山酌第二泉》,《卷施阁诗》卷十九,《洪亮吉集》,中华书局2001年版,第909页。

藤，都是旧相识，"古藤应识我，亲见五回开"①。

七月十五日送儿子饴孙及舅氏曙斋先生去江宁乡试。九月榜发，"饴孙中式第四十二名举人，曙斋先生也以年过八十，循例钦赐举人。"②他舅氏曙斋先生年过八十还参加乡试，这种精神，也给后辈以影响。饴孙中了举人，他内心也稍稍宽慰。

他在江宁数日，访友访景。与朋友游秦淮、摄山、紫峰谷、白鹿泉等名胜。有时流连山水，时而畅饮达旦，"六朝人物本如海，可有一客狂如吾。"③他自认狂放超越六朝人物。八月初七，他应秦承业招，偕刘权之、戴均元、张焘、茅元铭、李廷敬、许兆椿集隐仙庵看桂，并听道士王朴山弹琴。秦承业（1743—1826），字补之，号易堂，江苏江宁人。乾隆四十六年（1781）进士，散馆，授翰林院编修。历官国子监司业、侍讲学士。著有《养正书屋诗》《瑞芝轩文集》《字学启蒙》等。戴均元（1746—1840），字修原，号可亭，江西大庾人。乾隆四十年（1775）进士，选庶吉士，授编修。历官御史，四川、安徽学政，工部侍郎，左都御史，协办大学士，文渊阁大学士等。茅元铭（生卒年不详），字耕亭，号栗园，江苏丹徒（今江苏镇江市）人。乾隆三十七年（1772）进士，散馆，授翰林院编修。历官浙江乡试副主考，福建、广东乡试主考，广东、河南学政，著有《诵芬斋诗钞》等。许兆椿（1748—1814），字茂堂，号秋岩，湖北云梦人。乾隆三十七年（1772）进士，改庶吉士，授编修，历官松江知府、江苏粮储道、漕运总督、刑部侍郎、浙江巡抚、贵州巡抚等。著有《秋水阁诗集》《秋水阁杂著》等。王至淳（生卒年不详），字朴山，江宁隐仙庵道士。幼工诗，有《清凉山房诗概》。

隐仙庵有老桂树三两棵，"侧闻千年枝，化作两童子。倏忽十数年，此生彼即死。为花为人偶然耳，游戏人间乃如此。"④传说老桂树曾化作

---

① 洪亮吉：《九峰园感旧》，《卷施阁诗》卷十九，《洪亮吉集》，中华书局 2001 年版，第 908 页。

② 吕培等：《洪北江先生年谱》，《洪亮吉集》，中华书局 2001 年版，第 2344 页。

③ 洪亮吉：《八月十五日晚联舫邀方上舍正澍、储广文润书、汪文学文锦暨诸名士至青溪泛月，遂畅饮达旦醉中作》，《卷施阁诗》卷十九，《洪亮吉集》，中华书局 2001 年版，第 916 页。

④ 洪亮吉：《八月初七日秦司业承业招同座师刘少宰暨戴学使均元、张侍讲焘、茅学士元铭、李兵备廷敬、许太守兆椿集隐仙庵看桂，并听王朴山道士弹琴，丙夜乃返》，《卷施阁诗》卷十九，《洪亮吉集》，中华书局 2001 年版，第 912—913 页。

两童子，为花为人，如同游戏人间。到了五十多岁已过中年的年龄，不由得让人生出人生一世，草木一秋之感。庵中道士王朴山善琴，抚琴数曲，"五条弦上六朝山，一夕分明感秋气。天低月黑江怒潮，过岭草木声萧萧。琴弹一曲续一曲，坐使江月复白江天高。朴山道士翻新谱，能令人欢令人苦。"①道士所弹的古琴，最早为五弦，后为七弦。他们从琴声中分明感受到了秋气，在仲秋八月，弹琴人想必是弹了些应景的曲子，仿佛让人感到草木萧萧，江风怒潮，道士还弹了新谱的曲子，"能令人欢令人苦"，曲子很有感染力。洪亮吉很喜欢听古琴，几次的诗中写到听琴。不久前在上海李廷敬邀集叶氏园，待客不至，倒认识僧人铁舟并成为朋友，铁舟有一张老琴，年代久远。"僧言与客成三友，身外一琴年代久。横琴在膝欲摘弦，忽有鼓吹来门前。"②在晚静阁听山僧镜澄弹琴。"移来乌木几，屈作琴床好。先有剪刀声，枯僧削长爪。"③诗歌写得很形象，并注意细节。古琴右手拨弦，左手在弦上或按或划动，所以左手不能有长的指甲，不然指甲碰到古琴面板不仅影响弹琴，还会划伤面板。看来这位山僧许久没有弹琴，指甲长了，所以他弹琴前先要剪掉左手指甲，这一细节很真实。"一松覆一庭，空外怒涛集。寥寥琴韵起，松响时参入。"④室外环境优雅，松风伴着琴声，很有唐朝诗人刘长卿"泠泠七弦上，静听松风寒"的意境。

宜兴知县阮升基约游宜兴，洪亮吉欣然接受。"五岳寻都遍，乡山独未游。偶逢贤令尹，约共小旬留。天外峰初现，云边翠欲收。年丰万民乐，冠盖亦探幽。"⑤他三山五岳都寻遍，家乡的山水却独独没有游过，不免有些遗憾。无锡、宜兴当时属常州府。阮升基（1758—1810），字亨

① 洪亮吉：《八月初七日秦司业承业招同座师刘少宰暨戴学使均元、张侍讲煮、茅学士元铭、李兵备廷敬、许太守兆椿集隐仙庵看桂，并听王朴山道士弹琴，丙夜乃返》，《卷施阁诗》卷十九，《洪亮吉集》，中华书局2001年版，第913页。
② 洪亮吉：《李兵备邀集叶氏园小集，待客久不至，赠楚僧铁舟》，《卷施阁诗》卷十九，《洪亮吉集》，中华书局2001年版，第907页。
③ 洪亮吉：《晚静阁听山僧镜澄弹琴》其一，《卷施阁诗》卷十九，《洪亮吉集》，中华书局2001年版，第910页。
④ 洪亮吉：《晚静阁听山僧镜澄弹琴》其二，《卷施阁诗》卷十九，《洪亮吉集》，中华书局2001年版，第910页。
⑤ 洪亮吉：《阮大令升基约游阳羡山水先寄一首》，《卷施阁诗》卷十九，《洪亮吉集》，中华书局2001年版，第916页。

举,号昉岩,福建罗源人。乾隆五十五年(1790)进士。历官宜兴知县、武进知县、常州同知、吴江知县。有政声。

十月初,因长子洪饴孙至高淳拜谒房师张其绪先生,便一同去宜兴,遍游龙池、善卷洞等名胜,访祝英台读书处及三生堂故址等。

十月底或十一月初,他到杭州,寓居西湖漱石居半月。他谒苏文忠公(苏轼)祠、淮海先生(秦观)祠,表忠观拜武肃王(钱镠)像,泛舟西湖,漫步断桥,游湖心亭、花神庙、龙井、云栖、灵隐等,买舟前往御教场、圣果寺,游凤凰山、仙姑洞、郭公泉、华津洞、莲花峰等,冬至葛岭访初阳台、半闲堂故址,遍游杭州胜景。苏轼是洪亮吉尊崇的前辈,他一直想去四川拜谒苏轼故里未果。苏轼祠是秦瀛所建。秦瀛(1743—1821),字凌沧,号遂庵,晚号小岘山人,江苏无锡人。乾隆三十九年(1774)举人,历官内阁中书、军机章京、刑部右侍郎、浙江温处道等。著有《小岘山人诗文集》《无碍山房词》《淮海先生年谱》等。秦瀛是洪亮吉乡试中副榜的同年友,洪亮吉将所作诗呈秦瀛,并建议他建白公祠,"倘寻良吏传,并建白公祠"①,以纪念白居易在杭州的功绩。

秦瀛还重新建造了秦观祠,新祠落成向洪亮吉索诗,洪亮吉作诗《秦同年瀛观察浙江重新淮海先生祠落成索赋》,诗云:"君于淮海称初祖,我距忠宣亦末孙。各有祠堂留浙岭,互将诗笔溯渊源。廿年何愧苏持节,百首先嗤陈闭门。今日奠公吾自忝,扫厅拟更洁清尊。"②秦观,人称淮海先生,"苏门四学士"之一,秦瀛认作初祖,"忠宣"是指北宋的洪皓,洪亮吉自称"忠宣末孙",两人的远祖都有祠堂在浙江。"廿年何愧苏持节",指的是洪皓,出使金国被扣荒漠十五年,始终不屈,全节而归,被誉为第二个苏武。洪亮吉以有这样的先祖感到骄傲,也影响他更加看重气节。他虽然欣赏苏轼的诗词,但更敬佩的还是他的气节。"久因奇节说文忠"。他去拜钱镠像也是看重他的忠义,"不为东帝只称臣"③,

---

① 洪亮吉:《苏文忠公祠二首即呈秦同年瀛》其二,《卷施阁诗》卷十九,《洪亮吉集》,中华书局2001年版,第920页。

② 洪亮吉:《秦同年瀛观察浙江重新淮海先生祠落成索赋》,《卷施阁诗》卷十九,《洪亮吉集》,中华书局2001年版,第921页。

③ 洪亮吉:《表忠观拜武肃王像》其一,《卷施阁诗》卷十九,《洪亮吉集》,中华书局2001年版,第926页。

"年名不改唐天祐"①,这些都可见洪亮吉极看重"忠",他也是对朝廷极忠心的人。

在杭州时,正好半年前去世的左都御史胡高望的灵柩抵西湖,与他同日抵湖上厝舍。当年在上书房行走时,与胡高望近在咫尺,而现在他在西湖的临时居所与胡高望的遗榇的厝舍又逼近,不胜存没今昔之感,赋诗一首以哭之,并寄胡高望的同年谢启昆、冯应榴。诗云:

> 弹指人生岁月迁,感公归骨我归田。并无华屋栖恒干,自有清名过昔贤。魂魄讵应沦九地,班联曾共直三天。何因丹旐飘摇日,又结居邻水榭边(时以无居第,权厝湖上)。②

当年曾同在上书房,如今意外在西湖毗邻而居,却已是天人相隔。人生短暂,弹指之间,躯体都将归于地下化为泥土,富贵荣华何足道,只有清名留世上。此时更坚定了他归田退隐的决心,"感公归骨我归田"。尔后在题同年秦瀛《春溪垂钓图》时,借画中意境也表达了归隐的心愿:"不妨分作江湖梦,鱼已忘机客息机"③,"知否太湖三万顷,得归随尔把鱼竿。"④

十月"初十日,叔母余太孺人卒。先生经理丧事,逾月不出户庭"⑤。"十二月,葬余太孺人于前桥先茔,并卜葬仲弟于茔南计家村。"⑥叔母余太孺人无子,过继仲弟霭吉,去年在京城的霭吉就是以养母余太孺人年迈为理由回乡的,没想到霭吉在她前面去世,余太孺人的丧事便由洪亮吉一应操办。

岁末在家,小除日闲步熟悉的城东,"百事抛残岁欲终,得闲聊复步城东。"⑦腊月二十九日按惯例要岁末祭诗,这次在家乡他便约了陆继辂

---

① 洪亮吉:《表忠观拜武肃王像》其二,《卷施阁诗》卷十九,《洪亮吉集》,中华书局2001年版,第926页。

② 洪亮吉:《余内直日与胡总宪高望直庐咫尺,总宪没及半年,适余假归以事至武陵,与总宪遗榇同日抵湖上厝屋,又甚逼近,不胜存没今昔之感,爰赋一诗哭之,即寄谢方伯启昆、冯鸿胪应榴二君,皆总宪同年生也》《卷施阁诗》卷十九,《洪亮吉集》,中华书局2001年版,第919页。

③ 洪亮吉:《春溪垂钓图为秦同年赋》其一,《卷施阁诗》卷十九,《洪亮吉集》,中华书局2001年版,第921页

④ 洪亮吉:《春溪垂钓图为秦同年赋》其三,《卷施阁诗》卷十九,《洪亮吉集》,中华书局2001年版,第921页。

⑤ 吕培等:《洪北江先生年谱》,《洪亮吉集》,中华书局2001年版,第2344页。

⑥ 吕培等:《洪北江先生年谱》,《洪亮吉集》,中华书局2001年版,第2344页。

⑦ 洪亮吉:《小除日城东晚步》,《卷施阁诗》卷十九,《洪亮吉集》,中华书局2001年版,第927页。

和他儿子一起，盘点这一年的创作。

回乡这一年，他大部分时间在离家不远的苏州、上海、无锡、宜兴、江宁、杭州等江浙沪地区，访友、访古、赏景，流连山水、畅谈友情的同时，也关注民生及风俗民情。看到江南农村"年丰万民乐"①的景象，"全家生计足，一屋一鱼网"②，长三角地区鱼米之乡，丰衣足食，与他之前在北方、西南地区所见不同，应略感欣慰。

---

① 洪亮吉：《阮大令升基约游阳羡山水先寄一首》，《卷施阁诗》卷十九，《洪亮吉集》，中华书局 2001 年版，第 916 页。
② 洪亮吉：《吴淞江道中杂诗》其二，《卷施阁诗》卷十九，《洪亮吉集》，中华书局 2001 年版，第 907 页。

第八章　痛陈时弊　犯颜直谏

洪亮吉对当时的时局、吏治十分失望,自己一个教习冷官又做不了什么,于事无补而思退,加上他十分思念家乡,弟弟也已不在京城,于是也准备乞假南归。二月大考翰林,以一篇《征邪教疏》力陈弊政,耿直之语令人惊讶失色,也得罪了很多官员。嘉庆三年(1798)三月二十五日带领全家南归。为他弟弟操办丧事,在江浙游历访友近一年。得知乾隆皇帝崩逝,立即只身北上。完成一册《实录》后,对乾隆初年的情况了如指掌,再对比当今时局,真是焦虑万分。在再次乞假南归并已获准的情况下,出于对朝廷的耿耿忠心,临走前写下《乞假将归留别成亲王极言时政启》,因而获罪,差点付出生命的代价。

第一节　一疏人传批逆鳞

嘉庆三年(1798)二月二十七日,大考翰林院、詹事府各官于圆明园正大光明殿,钦命题中之一是《征邪教疏》,洪亮吉慷慨数千言,力陈内外时弊,情词剀切,阅卷者皆动色。皇帝出这样的考题,自是针对当时湖北、四川、西安等地的白莲教起义,想寻求对策。

洪亮吉对待白莲教起义,就像他当初在贵州时对待苗民起义一样,是深恶痛绝的,将起义军称之为"贼""匪",他站在统治者的立场上,希望早日平定叛乱,如他诗中云:"君不见,安得檐头雨如注,更望驿西传露布(时望陕西,捷音甚切)。"①此时白莲教起义的烽火燃到了山东和陕西,他急切盼望捷报的到来,为迟迟不能平定起义而忧心。他希望能为圣主分忧,"迂疏尚荷贤王礼,扰攘谁分圣主忧。残盗莫矜盘踞稳,早看飞将下神州。"②更希望有飞将军那样的军事人才,能速速平定时局。

洪亮吉不希望看到由白莲教起义引起的社会动荡,时局不稳,进一步思考造成这一局势的深层次原因。当皇帝以《征邪教疏》作为考题时,他便直言不讳,力陈时弊。"今者楚蜀之民,聚徒劫众,陆梁一隅,逃死晷刻。始则惑于白莲、天主、八卦等教,欲以祈福,继因受地方官挟制万端,又以黔省苗氛不靖,派及数省,赋外加赋,横求无艺,忿不思患,欲借起事以避祸。邪教起事之由如此。"③文章开门见山,开篇就指出"邪教"起事的原因有三个:一是受"邪教"的诱惑;二是受地方官的挟制;三是赋税过重。许多民众因为以上三个原因,借"邪教"起事以避祸。

接着他说:"邪教"实不足平也。在朝廷上下都将"邪教"视为大敌的情况下,他何以说出这样的话呢?他认为,自古以来,焚香聚众,敛米入教,如汉之张鲁、张角,晋之孙恩、卢循……都是起于朝代的中叶以后,政治略弛之时,但都很快即被扑灭。而嘉庆初年的白莲教起义也是起于清代中叶以后,政治略弛之时,洪亮吉认为只要我朝圣圣相承,整顿朝纲,体恤百姓,救世济困,爱民如子,这样不仅中外皆知,陷入"邪教"中人也知之,"邪教"之首也知之,所以他们"必言受地方官重害,以致背皇上大德"④。他又将矛头指向了地方官。

他了解到很多所谓"邪教"之徒,其实是受胁迫或借"邪教"起事以避祸的普通老百姓,所以他向皇上提出一个请求,请求宽待那些被胁迫的人。"邪教"入一村则烧一村,入一镇则烧一镇,然后胁迫良民为贼,"邪教"退后,州县官又夺走了他们未烧尽的粮食物资,使百姓无处可归,只能跟着"邪教"组织,"邪教"滋扰数省,首尾三年,烧了多少村镇,

① 洪亮吉:《望雨作》,《卷施阁诗》卷十八,《洪亮吉集》,中华书局2001年版,第873页。
② 洪亮吉:《四月十一日绮春园雅集应教》其二,《卷施阁诗》卷十八,《洪亮吉集》,中华书局2001年版,第872—873页。
③ 洪亮吉:《征邪教疏》,《卷施阁文甲集》卷十,《洪亮吉集》,中华书局2001年版,第206页。
④ 洪亮吉:《征邪教疏》,《卷施阁文甲集》卷十,《洪亮吉集》,中华书局2001年版,第206页。

又有多少良民被胁迫呢？对于这些人，"邪教"是不会爱惜他们的，每每把他们当抵抗官兵的炮灰，进攻时当先锋，驱之在前，撤退时当殿后，抑之在后。捷报所报告的杀了数千人数百人，其实都是这些受胁迫的无业流民，并非真正的邪教。有时官府还谎传捷报，动辄报告斩获"邪教"有上万人，这些人难道都要杀掉吗？这也不是"如天之仁"的皇上所忍心做的呀。

　　其实清廷对这些现象也有所知晓，《清史稿·仁宗本纪》也记录了嘉庆帝的诏言，嘉庆二年（1797）九月癸巳"诏曰：闻贼每逼平民入伙，迎拒官军。官军报捷，所称杀贼，多系平民，非真贼也。故日久无功。领兵大员尚其设法解散，勿令玉石俱焚"①。所以洪亮吉提出："故臣以为胁徒宜贷，一则开愚民之自新，一则离邪教之党羽。党羽一散，真贼乃出，从此官兵刀箭枪炮之所伤，乃真邪教也，乃真贼也。"②这些论述恳切动情，一是体现了洪亮吉一贯的对百姓的仁爱之心，实在不忍心那些不得已的流民被剿灭，所以他提出瓦解与镇压并重的策略，让被胁迫之人自动离开，瓦解"邪教"，同时镇压真正的"邪教"徒，这个策略应该是比较仁慈有效的；二是指出这些人被胁迫也有地方官的原因，如果地方官不是乘机侵占他们的财产，而是帮他们重建家园，他们根本不会因为无家可归而不得不跟从"邪教"。

　　清朝地方官在镇压村镇白莲教时，将村中老百姓的谷物粮食等，搜罗集中到一个寨子里，不让白莲教的人得到，这就是所谓的"坚壁清野"。这样一来受胁迫的农民回去了也无法生活。曾经有地方乡勇的指挥官向清廷建议，在叛乱时期应建一些小型堡寨，作为农民的临时庇护所，这样一方面可以保护农民，使他们不致受胁迫而加入叛乱队伍，另一方面还可以组织他们进行防御，保卫自己的家园，不用完全依靠朝廷军队。这本来是个很好的建议，却遭到清帝的驳斥。

　　后来嘉庆帝还是接受了洪亮吉《征邪教疏》中提出的建议，嘉庆四年（1799）二月辛卯诏曰："自教匪滋事以来，胁迫良民，焚毁田舍。民非

---

① 赵尔巽等：《清史稿》卷十六《仁宗本纪》，中华书局1977年版，第三册，第571页。
② 洪亮吉：《征邪教疏》，《卷施阁文甲集》卷十，《洪亮吉集》，中华书局2001年版，第207页。

甘心从贼,欲逃无归,归亦无食。亟宜招抚解散,而非空言所能收效。应如何绥辑安插,令勒保询之刘清及其他良吏,筹议良法,俾可施行,速具以闻。"①嘉庆帝决定招抚解散被胁迫的良民,并要求勒保尽快制定出具体可行的方法。

紧接着,洪亮吉正面痛陈地方官之害:

> 今日州县之恶百倍于十年二十年以前,上敢瞒天子之法,下敢竭百姓之资,以臣所闻,湖北之宜昌、四川之达州,虽稍有邪教,然民皆保身家恋妻子,不敢犯法也。州县官既不能消靡化导于前,及事有萌蘖,即借邪教之名,把持之、诛求之,不逼至于为贼不止。……盖今日州县,其罪有三:凡朝廷捐赈抚恤之项,中饱于有司,皆声言填补亏空,是上恩不下逮。一也。无事则蚀粮冒饷,有事则避罪就功,州县以蒙其府道,府道以蒙其督抚,甚至督抚即以蒙皇上,是使下情不上达。二也。有功则长随幕友皆得冒之,失事则掩取迁流颠踣于道之良民以塞责。然此实不止州县,封疆之大吏、统率之将弁皆公然行之,安怪州县之效尤乎?三也。②

他认为大多数百姓都是保身家恋妻子,不敢犯法的,州县地方官不能在事前化解劝导,起义事发后即借"邪教"之名将其诛杀,不逼至为贼不止。以上言论,大胆直接,不留情面,从州县官员到封疆大吏、统率将军都被直接指出各自的罪责,一是中饱私囊,贪污赈灾款项,使上恩不下逮;二是平时克扣贪污军饷,虚报兵额,有战事则避罪邀功,层层欺瞒,使下情不上达;三是一众冒功,敷衍塞责。在时局动荡的清朝中后期,从封疆大吏、统率将军到州县官员,用军费肥了官吏的私囊,谎报军情,冒功夸大,伤及无辜。洪亮吉将这些实情一一揭露,这些言论可谓惊世骇俗,无所顾忌,令人瞠目。

最后,洪亮吉向清廷提出建议,要整肃吏治。首先,"责成宜专也。楚抚守楚,豫抚守豫,陕抚守陕,战虽不足,守必有余。"③白莲教扰乱数

---

① 赵尔巽等:《清史稿》卷十六《仁宗本纪》,中华书局1977年版,第三册,第574页。
② 洪亮吉:《征邪教疏》,《卷施阁文甲集》卷十,《洪亮吉集》,中华书局2001年版,第207页。
③ 洪亮吉:《征邪教疏》,《卷施阁文甲集》卷十,《洪亮吉集》,中华书局2001年版,第207页。

千里,如入无人之境,完全是封疆大吏不知地利,不知形势,不事先预备之失,所以他提出守土有责,各省巡抚利用地理优势,死死守住自己的地盘,不让"邪教"有可乘之机。其次,"赏罚严明,赏必待有功,罚不避勋贵故也。"①他认为现在平定"邪教"的战事打了几年,顶戴花翎的赏赐已有千百,而白莲教的势力不但没有削弱反而愈加壮大,愈演愈烈,这就是赏罚不分明造成的。如果有功之人得不到奖赏反而赏了无功之人,则必定挫伤有功之人的积极性,如果有罪之人得不到惩罚而使无罪之人代其罚,则有罪之人会更加嚣张。所以他要求朝廷赏罚严明,"赏必当,罚必行。亲民之吏则各矢天良,封疆之臣则各守地界。削上下欺蒙之弊,除彼此推诿之情,如是而邪教不平,臣不信也。"②

洪亮吉认为要平定"邪教",必须整肃吏治,要查究酿成白莲教农民起义地区的官吏,明确各省、州县之间的职责,地方官吏要亲民爱民,封疆大吏要各守地界,赏罚严明,避免上下欺蒙、相互推诿的弊病,则不信"邪教"不平。

洪亮吉之文,对时弊的陈述切中要害。清中叶之后,地方官侵蚀贪冒,所在皆是。他在贵州任职时爆发了苗民起义,就认为是苗民负担过重造成的。史学家赵翼,在《檐曝杂记》中记载滇黔民俗有这样一段文字:

> 滇、黔民情最淳。征缅时,派满洲、索伦兵各五千,每站过兵,须马七百、夫二千,皆出之民间。上轸念民艰,按例加倍给雇价,然多为有司移用,民之应差者未必得也。其夫、马皆民间按田均派。余自滇归,一日小憩道旁灵官庙。有生监及村老十余人咸集,见余至,皆跪迎。余问其何事,皆不敢言,固诘之,则结算兵差费耳。问以费若干,则粮银一两科至六两余。余谓:"朝廷给价已加倍,何至烦尔等出财?"皆云:"藩库例不先发,令有司垫办,有司亦令民垫办,俟差事毕,始给。今差虽毕,而给与否未可知。且有司亦多他用,民等幸不误差,不敢望给直矣。"其谨厚如此。至黔中苗人应徭

① 洪亮吉:《征邪教疏》,《卷施阁文甲集》卷十,《洪亮吉集》,中华书局 2001 年版,第 208 页。
② 洪亮吉:《征邪教疏》,《卷施阁文甲集》卷十,《洪亮吉集》,中华书局 2001 年版,第 208 页。

役,一家出夫则数家助之,故夫役尤多。第不肯与汉民同办,必分日应差,恐汉民不公,或被虐使云。①

赵翼以其亲身经历记下这段文字,真实性毋庸置疑。打仗所征用的马、夫均出自民间,虽然上面加倍雇价,但这些钱多为地方官移用,应差的百姓多数拿不到。黔中苗人应徭役尤多,这在洪亮吉诗中也有反映,他出行也要用当地人做劳役,苗民肩舆牵缆,苦不堪言,负重爬山涉水,一天下来双脚肿胀,还要被官吏打骂。洪亮吉以苗民歌谣的形式编了《曳缆谣》,歌谣中反映苗民对劳役的不满,而且这么辛苦,还经常拿不到工钱。

清代官场贪腐之风盛行,一些地方官利用向百姓征赋税,同时征收各种附加税、杂费等耗羡(羡余)进行贪污,耗羡名目繁多,如火耗、鼠雀耗等。地方官从百姓中收上来的碎银,要熔铸成五十两的大银锭上交国库,熔铸过程中发生的损耗,叫火耗,粮食征收保管运输过程中发生的损耗,叫鼠雀耗。清政府允许地方官在征收钱粮时可以每两银子多征收二三分,但有些地方官在征收时往往加之一钱以上,有的甚至多收四五钱之多,州县官吏将多收的部分据为己有,或行贿上司以谋求私利,百姓则深受其害。以江苏为例,"乾隆时确定江苏耗羡银总额为478480两,为正额的13.2%。嘉庆年间,江苏实征耗羡银205564两,占正额的8%。"②雍正时期对吏治进行整治,官员有所收敛,乾隆即位后,对各级官吏采取较为温和的政策,贪污之风愈演愈烈,"侵贪之员,比比皆是"③,《清高宗纯皇帝实录》中有许多具体案例的记载。乾隆后期,吏治的败坏到了不可收拾的地步,虽无外患亦不足以自保,加上土地兼并严重,田地都集中到富豪手里,社会矛盾日益激化,百姓以各种方式进行反抗。

乾隆时期,朝廷上下生活奢侈。乾隆六次南巡,场面盛大,极尽奢华铺张,各地修建行宫,采购珍奇,竞相攀比。虽也免除所到之处的部

---

① 赵翼:《檐曝杂记》卷四,《赵翼全集》第三册,凤凰出版社 2009 年版,第 60 页。
② 潘群、周志斌:《江苏通史·明清卷》,凤凰出版社 2012 年版,第 396 页。
③《清高宗纯皇帝实录》卷二八八,乾隆十二年四月戊辰条,中华书局 1986 年版,第 760 页。

分额赋,但还是给沿途百姓带来沉重的负担。乾隆皇帝好大喜功,频频发动对金川等处的战役,国库空虚,朝野无人敢直言,欺诈蒙蔽,长此以往,早晚痈决疣溃。赵翼曾在军机处行走,曾详细记录下几次用兵的军需各数。"上用兵凡四五次。乾隆十二三年用兵金川,至十四年三月止,共军需银七百七十五万(实销六百五十八万,移驳一百十七万)。十九年用兵西陲,至二十五年,共军需银二千三百十一万(实销二千二百四十七万,行查未结六十三万)。三十一年用兵缅甸,至三十四年,共军需银九百十一万。三十六年用兵金川起,至四十二年止,共军需银六千三百七十万。以上系章湖庄在户部军需局结算之数。五十二年台湾用兵,本省先用九十三万,邻省拨五百四十万,又续拨二百万,又拨各省米一百十万,并本省米三十万石,加以运脚,约共银、米一千万。"①而这巨大的军需以及其他费用,还有劳役等,无不出自民间,连经济富庶的江南地区也不堪重负,苏、松、常、镇四府额赋,与他省相比,几及数倍。

洪亮吉年轻时就有经世思想,一直关注民生,思考吏治的问题,他在诗中云:"旄头星落白虎倾,屈指井络当销兵。二千石吏倘奉法,五斗米贼何难平。"②认为官吏奉公守法的话,平定"邪教"不是问题。当皇帝出考题《征邪教疏》来征应对之策时,洪亮吉便将自己平时的思考,奋力驰笔,写成文字,一针见血地将"邪教"的起因,归结为吏治的腐败,说出了大家不敢说的事实。文章观点鲜明,论据有力,论证逻辑严谨,条理清晰,完全可做此类文章的范文。

文章痛陈时弊,痛斥地方官吏的腐败贪婪,封疆大吏上下欺蒙、冒功推诿,可谓酣畅淋漓,大胆直接,毫无忌讳,他的这些文字,直接得罪了州县各级官员及封疆大吏,并隐批皇帝本人管理不力,赏罚不明,将乾隆晚期到嘉庆朝描述得一片黑暗,所以看到的人都为之色变。《清史稿·洪亮吉传》称:"嘉庆三年,大考翰詹,试《征邪教疏》,亮吉力陈内外弊政数千言,为时所忌。以弟丧陈情归。"③法式善《皇清奉直大夫翰林

① 赵翼:《檐曝杂记》卷四,《赵翼全集》第三册,凤凰出版社 2009 年版,第 30 页。
② 洪亮吉:《送吴文学文桂旋里》,《卷施阁诗》卷十八,《洪亮吉集》,中华书局 2001 年版,第 869 页。
③ 赵尔巽等:《清史稿》卷三百五十六《列传一百四十三》,中华书局 1977 年版,第三十七册,第 11307 页。

院编修洪稚存先生行状》云："嘉庆三年,翰詹廷试,钦命题有《征邪教疏》,先生下笔数千言,观者皆动色。"①因阅卷官嫌这份答卷过于切直,"初拟二等前列,旋置三等二名。"②

　　虽然此次大考名次不算高,但影响很大,《征邪教疏》可谓轰动一时,当时京城盛传此疏,私下竞相传抄,他的一个朋友任承恩怕有伪稿之事,到处收购这些抄本然后焚烧。一年后他的这位朋友因病去世,他写诗痛悼,提及此事。"同游爱咏新题句,分道为收旧奏章(予去岁大考后,即以弟丧乞假归。都下盛传予疏,竞相传写,间有失真者。公恐又成伪稿之事,百计为购而焚之)。"③此疏真如他自己所言,"一疏人传批逆鳞"④,有人称颂,有人忌恨。《征邪教疏》也影响了后来很长一段时间,"词臣有客避青聪(自余《征邪教疏》出,每有京邸宴集,居谏垣者必引避)"⑤,他的直率而切中时弊的言论,让谏官御史深感惭愧,每有宴集必引避。洪亮吉虽然"批逆鳞",甚至逆了"龙鳞",但这次皇帝选择了宽宏大度。三月二日他受到太上皇乾隆皇帝的召见,还"蒙高宗纯皇帝记名"⑥。他十分感恩,但总感到报恩无门。"讵敢便寻忘世侣,报恩终拟剩闲身。"⑦

第二节　单车北上为国丧

　　洪亮吉因《征邪教疏》为时所忌,以弟丧乞假归。嘉庆四年(1799)正月,洪亮吉还在江南,赴苏州光福、木渎、东山等地,邓尉探梅,枫桥访

① 法式善:《皇清奉直大夫翰林院编修洪稚存先生行状》,《洪亮吉集》,中华书局 2001 年版,第 2356 页。
② 吕培等:《洪北江先生年谱》,《洪亮吉集》,中华书局 2001 年版,第 2344 页。
③ 洪亮吉:《哭任军门承恩》,《卷施阁诗》卷二十,《洪亮吉集》,中华书局 2001 年版,第 938 页。
④ 洪亮吉:《湛怀园留别诸藩邸》,《卷施阁诗》卷十九,《洪亮吉集》,中华书局 2001 年版,第 903 页。
⑤ 洪亮吉:《临别戏赠孙大并索和章》,《卷施阁诗》卷十八,《洪亮吉集》,中华书局 2001 年版,第 904 页。
⑥ 吕培等:《洪北江先生年谱》,《洪亮吉集》,中华书局 2001 年版,第 2344 页。
⑦ 洪亮吉:《湛怀园留别诸藩邸》,《卷施阁诗》卷十九,《洪亮吉集》,中华书局 2001 年版,第 903 页。

友,感受"十步五步梅花开"①的江南春天。二月,惊闻高宗纯皇帝弘历崩逝,他在内廷翰林院例应奔丧,随即单车北上,衣物行李都没有来得及准备,带着一个瘦仆匆忙启程。他在诗中表达了当时的心情,"三月束装归,二月束装发。出门才十稔,抵家无百日。昨为弟丧归,今为国丧出。我劳何敢惮,我泪忽呜咽。挥泪北向行,程程冒风雪。"②他到家不到一年,这一年他大部分时间在外面,难免奔波劳累,但一听到太上皇去世的消息,很悲痛,立刻冒着风雪挥泪北上。他的心情是很复杂的,回乡这一年充分享受山水友朋之乐,也早有归田的想法,但想到朝廷的恩德又心有愧疚。"已为还山云,复作出山水。看云心尚恋,照水色增愧。"③听闻高宗皇帝升遐,他毫不犹豫奔赴朝廷,尽一个臣子之责。

他"连晨走三驿"④,急急赶往京城。在山东境内,半夜忽然出现异常气象,风雪交加,伴着阵阵惊雷,寒暑两季的天象同时出现,他不禁感叹:"三更惊雷奔,忽复雪没膝。神区信灵异,寒暑一夕出。狂飙来若怒,激电去如掣。棱棱檐瓦落,历历冰柱折。"⑤在圣人之乡山东境内,出现如此异象,古人有"天人感应"的思想,相信这种现象的出现,一定不是无缘无故的。一夜没膝深的雪,也给他的行路增加了许多难度。他在即将到达泰山时,读到乾隆皇帝的遗诰,泣赋一诗,诗云:"平明欲出门,青气已四布。崔庄行廿里,木末天始曙。惊传上皇诰,涕泣满行路。黄缣曳三丈,急递颁镇戍。山崩川复溃,此事关气数。兹方当孔道,入见翠华驻。成功告天地,神亦被休祚。今来山色改,惨戚若蒙雾。时当春仲后,急雪匪无故。神人哀痛切,井邑先缟素。微臣等蚍虺,夙昔感恩顾。俄焉惊遏密,旬日急奔赴。山灵鉴微诚,恍若导前步。百里行不

① 洪亮吉:《同孙公子锦暨令弟镶至翠峰枕流阁访梅》,《卷施阁诗》卷二十,《洪亮吉集》,中华书局2001年版,第930页。
② 洪亮吉:《北行》其一,《卷施阁诗》卷二十,《洪亮吉集》,中华书局2001年版,第933页。
③ 洪亮吉:《北行》其二,《卷施阁诗》卷二十,《洪亮吉集》,中华书局2001年版,第933页。
④ 洪亮吉:《别敖阳镇二日敖山尚可见因题壁》,《卷施阁诗》卷二十,《洪亮吉集》,中华书局2001年版,第934页。
⑤ 洪亮吉:《夜半忽大风雪惊雷彻晓》,《卷施阁诗》卷二十,《洪亮吉集》,中华书局2001年版,第934—935页。

休,横流马惊渡。"①先皇帝驾崩,仿佛山崩川溃,所以仲春之后突降大雪,山川缟素,神人同悲。在这样异常的天象下,想到他所看到的吏治衰败现象,隐约感到大清气数将尽,作为受到过皇上恩顾的"微臣",内心甚是焦虑悲伤,这种心情,也与他后来的冒死直谏有一定关联。

大雪没有阻挡洪亮吉的脚步,他"三月初二日,抵都,奉旨在观德殿随班哭临,因赴本衙门销假,暂寓同年戴刑部敦元铁厂寓斋"②。戴敦元(1768—1834),字金溪,浙江开化人,乾隆五十五年(1790)进士,历官刑部主事、刑部尚书等。有《戴简恪公遗集》。

四月,洪亮吉被派充实录官纂修。清代纂修实录并无固定机构,一般是在上一代的皇帝死后,由新君特命纂修,临时开实录馆,抽调翰林院、詹事府等在职官员参与其事,事成即行裁撤。实录由首卷与正卷两部分组成。首卷主要是序、凡例、目录等,正卷即是实录正文,自所录皇帝即位开始,按时间分卷记述。洪亮吉和总裁诸公一起,首先订定条例,完成首卷,他自己承纂第一分册,即高宗纯皇帝初登极时的政事。当月,因为高宗皇帝的神牌供奉太庙,还得到皇帝的恩赏。"恩诏赠先生父奉直大夫,母宜人。本身妻室并请封典如例,充己未科会试磨勘官,殿试受卷官。"③会试磨勘官是在会试后复核考生试卷的官职,负责核查阅卷中是否存在问题,考试环节是否有疏漏等,也是预防科场舞弊的措施之一。殿试受卷官是在殿试结束后,负责收取、汇总所有考生的试卷,再送至弥封官处进行弥封等。

"五月,奉旨教习己未科庶吉士。分课汤君金钊、张君惠言、贵君庆等十四人。移寓西华门南池子关帝庙。"④汤金钊(1772—1856),字敦甫,号勤兹,浙江萧山(今浙江杭州市)人。嘉庆四年(1799)进士,选庶吉士,授编修,入直上书房。历官湖南学政、内阁学士、户部侍郎、左都御史、礼部尚书、工部尚书、吏部尚书、户部尚书、协办大学士、太子太保

---

① 洪亮吉:《将至泰安于崔庄驿壁敬读太上皇遗诰泣赋一首》,《卷施阁诗》卷二十,《洪亮吉集》,中华书局 2001 年版,第 935 页。

② 吕培等:《洪北江先生年谱》,《洪亮吉集》,中华书局 2001 年版,第 2345 页。

③ 吕培等:《洪北江先生年谱》,《洪亮吉集》,中华书局 2001 年版,第 2345 页。

④ 吕培等:《洪北江先生年谱》,《洪亮吉集》,中华书局 2001 年版,第 2345 页。

等。著有《寸心知室存稿》六卷等。张惠言(1761—1802),字皋文,号茗柯,江苏阳湖人。嘉庆四年(1799)进士,改庶吉士,充实录纂修官,授翰林院编修。工词,尚比兴,与弟张琦合编《词选》,为常州词派开山人物。其学深于《易》《礼》,与惠栋、焦循被后世称为"乾嘉易学三大家"。著有《茗柯文编》。贵庆(1775—1847),字月山、云西,姓富察氏,满洲镶白旗人。嘉庆四年(1799)进士,散馆授检讨,历官内阁学士、礼部侍郎、兵部右侍郎、刑部左侍郎、吏部左侍郎、仓曹侍郎、漕运总督、礼部尚书等。著有《知了义斋诗钞》等。

　　这段时间洪亮吉主要从事编纂、教习等工作,但他片刻未忘国事,急切盼望能兴利除弊,整顿吏治,即使是与朋友游览聚会赋诗,也无心观景叙旧。四月初二,法式善邀洪亮吉一行去极乐寺小聚,此时他因前段时间旅途奔波劳累,身体欠佳,但还是欣然前往,因为一年多没有和朋友相聚了。他们分韵赋诗,洪亮吉分得"月"字,他在诗中云:

> 纵谈当世事,喜罢或呜噎。侧闻秦陇蜀,兵苦不得歇。至尊忧黎元,御殿每日昃。时时思说论,何异饥与渴。开诚布条教,欲使黎庶活。奈何诸大吏,敷告尚不实。民犹困科敛,吏不奉法律。文书巧相抵,百变难致诘。居然贪欺成,不复畏斧锧。两湖全陕地,事变可胪列。因循及弛废,百事待刚决。倒悬诚已久,水火救宜切。我官非谏诤,讵敢肆笔舌。幸多同志友,肝胆素郁勃。能言固堪贵,尤在通治术。敷陈政之要,置彼事纤屑。虽争焚谏草,道路有传说。吾侪究多幸,贮见荡平日。花前时时来,一醉百忧豁。①

　　洪亮吉和朋友们"纵谈当世事",为嘉庆帝亲政勤于朝政而高兴,赞美嘉庆皇帝"至尊忧黎元",发布一系列条例政策,试图"欲使黎庶活",即位之初,即稍开言路,表示要像他曾祖父、父亲,即康熙、乾隆那样做个好皇帝,为了消除和珅残余势力影响朝政,加强对朝廷的控制,真正实现亲政,他还命成亲王永瑆、大学士董诰、尚书庆桂在军机处行走,成亲王永瑆管户部。这一切似乎让人感觉皇帝想要整肃吏治,重振朝纲。

---

① 洪亮吉:《四月二日法祭酒式善邀同人至极乐寺小憩,分韵得月字》,《卷施阁诗》卷二十,《洪亮吉集》,中华书局2001年版,第939—940页。

然而，明明百姓困于"科敛"，地方官吏"不奉法律"，但官员大吏上书给皇帝的则是巧言欺瞒，粉饰太平。明明秦陇蜀，兵事不断，这些地方很可能再次发生大规模的起义事变，百姓倒悬受苦已久，朝廷急需救民于水火之中，朝纲废弛，急需整治，可谓百废待兴，但这些，皇帝并不能真正知晓。奈何自己并非谏官，无权上书言事，只能在诗文中发出救民于水火的急切呼声。好在身边有一些同志友，精通吏治，敷陈政要。他多么希望能看到真正国泰民安的太平盛世啊。

在此种忧心无奈的情形下，他倒很羡慕能去军营杀敌效力的同僚，他在《送同年祝兵备曾至陕西军营即题其山寺读书卷子》诗中，表达了自己不忘世事，报效国家的情怀。诗云：

> 男儿少日贫如此，四面乱山如破纸。仍无一屋可盖头，暂借僧房作栖止。僧房似窦排山麓，夜半云奇欲穿屋。林空无人窜惊鹿，山鬼依微伴宵读。扃门不出眼界空，意见不与时雷同。丈夫岂肯忘世事，四海九域环胸中。一朝山云破空去，人亦公然得奇遇。山深幸喜住十年，不尔何来济时具。君不见，殷深源，房次律，毕竟读书无本末。君今上马能杀贼，下马檄书成顷刻。亦知平生饶素识，召对尤蒙赐颜色。散关峨峨去天尺，一贼不除归不得。露布期君在朝夕，济时已了倘欲还，仍作山中读书客。①

同年祝曾，即将前往陕西军营任职，洪亮吉题诗于其《山寺读书卷子》，借此表达了自己与祝曾一样，不忘世事。如今祝曾可以上马杀贼，而自己既不能上书言事，又不能上马杀贼，郁闷之情可想而知。他只能期待祝曾他们早传捷报，平乱而归，仍作读书客。进可上马杀贼，退可山中读书，不仅是祝曾的愿望，也是洪亮吉自己希望的样子。祝曾（生卒年不详），字绍宗，河南固始人，乾隆五十五年（1790）进士。历官平庆兵备道、凤邠兵备道等。洪亮吉在送别知府陈熙藩至贵州时，又想起了贵州苗民动乱，及在平乱中去世的彭廷栋、花连布两将军。他在贵州时的学生张凤枝也从军新疆，不胜感慨。"五年我已别南云，又向金门见

---

① 洪亮吉：《送同年祝兵备曾至陕西军营即题其山寺读书卷子》，《卷施阁诗》卷二十，《洪亮吉集》，中华书局 2001 年版，第 940 页。

此君。几许故人皆抗节（谓彭廷栋、花连布两军门），无多健吏亦从军（张太守凤枝近以事发新疆）。工愁吴质官先罢，垂老冯唐力尚勤。珍重雪崖亭畔月，好封书札慰离群。"①他已离开贵州五年，但苗民之乱依然没有彻底平息，引起动乱根源的吏治衰乱，依旧没有希望扭转。

洪亮吉寄希望于新帝能了解吏治及底层的真实情况，扭转目前颓乱的局势，所以他一心想要上书。与他一样有上书心事的人还有他的同乡好友管世铭，已决定上书，草稿都已完成，却突然去世，他在《哭管侍御世铭》诗中云："半生每自夸龙尾，晚节憎人说凤毛。独有上书心事在，不教风节并钱曹（闻先生客秋欲上封事，属草已定遽卒，庄刺史炘尚及见之。钱、曹，为钱南园、曹剑亭两侍御）。"②钱南园是指钱沣，官至御史，敢于直言。曾疏言和珅为军机，办事不遵制度，遭和珅忌恨，尽委以劳苦之事，致积劳成疾死。曹剑亭即曹锡宝，在和珅声势熏灼时，尝弹劾和珅家奴刘全倚势营私，家赀丰厚，衣服、车马、居室皆逾制，被革职留任。

他的同年，当时的重庆知府石韫玉，也曾通过成亲王上书言事，将他的平乱策略传递至皇帝那里并得到采纳。他在诗中曰："启事人先悚（君以川匪曲折，作启事致成亲王，王即以上闻），登坛众尽惊。巴渝兵火地，何以慰疲氓。"③石韫玉曾佐勒保军幕，曾建议用坚壁清野及守寨之计，来剿灭川陕楚教民起事。洪亮吉既佩服他的胆识，又很同情那些饱受战火之苦的百姓及被胁迫的流民。

洪亮吉熟悉上层，了解底层，对当时朝廷之昏聩、吏治之腐败十分了解，也很失望无奈，多次萌发归田退隐之心，他曾说："金门索米空年载，无补于时亦思退。黄花半顷麦一畦，努力同输太平税。"④他觉得既然于时无补，不能改变现状，不如退隐，过田园生活。看到京城的奢华，一掷千金，表示担忧，他说："黄金堆盘一宵掷，升平乐事宁易得。鄙人

① 洪亮吉：《送陈太守熙藩至贵州，即寄冯侍郎光熊、吴兵备超暨程太守国玺诸人》，《卷施阁诗》卷二十，《洪亮吉集》，中华书局 2001 年版，第 943 页。
② 洪亮吉：《哭管侍御世铭》，《卷施阁诗》卷二十，《洪亮吉集》，中华书局 2001 年版，第 946 页。
③ 洪亮吉：《寄石太守韫玉》，《卷施阁诗》卷二十，《洪亮吉集》，中华书局 2001 年版，第 949 页。
④ 洪亮吉：《送吴文学文桂旋里》，《卷施阁诗》卷十八，《洪亮吉集》，中华书局 2001 年版，第 869 页。

归田有时日,欲与田间老农说。"①还有幸他的朋友担任地方官,更方便他退隐。"差喜故人皆守郡(时魏君成宪亦擢守扬州),可容傲吏早归田。租船即系祠边树,筑屋都模池上篇。"②他也很想能著书立说流传后世,"因无用世心,益坚传世志。行装本无几,并叠陈箧笥。所居幸深远,热客无一至。中年惊已过,盍扣囊底智。不见七十翁,辞官课奇字(时正寄书钱少詹大昕,索所著《声类》)。"③他无用世心,"不同朝士竞升沉"④,也愿意像钱大昕那样,辞官做学问,"难忘砚北千秋业,却有城南二顷田。"⑤著书立说一直是他的志向,何况"白云溪畔三间屋,略有头衔好乞休"⑥。鉴于以上原因,他几次想乞假归里,他的弟弟以嗣母年迈需要奉养为由归里时,他也动了南归之心,做好了乞假的准备。弟弟猝然离世后,他立刻带着家人一起南归回乡,在江浙地区游历,过了一年悠闲的生活。第二年回京城后他仍很怀念这段时光,还写了《牧牛词》《种鱼词》《畜鸽词》《养蚕词》等,将乡村生活写得悠闲而美好。然而,在仕与隐之间,他的心情是复杂纠结的,对时局的忧虑以及他耿直的个性,让他觉得有些话如鲠在喉,不吐不快。

第三节　犯颜直谏险丧命

嘉庆四年(1799)八月,洪亮吉负责的《实录》第一分册告成,先呈皇帝御览。这一阶段的工作告一段落,他便又找了个理由乞假南归,"以春初束装匆遽,在都车马衣履一切未具,遂于二十日在本衙门乞假,已

---

① 洪亮吉:《十九日绮春园观灯即席应教》,《卷施阁诗》卷十九,《洪亮吉集》,中华书局2001年版,第901页。

② 洪亮吉:《虎丘谒白公祠即呈同年任太守兆炯》,《卷施阁诗》卷二十,《洪亮吉集》,中华书局2001年版,第905页。

③ 洪亮吉:《读书倦后偶题斋壁》,《卷施阁诗》卷二十,《洪亮吉集》,中华书局2001年版,第949—950页。

④ 洪亮吉:《偶成》其四,《卷施阁诗》卷十七,《洪亮吉集》,中华书局2001年版,第863页。

⑤ 洪亮吉:《偶成》其三,《卷施阁诗》卷十七,《洪亮吉集》,中华书局2001年版,第863页。

⑥ 洪亮吉:《偶成》其二,《卷施阁诗》卷十七,《洪亮吉集》,中华书局2001年版,第862页。

准,拟于九月初二日叩送高宗纯皇帝梓宫后南行。"①他在诗中云:"眼冷心空日,长安始易居。"②他做不到眼冷心空,当时川陕民变未平,他时时忧虑,夜不能寐,很是煎熬,在仕与隐的纠结中,他最终还是选择乞假回乡,暂时离开。然而,鉴于他对朝廷的忠心、对百姓的慈悲、对社会的责任,以及他不吐不快的豪爽性格,虽然他深知自己非谏官,无权无责上书言事,但他还是决定冒险上书。八月二十四日,托成亲王、吏部尚书朱珪、左都御史刘权之转达圣上。

洪亮吉忧虑时局,经常夜不能寐,《洪北江先生年谱》载:"自以曾蒙恩遇,不当知而不言,又以翰林无言事之责,不应违例自动章奏,因反覆极陈时政数千言,于二十四日上书成亲王及座师吏部尚书朱公珪、左都御史刘公权之,冀其转达圣听。发书后,始以原稿示长子饴孙,告以当弃官待罪。是日,宿宣南坊莲花寺,与知交相别,同人皆惧叵测,先生议论眠食如常。"③在上书中他痛陈时弊,揭露吏治,是一年多前《征邪教疏》的继续。他深知写这些肯定触怒权贵,触怒皇帝,"且自去春大考陈疏以后,自分当得不测之诛,蒙圣天子知其愚,而宽其罪,则亮吉已受再生之德,又何敢知而不言,负覆载之生成乎? 亮吉顿首顿首,死罪死罪。"④书信发出后,他告诉儿子当弃官待罪,与知交一一相别,准备从容赴死,可见他心地是何等坦荡,内心是何等强大。

二十五日,成亲王将洪亮吉书奏呈嘉庆皇帝,"上怒其语憨"⑤,皇帝看后大怒,亲加披阅,认为所言皆无实据,且语无伦次,当即下旨,传至军机处,要求洪亮吉逐条指实,随即又下旨,"落职,交军机大臣会同刑部严审,定拟具奏"⑥。洪亮吉即被刑部司官刘钰带出西长安门至刑部,关入南监。他的《遣戍伊犁日记》冷静地记载了当时的具体经过:"二十五日,王以书进呈。是日,传至军机问供。申刻,有旨革职,交刑部。即

① 吕培等:《洪北江先生年谱》,《洪亮吉集》,中华书局 2001 年版,第 2345 页。
② 洪亮吉:《偶成》,《卷施阁诗》卷二十,《洪亮吉集》,中华书局 2001 年版,第 954 页。
③ 吕培等:《洪北江先生年谱》,《洪亮吉集》,中华书局 2001 年版,第 2345 页。
④ 洪亮吉:《乞假将归留别成亲王极言时政启》,《卷施阁文甲集》续卷,《洪亮吉集》,中华书局 2001 年版,第 230 页。
⑤ 赵尔巽等:《清史稿》卷三百五十六《列传一百四十三》,中华书局 1977 年版,第三十七册,第 11314 页。
⑥ 吕培等:《洪北江先生年谱》,《洪亮吉集》,中华书局 2001 年版,第 2345 页。

偕刑部司官刘钰从隆钟门出西长安门,同车到刑部,拨入南监。二十六日五更上刑具复车押至内西华门外都御史衙门,听候军机王大臣会同刑部严审。未刻,讯毕入奏,照大不敬律,拟斩立决。"①

《平生游历图序》之"右《圜扉待讯图》第十四"有描述曰:"狱旁窄屋二间,凡官吏待罪者例得居此,以别于众囚。初莅狱,司事者不测上意,令两吏夹持以寝,四鼓即唤起,严加桎梏。押至御史台严审……每夕提铃喝号及重囚缧绁桎梏之声,彻晓不绝,虽隔一巷,亦嘈杂不得寐。"②洪亮吉在狱中作为重囚,被严加桎梏。二十六日又押至都虞司审询,并面传圣上谕旨:"洪亮吉系读书人,不必动刑。"③皇上当时看到洪亮吉的奏书中居然有许多指责他的文字,立刻大怒,也许等到第二天再仔细看,并不是皆无实据,语无伦次,而是切中时弊,念洪亮吉乃一介书生,乃下旨不必动刑。洪亮吉感激涕零,伏地痛哭。在审询中,他一一如实指陈,毫无隐瞒。审讯完毕,"照大不敬律,拟斩立决"④。

洪亮吉入狱后,许多人前来探视,"在南监中来省者,王编修、庄上舍、朱公子锡经、锡庚、王编修引之、贵吉士庆、吴吉士鼒、朱吉士禄、叶舍人继雯、乔比部某、方比部体、汪学正端光、余孝廉怀清、陶孝廉、刘少府(忘其名)、友人月升子、韩比部尌,而李比部于培,为予壬子荐卷门生。"⑤在狱中他得到提牢李于培的关照,"朝夕省视并馈贶"⑥。转都虞司审讯时,陶登瀛、王苏、庄曾仪、赵怀玉、张惠言前去探省。出监时,缪炳泰、崔景俨、管学洛、黄载华、邵葆祺、方体、赵未彤、庞士冠、表弟蒋书山、赵方什、表侄赵学辙,在门外等候相送。

洪亮吉上书获罪一事,引起朝野震动,他们"闻圣怒不测,行刑者已伺门屏间矣。亲友有知其事者,皆痛哭入唁。又实录馆供事苏玉等数人,余待之素有恩,益持予泣不止。余反慰止之,并口占一绝赠诸君,末

① 洪亮吉:《遣戍伊犁日记》,《洪北江全集》,光绪初授经堂刊本。
② 洪亮吉:《平生游历图序》,《更生斋文乙集》卷二,《洪亮吉集》,中华书局2001年版,第1082页。
③ 吕培等:《洪北江先生年谱》,《洪亮吉集》,中华书局2001年版,第2345页。
④ 洪亮吉:《遣戍伊犁日记》,《洪北江全集》,光绪初授经堂刊本。
⑤ 洪亮吉:《遣戍伊犁日记》,《洪北江全集》,光绪初授经堂刊本。
⑥ 洪亮吉:《遣戍伊犁日记》,《洪北江全集》,光绪初授经堂刊本。

二句云：'丈夫自信头颅好，须为朝廷吃一刀'。闻者或破涕可笑。"①他的表弟赵怀玉去探望他，"大哭投于地，不能言。君笑起谓赵君曰：'味辛，今日见稚存死耶，何悲也？'"②洪亮吉是抱着必死之心上书的，当同僚抱着他痛哭时，他反而还写诗安慰他们。如此从容淡定，世所罕见。

"大不敬"是清律中最严重的十恶不赦的罪名之一，"斩立决"也是清刑律处死罪中较重的一种，一般死刑犯是秋后问斩。洪亮吉的奏书是成亲王永瑆代为递呈的，审讯洪亮吉也是成亲王所在的军机处及刑部。嘉庆皇帝在和珅倒台后为了加强控制，让哥哥成亲王永瑆在军机处行走，如果成亲王和大臣有私交，皇帝会忌讳。或许成亲王永瑆看到皇帝震怒，为了表示对皇帝的忠心，也为撇清与洪亮吉有私交之嫌，所以成亲王以当时最重的处罚，"照大不敬律，拟斩立决"，报请皇上审核，同时，又为洪亮吉求情。此时皇上也许认为真处死了洪亮吉，倒显得自己不大度，或者冷静后细读他的奏书，所说不无道理，于是格外开恩，免了他的死刑，"蒙恩减死，发戍伊犁。"③

皇上震怒的原因，首先，当然是洪亮吉所写的内容刺激了他，让他生气。其次，是洪亮吉上书的方式不对。嘉庆帝认为，洪亮吉作为翰林院编修，且曾在上书房行走，如有上奏事项，可以直接封章上奏，而他却让成亲王、朱珪、刘权之三人转达，所写内容就已经扩散，对嘉庆皇帝造成的不良影响也已加大。"汝为词臣，折乃不密。公然万言，移副三府。传闻影响，疑谤君父。"④嘉庆帝还追究拿到洪亮吉的奏书后，隐瞒没有递呈的朱珪、刘权之的责任。当时两人收到此书很震惊，知道递呈之后的严重性，于是私下通气商量，决定按下不呈，目的也是保护洪亮吉。面对皇帝的指责，他们只能找理由解释，说洪亮吉书写潦草，想重新誊写清楚后再呈等。最后，嘉庆帝也想借此杀鸡儆猴，以扼制当时渐渐抬头的"好为议论"之风，"惟近日风气，往往好为议论，造作无根之谈，或见诸诗文，自负通品，此则人心士习所关，不可不示以惩戒，岂可以本朝

① 洪亮吉：《出塞纪闻》，《遣戍伊犁日记》附，《洪北江全集》，光绪初授经堂刊本。
② 恽敬：《前翰林院编修洪君遗事述》，《洪亮吉集》，中华书局 2001 年版，第 2372 页。
③ 洪亮吉：《平生游历图序》，《更生斋文乙集》卷二，《洪亮吉集》，中华书局 2001 年版，第 1082 页。
④ 洪亮吉：《平生游历图序》，《更生斋文乙集》卷二，《洪亮吉集》，中华书局 2001 年版，第 1082 页。

极盛之时而辄蹈明末声气陋习哉!"①惩罚洪亮吉,也有为根基稳固考虑的因素。

洪亮吉的上书,何以能让嘉庆皇帝如此震怒呢? 他究竟写了些什么?

他首先申明上书的目的,是为报朝廷之恩,尽人臣之责,然后直接指出当今朝政存在的问题:

> 今天子求治之心急矣,天下望治之心亦孔迫矣,而机局尚未转者,推原其故,盖有数端。亮吉以为励精图治,当一法祖宗初政之勤,而尚未尽法也。用人行政,当一改权臣当国之时,而尚未尽改也。风俗则日趋卑下,赏罚则仍不严明,言路则似通而未通,吏治则欲肃而未肃。②

直接指出皇帝继位亲政以来"机局未转",然后一一列出具体问题及原因,可谓开宗明义。

他所指出的第一条,就直接将矛头指向当今圣上,没有效法祖宗,不够励精图治。具体如下:

> 自三四月以来,视朝稍晏,又窃恐退朝之后,俳优近习之人荧惑圣听者不少。此皆亲臣大臣启沃君心者之责也。盖犯颜极谏,虽非亲臣大臣之事,然亦不可使国家无严惮之人。乾隆初年,纯皇帝宵旰不遑,勤求至治,其时大臣如鄂文端、朱文端、张文和、孙文定等,皆侃侃以老成师傅自居。亮吉恭修实录,见自雍正十三年八九月亲政之日起,以迄乾隆初年一日中朱笔细书,折成方寸,或询张、鄂,或询孙、朱,曰某人贤否,某事当否,日或十余次,而诸臣中亦皆随时随事奏片,质语直陈,是上下无隐情。③

洪亮吉第一条直接指出皇帝不够励精图治,上朝有点迟,退朝之

---

①《关于洪亮吉遣戍的实录》,《清实录》《仁宗实录》卷五十,《洪亮吉集》,中华书局 2001 年版,第 2393 页。

②洪亮吉:《乞假将归留别成亲王极言时政启》,《卷施阁文甲集》续卷,《洪亮吉集》,中华书局 2001 年版,第 223 页。

③洪亮吉:《乞假将归留别成亲王极言时政启》,《卷施阁文甲集》续卷,《洪亮吉集》,中华书局 2001 年版,第 223—224 页。

后,可能被俳优近习之人荧惑,心思不在朝政上。然后将他和乾隆纯皇帝进行比较,乾隆初年,纯皇帝励精图治,一天之中十多次询问大臣政事,大臣们也随时随事上奏,质语直陈,上下无隐情,因而受到万民爱戴,上下臣服。洪亮吉因编纂《实录》第一分册,正好是乾隆初年的部分,翻阅了大量宫廷原始文档,所以对乾隆刚亲政时的情况比较了解。这样一比较,实际上是批评当今皇帝不如他的父亲勤政。嘉庆皇帝亲政以来,一直为自己塑造效法祖宗,勤政爱民的形象,结果看到一个"词臣"洪亮吉这么批评自己,怎能不震怒?而且还投递了三份,传闻影响极坏,在皇帝看来真的是"大不敬","斩立决"不为过。

接着洪亮吉又指出皇上做得不够好的三个方面:"一则处世太缓。夫四海九州之事,日不知凡几矣。又自乾隆五十五年以后,八年之中,权私蒙蔽,事之不得其平者,又不知凡几矣。千百万中无有一二能上达者,即能上达矣,未必即能见之施行也。乃有赫然出于睿断必欲平反,如江南洋盗一案者,参将杨天相有功骈首,洋盗某漏网安居,皆由署总督苏陵阿昏聩糊涂,贪赃玩法,举世知其冤,至今海上之人言之痛心切齿,而洋盗则公然上岸无所顾忌,皆此一事酿成。况苏陵阿又系权相私人,朝廷必无所顾惜,而至今尚坐拥巨资,厚自颐养。……夫以圣天子赫然独断,欲平反一案而尚如此,则此外沉冤更何自而雪乎?"[1]每天有许多事情要处理,皇上却不决断。他举出具体的江南洋盗一案,参将杨天相,举世知其冤,罪魁祸首为权相私人苏陵阿,昏聩糊涂,贪赃枉法,却至今"坐拥巨资,厚自颐养",皇上下决心要平反的一案尚且如此,其他沉冤什么时候才能得到昭雪呢?

"一则集思广益之法未备。……盖人才至今日消磨殆尽矣。数十年来,以模棱为晓事,以软弱为良图,以钻营为进取之阶,以苟且为服官之计。由此道者,无不各得其所欲而去,以是衣钵相承,牢结而不可解。夫此模棱、软弱、钻营、苟且之人,国家无事,以之备班列可也;适有缓急,而以牢结不可解之大习,欲望其奋身为国,不顾利害,不计夷险,不

① 洪亮吉:《乞假将归留别成亲王极言时政启》,《卷施阁文甲集》续卷,《洪亮吉集》,中华书局 2001 年版,第 224 页。

赡徇情面,不顾惜身家,不可得也。"①诸臣模棱、软弱、钻营、苟且,不讲利弊,不思革新吏治,多一事不如少一事,又怎么能治理好国家呢?洪亮吉毫不留情地指出当时官场的弊病。

"一则进贤退不肖似尚游移。"②他举了两个例子,川陕白莲教起义,原任达州知州戴如煌罪不容逭,至今却挈家安处川中,反得超然事外,还与一道员联姻,可谓有恃无恐。众口交誉的署知州刘清,不仅百姓服之,即使教匪亦服之。正当用人之际,然而像刘清这样的人才,进而尚未能进,还是一个小小的州牧,根本发挥不了作用。还有一例就是吴省兰、吴省钦兄弟,处理太轻了。吴省兰,为咸安宫官学教习时,为和珅的教习老师,和珅得势后反拜和珅为师,大考擢第一,数次视学典试,并非才望品学能胜任,都是靠和珅之力。吴省钦执掌文衡、尹京兆,无不声名狼藉。当初陕西道御史曹锡宝劾和珅家奴刘全服饰逾制,因二吴是曹锡宝同乡夙好,事先看到弹劾折子,吴省钦便偷偷报告和珅,和珅令刘全毁掉了逾制的服饰,反使曹锡宝获罪。"如是而降官亦不足以蔽辜矣。是退而尚未退也。"③洪亮吉所说皆是人尽皆知的事实。

在用人方面尚未肃清和珅的影响。

> 何以云用人行政尚未尽改也?盖其人虽已致法,而十余年来,其更变祖宗之成例,汲引一己之私人,犹未尝平心讨论。内阁、六部各衙门庶务,谁为国家之成法,谁为和珅所更张,内阁、六部以及各衙门之人,谁为国家所自用之人,谁为和珅所引进,以及随同受贿随同舞弊之人,皇上纵极仁慈,纵欲宽胁从,又因人数甚广,亦不能一切屏除。然窃以为实有真知灼见者,即不究其从前,亦当籍其姓名,于升迁调补之时,微示以善恶劝惩之法,使人人明知圣天子虽不为已甚,而是非邪正之辨,未尝不洞悉,未尝不区别。如是而

---

① 洪亮吉:《乞假将归留别成亲王极言时政启》,《卷施阁文甲集》续卷,《洪亮吉集》,中华书局 2001 年版,第 224—225 页。

② 洪亮吉:《乞假将归留别成亲王极言时政启》,《卷施阁文甲集》续卷,《洪亮吉集》,中华书局 2001 年版,第 225 页。

③ 洪亮吉:《乞假将归留别成亲王极言时政启》,《卷施阁文甲集》续卷,《洪亮吉集》,中华书局 2001 年版,第 226 页。

夙昔之为私人者,尚可革面革心而为国家之人。否则,朝廷常若今日明清可也,设万一他日复有效权臣所为者,而诸臣又群起而集其门矣。①

和珅精明强干,深得乾隆宠信,乾隆还将一公主嫁于和珅长子,使和珅成为皇亲国戚。和珅大权在握后,便结党营私,聚敛财物,排斥异己,打击政敌。乾隆退位后,和珅依然得到太上皇的保护,乾隆皇帝一崩逝,嘉庆帝亲政后的第一件大事,就是治和珅之罪,很快就将和珅赐死狱中。虽然受和珅排挤的官员,有的也得到提拔,如洪亮吉的座师朱珪,也是嘉庆帝的老师,从安徽巡抚调京,入值南书房。然而和珅在朝中的同党并没有被及时清理,很多人并没有受到任何影响。嘉庆帝也许只想处死大学士和珅、尚书福长安这样权倾一时的人,来巩固自己的地位,并不想大动干戈彻底整顿官场,和珅"私人"人数甚广,怕一一清理影响实在太大。洪亮吉的建议也比较中肯,并没有要求"一切屏除",而是认为确实有真知灼见者,亦可不究其从前,"于升迁调补之时,微示以善恶劝惩之法",防止他日再有权臣出现而诸臣效仿。

他还抨击自己十余年来所亲见的官场不顾廉耻的丑恶现象,"有尚书、侍郎甘为宰相屈膝者矣;有大学士、七卿之长,且年长以倍,而求拜门生,求为私人者矣;有交及宰相之僮隶,并乐与僮隶抗礼者矣。太学三馆,风气之所由出也。今则有昏夜乞怜,以求署祭酒者矣;有人前长跪以求讲官者矣。翰林大考,国家所据以升黜词臣也。今则有先走军机章京之门,求认师生,以探取御制诗韵者矣;行贿于门阑侍卫,以求传递倩代,藏卷而出,制就而入者矣。"②所以他说如今风俗日趋卑下。还有一些追求名节,不愿摇尾乞怜以求仕进者,则又遁入虚无,谈禅食素,不理政事,他很担心西晋崇尚玄虚之习,再次于当朝出现,于世道人心的影响并非小事。这些都是洪亮吉亲见或亲闻,句句有所指代,实有其人其事,并非他所杜撰或道听途说。

① 洪亮吉:《乞假将归留别成亲王极言时政启》,《卷施阁文甲集》续卷,《洪亮吉集》,中华书局 2001 年版,第 226 页。
② 洪亮吉:《乞假将归留别成亲王极言时政启》,《卷施阁文甲集》续卷,《洪亮吉集》,中华书局 2001 年版,第 227 页。

他批评如今"赏罚仍不严明"①，主要指皇上对镇压白莲教起义不力的将领处罚不严。他指出福康安、和琳、孙士毅蒙蔽欺罔皇上，绵宜、惠龄、福宁丧师失律，景安、秦承恩因循畏葸，致使川、陕、楚、豫等地的百姓，遭劫者不下几百万。而皇上对这些战事失利的将领处罚甚宽，重者不过新疆换班，轻者不过大营转饷，甚至拿解来京的秦承恩，又给还家产，有意复用，履奉严旨的惠龄，则又起补侍郎。然后他又将现在的情形与乾隆皇帝在金川等处用兵进行对比，乾隆当初杀讷亲、杀额尔登额，将军、提、镇之类，失律伏法被诛者，不知其数，所以军纪严明，如今"剿匪"首尾五年，连连失利，却无一人被杀者。将嘉庆帝与乾隆帝比较，反衬出嘉庆皇帝的软弱，治军无方。嘉庆皇帝生气震怒也在情理之中，但冷静思考之后，会觉得洪亮吉说出了问题的实质，所以这一建议其实得到了嘉庆帝的采纳。本年十二月份，"福宁以杀降报捷，景安以纵贼殃民，俱褫职逮问。"②随后，"额勒登保奏获教匪王登廷"，"姜晟奏获湖南苗匪吴陈受"③，形势得到了扭转。

接着洪亮吉指出"言路则似通而未通"的问题。嘉庆帝即位之初，即表示要像他曾祖父、父亲，即康熙、乾隆那样，稍开言路，亲政后，更希望能兼听则明。乾隆皇帝去世后的第二天他就下诏求言，让大臣据实敷陈。下诏曰："中外陈奏直达朕前，不许副封关会军机处。"④还允许各省道员密折上奏，这一切看似言路已通。然而实际情况是，"奈何诸大吏，敷告尚不实。"⑤九卿台谏之臣，上书的大多不切政要，或者发人阴私，或者快己恩怨。即使十件中有一二可行者，往往又因诸臣意见不一而被驳回。洪亮吉心情非常着急，他并非谏臣，却想尽办法上书议政，所言件件切中要害，然而结果是差点送命。洪亮吉以他自己的危险经历，证实了当朝确实"言路则似通而未通"。

---

① 洪亮吉：《乞假将归留别成亲王极言时政启》，《卷施阁文甲集》续卷，《洪亮吉集》，中华书局 2001 年版，第 227 页。

② 赵尔巽等：《清史稿》卷十六《仁宗本纪》，中华书局 1977 年版，第三册，第 577 页。

③ 赵尔巽等：《清史稿》卷十六《仁宗本纪》，中华书局 1977 年版，第三册，第 577 页。

④ 赵尔巽等：《清史稿》卷十六《仁宗本纪》，中华书局 1977 年版，第三册，第 574 页。

⑤ 洪亮吉：《四月二日法祭酒式善邀同人至极乐寺小憩，分韵得月字》，《卷施阁诗》卷二十，《洪亮吉集》，中华书局 2001 年版，第 940 页。

还有一个大问题,也是关键的问题是,"吏治则欲肃而未肃"。因为"吏治一日不肃,则民一日不聊生,民一日不聊生,而欲天下之臻于至治不可得。"①百姓生活安定是国家治理的关键,而当时的情况是,各级官员贪欺害政,比比皆是。

> 出巡则有站规、有门包,常时则有节礼、有生日礼,按年则又有帮费。升迁调补之私相馈谢者,尚未在此数也。以上诸项,又宁增无减,宁备无缺,无不取之于州县,而州县则无不取之于民。钱粮漕米,前数年尚不过加倍,近则加倍不止。督、抚、藩、臬以及所属之道、府,无不明知故纵,否则门包、站规、节礼、生日礼、帮费无所出也。②

洪亮吉对百姓生活之苦十分了解,官府层层盘剥,百姓承受的负担这么重,必定民不聊生,甚至官逼民反,引发动荡。嘉庆帝肯定知晓此情,亲政后虽然也有所动作,贪官或自毙或被纠或内改,但并没有从根本上改变这些腐败现象。洪亮吉又一语中的,指出了他的痛处。由此可见,洪亮吉的上书根本不是他一时糊涂,信笔混写,而是他多年观察总结,深思熟虑之后所写,涉及的清朝中期官场腐败、吏治衰颓、风俗卑下等,句句切中要害。

洪亮吉作为清朝官员,建议严惩镇压白莲教起义军不力的将帅,整顿吏治等,完全是站在统治者的立场上,出于对朝廷的忠心,希望稳固清朝的统治,也为报皇帝对他的恩德,这符合他所处时代的家国情怀。同时也出于对百姓的仁爱之心,不希望看到百姓遭殃,深受战火的涂炭,遭受官吏盘剥,希望百姓早日过上和平安宁的生活。可惜嘉庆皇帝没有看到洪亮吉的拳拳之心,反而差点杀了他。这肯定会让一些敢说真话的直臣寒心,清朝的吏治也必将更加混乱腐败。

在别人看来如此惊世骇俗的事情,对于洪亮吉来说,却一点也不奇

---

① 洪亮吉:《乞假将归留别成亲王极言时政启》,《卷施阁文甲集》续卷,《洪亮吉集》,中华书局 2001 年版,第 229 页。
② 洪亮吉:《乞假将归留别成亲王极言时政启》,《卷施阁文甲集》续卷,《洪亮吉集》,中华书局 2001 年版,第 229 页。

怪,可以说是一种必然。原因是多方面的:

首先是他的忠义仁厚。他有着朴素的忠君思想,对朝廷忠心耿耿。他受到皇帝的恩顾,需要报答,"讵敢便寻忘世侣,报恩终拟剩闲身"①,当受到成亲王礼遇时,他说"迂疏尚荷贤王礼,扰攘谁分圣主忧"②,看到时局动荡,战火不断,他很想有机会为圣主分忧。他有慈悲的胸怀,时时忧黎元,看到饱受战火摧残的百姓,内心焦虑,"群生究何辜,冤痛杳莫伸"③,总要想办法呼吁,救民于水火。他怜世怜人,尤其是同情那些乱世中命贱如草,承平时又被盘剥的底层平民。对弱者的同情和关爱,正是他悲悯之心的体现。他有知识分子的责任心,上对得起先贤,对得起培养自己的老师,下对得起后来者,对得起百姓。想到自己一辈的责任,他时常感到不安,夜不能寐,"昨者卧复起,忽然心忧煎。前古与后古,一身居其间。责备之所归,安得不惧焉。何以贻后来,何以承昔贤。当食三叹嗟,高怀惜徂年。反羡行路人,逐便可息肩。"④他读先贤著作,常掩卷垂泪,自己的赤诚之心,不知如何表达。他痛哭恩师毕沅,"报公惟砥节,方不负名贤"⑤。这些都说明他有强烈的责任心,一种对社会,对时代负责的悠悠寸心。正如史官谢阶树曰:"先生上书时,岂复知有生死哉?忠义愤发于中,有不能自已者焉。"⑥

其次,他性格耿直豪迈,刚烈直爽。心里有什么想法,则一吐为快,唯从内心,不计后果。"我宁遭豺狼,不逐狐与狸"⑦,他的《自励》诗充分体现了他的个性。诗云:

　　宁作不才木,不愿为桔槔。桔槔亦何辜,俯仰随汝曹。权枒适

① 洪亮吉:《湛怀园留别诸藩邸》,《卷施阁诗》卷十九,《洪亮吉集》,中华书局 2001 年版,第 903 页。
② 洪亮吉:《四月十一日绮春园雅集应教》,《卷施阁诗》卷十八,《洪亮吉集》,中华书局 2001 年版,第 872—873 页。
③ 洪亮吉:《偶成二十首》其十九,《卷施阁诗》卷二十,《洪亮吉集》,中华书局 2001 年版,第 943 页。
④ 洪亮吉:《古意十首贻晋斋应教同作》其六,《卷施阁诗》卷十八,《洪亮吉集》,中华书局 2001 年版,第 870 页。
⑤ 洪亮吉:《十七日惊闻毕尚书师楚南之赴,翌日于卷施阁中为位而哭,哀定赋诗六章即寄庄邠州炘、钱乾州坫陕西、毛简州大瀛四川、孙兵备星衍山东、杨灵州芳灿甘肃、方伯揆贵州、杨大令伦广西、王大令复河南》其一,《卷施阁诗》卷十八,《洪亮吉集》,中华书局 2001 年版,第 886 页。
⑥ 谢阶树:《洪稚存先生传》,《洪亮吉集》,中华书局 2001 年版,第 2361 页。
⑦ 洪亮吉:《偶成二十首》其六,《卷施阁诗》卷二十,《洪亮吉集》,中华书局 2001 年版,第 941 页。

当时,旋转如风涛。高原多低枝,感汝汲引劳。一朝时雨行,弃置眠蓬蒿。

　　宁作无知禽,不愿为反舌。众鸟皆啁啾,反舌声不出。岂系果无声,无乃事容悦。依依檐宇下,饮啄安且吉。何忍视蜀鹃,啼完口流血。①

　　"桔槔"俗称"吊杆",是古代一种原始的汲水工具,利用杠杆原理,使提水省力。他不愿像桔槔一样,做被人利用的工具,没有自主的能力,一旦无用即被弃置一旁。"反舌"是一种鸟,又称"百舌鸟",其声数转,故名"反舌"。在众鸟啁啾时反舌鸟却不发声,它只是以婉转动听的声音取悦主人,在别人的屋檐下过安逸的生活,不像杜鹃鸟,啼至口流血。这两首诗,充分说明他的个性,也是一个宣言,他已经下定决心,要像杜鹃鸟一样,生命不息,啼鸣不止,发出不平之鸣。

　　最后,受地域文化的影响,尤重气节风骨。常州历史文化源远流长,延陵季子"三让王位""徐墓挂剑"等事迹,奠定了常州尚德重义文化的基础,经过齐梁文化的融合,到明清达到文化高峰,儒风蔚然,科第兴盛,名士辈出。不仅文学上有袁枚"常州星象聚文昌,洪顾孙杨各擅长"②的赞誉,常州名士更看重道德上的自我实现,历史上守大义、重名节之士很多,明代毛宪等编的《毗陵人品记》、欧阳东风的《晋陵先贤传》等,记载了很多这样的名士。洪亮吉生活在常州特殊的文化氛围中,有很强的文化自信,也耳濡目染受到熏陶。另外,常州是典型的江南水乡,洪亮吉也受到江南"水文化"的影响。水既有柔性,又有水势如刀的刚性,水滴石穿的执着。江南文化的基础是先秦的吴越文化,吴越地区被称为"南蛮","断发文身",尚武好斗,本身具有尚武的文化基因。常州被称为"中吴",是江南文化、吴文化的核心区域。常州的地理位置位于无锡、苏州、上海和浙江等江南城市的北面,受北方中原文化影响较多,历史上常州的风气一向以硬朗著称,血性担当的一面非常明显。具

① 洪亮吉:《自励》,《卷施阁诗》卷二十,《洪亮吉集》,中华书局2001年版,第947页。
② 袁枚:《仿元遗山论诗》,《小仓山房诗文集》卷二十七,上海古籍出版社1988年版,第690页。

体表现为:不畏惧,有敢于抗争的勇气,在大义面前不顾性命;不迎合,不圆滑世故,在权威面前不趋炎附势。常州耿直个性的文人很多,洪亮吉就是一个典型例子。

洪亮吉上书言事获罪,在朝野影响巨大,在他之后很长一段时间,"有直言陈大计者称美,谓有洪亮吉风。举朝唯阿,则激励之,今何无洪亮吉其人! 其名在朝廷如此。"①

---

①《常州府志人物志》,《洪亮吉集》,中华书局2001年版,第2354—2355页。

第九章　遣戍伊犁　百日赐还

　　洪亮吉以一篇《乞假将归留别成亲王极言时政启》触怒嘉庆皇帝，最后蒙恩免死，遣戍新疆伊犁。他于嘉庆四年（1799）八月二十八日离京，至次年二月初十抵伊犁惠远城。因出发匆忙，行李简单，川资短缺，幸得朋友们慷慨馈赠。一路上山高路险，气候恶劣，历经万难，九死一生，终于到达伊犁。

第一节　万里荷戈西北行

　　洪亮吉因言获罪案，处理的速度极快，嘉庆四年（1799）八月二十五日经成亲王将上书进呈，二十六日讯问完毕，下旨免死，发往伊犁，二十七日即定西行，从头至尾一共三天。因事发实在仓促，车马行李一应俱无。姻亲崔景俨正好在都门谒选，偕同编修王苏、同里庄曾仪等连夜筹划。王苏（1763—1816），字侪峤，江苏江阴人。乾隆五十五年（1790）进士，翰林院编修。庄曾仪（1769—1807），字传永，一字心崖，江苏阳湖人。王苏与庄曾仪均为洪亮吉同乡，且都敢于直言，为人伉爽直率。洪亮吉下狱后两人前往探望，得知他马上要远戍伊犁，便连夜为其筹置必需的生活物品。但他们几人的经济实力有限，时间又特别紧迫，幸得时任户部主事的满洲侍郎成格公相助，方能成行。成格（1764—1833），字果亭，满洲正黄旗人，嘉庆元年（1796）进士。他与洪亮吉素未谋面，然敬佩先生，将自己的屋券抵押了三百两银子，助洪亮吉顺利西行。

洪亮吉在刑部三日夜，又从刑部至兵部，二十八日出彰仪门离京，很多人前往慰问，离京途中慰问者不绝于道，其中有些是洪亮吉不认识的，他都一一道谢。同馆诸君不仅络绎相送并赠送礼物，而且愤愤然准备联名具呈，拒绝朝廷派新的教习。洪亮吉急忙制止，说："此必重余罪，然亦具见诸君之相爱矣。"①当时洪亮吉上书获罪，轰动京城，很多人没有因为他是一个戴罪之人而躲避他，反而连素不相识的人都来相送，有的还赠送礼物，这温暖的人情让人感动，洪亮吉将所知道的这些人名字都记录在他的《遣戍伊犁日记》中，他要记住他们的恩情。这些人不仅仅是出于同情，更多的是对他敢于冒死上书的敬佩，也反映了洪亮吉的上书是得人心的，说出了别人不敢说的实情。

崔景俨、庄曾仪、张惠言、陶登瀛四人，联车而过，一路送至卢沟桥，抵足而谈，至四鼓才休息。他写下《卢沟桥口占赠张吉士惠言并寄同馆诸君子》，诗前小序："张君本同里故交。今岁五月，余蒙恩派教习庶吉士，张君适在其内，执弟子之礼甚恭，余不敢当也。其余诸君，亦并络绎出送致赆，故作此致意云尔。"诗云："春明门外驻征轮，簪笏同来唁逐臣。我视黄州已侥幸，缀行相送较情亲。"②诗歌表达了对张惠言及其余诸人的感激之情。当时张惠言已抱病在身，三年后不幸病故，洪亮吉伤心痛哭，还忆起这次相送。

洪亮吉出狱后，还是很感激皇帝的不杀之恩，写下纪恩诗两首。诗云：

> 暂离三木即身轻，忽缀元戎后队行（那彦成尚书奉命往陕西军营参赞，亦于是日率京兵启行）。天上玉堂虚想像，道边金甲尚纵横。预知前路应长往，从此余年号更生。稳卧侧轮车畔好，员扉几夕梦难成。

> 已作孤儿三十春，道旁今更泣孤臣。全躯自感君恩厚，对簿偏

---

① 洪亮吉：《遣戍伊犁日记》，《洪北江全集》，光绪初授经堂刊本。
② 洪亮吉：《卢沟桥口占赠张吉士惠言并寄同馆诸君子》，《更生斋诗》卷一，《洪亮吉集》，中华书局2001年版，第1199—1200页。

忘狱吏尊。人笑冷官罹法网，天教热血洒边尘。受知两度真逾次（未散馆即简任学政及入直内廷，皆属异数），敢向闲中惜此身。①

"三木"是指木制的刑具，枷在犯人颈、手、足三处，只有重刑犯才会戴此，因此"三木"也借指重刑。卸掉刑具，与死神擦肩而过，洪亮吉顿时感到一身轻松，但他用了"暂离"二字，可见还是心有余悸。离京之后忽然发现他的西行车马是跟在赴陕平定白莲教起义的军兵之后。军机大臣、工部尚书那彦成奉命前往陕西军营参赞，亦于当日率京兵启行。这里"忽缀"看似巧合，其实也是冥冥中的注定。因为洪亮吉因言获罪与白莲教起义有关，他的《征邪教疏》就是为朝廷出谋划策，建议怎样快速平息起义，曾广为流传，也部分为朝廷采纳。皇帝虽然没有降罪于他，但也禁止传诵他的疏文，还曾惩处了传诵疏文的官员，可见他当时已得罪了朝廷。当他经成亲王上书再次极言时政，其中又谈到自征"苗匪""教匪"以来，赏罚仍不严明等，彻底激怒了嘉庆皇帝。他的获罪均与兵事有关，没想到他遣戍伊犁又是与平定起义的兵卒同行，真是让他感慨万端。他虽是一个遣戍罪人，却依旧为此忧心如焚，如今的情形，道边纵横的金甲，定会加重他对国事的忧虑。

在家国大事面前，个人的遭遇反而不觉得有多担忧了。虽然前路茫茫，但经此大事有重生之感，洪亮吉从此将自己的号改为"更生居士"，庆幸自己劫后余生。洪亮吉遣戍伊犁被朝廷放逐，三十年的孤儿如今又成一介孤臣，但他还是很感激朝廷的不杀厚恩以及狱吏的格外厚待。他曾经两次受到特别的待遇，未散馆即任学政及入直内廷，皆属异数，如今远戍边地也不后悔。

二十九日，洪亮吉的儿子饴孙从京城赶到卢沟桥，带了轿车一辆，大车一辆，以及少许衣履行费，还有随行车夫、仆人三人。他们是同里人赵坤，已跟随他三年，唐福寿，贵州修文人，他任贵州学政时所雇车夫，赵立生，山东济南人，也跟随已三年。儿子还带了他的同年陶君以及外甥芮玉衡前来相送，当天追送不及者还有王念孙、法式善、汪端光

---

① 洪亮吉：《八月二十七日请室中始闻遣戍伊犁之命，出狱纪恩二首》，《更生斋诗》卷一，《洪亮吉集》，中华书局 2001 年版，第 1199 页。

及其二子、张问陶、方体、陈文杰、许学范,携贶出送的有阮元以及朱锡经、朱锡庚两公子。洪亮吉与相送者一起吃过午餐,坚决辞别,仅带着儿子和外甥行至良乡。

九月初一日晨,洪亮吉命儿子及外甥芮玉衡回都,"并命儿子于次日雇车偕崔君旋里,支持门户,惟属以'阖门待罪,恐惧修省'八字,他不多属。遂只身长行。是夕二鼓,宿涿州东关。"①他带着二仆一车夫,主仆四人从良乡出发西行,踏上了漫漫路途。他嘱咐家人的"阖门待罪,恐惧修省"八字,可见他此番死里逃生,余悸未平,生怕连累家人。此处的记载与吕培等的《洪北江先生年谱》中记载的"二十八日,至良乡,遣长子饴孙旋里,支持家事,遂挈二仆一车夫以行"②,时间上有出入,应以洪亮吉本人《遣戍伊犁日记》中所记为准。

洪亮吉一路上所到之处,都有人慕名前来探望,有的还赠送礼品食品等,以示敬重,但他自己尽量低调谨慎。经兴定县、安肃县,初四日到达保定。在此处稍补缀衣履。清苑知县李景梅前来看望他,李知县是上蔡人,举人,与洪亮吉并不相识,但他"慰劳甚至,并致贶及食物,却之不得"③。表弟赵钟书、江宁陈淳继也来看望他,并各持"说部书"一二种相赠,以备途中浏览。

前行经过望都县、定州、新乐县、正定府,初十日渡滹沱河,到达获鹿县城外,知县孔传经去看望他。当时他已睡下,婉言谢绝来访。又经过井陉县、乐平故县、平定州、芹泉驿、西岭铺,西关外两日山道甚险,每天要步行三十里。十六日,到达山西榆次县城外西关。知县陈曰寿来访,谈至夜,"为料理一切甚周,并馈贶乃去。"④夜半,教谕崔登云带领诸生何郁曾等前去探望。洪亮吉已睡下,让仆人回绝,但崔君表示要在门外等待到天明。洪亮吉听到后,只得急忙起身请人进来。何郁曾年已七十,他们都携带了酒和果品来,临行又赠送路银,洪亮吉盛情难却,只受崔登云礼金二两,其余都谢绝。送客出门后再躺下休息,半晌已天

① 洪亮吉:《遣戍伊犁日记》,《洪北江全集》,光绪初授经堂刊本。
② 吕培等:《洪北江先生年谱》,《洪亮吉集》,中华书局2001年版,第2346页。
③ 洪亮吉:《遣戍伊犁日记》,《洪北江全集》,光绪初授经堂刊本。
④ 洪亮吉:《遣戍伊犁日记》,《洪北江全集》,光绪初授经堂刊本。

明。客人的来访虽然影响自己休息，但他也能感到这里的地方官和士人对自己的尊重。

十七日在徐沟县城外，洪亮吉在路上遇到前往四川赴任并解饷银的道员吴树萱，吴树萱（1746—1800），字少甫、春晖，江苏吴县（今江苏苏州市）人。他们在永康镇喝茶话别。下午晚些时候到了徐沟县城，知县佟谨思去看望他。佟谨思，直隶丰润（今河北唐山市）人，与洪亮吉是乾隆三十九年（1774）乡试的同年友，两人谈了很久。

过祁县、平遥，二十日宿介休县城内。访文潞公祠。在路上遇到赴任四川并押饷银的同年董教增。董教增（1750—1822），字益甫，江苏上元（今江苏南京市）人。乾隆五十一年（1786）进士。两人站在路上谈了片刻，即各奔东西。与董教增同行的宋鸣琦路上没有遇到，后专程到洪亮吉住处看望。宋鸣琦（1763—1840），字少梅、梅生，江西奉新人。当时即将赴四川学使幕的云南普洱人孝廉郑丕清也在座，都谈到晚上定更时分才告别。

经过灵石县水头岭，二十二日过韩侯岭，抵达霍州城（今山西临汾市），洪亮吉的先曾祖曾为官于此，到此有缅怀先祖之情。霍州知州蒋荣昌来访，蒋荣昌为河南睢州（今河南商丘市）人，乾隆四十二年（1777）举人，历官霍州知州、常州知府、江南观察等。蒋荣昌热情邀请他去府衙署，洪亮吉以"负罪之人，一路皆不入衙署"[①]为由，谢绝了他的邀请。蒋荣昌于是约他次日早上到本州附生范尔照的别墅"小饭"。晚上定更后范尔照及本州教谕、常州同乡恽从礼去拜访他，道员胡钰于三更后路过前去看望，"皆以久睡婉辞去"[②]。第二天一早蒋荣昌即到洪亮吉宿处，接他到范尔照的别墅，和恽从礼四人一起边用早餐，边叙谈。蒋荣昌、范尔照分别赠以《夷坚志》《元百家诗》，以便他路上阅读消遣。早饭后，洪亮吉又出发继续西行。

经过赵城县、临汾县，他于二十五日到达平阳府。知府缪晋、临汾知县张五伦去看他，谈了很久。缪晋，江苏江阴人，乾隆四十年（1775）

---

① 洪亮吉：《遣戍伊犁日记》，《洪北江全集》，光绪初授经堂刊本。
② 洪亮吉：《遣戍伊犁日记》，《洪北江全集》，光绪初授经堂刊本。

进士。张五伦,直隶清苑(今河北保定市)人,乾隆四十五年(1780)与洪亮吉同年举人。二十六日五鼓行八十里到达曲沃。他每过州县必须要到州治换文书,但此并非驿道,所以又行三十里宿于侯马驿。二十七日行八十里宿于嘉县东关。二十八日,宿安邑县北关,已是二更时分。次日清晨,知县严廷灿来看望他。严廷灿与王少林、孙星衍都是好友,自然有许多共同语言,于是久谈乃去。又经过犹猗氏县、临晋县、蒲州府,十月初二日,渡黄河,宿潼关城内。家乡的余秀才在此教馆,前来看望,同乡相见分外亲切,久谈乃去,次日又来送行。

十月初三日,谒华岳庙,休息片刻后又行五里,宿于华阴县西关。华山两日来皆重雾遮蔽,此日忽然开朗,洪亮吉因而坐在旅店门口,悠然地看山半日。

初四日,行七十里到达华州。同年钱坫任华州州判,苦苦邀请他到衙署住宿,打破了他之前不住衙署之例。州守的孙子王志恬、王志忻两公子以及海丰的李式郿一起来拜访他。次日,与钱坫骑马去少华山,在白衣庵休息。回途到王志恬、王志忻的别墅,为两公子书写篆榜及条幅。初六日早饭后,洪亮吉离开华州。钱坫馈赠甚厚,还赠送了书籍五六种。行六十里宿于渭南县城内客邸。知县俞廷璋来访,相谈很久才离开。俞廷璋,浙江余杭(今浙江杭州市)人,时任渭南知县。

初七日,行八十里宿临潼县城外华清泉上。他先在零口镇早餐,遇见盐大使常熟人屈焕文,两人久谈而去。到了县城,知县阮垣前去探望,阮垣是江苏上元人,也算同乡。临潼华清泉有著名的温泉,洪亮吉送走客人后便到新开池泡温泉,晚上在月光下又沐浴于此,第二天早上天一亮又到太子池沐浴,三次温泉浴对于一个长途跋涉的人来说,能缓解旅途的疲乏。

初八日,洪亮吉行五十里,抵达陕西省城西安。西安是他熟悉的城市,当初曾在陕西巡抚毕沅幕中,多年后以罪臣的身份重过此处,不胜感慨。长安知县费浚是他的同乡江苏武进人,早已为他备下楼北客馆,而友人程敦欲邀他至车家巷住,洪亮吉以就近为原则,卸行李于楼北客馆。此时好友程敦已到,一起去车家巷贺宅吃饭,饭后回到住宿地,同乡举人缪绂、表兄庄宝璐、江西临川县丞龚述祖都来看望他。龚述祖前往甘肃解饷银,恰好路过此处。初九日下雨,海盐人陈理问来访,午后至书坊购书十余种。初十日雨止。洪亮吉与缪绂骑马访荐福寺、小雁塔,皆旧地重游,难免会有今昔之感。知县费浚两次来访才见着,久谈乃去,并留下馈赠。县丞程鹏、王敬思,咸宁贺廷佐、临潼马封君来看望他,并赠送干粮食物等,洪亮吉苦辞不允,仅酌情收受一二种。

十一日天色放晴,洪亮吉离开西安,继续西行。他渡过渭河,宿咸阳城内客馆。这座客馆幽静宽敞,十八年前他与孙星衍曾一同住过此处。今日重来,晚上月光格外皎洁,他更加思念故人故园。"不胜今昔之感"①。因朝廷有"不许作诗、饮酒"的禁令,故洪亮吉"是以自国门及嘉峪关"四个月,"不敢涉笔",没有诗作留下,《遣戍伊犁日记》均是客观性的记录,至此"不胜今昔之感",是他第一次情感的流露。重又入住十八年前他与孙星衍同宿之处,感情的闸门一下打开,再也无法控制,但落笔也只是轻描淡写的一句"不胜今昔之感"。

接下来几天阴雨连绵,十月中旬已下雪,道路泥泞,但他还是每天行走四五十里,经过醴泉县、乾州城、监军镇,十五日到达永寿县城外东关。他的旧交也是表姐夫、邠州知州庄炘已派人相迎。因道路实在泥泞难行,只得在途中停留半日。十六日到达邠州界太峪,庄炘照顾周全,已派人送来饭食,于是饱食而进。又走了三十里,一轮圆月已升起,他才到达州署,与庄炘夫妇"谈至二鼓方睡"②。在遣戍途中能得到亲戚及旧友的照拂,洪亮吉内心是温暖的。接下来的十七、十八两日,他就在邠州署休息,以缓解长途奔波的疲劳,十九日午后,偕同乡程永孝等人出邠州北门,眺望泾水,又折至东门,浴于皇涧上客邸,方回署中。洪亮吉在邠州署住了五晚,每晚与庄炘夫妇谈至三鼓。

二十一日洪亮吉离开邠州署继续行程。临行前,庄炘夫妇馈赠白银百两,以及御寒衣裘、果饵、干粮等路上备用,可谓招待周到。庄炘兄弟、程永孝等送别洪亮吉至二十里外的大佛寺。休息片刻后还一起遍赏了宋明人摩崖石刻,后"又共饭而别"③,是日行八十里,天黑宿于长武

① 洪亮吉:《遣戍伊犁日记》,《洪北江全集》,光绪初授经堂刊本。
② 洪亮吉:《遣戍伊犁日记》,《洪北江全集》,光绪初授经堂刊本。
③ 洪亮吉:《遣戍伊犁日记》,《洪北江全集》,光绪初授经堂刊本。

县城南关。

二十三日,洪亮吉渡泾水,行七十里到达甘肃平凉白水驿亭。他在这一天的日记中写道:"馈食者诚敬而丰腆,获戾之人觉偶然难安矣。"①在戍途经常得到友人甚至不相识的陌生人的关爱和盛情接待,感受到满满的诚意与敬意,除了感动外,也深感惆怅惶恐。二十四日,到达距平凉县城二里处,知县徐寅已出城迎接,徐寅,浙江钱塘人,壬午副榜。晚上徐寅又来他所住宿的城东客馆,久谈乃去。

二十五日,行九十里宿于瓦亭驲客馆。次日为洪亮吉母亲忌日,他对母亲感情深厚,是有名的孝子,每逢母亲忌日,他都终日不食,以表哀思。即使在戍途中,仍不忘母恩。当晚,他"焚香行礼,夜久乃息"②。

他翻过乐蟠山,经甘肃隆德县、静宁州、会宁县,于十一月抵达安定县(今甘肃定西市)境内,十一月初二日,在安定换车而行。同年吴江人王锟,原任甘肃巩昌兵备道员,已赴新任浙江按察使,起程已二十余日,还特意留人等待洪亮吉,并馈赠食物,这样的诚意和盛情让他很感动。

初三日,行一百二十里抵金县(今甘肃兰州市)。这僻远之县,没有旅馆,洪亮吉只得寄宿"野人家"。新月已上,"见禾黍满阶,纺车盈侧,觉田庐之乐矣。卧甚适。"③戍途中一路奔波,竟然在这偏僻之地见到如此"田庐之乐",顿觉安心,即使在"野人家"住宿条件不好,他却睡得格外香甜。

初四日,天一亮就出发,到晚上抵达甘肃省城兰州。甘肃布政使杨揆派人相迎,邀入布政使衙门。杨揆(1760—1804),江苏金匮人,字同叔,号荔裳,是洪亮吉好友杨芳灿的弟弟。乾隆四十五年(1780)南巡时召试,赐举人。历官内阁中书,甘肃、四川布政使,赠太常寺卿。有《藤华吟馆集》《卫藏纪闻》。洪亮吉一到署馆,杨芳灿与知县兴化人黄骈就前去探望,交谈至二鼓。第二天下午两人又前去拜访,久谈乃去。

初六日晨,玉门知县无锡人嵇承裕来访。洪亮吉向他了解出关事宜,嵇承裕长期在关外生活,对关外的气候、风俗等十分了解,一一向他

---

① 洪亮吉:《遣戍伊犁日记》,《洪北江全集》,光绪初授经堂刊本。
② 洪亮吉:《遣戍伊犁日记》,《洪北江全集》,光绪初授经堂刊本。
③ 洪亮吉:《遣戍伊犁日记》,《洪北江全集》,光绪初授经堂刊本。

介绍。随后浙江浦江人周惟汉、蒲城教渝甘肃狄道人陆芝田、杨承宪一同来访。午后布政使杨揆又来访，久谈乃去，并邀他一同至衙署，在艺香花圃围炉久坐，谈至三鼓方归寓舍休息。初七日晨，甘肃省按察使湖北黄陂人姜开阳来看望他，也谈了很久。本城生员、洪亮吉的同年秦维岳胞弟秦维岱、秦维岩、秦维岫三兄弟来访，并馈赠食物。午后车行出城，登皋兰县名胜五泉山寺。

初八日，嵇承裕又来访，姜开阳邀请洪亮吉吃午饭，他以准备出关的行装为由推辞了。午后与杨揆话别，杨揆为他们主仆"制出关衣履甚周备"，并与姜开阳各赠银百两。还收到西安知府朱勋寄到的礼银二百两。洪亮吉内心十分感激。初九日晨，周维汉、杨承宪、陆芝田、秦维岱等来送行。午后，杨芳灿、杨揆兄弟一起邀洪亮吉到布政使署，为他饯行，至二更乃返。初十日晨，洪亮吉到按察使姜开阳处告别，姜开阳复到洪亮吉寓所相送。洪亮吉出兰州城，皋兰知县、满洲正白旗人丰延泰及黄驿将他送出城，秦维岱送出城外三里许。这样，洪亮吉在甘肃兰州逗留了六天，受到当地官吏、友人、生员的热情接待和关照。时值十一月天气转冷，塞外更是苦寒之地，在兰州他也补充了过冬的物资，为出关做了充足的准备。

十一日五鼓，洪亮吉继续出发西行，宿苦水驿。十二日宿平番县（今甘肃兰州市）西关。十三日，韦佩金相访。韦佩金（1752—1808），字书城，号西山，江苏江都人，乾隆四十三年（1778）进士，历官广西苍梧、怀集、马平、凌云知县。因贻误军务，遣戍伊犁。两人同为谪戍之人，又是同年，便相约到凉州结伴同行。他经过岔口镇、黑松营、古浪县靖边营，于十六日抵凉州府（今甘肃武威市）东关客馆。无锡人蔡骧来访。蔡骧久在塞外，熟悉情况，一切出关事宜洪亮吉都托他料理。十七日，蔡骧约洪亮吉到武威署中吃早饭。次日，甘肃安定人陈正常与蔡骧来访，为洪亮吉料理一切事务，日晚才走。韦佩金也到了凉州，约他在肃州相候。

经过四十里铺、义学堡、永昌县、丁将庙、山丹县、张掖古城，于二十五日，抵甘州府（今甘肃张掖市），知县唐以增、县丞周能珂去看望他，皆殷勤诚恳相待，并馈赠物品，周能珂赠骡子一头。唐以增邀请他至署中吃饭，洪亮吉也因此认识了唐以增的弟弟唐梦庄。唐以增，字寿川，浙江归安（今浙江湖州市）人。乾隆四十二年（1777）选拔举人，官至甘肃碾伯知县。他与洪亮吉同出王杰师门下，有同门之谊。周能珂，浙江浦江人，历官甘肃东乐县丞、山丹知县等。

二十七日，洪亮吉抵抚夷厅（今甘肃张掖市），同乡于时兆在此任通判，因病不能出，特派遣人邀至署中，"于密室相见，久谈，复共饭而别"①。于时兆，字子应，江苏金坛（今江苏常州市）人，乾隆二十一年（1756）举人，大学士于敏中之侄。又行四十里，晚宿于高台县城东关。知县蔡本荣②力邀洪亮吉移住公署。他顺便访问县署，并留下一起吃饭，晚上蔡本荣亲自送洪亮吉至客邸，久谈而别。

十二月初一日，洪亮吉一行抵肃州（今甘肃酒泉市）城内客邸。午后，知州李景玉与他的客人士人浙江山阴人徐应鹏来看他。李景玉是湖南长沙人，与洪亮吉举人同年。初二日，肃州人王储英、韩成宪两位举人及武永清来看望他，久谈乃去。午后，知州李景玉邀请他小饭。洪亮吉为徐应鹏等人书写篆字柱帖十余幅。

接下来的路可能更难走，初三日，洪亮吉雇了去伊犁的长车二辆。下午，徐应鹏约入署小饭。肃州吏目长洲人蒋维宗、知州李景玉的弟弟李景春、武威的秀才潘炯、张子龄来拜访他，久谈乃去。

初四日，肃州学正赵敬业来看望他。下午，蒋维宗招饮。知州李景玉"馈出关食物甚周急"③。洪亮吉在肃州住了四天。初五日晨，继续西行，李景玉、蒋维宗为他送行。是日晚宿嘉峪关城外东关，新月乍上，还接待了来访的巡检山阴人高词。

第二节　东西南北尽天山

嘉庆四年（1799）十二月初六，洪亮吉出嘉峪关。他们一出关就感

---

① 洪亮吉：《遣戍伊犁日记》，《洪北江全集》，光绪初授经堂刊本。
② 洪亮吉《遣戍伊犁日记》作蔡本荣，《高台县志》《漳浦县志》为葛本荣。
③ 洪亮吉：《遣戍伊犁日记》，《洪北江全集》，光绪初授经堂刊本。

受到塞外的不同,风很大,前行困难。当天只走了四十里,宿于双井子。至此,他写下了遣戍之路上的第一首诗——《出嘉峪关雇长行车二辆,车厢高过于屋,偶题一绝》。诗云:

> 持灯行三更,鞭屋行万里。削雪正欲烹,一星生釜底。①

这是他离开京城,踏上遣戍之路四个月后写的第一首诗。洪亮吉在《出塞纪闻》中说:"至保定甫知有廷寄与伊犁将军,有'不许作诗、不许饮酒'之谕。是以自国门及嘉峪关凡四匝月不敢涉笔。及出关后独行千里不见一人,径天山涉瀚海,闻见恢奇,为平生所未有,遂偶一举笔,然要皆描摹山水,绝不敢及余事也。"②因为有这样的谕旨,洪亮吉一路上只在日记中做简单的行程记录,没有写一首诗,没有内心世界的流露。及出了嘉峪关,塞外地广人稀,独行千里不见一人,人生的孤独感前所未有,而所见恢宏奇特之景也前所未见,此时洪亮吉再也抑制不住写诗的冲动,写下一绝。然也只是小心翼翼,客观描写,不敢多语其他。在诗中,他写出了天山脚下,大漠戈壁,无水可汲,星夜煮雪的生活现状。"釜底"的"一星",更显闪亮和孤寂,仿佛是孤独行走在这茫茫大漠的自己。所以这里,他虽然只写山水,不敢及余事,但这"釜底一星",就像他的好友黄仲则除夕夜在市桥上望见的"一星"("一星如月看多时"③)一样,是诗人心境与情绪的写照,有着特别的直击人心的力量。

他在《出关作》中写道:"却出长城万余里,东西南北尽天山。"④他喜欢游历山水,半生踪迹未曾闲,五岳已游遍,怎么也不会想到,在两鬓斑白之年,被遣戍新疆伊犁,来到天山脚下。

十二月初八日,洪亮吉四鼓出发,行一百三十里,太阳下山,宿于玉门县城东关。山东昌邑人姜某华、典史江苏无锡人顾光显来拜访他,久谈乃去。是日正值"腊八","家人煮腊八粥,甚美。"⑤戍途之中,在遥远

① 洪亮吉:《出嘉峪关雇长行车二辆,车厢高过于屋,偶题一绝》,《更生斋诗》卷一,《洪亮吉集》,中华书局 2001 年版,第 1200 页。
② 洪亮吉:《出塞纪闻》,《遣戍伊犁日记》附,《洪北江全集》,光绪初授经堂刊本。
③ 黄景仁:《癸巳除夕偶成》,《两当轩集》,上海古籍出版社 1998 年版,第 236 页。
④ 洪亮吉:《出关作》,《更生斋诗》卷一,《洪亮吉集》,中华书局 2001 年版,第 1200 页。
⑤ 洪亮吉:《遣戍伊犁日记》,《洪北江全集》,光绪初授经堂刊本。

的西北苦寒之地,还能吃上一碗热腾腾的腊八粥,确实"甚美"。次日姜君邀洪亮吉入署吃早饭,并让他的儿子出来相见,还馈赠礼物。

洪亮吉作诗《抵玉门县》,诗云:"万余里外寻乡郡(余家郡望敦煌),三十年前梦玉关(余弱冠时,在天井巷汪宅课甥,曾夜梦至天山,详见所著《天山客话》)。绝笑班超老从事,欲从迟莫想生还。"①他在《天山客话》中详细记载了他三十前那个与天山有关的梦,"余年二十外在天井巷汪氏宅课甥,时三月中科试期迫,三鼓后就楼西观我斋读书,倦极隐几,忽梦身轻如翼,从窗隙中飞出,随风直上,视月轮及斗杓,手皆可握。倏旋风东来吹入西北,约炊黍,顷见一大山高出天半,万松棱棱直与天接,下瞰沙海无际,觉一翼之身吹贴松顶乃醒。今岁腊月二十六日从哈密往巴里坤,道出天山南口,所见山及松皆前梦中景也,益信事皆前定。"②他三十年前曾梦到过天山,但他也许做梦也不会想到,他会真的到天山,还是以一个罪臣的身份,他也只能以命中注定来解释了。虽然来到敦煌有一种"寻乡郡"的亲切感,但想必此时他的心情是悲观的,他想自己可能要死在关外,很难生还了。塞外条件艰苦,是江南人洪亮吉没有想到的。十日,他的一位车夫受不了这种苦偷偷跑了,他只得重新雇一个,因此耽搁了半天,午后才出发。

洪亮吉初九行至三道沟时,安西州知州胡纪谟,因征粮赋到这里,邀洪亮吉到公署吃晚饭。胡纪谟(1743—1810),一作"纪勋",字献嘉,晚号息斋,浙江山阴人,乾隆四十六年(1781)进士。历官甘肃镇原、中卫、皋兰知县,安西知州,巩昌知府等。十二日,洪亮吉到达安西州,知州胡纪谟早已派人在半道上迎接,迎进州署,谈了好久,并让他两个儿子出来相见,宿于州东客邸。次日晨,学正陕西进城人李蓉、吏目浙江山阴人徐秉中先后去看望他,并邀至署中吃早饭。饭后洪亮吉为他们书写篆字楹帖十几幅。胡纪谟还赠送食物、短襟皮衣以及一些银两。

次日,洪亮吉继续出发,向西北走了九十里,宿于白墩子。他发现沙砾中尚存废城旧址,还有数十家土人居住于此。右侧有一个宽二十

---

① 洪亮吉:《抵玉门县》,《更生斋诗》卷一,《洪亮吉集》,中华书局 2001 年版,第 1200 页。
② 洪亮吉:《天山客话》,《洪北江全集》,光绪初授经堂刊本。

余步的泉,当地居民称之为"疏勒泉",生活用水和农田灌溉皆取此泉。听到这个名字,他当即产生怀疑,便运用地理学知识及随身携带的书籍进行考证,还作书与胡纪谟商讨。"余时即疑汉疏勒国在龟兹之西,于阗之北,较乌孙等国更远,何得敦煌郡地即有疏勒泉?连日车中无事,取所携《前、后汉书·西域传》及《耿恭传》校之,而知恭所屯之疏勒城,实非汉疏勒国所都之城,但同其名耳。"①他根据所携带的书籍以及地理位置的远近等,进行认真严谨地考证,认为此"疏勒"并非历史上疏勒国的都城,只是同名而已。因他所带书籍有限,恐怕自己的考证有误,在前面与胡纪谟交流中知道他素留心舆地之学,况且疏勒泉又在他的州城之下,所以特地写信求教。可见洪亮吉在戍途中仍不忘考察沿途历史古迹,严谨好学的精神实在令人敬佩。他还写下《疏勒泉》一诗,诗云:"一水悬天上,遥知疏勒泉。浴波童类鹤,铲岸屋如船。齿发冲冰堕,功名煮弩传。从戎本吾愿,前路莫潸然。"②耿恭为东汉名将,曾与北匈奴交战,固守疏勒城,掘井引水,煮食弓弩。洪亮吉仿佛从耿恭处得到激励,想到当时战事不断,也不顾自己生死难料的艰难处境,发出"从戎本吾愿,前路莫潸然"的感叹。

从安西再往西行,路途更加艰难。天气寒冷,人烟稀少,狂风吹起风沙,似乎前路更加茫茫。洪亮吉在《安西道中》诗云:"万古飞难尽,天山雪与沙。怪风生窟穴,战地绝蓬麻。野戍年将换,穹庐日不华。仍从候人问,恐有路三叉。"③洪亮吉出嘉峪关开始写诗,我们可以从他的诗作了解当时的状况和他的心态。他在诗中记录了从安西到格子墩途中的情况和见闻。

> 我行发安西,十日五停轴。疲踪本思想,所苦乏室屋。兼之山万仞,不贮水一掬。狂风飞牛羊,往往集空谷。三更寒雾重,马足植如木。乞火爇束薪,言依橐佗腹。④

---

① 洪亮吉:《与安西州守胡纪谟书》,《更生斋文甲集》卷一,《洪亮吉集》,中华书局 2001 年版,第961页。
② 洪亮吉:《疏勒泉》,《更生斋诗》卷一,《洪亮吉集》,中华书局 2001 年版,第1201页。
③ 洪亮吉:《安西道中》,《更生斋诗》卷一,《洪亮吉集》,中华书局 2001 年版,第1200页。
④ 洪亮吉:《安西至格子墩道中纪事》其一,《更生斋诗》卷一,《洪亮吉集》,中华书局 2001 年版,第1201页。

路途难行,山高万仞,无水可取,已值岁末,西北更加寒冷,早晚更是天寒地冻,要点火做饭都要依着骆驼腹才能点着,没有水只能煮雪为炊。狂风能把牛羊吹飞,给行人带来很大难度,"沙深行旅断"①,路都找不到,然而"严程原有限"②,路程有严格的时间限定,为了在规定时间到达戍所,再难走的路也不能耽搁,"此日风候嘉,残漏行百里"③,如果遇上天气好,就要加快进度多走点,走累了也找不到屋室休息。

然而西北奇特的景象也让洪亮吉很新奇,"荒荒红一线,日出土囊底"④,戈壁大漠的日出,是其他地方见不到的。"林鸟大如犬,兀傲不避人。攫肉翔道旁,足蹴十丈尘。居民半焦黑,人鬼固不分。出穴竞往来,半杂鸡与豚。襁被何处栖,爬抉沙石根。不然升高原,庙古依土神。"⑤鸟大如犬,且不避人,因为风沙大紫外线强,当地人都很黑。人与鸡、猪等动物杂处,他们的行李都无处安置,只能寻找沙石根,或依古庙土神。

行至哈密以东的长流水,从新疆乌鲁木齐释回的前知县陈世章(诗中为陈世昌)来访,洪亮吉对他的遭遇甚为同情,并写诗纪之,诗云:"偶逢陈世昌,曾令楚边邑。杀贼为贼缚,荷戈来百驿。三岁得减徒,庶几归有日。班荆相慰藉,反致泪呜咽。一妻前被杀,两子致残疾。生还虽可乐,奈已乏家室。东望嘉峪关,中怀惨如结。"⑥陈世章,江西万载人,乾隆五十八年(1793)进士。官湖北宝康知县。在平定农民起义军时反被俘获,后发戍新疆。现三年期满,减刑得以入关回归。归途中与洪亮吉相遇,同是天涯沦落人,两个被遣之人相互慰藉。本来回归是值得高

---

① 洪亮吉:《安西至格子墩道中纪事》其三,《更生斋诗》卷一,《洪亮吉集》,中华书局 2001 年版,第 1201 页。
② 洪亮吉:《安西至格子墩道中纪事》其二,《更生斋诗》卷一,《洪亮吉集》,中华书局 2001 年版,第 1201 页。
③ 洪亮吉:《安西至格子墩道中纪事》其二,《更生斋诗》卷一,《洪亮吉集》,中华书局 2001 年版,第 1201 页。
④ 洪亮吉:《安西至格子墩道中纪事》其二,《更生斋诗》卷一,《洪亮吉集》,中华书局 2001 年版,第 1201 页。
⑤ 洪亮吉:《安西至格子墩道中纪事》其四,《更生斋诗》卷一,《洪亮吉集》,中华书局 2001 年版,第 1201 页。
⑥ 洪亮吉:《安西至格子墩道中纪事》其三,《更生斋诗》卷一,《洪亮吉集》,中华书局 2001 年版,第 1201 页。

兴庆贺的事，但此时洪亮吉了解到他的遭遇，妻子被农民起义军杀害，两个儿子也已致残。生还虽是乐事，但奈何已没有了家室，两人东望嘉峪关，内心惨如结，一个无家可归，一个回归无期。

　　二十三日，三鼓即出发，行一百四十里后抵哈密西关。哈密通判王湖派人迎接，并为洪亮吉供帐于乾泰店。晚上王湖去看他。王湖，汉军正红旗人，由中书历官知府，降调通判，调至此地。次日，哈密办事大臣的印房主事旗人塔宁阿前来看望他。钦差驻哈密大臣三等伯伍弥乌逊也来访。伍弥乌逊，是前大学士伍弥泰长子。伍弥泰（？—1786），蒙古正黄旗人，历任都统、将军。其子伍弥乌逊袭父伯爵，历任乌里雅苏台、科布多等处参赞大臣。洪亮吉在毕沅幕中时，伍弥泰时任西安将军，洪亮吉对他们父子都有了解，认为他们"俱有学识，论世事亦甚通达"①，伍弥乌逊与之久谈，晚上又给洪亮吉送了许多吃食。署理副将甘肃西宁人何守林也来访。王湖不仅请洪亮吉"小饭"，晚上还来寓所赠送食物及银两。

　　二十五日，洪亮吉宿哈密以西的南山口。二更时分他听到，"屋后泉声淙淙，彻夜不歇"②，这一刻让他有些恍惚，仿佛睡在家乡江南的山水窟中。

　　二十六日一早，洪亮吉进入南山，看到的景色更让他称奇。"一路老柳如门，飞桥无数，青松万树，碧涧千层，云影日辉助其奇丽，忘其为塞外矣。"③诗云："一峰西来塞官路，峰头一峰复回互。人疲马懒亦少休，云外飞桥落无数。山坳路古盘如线，却向林梢瞰遥甸。一片伊吾晓日华，黄金世界空中现。"④洪亮吉眼前所见景色如此奇丽美好，仿佛置身仙境，差点忘记自己身在塞外，然而，"过岭风色顿殊，雪飘如掌，阑干千尺，直下难停。岭头一外委率十余兵助挽始下。至晚，雪已盈丈。"⑤他在《下天山口大雪》诗中云："危峰北去高无际，过岭风声水声异。鞭

① 洪亮吉：《遣戍伊犁日记》，《洪北江全集》，光绪初授经堂刊本。
② 洪亮吉：《遣戍伊犁日记》，《洪北江全集》，光绪初授经堂刊本。
③ 洪亮吉：《遣戍伊犁日记》，《洪北江全集》，光绪初授经堂刊本。
④ 洪亮吉：《进南山口》，《更生斋诗》卷一，《洪亮吉集》，中华书局 2001 年版，第 1202 页。
⑤ 洪亮吉：《遣戍伊犁日记》，《洪北江全集》，光绪初授经堂刊本。

梢拂处险接天,风势吹人欲离地。千峰万峰迷所向,意外公然欲相抗。云头直下马亦惊,白玉阑干八千丈。"①一路上"雪飘如掌",到晚上雪已盈丈,当晚宿松树塘。大雪已将道路覆盖,他们只能以夹道两边的松树为参照物,摸索前行,异常艰难。第二天雪更大,路更难行。虽然如此,他已完全被天山的奇景所吸引。

他写下《天山歌》与《天山赞》,描写天山的奇景,山中气候变化多端,景色也与别处迥异,犹如灵景,山势高与天齐,是天然屏障。他还赞叹天山中有很多宝贝,延年养生之药,无一不备。他来到松树塘,更是被奇松所吸引,"马定知人意,穿松屈曲行。渐忘迁客感,足慰看山情。"②洪亮吉为神奇景色所倾倒,完全忘记自己是个遣戍罪人,仿佛是游山玩水的游客。他写下《松树塘万松歌》,看到松树万棵的景观,又恢复了他"好奇狂客"的身份,"大笑一呼忘九死"③,能欣赏到如此奇景,真是九死而未悔。

洪亮吉于二十八日到达镇西府(今新疆哈密市),宿于城内宏顺店。三十日岁末除夕,洪亮吉在镇西府。此时天气奇寒,在宜禾的前河南巡抚景安还送来食物。客帐度岁,仍不忘祭祀先人。"昔日公孙瓒,临岐祀北邙。潸然感先德,忘却在殊乡。烛借穹庐火,牲求牧泽羊,荒寒一瓯雪,聊抵奠椒浆。"④他也只能以冰雪代酒,聊表对先祖的感念之情。

除夕之夜,洪亮吉在万里之外独坐守岁,非常思念家中亲人和朋友,长路漫漫,归家无望,对未来是否能活着回家已经没有了希望。有诗云:

> 世缘应已尽,梦亦不还家。别有关心处,偏忘去路赊。几行坟树影,千叠陇云遮。他日能归骨,从亲傍水涯。⑤

就在三四日前,洪亮吉在菩萨沟道中遇到一个回乡者,带着同戍人

---

① 洪亮吉:《下天山口大雪》,《更生斋诗》卷一,《洪亮吉集》,中华书局 2001 年版,第 1202—1203 页。
② 洪亮吉:《松树塘道中》,《更生斋诗》卷一,《洪亮吉集》,中华书局 2001 年版,第 1203 页。
③ 洪亮吉:《松树塘万松歌》,《更生斋诗》卷一,《洪亮吉集》,中华书局 2001 年版,第 1203 页。
④ 洪亮吉:《除夕巴里坤客帐祀先》,《更生斋诗》卷一,《洪亮吉集》,中华书局 2001 年版,第 1204 页。
⑤ 洪亮吉:《除夕夜坐》,《更生斋诗》卷一,《洪亮吉集》,中华书局 2001 年版,第 1204 页。

的齿发归里,还感慨说:"齿发能旋里,应知亦主恩。"①除夕之夜在这万里之外的戍途中,洪亮吉不胜悲凉伤感,想到自己也许已无生还的可能,但愿能齿发归乡,归葬在亲人身边。其实此时他的亲人、朋友又何尝不在思念他。他的朋友张问陶在此年的岁末有诗《怀稚存》,诗云:

> 无诗无酒气纵横,谁指伊吾问死生。万里风沙悲独往,旧时李杜愧齐名。是非终向平心得,毁誉徒劳众口争。落日安西凝望远,浮云难掩故人情。②

张问陶化用李白的诗"浮云游子意,落日故人情",表达对洪亮吉这个老朋友的思念,既同情他万里风沙独往,又对他敢于直谏的人品表示钦佩,是非不用争辩,毁誉自在人心。

嘉庆五年(1800),洪亮吉五十五岁。大年初一,他在镇西府,写下《镇西元日》二首,诗云:"两日松塘走急程,乱云开处出边城。奔驰万二千余里,来听邻鸡第一声"。③ 长途跋涉听到新年第一声鸡鸣。"殊方都喜说新年,板屋斜欹彩胜偏。一事暂教乡思缓,家家门巷有秋千。"④万里之外的塞外也沉浸在新年的喜庆气氛之中,家家门巷的秋千,欢快的节日气氛,暂时缓解了他的思乡之情。

初二日午后,洪亮吉到满洲城散步。这时正好有人入关,洪亮吉有诗寄胡纪谟、杨芳灿、庄炘、钱坫四知州,诗云:"何处能寻迁客踪,车厢眠已过三冬。聊烹太古荒寒雪,尽洗平时磊落胸。人说更生同子政,我惭行殡学山松。心交海内今余几,呵冻裁书手自封。"⑤他在戍途中颠簸日久,如今来到西北,他襟怀坦荡,始终不悔,还表示要学习山松的坚强挺拔。但经此事变,他对政治也失望了,自号"更生",不仅有重生之意,也有要学另一个"更生"(即刘向)之意。刘向,本名更生,字子政,曾为汉宣帝谏议大夫,上书言政不被采纳,遂转而校勘编定书籍。这也为他

① 洪亮吉:《菩萨沟道中》,《更生斋诗》卷一,《洪亮吉集》,中华书局 2001 年版,第 1203 页。
② 张问陶:《怀稚存》,《船山诗草》卷十五,中华书局 1986 年版,第 409 页。
③ 洪亮吉:《镇西元日》其一,《更生斋诗》卷一,《洪亮吉集》,中华书局 2001 年版,第 1204 页。
④ 洪亮吉:《镇西元日》其二,《更生斋诗》卷一,《洪亮吉集》,中华书局 2001 年版,第 1205 页。
⑤ 洪亮吉:《逢人入关即寄胡安西纪谟、杨灵州芳灿、庄邠州炘、钱华州坫四刺史》,《更生斋诗》卷一,《洪亮吉集》,中华书局 2001 年版,第 1205 页。

回乡后不再从政,专心研究学问打下伏笔。他交友甚广,虽然也有一些势利的人不再与他交往,但一路得到许多挚友的真诚关心和帮助,心存感激。他呵暖冻僵的双手,亲自裁书封信,托入关的人寄出书信,证明这四位知州均是他的真心朋友。

正月初三日,洪亮吉遭遇翻车,差点命丧黄泉。他迎着雪后的大风,离开巴里坤继续西行,即将抵达宿处,车夫路遇同乡闲谈,马车无人看管,拉车的马被突然的一阵风沙拍打,受惊狂奔,马车从陡峭的山路上翻下倾覆,人与马都被压在车厢下动弹不得,过了半个时辰才遇人相救,得以幸免。如果再晚些被救,不被压死也要被冻死。他在日记中记下了当天惊险一幕。“初三日,雪后大风。巳刻行七十里抵苏吉未至半里,车夫不知何往,马惊车覆,压客几死,半时许逢人救乃苏,至客邸已暮矣。”①他在《出塞纪闻》中还说:“及抵前泛问地名,则苏吉也。落凤、柏人类,皆前定,不爽如此。”②翻车之处的地名为“苏吉”,似乎冥冥中注定他洪亮吉会死而复生,命不至绝。他不由得想起凤雏庞统葬身于落凤坡,汉高祖刘邦途经名叫“柏人”的地方,因与“迫人”同音,担心被人迫害,不宿而去,躲过一场劫难。如今他在“苏吉”遇险而得免,是否也是命中注定呢?他不由感叹命由前定,屡试不爽。他的这次奇遇还被徐珂写进《清稗类钞》迷信类。

他事后心有余悸,写下《覆车行》一诗,诗云:“风漫天,雪逼夜。匹马只轮,驰至山下。惊沙扑马马忽奔,削径倒下先摧轮。车厢压马马压人,马足只向人头伸。身经窜逐死非枉,只惜同行仆无妄。惊魂乍定忽自疑,奔车之上无伯夷。”③诗中他记下这次惊险的翻车事故,同时想到《韩非子》中“奔车之上无仲尼,覆舟之下无伯夷”句,但他临死还想到自己死不足惜,可惜的是与他同行的仆人枉死,可见他心地善良,心怀慈悲。

虽然初三日遭遇翻车险遭不测,但洪亮吉初四日还是照常五鼓出

---

① 洪亮吉:《遣戍伊犁日记》,《洪北江全集》,光绪初授经堂刊本。

② 洪亮吉:《出塞纪闻》,《遣戍伊犁日记》附,《洪北江全集》,光绪初授经堂刊本。

③ 洪亮吉:《覆车行》,《更生斋诗》卷一,《洪亮吉集》,中华书局2001年版,第1205页。

发,行八十里宿肋巴泉。第二天夜起冒雪前行,"北风排南山,山足亦微动。"①风雪很大,仿佛要将大山吹起。塞外人烟稀少,"百里仅数家,山房叠成瓮"②,当时天寒地冻,他们只能到当地居民家中烤火取暖,"相将依爨火,浆浊感分送。人气亦少苏,无如马蹄冻。"③村民对他这个不速之客倒也热情。喝了村民浆茶,才稍稍恢复气力,继续冒雪赶路。天气严寒恶劣,"狗亦不吠鸡不鸣"④,"车厢缩项冻欲死,谁复料理征人行。忽然破屋晴光出,涌得天山一轮日。疲羸嘶风马亦奋,踏雪兼程到噶顺。"⑤正当他们艰难困苦难以为继的时候,忽然天山一轮日出,给征途中的人温暖与希望,以及继续前行的力量。

洪亮吉经过噶顺、北山子、大石头泛。正月初七人日,行白山道中。山路险峻,积雪将路淹没,行走异常艰难。想到近三年的人日他都在客途中,之前是在贵州学使任上,如今又被遣戍新疆,"今来迁客梦,仍阻乱山旁。莽莽沙如雪,劳劳鬓如霜。"⑥人日思归而不得归,离家乡越来越远,自是无限感慨。让他稍感安慰的是,"居人能尚义,犹馈束脩羊。"⑦旅店主人的儿子将要学习经书,让洪亮吉教他分点句读。在这偏远之地,仍有好学之人。

初八日,洪亮吉白天行八十里,又乘着月色行四十里,宿于三个泉。他经过乌兰乌素,乌兰乌素以北尽是不毛之地,极目千里,一片荒凉。晚上月亮升起,银色的月光与皑皑白雪融为一体,是难得一见的美景。他在日记中记载:"明月已高,积雪千里,天与地皆一色,真清凉世界也。"三个泉曾经是古战场,他以疲羸之躯独行于天地一色的银白世界,有感而发,写下《初八日乘月行四十里至三个泉宿》,"人烟百里何渺茫,疲羸独行古战场。高天下地总一色,明月白雪分清光。"⑧

---

① 洪亮吉:《肋巴泉夜起冒雪行》,《更生斋诗》卷一,《洪亮吉集》,中华书局 2001 年版,第 1205 页。
② 洪亮吉:《肋巴泉夜起冒雪行》,《更生斋诗》卷一,《洪亮吉集》,中华书局 2001 年版,第 1205 页。
③ 洪亮吉:《肋巴泉夜起冒雪行》,《更生斋诗》卷一,《洪亮吉集》,中华书局 2001 年版,第 1205 页。
④ 洪亮吉:《自白山至噶顺》,《更生斋诗》卷一,《洪亮吉集》,中华书局 2001 年版,第 1206 页。
⑤ 洪亮吉:《自白山至噶顺》,《更生斋诗》卷一,《洪亮吉集》,中华书局 2001 年版,第 1206 页。
⑥ 洪亮吉:《人日白山道中》,《更生斋诗》卷一,《洪亮吉集》,中华书局 2001 年版,第 1206 页。
⑦ 洪亮吉:《人日白山道中》,《更生斋诗》卷一,《洪亮吉集》,中华书局 2001 年版,第 1206 页。
⑧ 洪亮吉:《初八日乘月行四十里至三个泉宿》,《更生斋诗》卷一,《洪亮吉集》,中华书局 2001 年版,第 1207 页。

第九章　遣戍伊犁　百日赐还

洪亮吉到了新疆,不仅被塞外壮美的自然风光所吸引,那里的风土人情也让他大为称奇,如老鹰能抓起公羊,牛掉进冰窟里,牛角触冰,需三匹马、十个人才能将牛拉出来。他在诗中写道:"羊群居前牛在后,鹰忽飞来攫羝走。群羊哀鸣牛亦吼,北巷南村集群狗,鹰攫羝飞势偏陡。"①正当紧要关头,只见一个牧民健儿拉弓搭箭,一箭射中老鹰。"云中健儿弓已拓,一箭穿云觉云薄。羊毛洒空鹰爪缩,天半红云尚凝镞。"②他将老鹰抓公羊,牧民赶走老鹰这些新疆人常见,而江南人啧啧称奇的情形写得生动形象。初九日,大风雪,洪亮吉抵木垒河(今新疆昌吉回族自治州),天色已晚。"到得山村夜已迷,窗棂全不辨东西。狼驯似马凭鞭策,鹊大于鸡共树栖。穴鼠岸然欺客睡,野猿时复杂儿啼。峰峰塞路谁能究,只觉檐前北斗低。"③他晚上到了一个叫木垒河的小山村,看到的景象也让他惊奇,野性的狼居然像马一样被驯服,鹊大如鸡,穴鼠欺客,野猿时啼,山路高峻,北斗星仿佛就在檐前。这样的景象让他大开眼界,他也将这些情景生动地呈现在诗歌中。

洪亮吉在新疆奇台县也受到当地官员和朋友的接待。初十日中午,洪亮吉抵达奇台县,前往同里县尉张潮海署吃午饭,并留宿于此。前县尉山阴人孙球来拜访,并馈赠食物。十一日立春,洪亮吉行九十里来到奇台古城。午后,下着小雪,他拜访了长白少司寇琅玕,与之久谈,并留下吃了饭才回到寓所。随即琅玕又来拜访他,可见礼节周到,情谊深厚。巡检李泰也赠给食物及果饵等。晚上雪越下越大,少司寇琅玕又派人送来食物。这些让自嘲"万里来寻塞上春"④的洪亮吉也感受到一丝春日的暖意。第二天他又迎着雪出发,行五十里雪霁,又行四十里抵达吉木萨城。县丞长洲人蒋锦成来看望他,"谈至上灯乃去,并馈春饼、牢丸及南菜数种。"⑤

十三日五鼓出发赶路,冒雪行三十里,又误行二十里,回归正道后

---

① 洪亮吉:《鹰攫羝行》,《更生斋诗》卷一,《洪亮吉集》,中华书局2001年版,第1207页。
② 洪亮吉:《鹰攫羝行》,《更生斋诗》卷一,《洪亮吉集》,中华书局2001年版,第1207页。
③ 洪亮吉:《夜抵木垒河》,《更生斋诗》卷一,《洪亮吉集》,中华书局2001年版,第1208页。
④ 洪亮吉:《古城逢立春》,《更生斋诗》卷一,《洪亮吉集》,中华书局2001年版,第1207页。
⑤ 洪亮吉:《遣戍伊犁日记》,《洪北江全集》,光绪初授经堂刊本。

又走了八十里，抵达四十里井宿。次日一早又出发，极寒天气，人迹罕至，甚至有路人冻掉手指。他有诗云："极天惟有雪，万古不开山。只觉云生灭，从无鸟往还。路人伤堕指，迁客屡摧颜。倘有攀跻处，思排虎豹关。"①苦寒之地，极端气候，无边的风雪，冻掉手指的路人和作为迁客的自己，都是无奈受尽磨难。

正月十五日元宵节，洪亮吉又是凌晨五鼓出发，行四十里到阜康县，又行七十里，宿于黑沟。他虽说"君恩应已重，不敢更思乡"②，但每逢佳节倍思亲，万家团圆的元宵节怎能不思念家乡的亲人呢？"即此逢元夕，先忘在远方。话愁惟对影，与仆互倾觞。儿女虽相忆，何由识阜康。"③他与仆人相对饮酒，暗自神伤。儿女们肯定也想念他，但哪里能知道他在阜康的情形呢？这里的寒冷哪里是江南的亲人能想象的呢？他在此日日记中记载："是日寒不可耐，篝火亦不温，然饭后尚南北行各半里许，山光四面扑人，冰雪中爆竹一两声，唯见山禽桀桀、村犬猰猰而已。是夕寒不能寐。"④天气异常寒冷，他面对月色下的奇绝峰峦，独自徘徊，欣赏坡上一轮红月亮，写下《黑沟步月》，"一晌春人梦魂腻，焉支坡上月光红。"⑤

此日他不堪酷寒，在鬼门关上又走了一遭。他在《三益斋铭及跋》中云："庚申正月望日，行未抵乌鲁木齐五十里，猝中寒疾欲死，仆人已布篷篾，敛手足矣。残喘未绝，尚属从者以二物为殉。"⑥他在黑沟猝中寒疾濒临死亡，仆人都将他放在竹席上，准备收殓遗体了，他尚未断气时，嘱咐佣人将他随身带的两件宝物，即汉瓦砚和汉漆镜作为陪葬之物。但这次他又幸运地从死亡线上挣扎了回来。

十六日，洪亮吉抵达乌鲁木齐。他先到满城都统兴奎处挂号。兴

① 洪亮吉：《早发四十里井寒甚路人有堕指者》，《更生斋诗》卷一，《洪亮吉集》，中华书局 2001 年版，第 1208 页。
② 洪亮吉：《元夕过阜康县七十里宿黑沟》，《更生斋诗》卷一，《洪亮吉集》，中华书局 2001 年版，第 1208 页。
③ 洪亮吉：《元夕过阜康县七十里宿黑沟》，《更生斋诗》卷一，《洪亮吉集》，中华书局 2001 年版，第 1208 页。
④ 洪亮吉：《遣戍伊犁日记》，《洪北江全集》，光绪初授经堂刊本。
⑤ 洪亮吉：《黑沟步月》，《更生斋诗》卷一，《洪亮吉集》，中华书局 2001 年版，第 1208 页。
⑥ 洪亮吉：《三益斋铭及跋》，《更生斋文乙集》卷一，《洪亮吉集》，中华书局 2001 年版，第 1069 页。

奎,满洲镶白旗人,嘉庆四年(1799)任乌鲁木齐都统。顺便访问乡试同年江都人徐午、迪化州知州那灵阿。徐午因事戍新疆,已纳银赎罪,不日将南归。十七日洪亮吉到乌鲁木齐的汉城西门外的江南巷访同乡,并托买零件。饭后徐午、那灵阿先后来访,因他外出等了很久,徐午赠送他中毛马褂一件、佩刀一口。十八日那灵阿约早饭,并至徐午处话别,都统遣人答拜,同乡高君赠送浆菜茶食。十九日徐午又约早饭,座中有那灵阿及熊言孔、顾揆、沈仁澍。熊言孔,字谨之,顺天府大兴人,乾隆三十七年(1772)进士,曾官浙江江山知县。顾揆,长洲人,乾隆四十二年(1777)举人,曾官福建海澄知县。两人都是因事戍迪化。沈仁澍,江苏苏州人,远宦于此,他从辟展巡检调署济木萨丞,又调署呼图壁。洪亮吉在赠他的诗中说:"如何远宦经三徙(君从辟展调署济木萨丞,又调署呼图壁),仅比流人近十程。同向瞭高台上立,欲从何处望江城。"①对沈仁澍长时间在遥远的地方做官表示同情。洪亮吉在乌鲁木齐逗留了四天,受到了当地官员以及贬谪官吏的热情接待。

晚上洪亮吉宿昌吉县东关。王寿朋来看望他。王寿朋是洪亮吉的房师王奉曾的侄儿,带给他一封王奉曾寄到的书信。署理县事的长白人百庆也赠给他一些食物。二十日,洪亮吉天一亮就出发,行九十里到达呼图壁。署理呼图壁粮务事的沈仁澍尚外出未归,托人送来食物,"馈食物及南小菜数种,甚精洁。"②远行至此能吃到精致的南小菜,多少可以一慰乡思。

洪亮吉于二十二日抵绥来县东关外,饭后到清真寺旁的浴池泡澡,对于冒着严寒连日奔波的他来说,甚是解乏。二十三日早上天气放晴,"塞上春光,艳如吴越。元宵灯火,社日鸡豚,欹枕车厢,忽然念及,可云遐想矣。"③可见洪亮吉虽然戍途艰辛,但他心胸宽广,并未终日抱怨,而是珍惜身边点滴的美好,依旧热爱生活。二十四日至安济海。晚上起来,又看到一番奇景。"夜阑安济海,波焰烛天红。迥异云霞色,都疑神

① 洪亮吉:《赠呼图壁巡检沈仁澍》,《更生斋诗》卷一,《洪亮吉集》,中华书局2001年版,第1210页。
② 洪亮吉:《遣戍伊犁日记》,《洪北江全集》,光绪初授经堂刊本。
③ 洪亮吉:《遣戍伊犁日记》,《洪北江全集》,光绪初授经堂刊本。

火烘。"①自乌兰乌素至安济海,皆覆盖着盈丈白雪,行走十余日不见寸土。他在诗中描写道:"乌兰乌素迄安济,十日见天不见地。有时天也被雪遮,天与雪光原不异。惟交日午与月午,日月破空光独丽。"②他不仅描写西域的奇特景象,也赞美朝廷安定边境的功德,百姓牛羊互市,生活安定。

洪亮吉于二十六日到达哈尔乌素,下着小雪,原任山东巡抚、新补古城领队大臣伊江阿因路过此处,便来看望他,还给了他伊犁将军保宁的手书。谈了很久离开,又馈赠食物。粮务通判罗君也来拜访。饭后洪亮吉又去回拜二人,并到都统处挂号。他行到此处,发现风貌景物又与之前所见不同,他日记中这样记录:"自哈密至安济海以东,地皆冒雪,或盈丈及数尺不等,从未见地。自此而西,雪稍开霁,稍露土石,又林木丛茂,清流纡徐,蓬蒿深黄,一望靡际,迥非沙碛可比矣。"③此地树木茂盛、水草丰美,与之前所经过的戈壁沙漠迥异。他一路细心观察并做记录。

他每日一地,又途经布尔喝济台、托托克、沙窝头、精河、托克里台、托霍穆图台、四台、土尔卜穆台。初五日行至半道,忽然起了大风雪,如山崩地裂。加上以前的积雪,积成丈许厚的雪,异常难行。四十里至松树头店,重车已无法行走,轿车又冒雪行二十里,抵达二台。此时他仍不忘欣赏大自然的奇景,"然自松树头至此二十里中,茫茫雪海,惟高下千万松顶露青,亦奇观也。"④当天晚上,因重车困于途中,他"无卧具,无食物,冷坐一宵"⑤。当日他写有《三台阻雪》,诗云:"北风吹雪入鬼门,风定雪已埋全村。村人凿穴透光景,百尺棱棱瞰楼顶。烧松作炭雪不消,反使石穴全身焦。征人停车已三日,雪穴惊看牛马出。平明一线阳光开,乌鸦就暖皆飞来。征人欲行马瑟缩,冰大如船复当谷。"⑥

---

① 洪亮吉:《安济海夜起》,《更生斋诗》卷一,《洪亮吉集》,中华书局 2001 年版,第 1209 页。
② 洪亮吉:《自乌兰乌素至安济海雪皆盈丈,十余日不见寸土,因纵笔作》,《更生斋诗》卷一,《洪亮吉集》,中华书局 2001 年版,第 1209 页。
③ 洪亮吉:《遣戍伊犁日记》,《洪北江全集》,光绪初授经堂刊本。
④ 洪亮吉:《遣戍伊犁日记》,《洪北江全集》,光绪初授经堂刊本。
⑤ 洪亮吉:《遣戍伊犁日记》,《洪北江全集》,光绪初授经堂刊本。
⑥ 洪亮吉:《三台阻雪》,《更生斋诗》卷一,《洪亮吉集》,中华书局 2001 年版,第 1210 页。

初六日稍晴后又下雪。洪亮吉等待行李车，一直等到下午三四点才到。这天仅吃炒米数撮。他周围都是高大的松树，四围皆闻松涛声。"吴越中得此一二株即以为佳树，至此则断作槽，析为薪，铺作道，皆百丈青松也，又不止屈作屋材而已。"①他看到这么好的松树，在吴越都是宝贝，在此地被当作柴薪，觉得十分可惜。此时不知他是否联想到，有那么多人才被贬戍西北，似乎也不值一钱。

初七日天已放晴，洪亮吉上午九十点钟出发，行半里许，山涧中积雪二丈，没及马首，无法行走，他只得又回到原宿处。绥定城同乡派人来迎，并称已在头台备饭。初八日，洪亮吉辰时出发，走了六七里，到一陡坡，雪深山险，只能下车步行。山路陡峭难行，但景色绝美。"然山益奇峭，急湍西下如箭，距水一寸，飞雪皆积成冰，时合时开，惊流飞出。山中气候虽异，然时已春仲，候适晴和，晓日乍升，青松叠荫，飞泉百道，削壁千寻，鸟不避人，鱼能瞰客，域中无此幽境也。二十里外，仍复飞雪夹道，间有杂树，然柳已发青，水多萍绿，共行四十里，过三十余飞桥，方抵头台。"②中午，芦草营参将那山、绥定城总戎纳尔松阿以及粮员李洵、巡检林廷焕都派人相迎。同乡赵炳让人在此备饭招待他。赵炳因事被遣戍新疆已有七年之久，在绥定城烧得一手家乡风味的饭菜，使他饱餐了一顿家乡美味。洪亮吉行至头台，雪更大了，他用略显夸张的手法写下如下诗句："天山雪花大如席，一朵雪铺牛背白。寻常鸡犬见亦惊，避雪不止雷与霆。"③

初九日上午，洪亮吉冒着大雪走了四十里，抵达芦草沟。雪深没过车轮，行走艰难，到中午才入城。他有诗云："芦草沟边路，茫茫日欲昏。坚冰截南北，空白合乾坤。"④即将结束戍途，想必他的心情也是复杂的。吃过饭后仍回到旅店，方便第二天早点出发。马上到达目的地，他要加速前行。

初十日黎明即出发，行六十里到绥定城赵炳处吃早饭。又走了三十

① 洪亮吉:《遣戍伊犁日记》,《洪北江全集》,光绪初授经堂刊本。
② 洪亮吉:《遣戍伊犁日记》,《洪北江全集》,光绪初授经堂刊本。
③ 洪亮吉:《行至头台雪益甚》,《更生斋诗》卷一,《洪亮吉集》,中华书局 2001 年版,第 1210 页。
④ 洪亮吉:《芦草沟》,《更生斋诗》卷一,《洪亮吉集》,中华书局 2001 年版,第 1211 页。

里抵达大城。大城即惠远城,伊犁将军驻地。因为积雪融化,道路泥泞,洪亮吉只得下车步行入城,泥没过靴子到膝盖。他就这样半身泥泞,到伊犁将军衙门报到。至此,洪亮吉从嘉庆四年(1799)八月二十八日离京踏上戍途,至次年二月初十日到惠远城伊犁将军府报到,历经160天,结束了西行的漫漫长路,终于到达他遣戍的目的地——伊犁。

第三节　伊犁欲增西域记

洪亮吉于嘉庆五年(1800)二月初十日到伊犁将军府报到,开始了他在戍所当差的日子。伊犁将军,全称为总统伊犁等处将军,是乾隆帝平定准噶尔部叛乱之后,于乾隆二十七年(1762)设立的新疆地区最高军事长官,正一品武官。在新疆设省以前也是最高行政长官,管辖天山南北两路,东到哈密和巴里坤,西到葱岭和楚河、塔拉斯河流域,北到巴尔喀什湖和额尔齐斯河中上游,南到昆仑山广阔区域。时任伊犁将军为保宁。保宁(1734—1808),图伯特氏,蒙古正白旗人,靖逆将军纳穆札勒之子。父纳穆札勒殉节回疆,保宁袭三等公爵。授乾清门侍卫,以英勇善战闻名,《清史稿·保宁传》称其"从征金川,力战,迭克要隘,将军阿桂荐其才,擢陕西兴汉镇总兵。……保宁谨慎有操守,尽心边事"[1]。历官内务府大臣、江南提督、成都将军、四川总督等。乾隆五十二年(1787)调任伊犁将军,颇有政绩。

伊犁将军保宁为人谨慎,也了解洪亮吉遣戍事由,奉旨对洪亮吉严加管束,随时察看。在洪亮吉未到时,保宁就曾密奏嘉庆皇帝,如洪亮吉"稍蹈故辙,即一面入奏,一面正法"[2]。幸亏嘉庆皇帝朱批:"此等迂腐之人,不必与之计较。"[3]保宁也明白了嘉庆帝的意图,洪亮吉报到后,并没有为难他。安排他在城西一官墅居住,先到督催处,后到册房

---

① 赵尔巽等:《清史稿》卷三百四十二《保宁传》,中华书局1977年版,第三十七册,第11111页。
② 洪亮吉:《二十日抵乌鲁木齐,那灵阿州守顾拱、熊言孔、徐午三大令频日致饯,即席赋赠三十韵》注,《更生斋诗》卷二,《洪亮吉集》,中华书局2001年版,第1231页。
③ 吕培等:《洪北江先生年谱》,《洪亮吉集》,中华书局2001年版,第2346页。

当差。

他到伊犁的当天，就在城西一别墅中住下，"城西乞得暂勾留（到日，将军派居城西别墅中），何止逃喧亦避仇。"①别墅室名环碧轩，前后左右有高柳百株，树荫遮天蔽日，"亭午几不见日色"，"环碧轩下沟水四周，朝增夕减，有如潮汐"②。这环境何止幽静，简直有点阴森。据说这所房子有鬼魅作祟，之前知府全士潮居住于此时，即使夜晚念降伏恶魔的咒语都没有用，还是每每被鬼魅戏弄。奇怪的是洪亮吉住进来后，却太平无事，所以他写诗说："环碧轩中祟不迷，仅余风桥雨凄凄。固知此老迂难近，绝胜宵分咒准提（余寓斋相传有魅，全太守士潮居之，每为所㑮，夜分则诵准提咒，然不能禁也。余未至数数日，邻童梦魅已移去）。"③他自嘲说，像他那样的老迂腐连鬼魅都难近身，比咒语还灵呢。

洪亮吉因言获祸，到了伊犁还是心有余悸，他决定效法唐朝陆贽，谨言慎行。"只觉医方有奇效，闭门先学陆忠州。"④陆忠州即唐德宗时的名相陆贽，敢于直言上谏，得罪皇帝及同僚，遭构陷被贬忠州（今重庆市）别驾。在忠州十年，常常闭门不出，研习医方。他的好友钱维乔、庄炘等，担心他再因文字惹祸，也致书相劝。他在《天山客话》中也说："余抵伊犁后，连得竹初居士及虚庵刺史书，词极恳挚，皆以语言文字为戒。虚庵并引前人赠东坡二语相比例云'北客若来休问讯，西湖虽好莫题诗'。不知余自经忧患后，夙有戒心，断除笔墨已久。终日危坐，唯效陆忠州检校经验良方，及偶观一二说部而已。"⑤钱维乔在朋友生死离合之际，多次致书安慰劝诫，言辞恳切。同在戍所的陈淮说他："荷戈来伊

① 洪亮吉：《伊犁纪事诗四十二首》其一，《更生斋诗》卷一，《洪亮吉集》，中华书局 2001 年版，第 1211 页。

② 洪亮吉：《天山客话》，《洪北江全集》，光绪初授经堂刊本。

③ 洪亮吉：《伊犁纪事诗四十二首》其三，《更生斋诗》卷一，《洪亮吉集》，中华书局 2001 年版，第 1211 页。

④ 洪亮吉：《伊犁纪事诗四十二首》其一，《更生斋诗》卷一，《洪亮吉集》，中华书局 2001 年版，第 1211 页。

⑤ 洪亮吉：《天山客话》，《洪北江全集》，光绪初授经堂刊本。

江,闭门断诗酒。"①视诗酒如命的洪亮吉,能"断诗酒",除了钱维乔、庄炘等朋友的劝说,他自己在此事中受到的伤害太重,不可能不留有戒心。

伊犁将军府设有印房、册房、东西二厅、粮饷、营务、功过等机构,任职官吏多为遣戍至此的贬谪官员。印房为机要公务之地,督催处隶于印房,负责总催五六处稽迟事项。册房为图书之府,大多是文官、诗人担任,人以派册房办事为荣。洪亮吉先是被派在督催处,后改派册房。他在诗中说:"到日先传领督催,无端堂贴复追回(余到日,初派督催处行走,后又改派册房)。闲心检点流人册,枨触西川御史台(余检点旧事,见御史李玉鸣年貌册,故及之)。"②他在册房闲来无事翻看流人册,偶然看到流人李玉鸣的年貌册,颇为感触。李玉鸣(1710—1767),字延璜,号靖亭,福建清溪(今福建泉州市)人,乾隆元年(1736)进士,为官清正忠直。后因那拉皇后举丧仪一事上疏,被贬伊犁,老死边疆,卒后封"忠臣御史"。洪亮吉自己,也是一腔忠诚上书,却被贬谪。

和洪亮吉有类似遭遇的人还不少,当时因各种原因被遣戍伊犁的有七十二人。嘉庆五年(1800)四月一日,伊犁将军举行演武角射,"坐来八尺马如龙,演武堂高夹路松。谪吏一边三十六,尽排长戟壮军容(四月一日,随将军演武场角射,时废员共七十二人)。"③洪亮吉和这些遣戍之人一样,每月逢二、五、八入府办事,"将军一月内以二五八为堂期,诸废员咸入办事"④,其余时间则比较悠闲。"其贤者则种花养鱼,读书静坐"⑤,种出好花好果还会宴客邀大家共赏。归景照特别擅长种菊花,重阳前后便会宴客赏菊。"莳得菊花三百本,归家亭子宴重阳。"⑥陈

① 陈淮等:《附:题万里荷戈集诸友人诗》,洪亮吉:《更生斋诗》卷一,《洪亮吉集》,中华书局 2001 年版,第1217 页。
② 洪亮吉:《伊犁纪事诗四十二首》其四,《更生斋诗》卷一,《洪亮吉集》,中华书局 2001 年版,第1211 页。
③ 洪亮吉:《伊犁纪事诗四十二首》其十,《更生斋诗》卷一,《洪亮吉集》,中华书局 2001 年版,第1212 页。
④ 洪亮吉:《伊犁纪事诗四十二首》其十六注,《更生斋诗》卷一,《洪亮吉集》,中华书局 2001 年版,第1213 页。
⑤ 洪亮吉:《天山客话》,《洪北江全集》,光绪初授经堂刊本。
⑥ 洪亮吉:《伊犁纪事诗四十二首》其二十八,《更生斋诗》卷一,《洪亮吉集》,中华书局 2001 年版,第1214 页。

淮不仅带书颇多,好读书者争相借阅,也喜欢种花。"一旬胡蝶已成团,便拟开筵宴谪官。携得百花洲畔法,种来罂粟大如盘(陈巡抚寓斋罂粟独盛,有五色如盘者,盖江西所携来之种,拟分日宴客)。"①但也有无所事事,情绪低沉者,则以聚众赌博为乐,输钱者往往无力偿还。伊犁将军得知此事后,特下令禁止。

在伊犁戍所中,也有洪亮吉熟识的人,他们在这里相逢,特别亲切。如他的房师王奉曾。"已分从公老牧羊,门生家世本敦煌。金丹五百题容缓(临行属篆金丹五百字),先献麻姑禁酒方(房师王荔园先生,官湖北安襄郧道,以军兴法先遣戍伊犁,在将军署课读,饮酒时或过量,故末语规及之)。"②洪亮吉以门生的身份,以幽默的方式,规劝他少喝酒。还有他在西安时认识的张廷彦。"熟客先惊问姓名,记曾跃马入咸京。当时书记疏狂甚,亲屈元戎作骑兵(谓张总兵廷彦。余辛丑岁客西安节署,时张尚在抚标学习,亲导至曲江镇看花)。"③当时他们是年少疏狂,意气风发,何曾想到有朝一日会在这边地相见呢?还有之前有过交集的廉使德泰。"偶向尊前学楚歌,天涯谁识故人多。郎官湖水清如镜,绝忆三更放棹过(癸卯秋,余自西安归,过汉阳,族侄圣也邀余夜游郎官湖。时廉使德泰为汉阳守,亦在座,余已不记忆矣。及至此,廉使话及之)。"④有些人有些事洪亮吉已不记得,但德泰还记得他。

洪亮吉颇爱好美食,自称"老饕",初到伊犁,吃不惯当地饮食,"老饕到此已无缘,且减常餐汲井泉。十日斋厨冷于寺,故应蔬味胜腥膻。"⑤伊犁腥膻的牛羊肉较多,而蔬菜较少,江南人洪亮吉不适应,所以他经常不烧饭。好在还有一些同是戍人的朋友宴请,同乡赵炳烧花猪

---

① 洪亮吉:《伊犁纪事诗四十二首》其四十,《更生斋诗》卷一,《洪亮吉集》,中华书局 2001 年版,第1215 页。
② 洪亮吉:《伊犁纪事诗四十二首》其七,《更生斋诗》卷一,《洪亮吉集》,中华书局 2001 年版,第1212 页。
③ 洪亮吉:《伊犁纪事诗四十二首》其五,《更生斋诗》卷一,《洪亮吉集》,中华书局 2001 年版,第1211 页。
④ 洪亮吉:《伊犁纪事诗四十二首》其三十五,《更生斋诗》卷一,《洪亮吉集》,中华书局 2001 年版,第1214 页。
⑤ 洪亮吉:《伊犁纪事诗四十二首》其三十一,《更生斋诗》卷一,《洪亮吉集》,中华书局 2001 年版,第1214 页。

肉最擅长，洪亮吉在他那里能吃到熟悉可口的家乡饭菜。"百辈都推食品工，剪蔬饶复有乡风。铜盘炙得花猪好，端正仍如路侍中（同里赵上舍炳，先以事戍伊犁，今馆于绥定城，食品最工，烧花猪肉尤美）。"①方受畴善做饼，经常与德泰一起做饭给他吃。他在诗中云："日日冲泥扫落苔，一条春巷八门开（鼓楼北有八家巷，屋宇街道极修整）。外台自有萧闲法（谓廉使德泰乞余书堂额云'萧闲外舍'），携具方家说饼来（方兵备受畴，制饼极佳，与廉使对门。每邀余饭，则两人合治具）。"②陈淮家做菜很好，洪亮吉也经常去吃饭，其中秋冬间烧野鸡尤美味，可惜他没有机会吃到，甚觉遗憾。他在诗中写道："篱豆花红薜叶班，时时约客话更阑。斋厨百品多尝遍，惜少山雉入食单。"③洪亮吉还以故事换美食。同知哈丰阿，与其他满汉官员都合不来，却与洪亮吉最投缘，每晚都带着吃食，来听洪亮吉讲京师朝廷的旧闻轶事，"九朝旧事无人听，只有西厅老郡丞（同知哈丰阿性严冷，与满汉同官无一合者，惟最重余，又留心国朝旧事，以余历直内廷诸馆，颇谙掌故，每夜辄携果饵等物就访，乞余为说九朝事迹，恒倾听不倦）。"④此外，伊犁也产稻米，白菜极脆美，瓜果很鲜美，伊犁河的鱼极多，伊犁的鹅鸭以鲜鱼饲之，很肥美。由此看来，洪亮吉虽然不习惯西北饮食，但也有许多他喜欢的食物。

　　洪亮吉还点定杨廷理的《平台纪事》，"一卷《平台纪事》功，十年循吏说宏农（杨廉使廷理，曾官台湾知府，预平林爽文等，著《平台纪事》二卷。时属余点定，廉使在闽中最有政声）。便同海外奇书读，腹痛还思邴曼容（内有纪吾友汤大令大奎死节事）。"⑤他在点定《平台纪事》时，看到记载常州老乡汤大奎死节之事。汤大奎在福建凤山县知县任上，本

① 洪亮吉：《伊犁纪事诗四十二首》其十五，《更生斋诗》卷一，《洪亮吉集》，中华书局 2001 年版，第1212 页。
② 洪亮吉：《伊犁纪事诗四十二首》其九，《更生斋诗》卷一，《洪亮吉集》，中华书局 2001 年版，第1212 页。
③ 洪亮吉：《伊犁纪事诗四十二首》其三十三，《更生斋诗》卷一，《洪亮吉集》，中华书局 2001 年版，第1214 页。
④ 洪亮吉：《伊犁纪事诗四十二首》其三十八，《更生斋诗》卷一，《洪亮吉集》，中华书局 2001 年版，第1215 页。
⑤ 洪亮吉：《伊犁纪事诗四十二首》其十八，《更生斋诗》卷一，《洪亮吉集》，中华书局 2001 年版，第1213 页。

来任期已满可以卸任,却仍和前去探望他的儿子一起,与台湾起义的林爽文部激战,双双战死在朝堂之上,体现了血性担当品性。

洪亮吉在伊犁,特别留意当地的景物、气候、地志、物产、风俗、奇闻逸事等,他除了一路上所见的记录外,到伊犁后写的《伊犁纪事诗四十二首》,生动记录了伊犁的风土人情,有很高的文学价值和地域文化的价值,大大丰富了西域文化的文献史料。

西北的气候与中原及江南差异很大,洪亮吉在一出关就感受到了,如寒冷、大风等,他在来的路上在日记及诗歌中都有不少记录,到了伊犁后也有写到,如他在诗中写到伊犁的大风,诗云:

> 毕竟谁驱涧底龙,高低行雨忽无踪。危崖飞起千年石,压倒南山合抱松(伊犁大风每至飞石拔木)。①

此诗写出了伊犁的天气,暴风骤雨来无影去无踪,且大风飞石拔木,威力巨大。首句并未直接写风雨,而是从相传能兴云播雨的龙写起,究竟是谁把蛟龙从涧底驱赶出来,忽高忽低带来风雨,又不见踪影。"危崖"两句,形象展现大风的威力,大风吹起悬崖之上屹立千载的巨石,大风巨石过处,合抱的松树都能被压倒,场面十分壮观甚至恐怖,比岑参在《走马川行奉送出师西征》"一川碎石大如斗,随风乱滚满地走"的描写还要厉害,新疆轮台之风只是吹起"碎石",而伊犁的风能将巨石吹起。洪亮吉的描写更为大胆夸张,更能体现大自然的巨大威力和个人的渺小。

伊犁位于新疆的西北部,冬天一片冰雪世界,气候极其寒冷,夏天早晚仍有寒意,"伊犁夏日即换季,后每天寒则仍带暖帽"②。洪亮吉还注意到伊犁地形海拔较高的特点,"伏流百尺水潺湲,地势斜冲北斗垣。高出长安一千里,故应雷雨在平原。"③他也关注到这里地下河水量很

---

① 洪亮吉:《伊犁纪事诗四十二首》其八,《更生斋诗》卷一,《洪亮吉集》,中华书局 2001 年版,第 1212 页。
② 洪亮吉:《伊犁纪事诗四十二首》其十六注,《更生斋诗》卷一,《洪亮吉集》,中华书局 2001 年版,第 1213 页。
③ 洪亮吉:《伊犁纪事诗四十二首》其二十四,《更生斋诗》卷一,《洪亮吉集》,中华书局 2001 年版,第 1213 页。

充沛。

伊犁春天景色优美，鲜花盛开，夏天瓜果飘香，物产丰富。"风光谷雨尤奇丽，苹果花开雀舌香。"①谷雨时节苹果花盛开，花香弥漫，此时洪亮吉会与朋友一起去踏青游玩，"趁得南山风日好，望河楼下踏春归。"②"鹁鸪啼处却东风，宛与江南气候同。杏子乍青桑葚紫，家家树上有黄童（伊犁桑葚极美，白者尤佳）。"③春夏东风吹暖，鹁鸪啼鸣，杏子、桑葚渐渐成熟，像极了江南的气候。"游蜂蛱蝶竞寻芳，花事初红菜甲黄。只有塞垣春燕苦，一生不及见雕梁（春燕皆巢土室中）。"④虽然蝴蝶寻芳、花红菜黄的景象与江南相似，但其实还是差异很大，伊犁没有画栋雕梁，春燕皆巢土室中。"山沟六月晓霞蒸，百果皆从筳上升。买得塔园瓜五色，温都斯坦玉盘承（果子沟至六月百果方熟，伊犁北郭外满洲驻防塔章京园内有五色瓜，温都斯坦制玉盘盂等极精，伊犁亦时有之）。"⑤伊犁物产丰富，水果有苹果、杏子、桑葚，他对伊犁的桑葚赞不绝口，在《天山客话》中说："伊犁桑葚极佳，长者至寸许，余尝饱啖之。据土人云，尚不及叶尔羌诸处所产者，然已远过于内地也。"⑥对他而言，伊犁的桑葚已极佳，远胜于内地，而据当地人讲，叶尔羌等处所产的桑葚比伊犁的还要好。还有一种白桑葚最佳，白桑葚在江南更是罕见。此外新疆还盛产各色瓜果。以果子沟为代表，"果子沟四月百花竞放，异鸟成群，过其下者，遇风日清华，辄有尘表之想。""四月中花事极盛，土人统名为果子花，颜色颇似海棠。"⑦另外，他还赞美了伊犁的白菜和稻米，"伊犁白菜极脆美，自三月至冬十月皆可以为常馔。""塞外百菜皆极

① 洪亮吉：《伊犁纪事诗四十二首》其十二，《更生斋诗》卷一，《洪亮吉集》，中华书局 2001 年版，第 1212 页。
② 洪亮吉：《伊犁纪事诗四十二首》其十三，《更生斋诗》卷一，《洪亮吉集》，中华书局 2001 年版，第 1212 页。
③ 洪亮吉：《伊犁纪事诗四十二首》其二十七，《更生斋诗》卷一，《洪亮吉集》，中华书局 2001 年版，第 1214 页。
④ 洪亮吉：《伊犁纪事诗四十二首》其十七，《更生斋诗》卷一，《洪亮吉集》，中华书局 2001 年版，第 1213 页。
⑤ 洪亮吉：《伊犁纪事诗四十二首》其三十四，《更生斋诗》卷一，《洪亮吉集》，中华书局 2001 年版，第 1214 页。
⑥ 洪亮吉：《天山客话》，《洪北江全集》，光绪初授经堂刊本。
⑦ 洪亮吉：《天山客话》，《洪北江全集》，光绪初授经堂刊本。

甘美,甘凉等州县所不如也。""伊犁所产稻籽粒极大,但悉资雪水浇灌,性又甚寒。"①这些都是对新疆尤其是伊犁瓜果农产品的生动记载。

"芒种才过雪不霏,伊犁河外草初肥。"②芒种在二十四节气中是夏季的第三个节气,已到了仲夏,但在伊犁才停止下雪,天气开始转暖,冰山和积雪融化,使伊犁河河水充盈,河边的野草也开始生长,草木茂盛,河谷水草丰美,动植物资源丰富。"五月天山雪水来,城门桥下响如雷。南衢北巷零星甚,却倩河流界画开(四月以后,即引水入城,街巷皆满,人家间作曲池以蓄之,至八九月始涸)。"③五月天山冰雪融化,伊犁河涨水,浪涛声响如雷。伊犁百姓作曲池以蓄水备用。

还有,伊犁的蚊子很大,"蒸得春蚊大如斗"④,黑雕很是凶猛,"夜半老兵惊起叫,皂雕如虎扑人忙"⑤,伊犁河有很多鱼,"昨宵一雨浑河长,十万鱼皆拥甲来(伊犁河鱼很多,皆无鳞,而皮厚如甲)。"⑥洪亮吉的这些描写,对伊犁气候、风貌、物产等都做了形象地介绍,很多是关内人闻所未闻的。

闻所未闻的还有伊犁地区的传闻奇事、魑魅魍魉之类,洪亮吉也记录了不少,虽然大多是听别人言说,自己没有亲见,也不知真假,但写得极生动,仿佛亲眼所见。如他在诗中写道:"生驹步步行难稳,恐有蛇从鼻观飞(伊犁南山下有异蛇一种,遇骡马即直立如挺,或入马鼻中唼脑髓,马遇之无不立死)。"⑦这种异蛇听来真是令人恐怖。"生羌一月病弥留,夜半魂归户不收。忽变驴鸣出门去,郭桥何似板桥头(二月中,有生

① 洪亮吉:《天山客话》,《洪北江全集》,光绪初授经堂刊本。

② 洪亮吉:《伊犁纪事诗四十二首》其二十二,《更生斋诗》卷一,《洪亮吉集》,中华书局 2001 年版,第1213 页。

③ 洪亮吉:《伊犁纪事诗四十二首》其三十六,《更生斋诗》卷一,《洪亮吉集》,中华书局 2001 年版,第1214—1215 页。

④ 洪亮吉:《伊犁纪事诗四十二首》其三十,《更生斋诗》卷一,《洪亮吉集》,中华书局 2001 年版,第1214 页。

⑤ 洪亮吉:《伊犁纪事诗四十二首》其十九,《更生斋诗》卷一,《洪亮吉集》,中华书局 2001 年版,第1213 页。

⑥ 洪亮吉:《伊犁纪事诗四十二首》其三十九,《更生斋诗》卷一,《洪亮吉集》,中华书局 2001 年版,第1215 页。

⑦ 洪亮吉:《伊犁纪事诗四十二首》其二十二,《更生斋诗》卷一,《洪亮吉集》,中华书局 2001 年版,第1213 页。

羌居北关外,将死忽变为驴,惟一足未化,人皆见之)。"①有一羌人,临死前忽然变为驴,还说"人皆见之"。而且他在诗中说,不仅他自己住的城西环碧轩相传有鬼魅,西城一古庙白天也能见到魍魉迷人。其诗云:"幽绝城西半亩宫,古垣迤北尽长松。危楼不用枯僧上,魍魉时时代打钟(西城外有古庙,常白昼见魍魉迷人。人无敢入庙者)。"②魍魉是传说中的一种精怪。城西本就偏僻,古庙更是人迹罕至,所以有些怪异的传说。

洪亮吉还写到一个灵异之地——冰山,他曾跟随将军到过此处,亲自感受其神奇莫测,并写有《冰山赞》一文。洪亮吉笔下的冰山,险绝无比,令人战栗。行人过此冰山道,只能在子夜时分,人马小心翼翼,鱼贯而行,走到半道,经常能听得到冰碎裂的天倾地裂之声。冰山升降移动,随时变化,行人一不小心就会掉入冰裂隙中,瞬息之间,人鬼殊途。陡峭的地方,每天有回户二十人,凿冰栈冰梯,以方便行人通过。人走在冰山之巅,经常能听到百丈冰山之下,仿佛有弦管丝竹之声,像是在唱清商曲《子夜歌》,非常神奇。他的《伊犁纪事诗四十二首》中有两首写道冰山的灵异。"凿得冰梯向北开,阴崖白昼鬼徘徊。万丛磷火思偷渡,尽附牛羊角上来(冰山为伊犁适叶尔羌要道,常拨回户二十人,日凿冰梯,以通行人)。"③"达板偷从宵半过,筝琵丝竹响偏多。不知百丈冰山底,谁制齐梁子夜歌(夜过冰山者,每闻下有丝竹之声,又闻有唱子夜歌者,莫测其奇也)。"④冰山上时见遇难客人及牛马骆驼等动物的尸骨,晚上可见磷火飘忽,所以谓白昼见鬼。洪亮吉发挥丰富的想象力,觉得那些鬼魂都爬过冰山,纷纷附在牛羊角上来偷渡。

传闻中的冰山是木扎尔特冰川,乾隆年间曾任镇迪观察的七十一(椿园)对此冰川比较了解,在其所著的《回疆风土记》中有专门记载,乾

---

① 洪亮吉:《伊犁纪事诗四十二首》其二十五,《更生斋诗》卷一,《洪亮吉集》,中华书局 2001 年版,第1213 页。

② 洪亮吉:《伊犁纪事诗四十二首》其十四,《更生斋诗》卷一,《洪亮吉集》,中华书局 2001 年版,第1212 页。

③ 洪亮吉:《伊犁纪事诗四十二首》其十一,《更生斋诗》卷一,《洪亮吉集》,中华书局 2001 年版,第1212 页。

④ 洪亮吉:《伊犁纪事诗四十二首》其三十二,《更生斋诗》卷一,《洪亮吉集》,中华书局 2001 年版,第1214 页。

隆末年任职镇迪道的福庆在《异域竹枝词》中也写到此冰川，但都没有洪亮吉写得如此惊心动魄，神奇莫测。

洪亮吉还写有《天山赞》《瀚海赞》《净海赞》，对新疆的美景大加赞美，"未至三台数里，有水焉，广阔可五百步，深至无底；有岛屿，无委轮，不生一物，不染一尘，投以巨细，顷刻必漂流上岸，土人称为西方净海，译名为赛尔谟淖尔是也。"①他所写的是美丽的赛里木湖，将之赞为"西来之异境，世外之灵壤"②。除了写赞美的文字外，作为一个学者，洪亮吉还写了考证西域的文章，如《昆仑山释》《西海释》，在考证文献的基础上，结合实地考察，考证西域山脉水道，对西域地志进行研究，理清了一些文献注释中的问题。

洪亮吉还关注到伊犁多民族交往互市，以及人们友好相处的情况。

> 谁跨明驼天半回，传呼布鲁特人来。牛羊十万鞭驱至，三日城西路不开（布鲁特每年驱牛羊及哈拉明镜等物至惠远城互市）。③

布鲁特人是清代对柯尔克孜族人的称呼，分东西二部，主要从事畜牧业。他们每年驱赶大量牛羊及哈拉明镜等物产来惠远城互市，道路都为之堵塞不通。还有"厄鲁特鱼红有影，俄罗斯马白无边"④，"将军昨日射黄羊，亲为番王进一汤（时哈萨克王子以承袭王爵来谢，因照例设宴）。百手尽从空里举，更凭通事贡真香（外蕃以藏香为贵，有所敬则献之）。"⑤他写到布鲁特人的牛羊和哈拉明镜、厄鲁特的鱼、俄罗斯的马、外蕃的藏香，反映了各族之间友好相处、物资交流的盛况。

洪亮吉在伊犁时间不长，但笔下的文字却丰富多彩，有描写，有考证，尤其是描写西域美丽景色、独特风土人情的诗词文章，大大丰富了

---

① 洪亮吉：《净海赞》，《更生斋文乙集》卷一，《洪亮吉集》，中华书局 2001 年版，第 1055 页。
② 洪亮吉：《净海赞》，《更生斋文乙集》卷一，《洪亮吉集》，中华书局 2001 年版，第 1056 页。
③ 洪亮吉：《伊犁纪事诗四十二首》其六，《更生斋诗》卷一，《洪亮吉集》，中华书局 2001 年版，第 1211 页。
④ 洪亮吉：《行抵伊犁追忆道中闻见率赋六首》其三，《更生斋诗》卷一，《洪亮吉集》，中华书局 2001 年版，第 1215 页。
⑤ 洪亮吉：《伊犁纪事诗四十二首》其二十一，《更生斋诗》卷一，《洪亮吉集》，中华书局 2001 年版，第 1213 页。

西域文化，为后人研究西域提供了很好的素材。徐松在《遣戍伊犁日记》序中云："北江先生自塞上归后十有一年，余亦戍伊犁。余居彼中八年，曾奉檄回疆，又纂成《识略》，自谓蒐辑粗具梗概。今读所著《天山客话》，尚有数事余未及收录者。先生居伊江仅百日，而见闻赅洽如此。前辈精力过人，博闻强识，于此足见一斑矣。"①徐松的评价是客观的。洪亮吉曾说，"只怜我亦老史臣，振笔欲增西域记"②，"流沙万里传书少，且续夷坚海外篇"③。他的《遣戍伊犁日记》《天山客话》《更生斋诗》《更生斋文》等，尤其是《伊犁纪事诗四十二首》，记载了许多西域的奇异风景和风土人情，确实增添了不少西域的史料，在后人看来，就是又一部《夷坚志》，完全达到了他当初"振笔欲增西域记"的愿望。

我们从他的这些文字中，完全看不到抱怨、痛苦，有的只有好奇、赞美，还有一种似曾相识的亲切。他在诗中云："万松怪底都相识，曾向童年入梦来。"④"行到路岐偏认取，卅年前记梦中过。"⑤他的祖籍在关外，虽之前从未到过，但这里的松树、道路曾在他梦中出现，到此倍感亲切。

我们通过他的诗文，能感到他是一个非常热爱生活的人，他爱好美食，喜爱花草，有博物情怀，喜欢美景，喜欢探险，能发现生活中的美好，心胸开阔，乐观豁达，随遇而安，即使遣戍伊犁也能很快适应，并留下许多有价值的文字。

第四节　百日赐还感君恩

洪亮吉于嘉庆五年（1800）二月初十抵伊犁戍所，闰四月初三即有

---

① 徐松：《遣戍伊犁日记》序，洪亮吉：《遣戍伊犁日记》卷首，《洪北江全集》，光绪初授经堂刊本。
② 洪亮吉：《自乌兰乌素至安济海雪皆盈丈，十余日不见寸土，因纵笔作》，《更生斋诗》卷一，《洪亮吉集》，中华书局 2001 年版，第 1209 页。
③ 洪亮吉：《行抵伊犁追忆道中闻见率赋六首》其三，《更生斋诗》卷一，《洪亮吉集》，中华书局 2001 年版，第 1215 页。
④ 洪亮吉：《伊犁纪事诗四十二首》其四十一，《更生斋诗》卷一，《洪亮吉集》，中华书局 2001 年版，第 1215 页。
⑤ 洪亮吉：《行抵伊犁追忆道中闻见率赋六首》其二，《更生斋诗》卷一，《洪亮吉集》，中华书局 2001 年版，第 1215 页。

特旨释还，圣旨传到伊犁是闰四月二十七，五月初一决定起程东还，五月初三出发离开伊犁，在伊犁仅及百日，成为清朝开辟新疆以来最快被赐还的汉人官员。

这一年四月，京城旱情严重。嘉庆皇帝虔诚祷告三坛，祈求雨泽，命人清理庶狱，分别减罪，又敕令刑部及各省，详查监禁的犯人，分别减罪释放，流放在新疆年久没有释回者，都分别一一列出，候旨加恩释还。洪亮吉因到戍所未满三年，按例不在释回名单之内。但即使为降雨做了这一系列的努力，四月二十四日嘉庆皇帝亲祷社稷坛之后，过了十天还没有下雨。皇帝应该不会忘记他亲政不久后亲自处理的洪亮吉一案，于是于闰四月初三日，下圣谕，赦免洪亮吉。《洪北江先生年谱》记载：

> 闰四月初三日，因奉上谕："……去年编修洪亮吉既有欲言之事，不自具折陈奏，转向成亲王及朱珪、刘权之私宅呈送，原属违例妄为。经成亲王等先后呈进原书，朕详加披阅，实无违碍之句，仍有爱君之诚，惟'视朝稍晏，小人荧惑'等句，未免过激。令王大臣等询问，拟以重辟，施恩改发伊犁。然此后言事者日见其少，即有言者，亦论官吏之常事，而于君德民隐，休戚相关之实，绝无言者，岂非因洪亮吉获咎，钳口不敢复言，以至朕不闻过，下情复壅，为害甚钜。洪亮吉所论，实足启沃朕心，故铭诸座右，时常观览。若实有悖逆，亦不能坏法沽名，不过违例奔竞取巧营私之咎，况皆属子虚，何须置辨，而勤政远佞，更足警省朕躬。今特明白宣谕王大臣并洪亮吉原书，使内外诸臣知朕非拒谏饰非之主，实为可与言之君，诸臣幸遇可与言之君，而不与言，大失致君之道，负朕求治之苦心矣。王大臣看此谕，先行回奏，仍各殚心竭思，随时密奏。军机大臣即传谕伊犁将军保宁，将洪亮吉释放回籍，等因，钦此。"[1]

嘉庆帝还是强调洪亮吉不亲自呈奏，托成亲王等三人转呈，实属"违例妄为"，而且"视朝稍晏，小人荧惑"等句，也未免过激，但经详加披

---

[1] 吕培等：《洪北江先生年谱》，《洪亮吉集》，中华书局 2001 年版，第 2347 页。

阅,其他也无违碍之语,而有爱君之诚。而且嘉庆皇帝还认为,洪亮吉之言,对他启发很大,因此特意抄录作为座右铭,时常观览,提醒自己。关键是自洪亮吉遣戍伊犁后,上书言事者日见其少,即使有上书言事者,也是讨论些官吏日常之事,绝无人再敢言及君主之过错,这肯定是因为大家目睹洪亮吉因言获咎,钳口不敢再言,以免蹈其覆辙。皇帝为了证明自己非拒谏之主,特传谕伊犁将军保宁,破例将洪亮吉释放回原籍。

真是神奇又巧合的事件,"是日午刻,皇上朱笔亲书,谕旨交军机颁发中外。……是夜子时,甘霖大沛,连宵达昼。"[1]不知是巧合还是真有天人感应,中午皇帝朱笔写下释还洪亮吉的圣谕,下午本来连日晴朗的天空就乌云密布,子夜即天降甘霖,一场透雨,一直下到第二天,淋透近郊入土三寸有余,连保定一带也湿透。当时有很多奏报,人们认为老天真是可感亦可畏也。

圣旨传到伊犁是闰四月二十七日,洪亮吉在将军署接到圣谕,真是意外之惊喜,泣涕叩首,感激圣恩。并呈明将军,定于五月初一日东还。"贾生犹待三年召,韩愈何曾百日还"[2],"虞翻作逐臣,一世未赐还。纵有骨肉亲,不敢期生还。"[3]洪亮吉怎么也没有想到这么快能被释回,真是感恩戴德,一口气写下《庚申又四月廿七日特奉恩命释回感事纪恩四首》。"出关无别念,止有首邱愿。何期圣人恩,特赦返乡县。将军阶下九叩头,微臣之命天所留。上惭螟蟓下蝼蚁,百计无能报天地。"[4]"累臣七十人,臣罪最不赦。宁知未旬日,先已诏书下。一人泥首百众随,阶下戴德声如雷。命轻恩重无所惜,挺剑终南杀残贼。"[5]洪亮吉认为遣戍伊犁的七十多人中,他的罪最不赦,他都不抱生还的希望,只期望死后

① 吕培等:《洪北江先生年谱》,《洪亮吉集》,中华书局2001年版,第2347—2348页。

② 黄聘三等:《附:题万里荷戈集诸友人诗》,洪亮吉:《更生斋诗》卷一,《洪亮吉集》,中华书局2001年版,第1216页。

③ 洪亮吉:《庚申又四月廿七日特奉恩命释回感事纪恩四首》其三,《更生斋诗》卷二,《洪亮吉集》,中华书局2001年版,第1228页。

④ 洪亮吉:《庚申又四月廿七日特奉恩命释回感事纪恩四首》其一,《更生斋诗》卷二,《洪亮吉集》,中华书局2001年版,第1228页。

⑤ 洪亮吉:《庚申又四月廿七日特奉恩命释回感事纪恩四首》其二,《更生斋诗》卷二,《洪亮吉集》,中华书局2001年版,第1228页。

能归葬故乡,没想到却最先得到赦免,真是万死不能报答天恩,只能叩首谢恩。"此生不料能归骨,万死无言只叩头。"①

得知洪亮吉被赦回,"同官接踵贺,喜极代咽哽"②,洪亮吉与伊犁戍人一一作别,陈淮、黄聘三、韦佩金等都赋诗赠别,许多未能归里的人也纷纷托洪亮吉捎带书信给家里。经常带着吃食来听他讲京城掌故的同知哈丰阿,还赠送他一匹温顺驯服的白马。五月初三,将军保宁渡伊犁河验马,也送洪亮吉启程归乡,"严鼓三声晓漏收,将军营外引累臣。"③戍人们先送保宁渡河,然后都出北关送洪亮吉,在夕阳下古岸旁,执手话别,依依不舍。洪亮吉也"下马步出城,百步屡驻脚"④,"逐客纵已归,犹念未归客"⑤,他的心里也放不下一百天朝夕相处仍在伊犁的"未归客"。而且他在伊犁百日,已熟悉了这边的风俗,对这里也有了感情,突然要离开还有点不舍。他在诗中云:

> 如天圣主沛殊恩,料理投荒未断魂。一体视犹同赤子,十旬俗已悉乌孙。诅留齿发归铜柱(西去即俄罗斯,相传有唐尧时铜柱,上镌"寒门"二字,西域人死者,魂气皆归于此,如中国之岱宗云),真戴头颅入玉门。他日荷锄农事了,筑庐先署海西村。⑥

他在诗中首先感激圣恩,能让他活着回到故乡,在这里"十旬",已熟悉西域甚至俄罗斯的风俗和文化,回到家乡后,筑庐也要命名为"海西村",以示对这里的纪念。他回到家乡常州后,筑庐名"西圃",也应有纪念西域之意。

虽然不舍同人与西域,但想到故乡及亲人,洪亮吉还是归心似箭,

① 洪亮吉:《将发伊犁留别诸同人》其二,《更生斋诗》卷二,《洪亮吉集》,中华书局 2001 年版,第1229 页。
② 洪亮吉:《二十日抵乌鲁木齐,那灵阿州守、顾揆、熊言孔、徐午三大令频日致饯,即席赋赠三十韵》,《更生斋诗》卷二,《洪亮吉集》,中华书局 2001 年版,第1231 页。
③ 洪亮吉:《将发伊犁留别诸同人》其二,《更生斋诗》卷二,《洪亮吉集》,中华书局 2001 年版,第1229 页。
④ 洪亮吉:《别惠远城》其一,《更生斋诗》卷二,《洪亮吉集》,中华书局 2001 年版,第1229 页。
⑤ 洪亮吉:《别惠远城》其二,《更生斋诗》卷二,《洪亮吉集》,中华书局 2001 年版,第1229 页。
⑥ 洪亮吉:《将发伊犁留别诸同人》其一,《更生斋诗》卷二,《洪亮吉集》,中华书局 2001 年版,第1229 页。

"入关一日走一驿,计到江南止三月。"①他以一日一驿的速度,向家乡江南常州出发。

清廷在伊犁地区戒备严谨,尤其绥来县城以西,属军台管理,可谓戒备森严,"十里一戍楼,无异畿紧赤"②,军事戒备如同京畿。洪亮吉来到绥来县城西关,受到新来关吏的详细盘问,可见当时新疆管控严密,尤其是对贬谪官员东行防范尤严。但当关吏得知洪亮吉的身份,看到长吏出城迎接,吓得逃得无影无踪了。"长吏出郭迎,吏惊窜无迹。招邀驿亭坐,先已具朝食。官贤诚念旧,一一讯迁客。不知经年来,添得几相识。离家万余里,百事宜自适。谆谆意良厚,共话移晷刻。客去始闭门,林阴正西直。"③长吏是个善良念旧的官员,他还邀请洪亮吉到驿亭休息,以食物相款待,还询问其他成员的情况,关照他长路漫漫,多加珍重。

一开始洪亮吉还是心有余悸,"微生仍惧祸,觞至代以茗。离城三十里,马尚不敢骋。"④陈淮、归景照等为他饯行请他喝酒,他都不敢喝,只敢以茶代酒,怕再生出意外祸端,离城三十里,都不敢策马驰骋,直到他出了绥来县,才感觉"脱身豺虎穴,足甫踏人境(自绥来以东,方设郡县,与军台稍异)"⑤,他才敢放开胆子,策马狂奔,"一日渡百河,马力亦已疲。"⑥到了乌鲁木齐,那灵阿、顾揆、熊言孔、徐午四人饯别宴请,他才敢喝酒,心情稍放松些,"前时覆尊罍(前至此断饮,约重到乃开),今此复酩酊。"⑦同年徐午纳赎也将南归,洪亮吉心想要是能结伴而行就好了,"倘得合伴归,百驿庶不迷。"⑧

---

① 洪亮吉:《庚申又四月廿七日特奉恩命释回,感事纪恩四首》其四,《更生斋诗》卷二,《洪亮吉集》,中华书局2001年版,第1228页。

② 洪亮吉:《绥来县》,《更生斋诗》卷二,《洪亮吉集》,中华书局2001年版,第1230页。

③ 洪亮吉:《绥来县》,《更生斋诗》卷二,《洪亮吉集》,中华书局2001年版,第1230页。

④ 洪亮吉:《二十日抵乌鲁木齐,那灵阿州守、顾揆、熊言孔、徐午三大令频日致饯,即席赋赠三十韵》,《更生斋诗》卷二,《洪亮吉集》,中华书局2001年版,第1231页。

⑤ 洪亮吉:《二十日抵乌鲁木齐,那灵阿州守、顾揆、熊言孔、徐午三大令频日致饯,即席赋赠三十韵》,《更生斋诗》卷二,《洪亮吉集》,中华书局2001年版,第1231页。

⑥ 洪亮吉:《呼图壁》,《更生斋诗》卷二,《洪亮吉集》,中华书局2001年版,第1230页。

⑦ 洪亮吉:《二十日抵乌鲁木齐,那灵阿州,守顾揆、熊言孔、徐午三大令频日致饯,即席赋赠三十韵》,《更生斋诗》卷二,《洪亮吉集》,中华书局2001年版,第1231页。

⑧ 洪亮吉:《呼图壁》,《更生斋诗》卷二,《洪亮吉集》,中华书局2001年版,第1230页。

洪亮吉一路向东,沿途仍不忘考察民风民俗。他来时得到许多朋友、地方官的接待和馈赠,回去又得到朋友们的招待和相送,他都记录在诗文里。如在吉木萨,看到人们络绎不绝,彩旗彩胜从空降,赛神场面很热闹。刘之芳出城二里相迎。二十九日从古城出发,巡抚伊江阿、知县阮署并马相送至水磨阁。他在奇台访问同里张潮海县尉,"县尉赤足来,窥门忽呼号。……饭我屋正中,浴我堂北箱。百斛尘土尽,陡然余清凉。主人虽至诚,留客已不及。三更出东城,持灯上车急。"①县尉窥门看见洪亮吉激动得大呼小叫,好酒好菜招待他,还安排他洗浴缓解疲惫,真的是接风洗尘。诗歌写得形象生动,诗中人物呼之欲出。虽然主人殷勤挽留,洪亮吉归家心切,天不亮就上车出发了。

洪亮吉离开伊犁时同知哈丰阿赠他的那匹白马,行抵白山改道由小南路时,忽然中暑,五天不吃食,至三堡时已垂死了,洪亮吉询问旅店主人,主人认为还有救,他马上留下这匹爱马送给店主,希望店主能救活它,还写了一首诗。诗云:"视尔如新仆,相期返故乡。艰难同所历,寒暑忽违常。魂岂招中野,年疑等下殇。频行亦何意,偏一傍车厢。"②洪亮吉很喜欢这匹性格温顺的白马,视它为新仆,这些天一起经历了路途的艰难,本来想一起回到故乡,没想到忽然中暑,他现在唯一希望的就是它能活下来,这也体现了洪亮吉的慈悲心肠。他对动物都很关爱,对百姓的关怀之情更是一直没变。

他路上所见所思,又开始为民生操心了。

> 三堡至头堡,亩亩麦新刈。咸携薄笨车,往返数难记。伊吾节候晚,已及三夏季。缠头何辛勤,风雨所不避。全家挈筐榼,儿女在旁戏。一岁只一收,仓箱已云备。穷荒无天时,只复收地利。今看戈壁外,沃壤庶无弃。尚书膺大任,本裕经国计(时觉罗长麟为甘陕总督)。秦陇多流民,移来就边地(邪教近又滋扰秦陇一带,并

① 洪亮吉:《奇台访同里张县尉潮海》,《更生斋诗》卷二,《洪亮吉集》,中华书局2001年版,第1233页。
② 洪亮吉:《余发伊犁日理事同知哈丰阿赠一白马,性极驯谨,行抵白山改道由小南路,马忽中暑,五日不食,至三堡泛势垂毙矣。询于逆旅主人,主人以为尚可救,余即留以赠之,并作一诗寄意》,《更生斋诗》卷二,《洪亮吉集》,中华书局2001年版,第1236页。

突至静宁、安定间)。①

洪亮吉从三堡到头堡,看到很多回民在割麦,一方面觉得百姓劳作很辛苦,另一方面他看到这里地广人稀,没有天时有地利,一年只收一季,也基本解决温饱问题。嘉庆五年(1800)白莲教农民起义军仍活跃于陕甘地区,流民也增多了,洪亮吉认为可以将秦陇等地的流民、受到"邪教"滋扰的人们,移到新疆边地来,保障百姓安居乐业。他在诗中赞扬陕甘总督管理有方,反映洪亮吉对边疆事务与国计民生的关注。

洪亮吉到哈密,再次受到伍弥乌逊的款待,在署东蔬香圃被宴请。花圃中种了各种各样的花,引得蝴蝶成团飞来,还以种出的"五色瓜"招待。洪亮吉从哈密出发时车里装满了这里的特产哈密瓜。"两车一马装亦华,后乘满载敦煌瓜。一旬戈壁苦无食,幸与瓜时适相值。日昨长流水,今日苦水泉。不复置茗碗,惟应进瓜盘。"②接下来一旬在戈壁行走,食物匮乏,饮水缺乏,要以瓜果为主要食物了,也幸亏这个季节是瓜果成熟的时候,可以满载瓜果,接下来的几天洪亮吉就以瓜代饭,以瓜代茶了。

洪亮吉经星星峡、马连井、大泉、赤金峡,于六月二十日入嘉峪关。估计入关又受到关吏的盘问,以及检查行李,他写诗示关吏:"诏许南回理钓矶,寄声关吏莫诃几。书生万里归装内,添得长刀短后衣。"③关令尹很客气,来往赠送牧草。入了嘉峪关,仿佛瀚海到了尽头,风沙势头也大大减弱,还有清泉可掬,他才感觉到真正生还了。他还兴致勃勃地登上城楼,远眺苍茫长城的方向,"晓日上北楼,长城莽遥瞩……驻马官道旁,生还庆僮仆。"④

到了凉州城,他与天山作别。去岁天山迎他来西域,今日天山送他出关去。去年从天山头走到天山尾,今日赐还又从天山尾回到天山头,天山陪伴了他这些时光,他说:"天山天山与我有夙因,怪底昔昔飞梦曾

---

① 洪亮吉:《自三堡至头堡一路见刈麦者不绝》,《更生斋诗》卷二,《洪亮吉集》,中华书局 2001 年版,第1236—1237 页。

② 洪亮吉:《自哈密至苦水铺作》,《更生斋诗》卷二,《洪亮吉集》,中华书局 2001 年版,第 1237 页。

③ 洪亮吉:《示关吏》,《更生斋诗》卷二,《洪亮吉集》,中华书局 2001 年版,第 1239 页。

④ 洪亮吉:《入嘉峪关》,《更生斋诗》卷二,《洪亮吉集》,中华书局 2001 年版,第 1239 页。

相亲。……兹来天山楼,欲与天山别。天山黯黯色亦愁,六月犹飞古时雪。"①离别天山洪亮吉心中不舍,所以在他眼里天山似乎也不愿与他分别。天山曾经在少年洪亮吉的梦中出现,以后也屡次与他梦中相见。

七月初七,洪亮吉抵古浪县,"古浪县边逢七夕,天河桥外说双星。夜深偶忆小儿女,遮梦远山无数青。"②他离家越近越思念家人。十三日抵兰州,受到姻亲崔景俨的热情款待。当时崔景俨正好在兰州办理军需事务,知道洪亮吉从伊犁归来,十分高兴,早早就寄信给道中的他。洪亮吉感激自己在狱中时,他频入问讯,离京时又送至很远。他以一诗作为回信,诗云:"才辞狱吏仍低首,乍见交亲即解颜。杜甫预悲成死别,虞翻偏幸得生还。含辛客路奔驰速,旁午军情措置艰(崔时理军需总局)。为我急沽桑洛酒,与君先话祝期山(祝期山即火焰山)。"③他和崔景俨把酒话沧桑,洪亮吉为他讲西域见闻。

十五日,洪亮吉过车道岭,从哈密带走的一车瓜还剩最后一个,他与僮仆及同行人一起分享,并将瓜皮喂马,他写有一诗记录。"西域余一瓜,剖饷及童驭。瓜皮兼饲马,人畜皆悦豫。"④

七月底,洪亮吉到达西安,他的友人费淳邀请同里二十余人于署斋的海棠小舫为他接风洗尘,有客以《苏武牧羊图》相赠。有诗云:

> 短衣昨日过咸阳,故旧都怜鬓发苍。赤汗马惊来异域(余乘一大宛马入关,是日赠庄刺史炘),素心人喜尽同乡。莼羹鲈脍秋皆具(是日馔皆乡味),雪窖冰天梦未忘。苏武廿年臣百日(座中客以苏武牧羊图见赠),感恩真欲馨千觞。⑤

虽然从获罪至今接近一年,时间不长,但遭遇的是生死劫难,容颜

---

① 洪亮吉:《凉州城南与天山别放歌》,《更生斋诗》卷二,《洪亮吉集》,中华书局 2001 年版,第 1239 页。

② 洪亮吉:《古浪县七夕》其一,《更生斋诗》卷二,《洪亮吉集》,中华书局 2001 年版,第 1240 页。

③ 洪亮吉:《客岁在请室中崔大令景俨频入问讯,就道时又送我独远。今岁余奉恩命释回,大令适官兰州,先飞札道中急待把晤,因率占一律以寄》,《更生斋诗》卷二,《洪亮吉集》,中华书局 2001 年版,第 1241 页。

④ 洪亮吉:《十五日过车道岭时尚留一巨瓜,因分饷僮仆及同行伴侣,并以瓜皮饲马》,《更生斋诗》卷二,《洪亮吉集》,中华书局 2001 年版,第 1241 页。

⑤ 洪亮吉:《七月杪道出西安,费大令淳邀集同里二十余人宴我于署斋之海棠小舫,即席赋谢》,《更生斋诗》卷二,《洪亮吉集》,中华书局 2001 年版,第 1242 页。

苍老是最正常不过的。到了西安有二十多个同乡为他洗尘,还有人送他《苏武牧羊图》,更有家乡美味佳肴,洪亮吉很感激,但此时他最感恩的还是皇帝,他觉得与苏武相比,他百日赐还已是非常幸运,所以一再表达对皇帝的感恩。洪亮吉乘一匹大宛马入关,古代西域大宛国所产的良马即为汗血宝马,洪亮吉将这匹马赠给了知州庄炘,可见他与庄炘的感情非同一般。庄炘在他的《宝俭堂诗集》卷三有诗《喜洪稚存入塞》,诗云:"圣主由来宥直臣,投荒旋见作归人。重逢陇首飞黄叶,此去江南采白蘋。饮酒无多娱节物,吟诗何益费精神! 扁舟我亦如张翰,待访柴门月色新(向日为稚存题《城东访月图》)。"①此诗应是那次聚会所写,祝贺洪亮吉归来,也表示自己有归田之意,到时可与洪亮吉在家乡再相聚。洪亮吉到家后第二年,接到庄炘的书信,说陕甘民乱已平,内心很高兴。

八月十五日中秋佳节,洪亮吉到达河南中牟县。路遇李宜春巡检自甘肃解饷回,洪亮吉邀请他及旅店主人一起饮酒待月。"居然一斗郑州酒,复有双尾荥阳鱼,秣陵醉尉兴不浅,逆旅主者言非迂。秋花丛丛入檐隙,眉上都飞一轮月。……酒行千巡客将起,头上玉箫吹不已。"②旅途中的中秋也别有一番意味。

十六日抵祥符(今河南开封市),与表弟蒋青曜话旧。行至此处自然令他想起开封毕沅巡抚署的幕客生活,"十年又向祥符过,把臂故人无一个。只余髯蒋住北头,贫病亦怜豪气挫。我行万里历七州,腹痛屡过元规楼(昔游西安、开封,皆依毕尚书节署)。主人蜕去巢已毁,我正荷戟天西头。"③之前他在毕沅府,与严长明、徐坚、王复、邵晋涵诸友频繁聚会,何等热闹,如今又经过这里,旧友除了蒋青曜,已无一人,旧时的开封巡抚署也人去楼毁。嘉庆四年(1799)九月,洪亮吉遣戍后不久,毕沅也因"教匪初起失察贻误,滥用军需帑项",被"夺世职,籍其家"④,

---

① 庄炘:《喜洪稚存入塞》,《宝俭堂诗集》卷三,《庄炘集》,江苏广陵书社 2021 年版,第 65 页。

② 洪亮吉:《中秋夜中牟旅次,邀李巡检宜春及逆旅主人共待月作》,《更生斋诗》卷二,《洪亮吉集》,中华书局 2001 年版,第 1242 页。

③ 洪亮吉:《十六日抵祥符与蒋表弟青曜话旧》,《更生斋诗》卷二,《洪亮吉集》,中华书局 2001 年版,第 1242—1243 页。

④ 赵尔巽等:《清史稿》卷三百三十二,中华书局 1977 年版,第三十六册,第 10978 页。

真是不胜今昔盛衰之感,"与君历落论盛衰,逐客也厌游天涯。"①此时他只想早点回到家乡。

洪亮吉八月十八日,到达杞县,被雨所阻,"两日两夕秋雨大,杞县东头不能过"②,秋雨下了两天两夜,道路被泥水淹没,车轿破损漏雨。适量的雨有利于麦苗生长,农人是欢迎的,即使自己被雨所阻也值得,他担心大雨过多,"鄙人拼得三日留,只恐灌顶黄河流"③。果然到了商丘,大雨成灾,"三日愁霖大,黄河欲倒流。鱼虾成水市,鹅鸭占城楼。"④

洪亮吉二十三日即将抵达江南境,又遇大雨。"堪怜海西客,才听江南雨。迢迢万里来海西,十日五雨行何稽。"⑤两天后过宿州又被大雨所阻。"州城正当决口冲,三板不没天回风。扶携老幼向何处,江北民户逃江东。高田出水曾无几,却虑河流更东徙。"⑥海西客初听江南雨是亲切的,但十日五雨大大影响了他的行程。影响行程事小,他说,"投荒客到且不愁,饱饭鱼虾待晴日"⑦,但他看到黄河决口带来的严重灾害,农民的田地被洪水淹没,灾民四处逃难,便忧心忡忡了。

让他担忧的还有白莲教农民起义,战火仍在各地蔓延,清廷将商丘的兵调至卢氏县,以对抗起义军。"久戍兵才返(时守兵半随巡抚守卢氏),经时麦未收。儒生半投笔(土人云,今岁应试者最少),争欲事兜牟。"⑧洪亮吉经过时麦子都没有人收,农事被耽误,农民的生活受到影响。而且儒生们也投笔从戎去了,这显然不是一个和平社会该有的现象,可见农民义军给清廷的打击很大。

洪亮吉在归途中创作了不少诗,其中《道中无事偶作论诗截句二十首》论及前人与时人的诗作,如顾炎武、吴嘉纪、吴伟业、王士禛、陈维崧、查慎行、朱彝尊、袁枚、钱载、程晋芳、阿桂、钱维城、毕沅、邵齐焘、王

---

① 洪亮吉:《十六日抵祥符与蒋表弟青曜话旧》,《更生斋诗》卷二,《洪亮吉集》,中华书局 2001 年版,第 1243 页。
② 洪亮吉:《十八日杞县东郭阻雨》,《更生斋诗》卷二,《洪亮吉集》,中华书局 2001 年版,第 1243 页。
③ 洪亮吉:《十八日杞县东郭阻雨》,《更生斋诗》卷二,《洪亮吉集》,中华书局 2001 年版,第 1243 页。
④ 洪亮吉:《商丘作》,《更生斋诗》卷二,《洪亮吉集》,中华书局 2001 年版,第 1243 页。
⑤ 洪亮吉:《廿三日将抵江南境大雨》,《更生斋诗》卷二,《洪亮吉集》,中华书局 2001 年版,第 1243 页。
⑥ 洪亮吉:《宿州东阻雨》,《更生斋诗》卷二,《洪亮吉集》,中华书局 2001 年版,第 1244 页。
⑦ 洪亮吉:《宿州东阻雨》,《更生斋诗》卷二,《洪亮吉集》,中华书局 2001 年版,第 1244 页。
⑧ 洪亮吉:《商丘作》,《更生斋诗》卷二,《洪亮吉集》,中华书局 2001 年版,第 1243 页。

太岳、黄景仁等。他的这些评论,与他后来的《北江诗话》相互补充,是洪亮吉诗论的重要组成部分。

洪亮吉过安徽临淮关忆亡友黄景仁,回忆起两人一起读书的情形,过滁州忆亡友朱沛,现两人都已长眠地下多年。到了浦口长江边,买舟改水路,离家越近心情越急迫,但陆路水路都不顺利,"陆程何其长,一百二十日。方买一叶舟,风急樯又折。"①陆路阻雨,水路在燕子矶又遭遇大风,船帆都折断了,真让他怀疑遭了天谴,风伯雨师这么"照顾"他,十日五驻程,他的归乡之路充满曲折艰险。

嘉庆五年(1800)九月初七日,洪亮吉终于历尽艰难,回到了家乡常州。

> 邻舍墙头望,亲朋户外呼。生还亦何乐,聊足慰妻孥。雪窖冰天归戍客,琼楼玉宇谪仙人。生还检点从前事,五十年如梦里身。②

作为一个冰天雪窖的戍客归乡,虽然没什么可乐的,但足以安慰妻子儿女。亲故话旧,恍如隔世。五十多年,仿佛一梦,从此自号为"更生"。

---

① 洪亮吉:《燕子矶守风》,《更生斋诗》卷二,《洪亮吉集》,中华书局2001年版,第1247页。
② 洪亮吉:《抵家》,《更生斋诗》卷二,《洪亮吉集》,中华书局2001年版,第1247页。

第十章　更生还乡　著述修志

洪亮吉更生还乡之后，虽仍留心时局，但再无意参与政事，而是潜心著述，与赵翼等友人诗文唱和，为生计出任洋山书院主讲，提携后学，寄情山水，直至终老。"更生"，既是有幸死里逃生得以生还，也是换一种活法之意。

第一节　还乡并力事撰述

因嘉庆皇帝有将洪亮吉交由江苏巡抚留心查看，不准出境之令，他更生还乡之初，基本闭门不出，在《答友人问近状三首》中说"自从伊江归，闭门不敢出"①。这段时间他主要在家休养，回复朋友的问候。朋友得知他回来，纷纷寄来书信及诗作问候，朋友的关心让他感动，他回到家看到朋友问讯的书信堆积已盈尺，作诗以奉答，诗云：

> 南归真复对妻孥，更访黄公旧酒垆。绝城先传畀犳虎，故乡曾否见鸥鹋（《山海经》：鸥鹋见城郭，则其国有放士）。伤离罢种文无草，避毒谁携押不芦（时有友人索阿魏等药，故及之）。好语海滨垂钓侣，鲛人休更泪成珠。②

---

① 洪亮吉：《答友人问近状三首》其一，《更生斋诗》卷二，《洪亮吉集》，中华书局 2001 年版，第1249 页。
② 洪亮吉：《归里后案头见友人问讯书堆已盈尺，作此奉答》，《更生斋诗》卷二，《洪亮吉集》，中华书局 2001 年版，第1249 页。

在奉答朋友问候的诗中,洪亮吉用"黄公旧酒垆"的典故,借指从前与朋友常去的酒馆,来表达自己对朋友的想念以及希望有机会再聚。强调自己是一个放逐之臣归来,没什么好庆贺的。因为他从西域归来,有些朋友问他有没有带阿魏等药,他用"伤离罢种文无草,避毒谁携押不芦"来表示自己有幸生还已是不易。"文无草"即中药当归的别名,"押不芦"也称"鬼参",是西域奇药,充满诡异的传说,此药有剧毒,具有麻醉的功效。最后他不忘安慰朋友们,不要为他伤心。

有的朋友还专门上门来看望,如他回家后才两日,汪端光即将赴任广西,迂道前来探望,余彤赠送他山水竹石图,洪亮吉有诗答谢。余彤,字右宾,号子山,江苏武进人,工画竹。洪亮吉回到家乡见到一些熟识的旧人,也很有感慨。他于立春前一日去郊外访迎春堂故址,在小东门居然有一园叟认出他来,竟是他乳母的儿子均祥,"惟应灌园叟,犹认乍归魂。"①两人意外相遇话旧,有种恍若隔世之感。第二年正月初二,他步行去前桥村祖坟上坟。"我行八九里,筋力喜尚强"②,他虽然觉得身体康健,脚力尚行,但"攀条泫然悲,我鬓久已苍"③,早已两鬓苍白。上一次来祭扫时,他的爱弟还在身旁,如今他弟弟也已长眠地下,"地下骨肉多,会面庶久长"④,面对地下的一众亲人,不禁泫然而悲。他又步行半里,去大姐家休息。

回家后的这段时间,他主要从事著述和整理卷帙。

> 中年一哀乐,并力事撰述。茅庐枕江氿,日起扫一室。萧闲无客至,时复理卷帙。庶几能佣书,八口仰以活。⑤

没有丰厚的家底支撑,要为一家八口的生计考虑,他能做的,只能

① 洪亮吉:《立春前一日出郊访迎春堂故址,因遇园叟均祥话旧》,《更生斋诗》卷二,《洪亮吉集》,中华书局 2001 年版,第 1250 页。
② 洪亮吉:《辛酉正月二日步至前桥上冢兼至大姊宅久憩》,《更生斋诗》卷三,《洪亮吉集》,中华书局 2001 年版,第 1252 页。
③ 洪亮吉:《辛酉正月二日步至前桥上冢兼至大姊宅久憩》,《更生斋诗》卷三,《洪亮吉集》,中华书局 2001 年版,第 1252 页。
④ 洪亮吉:《辛酉正月二日步至前桥上冢兼至大姊宅久憩》,《更生斋诗》卷三,《洪亮吉集》,中华书局 2001 年版,第 1251 页。
⑤ 洪亮吉:《答友人问近状三首》其一,《更生斋诗》卷二,《洪亮吉集》,中华书局 2001 年版,第 1249 页。

努力从事撰述。他也得到一些朋友的接济,心中很是不安,他认为"饥寒门内事,讵足累交友"①,不想因为自己的经济状况拖累朋友,成为朋友们的负担,所以他一定要有经济来源,虽然他已过中年,但"神智未衰丑"②,"奇书倘编校,事或需下走。吾虽乏三长,一得庶时有。囊钱与束脯,计功良可受。"③所幸还有一个专长,有深厚的学问功底,可以编校书籍,可以教授学生。还有一个朋友约他去山中种黄独,"昨来山中客,约我种黄独。善卷山地美,岁岁少荒熟。吾将携长镵,毕命此山谷。"④"黄独"是一种中药材,"善卷"在江苏宜兴。但他最终还是选择了自己擅长的笔耕。

他九月回乡到年底,作诗 95 首,补作《伊犁纪事》等诗 97 首,杂文 4 篇,作《天山客话》《纪程》《外家纪闻》各 1 卷⑤。年底女儿纺孙嫁江阴缪氏,女婿缪梓入赘于家。

在家乡这段时间,洪亮吉与朋友交往,诗词唱和较多。交往最多的人,是赵翼。赵翼对洪亮吉的归来非常高兴,他在诗中表达了喜悦的心情:

> 握手相逢万里身,入关衣尚带征尘。去时拼作他乡鬼,归日几同再世人。才士例为迁谪客,圣朝终恕直言臣。生还应捧恩纶泣,教住冰天只十旬。⑥

赵翼此时已辞归居家,以著述自娱。两家离得很近,赵翼居住的白云溪边,与洪亮吉外家相邻,与他家也很近,"一道横街作近邻"⑦。两人有相似的经历,一为榜眼一为探花,都与状元失之交臂,两人曾先后在

---

① 洪亮吉:《答友人问近状三首》其三,《更生斋诗》卷二,《洪亮吉集》,中华书局 2001 年版,第 1250 页。
② 洪亮吉:《答友人问近状三首》其三,《更生斋诗》卷二,《洪亮吉集》,中华书局 2001 年版,第 1250 页。
③ 洪亮吉:《答友人问近状三首》其三,《更生斋诗》卷二,《洪亮吉集》,中华书局 2001 年版,第 1250 页。
④ 洪亮吉:《答友人问近状三首》其二,《更生斋诗》卷二,《洪亮吉集》,中华书局 2001 年版,第 1249 页。
⑤ 吕培等:《洪北江先生年谱》,《洪亮吉集》,中华书局 2001 年版,第 2348 页。
⑥ 赵翼:《稚存归里赋赠》其一,《瓯北集》卷四十二,上海古籍出版社 1997 年版,第 1036 页。
⑦ 赵翼:《戏简稚存》,《瓯北集》卷四十六,上海古籍出版社 1997 年版,第 1203 页。

贵州为官，仕途都不得意，现在又都闲赋在家。以"散仙"自称。赵翼说："游戏红尘两散仙，平生诗句已流传。虚名若论时长短，纵不千年也百年。"①"我已年来都散汉，君真天上谪仙人。"②两个"散仙"都相当自信。两人又有共同的志趣，精于史学，爱好写诗，诗论也有相通之处，主张创新，反对模拟，所以两人很自然成为好友，"青鞋布袜过从频"③，来往频繁。

赵翼有长诗题洪亮吉《万里荷戈集》，诗云："人间第一最奇景，必待第一奇才领。……稚存先生今李、苏，狂言应受撄鳞诛。热铁在颈赦不杀，广柳车送充囚徒。天公见之拍手笑，待子久矣子才到。……忆君唯恐君归迟，爱君转恨君归早！"④赵翼肯定洪亮吉的才华，将他比作李白、苏轼，对他以奇才写出西域奇景表示赞叹，甚至认为如果能在西域时间长点，能写出更多更好的诗作，真是很真实很矛盾的情感。

洪亮吉写诗二首以报谢，其二云：

> 老结云溪寂寞邻，词场宦局几番新。七千里外寻陈语（君前任贵西兵备及余视学此省，已距二十年，尚于行部时见君吟咏），十四科中认后尘。雪舫正堪谈往事，云山难得共闲身。玉堂此度真天上，公作边臣我逐臣。⑤

通过诗歌可感受到洪亮吉此时的落寞，他在视学贵州时，还曾见到赵翼二十年前任贵西兵备道时的题咏，谁承想自己成为逐臣，如今"老结云溪寂寞邻"，可喜的是难得共闲身，正堪谈往事。

洪亮吉应赵翼之邀，或集于赵府，或相约观花赏景，或消寒雅集等，诗歌往来更是频繁。赵翼有诗《招檀桥、廷叔、稚存三编修，董映珊庶常荒斋小集，皆同馆也，江乡此会颇不易得，作诗志雅》⑥，聚会的还有刘种

① 赵翼：《再简一首》，《瓯北集》卷四十六，上海古籍出版社 1997 年版，第 1203 页。
② 赵翼：《戏简稚存》，《瓯北集》卷四十六，上海古籍出版社 1997 年版，第 1203 页。
③ 赵翼：《戏简稚存》，《瓯北集》卷四十六，上海古籍出版社 1997 年版，第 1203 页。
④ 赵翼：《题稚存万里荷戈集》，《瓯北集》卷四十二，上海古籍出版社 1997 年版，第 1044—1045 页。
⑤ 洪亮吉：《赵兵备翼以长句题余出塞诗后报谢二首》其二，《更生斋诗》卷二，《洪亮吉集》，中华书局 2001 年版，第 1248 页。
⑥ 赵翼：《招檀桥、廷叔、稚存三编修，董映珊庶常荒斋小集，皆同馆也，江乡此会颇不易得，作诗志雅》，《瓯北集》卷四十二，上海古籍出版社 1997 年版，第 1037 页。

之、庄廷叔、董大醇。刘种之(1741—1810),字存之,号檀桥,江苏武进人,乾隆三十一年(1766)进士,翰林院编修,历官山西学政、河南学政、山西归绥兵备道等。董大醇,原籍江苏武进,嘉庆四年(1799)进士,以庶吉士官邹平县。

嘉庆六年(1801)正月,居家积雨,不便外出,两人因见不到面而着急,"如何咫尺城东路,隔绝几同越适秦"①。积雨不能出门只能诗歌往还,赵翼写给洪亮吉一首《苦寒歌》,洪亮吉回诗于赵翼。诗云:"三月不雨当如何,内河水涸连外河。吴船寸步行不过,断港日日挑泥螺。忽然一雨即五日,怒雷声声喧不歇。人言未蛰先启蛰,一百廿日晴昼失。西邻翁,歌苦寒(昨见示《苦寒歌》),束手三日书难观。东邻叟,歌苦雨,隔巷招邀期亦阻。皇天有意宽灾黎,米价不复能居奇。昨朝三十今廿五,只有菜把仍拖泥(米价稍平,惟蔬价甚昂,市沽常杂泥出鬻)。君不见,龙嘴滩,帆尽走,猪婆滩,停不久,衔尾粮船出京口。"②他在诗中写当时常州天气异常,之前三月不雨,河水干涸,惊蛰未到雷声喧,连着五六天下雨。他关心粮食和蔬菜,因粮船畅通,粮价没有上涨而高兴,也为久雨蔬菜价值高昂而担心。诗中也可见京杭大运河从常州城中穿过,水路交通繁忙。二十四日午后雨暂停,第二天又有雨意,洪亮吉过访赵翼,并示诗作二首,赵翼也有和诗。洪亮吉云:"乞得田间自在身,课晴课雨阅昏晨。"③赵翼云:"林间难得两闲身,话雨何妨竟夕晨。"④另一首云:

廉纤才止喜君过,健步应称曳落河。甘雨乍收犹觉少,佳章难和已嫌多。字摹屋漏真颜笔,诗扫云开亦鲁戈。从此晴暄好联步,清游何必定披蓑。⑤

① 赵翼:《和稚存积雨见怀之作》,《瓯北集》卷四十二,上海古籍出版社 1997 年版,第 1047 页。
② 洪亮吉:《积雨简赵兵备翼》,《更生斋诗》卷三,《洪亮吉集》,中华书局 2001 年版,第 1255 页。
③ 洪亮吉:《廿四日午后暂晴翌日复有雨意再柬赵兵备》其一,《更生斋诗》卷三,《洪亮吉集》,中华书局 2001 年版,第 1256 页。
④ 赵翼:《雨后稚存枉过复出二诗见示再次其韵》其一,《瓯北集》卷四十二,上海古籍出版社 1997 年版,第 1047 页。
⑤ 赵翼:《雨后稚存枉过复出二诗见示再次其韵》其二,《瓯北集》卷四十二,上海古籍出版社 1997 年版,第 1047 页。

诗歌表达了两人诗词唱和,相约清游的喜悦之情。

二月十七日,应赵翼、蒋廷曜邀,分别去两家赏山楂花和杏花,在两家都喝了不少酒,"两家觞客酒百壶,月出隔岸闻歌呼"①,赏完花正好是华灯初上的薄暮时分,于是正好赏灯。二十二日寒食节,应赵翼招,偕赵绳男、蒋熊昌、庄通敏、陈宾、刘种之在山茶花下小饮,并即席赋诗。《更生斋诗》卷三有《寒食巳刻赵兵备翼招同赵比部绳男、蒋太守熊昌、庄宫允通敏、陈大令宾、刘宫赞种之小饮山茶花下,即席赋赠》,赵翼《瓯北集》也有诗作。洪亮吉府中种有牡丹花,还没等牡丹花开,他便折简邀请朋友来赏牡丹,赵翼于是作诗嘲笑,洪亮吉用赵诗原韵作四百二十字来回复,诗以戏谑的笔法,写得生动有趣。主人在花开前邀请是有原因的,前面辛夷花开,本要邀请朋友十四日来赏花,没想到十三日一场风雨,玉兰花洁白的花瓣被雨水摧残,惜花人只能在花下哭泣。所以,他感到流年如电掣,稍纵即逝,这次他早早地邀请朋友来欣赏牡丹。他还说:"含苞虽未吐,已复极姿致。……万物取气先,迟恐不及时。……倘经三两日,蜂蝶必大肆。成团舞花下,人反无位置。……诸公诚诗豪,亦可预先制。"②他说再过两三日牡丹花开放了,蜜蜂蝴蝶一定成团在花下飞舞,看花的人反而没有位置了,真是个极好的说辞。初九日,他家的牡丹花终于开了,十四日,赵翼家的牡丹也开了,赵翼约洪亮吉等人去赏牡丹,可赵翼家的牡丹,花朵较小,花色也不艳,赵翼作诗解嘲,《瓯北集》卷四十二有《牡丹既开邀同人小集,而花色不艳,朵亦差小,作诗解嘲》,洪亮吉赶紧写一首诗相和,还开玩笑说:"主人非憎花,其实乃惜酒。酒才量升合,花敢大如斗。"③说是因为主人不舍得给客人喝酒,花才不敢开得大。洪亮吉认为古来牡丹诗少有正面文字描写的,因而作诗四首,并向赵翼索和。这一来一往,相互打趣,切磋诗艺,透过诗篇可以感受到他们亲密无间的友情。

① 洪亮吉:《十七日赵兵备翼、蒋少府廷曜叠邀赏山查及杏花,薄晚归看灯作》,《更生斋诗》卷三,《洪亮吉集》,中华书局 2001 年版,第 1259 页。

② 洪亮吉:《赵兵备翼来嘲余牡丹未开遽尔召客,因走笔用原韵作四百二十字报之并邀同作》,《更生斋诗》卷三,《洪亮吉集》,中华书局 2001 年版,第 1264 页。

③ 洪亮吉:《赵兵备以十四日招客宴牡丹花下,先期以花朵绝小作诗解嘲,因用原韵复得五百八十字答之》,《更生斋诗》卷三,《洪亮吉集》,中华书局 2001 年版,第 1265 页。

　　端午节到了,洪亮吉写了两首诗给赵翼。常州素有龙舟竞渡的风俗,每到端午,白云溪上有六色龙舟竞渡,热闹非凡。去年地方官吏为防止滋事,曾禁止竞渡。洪亮吉在归途中听说此事,曾写诗表示不满。"古人称禁烟,不闻禁竞渡。……调剂得其中,贵在审时务。何因兴大狱,几至成党锢。"①今年能看到云溪龙舟竞渡的盛况,很是高兴。"白云一曲溪,梦寐三十载。流观眼底人,已苦乏同辈。……龙舟衔尾至,画舫亦成队。俗奢原可虑,幸此丰岁再。江鱼频入馔,山果随所爱。水明楼上望,赵叟已先在。相应携蒲觞,终日与晤对。"②回到梦寐以求的家乡,却苦于缺乏同辈人的境况下,他很高兴能与赵翼交游。洪亮吉还写有《云溪竞渡词十二首》《续竞渡词十首》,可见他对龙舟竞渡的喜爱和重视。

　　洪亮吉与赵翼二人除诗歌往来外,还在一起交流学问,赵翼在地理方面遇有疑问,又懒得查找文献,就会去问洪亮吉,洪便一一告知,赵翼还戏称,每质一事,以酒一壶为酬谢,还写一长诗作为凭证。赵翼诗云:"年老苦健忘,又懒寻故牍。每当数典处,搦管瞪两目。邂逅洪景庐,便便五经腹。……共夸到老尚弩强,谁识从旁有刀捉。快哉得此行秘书,读万卷如为我蓄。"③赵翼作为长者也很谦虚,对洪亮吉学识渊博,博闻强识很赞赏,称他为"行秘书"。洪亮吉也戏效其体,作诗酬之。

　　　尚惭正卯记丑博,敢说师丹老善忘。莫更一瓶缘旧例,次公犹恐醒而狂(来诗欲缘借书之例,问一事即赠酒一瓶,故戏及之)。

　　　三伏将临九夏长,不辞挥汗走门坊。奚奴拍手还相笑,此两闲人何大忙。④

---

① 洪亮吉:《端午日偶成二首即柬赵兵备》其一,《更生斋诗》卷三,《洪亮吉集》,中华书局 2001 年版,第 1269 页。

② 洪亮吉:《端午日偶成二首即柬赵兵备》其二,《更生斋诗》卷三,《洪亮吉集》,中华书局 2001 年版,第 1269 页。

③ 赵翼:《偶有遗忘,问之稚存,辄录示原委,老夫欣得此行秘书矣,无以为报,拟质一事即劳以酒一壶,戏书此为券》,《瓯北集》卷四十二,上海古籍出版社 1997 年版,第 1061—1062 页。

④ 洪亮吉:《赵兵备以地理数事见访,因走笔奉答,猥蒙长篇奖假并目为行秘书,因率成四截句酬之,即戏效其体》其二、其四,《更生斋诗》卷三,《洪亮吉集》,中华书局 2001 年版,第 1272 页。

洪亮吉以诗歌记下了赵翼三伏天挥汗走访之事,足见两位大学者的学识、学风及情谊。赵翼还为洪亮吉曾祖洪璟的《秋山读书图》题诗。此图失而复得,洪氏倍加珍视。

六月,洪亮吉前往镇江焦山定慧寺避暑,结识僧人清恒、慧超、恒赞等,同游京口南山、隐君洞、观音崖等名胜,相互诗歌题咏等。避暑期间外出访问如皋秀才冒鸣、茹寿冲,江都秀才王豫。应曾燠邀游扬州平山堂,二十一日欧阳修生日,与同人赋《醉翁操》以寿。曾燠还送洪亮吉鹤与柳,后应洪亮吉邀赴焦山,却在瓜洲被大风所阻没去成。七月应孙廷璧邀请,游太湖东山、西山,至消夏湾赏荷。

八月,与赵翼相约同游金陵,后因赵翼要送儿辈赴考先去,等洪亮吉到金陵时,赵翼已回,于是各人赋纪游诗交流。洪亮吉与孙星衍、汪为霖、陶涣悦同游清凉山。九月桂花、菊花盛开,赵翼有诗简洪亮吉。洪亮吉九月游苏州,十月游上海,访友、访名胜。赵翼将所作《瓯北诗话》给洪亮吉看,洪亮吉以诗三首作跋,赵翼也有和诗。赵翼已写就唐宋金七家诗话,意欲以本朝诗人查慎行配作八家,洪亮吉坚决制止,认为"初白差难踵后尘"[1]。但赵翼并未采纳其建议,他的《瓯北诗话》论及有李白、杜甫、韩愈、白居易、苏轼、陆游、元好问、高启、吴伟业、查慎行等人,还是将查慎行列入。此时洪亮吉在写《北江诗话》第一卷。虽然两人对古今诗人的评价不尽相同,但并不影响两人的友谊。

洪亮吉去洋川书院前,赵翼有饯别诗相赠,诗云:"步屐过从一载余,忽教行色动征裾。里中渐少看花会,海内犹传《谏猎书》。秋浦晴波移棹稳,宛陵遥翠映窗虚。定增谢朓惊人句,寄我邮筒慰索居。"[2]诗歌叙述了两人这一年多往来频繁的友谊,表达了洪亮吉走后的落寞,也希望他以后经常寄好诗来,以"慰索居"。洪亮吉临行仓促没有回复,到书院后,寄诗给赵翼,并邀他共游黄山。他在诗中说:"逐臣初归恋乡土,日日醉眠肠欲腐。有花即向花前饮,不问谁宾复谁主。……就中我敬西头赵,七十高年健如虎。哦诗一字不相让,往往雷霆杂吞吐。牡丹八

① 洪亮吉:《赵兵备翼以所撰唐宋金七家诗话见示率跋三首》其三,《更生斋诗》卷四,《洪亮吉集》,中华书局 2001 年版,第 1294 页。
② 赵翼:《送稚存宁国之游》,《瓯北集》卷四十四,上海古籍出版社 1997 年版,第 1096 页。

首尤奇绝,老笔转能生媚妩。"①他最敬的人"西头赵"即赵翼,表达了对赵翼的敬佩。洪亮吉盼望能与赵翼同游黄山,但赵翼黄山之行没有成行,洪亮吉又寄去五百余字长诗相嘲。赵翼亦以长诗相和,回答负约之嘲。诗云:"临分约我黄山行,览胜归来过端午。老夫已办宿春粮,败兴忽停发船鼓。遂招诸责暗讥嘲,摩垒致师将覆楚。淋漓大篇五百字,咄嗟立办一炊黍。公然欺我老无力,谓此衰孱勇难贾。凭凌直欲以气吞,三寸笔锋当刀斧。岂知我昔亦壮游,历险探奇不知苦。……是时君才课童律,一穗寒灯瞰饥鼠。如今才名虽盖代,何得便将老成侮。"②诗中既说明没有成行的原因,又以戏谑的口吻还击洪亮吉嘲笑他年老无力,说自己壮游的时候你还是个孩童呢。两人真是十分可爱,"谑到交锋不避嗔"③。

　　嘉庆七年(1802)洪亮吉从洋川书院返里度夏,七月,应赵翼招,与蒋熊昌、蒋骐昌等宴集于钱维乔斋中观赏建兰。嘉庆八年(1803)正月应赵翼招宴集于赵家草堂,十二月十七日,洪亮吉应杨槐邀,与赵翼、庄通敏、刘种之、金棨、方宝昌举行消寒诗会,"宁惟充口腹,志意亦怡悦"④,他赞叹主人家食物做得好,但最关键的还是志趣相投。嘉庆九年(1804)正月,应赵翼招,与刘种之、钱维乔、赵怀玉集于赵府,观赏山茶花,与赵翼说王昶近状尚无恙。嘉庆九年(1804)五月洪亮吉在家乡,端午与赵翼、方宝昌联舫观竞渡,初七日应方宝昌招又与赵翼等泛舟看竞渡。题赵翼《秋山晚景长卷》,两人有多首诗歌酬答,互戏互嘲,多次宴集聚会。嘉庆十一年(1806)赵翼八十岁索诗洪亮吉,洪写有《赵兵备翼八十岁索诗率成二首》,还是以两人惯有的戏谑口吻,称他是"大名刚称

---

① 洪亮吉:《将至旌德,赵兵备翼枉诗相饯未暇报也,山馆无事戏作长句柬之并约同游黄山》,《更生斋诗》卷五,《洪亮吉集》,中华书局 2001 年版,第 1316 页。

② 赵翼:《稚存往宁国时曾约同游黄山,迟余不到归以负约相嘲和韵报之》,《瓯北集》卷四十四,上海古籍出版社 1997 年版,第 1102 页。

③ 赵翼:《戏简稚存》,《瓯北集》卷四十六,上海古籍出版社 1997 年版,第 1203 页。

④ 洪亮吉:《十七日消寒第七集,杨上舍槐招同赵兵备翼、庄宫允通敏、刘宫赞种之、金太守棨、方明府宝昌早饭石竹山房至秦园茶话始别,分体得五古一首》,《更生斋诗》卷八,《洪亮吉集》,中华书局 2001 年版,第 1410 页。

大年初(年来老辈零落殆尽,惟公灵光岿然,于是益享大名)"①,有如此大名是因为活得久。洪亮吉对赵翼的才学高度肯定,"传世才仍工应世,里儒识本逊通儒。平心论断追收约,快意诗篇到陆苏。青史他年要专传,一编文苑定难拘。"②洪亮吉生命的最后一年,即嘉庆十三年(1808)正月初八,还与赵翼一起宴集。洪亮吉于五月病故,年轻十九岁的洪亮吉居然走在前面,赵翼十分伤心,有诗哭悼他。在家乡的这几年,两人交往密切,诗酒唱和频繁,结下了深厚的友谊,关键是两人性情相投,爱好相同,惺惺相惜。与赵翼的友情,给历劫归来的洪亮吉很多安慰。

洪亮吉对青年才俊颇多激励奖掖,尤其是家乡的晚辈。

> 先生自塞外归,尤喜导扬后进。每遇世交子弟才藻过人者,辄向名公巨卿称道不置。同里如刘编修嗣绾、庄上舍曾诒、黄孝廉载华、丁明经履恒、陆孝廉继辂、秀才耀遹、黄上舍乙生、庄秀才绥甲、周孝廉仪昞、陆上舍镛、高秀才星紫、瞿孝廉溶等,皆得奖励之益;其专心古学者,如刘孝廉逢禄、董上舍士锡诸人,则以汉魏诸儒勖之。③

洪亮吉榜眼及第,名满京城,在翰林院任职时,对家乡的后辈就十分关心,自伊犁赦归后,名气更大,已列"名公巨卿"之列,每当看到家乡才华出众的青年,一定向前辈名流称道推荐。以上提到的刘嗣绾、庄曾诒、黄载华、丁履恒、陆继辂、陆耀遹、黄乙生、庄绥甲、周仪昞、陆镛、高星紫、瞿溶、刘逢禄、董士锡等十多人,都受益于洪亮吉的奖掖。他不仅提携家乡的青年才俊,对其他地方有才华的学士也加以赞许。"其在苏州、松江、镇江、徽州、宁国、池州及浙江东西诸郡,簪屐所至,从游最多,每有异才,必加奖许。"④他去得最多的江苏、浙江、安徽等地,从游者最

① 洪亮吉:《赵兵备翼八十岁索诗率成二首》其一,《更生斋诗续集》卷五,《洪亮吉集》,中华书局 2001 年版,第 1695 页。
② 洪亮吉:《赵兵备翼八十岁索诗率成二首》其二,《更生斋诗续集》卷五,《洪亮吉集》,中华书局 2001 年版,第 1695 页。
③ 吕培等:《洪北江先生年谱》,《洪亮吉集》,中华书局 2001 年版,第 2349 页。
④ 吕培等:《洪北江先生年谱》,《洪亮吉集》,中华书局 2001 年版,第 2349 页。

多。"其尤邀心赏者,至折辈行相交,请质文字,累累常盈几案,至有数千里转辗介绍以求诗文题字者,如云南师大令范、袁明经揆、四川郭主薄兰芬等,不可胜计;至如羽士缁流,素工吟咏者,亦欲得一言以为幸。偶归里中,及所过之地,户屦恒满,樽酒过从,论文考古,动辄移晷,先生不惮其烦也。"①洪亮吉交友甚广,特别看重友人的才华,而不在乎对方的身份,和他们讨论问题也不厌其烦。还有千里之外云南、四川的友人,纯粹是诗文相交,连面都没见过,真可谓神交。他所到之处也特别受到朋友的尊重和欢迎。

第二节　洋川书院主讲席

嘉庆七年(1802)二月,为了一家八口的生计着想,洪亮吉应谭子文所聘,带着儿子洪符孙、女婿缪梓前往安徽旌德洋川毓文书院担任主讲。

旌德是安徽宁国府的一个小县,今属安徽宣城市,位于山清水秀的皖南山区,历来有崇文重教的传统。洋川镇毓文书院于嘉庆元年(1796)落成,系本地商人谭廷柱所建。谭廷柱(1733—?),字子文,安徽旌德人。以经商起家,斥资二万余于洋川镇建毓文书院,延请名师,购买书籍,供士子学习。洪亮吉在《洋川毓文书院碑记》中云:"洋川毓文书院者,旌德县洋川镇人谭君子文所创建也。君以勤苦起家,有贸易在庐州府之双河,距家五六百里,君徒步负行囊,数日辄往返,以为常。五十后,家稍起,即割其资之半,创书院于镇之洋山,费白金二万有奇。……及书院既成,走数百里延师儒之有名者主其事,而折柬招江以南四府一州之士肄业其中。"②谭廷柱自己十分俭朴,五六百里路常背着行李徒步。从多年辛苦从商的收入中拿出一半建书院,当时比他富有的人很多,只有他这么做,还受到别人讥笑。书院建成后,他还不断投

---

① 吕培等:《洪北江先生年谱》,《洪亮吉集》,中华书局 2001 年版,第 2349 页。

② 洪亮吉:《洋川毓文书院碑记》,《更生斋文甲集》卷四,《洪亮吉集》,中华书局 2001 年版,第 1046 页。

入。"购横舍百间,各有床几,各置户牖庖湢,负笈至者若家焉。规画井井,与江南北都会之地所创建者无异。君又节啬衣食,时市珍异以馈师及生徒之勤学者;简省日用,购经史子集各书以贻多士之能读者。于是,始之笑君者,亦均遣子弟受业焉。"①他重视书院的软硬件建设,在半山腰建造百间房舍,学子住处条件较好,像在家一样方便。洪亮吉诗中描述,"洋川书院挺山半,筑屋居然象城堞"②。谭廷柱自己节省吃穿用度,奖励师生,购置书籍等。书院以其良好的学习条件以及名师执教,颇有声誉,以前笑他的人也将子弟送来受业。他虽弃学从商,但一直有个读书梦,有时一日两次到书院,以听诸生读书声为乐。他此举造福乡里后代,他的孙子也勤奋好学。

洪亮吉来洋川书院也有多方面原因。"余自戊午岁以弟丧乞假归,君即请于大府,欲乞为课士师,然未久余复入都,又以罪戍伊犁,不果至也。及自伊犁归之二年,君又遣家孙来,以前约请。余感君之意,又以地居万山之中,可借以避谗谤、远尘杂也。"③洪亮吉去书院,一是感动书院主人诚挚心意,两次前来延请。二是书院地处偏僻山中,可借此"避谗谤、远尘杂"。他在给赵翼的诗中也说:"强梁几欲扛周鼎,弱肉何堪试萧斧。丛讥杜老作诗瘦,转学荀卿著书苦。此来百里程迢递,实避千言气莽卤。"④从诗中分析,可能是因为诗学观点的不同,与当时个别名士发生分歧,受到讥讽,他想抽身而出,远避口舌是非。第三个原因,也有生计的考虑,他回乡后没有稳定的收入来源,一家八口需要养活,他不想一直靠亲朋接济,发挥专长主讲教席是个不错的选择,顺便还可以带着儿子、女婿,让他们继续学习。

洪亮吉往郭北谒别先茔后,便出发往安徽旌德。他们一行过东坝,花朝日阻风江口,采石矶太白楼近在咫尺,却不得上。到了熟悉的地

---

① 洪亮吉:《洋川毓文书院碑记》,《更生斋文甲集》卷四,《洪亮吉集》,中华书局 2001 年版,第 1046—1047 页。
② 洪亮吉:《连日风雨,花事零落殆尽,牡丹芍药尚无消息,感而有作即示诸生》,《更生斋诗》卷五,《洪亮吉集》,中华书局 2001 年版,第 1318 页。
③ 洪亮吉:《洋川毓文书院碑记》,《更生斋文甲集》卷四,《洪亮吉集》,中华书局 2001 年版,第 1047 页。
④ 洪亮吉:《将至旌德,赵兵备翼枉诗相饯未暇报也,山馆无事戏作长句柬之并约同游黄山》,《更生斋诗》卷五,《洪亮吉集》,中华书局 2001 年版,第 1316 页。

方,让他想起年轻时在安徽学使朱筠幕中的情形,想当初与诸友宴饮太白楼,是何等意气风发。他在诗中云:"今朝花朝无一花,今夕月夕亦无月。因之酒人无酒饮,空向酒仙楼畔歇。沉思往事心内伤,陈刘应徐均已亡(谓三十年前,学使署及沈太守业富署中诸宾客,如邵学士晋涵、高孝廉文照、汪明经中诸人)。我前同公谪夜郎,意外复得还江乡。……奔驰岁月方三载,江水未移青鬓改。竹帛偏怜壮志虚,乾坤剩有诗名在。"①今年的花朝无花也无月,他昔日一起在朱筠学使署及沈业富署中的诸友都已离世,自己虽得以生还却也两鬓苍苍,真是无限感慨。他们在县道中夜宿,过茹麻岭,路过桃花潭,看到桃花潭侧杏花开得很漂亮,"慈恩回首真如梦,露冷烟残又十年"②,真有人生如梦之感。

　　洪亮吉之前曾在京城教授皇孙,如今奔赴小县城教书,想来心境是落寞的。但到了洋川书院,他很快便喜欢那里的山景和好学的学生。

　　　　追思荷戈地,亦有万仞山。但觉白气周,无此青弯环。摊书向檐前,鸟语殊绵蛮。劳攘三十年,获此一岁闲。

　　　　生徒十数人,曙即揽衣起。周廊听书声,都穿白云里。与谈前世事,一一尽色喜。所愧学业荒,款门来不已。

　　　　楼前半亩花,红气通八牖。朝霞复相间,赤白分左右。欣兹读书暇,时亦陟冈阜。日昨山雨肥,园丁献新韭。③

　　书院坐落在山中,楼前有半亩花,有时朝霞映照,有时白云缭绕。十几个学生,黎明即起,在走廊读书,经常前去请教学问,非常好学。他一来便要求学生不要受山外世界的影响,安心读书。"惟愁山外事,传到此山侧。预戒五尺童,不延山外客。"④

---

① 洪亮吉:《花朝日阻风江口望采石太白楼咫尺不得上》,《更生斋诗》卷五,《洪亮吉集》,中华书局 2001 年版,第 1313 页。

② 洪亮吉:《行次桃花潭山店看杏花作》,《更生斋诗》卷五,《洪亮吉集》,中华书局 2001 年版,第 1314 页。

③ 洪亮吉:《抵洋川书院》其二、其三、其四,《更生斋诗》卷五,《洪亮吉集》,中华书局 2001 年版,第 1314—1315 页。

④ 洪亮吉:《抵洋川书院》其一,《更生斋诗》卷五,《洪亮吉集》,中华书局 2001 年版,第 1314 页。

他读书之闲暇时也常在周边行走，爬上山岗，欣赏亭侧的海棠，晓起看梨花，看遍了周边的桃花、梨花、海棠、郁李、杜鹃、牡丹、芍药、棠棣甚至菜花，在他眼里黄黄白白的草花很可爱，白白红红的野花也芬芳，还有园丁剪来的雨后春韭，他享受着三十年来最安逸的山中时光，仿佛来到世外桃源。

旱了一月，山中突然下了一场大雨，他和农人、园丁一样喜雨的同时，也可惜刚开的花被雨打风吹去，"漫空花雨尤堪讶，桃花李花成阵下。海棠可惜昨始开，连蕊都飞北窗罅。"①这场倾盆大雨让他想起他戍途中遇雨，那时风雪雷电交加，衣裳都被雨雪淋湿，手指冻得像要裂开，饥肠辘辘，备受煎熬，"即今生还万事足，况复眼前书可读。"②想到之前的九死一生，他已经很满足了。

在山馆时他也想念他的老朋友，如孙星衍、赵翼等。孙星衍与他一起在朱筠学使府，曾到过此县，"旧游十辈今谁在，最少如君白发侵。"③一晃已过三十年，最年轻的孙星衍也已白发生。清明节想念他的女儿纺孙，并寄信给她。三月初三上巳节，"携樽上高阜，转觉思乡切"④，想起家乡云溪诸胜，"我家白云溪，云白溪亦涨。一鸟溪上鸣，千花树头放。"⑤想到家乡美景，心中不免惆怅。上巳节他带领他的学生到下洋川修禊，并各赋诗一首。这是他来书院半月以来第一次到下洋川，师生悠游很开心。

洪亮吉教导书院学子要勤勉读书，"诸生英英志莫惰，春日迟迟睡防魇"⑥，在学习知识的同时，要有良好的品性，"吾徒勤读书，尤在志行纯。心性苟不漓，遑计泰与屯。"⑦勤奋学习，志向高远，品性纯良，不要

---

① 洪亮吉：《山楼喜雨歌》，《更生斋诗》卷五，《洪亮吉集》，中华书局 2001 年版，第 1315 页。
② 洪亮吉：《山楼喜雨歌》，《更生斋诗》卷五，《洪亮吉集》，中华书局 2001 年版，第 1315 页。
③ 洪亮吉：《山馆静坐忆孙大星衍》，《更生斋诗》卷五，《洪亮吉集》，中华书局 2001 年版，第 1316 页。
④ 洪亮吉：《三月三日忆云溪里中诸胜》其一，《更生斋诗》卷五，《洪亮吉集》，中华书局 2001 年版，第 1320 页。
⑤ 洪亮吉：《三月三日忆云溪里中诸胜》其二，《更生斋诗》卷五，《洪亮吉集》，中华书局 2001 年版，第 1320 页。
⑥ 洪亮吉：《连日风雨，花事零落殆尽，牡丹芍药尚无消息，感而有作即示诸生》，《更生斋诗》卷五，《洪亮吉集》，中华书局 2001 年版，第 1319 页。
⑦ 洪亮吉：《偕诸生至下洋川修禊各赋一首》，《更生斋诗》卷五，《洪亮吉集》，中华书局 2001 年版，第 1322 页。

计较险夷安危。他以自己的言行为青年学子做了好的榜样。在他的影响下，书院学子学习努力，学风很好，"百房灯影遥相射，半里书声恍如接"①，师生经常读书到深夜。"与诸生讲经谈艺，每至宵分。远近闻风从游者日众"②。

在书院教学之余，洪亮吉潜心著述。他校《南华经》内外篇，"校得南华内外篇，晚春已觉日如年"③，完成《春秋左传诂》的著述。洪亮吉早就对《左传》感兴趣，他在与友人凌廷堪诗中称，在丁未戊申（乾隆五十二年、五十三年）他们同客河南毕沅幕时，就有"《左传》癖"④，之后断断续续在做《左传》研究。他在诗中说：

> 一瓻我尚远借书，百里最惭争负笈。闲翻左氏获麟史，教仿羲之换鹅帖。蜂腰终觉句可商，鸠舌半怜音不叶。九经四史孰淹贯，八体六书宜涉猎。⑤

"左氏获麟史"，相传孔子西狩获麟而作《春秋》，左丘明著《左传》。到了洋川书院后，洪亮吉生活安定下来，山中应酬、打扰也少，正好可以集中精力，从事学术研究，继续著述《春秋左传诂》。正如他在诗中所说："三重碧涧客难渡，一片白云吾与居。平心已任唤牛马，壮志偶欲笺虫鱼。楼头青松下芳草，楼上著书人未老。经旬窥径无一人，抗手欲招飞过鸟。"⑥洪亮吉本是个爱与朋友相聚的人，但书院地处偏僻，"三重碧涧"阻挡了客人的脚步，山径十天都见不到一个人，只有与白云飞鸟相伴，他此时唯愿做的就是著书，"虫鱼"是指考据训诂之学。在完成《春秋左传诂》的同时，洪亮吉写有"春秋十论"，即《春秋时以大邑为县始于楚论》等十篇研究论文。这些考论很有新意，对《春秋》研究有很大的贡献。

---

① 洪亮吉：《连日风雨，花事零落殆尽，牡丹芍药尚无消息，感而有作即示诸生》，《更生斋诗》卷五，《洪亮吉集》，中华书局 2001 年版，第 1318 页。

② 吕培等：《洪北江先生年谱》，《洪亮吉集》，中华书局 2001 年版，第 2348 页。

③ 洪亮吉：《偶成》，《更生斋诗》卷五，《洪亮吉集》，中华书局 2001 年版，第 1323 页。

④ 洪亮吉：《校礼图为凌同年廷堪赋》，《更生斋诗》卷五，《洪亮吉集》，中华书局 2001 年版，第 1337 页。

⑤ 洪亮吉：《连日风雨，花事零落殆尽，牡丹芍药尚无消息，感而有作即示诸生》，《更生斋诗》卷五，《洪亮吉集》，中华书局 2001 年版，第 1318 页。

⑥ 洪亮吉：《山馆即事》，《更生斋诗》卷五，《洪亮吉集》，中华书局 2001 年版，第 1331 页。

因想念家乡及家中妻儿,洪亮吉于四月中旬启程返里,五月在里中度夏。六月有镇江、扬州之游,因僧人巨超邀请游焦山焦公洞等名胜,并为巨超新辟之崖命名为"巨公崖",至别峰庵看日出,之后去扬州高旻寺,应如鉴上人招,登中天塔望海,与同人纳凉于茱萸湾别墅,拂晓到放生池看荷花,因雨水过多花事寥落,池上谢公祠等半毁于火。得张惠言病逝噩耗,痛哭赋诗二首,其二云:

> 万里逢严谴,三秋值抱疴。避人来请室,鞭马及浑河(己未八月,余在请室中,君无日不入访。濒行,复扶病送至卢沟桥,聚谈竟夕)。阅世知心少,思乡别梦多(屡欲乞假归,未果)。十年无泪洒,为尔一滂沱。①

十年无泪洒的洪亮吉为张惠言的去世痛哭滂沱。张惠言病逝于当年六月十二日。想当年洪亮吉被关押时,张惠言天天前去看他,遣戍出京时,又抱病送到卢沟桥,彻夜长谈。张惠言几次乞假都未得到允许,终于不治,洪亮吉为自己又少了一位挚友而伤心。

七月二十三日,赴洋川书院途中,顺道访凌廷堪,与赵良澍、戴大昌、戴尔勤同游宣城南楼,并为凌题《校礼图》,为其族曾祖遗札题诗。他在书院期间与凌廷堪交往甚多。

八月初七,应陈蔚邀,从下洋川取道游九华山,过岭四、越水三、穿县三,凡百有六十里,往返共五日。他在《自下洋川取道游九华山记》中记载,夜宿九华山东岩,曾读到壬辰年(1772)安徽学使朱筠的题名石刻。"山僧出迎,忽讶素识。披藓读碣,则壬辰石刻在焉。"②三十年前,朱筠学使偕洪亮吉一行十二人到过此处,并刻下题名石刻,如今在旧识山僧的带领下找到覆盖苔藓的石碣,披藓读碣,感慨万千。

> 上距壬辰年偕诸同人,随学使者大兴朱先生筠过此信宿,已万一千一百七十余日……盖前游十二人,墓木拱者,已十有一。均未

---

① 洪亮吉:《哭张编修惠言》其二,《更生斋诗》卷五,《洪亮吉集》,中华书局 2001 年版,第 1337 页。
② 洪亮吉:《自下洋川取道游九华山记》,《更生斋文乙集》卷二,《洪亮吉集》,中华书局 2001 年版,第 1085 页。

臻徂年，陨以半道。摩挲读碑，呜咽话旧者，仅后死之一人耳。①

　　三十年前十二人同游此山，并留下石刻，如今十一人均已半道殒殁，墓木已拱，只留下他一个人。他在诗中也说："前游十二人，十一登鬼录。惟余一生者，西复穷地轴。当其势仓皇，天地为一哭。宁知遄返迅，又此濯双足。平生时检点，恐负友生属。余年惟欠死，除此万事足。山僧勤问讯，把袂怳如昨。洒洒对石崖，四山红踯躅。"②前游十二人中唯一幸存的他，也是命运坎坷，洪亮吉不由感叹造化弄人，但与去世的人相比，他又是幸运的，应该知足，检点自身，所幸没有辜负朋友。此行他还收了两个门生，即陈蔚的儿子陈塾、侄儿陈壤。

　　九月初，洪亮吉有黄山之行，浴朱砂泉。他在《黄山浴朱砂泉记》云："余授经洋川，距黄山七十里而近，欲续旧游者屡矣，频待良友不至。八月杪，余适有抑搔之疾，昕夕不宁，因决意往焉。携两门生一仆，由云岭西南行，蓬颗蔽路，愁霖积途，日入甫届汤口，又曛黑行五里，抵紫云庵。庵据汤泉上百步，住凡三日夕，计七浴于汤泉，而所患若失，人皆异焉。"③洋川离黄山七十里，他几次想重游，曾约过赵翼等友人同游而未果。八月底他偶发搔痒之症，日夕难安，遂决意前往，带着吕培、谭正治两门生和一个仆人，在朱砂泉住了三天，泡汤池七次，他的瘙痒症基本治愈。他还介绍说："盖温泉有三种，曰朱砂、曰矾石、曰硫磺。磺、矾皆能捐疢疴、除积垢，而气实酷烈，久之不能堪也。惟朱砂性温而和，凉暖适中，浴之久，可以浚神明而益年寿。"④但这样的温泉不容易遇到，他很有幸多次到这里。泡汤的时间也有讲究，以早晨或子夜沐浴为最佳，"至浴之候，或以曙朝，或以子夜。云埋去迹，谷断来辙。众响尽歇，池光自明。于是清气溢涧，温香出谷、芬凝发肤，砂沁肌骨。相与涵濡久之，心志愈定，则神光屡回。此则蝉蜕之境，证而益明。羽化之期，乐无

① 洪亮吉：《自下洋川取道游九华山记》，《更生斋文乙集》卷二，《洪亮吉集》，中华书局 2001 年版，第 1085 页。
② 洪亮吉：《夜宿九华山东岩读壬辰年朱学使筼题名碑，共十二人，自亮吉外十一人无一存者，感而有作》，《更生斋诗》卷六，《洪亮吉集》，中华书局 2001 年版，第 1338 页。
③ 洪亮吉：《黄山浴朱砂泉记》，《更生斋文乙集》卷二，《洪亮吉集》，中华书局 2001 年版，第 1088—1089 页。
④ 洪亮吉：《黄山浴朱砂泉记》，《更生斋文乙集》卷二，《洪亮吉集》，中华书局 2001 年版，第 1088 页。

逾此。洵灵区之秘蕴,延景之上药也。"①他享受了难得的温泉浴,身心舒适,但是,这次游黄山,毕竟自己年岁身体已不比从前,加之天都、莲花奇险之峰以前去过,就没有去,只在不出五里的范围内游览,同行的人也不同了,所以还是感到"均无昔时之境也"②。洪亮吉于嘉庆十一年(1806)七月再游黄山,又至汤口浴朱砂泉,可见他真是喜欢。

九月末霜降前二日,在洋川书院收到书信,得知妻子蒋氏病重,十分担忧,但却为书院教学之事滞留,过了十天于十月回到家里,十九日,妻子亡故,洪亮吉十分悲痛。他的发妻蒋氏,贤惠温良,在丈夫长年在外、家境艰难的情况下,独自侍奉老人、养育儿女,十分辛苦。

> 常将家计一身支,甘苦谁人得尽知。慈母羹汤调隔日(宜人自都中回,母庄孺人年已九十,宜人日馈甘旨不绝),儿曹衣履制随时。输官不待催租吏,扫室先延课读师。可惜了无情绪在,谱他遗事入哀辞。③

蒋氏通情达理,支持丈夫,而且安贫乐道,"质钏记供除夜宴,购书先鬻嫁时衣。贵来只忆居贫候,宦海频频劝息机。"④,"七千里外携家住,三十年来负汝多"⑤,蒋氏曾短暂携家住京师,大部分时间他们聚少离多,洪亮吉觉得负她太多。"百龄原未敢轻求,妄冀同将甲子周"⑥,他希望与妻同度一甲子(六十年)的愿望未能实现。"一种伤心谱不成,画眉窗外穗帷横。何堪枕冷衾寒夜,重听儿啼女哭声。只影更谁怜后死,遗言先已订他生。无眠转羡长眠者,数尽疏钟到五更。"⑦妻子去世后,他陷入无尽的伤心思念之中,心绪恶劣,一月不能握笔写诗文,一个月后才写了《悼亡八首》来怀念她。十一月为排遣悲伤情绪,赴焦山散心,夜宿法界楼,晚上梦见妻子蒋氏,梦中似乎跟他说要去宜兴。他写下

---

① 洪亮吉:《黄山浴朱砂泉记》,《更生斋文乙集》卷二,《洪亮吉集》,中华书局 2001 年版,第 1088—1089 页。
② 洪亮吉:《黄山浴朱砂泉记》,《更生斋文乙集》卷二,《洪亮吉集》,中华书局 2001 年版,第 1089 页。
③ 洪亮吉:《悼亡八首》其六,《更生斋诗》卷六,《洪亮吉集》,中华书局 2001 年版,第 1344 页。
④ 洪亮吉:《悼亡八首》其一,《更生斋诗》卷六,《洪亮吉集》,中华书局 2001 年版,第 1343—1344 页。
⑤ 洪亮吉:《悼亡八首》其四,《更生斋诗》卷六,《洪亮吉集》,中华书局 2001 年版,第 1344 页。
⑥ 洪亮吉:《悼亡八首》其五,《更生斋诗》卷六,《洪亮吉集》,中华书局 2001 年版,第 1344 页。
⑦ 洪亮吉:《悼亡八首》其八,《更生斋诗》卷六,《洪亮吉集》,中华书局 2001 年版,第 1344 页。

《焦山法界楼记梦》及《八声甘州·梦亡妇》,十二月二十三又有祭诗,《小除前一日祭诗作》,百日忌日有《蒋宜人亡已百日感赋一首》,以示对亡妻的纪念。

十二月应吴江徐达源邀,游吴江黎里,前后十余日。在黎里他参观了乾隆故臣周元理宅后的五亩园,看到周元理死后还留下家宅及五亩园,不禁想起与周元理官爵相当的毕沅,洪亮吉觉得很不公。可见他没有忘记昔日毕沅对他的恩情。他回来时阻风于海虞镇,取道宜兴回家时邂逅同年邢澍。

嘉庆八年(1803),正月在家,约蒋廷曜出东郭看迎春,应赵翼招宴集于赵家草堂,与来常州访他的慧超、巨超,莲艇至红梅阁探梅。二月应两淮盐政额勒布聘,主讲扬州梅花书院。扬州位于南北要冲,来往的人多,应酬也多,对于在山中住过一段时间的洪亮吉来说,已经不适应了,"然舍居山中久,疏懒益甚,骤居南北冲要,酬应纷沓,心实苦之,或不久即当谢去。"①洪亮吉不久因苦于应酬,辞去了梅花书院之职,春天重赴洋川书院。他还是喜欢"采药僮归青嶂外,著书人老白云中"②的生活。

四月二十八日,洪亮吉的次孙女出生。五月初,他从洋川回到家乡。观里中竞渡,访宗简祠、陈少职祠,陈渡桥访唐顺之读书处,偕同人载酒至陆氏中隐园看荷花、应陆镕邀至城北看荷花,题陆继辂《洞庭缘》传奇。

六月下旬,避暑焦山,月夜登北固山、金山、焦山,游翠屏洲、嘉鱼港、巨公崖、月波台等,有诗纪之。七月返里,七月十五日在里中观赛神之会。得知杨伦病故,有诗哭之。

七八月之交,他新修、改建了住处与书斋,"是岁,于宅西西圃小筑泉石,创曙华台,更生斋。"③他嘉庆三年(1798)从京师回家,就在所居两边空隙地建屋"三椽",但未落成,即入都。后又远戍绝域,往返者二年。

---

① 洪亮吉:《送巨超僧自焦山移主山阴玉笥山方丈序》,《更生斋文甲集》卷三,《洪亮吉集》,中华书局2001年版,第1009—1010页。
② 洪亮吉:《重至洋川书院》,《更生斋诗》卷六,《洪亮吉集》,中华书局2001年版,第1362页。
③ 吕培等:《洪北江先生年谱》,《洪亮吉集》,中华书局2001年版,第2350页。

被聘书院主讲后又有了收入，朋友还为他购买旁边的废圃，于是继续修房筑园，园子的布局等情况详见于《西圃记》。

> 西圃者，余所居西偏隙地。……既归，杜门省愆，不更远出。邻有废圃，友人复为购得之，距堂北仅数武，遂筑楼三楹。楼之后架平台，以眺东北隅巽宫楼、玉梅桥及杨园、陆园诸胜。名台曰曙华，名楼曰卷施阁，名楼以下曰红豆山房。楼前皆叠石为小山，石径曲折，莳古梅及红豆、金粟、青桐、紫薇共十数株，春秋二时，可慰岑寂。左有廊，通西堂，发曙即乾鹊噪其上，遂名乾鹊廊。迤西南得平屋二层，因其旧而新之，名其北曰更生斋。斋有后楹，列架藏所著地理书木刻于内，名曰墨云轩。墨云轩之右，复道以通于南，亦二楹，名收帆港。盖于惊涛骇浪中得归藏息于此，是以名也。①

洪亮吉详细记录了所建园子的布局、命名等。"西圃""更生斋"之名，既有居所之西、旧房翻新的写实之意，也有纪念远戍西域劫后重生之寓意。历尽坎坷之后有此定居之所，也很欣慰。其诗称："屈指平生志业虚，劳劳踪迹五旬余。东西竖亥行将遍，才得蜗牛一角居。"②他说："旁人莫笑闲居早，五岳游完住此楼。"③他很喜欢他的新居，虽不大却也精致。园中有奇石，有渠水游鱼，"楼前奇石时时拜，不向人间更折腰"④。还有百尺平台可以登眺。"堆胸奇气渐销磨，山不嶙峋水不波。只有露台高百尺，偶然平视到羲娥。"⑤当新居落成后，他时常上平台远眺，有诗《新构卷施阁成登眺偶赋》，诗云："万瓦纵横内，居然峙一楼。爱从云尽处，看到郭东头。世味都应熟，吾生合少休。扫梁迎旧燕，相与话初秋。"⑥他的居所在城东，所以登上平台可以看到城东风景。另有

---

① 洪亮吉：《西圃记》，《更生斋文甲集》卷三，《洪亮吉集》，中华书局2001年版，第1016页。
② 洪亮吉：《近筑西圃将次落成偶赋八截句》其八，《更生斋诗》卷七，《洪亮吉集》，中华书局2001年版，第1377页。
③ 洪亮吉：《近筑西圃将次落成偶赋八截句》其五，《更生斋诗》卷七，《洪亮吉集》，中华书局2001年版，第1377页。
④ 洪亮吉：《卷施阁即事》其六，《更生斋诗续集》卷一，《洪亮吉集》，中华书局2001年版，第1478页。
⑤ 洪亮吉：《近筑西圃将次落成偶赋八截句》其一，《更生斋诗》卷七，《洪亮吉集》，中华书局2001年版，第1377页。
⑥ 洪亮吉：《新构卷施阁成登眺偶赋》，《更生斋诗》卷七，《洪亮吉集》，中华书局2001年版，第1374页。

诗云"敝得小楼东面好,七层塔影上阶除"①,打开窗子可以看到城东的文笔塔,风景绝佳。

西圃为筑园名家戈裕良所筑。戈裕良(1764—1830),江苏武进人。以叠石筑园著称,所筑园林有仪征的朴园、如皋的文园、江宁的五松园、虎丘一榭园、苏州环秀山庄等。戈裕良家也在常州东门,与洪亮吉家很近,两人还是表亲。洪亮吉诗云:"三百年来两轶群,山灵都复畏施斤。张南垣与戈东郭,移尽天空片片云。"②戈裕良在当时已是叠石名家,因他居城东郭,洪亮吉称其为"戈东郭",与明末清初造园艺术家张南垣(张涟)并称。洪亮吉对戈裕良所构西圃很满意,他在诗中说:

奇石胸中百万堆,时时出手见心裁。错疑未判鸿濛日,五岳经君位置来。

知道衰迟欲掩关,为营泉石养清闲。一峰出水离奇甚,此是仙人劫外山。③

可见戈裕良为洪亮吉营造的西圃峰峦叠翠,饶有奇趣,有"咫尺山水,城市山林"之妙。西圃建成后,戈裕良拿出素扇请洪亮吉题诗,洪亮吉题了三首绝句以赠之,对他的造园艺术大加称赞。两人也结下深厚友谊。一次戈裕良醉后失足,面容损毁,洪亮吉写诗安慰。诗云:"我爱戈东郭,平生志行醇。醉倾千日酿,饮共八仙人(时坐中八人)。丘壑胸中久,圭棱面上新。何因遇顽石,反自点头频。"④开玩笑说他给顽石点头了。

西圃惜已不存,戈裕良在家乡的杰作也湮没在了历史的长河中。以洪亮吉的远见卓识,当时就比较达观。他说:"嗟乎,人生不过更蜡腊数十! 此数十蜡腊中,所居又已三徙。即云定居此矣,而衣食奔走去十

---

① 洪亮吉:《卷施阁即事》其一,《更生斋诗续集》卷一,《洪亮吉集》,中华书局2001年版,第1478页。
② 洪亮吉:《同里戈裕良,世居东郭,以种树累石为业,近于余营西圃,泉石饶有奇趣,暇日出素箑索书,因题三绝句赠之》其三,《更生斋诗》卷七,《洪亮吉集》,中华书局2001年版,第1378页。
③ 洪亮吉:《同里戈裕良,世居东郭,以种树累石为业,近于余营西圃,泉石饶有奇趣,暇日出素箑索书,因题三绝句赠之》其一、其二,《更生斋诗》卷七,《洪亮吉集》,中华书局2001年版,第1378页
④ 洪亮吉:《戈裕良布衣醉后失足败面诗以慰之》,《更生斋诗续集》卷一,《洪亮吉集》,中华书局2001年版,第1511页。

之五,仕宦又去其二,戍所往来去其一,则得居此者亦暂耳。"①人生都是暂寄,楼宇可不就是暂居?他当时就认为,屋无定主,写此记,也就是让后来住的人知其本末而已。

中秋之后,洪亮吉又启程返回洋川书院,九月又从下洋川经宣城取道溧阳、漏湖返里,九月底十月初复赴洋川。十一月于芜湖访知府张祥云,游采石矶、登太白楼,于江宁访孙星衍,与胡稷昆仲同邀孙星衍冒雨至小仓山房探梅,有诗赠袁枚子袁迟。十二月复游上海、苏州,然后返里。十二日葬妻蒋氏于前桥先茔,迁葬弟霭吉墓。至此他家先茔已满,没有空余之地了。之后赴句容,游茅山。小除日招同人更生斋祭诗,检点一年诗作。

此年赵怀玉以奔丧归,同官赠一舟,至清江浦渡河,结果胶坏船坼,妻儿等八口落水,差点淹死,所幸得救。赵怀玉就此事作诗自嘲,并索洪亮吉诗,以记下这惊险一事。这次事故,人得救了,但行李尽失,洪亮吉写诗安慰他,赵翼也次韵。

嘉庆九年(1804)正月,洪亮吉题亡友管世铭《读雪山房卷子》示其子管学洛,作《续城东酒徒行》赠陆继辂,率子饴孙去江阴吊卒于江苏学使任上的平恕。至江边祝百五秀才家食河豚。河豚鲜美但有剧毒,需烹调有方才可食用。当日有鸡犬食河豚死者,但他们却无恙,有诗"嘉庆九年岁甲子,我食河豚危不死"②,真是吉人自有天相。月底应邢澍邀游浙江长兴龙华寺,二月过嘉兴有怀郑虎文。经淀山湖朱家角访王昶,他与王昶已五年不见,十分想念。"朱家角口落帆迟,五载重逢慰所思。硕果近看余一老,削瓜早见历三司。百千著录偏能记(门下弟子最盛),八十研经不废诗。却望西南洗兵马,快谈不觉更忧时。"③八十余岁的王昶身体状况很好,依然研经作诗,并忧心国事。

二月底洪亮吉回到洋川书院。三月底前至歙县洪源祖居,谒宗祠,

① 洪亮吉:《西圃记》,《更生斋文甲集》卷三,《洪亮吉集》,中华书局2001年版,第1017页。
② 洪亮吉:《祝秀才百五家食河豚作》,《更生斋诗续集》卷一,《洪亮吉集》,中华书局2001年版,第1474页。
③ 洪亮吉:《朱家角访王侍郎昶赋赠一首》,《更生斋诗续集》卷一,《洪亮吉集》,中华书局2001年版,第1481—1482页。

展曾祖墓。在歙县目睹民生疾苦,贫富不均,作《卖儿行》《土豪行》,以诗表示忧虑。四月初回到书院。五月又回到家乡,端午与赵翼、方宝昌联舫观竞渡。初七日应方宝昌招,又与刘种之、赵翼等泛舟看竞渡。是日,他的幼子龋孙出生。六月送书院诸生至江宁乡试,到此,他主讲旌德洋川书院的工作告一段落。八月重游上海,十月游扬州、通州,十一月去焦山,途经三江营访汤贻汾不值,与其弟汤贻浚夜话。题赵翼《秋山晚景长卷》,与赵翼往来酬答、聚会较多,相互嘲笑,相互欣赏。这一年他还编《西夏国记》。

三年洋川书院的生活,给予洪亮吉很多快乐和慰藉,离别时他有许多不舍,有诗云:"三度洋川感岁华,问奇差喜得侯芭。诗怀半败催租吏,经学全输卖饼家。梦到者番山径熟,波回之字水程斜。心情几日难为别,且进门前载酒车。"①侯芭是西汉人,著名文学家扬雄的弟子。扬雄以病居家,家贫,嗜酒,登门者少,但也有载酒从其学者,侯芭就是其中一个,受扬雄影响较多。诗中以"侯芭"指代他的门生。"催租吏"是指无文才而败兴,"卖饼家"指公羊学,这是他自谦,其实他这三年读书著述成果颇丰,写就《春秋左传诂》,点校《南华经》内外篇,编《西夏国记》等,也留下了许多优秀的诗文作品,以他自己的言行影响门生。他很喜欢洋川的环境,此诗流露出依依不舍的心情。他于嘉庆十一年(1806)七月重过洋川书院,写有《重过洋川书院感旧》,秀才谭正治迎接他并及门从游。

第三节　修志赈灾访名山

嘉庆十年(1805),洪亮吉六十岁。在大年初一又一个新年来临之际,他不由想念他那些去世的朋友们,"衰年默数童时侣,谁复迎门与过从"②,活着的人唯有珍惜余年。他在新年写就的诗中云:"今人何太浮,

---

① 洪亮吉:《将别洋川书院留示诸及门》,《更生斋诗续集》卷一,《洪亮吉集》,中华书局2001年版,第1496页。
② 洪亮吉:《乙丑元旦》,《更生斋诗续集》卷二,《洪亮吉集》,中华书局2001年版,第1532页。

古人何太靓。授以一卷书,今人读难竟。以之膺世事,心志苦不定。我虽惭往哲,六籍等性命。愿假一岁闲,群书读当馨。"①表示余下的时光,要多读古人书,他经常读史书、《山海经》等。

正月初十他到苏州,赴邓尉山探梅,梅花尚未完全开放,访梅兼访梅间客,他顺便拜访了正好在费家湖侧展墓的尚书姜晟,"尚书履声何处寻,远复散步来湖浔。十年怀抱欲倾剖,相与浅坐梅花阴。阴阳迅转同车毂,忧国精神幸如昨。"②两人相见还谈论国事,洪亮吉虽然说已无意关心世事,只想读书著述,做个自在的花前客,但对世事的关注几乎已成了习惯。《升平四章》反映了许多社会问题,如"众庶多于虱""胥吏多于民""坟垄多于田""僧释多于农"③,都一针见血地揭示了当时社会的矛盾,非常深刻。

正月自宜兴渡太湖到长兴,邀邢澍乘船至龙华寺访巨超。《洪北江先生年谱》载:"正月,自宜兴渡太湖至长兴,偕诗僧巨超游卞山,遂自湖州至天台,遍游天台石梁、赤城、琼台诸胜,宿桐柏宫国清寺,数日而返。"④清凉寺方丈际云赠万年藤杖,有诗以报。此行有诗纪之,并写有《游天台山记》。归途在舟中看到山中桃李尽开放,田中麦浪接天青,喜而作诗。

三月有诗挽王杰,诗云:"规公我本为公贤(丙辰丁巳,余从公值内廷,屡规公当随事尽言,公虽不能从,然颇嘉其戆直),我受公知已卅年。胸有楼台起无地,手栽桃李出参天。勋存麟阁梁邱贺,家傍龙门司马迁。宰相状元如合传,文襄文定愧居先(公与于文襄敏中、梁文定国治,皆以状元宰相值机廷,他日列传,亦当同卷)。"⑤可见洪亮吉当时不仅自己遇事直言,还经常规劝王杰"随事尽言",王杰虽然没有听从,但也赞赏他的戆直秉性。

三月,洪亮吉应泾县知县李德淦聘,于萧公祠主修县志。李德淦,

① 洪亮吉:《偶成》,《更生斋诗续集》卷二,《洪亮吉集》,中华书局 2001 年版,第 1533 页。
② 洪亮吉:《新正十日探梅邓尉,适姜尚书晟展墓费家湖侧,因便道过访并率呈一篇》,《更生斋诗续集》卷二,《洪亮吉集》,中华书局 2001 年版,第 1533—1534 页。
③ 洪亮吉:《升平四章》,《更生斋诗续集》卷二,《洪亮吉集》,中华书局 2001 年版,第 1537 页。
④ 吕培等:《洪北江先生年谱》,《洪亮吉集》,中华书局 2001 年版,第 2350 页。
⑤ 洪亮吉:《挽王韩城师》,《更生斋诗续集》卷二,《洪亮吉集》,中华书局 2001 年版,第 1559 页。

字梅岩,顺天延庆(今北京市)人。乾隆六十年(1795)进士。李德淦担任泾县知县时,适逢宁国知府鲁铨欲修《宁国府志》而令各县修志,便延请名闻京师的洪亮吉主持纂修县志。洪亮吉先与泾县士人赵良澍等订定县志凡例,一起修志的还有赵绍祖、左煊、朱烶、陈宝泉等。"我来泾川已三月、儒流幸有赵、左、陈(谓绍祖训导及明经煊、孝廉宝泉)。"①这些有才学的当地士子,对洪亮吉高质量完成县志的修纂起到了很大的作用。

历时两年,洪亮吉完成了《泾县志》的纂修。修《泾县志》体现了他严谨的修志思想,主张详略得当,认为舆图疆域宜详细,主张贵因而不贵创,信载籍而不信传闻,他重沿革、重考据、重地理,代表了当时修方志的一个流派。洪亮吉作为方志名家,修纂有十多部方志,后人以《泾县志》为最佳,《泾县志》是方志史上的精品之一。

修志还需要了解各地的山川、风俗、经济等情况,且泾县山川秀美,"其岩壑清峭、道里深邃,实为东南诸县之冠"②,洪亮吉又一向喜欢山水,于是游踪几遍泾县,并留下较多题咏。他在泾川志馆口占一诗云:"莫笑衰翁鬓雪盈,著书才了又咏成。平心不与时高下,举足仍为世重轻。调水符烦开士送,游山屐有野老迎。泾南泾北题应遍,却惹樵苏识姓名。"③这是洪亮吉在修志之余写的一首诗,可见他在修志中体现自己的价值,也得到当地士子及百姓的尊重。

修《泾县志》期间,洪亮吉又应宁国府知府鲁铨的邀请,受聘纂修《宁国府志》。他于嘉庆十一年(1806)二月前往宁国府主持。宁国府志馆设在城北戚氏故居。"先生以《泾县志》事将成,命长子饴孙先往编校,自留宁国订定条例。"④之后他的精力主要在《宁国府志》的编纂上,一直在泾县与宁国间奔波,数度前往宁国。根据《年谱》的记载,他于嘉庆十一年(1806)四月自宁国至泾县,五月复至宁国,七月自宁国至泾

---

① 洪亮吉:《吴生行为昌言文学作》,《更生斋诗续集》卷三,《洪亮吉集》,中华书局 2001 年版,第 1573 页。
② 洪亮吉:《泾县志序》,《更生斋文续集》卷二,《洪亮吉集》,中华书局 2001 年版,第 1165 页。
③ 洪亮吉:《泾川志馆口占》,《更生斋诗续集》卷二,《洪亮吉集》,中华书局 2001 年版,第 1569 页。
④ 吕培等:《洪北江先生年谱》,《洪亮吉集》,中华书局 2001 年版,第 2351 页。

县,十月重赴泾县,十一月以《泾县志》告成,自泾县至宁国,直到年底方由宁国返家。次年二月,又至宁国,五月回家,六月重至宁国,七月自宁国赴江宁,十月再去宁国。十一月以府志告成,自宁国返里。嘉庆十一年(1806)、十二年(1807),洪亮吉的主要精力在编纂《宁国府志》。

作为《宁国府志》的总修,洪亮吉修志态度严谨负责,在编纂过程中,他发现了一些非常严重的问题,便写了一封言辞尖锐的信给知府鲁铨及诸同事,即《志事将竣与宁国太守及诸同事书》。他提出十个问题质问鲁铨,如府中县名排次任意更改,人物传记、古迹冢墓、循吏、文苑等的采录标准不统一、考证不严密,他亲自编定的山水诸门,费了很多苦心,查阅文献、实地勘察,逐条考证,还原实录,纠正错误,结果一半被人不察由来,随意删改。"刊工虽集于宣城,而底本皆来于权署。局中总修分校诸人,皆若有不得预闻者,遂至一卷之内,前后径庭,半部之中,各相矛盾。"①当时知府鲁铨为代理道员,多数时间不在宁国,洪亮吉有一年多时间没有见到他。鲁铨又公务繁忙,审阅志书有时假他人之手,而他人却借知府之名逞威风。洪亮吉提出的这些问题都非常关键,关系到志书质量。他虽与知府鲁铨有同年之谊,且是鲁铨聘请他来修志的,但仍从保证府志质量出发,写了这封很尖锐的信,不留情面,使鲁铨不得不重视这些问题。

他担任总修,也引起一些同事的妒忌,甚至为泄个人私愤而忘记他们是在编志书,不负责任地随意删改。"虚设总修之号,翻为众怨所归。况足下既取独断而独行,又何须群策而群力?……他日告竣之时,尚望于编纂内削去贱名,何敢于弁首中复加拙序。倘以为微劳可录,片善必登,即希将鄙人此书及与同事诸君书附入卷末,备刍荛之献可矣。"②他自己不在乎总修虚名,只想把志书修好。现在出现这些问题,他非常生气,所以很严肃地表示,方志告成后,在编纂中削去他姓名,将这封书信附于卷末。他严肃的态度,引起了鲁铨的重视。《宁国府志》于嘉庆十

---

① 洪亮吉:《志事将竣与宁国太守及诸同事书》,《更生斋文乙集》卷四,《洪亮吉集》,中华书局 2001 年版,第 1112 页。

② 洪亮吉:《志事将竣与宁国太守及诸同事书》,《更生斋文乙集》卷四,《洪亮吉集》,中华书局 2001 年版,第 1112 页。

二年(1807)十一月完成。

为修府县志,他对当地的农业生产情况也进行深入了解。《浮田歌》云:"浮田百倾平如掌,千尺水流三寸壤,下有泠泠水声响。山农以为地,游鱼以为天。下层鱼蛤中层田,上者覆盖苍苍烟。……仰食禾根抵鱼俸,双竿作翼身何轻(农人播种时,腋下挟两竹竿,不则有沉没之患)。种地恍种天边星,谷食颗颗如星精。雁来红与鸡冠赤(米皆红色,有雁来红等名),上碓人夸好颜色,不是世间烟火食。山农一岁皆倍收,米可十石鱼千头,米作常馔鱼为馐。闲观我忽发深慨,百年桑田会须改,此亦人间小沧海。"①这首诗描写了安徽有特色的浮田,是漂在水上的田,水中养鱼,水上薄薄的一层土上种水稻。种出的稻米是红色的,叫"雁来红""鸡冠赤"等。安徽山农十分勤劳,在山多地少的情况下,充分利用一切可利用的土地。在这样的田中耕作很辛苦,腋下挟两竹竿,不然有沉没的危险。他观察细致,描述生动,这些对研究清代安徽农村农业生产等,至今仍具重要价值。

期间纪昀病故,他有诗悲悼纪昀。诗云:"乍入纶扉疾已绵,客冬才启八旬筵。最怜干宝《搜神记》(所著说部书至六七种),亦附刘歆辑略篇(乾隆中四库馆开,其目录提要,皆公一手所成)。绝域纪游思往日(公曾以事戍乌鲁木齐),甘陵植党感余年(公与余座师朱相国同里,晚年意气不合,颇复分党)。鲰生事事辜公望(余受公知最深,期望尤切),一事同公是戍边。"②他为纪昀的故去而伤心,高度肯定他著《四库全书总目提要》等成绩,还说他辜负了纪昀的希望,自嘲说只有戍边新疆倒是两人相同的际遇。

这几年他家里也有一些变故,嘉庆十年(1805)九月初十日,儿子符孙娶妻。"初十日,第三子符孙娶妇崔氏。乾隆辛巳进士,分巡湖北荆宜施道、永济崔君龙见之孙,乾隆壬子科副榜贡生、甘肃两当知县景俨之女也。"③儿媳崔氏是崔龙见、钱孟钿孙女,崔景俨之女,名门之后,又是世交之家。本年次孙女夭亡。次年七月初四日,洪亮吉又添了位孙

---

① 洪亮吉:《浮田歌》,《更生斋诗续集》卷三,《洪亮吉集》,中华书局2001年版,第1579页。

② 洪亮吉:《哭纪尚书昀》,《更生斋诗续集》卷二,《洪亮吉集》,中华书局2001年版,第1564页。

③ 吕培等:《洪北江先生年谱》,《洪亮吉集》,中华书局2001年版,第2351页。

子凯曾,正是符孙所生。可惜的是儿媳崔氏于嘉庆十一年(1806)七月二十三去世。八月二十三日,长子饴孙也给他生了一个孙子彪曾。嘉庆十二年(1807)六月二十二日侧室郑氏去世。"颇感侍侧人,昨病今已亡。孤悬匏瓜星,照此织女房。他时砧杵声,令我心彷皇。"①诗中可见洪亮吉对她感情很深。

嘉庆十二年(1807)九月,徐书受灵枢归里,洪亮吉有诗哭之。此年他还著有《六书转注录》八卷。

嘉庆十二年(1807)常州遭遇旱灾。"十二年二月甲申,霾,夏大旱,饥米石三千。"②《年谱》中也称"是岁,常州大旱,秋雾复伤稼,禾苗不成,饥民皇皇,城邑尤甚。"③当年大旱,又有雾霾、蝗灾,物价飞涨,民不聊生。

洪亮吉在修志期间回到常州,看到家乡灾荒严重,赤地千里,还有螟虫之害,庄稼几乎颗粒无收,十分忧心。他在诗中说:

今年岁序荒,赤地乃逾半。澄江一条水,洄出南北岸。螟虫灾复继,何止夏秋旱。哀鸣感蜚鸿,太甚咏云汉。贫家柴一束,价已至无算。稍喜落叶多,堪供夜吟案。④

旱灾、虫灾严重,导致物价飞涨,一束柴,已是天价。气候异常是导致灾难的主要原因,"冬穷气暖犹流汗,日昨官河已先断。连廛何止米价昂,饮水都复成泥浆。三秋不雨三田白,日午黄尘垄如织。闲心检点豆黍苗,何止无禾恐无麦。"⑤夏秋冬连旱,影响稻麦两茬农作物的生长,民以食为天,粮食价格飞涨是不可避免的。老百姓没有粮食吃,只能吃榆树皮、芦苇根充饥。看到家乡这样的惨状,作为一个罢官逐臣,他还是想办法要为百姓做点事情。他在给胡世琦的书信中也写道:"甫乃返棹本州,悯灾故里;盈前赤地,绝不生禾。满眼青虫,偏能害稼。仆纵倾

---

① 洪亮吉:《炎暑》,《更生斋诗续集》卷七,《洪亮吉集》,中华书局2001年版,第1745页。
② 王其淦、吴康寿:光绪《武进阳湖县志》卷二十九,清光绪五年(1879)刻本。
③ 吕培等:《洪北江先生年谱》,《洪亮吉集》,中华书局2001年版,第2352页。
④ 洪亮吉:《冬日寓兴》其四,《更生斋诗续集》卷七,《洪亮吉集》,中华书局2001年版,第1758页。
⑤ 洪亮吉:《赈局二生行赠高星紫瞿溶两秀才》,《更生斋诗续集》卷七,《洪亮吉集》,中华书局2001年版,第1764页。

篚中之俸,搜瓮头之粟,无济于事,稍竭厥诚。……急欲抵贵郡者,了文史之案,免素飧之讥。"①他要赶紧完成修志的工作,拿到报酬,腾出时间,才可以帮助乡邻。

他完成《宁国府志》后,即投身赈济灾民之事。

> 先生首请于蒋太守荣昌及武进、阳湖两明府,设局营田庙,捐资施赈。先生总理局事,自捐三百金为倡,余按城乡各商贾殷户,酌资劝捐,每日卯刻入局,漏下一二十刻始返,风雨无间,又虑赈赈米有疾疫及狼藉粒米之虞,于是改赈以钱。自十二月至戊辰四月,每月放赈一次,计在局四阅月,凡捐银一万七千九百余两,钱十万六千四百余千,所赈饥口二十万四千九百六十余。其乡归乡办者不在此数。闾阎稍苏,而灾厉不作,乡人感之。②

洪亮吉主持赈灾事务,虽然家境不富裕,自己还是带头捐款三百两,还以自己的影响力劝导"商贾殷户"捐资。每天一大早就去赈灾现场,风雨无阻。又考虑到放赈粮食有可能造成疾疫及浪费等现象,改赈钱,每月放赈一次,四个月放赈四次。第一次放赈是在嘉庆十二年(1807)十二月廿六日,他有诗纪之。诗云:"凌晨入庙门,香炉尚未冷,伊谁相晤对,植立一银杏。经旬三次雨,民已万千幸。县宰迟未来,饥民久延颈。……却忍半日饥,吾心亦先省。"③凌晨第一个到文昌阁,他知道百姓会早早到现场等着放赈,"朝饥实难支,开赈肯后来"④,而县宰却迟迟未到,灾民只能饿着肚子等。古人常认为灾荒是天谴,皇帝此时常会反省自己,甚至写罪己诏。洪亮吉认为老天频频施谴,每个人都应该反省自己。他和饥民一起饿了半天,反省自己的言行。嘉庆十三年(1808)二月六日,"偕阳湖毕明府开煜在武庙放第二次赈。三月十六日,偕阳湖马明府绍援在西庙放第三次赈……四月十八日,偕马明府在

---

① 洪亮吉:《答胡孝廉世琦书》,《更生斋文乙集》卷四,《洪亮吉集》,中华书局 2001 年版,第 1110 页。
② 吕培等:《洪北江先生年谱》,《洪亮吉集》,中华书局 2001 年版,第 2352 页。
③ 洪亮吉:《二十六日文昌阁偕县侯放赈诗》,《更生斋诗续集》卷七,《洪亮吉集》,中华书局 2001 年版,第 1765 页。
④ 洪亮吉:《初六日西庙偕县侯放赈诗》,《更生斋诗续集》卷八,《洪亮吉集》,中华书局 2001 年版,第 1770 页。

武庙放第四次赈。"①

每一次放赈，洪亮吉都有诗纪之。第三次放赈他有诗《十六日武庙偕新县宰马明府绍援放赈即呈县宰》②，这次赈灾募集到的款项较多，帮助了二十多万灾民，乡人很感念他。"饥民厌长饥，日日诣官府。为敛万钱众，拯兹一方苦。清晨庙门辟，十十兼五五。僧有香火缘，官真粥饭主。"③第四次放赈只放了一半。"青黄不接时，竭力展半赈。……荆襄籼米集，稍觉舒困顿"④，好在下了几场雨，麦苗已复苏。而且当时有湖北湖南的籼米运到常州等地，稍稍缓解了灾情。

洪亮吉能亲自参与赈灾，是因为他从年轻时候开始，就一直关切下层民众的生活，他在安徽看到百姓为生活所迫卖儿卖女，以沉痛的心情写下《卖儿行》，"卖儿女，供耶娘。人价低，谷物昂。耶娘饭未足，几处抛骨肉。"⑤对下层生活有亲身体验，感同身受，所以他捐钱出力，他说："黔娄本贫家，所苦不自量。随人捐粟丝，己反缺粮粮。置身赈局中，自顾转不遑。"⑥哪怕捐完之后自己生活困顿，自顾不暇，也是心甘情愿。

嘉庆十三年（1808）四月，大麦成熟收割，在家乡灾情缓解之后，洪亮吉即外出游览。"饥黎气将苏，客子反别乡。径买一叶舟，连宵走苏杭。"⑦"是月，至杭州，小住湖上，游云栖、理安诸寺，回舟复观吴门竞渡而返。"⑧六月，避暑焦山定慧寺。八月，洪亮吉率子符孙至江宁乡试，回途复至扬州等地访友，重憩焦山。十月，他溯江而上到汉阳，"访洪山、南湖、晴川、黄鹤之胜，月杪旋里。十二月，游荆溪南山，入张公洞里许

① 吕培等：《洪北江先生年谱》，《洪亮吉集》，中华书局2001年版，第2352页。

② 洪亮吉：《十六日武庙偕新县宰马明府绍援放赈即呈县宰》，《更生斋诗续集》卷八，《洪亮吉集》，中华书局2001年版，第1781页。诗中地点是武庙，与《洪北江先生年谱》所记西庙有出入，应以诗中为准。

③ 洪亮吉：《十六日武庙偕新县宰马明府绍援放赈即呈县宰》，《更生斋诗续集》卷八，《洪亮吉集》，中华书局2001年版，第1781页。

④ 洪亮吉：《四月十八日展放半赈即呈县宰马绍援》，《更生斋诗续集》卷八，《洪亮吉集》，中华书局2001年版，第1796页。

⑤ 洪亮吉：《卖儿行》，《更生斋诗续集》卷一，《洪亮吉集》，中华书局2001年版，第1495页。

⑥ 洪亮吉：《道中见有收大麦者喜而有作》，《更生斋诗续集》卷八，《洪亮吉集》，中华书局2001年版，第1796页。

⑦ 洪亮吉：《道中见有收大麦者喜而有作》，《更生斋诗续集》卷八，《洪亮吉集》，中华书局2001年版，第1796—1797页。

⑧ 吕培等：《洪北江先生年谱》，《洪亮吉集》，中华书局2001年版，第2352页。

而返。"①游踪及江苏、浙江、湖北。嘉庆十四年(1809)"正月,至苏州邓尉看梅,久憩吾与庵。三月,重游焦山、小憩定慧寺及海门庵。"②

洪亮年一生喜入名山游,年轻时游学游幕,游历江苏、浙江、安徽、陕西等地,因工作原因宦游京师、贵州,沿途名胜一一游历,后因遣戍又出甘肃嘉峪关,远赴新疆伊犁,见识了塞外风光和风情,还乡后的第二年开始,他每年都外出游历。嘉庆六年(1801),洪亮吉避暑焦山,游扬州、苏州、娄东等地。嘉庆七年(1802),利用旌德洋川书院教书之便,游安徽九华山、黄山。嘉庆八年(1803),游览扬州、镇江,至焦山避暑,又至芜湖、南京、句容、上海等地名胜。嘉庆九年(1804),游浙江长兴,至安徽歙县洪源谒祖祠,又至南京、上海、南通狼山、镇江焦山、苏州邓尉。嘉庆十年(1805),游宜兴、太湖、长兴、湖州、浙江天台山、泾县、苏州,由镇江至江西庐山。嘉庆十一年(1806),在宁国、泾县,游杭州西湖、余杭县、苏州邓尉、黄山、福建武夷山,由上饶返里。嘉庆十二年(1807)在宁国,游金山、焦山、潜县、嘉兴、常熟、绍兴等。

洪亮吉回乡之后热衷游历,除了他喜欢游览山水外,还有一个原因就是排遣心中的郁闷。上书直谏被遣,在物质和精神方面对他的打击都很大。他不仅一夜之间变逐臣,且戍途九死一生,回来后又几乎一无所有。他心中的不平与苦闷,在一首咏落花诗中充分显现,"昔作群花冠,今依百草根。东风任飘去,莫更入朱门。"③他诗中的落花,何尝不是自己的写照,昔日钦点榜眼,上书房里教皇孙,好比"群花冠",如今又成一介寒儒草根,虽然他是个豁达之人,觉得能活着回来就很好,但一点没有不平郁闷是不可能的,所以有"莫更入朱门"的感叹。他在给朋友胡世琦的信中说:"自仆之归,既悼遗簪,复遭窃铁。窗扉半折,箧笥一空。青毡不留,金粉零落。所谓燎原之后,加以焚林;严霜之余,复此密霰。嗣以出吊东郭,遂游北山。过渔父之居,陟樵风之径。"④信中写出了他游历的真正原因,旧物遗失,遭人怀疑,他内心的郁闷只能通过亲

① 吕培等:《洪北江先生年谱》,《洪亮吉集》,中华书局 2001 年版,第 2352 页。
② 吕培等:《洪北江先生年谱》,《洪亮吉集》,中华书局 2001 年版,第 2353 页。
③ 洪亮吉:《花落有感》,《更生斋诗续集》卷十,《洪亮吉集》,中华书局 2001 年版,第 1876 页。
④ 洪亮吉:《答胡孝廉世琦书》,《更生斋文乙集》卷四,《洪亮吉集》,中华书局 2001 年版,第 1110 页。

近山林去排遣。

另外，虽然洪亮吉经历了如此大的劫难，但他对民众的关怀、对国事的担忧一直没有消失，直接参与赈灾就是一个例子，赈灾期间他无心游览，一心扑在赈局，而其他时间，他残存的"壮心"，又要通过壮游来消解。正如他诗中所言："伏几偶有暇，即欲思幽寻。岂真好游山，藉以消壮心。古阴惜分寸，我转惜瞬阴。此即一瞬中，足抵千黄金。"①他是借游山水以消壮心，而且，经历过生死，也更加觉得时间的珍贵，更要珍惜有限的时光，多游历大好河山。

虽然他感觉身体状况不错，回乡后一直在外奔波游览，但病根却已经埋下。戍途生活的艰辛、西域气候的极端，对他的身体都有很大的伤害。嘉庆十四年（1809）四月二十二日，洪亮吉偶患胁痛，服消导之药后，月底渐愈。"五月初五日，胁痛复剧，饮食渐减，犹日坐岁寒堂，未尝偃卧，有问疾者，皆自谢之。初九日，服医家降伐之剂，胁痛未减，时有喘逆。十二日，气息渐微，家人环问，频云无所苦。弥留之际，老媪抱幼孙彪曾侍侧，呼先生，犹徐应之。未刻，先生卒。越一日，殡于北江草堂。子饴孙等以是年十二月二十四日申时葬先生于武进县德泽乡前桥祖茔昭穴。"②他在发病前十多天还登焦山，病中有人赠一瓶石榴，他还写绝句二首。从发病到去世，一共只有短短二十日左右。胁痛很可能是肝病，这也是他的积疾。所幸的是他临终无所苦，平静安详地离开了这个世界，享年虚岁六十四岁。

洪亮吉的离世，让很多朋友悲痛不已。最感到意外的是赵翼。他在诗中云：

> 廿年以长合先亡，岂意翻为作挽章。为我前驱开觉路，比君后死殿名场。作碑索谢非钱癖，斫地悲歌亦酒狂。终有未消奇气在，重泉应尚吐光芒。（余长君二十年，尝戏谓"君他日当为吾作墓志"君曰："如此，则先生当早逝，待吾下笔。"余笑谓"迟余死正以延君

① 洪亮吉：《偶成》，《更生斋诗续集》卷三，《洪亮吉集》，中华书局 2001 年版，第 1597 页。
② 吕培等：《洪北江先生年谱》，《洪亮吉集》，中华书局 2001 年版，第 2353 页。

寿,反相促耶?"一时戏笑之言,竟成语谶)。①

赵翼长洪亮吉 19 岁,本来要让洪亮吉为他写墓志铭,现在反而年长的赵翼为他写挽章,两人的戏言不料成谶,赵翼在题洪亮吉《万里荷戈集》中也曾开玩笑说"天公见之拍手笑,待子久矣子才到"②,对于洪亮吉才过花甲竟猝然离世,他感到非常意外和悲痛,作诗四首以哭悼,其一云:"里闬征逐惯从游,一病何期竟不瘳。生为狂言投万里(君以上书谴戍伊犁),死犹遗稿待千秋。繁音不听梨园调(生平不听戏),健步堪当剡曲舟(出必步行)。胸次知君原洒落,古来何事不浮沤。"③他怀念他们一起在家乡相聚的美好日子,钦佩他狂言直谏,胸怀磊落。

洪亮吉去世后,许多人作诗悼念他,甚至很多年后依旧怀念他,如金学莲、杨芳灿、王岂孙、舒位、刘大观、李赓芸、乐钧、刘嗣绾、顾广圻、孙原湘、陆继辂、汪喜孙、李慈铭、钱仪吉等。嘉庆十七年(1812),张问陶路过阳湖,作诗怀念两个人,一个是苏轼,一个便是洪亮吉,诗云:

> 当年慷慨庆弹冠,曾有诗盟结岁寒。爱我猖狂呼李白,看君光气夺齐桓。浮沉世网终须了,进退名场本不难。泉下有灵能笑否,故人今日也辞官。④

他与洪亮吉当年结诗社唱和,慷慨激昂,相互欣赏,如今过其家乡,祭奠怀念,"酒浇坟土宁无滴,诗辟要荒更可传。携得惊人奇语在,招魂重与问青天。"⑤洪亮吉虽然结束了他"高谈忠义傲神仙,火色飞腾六十年"⑥的一生,但他的气节、诗文、学术,在世间流传,在中国文化史上留下浓墨重彩的一笔,永不会磨灭。

洪亮吉的后代也比较优秀,有一定影响。长大成人的四个儿子:饴孙、符孙、胙孙、龄孙,都继承父学,著作颇丰。长子洪饴孙(1773—1816),字孟慈,一字祐甫,自号青垤山人。嘉庆三年(1798)举人,官湖北东湖县

---

① 赵翼:《哭洪稚存编修》其三,《瓯北集》卷五十一,上海古籍出版社 1997 年版,第 1308 页。
② 赵翼:《题稚存万里荷戈集》,《瓯北集》卷四十二,上海古籍出版社 1997 年版,第 1044—1045 页。
③ 赵翼:《哭洪稚存编修》其一,《瓯北集》卷五十一,上海古籍出版社 1997 年版,第 1307 页。
④ 张问陶:《过阳湖怀稚存》其一,《船山诗草》卷十九,中华书局 1986 年版,第 537 页。
⑤ 张问陶:《过阳湖怀稚存》其二,《船山诗草》卷十九,中华书局 1986 年版,第 537 页。
⑥ 张问陶:《过阳湖怀稚存》其二,《船山诗草》卷十九,中华书局 1986 年版,第 537 页。

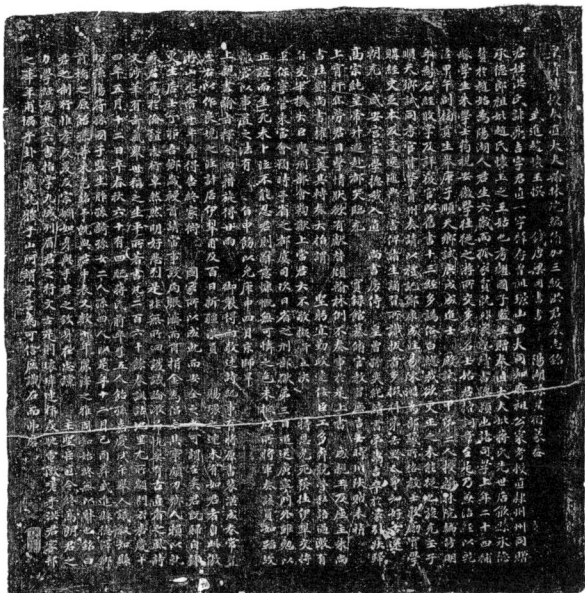

赵怀玉撰《洪亮吉墓志铭》
（洪亮吉纪念馆供图）

孙星衍篆书《洪亮吉墓志盖》
（洪亮吉纪念馆供图）

知县。"其学博闻强识,于经通小学,于史通地理、氏族、目录、职官,而于亡书之学尤精,拾遗补缺,足以成一家言。"①著作甚富,有《补续汉书艺文志》二卷、《世本辑补》十卷、《三国职官表》三卷、《史目表》二卷、《梁书州郡志》三卷、《历代后妃纪》、《汉书地理志考证》、《隋书经籍志考证》、《毗陵经籍志》(一说《毗陵艺文志》)四卷、《青埵山人诗集》十卷等。② 洪符孙(1784—?),字幼怀,国子监生。精研史学,工诗文。有《禹贡地名集说》二卷、道光《鄢陵县志》十八卷、道光《禹州志》二十六卷、《齐云山人文集》一卷、《齐云山馆诗集》四卷等。洪齮孙(1804—1859),又名德方,字子龄。道光十九年(1839)举人,官广东镇平县知县。精历史、舆地之学,有《补梁疆域志》四卷、《战国地名备考》《汉魏六朝隋唐地理书目考证》《淳则斋文钞》二卷、《淳则斋骈文》一卷、《淳则斋诗》二卷等。

洪金贡(? —1860),字彦先,洪亮吉曾孙。廪贡生,官候选训导。太平军攻入常州,死于巷战,全家十七口投河。洪用懃,字彦哲,号耕畬,洪亮吉曾孙,饴孙之孙。官至贵州仁怀知县。刊刻《洪北江先生遗集》。

洪述祖(1855—1919),原名熙,字荫之、印之,号观川居士、觉庵,洪亮吉玄孙,饴孙曾孙。附贡生,历官至候补道员,民国后曾任内政部秘书。因参与刺杀宋教仁,被处绞刑。有《如水斋读书志闻》《如水斋诗》等。

洪深(1894—1955),学名洪达,号伯骏、浅哉,字潜斋,曾用笔名庄正平、乐水、肖振声,洪亮吉六世孙,洪述祖子。毕业于清华大学,美国哈佛大学戏剧硕士,是我国早期话剧和电影的奠基人。他集编剧、导演、表演于一身,创作电影剧本、话剧剧本数十部,著有理论专著《洪深戏剧理论文集》《电影戏剧表演术》《编剧原理》等。

洪金宝(1952—),洪亮吉八世孙,洪深侄孙,洪深弟洪济孙。香港著名演员、武术指导、导演、监制、编剧。③

---

① 张惟骧编纂,朱隽点校:《清代毗陵名人小传稿》卷五,凤凰出版社 2017 年版,第 79 页。
② 江庆柏主编,叶舟、朱隽增订:《江苏艺文志(增订本)·常州卷》,凤凰出版社 2019 年版,第 621—622 页。
③ 洪亮吉纪念馆:《洪亮吉洪深简谱系》。

第十一章　诗词骈文　堪称巨擘

洪亮吉兼学人、文人于一身，既潜心学问，又视创作为生命，是清代著名的文学家。他一生创作颇丰，在诗歌创作、诗学理论、词、骈文、散文等领域，都取得标志性的成绩，作品奇气横溢，真挚感人，诗文作品无论是数量上还是质量上，在清朝都名列前茅，堪称巨擘。

第一节　乾嘉诗坛称巨擘

清代常州文化繁盛，诗歌也不例外。清初诗坛上就活跃着"毗陵四家"，即董以宁、邹祗谟、陈玉璂和龚百药，"毗陵六逸"，即杨宗发、恽格、胡香昊、陈錬、唐靖元及董大伦，以及乾嘉时期的"毗陵七子"即洪亮吉、黄仲则、孙星衍、赵怀玉、杨伦、吕星垣和徐书受，清后期还有"毗陵后七子"，即吴颉鸿、庄缙度、赵申嘉、周仪颢、陆蓉、徐廷华和汪士进。同时代的诗人之间诗歌唱和较多，诗歌理论、创作风格等也有一定的传承关系，已形成一个地域性诗歌流派——毗陵诗派。[①] 清代诗人吴应奎在《读明人诗戏效遗山论诗绝句三十五首》其二十九中有"毗陵诗派早知归"[②]，论及的是其祖父吴维岳，这里的"毗陵"是指明代的唐顺之。陈书录对明代嘉靖年间是否有一个"毗陵诗派"进行过详细的考证，并给出

---

① 纪玲妹：《清代毗陵诗派研究》，凤凰出版社 2009 年版，第 5 页。
② 郭绍虞、钱仲联：《万首论诗绝句》，人民文学出版社 1991 年版，第 790 页。

肯定的答案。[①] 清代毗陵诗派的核心人物是洪亮吉、黄景仁。

洪亮吉诗词文赋俱佳，但他最重视的还是诗歌，也正是其诗歌创作成就，奠定了他在乾嘉文坛的地位。洪亮吉从小就喜欢诗歌，虽然在私塾中只传授与科举考试有关的内容，不许旁涉，但他的母亲一直培养他诗歌方面的兴趣，并经常鼓励他作诗。他创作较早，八九岁时就能写出"明月照千里，秋花香一庭"[②]这样的诗句，13岁学作诗，早年诗歌就与黄景仁齐名。一生创作不辍，留下了大量优秀的诗作。他的诗集有《附鲒轩诗》八卷，收录从13岁到31岁所作诗歌，《卷施阁诗》二十卷，收录34岁至54岁远戍伊犁之前所作诗歌，遣戍伊犁及百日赐还后直到64岁去世，作有《更生斋诗》八卷、《更生斋诗续集》十卷。四部诗集以系年编集，加上近年发现的一些佚诗，总数有近5500首，这在清朝，甚至整个古代文学史上，都是名列前茅的。诗歌题材广泛，涉及纪实、纪游、交友、咏怀、咏史、论诗、题咏等内容，其中最有现实意义的，是关注现实及民生疾苦的诗歌，最有艺术价值的，是歌咏自然山水的诗篇，尤其是歌咏西域风光及风情的诗歌。风格多样，雄健豪迈，奇气横溢。体裁兼备，尤长古体，并重视从民歌中汲取营养，形式新颖独特。

一、始终关注现实民生

关注现实和民生，感受时代命运，一直是洪亮吉诗歌不变的主题，是他儒家仁爱精神的诗化表达。他能看到所谓盛世背后的危机，对百姓的苦难深深忧虑，在当时文网高张，钳口结舌的年代，一些文人高唱颂歌，赞美这个所谓的太平盛世，有些文人专心学问，不问世事，还有些人放浪形骸，玩世不恭，以发泄不满与愤懑，而洪亮吉始终关注现实社会，敢于对社会的阴暗面进行大胆揭露，实属难能可贵。

洪亮吉少有大志，一直有强烈的用世之心。他读书的目的非常明确，曾说"读书只欲究世务，放笔安肯为词章"[③]，读书就是经世致用，不仅仅满足于做一个词章写手，所以他将个人命运与国家的命运联系起

---

① 陈书录：《唐顺之与明代"毗陵诗派"考论》，《文学遗产》2011年第4期。
② 洪亮吉：《外家纪闻》，《洪北江全集》，光绪初授经堂刊本。
③ 洪亮吉：《赵大怀玉招饮醉后却寄》，《附鲒轩诗》卷七，《洪亮吉集》，中华书局2001年版，第2063页。

来,对社会问题非常关注,不同的人生阶段都写作了许多忧虑民生的诗作。

青年时代的洪亮吉,在安徽朱筠府当幕僚时,就曾写下《悯旱》《苦雨》《即事》等诗,反映百姓生活艰难、穷富不均、官府与百姓对立等问题。后来在毕沅幕府时,结合游历中所见所闻,关注民生疾苦和吏治现状,他的《朝阪行》三首即反映了他关注到的几个问题。"一碑仅露尺,细视万历年。风吹河东沙,日没河西田。黄河身高田亦高,碑石九尺埋蓬蒿。君不见,居人耕沙沙没踵,子孙田尽高曾冢。"①这里他关注到的是西北风沙严重,水土流失,耕田越来越少,坟墓还要占据田地,百姓生活受到影响。其二:"三门当黄河,门半以土窒。惟开城西门,日夕车马出。居民防害愿筑堤,万钱鬻石兼运泥。君不见,河流已退催租急,堆土若山堤未立。"②这首写的是黄河泥沙淤积,变成悬河,水害严重。百姓为了生活"愿筑堤"防水患,耗费"万钱"买石头,又承担"运泥"的繁重劳动。但没想到水一退就被"催租急",防水的堤坝却没有修成。其三:"昨传黄流增,驿到八百里。官方坐早衙,失色推案起。白须吏人前执裾,官今勿惊安众愚。君不见,官无一言吏会意,日午传呼县门闭。"③这一首写的是官吏不作为。当黄河水患的消息加急传到,官吏心领神会,早早关上衙门,根本不顾百姓的生命安危。这是对当朝吏治腐败的有力控诉。

洪亮吉在随毕沅赴河南途中,看到旱情严重,赤地千里,写下《悯旱》诗四首,诗云:

> 镇日帷车坐,偏愁云气晴。客行殊望雨,敢说为苍生。
>
> 两岁多忧旱,山田赤地多。到秋霖雨集,瘠土更防河。
>
> 百车汲井华,绠断水亦竭。辛苦野人言,残冬已无食。

---

① 洪亮吉:《朝阪行》其一,《卷施阁诗》卷五,《洪亮吉集》,中华书局2001年版,第553页。
② 洪亮吉:《朝阪行》其二,《卷施阁诗》卷五,《洪亮吉集》,中华书局2001年版,第553页。
③ 洪亮吉:《朝阪行》其三,《卷施阁诗》卷五,《洪亮吉集》,中华书局2001年版,第553页。

三月黄花少，蓬蒿积菜园。残灯山馆夜，殊复愧传餐。①

一般来说，出行在外的人都希望天气晴朗，可他看到这么严重的旱情，山田均为赤地，农民已把井水汲干，井绳拉断也打不出水来，他为苍生忧虑，盼着老天下雨。可是这贫瘠的土地，一旦秋天雨量集中，更要防止水灾，而且黄河是一条悬河，水涝灾害非常严重。百姓一年生计艰难，"残冬已无食"，而他作为巡抚的幕客，却还享受着"传餐"的待遇，心中颇觉惭愧。从诗里可见，他的心是与黎民百姓相通的。在另一首诗里，他也写到河南的水旱灾严重的情况，诗云：

昨来喜雨篇，忧国何谆谆。民之饥渴怀，乃若在一身。圣人垂衣裳，周览靡不臻。惟兹大河南，民俗庶可淳。畴咨雨旸区，责此司牧臣。温温今尚书，百族依其仁。抑闻为治方，宽猛得并伸。推诚固宜先，条教虑勿遵。自非束吏严，曷表于物勤？此方当河冲，水旱又已频。调剂幸垂思，苏此十郡民。明明哲人言，乌莵亦咨询。吾儒道无方，讵敢分域畛。值昨忧旱灾，露坐每达晨。虽无牧民责，悯此俗痛呻。又闻垂空言，不若实意存。②

这是一首回赠河南布政使景安的诗作。诗歌传递出来的信息，明确表达了忧国忧民的情操。此时他虽然不是地方官，没有牧民的责任，但觉得自己身为一幕僚也是有责任的。"民之饥渴"犹如己之饥渴，他为喜雨而乐，为水旱而忧，对黎民的苦难感同身受。他目睹处于黄河要冲之地的大河南，水旱灾害频繁，内心忧虑，无法入眠。对于吏治，他也表达了自己的看法，他做了近廿年的幕客，"廿年客诸侯，利弊粗得分"③，对政事也有一点体会，希望当政者能听取他的建议。他赞同宽猛相济，有令必行。

洪亮吉在去贵州就任的途中，也将目光看向民间。看到哀鸿遍野，民不聊生的情景，一如既往地关心民生疾苦，"濛濛远道开湿光，杨柳绿

① 洪亮吉：《悯旱》，《卷施阁诗》卷七，《洪亮吉集》，中华书局 2001 年版，第 589 页。
② 洪亮吉：《偶得五百字酬景方伯安枉赠之作》，《卷施阁诗》卷七，《洪亮吉集》，中华书局 2001 年版，第 595 页。
③ 洪亮吉：《偶得五百字酬景方伯安枉赠之作》，《卷施阁诗》卷七，《洪亮吉集》，中华书局 2001 年版，第 596 页。

尽初生黄。歉乡岂独民无业,树底饥乌亦餐叶。"①当时饥荒严重,百姓生活十分艰辛。

据《清史稿》记载,乾隆五十五年(1790)、五十六年(1791)全国大面积水灾,直隶、山东、奉天、河南、江苏、安徽等地受灾严重,朝廷虽赈灾免赋,也只是杯水车薪。水灾之后,必有疫情,乾隆五十七年(1792),又遭遇了大面积旱灾和部分地区蝗灾。

《高宗本纪》乾隆五十七年(1792)的记载中,赈灾免赋的篇幅不小,如:"五十七年春正月壬申……免奉天、直隶、安徽、湖南、广东逋赋。……(二月丁未)免奉天锦州府属上年旱灾额赋。……(三月)壬午,免直隶大兴等八州县积欠米谷。……庚寅,免五台本年钱粮十分之五,大同、朔平二府属未完逋赋。……(夏四月)乙卯,上诣黑龙潭祈雨。命刑部清理庶狱,减徒以下罪。闰四月甲申,以久旱,谕台湾及沿海各省详鞫命盗各案,毋有意从严。蠲河南汤阴等五县上年旱灾额赋。丙申,以久旱,下诏求言。……(六月)丁丑,赈江西南丰、广昌水灾。……秋七月甲辰,赈直隶河间等处旱灾,顺直宛平、玉田等州县蝗。……(八月)丙申,赈陕西咸宁等六州县旱灾。……(冬十月)己巳,赈河南安阳等十六县灾民,蠲缓新旧额赋有差。……壬午,赈直隶河间、任丘五州县旱灾,并免顺天等十三府州属被灾旗民额赋。……(丁亥)赈陕西咸阳等十四州县旱灾。……十一月丙午,赈山东德州等二十州县旱灾。……(十二月)甲戌,免长芦兴国等五场并沧州等七州县被灾灶地额赋。……(丙子)以伊犁回民地亩雪灾,免本年额谷。癸未,赈河南安阳等二十五县旱灾。"②

从史料可以看出,这几年连年遭灾,上年水灾,下年旱灾,还有蝗灾、霜雪灾,仅乾隆五十七年(1792)一年,几乎每个月都有赈灾的记录,皇帝甚至因为久旱去黑龙潭祈雨,命刑部清理刑狱,赦免较轻罪行的罪犯,下诏求言等,祈求上天不要降灾于民间,希望风调雨顺,百姓安康。虽然朝廷几乎每月都有赈灾减赋的政策,旗民还能得到特别的照顾,但

① 洪亮吉:《良乡道中》,《卷施阁诗》卷十二,《洪亮吉集》,中华书局 2001 年版,第 702 页。
② 赵尔巽:《清史稿》卷十五《高宗本纪六》,中华书局 1977 年版,第三册,第 552—555 页。

对于绝大多数的汉民来说,这些赈灾远远不能从根本上解决生活中的困难。在京城中生活也许不能真切感受灾民的困境,走到乡间,灾后的情景都呈现在洪亮吉的眼前。他在《自柏乡至磁州道中杂诗》中记录如下:

> 一日行两驿,所苦乏昏晓,十日历数州,尤愁值僵殍。眼中过百井,生计殊草草。闾邑虽尚盈,欢颜抑何少!日斜杨柳外,一一闭门早。驿亭依北郭,路断垣亦倒。吏辞供亿困,愍此山县小。僮仆有人心,宵餐不能饱。

> 昨日驰县东,今日驰县西。屈指两月中,万里积四蹄。我愿骑马人,惜此马力疲。渴引就水源,行无使长饥。此宁欲市恩,体物或庶几。厥吏惨不仁,鞭挞讵有期。我诗写驿亭,墨淡字亦敧。用以警牧民,危言匪无稽。

> 北风连晨来,节候已冬月。荒荒野烧红,补此炊烟缺。人家林木外,气象何凛冽!饥来聊饮水,干糗苦时绝。诚知年岁歉,生理亦殊拙。道逢驼背叟,引与话清切。辛苦无他言,惟祈一冬雪。①

洪亮吉在乾隆五十七年(1792)十月初行抵河北磁州,这四首杂诗,详细记录了他从柏乡到磁州道中的所见所感,他经过的数州之地,道路断绝,房屋倒塌,最痛心的是看到路有饿殍,百姓忍饥挨饿,愁眉苦脸。他行走在路上,只见荒野中的野火,不见晨炊的炊烟,晚上早早闭户,荒年的生计十分艰难。他的僮仆也心地善良,体恤百姓,"宵餐不能饱"。他与路上遇到的老人亲切交谈,了解民情,更清楚地知道荒年中的百姓,正忍受着饥饿的折磨,"辛苦无他言,惟祈一冬雪",灾荒之年老百姓只有希望得到老天的眷顾了。

前往贵州经过湖北荆州时,他也关注百姓的生活。"此州地大甲楚中,城险况值江流冲。五年民气未全复,所愿吏好年常丰。尚书用法公

---

① 洪亮吉:《自柏乡至磁州道中杂诗》其一、其二、其四,《卷施阁诗》卷十二,《洪亮吉集》,中华书局2001年版,第703—704页。

施惠,法立民方识慈爱。但使遗黎说有瘳,何妨大府称无害。"①荆州是个兵家必争之地,百姓的生活很难在短时间内从战乱中恢复,但所幸遇到一个好的地方官,这里是指荆州知府崔龙见。他看到荆州遭遇洪水灾难,以及经常遭受战火兵祸的情景,"差怜屋瓦碎不完,昨者江浪冲城垣。危楼倾欹石坊倒,城北至今人户少。尔来差喜皆有年,移户渐入居城边。长衢似砥房廊寡,愿饬官窑急烧瓦。此州历历镇重兵,户号十万田畴盈。灾伤元气亦易复,吏不扰民民已足。"②只要吏不扰民就是对百姓的恩惠,灾伤元气也容易恢复,在同情百姓的同时,也表达了对吏治的看法。

洪亮吉对百姓的关切,是因为他有一颗慈爱之心。他不仅关心灾民,还同情饥饿的鸟儿、疲劳的驿马等动物。他对他的马特别爱惜,"爱之不忍复鞭策,一日常教余马力"③,所以他骑的马常常比别人的马力气大,是因为他爱惜他的马。那些驿马不仅忍饥挨饿,负重跋涉,还要被厩吏无情鞭挞,他就此情景在驿亭写下诗歌,以此警告奴役民众的官吏,哪里有压迫哪里就有反抗,这并不是危言耸听。洪亮吉在诗中处处体现出对百姓生活与生命的关爱,官兵打了胜仗,本应是喜庆庆祝的时候,他想到却是"还怜春夏行军久,倘念西南民力疲"④,关心的依旧是民生疾苦。

洪亮吉晚年虽经历遣戍伊犁,九死一生回到家乡,但他关注民生始终不变。他的《升平四章》,无情地揭露了当时社会所面临的问题,其二云:

> 升平一百载,胥吏多于民。小县至数百,大县逾千人。此曹何所长,攒弊及侮文。豪强尚相亢,朴鄙冤莫申。揣彼瘠与肥,破家或亡身。长官有迁移,吏则长子孙。嗟嗟肺石旁,人鬼皆含冤。我

① 洪亮吉:《将至荆州先柬太守崔丈龙见》,《卷施阁诗》卷十二,《洪亮吉集》,中华书局 2001 年版,第710 页。
② 洪亮吉:《抵荆州》,《卷施阁诗》卷十二,《洪亮吉集》,中华书局 2001 年版,第 712 页。
③ 洪亮吉:《骑马行》,《卷施阁诗》卷十二,《洪亮吉集》,中华书局 2001 年版,第 723 页。
④ 洪亮吉:《端午闻官兵捷音》,《卷施阁诗》卷十六,《洪亮吉集》,中华书局 2001 年版,第 826 页。

愿仁者心,除恶务去根。庶几狱讼衰,风俗或可淳。①

他的《升平四章》分别写了治平之久后社会所出现的严重问题,如"众庶多于虱""胥吏多于民""坟垄多于田""僧释多于农",②这些现象都是值得忧虑的。他看到人口激增的危害,胥吏之害严重,这些诗歌与他乾隆五十八年(1793)写的《意言》相互补充,以敏锐的眼光看到太平盛世背后潜伏的危机,并以理性的思维尝试探讨解决问题的办法,实属难得。

嘉庆朝国势开始衰微,加上自然灾害频繁,下层民众更加民不聊生,洪亮吉写下《卖儿行》《土豪行》《榆无皮歌》《芦无根歌》等诗篇,反映老百姓在灾年卖儿卖女,吃光榆树皮、芦苇根也无法充饥,还导致树木枯死,鸟儿无处栖息,从而带来生态问题。他的《悯灾》诗云:"三十四州内,奇荒只数州(今岁江浙三省皆旱荒,而淮、扬、常、镇四府为尤甚)。此方当孔道,民气独含愁。静觉萍蓬转,贫无籽粒收。自惭难补救,空抱杞人忧。"③荒年颗粒无收,百姓怨声载道。他虽自知"难补救",感叹于"满目哀鸿苦,民生渐不支"④,但也没有"空抱杞人忧",而是带头捐赠,并不顾年老体弱,亲自参与放赈救灾,尽自己所能,救济灾民。

洪亮吉关注现实民生的诗歌,数量较多,质量较高,以写实的手法,真实反映当时社会的现状,是最具有现实意义的诗作。他能创作这些反映民生疾苦的诗作,一是他自己从小家境贫寒,对下层民众的生活有深切的体会;二是他一直有着传统文人强烈的用世之心,想为这个社会和百姓做些什么,包括他对吏治的深切思考和鞭挞;三是他有着儒家的仁爱之心,内心善良,关爱民众,甚至关爱动物、植物等一切生命体,有着仁慈的大爱胸怀。

二、山水诗有奇气

洪亮吉诗歌中艺术价值最高的,当属描写神奇自然风光的山水诗。

---

① 洪亮吉:《升平四章》其二,《更生斋诗》卷二,《洪亮吉集》,中华书局 2001 年版,第 1537 页。
② 洪亮吉:《升平四章》,《更生斋诗》卷二,《洪亮吉集》,中华书局 2001 年版,第 1537 页。
③ 洪亮吉:《悯灾》,《更生斋诗续集》卷七,《洪亮吉集》,中华书局 2001 年版,第 1756 页。
④ 洪亮吉:《营田庙赈局得暇校竟亡友钱大令维乔诗感赋二律》,《更生斋诗续集》卷七,《洪亮吉集》,中华书局 2001 年版,第 1736 页。

他一生好游名山大川，"平生耽游山，昼夜皆不舍"①，足迹遍及吴、越、楚、黔、秦、晋、齐、豫等地，他的好友孙星衍说他："游山穷极胜境，登黄山天都绝顶，入茅山石洞，然烛行数里，皆人所不能到。放舟登洞庭缥缈峰，值大风浪，啸歌如故。"②所以他的山水诗特别多，也有不少佳构，真可谓"历尽九州山水窟，吟成一卷性情诗"③。

　　洪亮吉早期游历吴、越、皖等地，写了不少山水诗，如《青山纪游》《齐云山阻雨》《叶岭》《文殊台望天都峰》《黄山松歌和黄二韵》《游九华止·宿庵》《天台》《游醉翁亭》《发新安江》《泛湖至五柳居小憩》《孤山》《林屋洞》《石公山》等诗，在江南出生、长大的洪亮吉，对江南山水是熟悉的。早期的山水诗向谢灵运、谢朓学习，以自然清丽的笔调，描绘出清新秀丽的江南山水。《青山谒太白墓》等诗歌，有明显地学习李白诗风的特点。如"骑鲸醉月不肯留，死后却葬青山头。青山无人几千载，薜月松风苦相待。我欲发语惊鸿濛，诗成还输白也工。笑谓先生安得死，明星在天月在水。直须痛饮齐悲欢，大地何似杯中宽。调羹著袍未必喜，知公不死长安市。……噫吁嘻！沧桑陵谷今古愁，太白入月西江流。安知千秋而万岁，浮者不沉沉者浮。君不见，江流逼岸无三里，会见青山没江底。一杯酬尔倘有灵，捉月仍从水中起。"④此诗是为凭吊李白而作，奔放奇肆，语多奇崛，一腔少年才情，化为任情放达的诗篇。诗人大胆比附李白，又似与李白对酒痛饮，心灵相通。他常以李白自比："东望蓬莱一惆怅，剧怜我亦谪仙才"⑤，"我曾从公谪夜郎"⑥，"谪仙与我同寥落"⑦，落笔也有几分似李白，诗歌豪放旷达，颇有太白遗风。

　　洪亮吉到贵州后，贵州的奇山异水与他之前所见之景有很大的差

① 洪亮吉：《杂诗十首》其四，《更生斋诗续集》卷五，《洪亮吉集》，中华书局2001年版，第1667页。

② 孙星衍：《翰林院编修洪君传》，《洪亮吉集》，中华书局2001年版，第2359页。

③ 洪亮吉：《王明经祖昌自新城二千里以诗见质率赠一首》，《更生斋诗续集》卷七，《洪亮吉集》，中华书局2001年版，第1763页。

④ 洪亮吉：《青山谒太白墓》，《附鲒轩诗》卷二，《洪亮吉集》，中华书局2001年版，第1933页。

⑤ 洪亮吉：《三月廿三日偕施上舍晋、戴文学绮、宋秀才佳士登宁国府署北楼并久憩半月台》，《更生斋诗续集》卷二，《洪亮吉集》，中华书局2001年版，第1561页。

⑥ 洪亮吉：《十七日雨中诸同人携酒至水心亭痛饮酒半月出，喜而有作》，《更生斋诗续集》卷二，《洪亮吉集》，中华书局2001年版，第1565页。

⑦ 洪亮吉：《自水东宿二水山房先至桃花潭上纵眺》，《更生斋诗续集》卷三，《洪亮吉集》，中华书局2001年版，第1578页。

异,大大开阔了他的眼界,他将贵州之行称之为"天许看山万里行"①。此时的山水诗也呈现了不同的风貌,奇气横溢。写作了《波州汛南上山》《相见坡》《上油榨关》《冒雨访诸葛洞》《山行》《观音洞》《石阡城南温泉》《盘石塘》《度响琴峡》《白水河》等优秀的纪游山水诗篇。《上油榨关》诗云:

> 一石横绝天,一石横塞地。盘空两巨石,缺处复锋利。虽云置营汛,劣仅入只骑。前经绝壁下,转觉人马细。东南初破曙,一缕入云气。大息抚鸟巢,吾形愿同寄。②

诗歌写出了黔地山水的特点,山高坡陡,落差很大,奇石耸立,绝壁险要。在他笔下,呈现出奇异的山水风貌,山上云雾缭绕,石头和变幻莫测的云一样奇特,"乃知云亦无石奇,石转觉瘦云嫌肥。累累却似枝垂果,一朵峰尤奇一朵。飞腾只在人眼前,不遽拔地思升天。"③奇石与云朵一样奇幻,这样的景色真是一个江南人所从未见过的。

洪亮吉见识了西域奇景之后,山水诗的境界就更高了。清代的西域边塞诗取得了堪与唐代媲美的成绩,有纪昀的《乌鲁木齐杂诗》,萧雄的《西疆杂述诗》等脍炙人口的诗篇,其中洪亮吉的《万里荷戈集》及《百日赐还集》无疑是最出色的。严迪昌认为:"洪氏诗早年即奇思独造,五古歌行尤气盛。中年后经荷戈塞外,奇景奇情,纷然笔下。他的天山景物诗为清代山水诗添上了丰富的一页,较之纪昀之作更精彩。"④朱则杰也认为:"从作品的思想内容和艺术形式诸多角度综合来看,清代西北边塞诗的成就仍然以洪亮吉为最突出……洪亮吉在这方面无疑堪作代表。"⑤他的《天山歌》《进南山口》《下天山口大雪》《发大石头泛》《芦草沟》等诗作,均奇气夺人,气势磅礴,似大河直下,一泻千里,自然流畅,给人以雄奇豪迈的艺术享受。如他的《天山歌》:

314

---

① 洪亮吉:《汤阴道中简管同年世敏》,《卷施阁诗》卷十二,《洪亮吉集》,中华书局 2001 年版,第 704 页。
② 洪亮吉:《上油榨关》,《卷施阁诗》卷十二,《洪亮吉集》,中华书局 2001 年版,第 728 页。
③ 洪亮吉:《二鼓至飞云岩秉炬上岩,略周览即回,至养云阁宿,平明独行上岩,并至圣果亭云根泉等久憩》,《卷施阁诗》卷十二,《洪亮吉集》,中华书局 2001 年版,第 730 页。
④ 严迪昌:《清诗史》,浙江古籍出版社 2002 年版,第 925 页。
⑤ 朱则杰:《清诗史》,江苏古籍出版社 2000 年版,第 298 页。

地脉至此断，天山已包天。日月何处栖，总挂青松巅。穷冬棱棱朔风裂，雪复包山没山骨。峰形积古谁得窥，上有鸿濛万年雪。天山之石绿如玉，雪与石光皆染绿。半空石堕冰忽开，对面居然落飞瀑。青松冈头鼠陆梁，一一竞欲餐天光。沿林弱雉飞不起，经月饱啖松花香。人行山口雪没踪，山腹久已藏春风。始知灵境迥然异，气候顿与三霄通。我谓长城不须筑，此险天教限沙漠。山南山北尔许长，瀚海黄河兹起伏。他时逐客倘得还，置家亦象祁连山。控弦纵逊票骑霍，投笔或似扶风班。别家近已忘年载，日出沧溟倘家在。连峰偶一望东南，云气濛濛生腹背。九州我昔历险夷，五岳顶上都标题。南条北条等闲耳，太乙太室输此奇。君不见，奇钟塞外天奚取，风力吹人猛飞举。一峰缺处补一云，人欲出山云不许。①

诗人以惊喜异常的心情，写出了天山的奇景。开篇奇突，以凌厉的气势，展现天山的雄伟奇瑰。地脉被天山阻隔，似乎到了尽头，天山之大，可以将天包住，天山之高，日月在此栖息，天山之奇，万年冰雪覆盖，无人得以一窥芳容。天山奇石，绿如碧玉，还有飞瀑倾泻，青松苍翠。山口风雪弥漫，进入山谷却温暖如春，景色迥异，仿佛仙境一般。天山之险，可以抵御外敌，阻挡沙漠，真是天山瑰丽神奇景色的生动写照。他之前所到过的三山五岳，与天山相比，不过等闲平常。天山风奇云也奇，大风可以将人吹得飞走，而云却将峰的缺处补上，似乎要将人留住，这也表达了自己对天山的眷恋。诗歌一气呵成，以其奇诡的想象，宏大的气魄，赞美了天山的雄伟壮美、奇特变幻，以奇笔写奇景，使本来就奇的天山之景更奇。诗歌融奇才、奇情、奇景于一体，风格雄奇奔放，豪迈壮阔。

除了《天山歌》外，《松树塘万松歌》也是脍炙人口的名篇。

千峰万峰同一峰，峰尽削立无蒙茸。千松万松同一松，干悉直上无回容。一峰云青一峰白，青尚笼烟白凝雪。一松梢红一松墨，墨欲成霖赤迎日。无峰无松松必奇，无松无云云必飞。峰势南北

---

① 洪亮吉：《天山歌》，《更生斋诗》卷一，《洪亮吉集》，中华书局 2001 年版，第 1202 页。

松东西,松影向背云高低。有时一峰承一屋,屋下一松仍覆谷。天光云光四时绿,风声泉声一隅足。我疑黄河瀚海地脉通,何以戈壁千里非青葱。不尔地脉贡润合作天山松,松干怪低一一直透星辰宫。好奇狂客忽至此,大笑一呼忘九死。看峰前行马蹄骏,欲到青松尽头止。①

诗歌以奇警豪放之笔,描绘了松树塘的奇松,抒发了对西域奇景的赞美和在奇景面前的狂喜心情。诗人写万松,以天山万峰作为背景,在峭立的群峰衬托下,松树塘的万松更直上云霄。接下来从色彩的角度来描写,峰或青或白,松或红或墨,可谓色彩丰富,变幻莫测。写松又与云相呼应,天光云光、风声泉声,可谓有声有色。最后作者又发挥想象力,为何千里戈壁沙漠之后又会有如此青葱? 是不是黄河瀚海地下水脉相通? 这首诗字字珠玑,句句精彩。描摹真切,奇松、奇峰、奇云如在眼前。如此奇景使诗人陶醉其中,于是直抒胸臆,大笑高呼,完全忘记自己九死一生的处境。诗风放达不羁,又符合情理,有李白及岑参的风貌。在写给天山的颂歌中,没有哪一首比《松树塘万松歌》更加气势磅礴、一气呵成、铿锵有力、朗朗上口,它是天山颂歌中的绝唱。

"奇"是洪亮吉此时山水诗的最大特点,他个性好奇,以"好奇狂客"自称,可谓人奇、事奇、诗文奇。因上书言事遣戍伊犁,真是"国家不幸诗家幸",不幸的命运和磨难,却使洪亮吉有幸见识奇特的西域景色,写下了许多不朽的诗作。洪亮吉对天山的感情是复杂的,除了激动、新奇之外,还有几分亲切,他冥冥之中与天山有缘,自称"郡望敦煌",在《天山客话》中回忆,自己 20 岁时梦到过天山,所以这似乎是一种宿命。

诗歌想象奇特,在奇景面前,诗人又发挥了丰富的想象力,如《玛瑙斯龙斗雷行》:"雷欲飞出山,石忽逼雷住。龙神复驱石,横截雷去路。龙施水法雷火攻,水影火影悬当空,水火焰烛星辰宫。忽然雷奔龙亦走,龙旁小龙突张口,夺得雷轮大如斗,雷神归山诉失守。"②原本是猛烈的雷雨场面,诗人想象成雷公与龙神的激烈争斗,写得活灵活现,有声

---

① 洪亮吉:《松树塘万松歌》,《更生斋诗》卷一,《洪亮吉集》,中华书局 2001 年版,第 1203 页。
② 洪亮吉:《玛瑙斯龙斗雷行》,《更生斋诗》卷二,《洪亮吉集》,中华书局 2001 年版,第 1229 页。

有色,生动形象。诗人还运用夸张的手法,使原本奇特的景色更加奇特,如"天山雪花大如席,一朵雪铺牛背白。"①"乌兰乌素迄安济,十日见天不见地。有时天亦被雪遮,天与雪光原不异。……昆仑去天才咫尺,日月藉此相隐蔽。"②这些夸张手法的运用,使诗歌充满了浪漫主义色彩,风格雄奇奔放,有更强的艺术表现力和感染力。

洪亮吉诗奇思独造,奇气尤盛,"奇气不尽归鱼龙"③。赵怀玉称他"诗文涉笔有奇气,举世称之"④,张维屏《听松庐诗话》认为:"洪北江诗有真气,亦有奇气,时或如飘风骤雨,未免失之太快。……先生未达以前,名山胜游,诗多奇警。及登上第,持使节,所为诗转逊前。至万里荷戈,身历奇险,又复奇气喷溢,信乎山川能助人也。"⑤这些评价都称洪亮吉山水诗有奇气,诗风奇警,得山水之助。

还有他的《伊犁纪事诗四十二首》,从多个角度十分生动地描写了新疆壮丽独特的风景,以及区别于中原的奇异风俗,不仅具有艺术价值,还具有真实的史料价值,至今仍是研究西域的重要史料。

三、从民歌中汲取营养

洪亮吉的家乡常州,是歌谣之乡。清史专家、常州人孟森曾在《歌谣》周刊发表《唱山歌之清史料》一文,说到常州德安桥上对山歌的情形:"吾乡小南门德安桥每年七月三十晚,必有唱山歌之会。会分两派,各推善歌者比赛。"⑥清末常州府江阴县的金武祥在其《陶庐杂忆续咏》中,记载了流传于常州的"唱春":"入春常有两人沿门唱歌,随时编曲,皆新春吉语,名曰'唱春'。唱时轻锣小鼓击之以板,板绘五彩龙凤,中书'龙凤官春',俗传沿明时正德御赐云。"⑦这种以"唱春""盘春锣"等形式的民歌传唱,从清代流传至今。

---

① 洪亮吉:《行至头台雪益甚》,《更生斋诗》卷一,《洪亮吉集》,中华书局2001年版,第1210页。
② 洪亮吉:《自乌兰乌素至安济海雪皆盈丈,十余日不见寸土,因纵笔作》,《更生斋诗》卷一,《洪亮吉集》,中华书局2001年版,第1209页。
③ 洪亮吉:《桃花洲歌赠王文学豫》,《卷施阁诗》卷十九,《洪亮吉集》,中华书局2001年版,第912页。
④ 赵怀玉:《皇清奉直大夫翰林院编修洪君墓志铭》,《洪亮吉集》附录,中华书局2001年版,第2363页。
⑤ 张维屏:《听松庐诗话》,《洪亮吉集》,中华书局2001年版,第2397页。
⑥ 孟森:《唱山歌之清史料》,《歌谣周刊》第二卷,第十期,第1页。
⑦ 金武祥:《陶庐杂忆续咏》,清光绪二十四年(1898)木刻版。

在以往很长时间里，文人的雅文学与歌谣等俗文学，如同二水分流，较少汇合，但明清以来民歌越来越受到重视，民歌之乡的清代常州文人，如赵翼、洪亮吉、黄仲则、赵怀玉、张惠言、李兆洛、刘逢禄等，对民间歌谣等俗文学十分珍视，自觉从民歌中汲取新鲜的养分，并渗透到他们的诗词创作之中，写出了不少拟民歌乐府、歌行体或颇具民歌色彩的诗词，如赵怀玉创作了《云溪乐府百首》，呈现出雅俗文学交融的一道靓丽风景线。①

在家乡民歌的氛围中，洪亮吉耳濡目染，十分喜欢民歌，"鲁酒客不醉，吴歌声渐沨"②，"吴歌声乍彻，戍鼓听疑无"③，"桑间三宿真成恋，况复频闻子夜歌"④，能听到《吴歌》《子夜歌》，是佳节、旅途中的享受，也成了他喜欢一个地方的理由，甚至在新疆伊犁，夜半时分过冰山时，听到万丈冰山下似有丝竹管弦之声，仿佛是有人在唱《子夜歌》，这神奇的事情被他记录在《伊犁纪事诗四十二首》中。对民歌的喜欢伴随了他一生，晚年他在《内河阻雨》诗中云："蓬窗兀坐睡思生，即景闲适诗皆成。雨声萧萧泥漉漉，初听吴娃北江曲，更制吴歌教娃读。"⑤他在潇潇雨声中听着吴歌，欲将吴歌当作儿孙的启蒙教材。他也将民歌直接入诗，如"荠菜撩乱春如海，记得年时三月三（吾乡谚云：三月三，荠菜花儿单布衫）"⑥，"二月二过三月三，荠菜黄遍穿单衫"⑦。他专门创作了乐府诗以及许多民歌体的诗歌，清新活泼，犹如一股清泉。

洪亮吉是从学习模拟乐府诗起步，进行诗歌创作的，他回忆自己二十一岁去江阴应童子试时与黄景仁订交，"亮吉携母孺人所授汉魏乐府锓本，暇辄朱墨其上，间有拟作，君见而嗜之，约共效其体，日数篇。"⑧洪

---

① 纪玲妹：《歌谣与吴地文人——以清代常州为例》，《南京师范大学文学院学报》2017年第2期。
② 洪亮吉：《元夕观舞㯩》，《附鲒轩诗》卷二，《洪亮吉集》，中华书局2001年版，第1942页。
③ 洪亮吉：《二鼓顺风自花扬镇放舟至芜湖作》，《卷施阁诗》卷六，《洪亮吉集》，中华书局2001年版，第570页。
④ 洪亮吉：《自高伍塘至安姑宿》，《卷施阁诗》卷十五，《洪亮吉集》，中华书局2001年，第802页。
⑤ 洪亮吉：《内河阻雨》，《更生斋诗续集》卷八，《洪亮吉集》，中华书局2001年版，第1786页。
⑥ 洪亮吉：《南楼忆旧诗四十首》其三十九，《卷施阁诗》卷十，《洪亮吉集》，中华书局2001年版，第666页。
⑦ 洪亮吉：《里中十二月词·右二月》，《卷施阁诗》卷十，《洪亮吉集》，中华书局2001年版，第677页。
⑧ 洪亮吉《候选县丞附监生黄君行状》，《卷施阁文甲集》卷十，《洪亮吉集》，中华书局2001年版，第212页。

亮吉带着他母亲给的一本《乐府诗》去江阴参加童试,他和黄仲则都非常喜欢,共同学习模仿,在紧张的童试期间,每天拟作数篇。汉乐府产生于对民间歌谣的收集与整理,唐代及以后的新乐府虽是文人的拟民歌,但也传承了民歌清新质朴、贴近现实等特点,如杜甫、元结、白居易等的新乐府诗,以及元代杨维桢的咏史乐府,都在文学史上有很大的影响。

洪亮吉创作了《拟两晋南北史乐府》两卷和《唐宋小乐府》一卷,还有《自河南入关所经皆秦汉旧迹,车中无事因仿香山新乐府体,率成十章》,都是咏史题材的乐府诗,语言质朴,内涵深刻。他在《拟两晋南北史乐府》自序中说,他童年从黄石缄游,听先生讲了许多两晋南北朝的史事,乾隆三十五年(1770)乡试报罢,取两晋南北朝史事,为拟古乐府一百二十首,以纪念童年时这一段学习经历。他说:"抑余闻先生言:西涯、西堂皆以乐府名家,然西涯上下千百年而篇什较少,西堂则珊瑚木难与牛溲马勃并列,有陆平原多才之叹。则先生虽伏膺二公之乐府,而尚不能无遗议也。因先生言,益增今日之愧。"①西涯是指明代李东阳,有廿一史《拟古乐府》。西堂是清初尤侗,有《拟明史乐府》,可见洪亮吉的咏史乐府学习两位的优点,但也知道他们的不足并尽力避免。他的咏史乐府取材两晋南北朝史事,批评多于赞扬,大多切中时弊,起到一定的借古讽今作用,如《清谈误》《中台坼》《檀江州》《春月畋》等。屠绅评价这些咏史乐府云:"声与政通,辞缘情绮。论诗每称为史,咏史那得废诗。振古如斯,当今无辈耳。……爰变新声,独弹古调。事或未经人道,言无不获我心。晋启化龙,陈亡擒虎,三百年王气将终;甥承冒顿,舅代宇文,十六国人情可见。易淫哇而高如白雪,裁秽史则穆若清风。盖笔有鹿卢,胸无芥蒂矣。若夫呼豨饮马,陈陈已苦于相因;盐州石壕,戛戛更难其独造。何似取千秋金鉴,为两部鼓吹。"②充分肯定他以新声弹古调,有一定的独创性,史学家的理性眼光与文学家拟民歌手法相结

---

① 洪亮吉:《拟两晋南北史乐府》自序,《拟两晋南北史乐府》卷首,《洪亮吉集》,中华书局2001年版,第2155页。

② 屠绅:《跋南北史乐府后》,洪亮吉:《拟两晋南北史乐府》卷末,《洪亮吉集》,中华书局2001年版,第2207页。

合,可谓戛戛独造,当今无辈。

能充分发挥民歌、乐府诗贴近民间,关注现实优势,洪亮吉创作的现实题材拟民歌,更有意义和价值。如记载家乡江南风俗人情的《云溪春词》四十首、《辛酉元夕灯词十首》《云溪竞渡词十二首》《续竞渡词十首》《云溪竞渡词八首》《里中十二月词》《里中谣》等,记载贵州风俗的《贵州元夕灯词》《黔中乐府十二首》,歌颂乾隆功德的《万寿乐歌三十章》,反映农村生活的《牧牛词》《种鱼词》《畜鸽词》《养蚕词》,反映新疆风貌的《鹰攫豵行》《牛触冰行》《覆车行》等,内容广泛,或记载他家乡及所到之处的风土人情、奇异见闻,或反映民众日常生活内容,描写生动有趣,充满对生活的热爱。如他的《云溪竞渡词》,生动反映了常州白云溪的景致及端午节白云溪赛龙舟的盛况。常州别称"龙城""六龙城",端午"云溪竞渡",在常州历史上一直是一项重要的节令民俗活动,端午前后几日,不同颜色的龙舟六艘在白云溪竞渡,箫鼓之声自宵达旦,热闹非凡。赵翼、黄仲则等好多诗人都写过云溪竞渡的盛况。《云溪竞渡词十二首》其九云:

> 占得云溪好景多,前门船向后门过。诗翁住处人能识,八字门临八字河(赵兵备所居前后皆枕溪)。①

这首诗写的是赵翼住所,位于今常州历史文化街区前后北岸,当时是白云溪风景绝佳处,两条河交汇形成三面环水,像一座半岛,所以"前门船向后门过"。"八字门"是江南民居中一种前宽后窄像"八"字形的门,官宦之家使用较多。在城市化的进程中,白云溪已不复存在,前后北岸虽已列为常州历史文化街区,但也不复有当年面貌,洪亮吉的诗保留了非常珍贵的历史资料。还有如:

> 更阑女伴各招邀,八字尖西巷数条。走得三桥更思五,迎春桥转玉梅桥。②

这首诗写家乡常州元宵节的习俗。吴地元宵节晚上有"走三桥"的

---

① 洪亮吉:《云溪竞渡词十二首》其九,《更生斋诗》卷三,《洪亮吉集》,中华书局 2001 年版,第 1270 页。
② 洪亮吉:《辛酉元夕灯词十首》其二,《更生斋诗》卷三,《洪亮吉集》,中华书局 2001 年版,第 1254 页。

旧俗，妇女于元宵节或正月十六晚上相伴出游，要走过三桥，以祛病祈福，谓之"走三桥"。现在苏州同里等地将"走三桥"列入民俗旅游项目，从洪亮吉诗中我们得知，常州以前也有此俗，江南水乡小桥多，女子难得结伴出行游兴足，走完三桥还意犹未尽，想走五桥，诗中的"迎春桥""玉梅桥"均是旧名。

他的《贵州元夕灯词》《黔中乐府十二首》以及反映新疆风情的诗，则完全是异域风光与风情，让人耳目一新。其中二首云：

跳月谣

一年中，好时节；前中秋，后元夕。锦袜碧当胸，罗裙红染血。芦笙吹彻人欲还，眼波一瞥郎上山。上山亦识侬心切，天际黑云来罩月。①

嫁女谣

十五愁嫁迟，十三欣嫁早。嫁女虽十三，偏愁欢已老。山羊十角米百抬，嫁女不惜倾家财。欢来牵侬侬不宿，却抱黄羊水边哭。②

跳月是苗族历史悠久的祭祀、节庆传统民俗活动，一般在中秋及元宵举行，十里八乡的苗民身穿节日盛装，吹起芦笙，跳起欢快的民族舞蹈，欢聚在跳月场上，风情浓郁、场面壮观，这一活动至今仍是贵州的主题节庆活动之一。诗歌还反映了贵州苗民自由恋爱，借跳月时私会，婚嫁习俗也很有意思。他本来很喜欢民歌的通俗质朴，来到民歌之乡贵州，经常能听到苗民唱民歌，便很自然地将贵州的风俗民情以歌谣的形式展现出来，真是内容与形式的完美结合。

《万寿乐歌三十章》是他在翰林院任职时对乾隆歌功颂德的作品，赞颂他稳定边疆、减轻赋税、纂修《四库全书》等，他没有沿用颂圣诗惯用的严肃、华丽的笔调，而是用拟民歌的形式，毫无馆阁气，明白晓畅、轻松活泼，有形式上的创新。

洪亮吉从民歌中汲取营养，写了许多歌行体诗歌，如年轻时创作的《男儿行》《独酌谣》《双船行》《放歌行》等，晚年更多以拟民歌的形式，关

① 洪亮吉：《跳月谣》，《卷施阁诗》卷十五，《洪亮吉集》，中华书局 2001 年版，第 799—800 页。
② 洪亮吉：《嫁女谣》，《卷施阁诗》卷十五，《洪亮吉集》，中华书局 2001 年版，第 800 页。

注民生疾苦，如《卖儿行》《土豪行》《榆无皮歌》《芦无根歌》等，语言通俗流畅，内容贴近民间，具有很强的生命力。

洪亮吉还在表达形式上学习民歌，模仿民歌句式重复、重章叠句的方式。如他年轻时就创作了《初生十五六》，"初生十五六，如犊甫离乳。……初生十五六，如鸟始出巢。……初生十五六，如水初离源。……初生十五六，如月始离海。……"①四首组诗，每首开头都以"初生十五六"开头。

洪亮吉在毕沅府怀念京中诸友，写下的《有人都者偶占五篇寄友》，分别给孙星衍、邵晋涵、章学诚、管世铭、汪端光五人，也是以这种句式重复的形式，诗云：

> 自君居京华，令我懒作诗。……别君居三年，作诗少千首。以此厚怨君，君能识之否？

> 自君居京华，令我懒著书。……别君居三年，我书不盈尺。以此厚怨君，君行亦当识。

> 自君居京华，令我懒作文。……别君居三年，作文无百幅。以此厚怨君，君闻当瞠目。

> 自君居京华，令我懒诣人。……别君居三年，酒失屡自忏。以此厚怨君，君行倘相念。

> 自君居京华，令我懒入山。……别君居三年，过山亦不诣。以此厚怨君，君时当一嚏。②

这组诗歌形式新颖，写法新奇，以至于朋友看到后都很诧异，以"洪体"名之。这五位友人都是洪亮吉的旧友，当时都在京中，与他分别已

---

① 洪亮吉：《初生十五六》，《附鲒轩诗》卷一，《洪亮吉集》，中华书局 2001 年版，第 1918 页。

② 洪亮吉：《有人都者偶占五篇寄友》，《卷施阁诗》卷八，《洪亮吉集》，中华书局 2001 年版，第 632—633 页。

三年,洪亮吉很想念他们。这五首诗歌的开头第一句和结尾及倒数第二句句式相同,虽然所怀之人不同,中间的内容不同,紧扣每个朋友的性格及学术特点,但有了这种重章叠句的形式,就形成了回环往复之势,这类似于《诗经》的手法,是一种歌谣体。这组诗在写法上也颇新奇,表面上把自己"懒作诗""懒作书""甩锅"给他的朋友们,实则似怨实念,轻松幽默中饱含深情,让人读后莞尔一笑,回味深长。

洪亮吉高中榜眼后居京师,也想念里中诸友及家人,正好有里中入都者,他又以这种句式重复的"洪体"形式,写了一组五首诗,还专门强调他一年之前写过这样的诗,现在不要再诧异了。诗题就是一个说明:《昨年里中有入都者,偶占五篇寄友,海内交旧见之,共诧以为洪体。今适一年,余留官京师,里中知好复往来不能去怀,适汪甥楷以定省南归,爰更赋五篇寄诸同人,末章并以示弟原吉及儿子饴孙,见者幸勿复以为创体也》。五首诗歌第一句完全相同,"里中谁最忆? 我忆抱经堂","里中谁最忆? 我忆竹初居","里中谁最忆? 我忆味辛斋","里中谁最忆? 我忆杏花楼","里中谁最忆? 我忆卷施谷",①分别寄给卢文弨、钱维乔、赵怀玉、蒋馨、堂弟原吉及儿子饴孙。这组诗不仅语言平易晓畅,语浅而情深,而且在形式上,向民歌体学习,以句式复沓、重章叠句的形式,表达对朋友、家人的思念之情。组诗还用了借代的修辞手法,以居所借代人,这也是民歌中常用的手法。

洪亮吉诗歌在内容上关注现实,关注民生,对底层百姓的苦难感同身受,对当朝吏治的腐败有揭露和批判。他在不同阶段都创作了很多山水诗,尤其是遣戍伊犁之后写的西域山水诗,拓宽了诗歌的创作领域,以奇笔写奇景,意境壮阔,风格豪放。一如他刚烈、戆直的个性,他的诗充满了奇气和雄直气,雄浑奔放,语多奇崛。他从内容到形式向民歌学习,从民歌中汲取营养,创作了大量的乐府诗以及有民歌特色的诗歌,题材广泛,形式新颖,在当时诗坛颇具影响力。邱林山总结洪亮吉

---

① 洪亮吉:《昨年里中有入都者,偶占五篇寄友,海内交旧见之,共诧以为洪体。今适一年,余留官京师,里中知好复往来不能去怀,适汪甥楷以定省南归,爰更赋五篇寄诸同人,末章并以示弟原吉及儿子饴孙,见者幸勿复以为创体也》,《卷施阁诗》卷九,《洪亮吉集》,中华书局 2001 年版,第 646—648 页。

诗歌的艺术特色为：博采众长，主变尚新；讲求兴寄，闲雅蕴藉；工于白描，想象奇特；众体兼备，尤长古体；风格多样，雄健为主。① 当然，他的诗歌也并非没有缺点，张维屏《听松庐诗话》说："洪北江诗有真气，亦有奇气。时或如飘风骤雨，未免失之太快。"②说他的诗以气势见长，有时缺乏锤炼。他对自己诗的评价是："激湍峻岭，殊少回旋"③，基本符合其诗风。总体来说，洪亮吉诗歌在题材开拓、形式创新等方面均有独到之处，在清诗史上有一定的地位。

第二节 《北江诗话》纠流弊

清代中叶诗歌异常繁荣，诗派纷呈，影响较大的有沈德潜的格调说，翁方纲的肌理说，袁枚的性灵派，厉鹗的浙派等，形成竞秀之势。洪亮吉一向喜欢特立独行，诗学上也不愿苟同任何一派。他独辟蹊径，形成了自己的特色，不仅在《论诗》诗、诗文序等表达其诗学观点，还于晚年写了诗学理论著作《北江诗话》，着眼于传统的艺术评论，并以独到的眼光，对当朝的诗人诗歌进行批评，在清代诗话诗论较多的背景下，颇具影响力。

《北江诗话》内容广博，"举凡金石文字、历史人物、史学、地志、书法以至科场掌故……莫不数见"④，这是作者长于考据、学识广博的投影，但作品仍以诗论为主，对诗歌艺术的把握不乏真知灼见，被称为"诗家之指南"⑤。洪亮吉的诗歌创作风格与他的诗学理论观点也基本一致，其诗学观点主要包括几个方面。

一、抒写真性情

作诗强调真性情，是洪亮吉诗论的主要特点，也是《北江诗话》论诗

---

① 邱林山：《洪亮吉诗歌研究》，中国社会科学出版社 2022 年版，第 186—202 页。
② 钱仲联：《清诗纪事》，凤凰出版社 2004 年版，第 1701 页。
③ 洪亮吉：《北江诗话》卷一，人民文学出版社 1998 年版，第 7 页。
④ 陈迩冬：《北江诗话》后记，洪亮吉：《北江诗话》，人民文学出版社 1998 年版，第 111 页。
⑤ 王国均：《重刊北江诗话序》，洪亮吉：《北江诗话》，人民文学出版社 1998 年版，第 110 页。

的核心。洪亮吉开宗明义地指出："诗文之可传者有五：一曰性，二曰情，三曰气，四曰趣，五曰格。"①认为诗歌要："另具只眼，自写性情"②，他之所以反对讲宗派，是因为"至讲宗派，而诗之真性情、真学识不出"③，认为诗歌反映真性情，是最重要的。洪亮吉提倡的真性情，是儒家的伦理亲情及真挚的朋友之情。

提到诗歌抒写性情，人们首先会想到性灵派，而且洪亮吉与袁枚交往较多，所以有学者甚至将洪亮吉归入性灵派。蒋寅在《清代诗学史》中虽然将洪亮吉诗论归入"性灵诗学思潮的回响"，但也肯定两人文学倾向的异趣，认为"洪亮吉诗学整体上却绝非性灵论所可涵盖"④。其实两人虽保持一生情谊，但在许多方面观点并不一致，在诗论上的差异更大。⑤ 严迪昌说："洪亮吉的诗原以'真'为本，讲性情，中年后学识渐富，诗转重'学'。于是，与袁枚渐渐所见不合。"⑥其实，洪亮吉虽重学问，但自始至终，直到晚年，一直强调诗歌要抒写真性情，主张"性灵自足供抒写，美丑都看入陶冶。"⑦只不过，虽同谓"性情"，却是不一样的"性情"，两人所谓的"性情"，含义有着很大的区别。袁枚提倡诗歌创作要抒写性情，表达真情，这在《随园诗话》中有颇多论述。袁枚受晚明王学左派的影响，对"存天理、灭人欲"的理学提出挑战，试图挣脱宋明理学对人思想和情感的束缚，在诗论方面提出诗歌应注重性情和灵机，并大胆倡导诗歌追求个性自由、个性解放，有明显的反传统、反道学的色彩。性灵派在思想解放方面固然有其进步性，但其末流过分追求情而忽略了诗歌的思想性和艺术性，有"失之淫艳"⑧之弊端。洪亮吉说："袁大令枚诗，如通天神狐，醉即露尾。"⑨认为袁氏虽流露真情，但有时过于讨巧，不够笃实深刻。

① 洪亮吉：《北江诗话》卷二，人民文学出版社 1998 年版，第 22 页。
② 洪亮吉：《北江诗话》卷四，人民文学出版社 1998 年版，第 81 页。
③ 洪亮吉：《两溪渔隐诗序》，《卷施阁文甲集》卷十，《洪亮吉集》，中华书局 2001 年版，第 218 页。
④ 蒋寅：《清代诗学史》第二卷，中国社会科学出版社 2019 年版，第 448 页。
⑤ 纪玲妹：《论清代中叶毗陵诗派与性灵派之差异》，《南京师大学报》（社会科学版）2007 年第 1 期。
⑥ 严迪昌：《清诗史》，江苏古籍出版社 2002 年版，第 924 页。
⑦ 洪亮吉：《遣兴》其二，《卷施阁诗》卷二十，《洪亮吉集》，中华书局 2001 年版，第 950 页。
⑧ 洪亮吉：《北江诗话》卷三，人民文学出版社 1998 年版，第 60 页。
⑨ 洪亮吉：《北江诗话》卷一，人民文学出版社 1998 年版，第 4 页。

袁枚的"性情"是反传统的,而洪亮吉的"性情"恰恰是儒家正统思想之"性"与"情"。那么洪亮吉所追求的"性情"究竟是什么呢? 以下的一段论述说得比较明确:

> 明御史江阴李忠毅狱中寄父诗:"出世再应为父子,此心原不间幽明",读之使人增天伦之重。宋苏文忠公狱中寄子由诗:"与君世世为兄弟,又结他生未了因",读之令人增友于之谊。唐杜工部送郑虔诗:"便与先生成永诀,九重泉路尽交期",读之令人增友朋之风义。唐元相悼亡诗:"惟将终夜长开眼,报答平生未展眉",读之令人增伉俪之情。孰谓诗不可以感人哉!①

可见:天伦、兄弟、友朋、伉俪之情,构成了洪亮吉"性情"的主要内涵。他受儒家正统思想及常州学风的影响,其性情的概念主要是指儒家的伦理亲情及真挚的朋友之情,比袁枚所指的性情内涵要宽广,品格也更高。

《北江诗话》中的"性"与"情",还是两个不一样的概念。在决定诗歌是否可传的五个因素中,"性"位于第一位,这里的"性"具体指人的本性、天性。洪亮吉说:"写景易,写情难;写情犹易,写性最难。若全椒王文学厘诗二断句,直写性者也:'呼奴具朝餐,慰儿长途饥。关心雨后寒,试儿身上衣。''儿饥与儿寒,重劳慈母心。天地有寒燠,母心随时深。'实能道出慈母心事。"②在这里,洪亮吉所说的"性",是指慈母之心,同理也指孝子之心。儒家伦理中,父义、母慈、子孝是人之本性,是亘古不变的人伦,诗歌就是要反映这种本性,才有意义和价值。洪亮吉本人就是有名的孝子,他六岁丧父,由母亲蒋氏辛苦抚养教育,对母亲感情至深,每逢母亲忌日则终日不食。他曾说:"我诗不妄作,冀以抉人伦。"③所以按洪氏这一观点,黄仲则的《别老母》:"搴帷拜母河梁去,白发愁看泪眼枯。惨惨柴门风雪夜,此时有子不如无。"④从母亲角度设

---

① 洪亮吉:《北江诗话》卷一,人民文学出版社 1998 年版,第 3 页。
② 洪亮吉:《北江诗话》卷二,人民文学出版社 1998 年版,第 32 页。
③ 洪亮吉:《翟孝子诗》,《更生斋诗续集》卷四,《洪亮吉集》,中华书局 2001 年版,第 1640 页。
④ 黄景仁:《两当轩集》卷三,上海古籍出版社 1998 年版,第 68 页。

想,写出儿子的愧疚之情,感人至深,是真性情之作。他还说:"次则韩致尧之沉丽,司空表圣之超脱,真有念念不忘君国之思。孰云吟咏不以性情为主哉!"①可见,性情不仅仅是人伦之孝,还包括"君国之思"之忠,这都是儒家的正统思想。

关于"情",洪亮吉是这样解释的:

> 其情之缠绵悱恻,令人可以生,可以死,可以哀,可以乐,则《三百篇》及《离骚》等皆无不然。"河梁""桐树"之于友朋,秦嘉荀粲之于夫妇,其用情虽不同,而情之至则一也。②

由此可见,洪氏所谓的"情",更多是指朋友、夫妇等的感情。洪亮吉是极重朋友情义之人,他与黄仲则的生死情谊就是很好的例证,与钱维乔、孙星衍也有很深的感情。洪亮吉谪戍出关,曾有这样一段叙述:"时余在请室中,缧绁遍身,役车又敦促上道,匆猝未暇念妻子也,独割谳案纸尾,疾作书,寄季木与孙兵备季仇,与之诀别。闻季木得余书,痛哭失声,时时走余家问消息。及余抵戍所甫一日,即得季木书于患难中,申之以婚姻,所以慰戒之者无不至。在戍所三阅月,凡三得季木书,而余已蒙恩旋里矣。季木于友朋死生离合之际,不忍相负如此。然后知季木诗之工,季木性情之挚为之也。"③朋友处于危难中仍不离不弃,安慰帮助,甚至确定儿女婚姻,真是患难见真情。洪氏所说的情,正是这种真挚的友朋之情。所以他说:"人惟性情不挚,故遇事辄持两端"④,认为钱维乔诗之所以工,正是有这种真挚的朋友之情。

至于夫妇之情,"毗陵七子"之一的孙星衍与王采薇夫妇可谓伉俪情深,王采薇才华出众,两人经常闺房唱和,王氏的《长离阁集》颇得洪亮吉、袁枚等人的好评,但王采薇不幸于二十四岁离世,孙星衍以佳偶难得,誓不再娶。《北江诗话》对沈德潜诗评价不高,却很欣赏其怀念亡妻的《七夕感事》,认为"极自然、亦极大方,其一联云:'只有生离无死

---

① 洪亮吉:《北江诗话》卷六,人民文学出版社 1998 年版,第 99 页。
② 洪亮吉:《北江诗话》卷二,人民文学出版社 1998 年版,第 22 页。
③ 洪亮吉:《钱大令维乔诗序》,《更生斋文甲集》卷一,《洪亮吉集》,中华书局 2001 年版,第 968—969 页。
④ 洪亮吉:《钱大令维乔诗序》,《更生斋文甲集》卷一,《洪亮吉集》,中华书局 2001 年版,第 969 页。

别,果然天上胜人间。'盖沈时悼亡期近故也。近时七夕诗,遂无有过此者。即沈全集中诗,亦无过此二语者。"①北江评价如此之高,正是因为诗反映夫妇情深。洪亮吉提倡"真性情",强调"真",即情真意切,真情流露,只有抒发真情,诗歌才能取得感人的效果。

洪亮吉诗歌的突出特点就是至性、至情,他写了很多怀念外祖母、母亲等亲人的感人之作。除了重亲情之外,他还特别重朋友之情,毕沅《吴会英才集》说洪亮吉"笃于友谊。暨黄客死,素车千里,奔赴其丧,世有巨卿之目。故其赠友诸什,情溢于文"②。洪亮吉的《自西安至安邑临黄二景仁丧奉挽四首》,写出了他与黄仲则的深切感情,可以看作他写情的代表作。他们的友情感人至深,徐珂《清稗类钞》将此事入选《义侠类》。

《北江诗话》诗写性情的论诗主张,一是洪氏最重性情,他创作的诗以及诗论,也是性情之作,蒋寅说:"在我寓目的近六百种清诗话中,《北江诗话》未必是最有价值的一种,但却是最见性情、读来最愉快的一种。作者的才情趣味俱见于书中,好恶分明,褒贬由衷,毫无清代中叶以后诗话惯有的标榜声气、风流自赏、谄谀权贵、秋风牙市之类的习气。"③

自写性情的论诗主张,也是针对当时诗坛影响甚大的格调派和肌理派提出的。他指出:"至诗文讲格律,已入下乘"④,"拘拘于格律之失"⑤,则会忽视了诗抒情言志的本质,影响诗人真情实感的抒发。洪氏论诗虽重学问,但对以考证入诗的肌理派是不赞成的。他评翁方纲诗"翁阁学方纲诗,如博士解经,苦无心得"⑥,又误传翁方纲卒,写挽诗一首云:"最喜客谈金石例,略嫌公少性情诗"⑦,反对时时以考证入诗,影响抒写性情。所以洪亮吉提倡自写性情,一定程度上纠正了格调派和肌理派的弊端。

---

① 洪亮吉:《北江诗话》卷四,人民文学出版社 1998 年版,第 76 页。
② 毕沅:《吴会英才集》卷三,道光中刊本。
③ 蒋寅:《清代诗学史》第二卷,中国社会科学出版社 2019 年版,第 449 页。
④ 洪亮吉:《北江诗话》卷二,人民文学出版社 1998 年版,第 22 页。
⑤ 洪亮吉:《北江诗话》卷二,人民文学出版社 1998 年版,第 22 页。
⑥ 洪亮吉:《北江诗话》卷一,人民文学出版社 1998 年版,第 4 页。
⑦ 洪亮吉:《北江诗话》卷一,人民文学出版社 1998 年版,第 15 页。

二、以学问为根基

洪亮吉不仅是一位有"旷世逸才"之称的诗人,也是著名的学人,在经学、考据、训诂、史学、舆地学等方面都取得令人瞩目的成绩,他强调诗人要有学问、学识的功底,这也与清代中叶学术风气盛行以及常州学风的影响分不开。但他同时又反对时时以学问入诗、以学问掩性情。后人讨论清代诗人喜将其分为"诗人之诗""学人之诗",而洪亮吉则认为,"不以学问掩其性情,故诗人、学人,可以并擅其美"①。

洪亮吉在《北江诗话》中明确提出"作诗必读书",读书又应该自识字始。

> 诗人之工,未有不自识字读书始者。即以唐初四子论,年仅弱冠,而所作《孔子庙碑》,近日淹雅之士,有半不知其所出者。他可类推矣。以韩文公之俯视一切,而必谆谆曰:"凡为文辞,宜略识字。"杜工部,诗家宗匠也,亦曰"读书难字过。"可见读书又必自识字始矣。②

他举例说明读书识字的重要性,虞世南与欧阳询、褚遂良、薛稷并称为"初唐四大家",他的《孔子庙堂碑》当时读书人有一半不知其所出,"诗家宗匠"的杜甫也重视读书识字。他还举当时人甚至"灸""炙"不分,"菅""管"混淆等错误,说明"识字"之于诗的重要性。至于声音也同样重要。他说:"《三百篇》无一篇非双声叠韵。降及《楚辞》与渊、云、枚、马之作,以迄《三都》《两京》诸赋,无不尽然。唐诗人以杜子美为宗,其五七言近体,无一非双声叠韵也。间有对句双声叠韵,而出句或否者,然亦不过十分之一。中唐以后,韩、李、温诸家亦然。至宋、元、明诗人,能知此者渐鲜。本朝王文简颇知此诀,集中如'他日差池春燕影,只今憔悴晚烟痕',此类数十联,亦可追踪古人。然叠韵易晓,而双声难知。则声音、训诂之学宜讲也。"③他同样举例从《诗经》《楚辞》到唐代诗

---

① 洪亮吉:《北江诗话》卷五,人民文学出版社 1998 年版,第 85 页。
② 洪亮吉:《北江诗话》卷三,人民文学出版社 1998 年版,第 47 页。
③ 洪亮吉:《北江诗话》卷一,人民文学出版社 1998 年版,第 2 页。

人，都讲究双声叠韵，诗人王士禛的诗为什么好，是他对诗歌的平仄等形式方面颇为讲究，所以他说"声音、训诂之学宜讲"。但同时他又反对像翁方纲那样时时以学问入诗，以考证为诗，而是主张学问不掩其性情，学问不能影响诗歌的美学。

洪亮吉认为诗歌创作除了需要先天的才气与悟性之外，还需要后天的学力和努力，尤其是长句，需要有"十分力量，十分学问"①，才气与学问两者不可偏废。对于大诗人李白、杜甫，大多认为，李白是天才，诗以才气为重，杜甫勤奋，诗以学力为重，而洪氏却认为李白诗"不特天才卓越，即引用故实，亦皆领异标新，如'蓬莱文章建安骨'……白诗不肯作常语如此。他若《行路难》《上云乐》等乐府，皆非读破万卷者，不能为也。"②人皆知杜甫"读书破万卷"，洪氏却用自己考据学的特长，找出李白诗"蓬莱文章建安骨"、《侠客行》中"邯郸先震惊"等诗句的出处，《行路难》等诗均见学问，这样的诗非读破万卷书者，不能为也。证明李白不是大家以为的只是天才，也是很有学问的人。李白尚且如此，杜甫就更不用说了，可见学识之于诗之重要。

又说："今世士惟务作诗，而不喜涉学，逮世故日胶，性灵日退，遂皆有'江郎才尽'之消矣。"③明确指出，如果作诗不学习、不重学问，将缺乏厚重的创作基础和源泉，先天的禀赋才气，如果没有后天学问的涵养，一定会有"江郎才尽"之忧。

洪亮吉自己的诗既有诗歌的美，奇气横溢，又有学问基础。清代毗陵诗人中，大多是诗人兼学人。黄仲则最具诗人特质，他的诗一向被认为是"诗人之诗"无疑，但他的诗歌也反映他的学识，只是他并不故意引经据典，炫耀学问。孙星衍早年作诗最善言情，以"奇才"称，后转为朴学研究，成为一名著名经学家。赵怀玉诗文俱佳，学问也很好，尤精于校勘之学。

洪亮吉认为作诗既要重真性情，又要有真学识，两者并不矛盾。诗人无学问，便会性灵日退，江郎才尽。诗人要有学问的底子，但又不要

---

① 洪亮吉：《北江诗话》卷一，人民文学出版社1998年版，第17页。
② 洪亮吉：《北江诗话》卷五，人民文学出版社1998年版，第84页。
③ 洪亮吉：《北江诗话》卷三，人民文学出版社1998年版，第59页。

时时以考证入诗,"我诗直欲写胸臆"①,"不以学问掩其性情",能正确处理性情与学识的关系,便是好诗,只要学问不掩其性情,不以堆垛学问为尚,则诗人、学人可以并擅其美。

三、重人品诗品

钟嵘的《诗品》将汉魏至齐梁的诗人分成上、中、下三品,开启了以"品"评诗的先河。《北江诗话》注重诗的品格,认为诗品出之于人品,言为心声,要写出高品格的诗歌,诗人必须要有好的人品,要有高尚的人格修养,所以洪氏提出:

> 诗人不可无品,至大节所在,更不可亏。杜工部、韩吏部、白少傅、司空工部、韩兵部,上矣。李太白之于永王璘,已难为讳。又次则王摩诘,再次则柳子厚、刘梦得,又次则元微之。最下则郑广文。若宋之问、沈佺期,尚不在此数。至王、杨、卢、骆及崔国辅、温飞卿等,不过轻薄之尤,丧检则有之矣,失节则未也。②

这里洪亮吉基本上是以人品来划分诗人,李白因为永王李璘之事,不能列入上品。诗话中多次以"品"来评价前辈诗人,以人品看诗品之优劣。如"七律至唐末造,惟罗昭谏最感慨苍凉,沉郁顿挫,实可以远绍浣花,近俪玉溪。盖由其人品之高,见地之卓,迥非他人所及"③。评价清初邵长蘅诗"人或以其名重,尚艳而称之。吾以为其品既不及前修,则其诗亦更容论定也"④。这样的评价,可看出洪亮吉强调人品对诗歌创作的重要性,高尚人品是诗品的前提条件,"读其诗知其品也"⑤。

咏物诗也可以见人品,而且重品格与抒真情也是有联系的。洪亮吉说:"丹徒李明经御,性孤洁,尝咏佛手柑云:'自从散罢天花后,空手而今也是香';如皋吴布衣,性简傲,尝咏风筝云:'直到九霄方驻足,更

---

① 洪亮吉:《小除日寓斋卷施阁祭诗作》,《卷施阁诗》卷十一,《洪亮吉集》,中华书局 2001 年版,第 968 页。
② 洪亮吉:《北江诗话》卷四,人民文学出版社 1998 年版,第 65 页。
③ 洪亮吉:《北江诗话》卷六,人民文学出版社 1998 年版,第 99 页。
④ 洪亮吉:《北江诗话》卷五,人民文学出版社 1998 年版,第 88 页。
⑤ 洪亮吉:《北江诗话》卷五,人民文学出版社 1998 年版,第 85 页。

无一刻肯低头。'读之而二君之性情毕露。谁谓诗不可以见人品耶!"①可见洪氏之性情与人品是相关联的。直抒胸臆,抒发真情,能从诗中"见人品"。

常州文人以人文始祖季札的品德相勉励,季札三让王位、徐墓挂剑等是高尚人格的体现,相传孔子曾为季札写下"呜呼有吴延陵君子之墓"的十字碑,常州人称自己的家乡为"君子里"②,历来有重人品的传统。清代常州文人大多在大节上恪守传统,为人正直,清初陈玉璂"不独诗文足以不朽,克敦孝道为不可及。……椒峰孝友,根于天性,大率如此"③。孙星衍、庄存与等都磊落耿介,有高尚的人品。洪亮吉自己忠于朝廷,敢于犯颜直谏,人品端正,他主张诗人不可无品,也有一定的文化基础和文化自信。

在这一点上,洪亮吉与袁枚观点也不同,袁枚反对诗品出之于人品这一观点,他说:"近有某太史恪守其说,动云'诗可以观人品'。余戏诵一联云:'哀筝两行雁,约指一勾银。'当是何人之作? 太史意薄之,曰:'不过冬郎、温、李耳!'余笑曰:'此宋四朝元老文潞公诗也。'太史大骇。余再诵李文正公昉《赠妓》诗曰:'便牵魂梦从今日,再睹婵娟是几时?'一往情深,言由衷发,而文正公为开国名臣。夫亦何伤于人品乎?《孝经·含神雾》云:'诗者,持也。持其性情,使不暴去也。'"④袁枚特意举出一些特例个案,来推翻"诗可以观人品"的观点,证明诗歌"持其性情",与人品无关。因为持这样的观点,性灵派在诗歌创作中也有重性情而轻品格的倾向。

因洪亮吉更注重诗的品格,所以他特别反对诗的"俗"与"滑",他说:"怪可医,俗不可医。涩可医,滑不可医。"⑤他认为袁枚诗品格不高,"有失之淫艳者"⑥。他说:"近湖北张明经本,有《题袁大令小苍山房集

---

① 洪亮吉:《北江诗话》卷一,人民文学出版社1998年版,第7页。
② 陈玉璂:《题延陵季子祠》,《学文堂诗集》卷一,盛宣怀辑《常州先哲遗书》本,光绪间武进盛氏刊本。
③ 巢震林:《学文集》序,陈玉璂:《学文堂集》,盛宣怀辑《常州先哲遗书》本,光绪间武进盛氏刊本。
④ 袁枚:《随园诗话》卷二,凤凰出版社2000年版,第26—27页。
⑤ 洪亮吉:《北江诗话》卷一,人民文学出版社1998年版,第8页。
⑥ 洪亮吉:《北江诗话》卷三,人民文学出版社1998年版,第60页。

后》云:'奄有众长缘笔妙,未臻高格恨才多。'"①关于"才"与"格",洪氏更重"格",而袁枚更注重"才"。袁枚曾说:"才欲其大,志欲其小。才大,则任事而有余;志小,则愿无不足。"②王英志《性灵派研究》中也认为袁枚诗"时有油滑纤佻的习气,而游戏笔墨或格调卑下之作亦难免"③。

洪亮吉论诗除"性"与"情"之外,又重"气","气"是诗文可传与否的五要素之一。"气不盛则无以举其辞"④。"主气说"滥觞于曹丕的《典论·论文》,刘勰、钟嵘都有关于"气"的论述。洪亮吉所谓的"气",一方面是指创作主体的精神,即要有浩然之气、凛然正气,这种"气"其实与"品"有直接的关系,另一方面,"气"也指作品的气势、气骨。洪亮吉在论诗绝句中标举"金石气""姜桂气"及"雄直气"。诗云:"偶然落墨并天真,前有宁人后野人。金石气同姜桂气,始知天壤两遗民。"⑤诗歌通过赞扬顾炎武(宁人)与吴嘉纪(野人)两位遗民,标举诗歌的"金石气"与"姜桂气",顾炎武明亡后从事抗清活动,宁死不屈,有高尚的民族气节,吴嘉纪于明亡后隐居不出,诗歌反映清军的残暴及百姓的疾苦。诗人之气节坚贞如金石,因而读其诗也有金石铿锵之声,并且诗风老辣,有"姜桂气"。另一首诗云:"药亭独漉许相参,吟苦时同佛一龛。尚得昔贤雄直气,岭南犹似胜江南。"⑥"岭南"指清初"岭南三大家",即屈大均、陈恭伊(独漉)和梁佩兰(药亭),为什么说岭南诗派似乎胜过江南呢?原因是其诗有"雄直气"。屈大均一生从事抗清斗争,正气凛然,诗歌也有"金石气",陈恭伊曾参加晚明桂王政权,后隐居民间,诗歌抒发反清复明之志向与情怀。这些诗人具有坚定的民族气节、民族大义,因而诗歌也有"雄直气"与"金石气",读来令人荡气回肠。在文网严密的清中叶,洪亮吉还敢这样评价清初的遗民诗人,足见其胆识与胆气

---

① 洪亮吉:《北江诗话》卷一,人民文学出版社 1998 年版,第 21 页。
② 袁枚:《随园诗话》卷三,凤凰出版社 2000 年版,第 50 页。
③ 王英志:《性灵派研究》,辽宁大学出版社 1998 年版,第 165 页。
④ 洪亮吉:《庄达甫征君春觉轩诗序》,《更生斋文续集》卷一,《洪亮吉集》,中华书局 2001 年版,第 1146 页。
⑤ 洪亮吉:《道中无事偶作论诗截句二十首》其一,《更生斋诗》卷二,《洪亮吉集》,中华书局 2001 年版,第 1244 页。
⑥ 洪亮吉:《道中无事偶作论诗截句二十首》其五,《更生斋诗》卷二,《洪亮吉集》,中华书局 2001 年版,第 1244 页。

过人。

　　洪亮吉从新疆赦回,胸中浩然之气不变,如他的《杂诗十首》云:"年与年乘除,日与日更替。丈夫生世上,当与世人异。倘抱万古心,惟为百年计。既辜师友望,亦恐负天地。我行勤撰述,宁仅子孙畀。冀逢深识者,一一分利弊。此外何所留,仍余浩然气。"①这"浩然气"就是凛然正气,就是高尚的人品与诗品。

　　洪氏认为评品诗人诗作,"故当又求之于性情、学识、品格之间,非可以一篇一句之工拙定论也"②。性情、学识、品格都是评价诗歌优劣的主要标准。

四、主张奇而入理

　　清代诗人中最重创新的,当首推赵翼,他的诗"李杜诗篇万口传,至今已觉不新鲜。江山代有才人出,各领风骚数百年"③。可谓脍炙人口。赵翼这样评价洪亮吉:"生平豪气隘寰区,事不惊人不丈夫。出塞始知天地大,题诗多创古今无。"④什么是"新",赵翼说:"'新'岂易言!意未经人说过,则新;书未经人用过,则新。诗家之能新,正以此耳。若反以新为嫌,是必拾人牙后,人云亦云;否则,抱柱守株,不敢逾限一步:是尚得成家哉?尚得成大家哉?"⑤洪亮吉与赵翼晚年交往甚密,两人在论诗主张上虽不尽相同,但在求创新这一点上却是出奇一致。洪亮吉追求新颖独创,力求道"前人所未道"⑥,讲"未经人道语"⑦,以能否出新意,有无独到之处,来评定诗之优劣。他的诗论,在清代中叶复古模拟成风的时代风气中,堪称目光独特,标新立异。

　　洪亮吉自己在创作实践中也常有创新之句。如他谈到咏菜花诗时说:"近人菜花诗又有'花枝不上美人头'句,余独不以为然,曾反其意作

---

① 洪亮吉:《杂诗十首》其八,《更生斋诗续集》卷五,《洪亮吉集》,中华书局2001年版,第1668页。

② 洪亮吉:《北江诗话》卷五,人民文学出版社1998年版,第84页。

③ 赵翼:《论诗》其二,《瓯北集》卷二十八,上海古籍出版社1997年版,第630页。

④ 赵翼:《稚存归里赋赠》其二,《瓯北集》卷四十二,上海古籍出版社1997年版,第1036页。

⑤ 赵翼:《瓯北诗话》卷五,人民文学出版社1963年版,第63页。

⑥ 洪亮吉:《北江诗话》卷二,人民文学出版1998年版,第39页。

⑦ 洪亮吉:《北江诗话》卷二,人民文学出版1998年版,第30页。

一诗曰:'摘得菜花何处用?嫩黄先衬玉搔头。'亦明此花之可以上美人头耳。"①。前人有"蝉曳残声过别枝",洪氏作《哺蝉行》则曰:"……余声尚未到别树,黄雀突来将汝哺。微虫虽小响未沉,倘向黄雀喉中寻。"②比原诗又更进了一层。这些都说明洪亮吉在诗歌创作中对创新孜孜以求的精神。

创新的最大障碍就是抄袭、模拟,所以洪亮吉最反对一味模拟古人。模拟古人,就没有自己的特色,自然也就不能自成一家。在继承与创新的问题上,他主张在继承的基础上有所创新。他倡导向古人学习,但学古并不是泥古不化,关键是怎样学,是要在学习前人精髓的基础上,化古为今,有所创新,化为自己的特色。他说:"诗人爱用六朝,然能出新意者亦少。"③他反对窜易古人诗文一二十字,即为己作,认为"王文简之学古人也,略得其神,而不能遗貌",而沈德潜"全师其貌,而先已遗神"④,他们两人的学古方法均有问题。正确的学古方法应该是"无意学古人而自然入古"⑤,能借古人意境转进一层。他十分赞赏"毗陵六逸"中天分最高的诗人杨宗发,说他"无意学太白,而神致似之"⑥。

所以,他不反对学古,但"善学"与"不善学"有区别。"不善学"则如邯郸学步,亦步亦趋,自然苦无独创,不能出新,"善学"即学古人之精髓,力求神似,得其神而遗其貌,才能新奇独到。他自己就是位"善学"之人,学古而不摹拟古人。伍崇曜在《粤雅堂丛书北江诗话跋》中说他:"为诗,涉笔有奇气,精思独造,远出恒情,仿康乐,仿杜陵,仿太白,仿杨诚斋,然实呕心镂肾,总不欲袭前人牙慧。"⑦怎样才能不拾人牙慧,新颖独创呢?洪亮吉的观点是"另具手眼,自写性情"⑧,另一名毗陵诗人包士臣也有类似论诗观点,他说:"诗为心声。吾之诗必肖吾之心然后可,

---

① 洪亮吉:《北江诗话》卷一,人民文学出版社 1998 年版,第 18 页。
② 洪亮吉:《北江诗话》卷二,人民文学出版社 1998 年版,第 33 页。
③ 洪亮吉:《北江诗话》卷二,人民文学出版社 1998 年版,第 39 页。
④ 洪亮吉:《北江诗话》卷四,人民文学出版社 1998 年版,第 78 页。
⑤ 洪亮吉:《北江诗话》卷一,人民文学出版社 1998 年版,第 4 页。
⑥ 洪亮吉:《北江诗话》卷四,人民文学出版社 1998 年版,第 79 页。
⑦ 洪亮吉:《北江诗话》附录,人民文学出版社 1998 年版,第 108 页。
⑧ 洪亮吉:《北江诗话》卷四,人民文学出版社 1998 年版,第 81 页。

第十一章 诗词骈文 堪称巨擘

若求肖古人，虽工亦古人之诗，非吾之诗也。"①，他赞赏钱维乔诗不模拟古人，有真性情。抒写真性情，也是为了使诗歌能创新。

洪亮吉虽然极力主张诗歌创新尚奇，不作寻常语，但作为清代著名的朴学大师，又深受常州务实学风的影响，他同时又主张"奇而入理"。

> 诗奇而入理，乃为之奇。若奇而不入理，非奇也。②

力求创新并不是故意追求冷僻深奥、奇崛险怪，以新人耳目，而是要符合常理。他举例说："李昌谷'酒酣喝月使倒行'，语奇矣，而理解不足。若宋遗民郑所南'翻海洗青天'句，则语至奇而理亦至足，遂为古今奇语之冠。"③他批评说："近来浙中诗人，皆瓣香厉鹗《樊榭山房集》。然樊榭气局本小，又意取尖新，恐不克为诗坛初祖。"④认为厉鹗诗刻意求新，善于用冷僻典故，气局小，承担不起"诗坛初祖"之名。"毗陵七子"之一的吕星垣诗"好奇特，不就绳尺"⑤，追求奇特，不肯作常人语，曾用七阳全韵作"柏梁体"，多至三四百句，洪亮吉对他颇为赞赏，并以长句回赠，但赞赏中又有规劝，是"寓规于奖"⑥，可见洪亮吉作诗追求奇特是有一定尺度的，这尺度就是要求"奇而入理"。

对于今人之咏古诗，洪氏则认为"虽许翻新，然亦须略谙时势，方不贻后人口实"⑦，主张联系现实，方能新奇而入理，不为后人耻笑。评判古人写景诗是否"奇而入理"，不能光凭经验和想象，而是要以严谨求实的态度去考察判断。洪亮吉曾经游终南山紫、白二阁，遇急雨，在草堂寺休息，然后觉得岑参《游终南山》诗"雷声依太白，雨在八九峰。东望紫阁云，西入白阁松"奇而入理；他谪戍伊犁出关，亲历塞外奇观，身临其境之后，他认为其"一川碎石大如斗，随风满地石乱走"的诗句，实在是"奇而实确"⑧。他总结说："大抵读古人之诗，又必身亲其地，身历

① 洪亮吉：《包文学家传》，《卷施阁文甲集》卷十，《洪亮吉集》，中华书局 2001 年版，第 215 页。
② 洪亮吉：《北江诗话》卷五，人民文学出版社 1998 年版，第 86 页。
③ 洪亮吉：《北江诗话》卷五，人民文学出版社 1998 年版，第 90 页。
④ 洪亮吉：《北江诗话》卷一，人民文学出版社 1998 年版，第 21 页。
⑤ 洪亮吉：《北江诗话》卷一，人民文学出版社 1998 年版，第 13 页。
⑥ 洪亮吉：《北江诗话》卷一，人民文学出版社 1998 年版，第 13 页。
⑦ 洪亮吉：《北江诗话》卷一，人民文学出版社 1998 年版，第 3 页。
⑧ 洪亮吉：《北江诗话》卷五，人民文学出版社 1998 年版，第 86 页。

其险,而后知心惊魄动者,实由于耳闻目见得之,非妄语也。"①清朝中叶,考据之学盛行,清代常州务实的学风也影响洪亮吉,他在诗论中表现出求实的态度及关注现实的精神,具有一定的进步意义。洪亮吉自己创作的诗,尤其是描写塞外风貌的诗,如他的《万里荷戈集》中许多诗作,也符合其"奇而入理"的诗学原则。杨文荪序《更生斋诗续集》评价洪亮吉诗曰:"论者或以为好奇,不知先生诗于理则醇,于法则正。其用意造句不肯少涉凡近,类于好奇,乃少陵'欲语羞雷同'之意,实非牛鬼蛇神诡诞不经之奇也。"②

洪亮吉非常重视对当朝诗人的评论,蒋寅说他是"第一位致力于本朝诗歌批评的诗论家"③。他个性鲜明,戆直好辩,说话也常不留余地,《北江诗话》对当朝诗人的评价态度鲜明,一针见血,被他点名批评的诗人很多,而且片言只语,生动形象。如"蒋编修士铨诗,如剑侠入道,犹余杀机。朱学士筠诗,如激电怒雷,云雾四塞。翁阁学方纲诗,如博士解经,苦无心得。袁大令枚诗,如通天神狐,醉即露尾。钱文敏维城诗,如名流入座,意态自殊。毕宫保沅诗,如飞瀑万仞,不择地流。舅氏蒋侍御和宁诗,如宛、洛少年,风流自赏。吴舍人泰来诗,如便服轻裘,仅堪适体。钱少詹大昕诗,如汉儒传经,酷守师法。王光禄鸣盛诗,如霁日初出,晴云满空。……黄二尹景仁诗,如咽露秋虫,舞风病鹤。"④这段评论十分精彩,以一千五百多字的篇幅,一连点评了当朝 104 位诗人,其中还包括诗僧和闺秀诗人。以上诗评,以比喻的方法,意象批评,寥寥数语,生动形象,准确传神地概括这些诗人诗歌的特点,足见其卓越的理论水平,"全面展示了洪亮吉的批评实力,也提升了当代诗歌批评的水平,这一点三百年来一直未受到注意。"⑤

清中叶诗坛流派纷呈,洪亮吉曾说:"乾隆中叶以后,士大夫之诗,

———————

① 洪亮吉:《北江诗话》卷五,人民文学出版社 1998 年版,第 86 页。

② 杨文荪:《更生斋诗续集》序,洪亮吉:《更生斋诗续集》,《洪亮吉集》,中华书局 2001 年版,第 1471—1472 页。

③ 蒋寅:《清代诗学史》第二卷,中国社会科学出版社 2019 年版,第 455 页。

④ 洪亮吉:《北江诗话》卷一,人民文学出版社 1998 年版,第 4—5 页。

⑤ 蒋寅:《清代诗学史》第二卷,中国社会科学出版社 2019 年版,第 466 页。

世共推袁、王、蒋、赵矣。然其诗虽各有所长,亦各有流弊"①,洪亮吉意识到了这一点,所以他的诗论有意纠正流弊。王英志曾这样评论洪亮吉的诗论:"纵观洪亮吉诗论,与袁枚诗论颇多相通之处,诚如其所自述:袁枚在诗学上'于亮吉有师友渊源之益'(《答随园前辈书》)。但两人又不尽一致,为补救性灵派诗之弊端而有其独自的理论建树。他还不满沈德潜与王士禛诗之拟古,反对肌理诗以考据入诗。在清代诗歌理论批评史上其诗论比较周全,值得我们重视。"②以上论述,肯定其诗论周全。他的诗论持论较为公允,对当时流行的诗歌流派如性灵派、格调派、肌理派,均有一定的纠偏作用,有自己的理论建树,在清代诗坛可谓独树一帜,对古代诗歌的发展有一定的积极意义,在诗学理论史上有较重要的地位。王国钧重刊《北江诗话》序中给予高度评价,称其"扶植根柢,陶冶性情,作诗家之指南"③。

第三节　填词二卷有奇气

清代词学中兴,涌现出很多优秀的词人,洪亮吉也是其中一位,研究者却关注较少。他的词数量虽不多,但也奇崛新警,情真意切,在词史上应有不可忽视的地位。

洪亮吉自幼喜欢填词,但因为忙于科举及经史之学,所作不多,他说:"少喜填词,壮岁后,恐妨学,辍不复作。即偶一为之,终岁不过一二首。岁戊午,自京邸乞假回。车厢无事,辄填至数十阕。及自塞外回里,亦时时作之,遂满一卷,名曰《冰天雪窖》,从其后言之也。少日所作,亦不忍弃,并裁作一卷附焉,《机声灯影词》是矣。"④《更生斋诗余》两卷,一卷为嘉庆三年(1798)因弟丧乞假归里途中所作,及从新疆回乡后所作,名为《冰天雪窖词》,共108首,另一卷为壮岁之前所作,名为《机

---

① 洪亮吉:《北江诗话》卷五,人民文学出版社1998年版,第84页。
② 王英志:《洪亮吉诗论管见》,《清人诗论研究》,江苏古籍出版社1986年版,第306页。
③ 王国均:《重刊北江诗话序》,洪亮吉:《北江诗话》,人民文学出版社1998年版,第110页。
④ 洪亮吉:《冰天雪窖词》卷首,《更生斋诗余》卷一,《洪亮吉集》,中华书局2001年版,第2095页。

声灯影词》，共 120 首，两卷共 228 首。

一、词风的发展

洪亮吉词的创作有一个发展变化的过程，他前期的《机声灯影词》与后期的《冰天雪窖词》在风格上有明显区别。前期的词细腻婉约，与黄景仁词风相近，后期瓣香陈维崧，与阳羡派相近，词风转为奇警放达。

他早年词情感细腻，词风婉约，有学李清照的痕迹，如他的《望江南》：

> 幽梦破，斜倚小红楼。又是卷帘人不见，满街丝雨掺春愁，绿暗几重流。①

词中透着淡淡的忧伤，与易安居士可谓一脉相承，"卷帘人"更是化用李清照词典故。还有如《鹊桥仙》《浣溪沙》《青玉案》《如梦令》等词，也与李清照词风接近。洪亮吉家境贫寒，幼年丧父，随母亲寄居外家，寄人篱下，成年后又科场失意，四十五岁考取进士前，以游幕为生，生计艰难，这些生活经历和情感，在词中难免会有所流露。

洪亮吉为生计和前途所迫，长年奔波漂泊在外，对羁旅行役的感受颇深，填词也有学柳永的迹象。如他的《八声甘州》云：

> 又西风吹雨上空楼，点点杂更声。正凉随雁至，宵同烛永，梦与年更。十二镜云何处？江馆听吹笙。多分楼前约，不记啼莺。
>
> 一半尘封玉锁，看碧纱笼处，墨雨纵横。只蛮笺消息，何事苦难凭？想萧郎、伤春恁远，料梦魂、逗不上银屏。须知我、青衫泪湿，不为浮名。②

这首词风格接近柳永的《八声甘州》，"何事苦难凭"从柳词的"何事苦淹留"化出，"想萧郎、伤春恁远，料梦魂、逗不上银屏。须知我、青衫泪湿，不为浮名"，与柳词"想佳人、妆楼颙望，误几回、天际识归舟。争知我，倚栏杆处，正恁凝愁"，意境、写法都相近。"浮名"也化用了柳永

① 洪亮吉：《望江南》，《更生斋诗余》卷二，《洪亮吉集》，中华书局 2001 年版，第 2127 页。
② 洪亮吉：《八声甘州》，《更生斋诗余》卷二，《洪亮吉集》，中华书局 2001 年版，第 2133 页。

的典故,还有如"臣愿把浮名,都付与蟹螯添足"①,也明显是从柳词化出。

再如《临江仙·苏州》:"红鹤溪山乌鹊馆,金阊从古繁华。三分楼阁二分花。一分留隙地,随分种桑麻。　海物新奇争入市,晨餐都厌鱼虾。等闲吴语六时哗,笙歌丛作队,脂粉泻成洼。"②这首词明显是学柳永的《望海潮》,将柳永笔下的杭州换成了苏州,"钱塘自古繁华"换成了"金阊从古繁华",手法上如出一辙。

洪亮吉词后来更多学苏轼、辛弃疾,词风转为豪放,与早年相比有了较大的变化,后更明确表达瓣香陈维崧,与阳羡派接近。如他的《木兰花慢·太湖纵眺》:

> 眼中何所有?三万顷、太湖宽。纵蛟虎纵横,龙鱼出没,也把纶竿。林威丈人何在?约空中同凭玉阑干。薄醉正愁消渴,洞庭山橘都酸。　更残黑雾杳漫漫,激电闪流丸。有上界神仙,乘风来往,问我平安。思量要栽黄竹,只平铺海水几时干。归路欲寻铁瓮,望中陟落银盘。③

这首词中洋溢着词人奇肆的才情、奇幻的想象和狂放的豪情,垂钓三万顷太湖,不惧蛟虎龙鱼,上与神仙往来,还有思量在太湖栽黄竹的奇思妙想。洪亮吉遭遇上书言事获罪,遣戍新疆伊犁,九死一生的人生经历,使他眼界、心胸更加开阔,更显其湖海豪气。

他在《满江红》一词中有对词坛的基本评价,和他宗尚陈维崧的言论,词云:

> 卅载填词,香一瓣、敬酬阳羡。可可是、家山百里,画中频见(前曾见先生四十画像)。涉笔偶描秋士影,关情别有春风面。笑青衫、五十尚沉沦,工排遣。　将麈笛,先施鞯。乍展卷,仍安砚。仗卿卿压尽,等闲钗钿。别夜最怜天似水,当头吹落云成片。算个侬、风味有谁窥,梁间燕。

---

① 洪亮吉:《长亭怨慢·蟹》,《更生斋诗余》卷二,《洪亮吉集》,中华书局 2001 年版,第 2133 页。

② 洪亮吉:《临江仙·苏州》,《更生斋诗余》卷二,《洪亮吉集》,中华书局 2001 年版,第 2145 页。

③ 洪亮吉:《木兰花慢·太湖纵眺》,《更生斋诗余》卷一,《洪亮吉集》,中华书局 2001 年版,第 2106 页。

试问熙朝，人物在、宋元之右？只已未、宏词一榜，尤称渊薮。前辈爱才真似命，升平乐事吾能究。趁闲来、歌板两三声，消清昼。

竹垞老，梅村叟。招玉叔，携红友。且不知秦七，何论黄九？翡几暂停三寸管，新腔已落千人口。羡当年、风月最清华，谁能又？①

词中洪亮吉明确表达自己卅载填词，瓣香阳羡派的陈维崧。据此，洪亮吉词的门径已清晰。但他宗尚陈维崧，并不代表完全师法于他，而是在创作中有自己的特色与创新。严迪昌的《清词史》将他与蒋士铨、黄景仁等归入"阳羡词风的流韵余响"②。

他晚年的词虽气势磅礴、奇警豪放，但也不废情深悱恻、细腻曲折。如《双调江城子》："深秋门巷动凉飔。掩关迟，雨如丝。折得一枝红豆、立多时。天上亦添新别恨，人不见，渺相思。　拈来枝叶影参差。意谁知，酒难辞。且与梁园宾客、谱离词。只有文园消渴甚，赋不到，九秋枝。"③写离愁别恨，感情真挚，情义深长。还有如《蝶恋花》："闲日偶从妆阁侦。闻说惊鸿，险被袁宗聘。私语又防人窃听。团圝只指随身镜。

情短情长何自定。除了今生，更把来生订。一晌迟疑还未应，喃喃只说心肠硬。"④写儿女情长，细腻委婉，情致缠绵。

洪亮吉因自身经历的缘故，在词中也流露出世事难料的苍凉之感，如他的词《西江月》云：

门外愁霖似泼，帐中清泪同挥。一年多事上心来，不饮已防先醉。　明岁重阳何处？去年此夕方归。人言死别复生回，今日正当周岁。⑤

词中可看出他被赦回家乡，仿佛死后复生，一年后依然心有余悸。经此事变，词风也多了几分超脱与达观，词中有云："叹人生、聚散总无

① 洪亮吉:《满江红》,《更生斋诗余》卷一,《洪亮吉集》,中华书局 2001 年版,第 2096 页。
② 严迪昌:《清词史》,江苏古籍出版社 1999 年版,第 386 页。
③ 洪亮吉:《双调江城子》,《更生斋诗余》卷一,《洪亮吉集》,中华书局 2001 年版,第 2096 页。
④ 洪亮吉:《蝶恋花》,《更生斋诗余》卷一,《洪亮吉集》,中华书局 2001 年版,第 2104 页。
⑤ 洪亮吉:《江城子》,《更生斋诗余》卷一,《洪亮吉集》,中华书局 2001 年版,第 2112 页。

端,空中电。"①如《水调歌头》:"偶厌玉虚住,屈作世间人。人生谁最快意? 良夜与良辰。我欲花开地下,更使水流天上。耳目一番新。倘荷化工允,宁惧俗流嗔。 又谁愿,朝列阙,叩群真。百年三万多日,卧足几回伸。九野分铺列宿,五岳填平四海,从此罢扬尘。万事等闲耳,无鬼亦无神。"②九死一生的人生经历,让词作更加旷达与洒脱,洪亮吉是个无神论者,世事沧桑巨变,只作等闲观,"万事等闲耳,无鬼亦无神",颇有些苏轼"也无风雨也无晴"的意味。

二、词作的特色

洪亮吉词数量虽不多,但题材丰富,且各有特色,有的堪称经典,取得了不俗的成绩。

1. 怀旧题材的词情深意切

洪亮吉词中最感人的篇章,是他怀人念旧题材的篇章,感情真切,催人泪下。如怀念少年时外家的团瓢书屋以及友人的《木兰花慢》,怀念亡妇的《八声甘州》,怀念他老师邵齐焘先生的《凤栖梧》,等等,都十分感人。他外家的南楼、杏花,令他魂牵梦萦,在词中频频出现,他与朋友的情谊,在词中也得到充分体现。其中最与众不同的,是写给一个名叫窥园的僮仆的《金缕曲》。

> 僮窥园从予八年矣,体弱善病,今年予秋试被落,忽尔辞去。念事伤离,不能无作,命沽酒歌此调以送之。
>
> 衣薄还如纸。最凄凉、前宁氄氄,今宵送尔。八载追随无别事,伤病伤离伤死。总误尔、朝饥饮水。苦访虫鱼摩篆籀,但论才、尔便成佳士。休更作,朱门使。 无家我共僧居寺。只萧萧、寒云丙舍,尚堪南指。入梦总从吾父母,醒处怕逢妻子。况薄命、久无人齿。明日出门谁念我? 就飘蓬、断梗商行止。尔去矣,泪流驶。③

---

① 洪亮吉:《满江红》,《更生斋诗余》卷一,《洪亮吉集》,中华书局 2001 年版,第 2108 页。
② 洪亮吉:《水调歌头》,《更生斋诗余》卷一,《洪亮吉集》,中华书局 2001 年版,第 2120 页。
③ 洪亮吉:《金缕曲》,《更生斋诗余》卷二,《洪亮吉集》,中华书局 2001 年版,第 2140 页。

乾隆四十四年(1779)洪亮吉应顺天乡试落第,跟随他八年的僮仆窥园将要离去,在京师期间他生计艰难,有几位仆人因生活所迫相继辞去另投高门,他与窥园朝夕相处八年,感情深厚。词中念及八载追随、共居僧寺的情谊,称赞僮仆的才学,并为其窘迫生活而深感内疚。如今自己身处逆境,连僮仆也将离去,自此更无人顾念,感到十分伤感。

窥园看到主人的词作,"泣不忍去",于是洪亮吉又写了一阕,词云:

> 暗里惊闻泣。一声声、无端惹我,青衫又湿。多病经旬谁得似,欲共候虫秋蛰。尔似燕、旧巢还入。典尽衣裘频拥絮,更同扶、瘦影当风立。浑不怕,霜华袭。　　八年侍我肩差及。笑囊空、新诗屡付,佣钱未给。费尔一杯村落酒,为我解除狂习。说月好、今宵初十。楼上三更云气净,看星辰如豆天如笠。吟正远,催归急。①

窥园看了洪亮吉的词深受感动,最后决定留下来和主人一起过苦日子,可见其对主人也感情很深,这一举动又惹得主人泪湿青衫。主仆相对落泪,相依为命的情感十分感人。这两首词将主仆二人同甘共苦、相互关心的一些日常生活情节生动地展现出来,很能打动人心。窥园只是一个仆人,在等级森严的时代,洪亮吉能将他当朋友一样平等地看待,十分难得。这两首《金缕曲》将主仆间的情感写得这么情真意切,感人至深,也是清词史上的佳话。

2. 游仙、游侠类词奇崛新警

洪亮吉本是奇人有奇才,他以"好奇狂客"自称,个性好奇,诗文有奇气,他的词同样也奇气横溢,狂放新警,这一特点尤其表现在他游仙、游侠类题材的词。如《唐多令》:

> 真气本无前,豪情忽欲颠。一百番、沉醉酣眠。乱摘九天星与斗,权当作,酒家钱。　　寥廓约顽仙,踏红云种田。待秋成岁月三千。拟钓六鳌沧海去,虽不饱,且烹鲜。②

这是一首游仙类的词,摘星作酒钱、踏云种田、钓鳌沧海,以神奇的

---

① 洪亮吉:《金缕曲》,《更生斋诗余》卷二,《洪亮吉集》,中华书局 2001 年版,第 2141 页。
② 洪亮吉:《唐多令》,《更生斋诗余》卷一,《洪亮吉集》,中华书局 2001 年版,第 2097 页。

想象力、放达的豪情,思极八荒,神游九天。还有如《菩萨蛮》:"玉皇宫殿高无极,东西龙虎更番直。天上事偏多,仙人鬓亦皤。 麻姑空一笑,偶自舒长爪。掐破碧桃花,花光照万家"①"天上事偏多,仙人鬓亦皤",看似戏谑,实则寄托感慨。他的另一首词中云:"绿鬓学仙愁已晚,即今况复苍颜。天空鸟去不曾还。未知双蜡屐,再入几名山。 半世著书难得了,砚台肯放清闲。酒人相约掩蓬关。脸从花索笑,心与石争顽。"②虽然苍颜白发,但倔强狂放的初心不改。

洪亮吉写侠客、剑客的词也神思飞扬,凌厉洒脱。如他壮岁以前写的《伤春怨·剑客》,词云:

> 匕首飞将过,到处人头疑堕。日昨诣丛祠,土偶居然离坐。
> 旋空中如磨,电影终难挫。蓦地指晴空,一道采虹中破。③

这是他早年创作的词,他笔下的"剑客"是他心中侠客的形象,出神入化,洒脱不羁,无所不能,这是对现实中受到束缚与限制的反叛。他羡慕侠客的自由洒脱,犹如他羡慕梁间的燕子,"安得学他双燕子,来与去,不随人。"④但现实中却有诸多无奈。

晚年的《冰天雪窖词》中也有几首游侠类的词,如《酷相思·赠侠士》:

> 日晚黄尘都似织,徒倚遍、楼南北。便四海无家归未得,一剑也、千金直,一骑也、千金直。 耻向人前称羽客,况肯谈天释。任醉眼昏昏青转白,天上也、谁相识,地上也、谁相识。⑤

还有如《菩萨蛮·赠侠客》:

> 偶然来预朱门宴,身轻只比梁间燕。蓦地出人头,灯前尚闪眸。 一腔填恨血,匕首怀中热。座客酒迟干,先防冷眼看。⑥

晚年词中的侠客,与前期作品中"匕首飞将过,到处人头疑堕"的侠

---

① 洪亮吉:《菩萨蛮》,《更生斋诗余》卷一,《洪亮吉集》,中华书局 2001 年版,第 2100 页。
② 洪亮吉:《临江仙》,《更生斋诗余》卷一,《洪亮吉集》,中华书局 2001 年版,第 2095 页。
③ 洪亮吉:《伤春怨·剑客》,《更生斋诗余》卷二,《洪亮吉集》,中华书局 2001 年版,第 2140 页。
④ 洪亮吉:《江城子》,《更生斋诗余》卷一,《洪亮吉集》,中华书局 2001 年版,第 2112 页。
⑤ 洪亮吉:《酷相思·赠侠士》,《更生斋诗余》卷一,《洪亮吉集》,中华书局 2001 年版,第 2105 页。
⑥ 洪亮吉:《菩萨蛮·赠侠客》,《更生斋诗余》卷一,《洪亮吉集》,中华书局 2001 年版,第 2107 页。

客相比,少了份凌厉恣意、洒脱不羁,多了份落寞与无奈,正如他在一首词中说的,"少壮去如风,老尚飘蓬"①,但那份倔强不屈却始终不变,"耻向人前称羽客,况肯谈天释",哪怕受人冷眼,哪怕天上地下,无人相识。严迪昌认为:"洪亮吉词的奇崛情韵每多体现在类似'游仙'的那种飞腾想象的作品中,最接近阳羡词派的史惟圆。"②

3. 现实题材的词沉郁悲慨

洪亮吉一向关注现实,从小就有远大的志向,他对社会问题非常关注,创作了许多忧虑民生、关怀现实的作品,以写实的手法,真实反映清朝中后期水旱灾、时疫频发,民不聊生,农民起义军战火四起,社会动荡等现状。和他的诗歌一样,洪亮吉的词也客观反映现实社会,体现对人世间的关注。如《卖花声·春分》:

> 草绿未成茵,柳线难匀。等闲莺语几曾闻。只让杏花同燕子,占尽春分。 心切望朝暾,雾暗连晨。关心西北有征尘。日日玉堂天上坐,却是闲人。③

在万物复苏的春分时节,只有杏花与燕子占尽春光,而在作者眼里却是"雾暗连晨",为何无心赏春呢?因为他"关心西北有征尘",当时陕、甘、川、楚等省白莲教农民起义的战火没有平息,他在贵州当学使期间,正值贵州苗民起义战火不断。统治者高高在上,也解决不了现实中的问题,他虽日日忧心,内心焦急,但又无施展才能的机会,十分无奈。神仙世界无所不能,而现实世界却束手无策,这是多大的反差啊!

他的一首《金缕曲》,借题画表达自己的忧国情怀和远大志向。词云:

> 此客真先识。趁升平、时时留览,九边厄塞。试问请缨何太早?发正垂垂覆额。天下事、引为己责。手理韬钤仍跃马,果湖湘、陡建非常绩。勋勒遍,壶头石。 丈夫自信饶奇策,况生平、服膺所在,刘琨祖逖。如许少年能十辈,分置楚南川北。谈笑尽、

① 洪亮吉:《浪淘沙》,《更生斋诗余》卷一,《洪亮吉集》,中华书局2001年版,第2114页。
② 严迪昌:《清词史》,江苏古籍出版社1999年版,第397页。
③ 洪亮吉:《卖花声·春分》,《更生斋诗余》卷一,《洪亮吉集》,中华书局2001年版,第2098页。

萑苻之泽。只我感恩思效死,便归耕、尚枕投荒戟。随尔去,杀残贼。①

万承纪在十五岁时画《请缨图》,后二十年又跟随毕沅等,在平定辰州红苗等战事中建立军功,洪亮吉借题万承纪的《请缨图》,表达自己也愿意像刘琨、祖逖那样,驰骋疆场。即使自己一腔赤诚不被皇帝理解,遣戍伊犁,赐还归耕,依旧愿意报效皇恩,感恩效死,去"杀残贼"。"天下事、引为己责"也正是洪亮吉自己的志向。洪亮吉年轻时就有强烈的建功立业之心,他三十一岁时所作的诗《瓯江阻雨夜起望江心寺作》:"海潮初入雨纵横,帆落东瓯九斗城。夜半题诗亦何意,荒鸡声里醉先生。"②他阻雨瓯江,半夜起来望江心寺,想到在此地避难并复起的文天祥,诗中也用了祖逖"闻鸡起舞"的典故。朱则杰在点评这首诗说:"从文天祥这位宋末状元的身上,洪亮吉至少学到了士当奋发有为的精神。正因为如此,所以后来他在高中榜眼之后,敢于冒死上书抨击时政,希望切实有补于世,虽遭流放而不悔。可以说,只有洪亮吉这样的人,才真正配写这样的诗。"③朱则杰的评价相当高。他在另一首词《谒金门》中也提到"刘琨祖逖",词云:"谁决策,除是刘琨祖逖。一事差堪赢越石,承平非狎客。 又手巡行今夕,放眼追思畴昔。好友缘儒都入墨,寥寥心孰白?"④他的忧国忧民之心及家国情怀,在词中也得到了体现,这些词与诗歌一样,起到"言志"的作用,风格沉郁悲慨。

三、词的贡献与地位

洪亮吉词在清代词学上的贡献,主要在于他的词扩展了词的空间容量。严迪昌认为洪亮吉词的风格与黄景仁相近,两人在词学上都有扩展词的空间的贡献。洪亮吉与黄景仁是生死之交,两人也时常诗词唱和,洪亮吉写过一首《蝶恋花·啼鸠和仲则》,词中有云:"倚树鶒鹈争

---

① 洪亮吉:《金缕曲》,《更生斋诗余》卷一,《洪亮吉集》,中华书局 2001 年版,第 2111 页。
② 洪亮吉:《瓯江阻雨夜起望江心寺作》,《附鲒轩诗》卷八,《洪亮吉集》,中华书局 2001 年版,第 2082 页。
③ 朱则杰:《清诗选评》,三秦出版社 2004 年版,第 414 页。
④ 洪亮吉:《谒金门》,《更生斋诗余》卷一,《洪亮吉集》,中华书局 2001 年版,第 2099 页。

笑汝。三度营巢,依旧无家住。"①同情好友黄仲则,也是自嘲,因为他自己的处境也一样艰难。黄景仁写了一首《点绛唇》,洪亮吉也唱和了一首,两人的词如下:

> 细草空林,丝丝冷雨挽风片。瘦小孤魂,伴个人儿便。　　寂寞泉台,今夜呼君遍。朦胧见,鬼灯一线,露出桃花面。②

> 尺五荒坟,小桃一树伤心艳。寄将花片,没个人儿便。　　芳草多情,引他归骑寻教遍。模糊见,月残如线,雾隐伤春面。③

以上两首词,词风相近,可谓情丝缠绵、哀感顽艳。洪亮吉这些词的风格确实有几分黄景仁的神韵,如两首《减字木兰花》:"香浓月淡,几朵露兰光欲泛,行过房栊,福橘裁灯堕小红。　　茶瓯清洌,留得那年元夜雪。说梦声低,偏惹帘前鹦鹉疑。"④"乍谈心曲,何事小名呼小玉。弹指年华,未比梅花比杏花。　　最怜同调,八字果然生克肖。判与他生,自有麻姑肯玉成。"⑤这些词都情韵生动,与黄景仁爱情词有几分相似。但黄景仁的爱情词不仅缠绵悱恻,并且多首词连起来有较强的情节性和故事性,写出了与心上人相识相恋、约会欢愉、离别思念、追忆相思的过程,笔致旖旎,刻画细致,情感真切。而洪亮吉的词写友情、亲情的较多,如《减兰》《八声甘州》《江南好》等,尤其出色的是两首写给僮仆窥园的《金缕曲》,有一定的情节描写,在友情领域拓展了词的空间。严昌迪说:"应该强调指出,词的空间容量的扩展,以至于出现某种情节描写的内容,使词的生气更充沛,是清代词的一个进步。洪亮吉这二首《金缕曲》又复提供了实证。"⑥

乾嘉时期,常州词派崛起,影响很大,洪亮吉与常州词派代表人物张惠言既是同乡,又有师生之谊,嘉庆四年(1799)五月,洪亮吉奉旨教

---

① 洪亮吉:《蝶恋花·啼鸠和仲则》,《更生斋诗余》卷二,《洪亮吉集》,中华书局 2001 年版,第 2130 页。
② 黄景仁:《点绛唇》,《两当轩集》,上海古籍出版社 1998 年版,第 426 页。
③ 洪亮吉:《点绛唇·次黄仲则韵》,《更生斋诗余》卷二,《洪亮吉集》,中华书局 2001 年版,第 2135 页。
④ 洪亮吉:《减字木兰花》,《更生斋诗余》卷一,《洪亮吉集》,中华书局 2001 年版,第 2097 页。
⑤ 洪亮吉:《减字木兰花》,《更生斋诗余》卷一,《洪亮吉集》,中华书局 2001 年版,第 2104 页。
⑥ 严迪昌:《清词史》,江苏古籍出版社 1999 年版,第 398 页。

习己未科庶吉士,张惠言适在其中。但洪亮吉及好友黄仲则在词风上与常州词派有异趣,不能将他们归入常州词派。严迪昌认为:"(洪亮吉)早期诗与黄景仁并名,词的风格亦近,二人乃异姓生死之交。谢章铤说:'第稚存词早年多沿《啸余图谱》,时有错拍……特其气最清疏,读之可药繁琐之病。'(《赌棋山庄词话》卷三)其时常州词派方兴,洪亮吉奇崛自异,以勃然生气之作别走一路。事实上,他私淑瓣香的也是陈维崧。"①

洪亮吉虽然词作不多,但在清词史上是有贡献的,也应该有不可忽视的地位,但这一成就却没有得到应有的关注和重视。与洪亮吉同时代且私交颇深的王昶在其编选《国朝词综》时,竟没有选洪亮吉词,在之后补续集时才补选了一首《一萼红》,叶恭绰编选的《全清词钞》也只选了他的《木兰花慢·太湖纵眺》和《九重山》,实在不足以与洪亮吉词的成就相匹配,究其原因主要是选录者与他的词学宗尚不同。严明在评价洪亮吉词时说:"在受王昶排斥,受朱祖谋、叶恭绰轻视的优秀词人名单中,应当添上洪亮吉的名字或提高他的位置,而公正地评价北江词、确定其在清代史上应占的地位,则是历史留给今人完成的工作。"②洪亮吉也是清代优秀的词人之一,但也许是他其他领域的成绩太出色,掩盖了其词学上的光芒,后人对他的词应予更多的关注,给予他清词史上应有的地位。

第四节 骈文开创常州派

洪亮吉在文学上的成就,最为杰出的应该是骈文。清代吴鼒选编《八家四六文钞》,洪亮吉的《卷施阁文乙集》被选入,洪亮吉也与袁枚、邵齐焘、刘星炜、孔广森、吴锡麒、曾燠、孙星衍并称为清代骈文八大家。法式善说,此八家"骈丽家应奉为圭臬"③。与清词中兴之说类似,相对

---

① 严迪昌:《清词史》,江苏古籍出版社 1999 年版,第 396 页。
② 严明:《洪亮吉评传》,(台北)文津出版社 1993 年版,第 118 页。
③ 法式善:《陶庐杂录》,中华书局 1959 年版,第 112 页。

于元明两代骈文的衰落,骈文也有清代中兴一说,而清代骈文中兴的标志,是流派纷呈,名家辈出。不论是刘麟生《中国骈文史》的"五派说",还是谢鸿轩《骈文衡论》的"六派说"等,常州派都是十分重要的一派,是无可非议的、学界认可度最高的地域性骈文流派,而常州派的代表人物即是洪亮吉和孙星衍。瞿兑之云:"清代的骈文,到洪亮吉而一大变。洪氏是常州人,于是成其所谓常州派。"①常州派骈文的称号,因洪亮吉而起,他在常州派及清代骈文史上的核心地位毋庸置疑,常州骈文也无疑引领了当时的骈文风尚。

清代常州骈文名家辈出,屠寄在光绪十六年(1890)编纂的《国朝常州骈体文录》30 卷,汇录常郡八邑骈文作家 43 位,骈文 569 篇,可谓洋洋大观。清代常州骈文与词一样,没有哪个地域可以超越。在众多作家中,洪亮吉无疑是处在领衔及核心地位。

一、骈文创作概况

决定洪亮吉骈文地位的,首先是作品多。洪亮吉的文集甲集为散文,乙集为骈文,骈文有《卷施阁文乙集》71 篇、续编 30 篇,《更生斋文乙集》34 篇,总共 13 卷、135 篇骈文。他的作品被骈文选本收录的数量也较多,王先谦《骈文类纂》选录 90 篇,屠寄《国朝常州骈体文录》收录 79 篇,吴鼒《八家四六文钞》选录《卷施阁文乙集》,列为专卷,曾燠《国朝骈体正宗》选录 15 篇。可见各家骈文选本都对洪亮吉的骈文给予足够的关注和重视,这也说明洪亮吉在清代骈文史上的重要地位。

其次是洪亮吉骈文的质量高。袁枚在《卷施阁文乙集》序中说:

> 君善于汉魏六朝之文,每一篇出,世争传之。以倦于钞写,兹友人为刊其乙集四卷,以予素嗜其文,因请序于予。予前尝欲录亡友邵编修荀慈、胡征君稚威,暨君数人之作,合为一集,忽忽未暇也。今《玉芝堂集》及君此刻,并已刊成,老念藉以稍慰,至其文之渊雅,气质之深厚,世皆能知之,予不赘述云。②

---

① 瞿兑之:《中国骈文概论》,世界书局 1934 年版,第 113 页。
② 袁枚:《卷施阁文乙集》序,洪亮吉:《卷施阁文乙集》,《洪亮吉集》,中华书局 2001 年版,第 265 页。

从袁枚的序文可知,不仅袁枚本人"素嗜其文",而且洪亮吉的骈文在当时受欢迎的程度之高、传播的速度之快达到"每一篇出,世争传之"的程度,在当时影响力相当大。袁枚以"其文之渊雅,气质之深厚"来评价洪亮吉的骈文,提炼出了洪氏骈文的特点,及在当时被认可赞许的情况。

洪亮吉从学习"四书""五经"起步,后又学唐宋古文及制举义,骈文学习起步较晚,从十九岁才开始学习写作骈文,年轻时受到舅氏蒋和宁的指导,二十一岁时和黄仲则等一起在龙城书院受学于邵齐焘。邵齐焘是骈文高手,所以洪亮吉在骈文方面也可谓师出名门,袁枚在《卷施阁文乙集》序中也透露了其与邵齐焘的传承关系,将邵齐焘的《玉芝堂集》与《卷施阁文乙集》并称,并对这两部骈文著作的刊刻表示欣慰。洪亮吉的骈文创作既得名师指点,又有深厚的学问作为基础,所以能达到很高的水平。

在困顿京师时洪亮吉还一度以代人写赋还清债务,渡过难关。乾隆四十五年(1780)正值乾隆皇帝南巡,诸臣例献赋颂,他先给山阴的梁国治尚书写了颂赋十八章,得到很高评价,这一年还是乾隆帝七十大寿,洪亮吉写文出名后,找他写颂文的人很多,他半年写了五六十篇,赚得银两四百两。这也说明他的骈文创作水平当时在京师有很大的影响。

纵观洪亮吉骈文作品,涉及题材广泛,人、事、物均能入题,内容有抒写亲情友情、抒发志向情绪、赞美山水风光、表达学术观点等。体裁多样,有祭文、墓表、碑传、人物传、序、赋、铭、诔、书、颂、赞等。这些作品中最感人的是书写亲情友情的作品,最生动的是赞美山水风光的篇章。

二、抒情类骈文深情真挚

洪亮吉是个至情至性之人,与师友交往至诚至真,十分重视师友间的真挚感情,这方面的诗歌和文章都是他的真情流露,骈文中写亲情、友情的抒情类题材的作品也最打动人心。如《出关与毕侍郎笺》,这是洪亮吉送挚友黄仲则遗棺归葬常州,抵达潼关时写给毕沅的信。"自渡风陵，易车而骑，朝发蒲坂，夕宿盐池。阴云蔽亏，时雨凌厉。自河以水，与关内稍异，土逼若弄，途危入栈。原林黯惨，疑披谷口之雾，衢歌哀怨，恍聆山阳之笛。"①开篇直接描写途中急驰，着急赶赴山西运城，为挚友料理后事。此时心情悲痛，但他没有直接去写这种心情，而是通过所见景物及天气，渲染出凄惨哀怨的气氛，为全文定下凄恻的基调，也达到情景交融的效果。接着描写黄仲则临终的凄凉及遗愿，"日在西隅，始展黄君仲则殡于运城西寺。见其遗棺七尺，枕书满箧。……盖相如病肺，经月而难瘥；昌谷呕心，临终而始悔者也。犹复丹铅浪藉，几案纷披，手不能书，画之以指。此则杜鹃欲化，犹振哀音；鸷鸟将亡，翼留劲羽，遗弃一世之务，留连身后之名者焉。"②看到这里，已是催人泪下，任何人都会为之心动。紧接着切入主题，托毕沅为黄仲则刊刻遗集。

> 伏念明公，生则为营薄宦，死则为恤衰亲，复发德音，欲梓遗集。一士之身，玉成终始。闻之者动容，受之者沦髓。冀其游岱之魂，感恩而西顾；返洛之旅，衔酸而东指。又况龚生竟夭，尚有故人；元伯虽亡，不无死友。他日传公风义，勉其遗孤，风兹来祀，亦盛事也。

> 今谨上其诗及乐府，共四大册。此君平生与亮吉雅故，惟持论不同，尝戏谓亮吉曰："予不幸早死，集经君订定，必乖余之指趣矣。"省其遗言，为之堕泪。今不敢辄加朱墨，皆封送阁下，暨与述庵廉使、东有侍读，共删定之。即其所就，已有足传，方乎古人，无愧作者。惟稿草皆其手写，别无副本，梓后尚望付其遗孤，以为手泽耳。③

文章赞美毕沅爱才慷慨，并且愿意编辑刊印遗集，表示自己作为黄仲则的挚友及故人，十分感激毕沅的帮助。洪亮吉与黄仲则虽感情深厚，但两人诗学观点不尽相同，所以洪亮吉将四大册遗稿原封不动、不

① 洪亮吉：《出关与毕侍郎笺》，《卷施阁文乙集》卷六，《洪亮吉集》，中华书局 2001 年版，第344 页。
② 洪亮吉：《出关与毕侍郎笺》，《卷施阁文乙集》卷六，《洪亮吉集》，中华书局 2001 年版，第 344—345 页。
③ 洪亮吉：《出关与毕侍郎笺》，《卷施阁文乙集》卷六，《洪亮吉集》，中华书局 2001 年版，第345 页。

加朱墨寄给毕沅。而且洪亮吉十分细心周到，关照要将手稿留给其遗孤，作为手泽留念。真是情真意切，真挚感人。文章虽在马上仓促写成，没有经过深思熟虑，但行文结构严谨，一气呵成，已达到炉火纯青的地步。

《伤知己赋》是洪亮吉在久病初愈之后写的一篇追悼亡友的名篇，篇中写到的已逝去的知己有邵齐焘、朱筠、李孔阳、钱维城等十人，可谓婉转悲凉、缠绵凄恻。

> 粤以仲秋之月，久疾乍瘥；孟冬之辰，二毛甫擢。悲哉！无金石不流之质，有蒲柳始谢之姿。犬马之齿，过齐太尉之生年；羁旅之期，逾晋文公之在外。……生我者父母，知我者鲍子。呜乎！于是综其梗概，述其终始，虞山邵先生齐焘、大兴朱先生筠、清苑李先生孔阳、尚书钱文敏公、博士全椒朱君沛、明经高邮贾君田祖、县丞黄君景仁、舅氏大令琦、中表定安、定熙，凡十人。赋曰：

> 大化推迁，人居其里，感乎通塞，遂有忧喜。非我所生，非我兄弟，情均谊共，是曰知己。是以元伯入梦，巨卿哦而恍然；罕生云亡，郑侨呼曰已矣。夫迹不出乎四海，寿不逾乎百年，忽承颜而握手，乃同心而比肩。假以羽翼，宠之光颜，惟子之故，岂曰能贤？感兹逝者，云有十焉。我之降生，摄提之岁，灵均是同，兆乎憔悴。张俭至而全家倾（先大父以外姻株累，又为大王父偿大同城工核减帑项，赀产遂罄），令伯生而慈父背（余生六年，先君子见背）。①

序文说明写此篇的背景和缘由，所伤知己十人的姓名，赋从知己的概念写起，然后叙写自己的家世及生平经历，在自己的经历中带出所悲悼的知己。他家道中落，童年失怙，才华出众却屡试不第，赏识帮助他的知己不少已谢世，他将悲苦的身世与痛失知己的悲痛融合在一起，使文章更加沉郁悲凉，打动人心。张仁青评价此篇："仕不遇时，终至远戍穷边。孤愤难鸣，发为篇章，遂多苍凉激楚之音，极沉郁缠绵之致，此篇伤诸子之逝，沉折往复，词不胜情。"②写友情的文章还有《与孙季逑书》

---

① 洪亮吉：《伤知己赋》，《卷施阁文乙集》卷二，《洪亮吉集》，中华书局 2001 年版，第 287—288 页。
② 张仁青：《骈文学》，（台北）文史哲出版社 1984 年版，第 546 页。

等,都深情感人。

洪亮吉怀念家人的文章也情感真挚,感人肺腑,如《适汪氏仲姊哀诔》:"乾隆四十六年七月十二日,日在西隅,亮吉客西安使院,得舍弟京师报书,知仲姊之丧,质明,为位而哭。乌乎哀哉!天高不闻,丧我哲昆。伊惟哲昆,闺闱之仁。乌乎哀哉!秋林阽风,嘉实首堕。高崖惊雷,迅羽早落。固知本伤者莩陨,巢崩者卵毁。而未堕之翼,迷音于雾雨;在林之柯,甘志于摇落,是可伤矣。不有阐微,曷云纪实。乌乎哀哉!"①开篇得知仲姊之丧,十分悲痛,连用三个"乌乎哀哉",层层递进,加重悲伤的情绪。然后写他仲姐洪苏深得父亲宠爱的原因。父亲的长女不幸夭折,父亲特别伤心,便在亡女手臂上点了朱砂为印记,期待她转世回来。后次女洪苏出生,手臂上宛然一颗朱砂痣,父亲便认定是夭折长女回来报恩了,因此特别宠爱。仲姐孝顺懂事,"虽在甫生,而孝德已种矣。"②

> 年十一,遭府君丧,育于外家。外家女兄弟十数人,联裾争华,簪首耀玉,见姊工作,争走慰之。姊曰:"是贫女职也,夫奚以耻?"桃林披华,靡追乎游谶;风雨如晦,尤勤于夜织。一楼不迁,十载于此焉。一夕,女兄弟十数人共坐室中,比舍回禄,延及寝室,阖坐尽走,不知其然。姊独却入室中,扶外王母龚太孺人以起,人以是异之。③

二姐十一岁时父亲去世,随母亲到外家生活,为了减轻母亲的负担,小小年纪和母亲一起纺织做针线,十年不下楼玩耍。一天晚上十几个姐妹聚会,众人一哄而散的时候,只有她一人想到去搀扶年迈的外祖母,因此也深得外祖母的宠爱。她对母亲也很孝顺,"一岁迎养,常及十旬"④。洪亮吉因贫辍学,又是这个姐姐资助他继续完成学业。现在生活越来越好,而他的二姐却突然离世,所以他悲痛欲绝,连呼"乌乎哀

---

① 洪亮吉:《适汪氏仲姊哀诔》,《卷施阁文乙集》卷三,《洪亮吉集》,中华书局 2001 年版,第 300 页。
② 洪亮吉:《适汪氏仲姊哀诔》,《卷施阁文乙集》卷三,《洪亮吉集》,中华书局 2001 年版,第 301 页。
③ 洪亮吉:《适汪氏仲姊哀诔》,《卷施阁文乙集》卷三,《洪亮吉集》,中华书局 2001 年版,第 301 页。
④ 洪亮吉:《适汪氏仲姊哀诔》,《卷施阁文乙集》卷三,《洪亮吉集》,中华书局 2001 年版,第 301 页。

哉"！文章善捕捉生活中的细节，写出她的善良贤惠、细心周到、对长辈孝顺，再加上文字的铺排，更能表达作者的深情和悲伤。

曹虹等《清代常州骈文研究》认为洪亮吉的骈文绝调悲凉，"洪氏骈文滥觞骚雅，以宗尚魏晋六朝为主，《离骚》怨离俳怨，魏晋文章'慷慨悲凉'，六朝骈文'缠绵悱恻'，不难发现，早期骈文的审美倾向多'以悲为美'，多数名篇以表现悲情为主，无论自觉亦或不自觉的，他承继了这一古典美学传统。"①洪亮吉抒写亲情的文章，确实是缠绵悱恻，以悲为美。这类文章还有如《南楼赠书图记》《从母庄孺人墓表》《从母杨孺人墓表》等。

三、山水类骈文奇气横溢

洪亮吉性嗜山水，又尚气爱奇，一生游踪甚广，正如他自己所言："生平性嗜山水，踪迹所至，几遍寰宇，绳凿幽险，冒犯霜雾，若饥之于食，渴之于饮，未尝暂离。"②他骈文中的山水篇章也格外出色，写得雄奇奔放，奇气横溢。谢无量曾以"疏纵""奇"来评论他的骈文特点，而这一特点在他赞美描写山水类的文章中最为突出，尤其是他在贵州时写的《少寨洞赞》《师子崖赞》《黑神河赞》《白水河赞》，贬谪期间写的《天山赞》《瀚海赞》《冰山赞》《净海赞》，以及回乡后写的《游天台山记》《游庐山记》《游武夷山记》等。这些文章和他的山水诗互相辉映，不分上下。

如《天山赞》，全篇由序和赞两部分组成。其序云："自凉州以西抵伊犁，凡七千余里。地势积高，天形转下。其横亘南北，界画中外；戴雪万仞，排云百重；半岭以上，灵禽不飞；百步之外，晴霭尚炫者，皆为天山，亦名雪山，北人所呼为祁连山也。"③开篇点出天山的地理位置、地形特点，还有"雪山""祁连山"的称呼。描写天山首先强调天山的高，"夫天者，特积气耳。今祁连诸峰，尚有出积气之上者"④，祁连诸峰，高出天际。接着赞美物产丰富，各种延年养生之药材，无一不备。风雨晴晦气

---

① 曹虹、陈曙雯、倪惠颖：《清代常州骈文研究》，江苏人民出版社 2010 年版，第 162 页。
② 洪亮吉：《平生游历图序》，《更生斋文乙集》卷一，《洪亮吉集》，中华书局 2001 年版，第 1073 页。
③ 洪亮吉：《天山赞》，《更生斋文乙集》卷一，《洪亮吉集》，中华书局 2001 年版，第 1053 页。
④ 洪亮吉：《天山赞》，《更生斋文乙集》卷一，《洪亮吉集》，中华书局 2001 年版，第 1053 页。

候情况,也与外面殊异。接着主要写天山的神奇景观以及见到此景之不易。

县溜飞瀑,高逾石门;云液石乳,百倍天目。而世人不之知,逸客不之访者,岂非以径路绝远,逾流沙瀚海火山风穴之险,始足以尽其奇耶?且汉世虽尝通西北国矣,然票骑涅野,挺剑持载,既无意于搜奇;博望定远,凿空进埶,亦不期于揽胜。是则天地之奇,山川之秀,宁不待千百载后怀奇负异之士,或因行役而过,或以迁谪而至者,一发其底蕴乎!夫太华太室,仅中土之奥区;南条北条,又此山之支络。爰为之赞曰:

积高惟天,谁能企焉。抗不相让,实惟祁连。首沐塔里,足排居延。万古积雪,无人及巅。其标挺外,其秀贮腹。松楠撑拄,高出若木。我登支峰,意欲濯足。洪流汹汹,斜出飞瀑。①

序文近似于游记体,有地理位置、地形地貌、气候物产等的描写,重点在突出天山高出天际,终年积雪,有飞瀑石乳等奇异景物,然而因为路途绝远,还要经历沙漠、火山、风穴,才能见到如此奇景,所以世所罕见,更显珍贵。赞文是对序文的概括提炼,再次赞美天山奇绝美景。

洪亮吉的《冰山赞》也是一篇雄奇的美文。

伊犁之南,渡浑河五六百里有冰山焉,俗名八达坂,为适叶尔羌、西藏要道。其冰一日数拆,亦终古莫解。高撑层霄,下绝九地,能分轸阴阳,回转日月。过此坂者,必以子夜,人马半道,亦辄闻天倾地裂之声,或竟有陷入无间者,开合既倏,孰窥神奇;呼吸未周,已判人鬼。……然舍此以往,别无他道。若天风不鸣,月魄晃朗,涉其巅者,又辄闻百丈以下,弦管丝竹,嘈嘈并举,聆其清声,绝肖子夜,或以为流澌沙石,上下抟击,其幽咽吞吐,响或类斯,亦卒莫究其奇矣。主宿顿者,必日拨回户二十,凿冰栈冰梯,以通过客。余偶随将军至此,既讶其灵异,又莫测幽隐。爰为之赞曰:

---

① 洪亮吉:《天山赞》,《更生斋文乙集》卷一,《洪亮吉集》,中华书局 2001 年版,第 1053 页。

阴阳显晦，倏尔万变。飞仙失足，亦堕无间。冰梢烁日，波末闪电。清商夜聆，奇鬼昼见。危兹达坂，高乃百盘；南驰于阗，北走大宛。汹汹隆隆，地轴半折。熇熇烁烁，天宇五色。①

序文也是以游记体的写法，开篇点明冰山的地理方位，冰山俗名"八达坂"，位于伊犁之南，渡浑河五六百里，是到达叶尔羌、西藏的要道。接着写冰山险绝无比，神奇莫测。既危机四伏，一不小心便会人鬼殊途，又神奇诡异，充满了灵异色彩，子夜时分，冰山之下，有弦管丝竹之声，绝似清商曲《子夜歌》，让人莫测幽隐。

以上两篇，还有《瀚海赞》《净海赞》等，以序文加赞文相结合的形式，序文骈散结合，以散为主，很少用典，几乎白描，行文流畅疏朗，雄奇奔放。以游踪带景物，以奇才写奇景，充满了神奇的感染力，让人犹如亲历其景，更激起读者探险的欲望，想亲自前往，一探究竟。赞文全为四字句，整齐划一，气势如虹。这类文章也真是得山水之助，奇气横溢。

骈文辞藻华丽，而洪亮吉并非堆砌辞藻，而是将真挚的情感与辞藻相结合，达到情文并茂，文质相谐的高度。骈文也称四六文，行文为整齐的四六句式，骈偶对仗。洪亮吉骈文以骈偶为主，有时也用散句，骈散兼融，自然不牵强。如《出关与毕侍郎笺》前三段以骈偶为主，最后一段则主要是散行，有自己与黄仲则生前的对话，有交代毕沅为黄仲则编定遗稿之事。感觉文字就是作者感情的自然流露，毫无刻意地营造安排。山水篇章中，为适合表达的需要，序文骈散结合，以散为主，赞文完全骈偶，增加气势。

运用典故是骈文的必备要素，洪亮吉山水类骈文用典较少，其他题材的骈文用典也比较贴切，有助于表情达意，并非为用典而用典，也没有出现因用典过多而导致生涩难懂的情况。如《伤知己赋》全文用典三十多处，其中"犬马之齿，过齐太尉之生年；羁旅之期，逾晋文公之在外"一句，两处用典，分别出于《南齐书·王俭传》及《左传》，南朝王俭三十九岁而卒，文章用此典表达自己已过中年，一事无成。晋文公重耳在外漂泊十九年，比喻自己长年漂泊游幕、寄人篱下的艰难处境。如《出关

① 洪亮吉：《冰山赞》，《更生斋文乙集》卷一，《洪亮吉集》，中华书局 2001 年版，第 1054—1055 页。

与毕侍郎笺》中"相如病肺""昌谷呕心"两个典故,司马相如才华横溢,辞赋尤其出众,但他仕途不顺,还患有消渴之疾。消渴之症即糖尿病,古人也许以为是肺病。黄仲则与司马相如境遇相似,黄仲则病在肺,文章将"相如病渴"改为"相如病肺",真是十分传神,更为贴切。"昌谷呕心"是唐代诗人李贺的典故。李贺,字长吉,河南府福昌县昌谷乡人,李贺创作呕心沥血,诗歌抒发对理想的追求,以及生不逢时的内心苦闷。文章用这两个典故,形容黄仲则作诗刻苦,体弱多病,又不爱惜自己身体。他骈文典故出处有《诗经》《易经》《左传》《史记》《汉书》《梁书》《南齐书》《老子》《世说新语》等,采用六朝以前典故多于唐宋及以后的典故,亦可见其学养深厚,旨趣高古。

　　洪亮吉在文学上取得的成绩是出众的,他是乾嘉诗坛上一位出色的诗人,尤其是西域边塞诗最为引人入胜,无人可比,就像杨峒谷所云"更辟诗中界,还驰域外观"①,诗论视野开阔,观点鲜明,持论公允,词以豪放为特色,骈文开创常州派,是清代骈文一大家。这些成绩,足以让他在中国文学史上占有重要的一席。

---

① 杨峒谷等:《附:题万里荷戈集诸友人诗》,洪亮吉:《更生斋诗》卷一,《洪亮吉集》,中华书局 2001 年版,第 1219 页。

第十二章　经史地学　一代大家

　　洪亮吉不仅是一位出色的文学家,更是一位成就卓著的学者。在他的学术成长过程中,有几个阶段很关键。他于乾隆三十六年(1771)在江宁与扬州学者汪中订交,遂成为好友,汪中以学术相激励,对他影响很大。他曾云:"余弱冠后始识(汪)中,中频以有用之学相勖,余始愧励读书。今之有一知半解,未始非中所激成也。"①早年在安徽朱筠幕,与邵晋涵、王念孙、章学诚等交往学习,后在毕沅幕,又与孙星衍、严长明、钱坫、吴泰来等学者共事交流,加上他好学勤奋,博览群书,著述不辍,在经学、史学、方志学、舆地学、社会学等多个领域均取得不凡的成绩,堪称一代大家。他涉及的领域之广、取得的成就之大,达到令人吃惊的地步。

第一节　经学训诂勘较真

　　清代常州是经学的重镇,不仅有以庄存与、刘逢禄为代表的今文经学闻名于世,还有洪亮吉、孙星衍等的古文经学也成就卓著。美国汉学家艾尔曼认为:"孙星衍、洪亮吉、李兆洛既是常州一流学者,又是汉学运动的积极参与者。他们在许多方面代表着常州古文经学的主张,形

---

① 洪亮吉:《又书三友人遗事》,《更生斋文甲集》卷四,《洪亮吉集》,中华书局 2001 年版,第 1041 页。

成了一股与北面的扬州、南面的苏州相似的学术文化思潮。"①洪亮吉属于吴派经学家之一,他于训诂方面成就最大,著有《春秋左传诂》《六书转注录》《比雅》《毛诗天文考》等,在音韵学方面有《汉魏音》《宋书音义》,还有《通经表》《传经表》《弟子职笺释》等经学方面的著作,他所取得的显著成绩,奠定了他在经学史上一代大师的地位。

一、《春秋左传诂》

洪亮吉在经学上的最大成就,是他的《春秋左传诂》,袁枚也认为洪亮吉"于经深《春秋》"②。"《春秋》三传"中《左传》影响最大,从西汉开始就有人为《左传》作注,其中以西晋杜预的《春秋经传集解》流传最广。清代经学复兴,乾嘉时期的很多学者崇尚东汉古文经学,在《春秋》上推崇《左传》,但对杜预的《春秋经传集解》有诸多不满,于是搜集汉代的研究成果,来纠正杜预之失,洪亮吉的《春秋左传诂》就是这方面的代表之作,是他十年研究心血的结晶,他的学生吕培说是他"毕生精力所萃者"③。

对于作此书的初衷,洪亮吉说:

> 余少从师受《春秋左氏传》,即觉杜元凯于训诂、地理之学殊疏。及长,博览汉儒说经诸书,而益觉元凯之注,其望文生义、不臻古训者,十居五六。未尝不叹汉儒专家之学,至孙炎、薛夏、韦昭、唐固之后,法已尽亡。④

他博览汉儒说经之书,又精于训诂、地理之学,不难发现杜预"于训诂、地理之学殊疏",他还分析杜预师心自用的原因,是既无师承,又不吸收汉儒的研究成果,平吴后位望既显,心迹较粗,不虚心向汉儒学习。杜预的《春秋经传集解》流行过程中也有人纠正其错误,但影响不大,"自此书盛行,千六百年,虽有乐逊《序义》、刘炫《规过》之书,不能敌也。

---

① [美]艾尔曼:《经学、政治和宗教——中华帝国晚期常州今文学派研究》,赵刚译,江苏人民出版社1998年版,第82页。
② 袁枚:《卷施阁文乙集》序,洪亮吉:《卷施阁文乙集》,《洪亮吉集》,中华书局2001年版,第265页。
③ 吕培:《春秋左传诂》跋,洪亮吉:《春秋左传诂》,中华书局1987年版,第905页。
④ 洪亮吉:《春秋左传诂序》,《春秋左传诂》,中华书局1987年版,第1页。

况今日去刘炫等又复千载,其敢明目张胆起而与之争乎?"①鉴于杜预书的影响力,也许以后人之说来纠正,说服力不够强,洪亮吉采用的方法是,以杜预之前的汉儒之说来纠正。他说:"然以后人证前人之失,人或不信之;以前人以前之人正前人之失,则庶可厘然服矣。于是冥心搜录,以他经证此经,以别传校此传,寒暑不辍者又十年。"②他"以前古之人正中古之失"③,这一方法在当时是严谨而有说服力的。

在体例上,他遵照《汉书·艺文志》例,将经、传分开,经四卷、传十六卷,内容方面,"在训诂方面,以贾逵、服虔为主,遗说多采自《史记》的《集解》《索隐》,《易》《书》《诗》《周礼》《仪礼》《礼记》,《春秋》三《传》的《正义》,《水经注》《文选注》《太平御览》等;郑兴、郑众、王充、许慎、王逸、赵岐、郑玄、应劭、高诱、王肃、韦昭等人撰述亦多称引,并博采《尔雅》《方言》《说文解字》《通俗文》《释名》《小尔雅》《玉篇》《广雅》《经典释文》等小学典籍。地理方面,以班固、应劭、京相璠、司马彪为主,综合《汉书·地理志》《续汉书·郡国志》《水经注》《括地志》《元和郡县志》《元丰九域志》《太平寰宇记》等史地专著。"④在古字、古音方面,一一依本经与"二传",以及汉唐《石经》、陆氏《释文》等,逐条校正,疑者阙之。可见洪亮吉学识丰富,广征博引,目的是保存《春秋》之古学,申古人之旨,正如他所说的,"名为《春秋左传诂》者,'诂''古''故'字通,欲存《春秋左传》之古学耳。"⑤据香港城市大学郭鹏飞统计,《洪诂》所辑旧注共一千二百九十余条⑥,因此,在保存旧注遗说、广泛保存古代文化资料、反映古代汉语现象方面,最是功不可没。

书中根据文献考证地名、人名、山川、古字音义等,比比皆是。如《左传》隐公元年,"夏,五月,郑伯克段于鄢"条。洪亮吉引用《汉书·地理志》、应劭说、赵匡《集传》等,考证克段之地"鄢"之所在,纠正杜《注》

① 洪亮吉:《春秋左传诂序》,《春秋左传诂》,中华书局 1987 年版,第 1 页。
② 洪亮吉:《春秋左传诂序》,《春秋左传诂》,中华书局 1987 年版,第 1 页。
③ 洪亮吉:《春秋左传诂序》,《春秋左传诂》,中华书局 1987 年版,第 2 页。
④ 李解民:《春秋左传诂》前言,洪亮吉:《春秋左传诂》,中华书局 1987 年版,第 7 页。
⑤ 洪亮吉:《春秋左传诂序》,《春秋左传诂》,中华书局 1987 年版,第 2 页。
⑥ 郭鹏飞:《洪亮吉〈左传诂〉研究》,复旦大学出版社 2014 年版,第 259 页。

之误。① 洪亮吉发挥其精于地理的特点,对山川地理的考证很详细。如《左传》闵公二年,"冬,十二月,狄人伐卫……及狄人战于荥泽。"【诂】《书·禹贡》:'荥、波既猪。'师古曰:'荥,沇水泆出所为,即今荥泽是也。'京相璠曰:'荥泽在荥阳县西南。'按:《竹书纪年》作'洞泽'。'洞'当作'泂','泂''荥'音同。"②

如《左传》庄公九年,"夏,公伐齐,纳子纠(《公》《谷》皆作'纳纠',无'子'字)。【诂】贾逵云:'不言公子,次正也。'按《正义》,则知贾氏本无'子'字,与《公》《谷》合。《管子》作子糺,刘向《新序》《淮南子》并同。齐小白入于齐。【诂】贾、服以为:'齐大夫来迎子纠,公不亟遣,而盟以要之,齐人归迎小白。'(本《疏》。)按:贾、服盖寻绎《经》文得之。使齐大夫乐从于盟,并有成约,则公纳子纠不须言伐。且下言'齐小白入于齐',从国逆之文,明齐大夫不乐鲁君要盟,因变计逆小白也。若如杜云,二公子各有党,迎小白者又非盟薆之人,则小白之入,与者半,不与者半,又何得泛引'国逆而立之曰入'例乎?又自相矛盾矣。"③这里不仅引经据典,还根据当时历史事件理性分析,说明其自相矛盾之处。

洪亮吉不仅称引典籍,有时还结合自己见闻经历进行考证,如《左传》庄公四年,"王遂行,卒于樠木之下。"【诂】:

> 《说文》:"樠,松心木。"按:杜《注》止云"木名",故采《说文》补之。或《说文》本贾氏说也。高诱《淮南王书》《注》:"樠,读姓樠氏之樠。"《释文》及《正义》俱云"有曼、朗二音",疑非。《正义》又疑樠木为朗榆,亦不见《说文》之故。余以岁己未遣戍伊犁,道过天山,树如松者万株,土人尚呼为樠。验之,皆松心木,与《说文》无异。又考竟陵县武来山一名樠木山,乐史称《郡国志》,《左传》楚武王卒于樠木之下,即此山。④

他研读《尔雅》,对名物颇有研究,平时也非常关注身边的植物,对

---

① 洪亮吉:《春秋左传诂》卷一,中华书局1987年版,第2页。
② 洪亮吉:《春秋左传诂》卷六,中华书局1987年版,第265—266页。
③ 洪亮吉:《春秋左传诂》卷一,中华书局1987年版,第28页。
④ 洪亮吉:《春秋左传诂》卷六,中华书局1987年版,第235页。

植物比较熟悉,加上他游历很广,经历丰富,此处以新疆的亲身经历验证古书所说,更有说服力。

此书一出,评价很高,吕培说:"先生之书,非以非杜氏,实以匡杜氏,且大有功于杜氏也。"①吕朝忠后记云:"凡魏、晋以后虚造附会,一洗而空之。此其义之确而功之伟,视昆山顾氏、长洲惠氏之书,殆有过之矣。"②李解民认为洪亮吉注意吸收学者的研究成果,进行校勘,用力颇深,取舍审慎,在融会贯通古今的基础上,提出不少独到的见解,总体上有纠谬补缺之功。他说:"洪《诂》行文质朴简练,讲究务实……时至今日,《春秋左传诂》仍不失为一部较好的《春秋左传》的简明注本。"③郭鹏飞认为此书有重视验证、态度严谨、精于校勘、训诂精确的优点。④

洪亮吉的《春秋左传诂》借鉴前人的研究成果较多,谨慎著述,其中得益于惠栋的就很多,但他都一一注明出处,没有隐没姓名,更没有将他人的成果据为己有。在书稿即将完成时,他有诗云:"频年几案整精神,训诂方舆勘较真。于世已疑成弃物,此经未愧号功臣。时将古意参前哲,不肯多端误后人。红豆一株今在否,莫教嘉种化为薪(红豆山房,惠征君定宇所居也。此书采征君《九经古义》颇多,故忆及之)。"⑤惠栋(1697—1758),字定宇,号松崖,江苏元和(今江苏苏州市)人,又称小红豆先生。著名汉学家,著有《九经古义》《左传补注》。洪亮吉承认《春秋左传诂》采纳惠栋《九经古义》颇多,就杜预注中没有注明出处的,根据不同情况,用"杜取此""杜本此""杜同此"加以区别,一一注明。这在今天看来是关乎学术道德的问题,严明认为,"从这些细小之处,反映出乾嘉学者们正派的学风,而这正是值得后来的学者深思与学习的。"⑥

当然此书也存在一些不足,李解民认为:"没有跳出今古文学派的门户成见,对杜《注》、孔《疏》的态度欠客观公允;缺乏金石文字的素养,

① 吕培:《春秋左传诂》跋,洪亮吉:《春秋左传诂》,中华书局1987年版,第905页。
② 吕朝忠:《春秋左传诂》后记,洪亮吉:《春秋左传诂》,中华书局1987年版,第906页。
③ 李解民:《春秋左传诂》前言,洪亮吉:《春秋左传诂》,中华书局1987年版,第9页。
④ 郭鹏飞:《洪亮吉〈左传诂〉研究》,复旦大学出版社2014年版,第265—269页。
⑤ 洪亮吉:《频年著左传诂已欲告成偶题一律》,《更生斋诗》卷五,《洪亮吉集》,中华书局2001年版,第1330页。
⑥ 严明:《洪亮吉评传》,(台北)文津出版社1993年版,第152页。

未能较好地利用这方面的材料;具体的按断,也尚有可商榷之处。"①"缺乏金石文字的素养"此评有失公允。乾嘉时期金石学可以说是时尚热门之学,洪亮吉的朋友孙星衍、武亿、汪中、黄易等都对金石学有研究,他不可能不在这方面下功夫。许隽超发现的洪亮吉的四篇佚文,致黄易四札,"前三札口不离金石,第四札绍介友人金兰就近订交,亦与金石关涉。"②足以证明洪亮吉对金石学有研究并具较高素养。

《春秋左传诂》定稿于嘉庆十二年(1807),当时将它作为传授子弟的课本。洪亮吉卒后,由他的长子洪饴孙、学生吕培于嘉庆十八年(1813)在南京付雕。不久,饴孙、吕培相继去世,未付清刻资,直到道光八年(1828),吕培之子吕朝忠付清版资,付印问世,光绪四年(1878)洪亮吉曾孙洪用懃根据初版重刊,这些过程在该书后记中都有记载。后此书被收入《皇清经解续编》《万有文库》《国学基本丛书》《四部备要》等。1987年由李解民点校,中华书局出版。

洪亮吉在写作《春秋左传诂》的同时,还写了十篇研究《春秋》的论文,分别是:《春秋时以大邑为县始于楚论》《春秋不讳娶同姓论》《春秋时晋大夫皆以采邑为氏论》《春秋惟秦不用同姓而喜用别国人论》《春秋晋比楚少恩论》《春秋时君臣上下同名不甚避讳论》《春秋时楚国人文最盛论》《春秋时谥法详略及美恶论》《春秋以隐疾为名论》《春秋时仲尼弟子皆忠于鲁国并善守师法论》,组成"春秋十论"。这些考论,涉及地理、姓氏、名讳、君臣、礼法等,很有学术价值。如他在《春秋时君臣上下同名不甚避讳论》中,列举了春秋时代很多君臣同名、祖孙上下同名的现象,"如周穆王名满,而周有王孙满;厉王名胡,而五世孙僖王亦名胡齐。"③他总结说:"明春秋时虽以讳事神,而礼法阔疏,尚有讳有不讳,非如汉以后禁忌日甚,并同声之字而亦讳之也。"④他以历史证据论证春秋时礼法尚疏,作为生活在文字狱令人恐怖的清代中叶的文人,不会没有

---

① 李解民:《春秋左传诂》前言,洪亮吉:《春秋左传诂》,中华书局1987年版,第9页。

② 许隽超:《国家图书馆藏洪亮吉致黄易四札考释》,《江苏理工学院学报》2018年第1期。

③ 洪亮吉:《春秋时君臣上下同名不甚避讳论》,《更生斋文甲集》卷二,《洪亮吉集》,中华书局2001年版,第991页。

④ 洪亮吉:《春秋时君臣上下同名不甚避讳论》,《更生斋文甲集》卷二,《洪亮吉集》,中华书局2001年版,第992页。

对清代文网严密、禁忌日甚的抗议吧？从这个意义上讲，他的研究不仅有学术意义，也有一定的现实意义。被遣戍伊犁，死里逃生的他，还敢写这样的文章，这种敢于涉险的精神，值得敬佩。

二、《六书转注录》

《六书转注录》是洪亮吉研究"六书"转注的一部训诂著作。"六书"是许慎《说文解字》中六种造字法，即指事、象形、形声、会意、转注、假借。后代学者对"六书"的研究很多，其他都比较清楚，唯有转注比较模糊，分歧较大。陈庆镛云："刘歆、班固、郑众皆曰：转注犹言互训也，注者，灌也，数字展转互相为训，如诸水相为灌注，交轮互受也。许曰：建类一首，同意相受，考、老是也。"①洪亮吉说："六书自谐声外，转注最多，惟转注斯可通训诂之穷，转注又半皆谐声，即以《易》言之象及《说卦》云：乾为天，天行健，乾，天也，乾，健也。"②他又举出汉以来注释笺疏中，如宫，谓之室，室，谓之宫，罗，谓之离，离，谓之罗等，既是假借，又是谐声。洪亮吉认为，假借是字音或字义相近的字互训。

他说："唐宋以来，学者不明转注之理，遂横生异说，而转注益晦。暇日偶刺取经传中转注之字，以《尔雅》《说文》《小尔雅》《方言》《释名》《广雅》为网，已共得八卷。止于《释名》《广雅》者，以汉儒训诂之书已尽于此也。旁采则迄于周隋者，以非此不足尽转注之变。又录及《释文》者，以陆元朗此书卒业于隋代也。"③以上他解释了辑录此书的初衷，是为了纠正唐宋以来学者对转注的错误理解，陈庆镛也说："自后世不得其解说者，遂纷纷误仞，而明杨慎《转注考》一书，穿凿益甚。"④此书收录的范围、体例等，他都交代得很清楚。

《六书转注录》在体例上有创新，"首以《尔雅》《说文》《释名》《广雅》《小尔雅》分编类纂"⑤。卷一、卷二为《尔雅》中的转注，卷三为《说文》中

---

① 陈庆镛：《六书转注录序》，洪亮吉：《六书转注录》卷首，《洪北江全集》，光绪初授经堂刊本。
② 洪亮吉：《六书转注录自叙》，《六书转注录》卷首，《洪北江全集》，光绪初授经堂刊本。
③ 洪亮吉：《六书转注录自叙》，《六书转注录》卷首，《洪北江全集》，光绪初授经堂刊本。
④ 陈庆镛：《六书转注录序》，洪亮吉：《六书转注录》卷首，《洪北江全集》，光绪初授经堂刊本。
⑤ 陈庆镛：《六书转注录序》，洪亮吉：《六书转注录》卷首，《洪北江全集》，光绪初授经堂刊本。

的转注,卷四为《说文》与各书中的转注,卷五为《小尔雅》中的转注,卷六为《方言》中的转注,卷七为《释名》中的转注,卷八、卷九、卷十为《广雅》中的转注。全书共十卷,分书编录,条例清晰。辑录详尽完备,将他认为的转注字尽可能收录,如《尔雅》中的转注字:"多,众也,众,多也","勤,劳也,劳,勤也","绩,勋功也,功,绩成也","鲜,寡也,寡,鲜罕也"。①

这是洪亮吉"究心小学,潜研数十载"②写成的书,倾注了他很多心力,陈庆镛认为是"洵声音训诂文字之要归,而学转注者当以是为圭臬"③。虽然他将文字形成之转注,全部用训诂来解释,似乎并不完全恰当,严明认为"其理论上的不圆通处是显而易见的"④,但仍不可否认其在训诂学上的价值,相当于是类书,方便后人学习与借鉴。

三、其他经学著作

《比雅》是洪亮吉另一部训诂著作,意在补《尔雅》之缺。《尔雅》收集了我国汉以前的大量古汉语词汇,内容丰富,可以说是我国最早的一部百科词典,是辞书之祖,还被列入《十三经》中,历代研究者颇多,洪亮吉的朋友邵晋涵有《尔雅正义》。《比雅》是洪亮吉晚年在安徽洋川书院讲学时编写的。洪用勲说:"曾大父于嘉庆癸亥年主讲皖南洋川书院,以声音训诂为读书之本,因征引经史汉魏疏注,属辞比事,撰成是编,意在增补《尔雅》之缺漏,以作及门之指归,故悉遵《尔雅》体例,即以《比雅》名篇。"⑤

虽然此书当时是他随手辑录,未及修订,分类未必完全恰当,前后有时重复互见,还曾遭遇火灾,内容也有缺失,但仍不失为一本有价值的著作。《比雅》在体例上仿《尔雅》,分释诂、释言、释训、释天、释地、释山、释水、释人、释宫、释器、释乐、释舟、释车、释草、释木、释虫、释鱼、释

① 洪亮吉:《六书转注录》卷一,《洪北江全集》,光绪初授经堂刊本。
② 陈庆镛:《六书转注录序》,洪亮吉:《六书转注录》卷首,《洪北江全集》,光绪初授经堂刊本。
③ 陈庆镛:《六书转注录序》,洪亮吉:《六书转注录》卷首,《洪北江全集》,光绪初授经堂刊本。
④ 严明:《洪亮吉评传》,(台北)文津出版社1993年版,第153页。
⑤ 洪用勲:《比雅》按语,洪亮吉:《比雅》卷末,《洪北江全集》,光绪初授经堂刊本。

鸟、释兽、释畜，共十卷，内容涉及词汇语言、天文地理、衣食住行、山川天地、草木虫鱼等，可谓包罗万象，在《尔雅》基础上增补了很多内容，有时增补的内容甚至超过了《尔雅》原来所收。他将同类相关的词语放在一起解释，更容易理解区分，如"告上曰告，发下曰诰（《广韵》引旧说）"，"网言为詈，刀詈为罚（《广韵》引元命包）"，"曲合乐曰歌，徒歌曰谣（毛《传》）"，"自贤曰矜，自功曰伐（孔安国《书传》）"，"十家为什，五家为伍（《管子》）"，"善善为德，恶恶为义（韦昭《国语注》）"，①"拱，合两手也，把，以一手把之也（赵岐《孟子注》），两手曰拱，一手曰把（司马彪《庄子注》）"，"在衣为怀，在手为握（王逸《章句》）"，"背曰负，荷曰担（王逸《章句》，韦昭《国语》注作肩曰担）"。② 此书保存了许多古汉语的音义及古代文化的丰富内容，归类辑录，方便后人学习比较。

洪亮吉在音韵学上也深有研究，《汉魏音》是其音韵学的专著。他重视音韵学对训诂的重要意义，甚至认为"古之训诂即声音。……许君为《说文》记字，字各著声，览而易明，斯为至善"③。文字有定，而声音无定，一字一音，读之又有轻重缓急，各地风土不同，读音更有很大区别，"夫求汉魏人之训诂，而不求其声音，是谓舍本事末。今《汉魏音》之作，盖欲为守汉魏诸儒训诂之学者设耳。"④此书从汉魏经典文本及传注文字等中，摘录出有关的字词，标注古音。他整理古音的目的是为训诂服务的。此书遵从许慎《说文解字》，不录南朝后反切音，他说："若一以孙炎、沈约以后之音例之，则重读者不能轻，急读者不容缓。……反语出，而一字拘于一音；四声作，而一音又拘于一韵。而声音之道，有执而不通者焉。……止于魏者，以反语之作始于孙炎，而古音之亡亦由于是，故以此为断焉。"⑤他反对以反切注音，认为古音的消失正是由于反切注音。所以他像《说文解字》那样，使用汉魏时的"读为""读若"这样朴素的注音法，这样比较简便，适合古音的标注。不过反切注音是音韵学上

---

① 洪亮吉：《比雅》卷三，《洪北江全集》，光绪初授经堂刊本。
② 洪亮吉：《比雅》卷七，《洪北江全集》，光绪初授经堂刊本。
③ 洪亮吉：《汉魏音序》，《卷施阁文甲集》卷八，《洪亮吉集》，中华书局 2001 年版，第 177 页。
④ 洪亮吉：《汉魏音序》，《卷施阁文甲集》卷八，《洪亮吉集》，中华书局 2001 年版，第 178 页。
⑤ 洪亮吉：《汉魏音序》，《卷施阁文甲集》卷八，《洪亮吉集》，中华书局 2001 年版，第 178 页。

的一大突破,有一定的价值,不能全盘否定。

洪亮吉此书是二十年里逐渐补充编录,当时就受到毕沅、孙星衍等的高度评价。他自己也颇为满意,曾说此书"举昔人读如读若之端,声近声讹之故。自杜郑说经,如苏注史,以迄涿郡之笺阳翟,洨长之疏淮南,靡不毕收,以存故读,盖实据叙言反语之先,为众经通转之助矣。证之君子,或有同心;贻于后人,实非小裨。"①洪亮吉此书于音韵、训诂学是有较大贡献的。洪氏还有《宋书音义》,惜已失传。

洪亮吉的经学著作还有《传经表》《通经表》,以列表的方式,梳理"五经"在流传过程中的师承关系。有师承关系的,列入《传经表》,无法确定师承关系的,则按年代列入《通经表》。洪亮吉在《传经表》序中说:"六经权舆于孔子,六经之师亦权舆于孔子。《易》,孔子十五传至刘轶。《尚书》,家学二十一传至孔昱。《诗》,鲁十五传至许晏,毛十六传至贾逵。《春秋》经,左氏十九传至马严,公羊十三传至孙宝,穀梁十一传至侯霸。他若今文《尚书》,伏胜十七传至王肃,齐《诗》,辕固七传至伏恭,韩《诗》,韩婴六传至张就。《礼》,高堂生六传至庆咸。上自春秋,迄于三国,六百年中,父以传子,师以授弟,其耆门高义开门授徒者,编牒不下万人,多者著录万六千人,少者亦数百人,盛矣。降自典午则无闻焉。岂非孔子之学专门授受,逮孙炎、王肃以后,始散绝乎!暇日采缀群书,第其本来,校正伪漏,作《传经表》一卷。其师承无考者,复以《通经表》一卷缀之。而通二经以上至十数经者,咸附录焉。较明朱睦㮮《授经图》、国朝朱彝尊《经义考·承师》所录,详实倍之。盖周秦汉魏经学授受之原,至此乃备也。"②洪亮吉的《传经表》《通经表》,搜集经学传授师承关系比较详备,六百年中涉及这么多人,能如此简明清晰地呈现,可见用力之深。

洪亮吉作为史学家,能在考据训诂的同时,用历史的眼光来梳理从春秋到汉魏经学研究的传承脉络,以列表显示,让人一目了然。这种较为宏观的研究,在当时以具体考据训诂为主的经学研究背景下,显得难

---

① 洪亮吉:《钱献之九经通借字考叙》,《卷施阁文乙集》卷六,《洪亮吉集》,中华书局2001年版,第339页。

② 洪亮吉:《传经表》序,《传经表》卷首,《洪北江全集》,光绪初授经堂刊本。

能可贵。其内容的搜集也比前人所作,如朱彝尊《经义考》等详细得多,基本达到"至此乃备"的程度。

《弟子职笺释》是对《弟子职》一书的注释。《弟子职》是类似于后来的《弟子规》之类,是入塾子弟必读的蒙学读物,内容无非是弟子如何尊重老师,如何遵守礼仪,如何做人,如何读书等。此书收录于《管子·杂录》中,相传是管子所作,后学者考证并非管子所作,洪亮吉认为可能因为管子用以教育他的弟子,后来也被塾师所用,他认为将此书列入《孝经》最合适,"附《弟子职》于《孝经》,最得圣人之旨"①。洪亮吉入塾也读此书,后随着学问的增加,觉得此书注释简陋,"病唐尹知章注简陋,刘绩补注亦未该洽,因仿汉儒注经之法,一一笺释,俾是书得专行。"②

洪亮吉在笺释过程中,完全按照汉儒注经法,逐字逐词,一一用典籍注释,广博征引典籍,并不作自己的解释。如《弟子职》第一句"先生施教,弟子是则"的笺注:"马融《论语注》:'先生,谓父兄',包咸注:'先生,成人也',赵岐《孟子注》:'学士年长者,谓之先生'。《汉书集注》:'施,设也'。《众经音义》引《三苍》:'教,诲也,效也',《说文》:'教,上所施下所效也',卢植《礼记注》:'教,诗书典籍之训也'。弟子,对父兄而言,郑元《仪礼注》:'弟子,后生也',又云:'弟子,其少者也'。《广雅·释言》:'是,此也',高诱《战国策注》:'是,实也'。《尔雅·释诂》:'则,法也',《汉书集注》:'则,效也'。"③这样全部引典籍注,不加阐释,优点是文献丰富,避免主观穿凿,缺点是照搬典籍,缺乏自己的理解。

洪亮吉在经学上的成就主要在训诂学,音韵学上的研究,如注汉魏古音也主要是为训诂服务。典籍研究中以《左传》的训诂影响最大,加上他其他的经学著作及论文,让他在清代经学史上占有重要的一席,堪称一代经学大家。

---

① 洪亮吉:《弟子职笺释》序,《弟子职笺释》,《洪北江全集》,光绪初授经堂刊本。
② 洪亮吉:《弟子职笺释》序,《弟子职笺释》,《洪北江全集》,光绪初授经堂刊本。
③ 洪亮吉:《弟子职笺释》,《洪北江全集》,光绪初授经堂刊本。

第二节　精于史学纂方志

在史学方面,他著有史学著作《四史发伏》《西夏国志》,审定《历朝史案》一书,以及系列论史的文章,咏史诗也能反映他的史学观。他在史学上的最大成就还在于他修纂了多部地方志,成为清代著名的方志学家。他精研舆地学,撰写了多部地理志,以补史书之缺。

一、《四史发伏》考据抉疑

洪亮吉在历史学方面的学习研究起步不算早,他自己说,二十岁后始读《史记》《汉书》,后研究陈寿《三国志》,"至《晋书》以后,《明史》以前,不过暇日泛览而已"①,所以他的史学研究也大部分集中在"前四史",清代学者颇重视《史记》《汉书》《后汉书》《三国志》,近人称之为"前四史",研究方法受乾嘉学风的影响,以考据为主,本着"实事求是"的原则治史,校勘"前四史"文句及注释之讹舛,订正其所载之矛盾或错误,补其遗漏缺失。他对历史事件、历史人物的评论眼光独到,反对学究气,重视以史为鉴的作用。洪亮吉的《四史发伏》,即是考证前四史之作,被列入《清史稿·艺文志》"正史类"②。

洪玉珩于道光二十九年(1849)所作的《四史发伏序》中云:"国朝考据专家自顾、阎两征君后,继起者众,至吾宗稚存先生而学益显。先生未通籍时,文采风流,已有'七子'之目,然尤邃意经史、博极群书,与同时钱竹汀宫詹、同县孙渊如观察诸贤声气应求,折衷同异,以故宏览名物,如登嵩躐岱;穿贯义理,如导河抉源;而刊讹正伪,则又如扫落叶而拣金于沙也。宜乎煌煌大集,海内风行久已,不胫而走矣。"③洪玉珩将洪亮吉、钱大昕、孙星衍列入明末清初著名的经学家顾炎武、清初考据学代表人物阎若璩之后的重要考据学家,对洪亮吉的博极群书、宏览名

---

① 洪亮吉:《三与袁简斋书》,《卷施阁文甲集》补遗,《洪亮吉集》,中华书局 2001 年版,第 237 页。
② 赵尔巽等:《清史稿》卷一百四十六《志一百二十一·艺文二》,中华书局 1977 年版,第十五册,第 4270 页。
③ 洪玉珩:《四史发伏序》,洪亮吉:《四史发伏》,清光绪八年(1882)小石山房刊本。

物、穿贯义理、刊讹正伪大加赞赏。

《四史发伏》以对历史负责的态度，经过详细考证，将《史记》《汉书》《后汉书》《三国志》四史中伏而未显的疑讹之处加以发之。他的考证并非毛举细故，而是追求细节的真实。太仓季锡畴在《四史发伏》卷首云："世之言考据者，喜毛举细故，自矜其博，而于学实无裨益，桐城姚氏尝深疾之。先生则读书有得，实事求是，其所订正乃精心融贯，穿穴奥微，故确核如兹。曰发伏者，殆以疑讹之端伏而未显，发之匪易，然既有所伏焉可不有以发之，以质诸前人，诏之后人哉。"①

如考证《史记》，"夏后氏政衰去稷不务"，洪亮吉云："以《尚书》前后考之，稷之卒当在夏未禅之先，于五臣为最早"，所以可知司马迁此说"疏处不必远引证佐，始见其妄也"②。以《尚书》考证后稷之卒当在夏未禅之前，所以不可能在夏后氏政衰时失官，时间上相距已远，证明司马迁之说之妄。"武王亦答拜。索隐云：'武王不应答商人之拜，太史公失辞耳。'案：迁此言本之逸《周书》。"③此处他又为司马迁找出依据，证明太史公并未失辞。有时发挥他地理方面的优势考证，如"为桂林、象郡、南海，案：尚有闽中郡，合前所置三十六郡为四十郡"④。以补史之缺。

考证《汉书》，颜师古注《汉书》"攻开封未拔"曰"开封县名属荥阳"，洪亮吉案曰："师古前后注地理皆举汉志，此云属荥阳盖据见在而言，然考《新唐书·地理》，武德四年徙开封属汴州。师古为太子承乾注《汉书》，在贞观中安得尚云开封属荥阳乎？依汉地志则应云属河南，依见在则应云属汴州。此注可谓前后失据。"⑤此处洪氏指出颜师古《汉书注》中地理方面的错误。书中指出不同时期地名、归属等方面的错误较多，可见其地理学的深厚功力。

书中也在考证之余对历史做理性的思考评价，如《三国志·陈思王植传》中"建安二十二年增植邑五千，并前万户"，洪亮吉云："任城等进

① 洪亮吉：《四史发伏》卷首附季锡畴文，清光绪八年(1882)小石山房刊本。
② 洪亮吉：《四史发伏》卷一，清光绪八年(1882)小石山房刊本。
③ 洪亮吉：《四史发伏》卷一，清光绪八年(1882)小石山房刊本。
④ 洪亮吉：《四史发伏》卷一，清光绪八年(1882)小石山房刊本。
⑤ 洪亮吉：《四史发伏》卷三，清光绪八年(1882)小石山房刊本。

爵至王,尚不过数千户。植此时为侯,户以满万,何怪有夺嫡之疑。"①这里一针见血地指出曹丕忌惮兄弟曹植的重要原因,是因为曹植作为侯,却邑户满万,有夺嫡之嫌。

《四史发伏》以考据为主,详尽精确,可见其学识渊博,才识过人,且他的考证并非为显示学问,而是本着实事求是的态度,抉摘疑问,纠误补缺,纠正史书或注文中的错误,补其缺漏,还原历史事件中的细节真实。有时也目光敏锐,总结历史,以史为鉴。正如洪玉玓的《四史发伏序》中云:"先生高义劲节,昭然天下,国史具在,岂藉区区考据以传?然而详赡精确,足以扩学者之心胸,俾晰疑而祛蔽,有不徒为四史功臣者。"②

洪亮吉写了许多咏史诗、读史诗以及史事题材的《拟两晋南北史乐府》《唐宋小乐府》等,也反映了他非凡的史学观。如《读史六十四首》中的二首:"大九州藏小九州,大瀛州外水仍流。九州各有开天圣,选拄乾坤到尽头。"③"何须刻意别灵顽,物物同生宇宙间。各有出奇争胜处,翼填东海擘开山。"④这些都反映了他不同凡响的史学观,体现他作为史学家的远见卓识。

二、纂修方志成就卓著

方志是记述一个地方情况的史志。梁启超认为,"最古之史,实为方志"⑤,鲁《春秋》比附今著,实为鲁之方志。明以前方志不多,到了清朝,清康熙十一年(1672)曾诏谕各郡县分辑志书,但编成仍不多,精品尤少。雍正七年(1729),因修《大清一统志》,需要各省志作资料,遂诏谕各地修志,又颁布了各省府州县志六十年一修之令。有了朝廷的提倡和法令,各地地方官都比较重视纂修方志,纷纷延聘知名学者修志,掀起了一个修志的热潮。梁启超说:"史之缩本,则地志也。清之盛时,

---

① 洪亮吉:《四史发伏》卷九,清光绪八年(1882)小石山房刊本。
② 洪玉玓:《四史发伏序》,洪亮吉:《四史发伏》,清光绪八年(1882)小石山房刊本。
③ 洪亮吉:《读史六十四首》其一,《更生斋诗》卷八,《洪亮吉集》,中华书局 2001 年版,第 1394 页。
④ 洪亮吉:《读史六十四首》其六,《更生斋诗》卷八,《洪亮吉集》,中华书局 2001 年版,第 1394 页。
⑤ 梁启超:《中国近三百年学术史》,山西古籍出版社 2001 年版,第 285 页。

各省府州县皆以修志相尚,其志多出硕学之手。"①洪亮吉的朋友中就有戴震修《汾州府志》《汾阳县志》,蒋士铨修《南昌县志》,王昶修《直隶太仓州志》《青浦县志》,汪中修《广陵通典》,孙星衍修《三水县志》《礼泉县志》,杨芳灿修《灵州志迹》《四川通志》等,洪亮吉是其中修方志数量最多,并在理论和实践上均取得重大成就的学者。

毕沅为陕西巡抚时,重视编纂方志,洪亮吉高中举人后第二年,即乾隆四十六年(1781)入毕沅幕府,成为撰修方志的重要成员。他于当年即代庄炘修《延安府志》。次年,乾隆四十七年(1782)修《淳化县志》《长武县志》。再次年,洪亮吉与孙星衍合纂《澄城县志》。乾隆五十年(1785)毕沅调任河南巡抚,洪亮吉随之到开封,继续修志,修纂《固始县志》。次年,又修纂《登封县志》《怀庆府志》。从伊犁归里后,于嘉庆十一年(1806)主编《泾县志》,次年又纂修《宁国府志》,另据《洪北江先生年谱》记载,乾隆五十四年(1789)受常州知府李廷敬之延,修《常州府志》②,加上有记载而未见书的《西夏志》,一共修地方志达十一部之多,比清代方志学大家章学诚还多两部,是清代修方志最多的学者之一,而且其中有不少是精品,如《泾县志》就是公认的精品之作。

洪亮吉方志方面的观点与章学诚有较大的分歧,从而形成不同的流派。章学诚创新志书体例,主张多记载近事,厚今薄古,以正史的要求来规范方志的纂修,被称为历史派或史志学派,形成完整的方志理论体系,产生巨大的影响。洪亮吉则认为方志要厘清历史地理沿革,重视考据辨伪,被称为地理派或考据学派。其实根据他们修方志的实践,两人的观点也不是完全对立,而是各有侧重而已,洪亮吉也重以史律志,毕沅说他:"精于史学,所修州县志,皆一以史例编之。"③洪氏在方志体例上也有创新,内容上也非完全厚古薄今,也有对近事的记载。在各地修志实践中,洪亮吉的修志方法受到人们的普遍重视并仿效,产生较大影响。洪亮吉修方志的观点主要有以下几点:

---

① 梁启超:《清代学术概论》,上海古籍出版社 1998 年版,第 54 页。
② 吕培:《洪北江先生年谱》,《洪亮吉集》,中华书局 2001 年版,第 2339 页。
③ 毕沅:《淳化县志》序,《淳化县志》卷首,乾隆四十九年(1784)刻本。

1. 重地理沿革、考据辨误

洪亮吉主张方志中应详略得当，认为方志是舆地之书，原始方志不过记载一方地理沿革、城市、厄塞等，后世加进一些人文的内容，并且比重越来越大。所以他认为地理内容应是方志之“本”，而人文内容是“末”。他说：“一方之志，苟简不可，滥收亦不可。苟简，则舆图疆域，容有不详，如明康海《武功志》、韩邦奇《朝邑志》等是也。”①还说：“一方之志，沿革最要。”②认为修方志，首要的是要将这一地方的建置变化、地理沿革搞清楚。这一观点与戴震比较接近。我国历史悠久，一地之建置代有革易，名称纷乱，深为读史者所患。要厘清沿革脉络十分不易，这要求修志者有深厚的历史、地理学识和非凡的考证功力，洪亮吉便是在这些方面有专长的学者。他修的方志均在考订地理沿革方面见功力。如在陕西毕沅府时修纂的《淳化县志》，首先梳理地理沿革，并重视考证。在“秦云阳”条下考证曰：“宋敏求《长安志》：云阳县，汉昭帝置，古有云阳宫，因以为名。今考《汉书·地理志》，云陵县，昭帝置，不言云阳。据《史记·始皇本纪》文，似秦时已有云阳县，非汉置矣。敏求盖误以云阳作云陵也。”③通过《汉书·地理志》《史记·始皇本纪》，考证云阳县并非汉昭帝建置，而是秦时已置，在建置的沿革上追求精确。

他修纂的方志，地理内容均重笔浓墨，旁征博引，有时占一半篇幅之多。他主纂的《泾县志》充分反映了重地理的思想，他在序中云：“又念此县为秦汉所建，地大物博，山则陵阳，盖山水则南江分江故道皆汇于此，人物则汉楚王英之所徙也，丁鸿之所封也，孙桓王太史子义之所屯驻也，钟、桓两内史之所守城也。其岩壑清峭，道里深邃，实为东南诸县之冠，而钱、郑二《志》并修于乾隆十八年，有失之略者，有失之凿者，今于其略者补之，凿者救正之，余则悉仍其旧，惟于水道故城之类，则视旧志较详焉。”④《泾县志》三十二卷，就卷数而言，地理内容虽未及半数，

---

① 洪亮吉：《泾县志序》，《更生斋文续集》卷二，《洪亮吉集》，中华书局 2001 年版，第 1164 页。

② 洪亮吉：《跋新修庐州府志后一寄张太守祥云》，《更生斋文甲集》卷三，《洪亮吉集》，中华书局 2001 年版，第 1019 页。

③ 《淳化县志》卷一，乾隆四十九年(1784)刻本。

④ 洪亮吉：《泾县志序》，《更生斋文续集》卷二，《洪亮吉集》，中华书局 2001 年版，第 1165 页。

但也占了很大的比重。如"沿革"包括星野、疆域、形胜、风俗,"城池"包括故城、街巷、坊表、乡都、市镇、桥梁、津渡、邮递等,"山水"包括山丘、河川、陂泽、湖池井泉等,"食货"包括蠲赈、田斌、杂税、户口、瑶役、积贮、盐法、马政、屯田、囤田、物产、兵防等。可见地理内容十分详备。他认为方志中地理方面的舆图疆域不可简,应详加记载,这是后人认识该地方的重要依据。正史中也一样,他编撰有《乾隆府厅州县图志》等,在补史之地理志这一领域,做出了重大贡献。

洪亮吉不仅自己修志重视沿革,在别人修志时也与人探讨沿革及地理问题,如他在跋《新修庐州府志》后,与知府张祥云探讨庐江郡的地理沿革时说:

> 一方之志,沿革最要。汉庐江郡无江以南地,其证有五:
>
> 《汉书·地理志》:"庐江郡,故淮南。"明建郡在淮以南,非江以南。一也。
>
> 庐江郡所统之县至十二,无一在江以南者。人或以寻阳县为疑,不知寻阳旧县本在江北,晋南渡后,温峤始移至江以南,是以《地理志》寻阳县下原注云:"《禹贡》九江在南。"二也。……
>
> 今《新志》于首篇沿革下言"汉初为淮南国,统四郡,兼有江南"。又云"汉时庐江郡,江南之地"。不知于何时割去?数语似未审谛,爰书此以质之。①

他针对《新修庐州府志》首篇沿革下"汉时庐江郡,江南之地"等语,列举五条进行考证,证明汉时庐江郡皆在江北,无江南之地。有理有据,很有说服力。他还考证了志书中好几处地名之误,"又阅《新志·山川》下云:'庐江有冶父山',云即《左传》桓公十三年楚'群师所囚'之地。'巢县东三十里有梅山',云即《左传》襄公十八年'右回梅山'所在。又《古迹》下'府城同食馆'云即《左传》文公十六年'自庐以往,振廪同食'之处。以迄无为州之有汉阴陵故城,庐江县之有何晏等墓,此皆误自昔人者也。《汉书·地理志·汝南郡》有慎县,故城在今颍州颍上县西北。

---

① 洪亮吉:《跋新修庐州府志后—寄张太守祥云》,《更生斋文甲集》卷三,《洪亮吉集》,中华书局 2001年版,第 1019、1021 页。

至合肥之有慎,系东晋侨立,今以为东晋分逡遒县置。又慎县,宋绍兴三十二年避讳改为梁,是宋之梁即晋之慎,今列作二处,是又今日之未及订正者也。其尚有漏略者,如巢县西北有橐皋故城,又有侨蕲县故城之类是矣。"①他考证多种史籍,一一指出地名及沿革变化,有的误自古人,有的因是东晋侨县,虽同名而异地,有的是后因避讳改名,虽异名实一地。如此可见其不凡的功力和严谨细致的态度。他还在《新修镇远府志序》中列举六条,考证牂柯郡之所在。② 这样的考证,在他自己所修的方志中比比皆是。

洪亮吉在修志中重沿革,重地理,厘清舆图疆域,注重考据,纠正了明代以来修纂方志的粗简之弊,增加了方志的准确度与可信度。这一方法对后代修方志影响很大,地理沿革及考辨,几乎是以后方志必备的内容。

2. 因循而不守旧

洪亮吉主张"贵因而不贵创",但又能灵活创新。他在《泾县志序》中说:"盖撰方志之法,贵因而不贵创,信载籍而不信传闻,博考旁稽,义归一是,庶乎可继踵前修不诬来者矣。"③在体例和内容上,前志好的方面应该继承,这样可以少走弯路,提高修志的质量。

在修志体例方面,洪亮吉与章学诚有过一次争论,洪亮吉将自己编撰的《乾隆府厅州县图志》给章学诚看并征求意见,章学诚对体例提出反对意见。洪氏是按《一统志》的体例,以布政使司分隶州县,而章氏则认为应以总督巡抚分隶州县,两人互不相让,各有理由。洪亮吉坚持以布政使司分隶州县,是按旧例,认为汉、唐、宋、元、明凡代志书均是此例,"督抚自明成化以后,虽已有定员,然其名则钦命也,其所握则关防也,固非可名之为守土之官者也。且汉以刺史统郡守,而班固《地理志》则大书郡名,而下注云属某州,不以州名冠郡之上也。唐以节度观察使

① 洪亮吉:《跋新修镇远府志后二》,《更生斋文甲集》卷三,《洪亮吉集》,中华书局 2001 年版,第 1021 页。
② 洪亮吉:《新修镇远府志序》,《卷施阁文甲集》卷八,《洪亮吉集》,中华书局 2001 年版,第 188—189 页。
③ 洪亮吉:《泾县志序》,《更生斋文续集》卷二,《洪亮吉集》,中华书局 2001 年版,第 1165 页。

辖诸州，而《开元志》《元和志》《新、旧唐书·地志》皆以十道为率，不以每节度每观察所辖为准也。宋亦设节度防御团练等使以辖诸州，而二十三路，则专以转运使所属为定。转运使之职，与今布政使司无异也。又本朝《皇舆表》《一统志》皆各书某布政司，而不书督抚，是又志府厅州县者所当效法耳。考之于古，则班固、贾耽、李吉甫、王存、乐史如彼；证之于今，则《皇舆表》《一统志》又如此，何必别翻新例，以紊旧法乎？"①洪亮吉坚持以布政使司分隶州县，即循以往旧制及当朝《一统志》体例，应该说，他的观点是有道理的。

在内容上，洪亮吉也主张继承前志中优秀的部分，他说："夫宋敏求《长安志》《洛阳志》何以善？以《三辅黄图》《三辅旧事》《洛阳宫殿簿》《西京记》《洛阳记》，以迄唐韦述《两京记》《两京道里记》等导其先也。范成大《吴郡志》何以亦善？以《吴越春秋》《吴会记》、张勃《吴地志》导其先也。然则前志之善者，非后志之所当奉行不失乎？"②他用事实说明，历史上好的志，均在前志的基础上达到新的高度。他在修志实践中也遵循这一点，修《淳化县志》时，以汉《三辅黄图》，唐韦述《关中记》，宋宋敏求《长安志》等为准绳，"一准昔贤"。修《泾县志》时，也借鉴明宣德、成化、嘉靖《三志》，前志中有些内容条理之详、搜采之允，迥非后来者所能及，悉数录入。对前志中失之简略的，加以补充，错误的加以订正。

洪亮吉因循而不守旧，主张承前志之善，又并非一味泥古，而是根据实际情况灵活运用，时有创新。较早编的《淳化县志》在体例上基本循旧例，有土地记、山川记、大事记、道里记、户口记、风土记、祠庙记、冢墓记、宫殿簿、会计簿、学校志、衙署志、职官志、登科志、士女志、金石略、词赋略、序略十八卷。之后修的《固始县志》，则根据固始县河流众多的特点，增加了"水利"一卷，并首列图表，记载县域内河流的流向及分流情况，且详细记录主要河流上的水利设施。将水利专列一卷，就是洪亮吉的大胆创新。后来撰写《登封县志》体例上又有创新。登封县位

① 洪亮吉：《与章进士学诚书》，《卷施阁文甲集》卷八，《洪亮吉集》，中华书局 2001 年版，第 187 页。
② 洪亮吉：《泾县志序》，《更生斋文续集》卷二，《洪亮吉集》，中华书局 2001 年版，第 1165 页。

于中州地区，文化底蕴深厚，县域内还有著名的嵩山，又多名刹、题碑等。凡有名山大川在域内的，修志尤其不容易。毕沅就说："撰一方之志难，撰一方之志而有名山大川在其境者尤难，非有郦善长之博虚，李忠懿之严整，勿能善也。"①洪亮吉凭借其深厚的学养，知难而上，充分围绕其山川地理等特点来修志。在传统的体例上，又增加皇德、舆图、伽蓝、名胜、物产、逸人、高僧、丽藻、杂录等卷。这些都体现了洪氏编志的灵活性，因循而不守旧，时有创新，能显示地方特色。

3. 信载籍而不信传闻

洪亮吉说："前志之误，惟信传闻，不稽载籍。"②他将前志之误的重要原因，归结为惟信传闻，不稽载籍，缺乏可信度。洪亮吉作为著名的乾嘉考据学者，在修方志时重考据，考据要求言必有据，所以他修志重视古代史籍记载，认为古地志保存了不少该地史实材料，后世修志可征引。他说："一方之志，苟简不可，滥收亦不可。……滥收，则或采传闻，不搜载籍，借人材于异地，侈景物于一方，以致伪以传伪，误中复误，如明以后迄今所修府州县志是也。"③传闻、人才之类不可滥收，不然会出现把别的地方的名人硬拉到本县来的现象。他认为明以后修的方志都有这样的问题。《泾县志》凡例中说："人物一门，历史有专传、附传者，即据史文录入，无则采《一统志》《江南通志》、旧府旧县志名人记载，近时则据采访册，以明述而不作之意。"④他主张方志中记载的人物，也要据史录入，近时人物无史记载，则根据采访册，反正要有依据，不可滥收。人物除烈女一门，其余各门人物等有定论后才登，不录在世者。这都体现了他信载籍不信传闻的严谨态度。

关于"不信传闻"之说，要客观评价。传闻无史料记载，真假混淆、虚实难辨，如不加辨别录入方志，容易导致以讹传讹，从而降低志书的质量。"不信传闻"确实可以提高方志的"信史"性质，增加真实性。但是，正如正史未必完全真实，传闻也未必都是假的，并非全无价值，传闻

---

① 毕沅：《登封县志》叙，《登封县志》，乾隆五十二年(1787)刻本。
② 洪亮吉：《泾县志》凡例，《泾县志》，嘉庆十一年(1806)刻本。
③ 洪亮吉：《泾县志序》，《更生斋文续集》卷二，《洪亮吉集》，中华书局 2001 年版，第 1164 页。
④ 洪亮吉：《泾县志》凡例，《泾县志》，嘉庆十一年(1806)刻本。

中也保存了大量地方文献资料,如地方风俗、风土人情、社会经济资料,以及地方人士的文学作品、歌谣谚语等,还有一些是正史未必收,但却能反映下层社会真实生存状态的实录材料,在下层民众口耳相传中得以保存,这些正是研究当时社会历史珍贵的、鲜活的第一手资料,如一律不录,便与正史、一统志无异,对地方志来说是一个不小的损失,不能体现出地方特色。

其实,洪亮吉在编志过程中也没有完全做到"不信传闻",还是在详加甄别的基础上,收录了部分传闻。如《登封县志》有杂录一卷,洪亮吉云:"原化抱朴,刘根吴筠,爰采逸说,以广旧闻。"①杂录卷收录的是《抱朴子》《世说新语》《汉武帝外传》《刘根别传》《原化记》《酉阳杂俎》《龙成录》《太平广记》《报应录》等神仙道佛、笔记小说中记载的有关嵩山的奇闻逸事,完全是"传闻",但这部分内容却生动传神,增加了嵩山的神奇色彩,是嵩山很有价值的文献资料。《登封县志》从第二十五卷至第二十九卷为丽藻录,有五卷之多,篇幅很大,是历代与嵩山有关的诏诰、序跋、传记、诗词歌赋等,很有价值。《泾县志》有词赋三卷,收录唐宋以来宦寓诸贤诗、本县诸贤诗,留下许多对泾县名胜的歌咏,其中不乏佳作,具有很高的文献价值和文学价值。但是,洪氏虽然收录了词赋三卷,却认为这些骈俪之语对道里之远近、古今之沿革并无影响,担心旧志已录入而新志尽削之,县之人会群起而哗。他收录词赋三卷的目的,是认为有助于山川园林,可见其出发点仍以地理为中心。

综观洪亮吉的修志理论与修志实践,他的理论代表的是地理派或考据学派,他的修志实践虽与其理论大致吻合,但有时也有突破,总体来说,留下了可见的九部方志,体例清晰,语言简洁,详略得当,实践成就比理论成就更大。梁启超高度肯定洪亮吉等人的方志,认为"凡作者皆一时之选,其书有别裁有断制,其讨论体例见于各家文集者甚周备。"②这些方志"皆出学者之手,斐然可列著作之林者"③,其中《泾县

---

① 洪亮吉:《登封县志》叙,《登封县志》,乾隆五十二年(1787)刻本。
② 梁启超:《清代学术概论》,上海古籍出版社 1998 年版,第 55 页。
③ 梁启超:《中国近三百年学术史》,山西古籍出版社 2001 年版,第 290 页。

志《淳化志》《长武志》三志，"皆其最表表者"①，给予了高度的评价，鉴于清代方志的成就，梁启超说："欲知清代史学家之特色，当于此求之。"②

第三节　地理水利见功力

我国的地理学，最早是历史的附庸，《汉书·地理志》是最早创设的地理志，后在方志中被逐渐重视，得到发展。梁启超对清代地理学有过这样的总结："清儒之地理学，严格的论之，可称为'历史的地理学'。盖以便于读史为最终目的，而研究地理不过其一种工具，地理学仅以历史学附庸之资格而存在耳，其间亦可略分三期：第一期为顺康间，好言山川形势厄塞，含有经世致用的精神。第二期为乾嘉间，专考郡县沿革、水道变迁等，纯粹的历史地理矣。第三期为道咸间，以考古的精神推及于边徼，浸假更推及于域外，则初期致用之精神渐次复活。"③正如梁启超所总结的，洪亮吉的地理学成就主要是历史地理学，但他也有对山川形势的记载，有一定经世致用的精神。另外，他的《遣戍伊犁日记》《天山客话》，涉及西北的地理及风俗人情，已脱离了历史学，于文学描写或客观记载中，涉及许多边疆地理学或人文地理学的内容。

洪亮吉是清中叶地理学研究成就卓著的学者，他说"余好地理之学"④，袁枚也说他"于史精地理"⑤，他的地理学著作有《乾隆府厅州县图志》《补三国疆域志》《东晋疆域志》《十六国疆域志》《贵州水道考》，另外他在纂修方志中注重地理之学，取得出色的成绩，还有一些论文杂记如《与钱少詹论地理书》等，散见于文集。

《乾隆府厅州县图志》是洪亮吉在乾隆五十三年(1788)在毕沅幕府

① 梁启超：《中国近三百年学术史》，山西古籍出版社 2001 年版，第 295 页。
② 梁启超：《清代学术概论》，上海古籍出版社 1998 年版，第 55 页。
③ 梁启超：《中国近三百年学术史》，山西古籍出版社 2001 年版，第 301 页。
④ 洪亮吉：《新修镇远府志序》，《卷施阁文甲集》卷八，《洪亮吉集》，中华书局 2001 年版，第 188 页。
⑤ 袁枚：《卷施阁文乙集》序，洪亮吉：《卷施阁文乙集》，《洪亮吉集》，中华书局 2001 年版，第 265 页。

时开始编撰,直到嘉庆初年才完成,历时多年,颇费心力,编成共五十卷,可谓巨著。清代开疆拓土,国土疆域辽阔,此时统治者便想将这版图载入史册,大清《一统志》便应运而生。乾隆四十九年(1784)新版的《一统志》又增加了篇幅,达到五百卷,卷帙浩繁,藏于"内府",流传、查阅均十分不易,基本束之高阁。洪亮吉撰此书的初衷,就是要将《一统志》中的地理志流传普及,真正用起来。他在序文中说:"我国家膴图百年,辟地三万,东西视日,过无雷咸镜之方;南北建斗,逾黎母呼孙之外。光于唐汉,远过殷周。然而大一统之书,内三馆所绘。秘图则流传匪易,鸿编则家有为难。"①洪亮吉认为他身逢盛世,又得功名,加上他"九州历八,亲探禹穴之书;四部窥全,曾写兰台之字,粗知湛浊,稍别方舆"②,有责任也有能力来完成这一项艰巨的工作。

《乾隆府厅州县图志》五十卷,卷一为京师(顺天府)、兴京(今辽宁新宾)、盛京(奉天府),所谓"统以三京",卷二至卷四十八为十九个布政使司所辖府、厅、州、县,次序是直隶、江宁、江苏、安徽、山西、山东、河南、陕西、甘肃、浙江、江西、湖北、湖南、四川、福建、广东、广西、云南、贵州,卷四十九为牧场,新疆、西藏、蒙古等,卷五十为"朝贡"诸国,包括朝鲜、琉球、苏禄、缅甸、文莱等,以及通商的荷兰、佛郎机(西班牙)、意达里亚(意大利)、俄罗斯等国。

梁启超曾说:"乾隆末,洪稚存著《乾隆府厅州县图志》五十卷,则《一统志》之节本,稍便翻览而已。"③其实洪亮吉此书并非如梁启超所说的只是个节本,而是有他自己的独创之处。

《乾隆府厅州县图志》的编写原则,洪亮吉在序中说得很清楚,"道里之数,一准近图。户口所凭,要于今册。故城旧县,有则必书。凿岭开渠,远而必录。此则遵彼良规,无容改作。至若金牛圣渚,因水利而登编,白鹿神禾,以分疆而入录。外此,则畸人逸士,昔贤前圣之遗迹,概不列焉。五岳四渎,圭瑁之尊,同于牧伯,故并列其祠。外此,而浮图宫观不与焉。帝升王降,弓剑之所,比于山陵,故各详其地。外此,即圣

---

① 洪亮吉:《乾隆府厅州县图志序》,《卷施阁文甲集》卷八,《洪亮吉集》,中华书局2001年版,第177页。
② 洪亮吉:《乾隆府厅州县图志序》,《卷施阁文甲集》卷八,《洪亮吉集》,中华书局2001年版,第177页。
③ 梁启超:《中国近三百年学术史》,山西古籍出版社2001年版,第303—304页。

贤冢墓,亦不及焉。同知通判,分驻必详,则班生记都尉治所之意;邮亭镇堡,随方亦录,则马彪载郡国乡聚之遗。五金利用,标所出之山;近监便民,记置场之所。水道,则据今时出入,而缀以故名。陂塘,则记历代废兴,而并详创始。形势所在,非可空言;战争之区,因事附录。又名之可合于《禹贡》,益名班书、《左传》者,疑则或阙,征则必书。"①从这段文字可知,洪氏在户口、道里、物产这些有些内容上"遵彼良规",删掉了涉及畸人逸士、昔贤前圣之遗迹、浮图宫观、圣贤冢墓这些人文的内容,舆图地理方面的内容却比《一统志》要详细得多,涉及水利、山陵,如水道、陂塘等,均详细记载。"疑则或阙,征则必书"是其一贯的严谨作风。

《乾隆府厅州县图志》在各省先概要,然后是全图,之后是建置。在建置方面,更为详备,各县列出镇堡驻驿,详细到集镇一级。如江苏常州府"武进县"条下:"有奔牛、青城、阜通三镇。巡检二,驻奔牛及小河。""阳湖县":"有横林一镇,巡检驻马迹山。"②嘉兴府"嘉兴县":"有水驿一,工店一镇。"③武进、阳湖是洪亮吉的家乡他自然熟悉,难得的是全国所有县都能详细到镇一级,这需要查阅大量文献,甚至要实地勘查,实在不易做到,这是比《一统志》完备的地方。

建置之后即是众水归合表,记载省内主要河流、湖泊的流向,在各县又标明主要河流的古今变化情况,这些是《一统志》没有的,是洪亮吉的独创。他曾说:"域中最要者山川,然山形则亘古不变,水道则时有迁徙。故水之源委疏记独详。图所不能尽者,兼以表缀之。"④水道时有迁徙,且水道名称在不同年代、流经不同地域均有变化,一一梳理,详加记载十分不易。如他对金沙江的源头、流向、不同的名称等有如下记载:"金沙江源出卫之喇萨西北八百余里,东北流九百余里,转东南流八百余里,入喀木境,名赖楚河,又南流少西八百余里,名巴楚河,又转东南流六百余里入云南。"⑤所以此图志在山川水道方面比《一统志》要翔实

① 洪亮吉:《乾隆府厅州县图志序》,《卷施阁文甲集》卷八,《洪亮吉集》,中华书局 2001 年版,第 176—177 页。
② 洪亮吉:《乾隆府厅州县图志》卷五,《洪北江全集》,光绪初授经堂刊本。
③ 洪亮吉:《乾隆府厅州县图志》卷二十七,《洪北江全集》,光绪初授经堂刊本。
④ 于宗林:《乾隆府厅州县图志》跋,洪亮吉:《乾隆府厅州县图志》,《洪北江全集》,光绪初授经堂刊本。
⑤ 洪亮吉:《乾隆府厅州县图志》卷四十九,《洪北江全集》,光绪初授经堂刊本。

得多。还有一些重要关隘等古今要害之处,也都一一记载。《乾隆府厅州县图志》中也有一些内容是考证辨误的,也是有细节真实的价值。正如于宗林所言,"余学而读之,而知先生此书非仅考镜今古,厘析中外,实先生经世之志所寓也。"①所以《乾隆府厅州县图志》并非如梁启超所说的只是《一统志》的节本,而是有超越《一统志》的独特的地理学价值,可以说是为《一统志》增补地理志,也是洪亮吉经世之志的体现。

洪亮吉地理学的主要贡献在于为正史补地理志,他的《补三国疆域志》《东晋疆域志》《十六国疆域志》都是这方面的出色著作。

"史莫难于志,而志地理尤难"②。洪亮吉一向认为地理志不可缺,他说:"陈寿《三国志》,有纪传而无志,然如天文、五行之类略备,沈约《宋书》皆可不补。其尤要而不可缺者,惟地理一志。元郝经所补,全录《晋书·地理志》,本文即见于沈志中者,亦近而不采,他可知矣。"③《三国志》无地理志,在洪亮吉看来是很大的缺憾,他于乾隆四十三年(1778)写完《四史发伏》后,就有志于补志,留心收集资料着手裒辑两年,中间因有诸多困难一度中断。《三国志》无地理志,后来补写者必须从零开始,前无所承,一片空白,《三国志》记郡而不书县,且一境有时南北并存、魏吴互异,唐初修的《晋书》于地理志最不精,建置沿革,舛错过半,很难作为依据,三国的管辖范围、州郡之号错综复杂,变化多端,之前的地理志都无法厘清这一段。谈到沿革,往往从汉到晋,中间跳过三国不书,以前有些地理方面的资料因年代久远而难以见到,当时能参考的也不过李吉甫《元和郡县图志》、乐史《太平寰宇记》等五六种。以上种种,洪亮吉归纳了"十难",可见这是一项十分艰难的工作,其他学者如钱大昕、严长明也曾想做,但因困难太多而中止,洪亮吉可谓迎难而上,披沙拣金,钩沉稽古,完成了这部著作,补上了三国的地理志这一空缺。

《补三国疆域志》仿《宋书·州郡志》之体例,"而于扼要之地、争斗之区可考者,附见郡县下,参用《郡国志》例焉。其郡之未经分割者,置

---

① 于宗林:《乾隆府厅州县图志》跋,洪亮吉:《乾隆府厅州县图志》,《洪北江全集》,光绪初授经堂刊本。
② 严长明:《补三国疆域志序》,洪亮吉:《补三国疆域志》卷首,《洪北江全集》,光绪初授经堂刊本。
③ 洪亮吉:《补三国疆域志序》,《补三国疆域志》卷首,《洪北江全集》,光绪初授经堂刊本。

县次第，准《郡国志》为多，或已分割及废而复置者，则先后类从晋志。要在有补原书，而不汩其实，此哀辑之意也。"①卷上记魏疆域的十三州，即司州、豫州、兖州、青州、徐州、凉州、秦州、冀州、幽州、并州、雍州、荆州、扬州，卷下分别记蜀疆域益州，吴疆域的扬州、荆州、交州、广州。州下列出县，并考据纠误，如"汝南郡汉置魏领县十三"下，"新息，汉旧县。沈志汝南郡有南新息、北新息，俱云汉旧县，今考二汉，只一新息县，《晋·地理志》亦同南北之名，当属江左及宋初分置，沈志不能详何时所分而概云汉旧，似微误。"②这些考证充分体现作者历史、地理知识的丰富。而且可考的"扼要之地、争斗之区"，也一一附记于郡县下，确实做到了"补原书，而不汩其实"。

洪亮吉《补三国疆域志》写成，引起当时许多同道之人的关注，严长明、吴兰庭、钱坫、孙星衍为其写序。严长明称赞他："淹贯经籍，有郦善长之博虚，有刘子元之殚洽……至于明得失之故，鉴兴替之緐，本之以广学流，申之以赞宏业，世有宏通博达如杜君卿、王厚斋者，定知其所以然也。"③，将他与郦道元、刘子元相提并论，并认为此志的价值不仅仅在于学术，还在于总结历史兴替得失之经验，给人以启发。吴兰庭认为此书为"搜抉联缀，于以究晋宋书志之未备，而正其伪失，足为读史者所不可无之书矣"④。钱坫赞叹他能将《三国志》纪传与郦道元《水经注》互证，孙星衍称之为"诚奇著矣"⑤。但《补三国疆域志》也有不足之处，病在无图，光绪间武进谢钟英在洪亮吉志书的基础上，完成了《三国疆域志补注》，补充了绘图，使之更加完善。

《东晋疆域志》是洪亮吉为补《晋书·地理志》而作的。洪亮吉在序文中云："历史地志，互有得失。若求其最舛者，则惟晋史《地理志》乎？其为志也，惟详太始、太康，而永嘉以后，仅掇数语，又不能据《太康地志》《元康定户》等书，以为准则。故其志州也，梁州之建，与王隐《地道》

① 洪亮吉：《补三国疆域志序》，《补三国疆域志》卷首，《洪北江全集》，光绪初授经堂刊本。
② 洪亮吉：《补三国疆域志》卷上，《洪北江全集》，光绪初授经堂刊本。
③ 严长明：《补三国疆域志序》，洪亮吉：《补三国疆域志》卷首，《洪北江全集》，光绪初授经堂刊本。
④ 吴兰庭：《补三国疆域志序》，洪亮吉：《补三国疆域志》卷首，《洪北江全集》，光绪初授经堂刊本。
⑤ 孙星衍：《补三国疆域志序》，洪亮吉：《补三国疆域志》卷首，《洪北江全集》，光绪初授经堂刊本。

先后不同；湘广之分，与沈约《宋书》多寡互异。其志郡也，北海则一方全脱，济岷则两县无征。其志县也，巴东无汉丰，梁国无西华，既异晋初之疆理；荥阳有阳武，南郡有监利，又非江左之舆图。"①《晋书·地理志》详西晋而略东晋，永嘉以后到东晋时代的建置和演变非常简略，仅寥寥数语，所以只可称西晋地理志，况且其中脱漏、谬误很多，侨置郡县不加区别，混淆不清。所以，《东晋疆域志》不可不作。然而撰写此志又谈何容易，钱大昕认为"有四难"，即实土之广狭无常，侨土郡县之名目多复，纪传之事迹不完，《晋书·地理志》之纰漏难信。② 虽然洪亮吉精于史地之学，撰《补三国疆域志》也积累了一些经验，但他还是花了两年的时间才完成此书。他以《晋书》纪传为主，详求沈约《晋书》《宋书》，辅以魏收《魏书》，外加参考《太康地志》《元康定户》，以及王隐、虞预、臧荣绪、谢灵运、孙盛、干宝、郦道元、李吉甫、乐史、祝穆等人仅存的著作，旁搜杂录，间采方书，而成此志，可谓十分不易。正如他自己所言："及于山川邑里，乡堡聚落，台殿宫阁，园林家墓者，非特仿马彪、魏收之例，亦以自西晋以来，陆机、华延俊等数十辈造述，今已悉亡，其佚说见他书者，惧其复归沦没，爰为采掇之，悉著于编，庶藉群贤之简牍，成一代之掌故焉。"③看来他自己对此志也比较满意。

　　钱大昕深知补志之不易，唐初去晋不远，尚且有那么多疏漏和错误，而洪亮吉生于千载之后，"乃能补苴罅漏，抉摘异同、搜郦乐之逸文，参沈魏之后史，阙疑而慎言，博学而明辨，俾读者了然，如聚米之在目前，讵非大快事哉。稚存少而好游，九州之广，足迹几遍，胸罗全史，加以目验，故能博且精若此。"④这确实让人惊叹，他还说"读之益叹其才大而思精，诚史家不可少之书也"⑤。此书史料搜罗丰富，考辨谨慎严谨，加之实地勘查，下了很大功夫。得到钱大昕的高度肯定，更奠定了它在历史上的地位。

---

① 洪亮吉：《东晋疆域志序》，《卷施阁文甲集》卷八，《洪亮吉集》，中华书局 2001 年版，第 181 页。
② 钱大昕：《东晋疆域志序》，洪亮吉《东晋疆域志》卷首，《洪北江全集》，光绪初授经堂刊本。
③ 洪亮吉：《东晋疆域志序》，《卷施阁文甲集》卷八，《洪亮吉集》，中华书局 2001 年版，第 182—183 页。
④ 钱大昕：《东晋疆域志序》，洪亮吉：《东晋疆域志》卷首，《洪北江全集》，光绪初授经堂刊本。
⑤ 钱大昕：《东晋疆域志序》，洪亮吉：《东晋疆域志》卷首，《洪北江全集》，光绪初授经堂刊本。

洪亮吉完成了上述两种疆域志,得到时人的高度评价,也增加了他的信心,意犹未尽的他一鼓作气,撰写《十六国疆域志》,与《东晋疆域志》相辅而行。然而《十六国疆域志》之难,更难于东晋。洪亮吉在《十六国疆域志序》中罗列了十难:一是十六国时间都很短,有的数十年,有的只有十数年,且疆域、建置杂乱难理。二是依据少,崔鸿有《十六国春秋》流行,但此书怀疑是明代人所辑,不足为依据,《太平御览》《晋书·载记》均很简略,可依据者少。三是可搜采的书籍少,有些见于隋唐《经籍志》的书,如常璩《汉之书》十卷(《旧唐书》作《蜀李书》九卷)、田融《赵书》十卷(《旧唐书》作《赵石记》二十卷)等,南宋时均渐次散失,是以可搜采者尽亡。四是即使有散见于诸书中的史料却相互矛盾者很多,如此等等不一一列出。在这种情况下,他还是一一克服困难,最终完成此书。

《十六国疆域志》有前赵、后赵、前燕、前秦、后秦、后蜀、前凉、西凉、北凉、后凉、南凉、后燕、南燕、北燕、西秦、夏国十六国,每国一卷,共十六卷。"其附书山川宫阁,一如东晋志之例。他若田融、段龟龙等书之仅存者,并一一录入之。非广异闻,亦所以存故事也。"[1]在体例上与《东晋疆域志》相同,关注州县内的山川宫阁,因可以依据的书籍少,所以能见之史料尽量收全。当然这样做也有弊端,就是导致材料上芜杂,一些神怪灵异的传闻也都收录在内。

上述三种疆域志,在可依据之资料极度贫乏,困难重重的情况下,收集详备,严加审辨,钩索补缀,将群雄割据、动荡变迁的时代厘清其疆界,保存了大量的历史地理资料,不仅有助于读史,也为后人研究提供了丰富的第一手资料,确实是蔚为大观,功不可没。梁启超对这三种疆域志,以及洪亮吉儿子洪龄孙的《补梁疆域志》等给予高度评价,认为"皆称善本焉"[2]。"如洪北江、刘孟瞻之数种补疆域志,所述者为群雄割据、疆场屡迁的时代,能苦心钩稽,按年月以考其疆界,正其异名……凡此皆清儒绝诣,而成绩永不可没者也。"[3]

① 洪亮吉:《十六国疆域志序》,《卷施阁文甲集》卷八,《洪亮吉集》,中华书局2001年版,第184页。
② 梁启超:《清代学术概论》,上海古籍出版社1998年版,第53页。
③ 梁启超:《中国近三百年学术史》,山西古籍出版社2001年版,第277页。

洪亮吉于地理特别重视水利,特别关注江河湖海,水道变迁等。一是山川为方志、地理志很重要的内容,特别是河流水道改道变迁复杂,志书往往简略或错误,二是水利关乎百姓的生存大计,百姓靠天吃饭,水利是农业的命脉,江河安澜,百姓才能安居乐业。洪亮吉在前往贵州的途中,行至河北磁州,看到水患不断,百姓流离失所,河流有的枯竭,有的泛滥,他写下诗句:"十里一驿楼,三里一堡房。途皆列五轨,杨柳疏成行。持较江以南,地力殊太荒。行者色苦饥,居者无余粮。冈原何高低,土脉郁不扬。洺水既已微,滏流庶汤汤。欲着水利书,俾引清浊漳。越俎倘代谋,何人宦兹方。"①他一向关心与百姓生活密切相关的水利,看到这里与富庶的江南无法相比,因为地力太荒,以至于百姓生活贫困,造成土地贫瘠,并且容易形成旱涝灾害的一个重要原因,是农田水利没有做好,田地高的高,低的低,水脉不通。他本想写一本水利的书,建议疏通水道,引水灌溉,但当时要南下贵州,无暇顾及这里,希望这里的地方官来做这些造福百姓的事。到了贵州,他终于有机会考察水道了。他在去贵州的途中一路关注河流水道,任贵州学政期间,利用去各州府岁试考核生员的机会,考察大小水道,如他沿白水河考察溯源,记载流向、流量等,同时还为白水河的美景所吸引,写下了《白水河赞》。历时两年,写成了《贵州水道考》三卷。

贵州有巨川数十条,班固《汉书》、司马彪《续汉志》、郭璞《山经》、郦道元《水经注》等都有记述,但唐宋以后再无提及。他发现贵州的大河都在崇山峻岭中,不像东南的河流会经常改道,但河流流经不同的地方,会被冠以不同的名称,"一水则随地易名,有至十数名不止者,何怪乎撰方志、询土俗者之转转承讹,无一可依据乎!其间即有思矫其弊,如郭子章之《黔记》、田雯之《黔书》,而横据胸臆,不寻源流,则其失亦与方志之俚鄙者等。"②同一条河甚至有十数个名字,所以方志等书中常以讹传讹,没有一个准确的依据,《黔记》《黔书》也有许多错误,所以他便来做河流的梳理考证的工作。

---

① 洪亮吉:《自柏乡至磁州道中杂诗》,《卷施阁诗》卷十二,《洪亮吉集》,中华书局 2001 年版,第704 页。
② 洪亮吉:《贵州水道考上》,《卷施阁文甲集》卷四,《洪亮吉集》,中华书局 2001 年版,第 91 页。

他在序言中说:"余以壬子冬,奉命视学此方,轺车所至,类皆沿源溯流,证以昔闻,加之目验,既不信今,亦不泥古,两年于兹,撰成《贵州水道考》三卷。"①他以科学实证的研究方法考察贵州水利,既查找资料旧闻,又佐以实地考察,每遇河流必亲自溯源,沿河考证,清楚地记述每一条河流的起源、流经、流入,以及史料中的相关记载等。难能可贵的是,他不顾道路绝远,山高路险,大半为苗民所居,且当时已有苗民起义,还曾发生过汉族官员被苗民所杀的事件,局势并非太平,在如此情况下,他依然能冒险考察水道,可以说,没有为科学献身的精神是不能做到的。"余适以其时持节,得遍列十二府(惟铜仁府未至)州县,即水道之迁入苗寨中,不获亲履其地者,皆细询土人,得其曲折,证之《水经》、地志等书,无不吻合,宁非一快事哉。"②他是以生命在做研究,唯求确实,这种精神非常可贵。他以这种严谨求实的态度去考证,纠正了不少前书中的错误。如"延江水考"中,他考证确定,乌江即为延江。写道:"《水道提纲》既不知乌江即延江,而黄宗羲《今水经》、田雯《黔书》,又皆以乌江为即牂柯江,不知牂柯江乃南流之广西泗城府合为左、右江者,里隔数千,源流迥别,则又不足置辨矣。"③可谓有理有据,令人信服。

他一共考证了"经流"七条,即河流直达江海的;"大水"八条,即在贵州境内汇入数十条小河然后流入经流的;"中水"一百八十一条;"小水"一百五十二条,可见考察非常详备。他将这些河流的考证分为三卷,第一卷为由湖南入江的河流,第二卷为由四川入江的,第三卷为由广西至广东入海的,条分缕析,非常清楚,留下了很珍贵的水利资料,对贵州水利影响巨大。

洪亮吉在疆域志、方志中都很重视水道,疆域志中江河湖泊的记载尽量详细。《固始县志》中,因固始县河流众多,他大胆创新,专门增加了"水利"一章,记载河流的流向及分流情况,并详细记录主要河流上各种坝、塘、闸等大小水利设施,甚至还收录了当地人讨论这些水利设施的文章多篇,对当地的水利建设、农业生产起到了很大的作用,保留了

① 洪亮吉:《贵州水道考上》,《卷施阁文甲集》卷四,《洪亮吉集》,中华书局 2001 年版,第 91 页。
② 洪亮吉:《贵州水道考中》,《卷施阁文甲集》卷五,《洪亮吉集》,中华书局 2001 年版,第 119 页。
③ 洪亮吉:《贵州水道考中》,《卷施阁文甲集》卷五,《洪亮吉集》,中华书局 2001 年版,第 119 页。

很珍贵的资料。在修《泾县志》时,他写了三篇《论泾县水道》给赵绍祖、吴台等纂修者,考订讨论泾县水道的问题。遇到水利方面的问题,他还谦虚地向前辈同道学习商讨,如他在《复钱少詹书》中专门与钱大昕请教讨论水道问题。还撰写《分江水考》,详细考证分江水的起源、流向、长度等,纠正了史籍中的一些讹误。洪亮吉在水利上的研究很深,可以说是一位出色的水利学家。

洪亮吉在天文方面也有研究,他的《毛诗天文考》,《比雅》中的《释天》《释地》等篇,均涉及天文学研究。《毛诗天文考》是根据史籍对《毛诗》中的日蚀、月蚀、星座、星象等天文现象进行考辨,纠前人的疏漏之处,以科学的精神来解释天文现象,反对董仲舒的"天人感应"说。《毛诗天文考》被收入《广雅丛书》,《洪北江全集》未收。

洪亮吉在历史、方志、地理、水利等方面的研究有着很深的造诣,他博学而明辨,重考据,加上实地勘查,阙疑而慎言,遇有疑问除查阅文献、实地勘查外,还与同道讨论请教,如前后三次与钱大昕书信讨论地理问题,留下三篇《与钱少詹论地理书》及《复钱少詹书》。这种严谨求实的治学态度,对后世有很大影响,应为后世所效法。

第四节　人口生态论超前

洪亮吉不仅是一位文学家、史学家、经学家,还是一位杰出的思想家,他闪光的思想主要体现在他的《意言二十篇》及部分诗文中。在哲学思想方面,他提倡无神论,认为鬼神生于人心,反对命由天定的宿命论以及因果报应之说,但又能正确看待宗教鬼神的社会教化功能,能超脱地看待生死,看待祸福,有着朴素的辩证思想。他具有理性的生命意识,能正确看待大自然中的生命,他关注现实,注重国计民生,对清谈之风大加鞭挞。在经济思想方面,他有着强烈的社会责任感,忧国忧民,反对铺张浪费和寺庙累民。防止人口快速增长的言论,最具远见卓识。在伦理思想方面,他始终有着强烈的儒家正统道德意识,对朝廷忠,对母亲孝,对子女注重家风的传承与教育,对朋友重情重义,为人真诚,勤奋刻苦，刚正不阿，他至情至性，有着难得的赤子之心。在政治思想方面，他大胆尖锐地批评朝政腐败、地方官的贪腐、胥吏的欺诈，甚至认为白莲教起义、苗民起义等是官逼民反。这些思想在当时直至现在，进步性都是很明显的。严明在《洪亮吉评传》中对洪亮吉的思想有系统论述，笔者在论述他的生平时也有涉及，这里就不面面俱到，仅就其具有远见卓识的人口论及生态观谈谈看法。

洪亮吉的人口论思想，受到学术界广泛关注，尤其是 20 世纪 80 年代，研究成果较多，研究水平也较高。许多学者如周源和、蒋新贵等，将洪亮吉的人口论思想与英国马尔萨斯相提并论，并认为比马尔萨斯人口论的提出还早五年，所以也有人将洪亮吉称之为"中国的马尔萨斯"。洪亮吉关于人口问题的论述，主要集中在《意言》中的《治平篇》《生计篇》中，最早进入大家的视线并引起关注，是 1926 年张荫麟在《东方杂志》第二十三卷上发表了《洪亮吉及其人口论》一文，首次将其与马尔萨斯联系在一起。

洪亮吉出于对现实的关注和对民生的担忧，首先提出的是人口增长过速，而物质资源增长较慢的问题，他说：

> 治平至百余年，可谓久矣。然言其户口，则视三十年以前增五倍焉，视六十年以前增十倍焉，视百年百数十年以前不啻增二十倍焉。试以一家计之，高曾之时，有屋十间，有田一顷，身一人，娶妇后不过二人。以二人居屋十间，食田一顷，宽然有余矣。以一人生三计之，至子之世而父子四人，各娶妇即有八人，八人即不能无佣作之助，是不下十人矣。以十人而居屋十间，食田一顷，吾知其居仅仅足，食亦仅仅足也。子又生孙，孙又娶妇，其间衰老者或有代谢，然已不下二十余人。以二十余人而居屋十间，食田一顷，即量腹而食，度足而居，吾以知其必不敷矣。又自此而曾焉，自此而玄焉，视高曾时口已不下五六十倍，是高曾时为一户者，至曾玄时不分至十户不止。[1]

---

[1] 洪亮吉：《治平篇》，《卷施阁文甲集》卷一，《洪亮吉集》，中华书局 2001 年版，第 14—15 页。

为了说明问题,他以一个有屋十间、有田一顷的人家为例,计算其几代的人口增长,直观地证明人口六十年增十倍、百年百数十年不止增二十倍的增长速度。户与口增至十倍二十倍,而屋与田则不过增一倍,最多三倍五倍,所以"是田与屋之数常处其不足,而户与口之数常处其有余也"①。洪亮吉以一户为例,说明人口是以几何级数增长,而房屋田地等生活生产资料则增长缓慢,这样一来,势必会造成物质资源的不足,百姓生活水平的下降,这是十分明显的事实。

清朝康、雍、乾三朝一百多年太平盛世,人口增长过快的问题已被许多有识之士关注,乾隆皇帝本人也十分担忧。如法式善在其《陶庐杂录》中记载:"乾隆五十八年十一月戊午谕:朕恭阅圣祖仁皇帝实录,康熙四十九年民数二千三百三十一万二千二百余名口,因查上年各省奏报民数,共三万七百四十六万七千二百余名口,较之康熙年间,计增十五倍有奇。我国家承天眷佑,百余年太平天下,化泽涵濡,休养生息,承平日久,版籍益增,天下户口之数,视昔多至十余倍。以一人耕种而供十数人之食,盖藏已不能如前充裕。且民户既日益繁多,则庐舍所占田土,不啻倍蓰。生之者寡,食之者众,于闾阎生计,诚有关系。若再因岁事屡丰,粒米狼戾,民情游惰,田亩荒芜,势必至日食不继,益形拮据。朕甚忧之。"②乾隆皇帝已充分认识到承平日久人口增长过快的问题,他通过开疆拓土,增加耕地面积,使民开垦边外土地,以增加百姓的生活生产资料,还戒奢靡之风,倡导俭朴生活方式,惜物力而尽地利,以表达他爱养黎元之意。这里的数据也证明洪亮吉对人口增速的推测是正确的,他所关注的人口问题也是当时比较突出的社会问题。

在人口快速增长,导致物质资源不足的同时,洪亮吉还考虑到其他一些因素,如土地兼并,贫富不均。他说:"又况有兼并之家,一人据百人之屋,一户占百户之田,何怪乎遭风雨霜露饥寒颠踣而死者之比比乎?"③本来已不足的土地,又大量集中到个别富有的地主手里,使无田无房的人更多,饿殍遍野也就不足为奇了。

---

① 洪亮吉:《治平篇》,《卷施阁文甲集》卷一,《洪亮吉集》,中华书局2001年版,第15页。
② 法式善:《陶庐杂录》卷一,中华书局1959年版,第22—23页。
③ 洪亮吉:《治平篇》,《卷施阁文甲集》卷一,《洪亮吉集》,中华书局2001年版,第15页。

而且,人口快速增长,势必造成供需矛盾加剧,带来物价的上涨。他又以具体例子来分析,"闻五十年以前,吾祖若父之时,米之以升计者,钱不过六七,布以丈计者,钱不过三四十。一人之身,岁得布五丈,即可无寒,岁得米四石,即可无饥。米四石,为钱二千八百,布五丈,为钱二百。是一人食力,即可以养十人。"①五十年前,一人劳动可以轻松养活十个人。这些人员构成中,有士农工商的四民,"四民之中,各有生计,农工自食其力者也,商贾各以其赢以易食者也,士亦挟其长佣书授徒以易食者也。"②而现在人口快速增长以后,需要养活的人不止十倍于前,而田地等增长很慢。

> 为农者十倍于前而田不加增,为商贾者十倍于前而货不加增,为士者十倍于前而佣书授徒之馆不加增,且昔之以升计者,钱又须三四十矣;昔之以丈计者,钱又须一二百矣。所入者愈微,所出者益广,于是士农工贾各减其值以求售,布帛粟米又各昂其价以出市……③

　　人口快速增长,而生活生产资料增长缓慢,有限的物资要供给更多的人,就会造成供不应求,物价自然上涨。这样的分析十分合理,又有事实依据,虽然清廷采取多种调节措施,使粮价保持相对稳定,但物价上涨情况与洪氏的推测也大致相近。

　　除此之外,百姓还要养活许多不从事生产劳动的人,一是官吏,二是僧众。他分析说:"今州县之大者,胥吏至千人,次至七八百人,至少亦一二百人。此千人至一二百人者,男不耕,女不织,其仰食于民也无疑矣,大率十家之民不足以供一吏,至有千吏,则万家之邑亦嚣然矣。夫朝廷之正供有常,即官府之营求亦常有数,而胥吏则所谓无厌者也。"④胥吏数量众多,不参加耕种,仰食于民,而且营私舞弊,贪得无厌,所以他说:"吏胥之累民者甚多"⑤。

① 洪亮吉:《生计篇》,《卷施阁文甲集》卷一,《洪亮吉集》,中华书局 2001 年版,第 16 页。
② 洪亮吉:《生计篇》,《卷施阁文甲集》卷一,《洪亮吉集》,中华书局 2001 年版,第 16 页。
③ 洪亮吉:《生计篇》,《卷施阁文甲集》卷一,《洪亮吉集》,中华书局 2001 年版,第 16 页。
④ 洪亮吉:《胥吏篇》,《卷施阁文甲集》卷一,《洪亮吉集》,中华书局 2001 年版,第 26 页。
⑤ 洪亮吉:《胥吏篇》,《卷施阁文甲集》卷一,《洪亮吉集》,中华书局 2001 年版,第 25 页。

仰食于民的另一群体，洪氏认为就是僧徒道士。他说："今率计之，一城之寺庙大率百所，一乡一聚之寺庙大率数十，最少者亦不下七八所。最久者十年一修，暂者不过三四年，又因其制而廓大者十率七八。一所之僧徒道士，大者数百人，次数十人，最少者亦一二人。大率以江南大府而论，一县之辖寺庙至千，一府之辖寺庙至万。寺庙至千，是僧徒道士常十万人也。而其修筑及徒众之费，出于富人之金钱者不过什四，出于小民典衣损食之钱者常什六，是所谓不耕而食不织而衣者也，而使小民用典衣损食之钱以养之，不敢吝惜。夫人情于至亲，望其相助，不过视其所有，十分其一二而已，出于过望矣。而僧徒道士之食小民也，若以为固然，甚者或假祸福以怵之。稍值岁稔，即又借此为募化之资。其徒众也甚闲，僻壤穷乡可以排户而至，遂使小民所夙储以备水旱年歉者，必说法尽出之以为快，故其害最甚。"①僧徒道士是洪亮吉最痛恨的群体，认为他们的危害最大最普遍。他们人数众多，且不劳而获，主要依靠小民典衣损食之钱养活，还要假祸福之名骗取小民的钱财，让他们把以备荒年之需的积储都倾囊而出。本身地少民众，又增加此数百万之僧徒道士，使耕夫织妇奉之如父母，尊之如兄长，倾其所有而在所不惜，则百姓怎么能不贫困呢。

本来人口过剩，资源短缺，加上还有一些游手好闲者。他说："然一家之中，有子弟十人，其不率教者，常有一二，又况天下之广，其游惰不事者何能一一遵上之约束乎？"②"此即终岁勤动，毕生皇皇，而自好者居然有沟壑之忧，不肖者遂至生攘夺之患矣。然吾尚计其勤力有业者耳，何况户口既十倍于前，则游手好闲者更数十倍于前，此数十倍之游手好闲者遇有水旱疾疫，其不能束手以待毙也明矣，是又甚可虑者也。"③社会上必定有一些懒惰、游手好闲之人，随着人口激增，这部分人也数十倍于前，这些流民遇有水旱疾疫，决不会"束手待毙"，为了生存会偷盗抢劫，滋生社会治安问题，是社会不稳定因素之一。"一人之居以供十

---

① 洪亮吉：《寺庙论》，《卷施阁文甲集》补遗，《洪亮吉集》，中华书局 2001 年版，第 242 页。
② 洪亮吉：《治平篇》，《卷施阁文甲集》卷一，《洪亮吉集》，中华书局 2001 年版，第 15 页。
③ 洪亮吉：《生计篇》，《卷施阁文甲集》卷一，《洪亮吉集》，中华书局 2001 年版，第 16 页。

人已不足,何况供百人乎? 一人之食以供十人已不足,何况供百人乎?"①底层百姓为生活所迫,必定起来抗争,历史上无数次的农民起义,几乎都与此有关。考虑到以上这些因素,洪亮吉深为百姓忧虑。

认识到了人口过快增长的危险,洪亮吉有没有解决的办法呢? 他认为办法有二:一是天地调剂之法,二是君相调剂之法。

所谓天地调剂法,就是水旱灾荒、流行疾疫等,造成人口的减员,他说:"曰:天地有法乎? 曰:水旱疾疫,即天地调剂之法也。然民之遭水旱疾疫而不幸者,不过十之一二矣。"②这种天地调剂法作用十分有限。那么什么是君相调剂之法呢? "曰:君相有法乎? 曰:使野无闲田,民无剩力,疆土之新辟者,移种民以居之,赋税之繁重者,酌今昔而减之。禁其浮靡,抑其兼并。遇有水旱疾疫,则开仓廪悉府库以赈之。如是而已,是亦君相调剂之法也。"③君相调剂之法就是统治者采取的一系列措施,无非是开垦荒地,开疆拓土,移民边地,减轻赋税,禁止奢靡,抑制兼并,遇到灾荒,则开仓救济。这些措施其实清廷也一直在做,以缓和社会矛盾,洪亮吉自己也赞同这些措施,并且还是一个积极的实施者。他遣戍新疆看到边地土地辽阔,人口稀少,就曾建议将无田地的流民迁到边地去。他赞同降低赋税,减轻百姓的负担,灾荒之年他既捐银又亲自参加赈灾。他也反对奢靡浪费,提倡节俭的生活方式,"一人兼百人之衣,一人兼百人之食……一人兼服数世之衣,一日费数岁之食,是我子孙困败狼籍,而衣不得完,食不得充者,我夺之也。"④追求奢华的服饰、珍奇的饮食,是子孙后代困败狼藉的主要原因,所以要提倡节俭。洪亮吉能想到的还有减少胥吏和僧道,增加劳动力。这其实也属于君相调剂法。对于胥吏,洪氏认为胥吏暴如虎,主张"毋宁减之又减"⑤,对于僧道,洪氏认为不可一日而废,"不可不为之限制耳"⑥。洪亮吉是个无神论者,也是反佛的,但他也意识到宗教行之千年,不可一日而废,其存在

① 洪亮吉:《治平篇》,《卷施阁文甲集》卷一,《洪亮吉集》,中华书局 2001 年版,第 15 页。
② 洪亮吉:《治平篇》,《卷施阁文甲集》卷一,《洪亮吉集》,中华书局 2001 年版,第 15 页。
③ 洪亮吉:《治平篇》,《卷施阁文甲集》卷一,《洪亮吉集》,中华书局 2001 年版,第 15 页。
④ 洪亮吉:《服食论》,《卷施阁文甲集》补遗,《洪亮吉集》,中华书局 2001 年版,第 241 页。
⑤ 洪亮吉:《胥吏篇》,《卷施阁文甲集》卷一,《洪亮吉集》,中华书局 2001 年版,第 26 页。
⑥ 洪亮吉:《寺庙论》,《卷施阁文甲集》补遗,《洪亮吉集》,中华书局 2001 年版,第 242 页。

有一定的合理性,有一定的教化威慑作用。他能辩证地看待宗教,这样的态度是比较客观理性的。

总而言之,这两种方法均不能从根本上解决问题。以他所处时代科学技术发展的局限性,他不可能想出更好地限制人口增长的办法。他虽然有仁慈之心,对下层民众的苦难感同身受,希望他们能丰衣足食,但他所处的立场也终究是站在统治阶级一边,尽可能调和社会矛盾,维持社会平稳发展。但我们也不能脱离时代背景去苛求古人,这是不现实的。

从实事求是、与时俱进的立场来看,洪亮吉的人口论思想,在相当长的时间里是有现实意义的。新中国成立后,随着我国经济的发展、医疗水平的提高,也经历了远超世界平均水平的人口增长,人口问题再一次成了大家关注的现实问题。1957年马寅初发表《新人口论》,考虑到人口与经济的矛盾,提出控制人口增长,但我国的计划生育之路可谓一波三折。直到1975年,毛泽东明确批示"人口非控制不行"[1],1978年,计划生育被定为基本国策,并写入宪法。随之出台独生子女政策,中国全面进入严格的计划生育时代。20世纪80年代中后期,多个城市尤其是农村,生育政策趋向于灵活。但长期保持低生育率又会导致人口负增长,带来人口老龄化等问题,导致消费的减少和创新能力的下降,人口红利消失,这些会影响我国的经济活力和社会的均衡发展,所以生育限制进一步放开。2000年前后,逐步实施"双独二孩",即父母双方都是独生子女的,允许生育两个孩子。2014年,统一实施"单独二孩"政策,即夫妻双方有一个是独生子女的,可以生育两个孩子。随后在2016年实行了全面二孩政策。2021年又推出了三孩政策,以适应人口形势的发展变化。

步入新的时代,人口战略研究又成为社会关注的问题。人口问题是复杂的,专家认为,"对于确定的现实人口问题需要抱有务实关怀的态度,对于不确定的人口问题要保有乐观主义的精神,积极关注人口动态,严谨务实地分析人口情况,创新性地利用资源解决问题,坚持以人

---

[1] 彭珮云:《中国计划生育全书》,中国人口出版社1997年版,第133页。

民切身利益为中心。"①虽然新中国的人口论较洪亮吉的人口思想已取得了很大进步,但洪亮吉的人口论思想是其发展过程中的重要一环,有重要的价值和意义。

洪亮吉的生态观思想,也是很超前的。他平等的生命观、尊重自然的生态意识等,闪耀着理性的光芒,在他的思想中非常了不起。他不仅能理性地看待人的生命,看待人的生死,还能平等客观地看待大自然中的生命,否认天生百物以养人,天地万物以人最贵的论点,摆脱人类中心主义的论调,这在当时是十分难得的。他说:

> 人谓天生百物,专以养人。不知非也。水之气蒸而为鱼,林之气蒸而为鸟,原隰之气蒸而为虫蛇百兽。如谓天专生以养人,则水之中蛟鳄食人,天生人果以为蛟鳄乎? 林麓之中熊罴食人,天生人果以供熊罴乎? 原隰之内虎豹食人,天生人果以给虎豹乎? 蛟鳄能杀人,而人亦杀蛟鳄,熊罴虎豹能杀人,而人之杀熊罴虎豹者究多于人之为熊罴虎豹所杀,则一言断之曰:不过恃强弱之势、众寡之形耳。蛟鳄之力胜人,则杀人;人之力胜蛟鳄,则杀蛟鳄;熊罴虎豹之势众于人,则杀人;人之势众于熊罴虎豹,则杀熊罴虎豹。②

在人类中心主义的理念下,人的生命凌驾于所有生灵之上,认为天生百物,专以养人,一切以人的利益为出发点和归宿,一切以满足人类自身生存发展需要为原则,以人类猎杀动物为理所当然。而洪亮吉反对这一论调,他能从自然界熊罴虎豹食人,人也杀熊罴虎豹等类似现象中,总结出并非自然界中所有生灵都为人服务,为人而生,认为人与动物是平等的,生死取决于力量的强弱、势力的众寡,他明显已意识到了自然界中的弱肉强食,优胜劣汰,这一思想有生物进化意识的萌芽,在当时是非常超前的。

他也反对说牛羊猪犬鸡等家畜是专为人所生的,生来就是被人吃的命。他说,"天果为人所生,则当使之驯服不扰,甘心为人所食乃可。

---

① 李婷、郑叶昕:《新中国成立以来的人口发展进程与中国共产党的人口思想和实践史》,《宁夏社会科学》2022 年第 1 期。
② 洪亮吉:《百物篇》,《卷施阁文甲集》卷一,《洪亮吉集》,中华书局 2001 年版,第 16—17 页。

今牛与羊之角有触人至死者"①,如果家畜是为人而生,那么它们就应该甘心为人所食,就不会发生牛羊角触人至死,狗咬人至死的事件。他认为人之气蒸而为虮虱,而虮虱反咬人肌肤,这怎么解释呢? 所以他推而言之,"植物无知,默供人之食而已,必谓物之性乐为人之食,是亦不然也。"②他从动物推理至植物,植物也不是专为人所食者。虽然洪亮吉的这些理论,受当时科学技术发展的限制,有一定的局限性,但他能认识到自然万物的存在,都是平等的,都有生存的道理,并非专为人所生,既是这样,人类对自然的汲取也不是理所当然的,每一种生灵都值得尊重。

在关爱动植物生命的理念下,有着与自然和谐相处的"天人合一"的生态意识。他的诗歌《升平四章》所揭露的问题、表达的理念,与其《意言二十篇》中的思想是相互补充的,其一云:"升平一百载,众庶多于虱。山侵豺虎居,水夺蛟龙窟。蛟龙犹有海,豺虎何所逸。御之不以理,势必转奔突。强梁或逃窜,老弱遭噬啮。不知六合内,御物固有术。欲人妥厥居,先使兽有穴。物物安其天,人禽庶堪别。"③他看到人口的急剧增加,人类侵占了动物的生存空间,而他认为要使人安稳,"先使兽有穴","人禽庶堪别",人与动物是平等的,没有什么区别,应遵循自然法则,天地并不是专为人而存在,人不可能控制一切。植物也一样,他在诗中说:"榆之皮兮,云以疗饥。嗟榆之皮,不足以饱。乌乎! 人饥难充木先槁,昨日严霜路旁倒。"④"芦之根兮,云以给飧。嗟芦之根,不果人腹。乌乎! 芦花茫茫兮空满目,明岁哀鸿欲何宿!"⑤百姓把树皮都吃光了,人没吃饱树先枯死了,把芦根都吃尽了,明年就无芦苇长出,这样做破坏了生态环境,是一个恶性循环,但百姓为了生存,哪里顾得了这么多。

他的这些思想,有对自然的敬畏与尊重,是可持续发展的生态理念,是尊重自然的生态观,在人类欲望不断膨胀的今天,更显示出超前的意识,并具有不可忽视的当代价值。

---

① 洪亮吉:《百物篇》,《卷施阁文甲集》卷一,《洪亮吉集》,中华书局 2001 年版,第 17 页。
② 洪亮吉:《百物篇》,《卷施阁文甲集》卷一,《洪亮吉集》,中华书局 2001 年版,第 17 页。
③ 洪亮吉《升平四章》其一,《更生斋诗》卷二,《洪亮吉集》,中华书局 2001 年版,第 1537 页。
④ 洪亮吉:《榆无皮歌》,《更生斋诗续集》卷七,《洪亮吉集》,中华书局 2001 年版,第 1763 页。
⑤ 洪亮吉:《芦无根歌》,《更生斋诗续集》卷七,《洪亮吉集》,中华书局 2001 年版,第 1763 页。

结　语

　　洪亮吉是一位内涵十分丰富的人物,在很多方面都给人留下极为深刻的印象,历史上对他的评价也各有侧重。《清史稿·列传》非常详尽地描写他上书言事的前因后果,突出他"直臣"的形象,至于其他方面则一笔带过,以至于人们提起洪亮吉就想到著名的"洪亮吉案",在很多人印象里,洪亮吉就是个不怕死的硬汉,后人也称他为"最后谏臣""唐吉诃德式的人物"①。而在《清史列传》中,洪亮吉又入"儒林",在生平事迹之外,有较多笔墨介绍他学术尤其是经学上的成就。乡人对洪亮吉评价的侧重点又不同,光绪《武进阳湖县志》中入"文学"而非"经学",曰:"诗文涉笔有奇气,经传、训诂、地理、沿革尤所专门。"②

　　洪亮吉同时代人的评价,除涉及以上三个方面外,还突出以下一些品性与性情:对母亲之至孝(法式善《皇清奉直大夫翰林院编修洪稚存先生行状》、孙星衍《翰林院编修洪君传》等);至性过人,笃于友谊,"友于兄弟、惠及朋友"③之至性,"世有巨卿之目"④;勤奋,"生平好学,尝引《荀子》言,为人戒有暇日"⑤;嗜好山水名胜,穷极险异(吴锡麒《清故奉直大夫翰林院编修洪君墓碑》);尽心教士,敦励实学(赵怀玉《皇清奉直

---

① 邵玉健:《最后谏臣》,常州三杰纪念馆编:《洪亮吉洪深纪念文集》,江苏人民出版社 2021 年版,第151、157 页。
② 王其淦等修,汤成烈等纂:光绪《武进阳湖县志》卷二十三,光绪五年(1879)刻本。
③ 吴锡麒:《清故奉直大夫翰林院编修洪君墓碑》,《洪亮吉集》,中华书局 2001 年版,第 2366 页。
④ 李元度:《洪稚存先生事略》,《洪亮吉集》,中华书局 2001 年版,第 2376 页。
⑤ 孙星衍:《清故奉直大夫翰林院编修加三级洪君墓碑铭》,《洪亮吉集》,中华书局 2001 年版,第2370 页。

大夫翰林院编修洪君墓志铭》);仁慈善良,晚年参与捐资赈灾,所活饥民数十万,为他邑所未有(孙星衍《清故奉直大夫翰林院编修加三级洪君墓碑铭》);伉直褊急,不能容物,疾恶如仇,"君厚于天禀,情性过人,然明好恶,别是非,无所回护,议论激昂,慷爽有古直者之风"①;性情狂狷,"平日耽酒狂纵,放荡于礼法之外"②;平时不拘小节,大事坚守原则,"而论当世大事,则目直视,颈皆发赤,以气加人,人不能堪"③;豁达而又坚定,视死如归(恽敬《前翰林院编修洪君遗事述》)。总体评价有"通才"④"异才"⑤"奇才"⑥之目。通过以上不同侧面的评论,一个有血有肉、真实生动的洪亮吉,呼之欲出。

考察洪亮吉的生平事迹、诗文、学术及相关文献记载等可以看出,洪亮吉不仅是儒家学说的研究者,更是儒学的忠实践行者,而且蔡长林认为他"少了清儒保身之哲,颇有明儒愚直之风。此所以戆直的洪亮吉,能如暗夜明珠般,在颟顸的乾嘉官场习气中,为世人带来一股清流的缘故"⑦。他既有学者的理性,又有文人的感性,加上他率真、刚直、豪迈的性格,所以,他为官,则忠君爱民,是难得的直臣;为子,则纯孝;为友,则诚笃;为师,则尽心教导;为文,则诗词骈文俱佳;为艺,是著名的书法家;为学,则经学、史学、方志学、地理学、水利学、社会学等领域都取得卓越的成就。他能取得如此大的成就,主要不是因为他有天赋异禀,而是因为他勤奋。虽然他早慧,记忆力超群,四岁就能识七八百字,但他曾说早年生了一场大病,与之前"判若两人",让他不由感叹命由前定,然而他并未屈服于命运,一生勤奋刻苦,无日不读书。袁枚感叹其在多方面做出的成就,曾说:"洪君吾不能谅其所至,庶几可为无暇日者矣。"⑧

虽然他可能不是每个领域都最好,但他每个领域都尽心尽力,总体

① 赵怀玉:《皇清奉直大夫翰林院编修洪君墓志铭》,《洪亮吉集》,中华书局2001年版,第2363页。
② 平步清:《洪更生》,《洪亮吉集》,中华书局2001年版,第2390页。
③ 恽敬:《前翰林院编修洪君遗事述》,《洪亮吉集》,中华书局2001年版,第2372页。
④ 吴锡麒:《清故奉直大夫翰林院编修洪君墓碑》,《洪亮吉集》,中华书局2001年版,第2366页。
⑤ 恽敬:《前翰林院编修洪君遗事述》,《洪亮吉集》,中华书局2001年版,第2373页。
⑥ 张维屏:《洪亮吉》,《洪亮吉集》,中华书局2001年版,第2397页。
⑦ 蔡长林:《文章自可观风色——文人说经与清代学术》,台湾大学出版中心2019年版,第532页。
⑧ 袁枚:《卷施阁文乙集》序,洪亮吉:《卷施阁文乙集》,《洪亮吉集》,中华书局2001年版,第265页。

文化成就之高,很少有人能超越。他集直臣、政治家、思想家、教育家、文学家、书法家、经学家、史学家、地理学家、天文学家、水利学家、社会学家等于一身,是难得的"通才",也确实是个"奇才"。

严明总结道:"洪亮吉是一个无神论者,一个积极入世的学术大师,一个目光敏锐的文学家,一个传统伦理的卫道士,一个激进的政治批评家,一个知足常乐者,一个具有远见卓识的评论家,一个拘泥于陈规的陋习者,一个大孝子,一个正人君子,一个杰出的人口论者。"①我还想加几句:一个性情中人,一个对朋友最讲情义的人,一个宁折勿弯的刚直之人,一个敢于舍生取义的人,一个生态学家,一个思想家,一个热爱生活的人……这些形象,共同构成一个真实、有趣、可敬、可爱的洪亮吉!

以上对洪亮吉的评价,很容易让人联想到一个人——苏轼。苏轼与常州颇有渊源,他曾十四次到过常州,写下与常州有关的诗文近二百篇,他曾两次上表宋神宗要求在常州定居并获准,最后也终老于常州顾塘桥孙氏馆(今常州前后北岸历史文化街区),相传东坡曾手植紫藤一株,孙氏馆因而也名藤花旧馆。常州保存了许多与东坡有关的历史遗迹,如洗砚池、舣舟亭、藤花旧馆等,今有东坡公园、苏东坡纪念馆、东坡书院等。怀苏风尚虽非常州一地才有,但常州文人景苏、怀苏情结似乎特别浓,他们会在农历十二月十九日东坡生日举行祭祀纪念东坡的集会,还会举办诗社,吟咏唱和,步东坡诗韵,研究东坡诗歌。"东坡先生的生辰、忌日的祭祀活动,是清代常州文人的群体行为,而且代代相传,相沿成例,形成常州文人纪念东坡先生的悠久传统。"②赵怀玉曾云:"吾乡风雅盛于康熙间,邹进士、董文学倡国依社,后君家湘灵继开毗陵诗派,学者翕然从之,于后复有醉吟、浣花、峨眉,一时旗鼓竞雄,故查悔余尝称吾常为'诗国'。"③其中的"峨眉",就是纪念苏东坡而起峨眉诗社。清代常州文人邵长蘅、陈玉璂、黄永、徐永宣、赵翼、洪亮吉、黄景仁、赵怀玉、钱维乔等,都写过不少怀苏诗歌。"苏东坡对常州文化的影响是多元化的,举凡诗学、词学、散文、绘画、经学等都产生了广泛而深入的

① 严明:《洪亮吉评传》,(台北)文津出版社1993年版,第204页。
② 谭坤:《论清代常州文人对苏轼的接受》,《江苏理工学院学报》2018年第1期。
③ 赵怀玉:《竹初诗钞序》,钱维乔:《竹初诗钞》,嘉庆间刻本。

结语

影响。"①

洪亮吉一生敬佩苏东坡,写过近三十首纪念东坡或涉及相关遗迹遗存等与苏东坡有关的诗文,如《十九日北楼寓馆招同人为苏文忠公生日设祀,偶成四绝句》《古藤歌》《跋苏文忠公游庐山诗后》等。他常与家乡文人于东坡生卒日在藤花旧馆举行纪念活动,离开常州后,也参加毕沅、翁方纲等举办的"寿苏会"等活动,以表达对东坡的景仰之情。

他的外家蒋氏宅第毗邻藤花旧馆,他在乾隆四十四年(1779)东坡生日参加翁方纲的苏斋雅集后有诗,"廿载我居公旧宅",自注云:"东坡卒于常州,其宅前属余外家蒋氏,岁常以生卒日祀东坡,并为会。"②乾隆四十七年(1782),他在陕西毕沅幕府参加祭祀东坡的活动,有诗"吾乡一楼还号苏",注云:"外家旧宅有楼,为东坡先生撤瑟之所。岁尝以此日祀先生于楼上。"③东坡晚年居住并终老的藤花旧馆,曾被洪亮吉的外家所购得,所以他对东坡有一种特别的亲切之感,并经常在诗中体现。他经常追寻东坡的足迹,"楼前溪水百尺流,公前舣舟予放舟。忆公登金山,谒公入黄楼。十年三度祀公处,略识清颍兼杭州……我于公旧公宜识,阳羡书生住溪北。"④

童年在外家的生活和记忆,对洪亮吉一生影响巨大,外家的温馨生活给了他童年美好的记忆。从心理学的角度来说,梦是人大脑最深层意识或潜意识的投射,在洪亮吉的梦境中,多半与外家的南楼,外家的人物、事物有关。外祖母的赠书对他一直是个激励,寡母的辛苦培养和对他的期许,是他一生勤奋努力的动力和压力,没有让外祖母、母亲生前看到他取得的功名和成就,是他一生的痛。他写了《南楼忆旧诗四十首》《南楼赠书图记》等诗文,还有笔记《外家纪闻》《玉尘集》,专门对母亲家族进行记忆书写。加拿大汉学家方秀洁认为,这种对母系亲属进

---

① 刘勇刚:《试论苏东坡对常州地域文化的影响》,《常州工学院学报》2004 年第 5 期。
② 洪亮吉:《东坡生日集翁学士方纲苏斋即送罗山人聘出都》,《卷施阁诗》卷一,《洪亮吉集》,中华书局2001 年版,第 479 页。
③ 洪亮吉:《消寒四集,十二月十九日为东坡先生生日,同人集终南仙馆设祀并题陈洪绶所画笠屐像后》,《卷施阁诗》卷四,《洪亮吉集》,中华书局 2001 年版,第 540 页。
④ 洪亮吉:《消寒四集,十二月十九日为东坡先生生日,同人集终南仙馆设祀并题陈洪绶所画笠屐像后》,《卷施阁诗》卷四,《洪亮吉集》,中华书局 2001 年版,第 540 页。

行文学形式的纪念是一种非常规的做法，这种做法借鉴了苏轼等创立的先例。苏轼写过关于母家的记录，如写过一篇关于外曾祖父的短文，苏轼从小受母亲程夫人的影响也很深。"其实，当他在写作关于母亲家庭的回忆录时，他对写作自传的愿望和为蒋家的集体记忆而进行尝试的愿望分量相当。尽管他的灵感是由前辈苏轼和朱熹所激发的，但他为自己的作品取了新的题目：《外家纪闻》。"①不仅洪亮吉的外家曾购得藤花旧馆，他对外家的记录也是受到苏轼的启发。

洪亮吉作诗也学习东坡，"童年学句殊清瘦，诗法从公梦中授……瓣香到公应已知，天上乐或忘年时。"②明确表示自己瓣香东坡。洪亮吉一直没有机会去四川拜谒苏轼故里，嘉庆三年（1798）到杭州后，便去拜谒苏文忠公祠，并作诗两首。"长篇千首恨雷同（近时学公诗者极多，不无流弊），不敢师公只慕公。略有瓣香归栗里，久因奇节说文忠。祠前蘋藻三时洁，屋外梅花一顷红。拟作蜀游仍未果，好移清梦入湖中。"③虽然他在《北江诗话》中对苏轼诗评价较高，但对当时学苏轼诗模拟成风，少有创新的现象，提出了批评。他主张作诗要有新意，学古人而不模拟古人，要有真性情，反对雷同。东坡推崇陶渊明诗，洪亮吉也一样。他更倾慕东坡的"奇节"，自觉接受东坡文化的滋养和东坡人格的熏陶，是无疑的。

洪亮吉也特别欣赏苏轼的书法，并自觉向他学习。毕沅署中收藏宋四家的墨宝多达二十多种，他特别喜欢苏轼的《橘颂》，晚年在李廷敬府又看到苏轼墨迹，感慨赋诗："装成《橘颂》《荔枝诗》，尚忆烟云过眼时（余久客毕宫保署，见所藏宋四家至二十余种，尤奇苏文忠《橘颂》、蔡端明《荔枝诗》也）。一代传人原磊落，百年真气藉扶持。"④北京故宫博物院藏洪亮吉行书《送巨超僧自焦山归主玉笥山方丈序》等墨迹，可感受

---

① ［加拿大］方秀洁：《铭记在母家的自我意识：洪亮吉的回忆录与追忆诗》，叶晔、颜子楠编：《西海遗珠——欧美明清诗文论集》，北京大学出版社2022年版，第449页。

② 洪亮吉：《消寒四集，十二月十九日为东坡先生生日，同人集终南仙馆设祀并题陈洪绶所画笠屐像后》，《卷施阁诗》卷四，《洪亮吉集》，中华书局2001年版，第540页。

③ 洪亮吉：《苏文忠公祠二首即呈秦同年瀛》其一，《卷施阁诗》卷十九，《洪亮吉集》，中华书局2001年版，第920页。

④ 洪亮吉：《十二月二日消寒第四集：李兵备廷敬招同人集平远山房观宋四家墨迹即席同赋》，《更生斋诗》卷八，《洪亮吉集》，中华书局2001年版，第1406页。

其在书法上受东坡的影响颇深。

他与苏东坡有着同样的贬谪经历,他把自己与苏轼相比,在遣戍之路上他说:"我视黄州已侥幸",回归后又言:"东坡谪南海,我谪西海头。东坡更三岁,尚未离儋州。我顷荷戈来,仅止三月留。"[①]在他抵伊犁后,他的朋友庄炘致书提醒,并引了文同赠东坡二语:"北客若来休问讯,西湖虽好莫题诗。"可见,当时他朋友就曾将他的因言获罪与苏东坡相提并论。苏轼豁达乐观的精神也影响了洪亮吉,庆幸自己比东坡幸运。即使在伊犁那样的苦寒之地,他也能很快适应环境,并写出许多反映西域风土人情的优美诗歌,回到家乡后,能寄情山水,平和乐观地生活。

赵翼曾作诗"稚存先生今李、苏"[②],将洪亮吉比作清代的东坡。洪亮吉忠义仁厚、耿介直爽、爱憎分明、心胸坦荡、豁达开朗、勤奋刻苦、学识渊博、好奇心强、热爱生活等等,许多方面确实与东坡很像,堪称"清代东坡"。

① 洪亮吉:《腊月十九日卷施阁邀同人为苏文忠公生日设祀作》,《更生斋诗》卷四,《洪亮吉集》,中华书局 2001 年版,第 1305 页。
② 赵翼:《题稚存万里荷戈集》,《瓯北集》卷四十二,上海古籍出版社 1997 年版,第 1044 页。

附录　洪北江先生年谱

（门人旌德吕培等同编次）

　　先生姓洪氏，讳亮吉，字君直，一字稚存，号北江，晚号更生，行一，江苏常州府阳湖县左厢花桥里人。先世本居歙县洪坑，系出唐宣歙观察使经纶，始避唐敬宗讳，改宏氏为洪氏。三十六世，至先生高祖千运府君，讳德健，国子监生，封中宪大夫。娶程恭人，生子二。长为先生曾祖秋山府君，讳璟，康熙戊寅拔贡生，山西大同知府，崇祀交城、大同名宦祠。娶汪恭人，歙国子监生世昌女。继娶徐恭人，歙处士成教女，生子十一。次为先生祖封旅府君，讳公寀，国子监生，考授直隶州同知，貤赠承德郎，赘于常州赵氏，遂迁居焉。娶赵安人，武进户部尚书谥恭毅申乔孙女，翰林院侍读熊诏女，生子五。次为先生父午峰府君，讳翘，国子监生，累赠奉直大夫。娶蒋太宜人，武进岁贡生，封奉政大夫金声孙女，云南嶍峨知县敦淳女。生先生兄弟二人。

　　乾隆十一年丙寅，先生一岁。以九月初三日子时，生于常州中河桥东南兴隆里赁宅中。宅后有积水池，先生生于池南西舍。

　　十二年丁卯，先生二岁。

　　十三年戊辰，先生三岁。

　　十四年己巳，先生四岁。午峰府君命先生伯姊课之识字，先生每字必询其义，日晚皆为蒋太宜人述之。是年，凡识七八百字。

　　十五年庚午，先生五岁。在家塾，从季父希李先生，授《礼记·大学、中庸》两篇。正月八日，仲弟霭吉生。

　　按：先生从父四人：长讳翰，字翙飞，行一，国子监生，未婚卒。次即午峰府君。次讳翔，字云上，行三。次讳翾，字君佐，行四，国子监生，赠修职郎。次讳翔,字希李,行六。先生仲弟,字赤存,行二。

十六年辛未,先生六岁。在家塾,受《论语》。七月二十日,午峰府君客镇洋县署,得疾归,未至家五十里,以廿四日申时卒于洛社舟次。越日,殡于城东天宁寺华房。先生随蒋太宜人暨三姊一弟守殡宫,凡五十日始归。

十七年壬申,先生七岁。以午峰府君卒,贫无所依,随蒋太宜人及姊弟寄居外家,外王母龚太孺人之意也。时外家亦窘,蒋太宜人率诸女勤女工自给,并储脩脯,俾先生就外家塾受经,率夜四鼓方就寝。事详《机声灯影图记》及《南楼忆旧诗》。是岁,塾师为庄觐五先生,城西坂上乡人,同学则其子骍刚,表兄肇新、廷耀、馨,凡四人。读《论语》毕。

十八年癸酉,先生八岁。在外家塾,从恽牧庵先生铭受《孟子》。恽先生,武进县学附生,悯先生幼孤而慧,常分馆餐食之。后其孙与三,以乾隆甲午科举顺天乡试,为先生同岁生,恽先生犹及见之。

十九年甲戌,先生九岁。在外家塾,从黄敬庵先生朝俊受《孟子》及《毛诗·国风》。黄先生,武进县学增生,课读极严。是秋,先生适杨氏从母,亦以嫠居贫苦无依,率二女僦从兄启宸后楼以居,与外家相近。移舍日,值先生读《孟子》"既醉以酒"一章,解塾诣其处,龚太孺人及蒋太宜人适在坐,因举"宜其室家"句,命之属对,即应声曰"饱乎仁义"。龚太孺人极赏之,自此益钟爱焉。是岁表弟定熙亦入塾,与先生年相若,后卒于叔素园先生官舍,先生有诗哭之。

按:先生舅氏三人:长名树諴,字实君,国子监生,赠登仕郎。次名琦,字素园,乾隆甲子举人,江西德兴知县,皆蒋太宜人兄。次名蘅,字曙斋,乾隆壬午科副榜贡生,赐检讨衔,出嗣世父淮安教授文元后,为蒋太宜人弟。事皆详先生所撰《外家记闻》一卷。处士肇新、少府廷耀、上舍馨,处士定熙、奎耀,皆实君先生子,蒋太宜人之侄,先生之配蒋宜人兄弟也。

二十年乙亥,先生十岁。在外家塾,从黄先生受《毛诗》毕。

二十一年丙子,先生十一岁。蒋太宜人率先生归兴隆里旧宅,从旁舍塾师受《尚书》。同学生徒十余人,不能遍课。每篇音训诂者恒至十数。日夕归,蒋太宜人令之背诵,必为泣而正焉。如"济河惟兖州",

"兖"读作"衮"之类。九月八日,叔父君佐先生卒于广西百色厅寓舍,无子,以仲弟为之后。十二月,伯姊适城北前桥村芮处士光照。

二十二年丁丑,先生十二岁。从周线里岳介锡先生受《礼记》。是冬,舅氏素园先生以国史馆誊录议叙,选授江西德兴知县,迎养龚太孺人于官舍。自此,蒋太宜人益贫苦无所依。

二十三年戊寅,先生十三岁。仍就外家从表兄肇新受《礼记》及《周易》。塾课毕,先生始学作诗。尝作《中秋即景诗》,有"月出百尺楼,花香三重门"之句,不敢示人,惟以示表弟定熙。冬十月,舅氏实君先生卒于德兴官舍。表兄肇新奔丧西上,因从陈蕤宾先生宝读书。先是,丙子科陈先生赴江宁乡试,舟覆于江,午峰府君往馆世执漳浦蔡太守观澜江宁官署,途次遇之,急募舟以拯,并助馆金一笏为试费。陈后以己卯举于乡,与先生亦中表兄弟也。课徒之暇,喜录唐宋诗余。于是先生亦学作小令,并与表兄馨,日课汉魏六朝三唐诗,成诵乃已。是月,仲姊适同里汪上舍德渭。

二十四年己卯,先生十四岁。在鹿苑庵,从董献策先生舒传受《春秋左传》,并学作制举文半篇。董先生,常州府学附生。同学十数人,惟与杨布衣毓舒交最密,暇即唱酬往还。是岁,作诗数十篇及《斥释氏文》一首。

二十五年庚辰,先生十五岁。在西庙沟谢氏塾,从唐麟臣先生为垣受《左传》及《史记》《汉书》、杂文。唐先生,武进县学附生,工诗。三月上巳,先生始作制举文全篇,题为《则以学文》一句,文成后,唐先生极赏之。同学为谢孝廉榕、上舍振祺等四人。孝廉与先生极契,后中乾隆戊申科顺天榜举人。是岁,先生有《附塾》《驱儿》诸诗及《送表弟定熙至江西官署》诗,集中始有存稿。

二十六年辛巳,先生十六岁。从苃蒲里缪映藜先生谦,受唐宋杂文及制举义。缪先生,江阴县学廪生,同学为陆上舍焜、□布衣文在,张布衣先甲兄弟,凡十余人。三月初应童子试,不售。

二十七年壬午,先生十七岁。在百花楼巷庄氏塾,从金坛荆廷纬先生汝翼,受《公羊》《谷梁》及制举义。荆先生,金坛县学廪生,先生从表姊子,长于先生八岁,举业最工,因是始识作文法。荆先生后以是科副榜贡生中顺天癸卯举人,己酉进士,官华亭教谕,卒。是岁,同学为庄上舍述兄弟二人。始学作古文,有《祭花神文》及《园居》《南楼夜宿》《初生十五六》等诗。初与唐上舍鹏订交,间有唱和焉。

二十八年癸未,先生十八岁。在城北四十里邮村邹翁元士家塾,仍从唐麟臣先生习制举义,同学为邹福、梅廷、梅金川三人。邹翁极重先生,欲以女妻之,知有所聘,乃止。五月,解馆归,即染时疾,复延及全家,蒋太宜人病濒危者数次,大母赵安人、大父封旅府君即于是月相继卒。先生承重,居庐至匝月,后病稍瘳。八月初,复赴邹氏塾。是秋,舅氏素园先生罢官,奉龚太孺人旋里。先生解塾,即从蒋太宜人仍居外家,与表兄馨、从表兄定安尤契,倡酬谈谦,每彻晨夕。《郭北篇》《中井乡歌》诸诗,皆是年作也。

二十九年甲申,先生十九岁。从北后街余苣贻先生丰,受唐宋古文及制举义。余先生,常州府学附生,奇赏先生,有异才之目。每课文日,先生常兼作数篇,或一题即制其二其三。午余,诸同学方构思未就,辄已交卷,时蒙击节叹赏。岁暮解塾,独为诗送先生。次即赏杨生清轮。后杨成乾隆甲辰进士,里中皆谓余先生有知人之鉴焉。是岁,同学为余先生子明经彤,及杨、章、秦、毕诸生,共十余人。有《云溪春词》《独酌谣》诸诗,始学为骈体文。

三十年乙酉,先生二十岁。在外家团瓢书屋,授表弟兆峋经,(素园先生子。)岁得脩脯钱二千八百,暇即从舅氏曙斋先生问业。时表兄馨、从表兄定安,皆授徒于家,三人昕夕往还无间。有《春园唱和集》。又与里中诸名士结社,订交始广。有《题阿房宫图》诸诗,填词四十余首。

三十一年丙戌,先生二十一岁。仍在外家授徒。从学则表弟兆峋、从表弟荣、(从舅氏秀君子。)衡章(族舅氏济川子。)三人。岁入脩脯钱七千。正月二十五日,叔父云上先生卒。六月,应童子试,不售。是岁,诗社以《洗研池赋》《槟榔行》《云溪竹枝词》命题,先生试列第一。又在杨氏腾光馆会课,凡四十人,皆里中名宿。先生年最少,从舅氏榕盦先生阅其文,奇赏之,亦列为第一。此后,先生常诣舍南竹屋问字,至辛卯秋客皖江乃已。又赋中秋《减字木兰花》词十首,同辈传抄殆遍。刘文学宸赠诗云:"才子清眠起夜分,新词字字镂香云。何当共握琉璃管,写尽羊欣白练裙。"是岁,诗词约及百首。

按:云上先生四子,长开吉,字元恺,为先生从兄。次显吉,字尚仪。次亘吉,字禹平。次良吉,字元良。皆先生从弟。蒋榕盦先生,名和宁,乾隆壬申进士,由翰林院编修,改官湖广道监察御史。

三十二年丁亥,先生二十二岁。适汪氏仲姊以先生制义不进,因与蒋太宜人谋,复令先生在张王庙西潘氏塾,从时月圃先生元福受作文法。束脩二十千,皆仲姊独任之。时先生乾隆壬申举人,中甲戌明通榜,工帖括。同学则潘上舍尚基、方上舍起莘、青阳陈上舍蔚、江阴陈秀才宏器诸人。尚基之叔振焕,亦旧识也。六月,应童子试,不售。七月,诸同学就江宁乡试,先生又僦鹿苑庵后云依阁读书,每夜辄至三鼓,僧徒厌之,托言有赁宅者,迁先生入庵旁土室中,上漏下湿,居之晏然。冬十月,外王母龚太孺人病剧,先生自塾中归侍疾,衣不解带者旬日,及卒,恸哭呕血。七七竟,始奉蒋太宜人归兴隆里旧宅。是岁,有《南楼赠书图记》《访从叔县尉至昆山纪游》《哭外王母》诸杂体诗。

三十三年戊子,先生二十三岁。在仲姊宅,授汪甥楷经。汪氏居天井里,室宇深邃,宅中所延经师,则同里段布衣圣烈、李布衣瑞宽,与先生为三。其群从皆好宾客,每有文宴,三人者恒首坐焉。九月十六日,蒋宜人来归。先生赘于外家,凡三日,始同归兴隆里旧宅。宜人,蒋太宜人兄实君先生女也。婚甫五日,即赴吊邵先生齐焘于常熟。邵先生,乾隆壬戌翰林,主常州龙城书院,奇赏先生与黄君景仁。是岁,有《催妆词》《哭邵先生》及《游虞山诗》,又有《寓兴诗》二十首,及《东邻弃妇》等诗,《寓兴诗》后即失去。

三十四年己丑,先生二十四岁。仍馆汪氏。正月,叔姊适同里史君德孚。五月,应童子试,补阳湖县学附生。七月,与诸同人访城西徐墅陈刺史明善于亦园,与无锡邵秀才辰焕、江阴屠进士绅、同里刘文学骏,中表庄上舍宝书、赵上舍怀玉唱和诗极多。是月,长女传箫生,未几殇。有赠赵表弟七言长歌。

按:先生少孤,午峰府君未及命名。初名莲,字华峰。是年以县试第二,府试第三,院试第八,补县学生。督学则副都御史满洲景福也。后以壬辰年改名礼吉。辛丑年就试礼部,以嫌名当有所避,复改今名。

庄为先生从母之子,后官聊城县丞。赵为先生祖母兄两浙盐驿道侗敦之孙,后以庚子召试举人,官内阁中书、青州府同知。

三十五年庚寅,先生二十五岁。仍馆汪氏。从学者甥楷及汪生植等三人。七月,偕黄君景仁附瓜船至江宁乡试。九月榜发,荐而不售。有游京口三山及江宁杂诗。是秋,识钱塘袁大令枚于江宁,大令谓先生诗有奇气,逢人辄诵之。始与里中董太守思驷、左刺史辅订交。

三十六年辛卯,先生二十六岁。仍馆汪氏,从学者汪、董诸生等四人。五月,偕赵表弟怀玉赴江阴,同寓赵孝廉敬业寓斋。科试一等四名,补增广生。七月十日,次女传线生。越岁春,即痘殇。偕杨秀才继曾、炳文,刘上舍培基赴江宁乡试,同寓秦淮河房。九月,榜发不售。十一月,先生以馆谷不足养亲,买舟至安徽太平府,谒朱学使筠。时学使尚未抵任,沈太守业富素重先生,留入府署。未匝月,适安徽道俞君成欲延书记,太守以先生应聘,已至芜湖,有留上朱学使书。学使得之甚喜,以为文似汉魏,即专使相延入幕,以腊月八日复抵太平,黄君景仁已先在署。学使作书遍致同朝,谓甫到江南,即得洪、黄二生,其才如龙泉、太阿,皆万人敌云。是年秋,在江宁与汪明经中、顾进士九苞订交。及入学使署,又与邵进士晋涵、高孝廉文照、王孝廉念孙、章孝廉学诚、吴秀才兰庭交最密,由是识解益进。始从事诸经正义及《说文》《玉篇》,每夕至三鼓方就寝。是年,所作诗文逾百篇。

三十七年壬辰,先生二十七岁。在安徽学使署。随历徽州、宁国、池州、安庆、庐州、凤阳六府,六安一州。遍游采石、青山、敬亭、黄山、齐云、齐山诸名胜。六月,以归省旋里。七月,仍赴太平。十一月,以两世六棺未举,归奉先生祖父母及午峰府君,叔父云上、君佐两先生,叔母赵孺人柩,葬于城北前桥村新茔。是冬,以所负多,访蒋编修士铨、汪孝廉端光于扬州,编修解橐金助之,乃得归,已迫除夜矣。是岁,作文二十余篇,诗二百余首。

三十八年癸巳,先生二十八岁。时四库馆始开,江浙搜采遗书,安徽省设局太平,聘先生总司其事,沈太守业富并延兼管书记。闰三月十六日,长子饴孙生。七月,朱学使以阅卷乏人,复延先生偕试徽、宁二府。九月,自徽州偕汪孝廉端光归里,由新安江遍游严陵、富春及钱塘山水诸胜,唱和儿及百首。十月,先生以不能家食,往谒胡按察季堂于苏州,因访赵表弟怀玉于穹窿,同游东西两洞庭,入林屋洞,探金庭、玉柱之胜。宿包山寺二夕,纪游诗约十余首,月杪复归。时钱文敏公维城居忧在里,见先生诗文,奇之,徒步过访焉。是冬,移居白马三司徒里赁宅。十二月,闻朱学使离任入都,因附江阴缪君晋阶赴广西便舸,至太平送之。(缪君为先生舅氏素园先生婿。时选来宾县界牌司巡检,挈家赴任。)贫不能归,沈太守业富、袁大令枚皆薄助行资,于岁除日骑驴抵里,有《感族人馈薪炭》诗。作《两晋南北史乐府》二卷。

三十九年甲午,先生二十九岁。正月,赴江阴补壬辰年岁试。先是,钱文敏公曾语学使彭阁学元瑞,谓先生为昌黎复生,由是阁学亦久知先生。十三日补试,准附一等三名。后又次蒋编修士铨元韵,赠先生七古一篇,荐入常镇通道袁君鉴署授徒,岁修百二十金,并令在扬州安定书院肄业,膏火费亦及百金,自此将母稍裕。七月,偕黄君景仁赴江宁乡试,同寓明徐氏东园旧址。是科闱中得文及五策,已定作元。房师贾先生景谊(乾隆丁丑进士,官苏州总捕同知。)以首艺有别解,与两主司力争,因定作副榜第一焉。座师则翰林院侍读学士,今文华殿大学士董公诰;司经局洗马,今兵部尚书刘公权之也。榜发,座师及学使皆惋叹不置。十月,复诣扬州,冬杪始归,偕汪孝廉端光唱和诗极多。是岁,始与孙君星衍订交。同里则孙、黄、赵诸君外,复偕杨君伦、吕君星垣、徐君书受唱酬无间,里中号为七子。

四十年乙未,先生三十岁。彭阁学荐入江宁陶太守易署中,修校李锴《尚史》,匝月事竣。太守亦重先生,因延课其孙,兼管书记。四月,以太守俸满入都,因归省亲。七月,复至江宁。九月,太守擢惠潮嘉兵备道,先生以亲老不能远游,因就句容林大令光照聘,课其婿漳浦郑秀才联华。时孙君星衍尊人孝廉勋,官句容教谕,而训导全椒朱君沛,县丞钱唐汪君苍霖,皆工诗爱客,县中绅士王广文、吉士兄弟,沈公子衣言,亦慕与先生交,凡客句容三月,文宴殆无虚日。又遍游茅山、栖霞,纪游诗约数十篇,腊杪始归里门。十二月十日,次子盼孙生。

四十一年丙申,先生三十一岁。正月,乃至句容县署。二月归里,旋至扬州及江宁访友。三月,复往句容校县试文。四月,以林大令罢任归里,时浙江学使王公杰欲延先生校文。七月,往谒学使于绍兴,值其扃试,例不当通刺,资斧几至乏绝。及试毕往谒,学使一见先生如旧相识,遂偕往试台州、处州二府。中途历天台、雁荡诸胜,皆有诗纪事。十月二十六日,蒋太宜人在里猝得中风疾卒,春秋六十有三。仲弟以先生在千里外,恐得讣后惊悼有他变,即作札言太宜人病状,属姊婿史君德孚持至处州,并促偕归。到日亦值扃试,留书而返。先生于试毕得书,星夜遄返。十一月十四日晡时,舟至戚墅堰,距常州三十里,疾步至城。有仆窥园父仇三为营卒,途遇之,问家中状,仇以实告。先生骤闻哀耗,五内昏迷,方度八字桥,忽失足堕水,两岸陡峭,人不及救,随流至滕公桥。有汲者见发扬水上,揽之得人,试心口尚微温,始呼众集救。问里中识者,共舁至家,救者不知先生,疑为避债赴水,及审状,则皆曰:"孝子,孝子!"悲叹而散。天严寒,衣履冰湿,邻人蒋松圆释先生衣,自解衣衣之,举家号哭呼救,久之方苏,抢呼痛哭,几不欲生,水浆不入口者五日。诸姊以大义责先生,始稍进米饮。七七内仅啜粝粥,席藁枕凷,昼夜号哭,终丧不进肉食,不入内室,所服皆白衣冠,不御缊布,自以未及侍蒋太宜人含敛,哀感终身。嗣后每遇忌日,辄终日不食,客中途次不变,三十年如一日。是岁,在苦次撰次蒋太宜人《行述》。

四十二年丁酉,先生三十二岁。居忧,在里授徒。从学者汪甥楷、刘生登禾,孙生星衡、瑢,及张、杨诸生,凡七人。长子饴孙时已五岁,亦日课以《尔雅》十数行。十一月,座师刘公权之视学安徽,遣人相延。先生亦以营葬乏资,遂于长至前由陆程赴太平,并约孙君星衍偕行。刘公相待有加,以先生衣缟素,不肯更易,因约值节日朔望,皆听独处,专遣人司饮食。在学署一载,率以为常。及因先生誉孙君学行,因并款留,以助衡校。自是,先生与孙君助学使校文外,共为三《礼》训诂之学,留太平度岁。

四十三年戊戌,先生三十三岁。在安徽学使署。二月,随试太平、徽州、宁国、池州四府,五月中始返太平,偕孙君至句容学署度夏。七月,复同诣太平,随试江北诸州府。十一月,在滁州,因葬事先归。以十一月廿六日,祔葬蒋太宜人于午峰府君墓,知友在百里以内者咸来会葬。如高邮金君兰、无锡杨君芳灿兄弟及同里孙君等,皆馆于白马三司徒里赁宅,旬日方去。先生在冢次三日夜,负土成坟,始归。岁暮,以负债多,偕孙君至句容。闻座师刘公遭母忧,复亲诣太平吊唁,至除夕前仍回句容。

四十四年己亥,先生三十四岁。仲弟以少孤失学,假仲姊资学为贾,累岁亏折资本,至无以偿。时先生服阕归里,决计携弟北上,别谋进取。又以无行资,袁观察鉴荐入常州王太守泽定署,阅府试文,薄有所赠,方得成行。过扬州,汪孝廉端光复助以行资,始舍舟从陆道,遇汉军缪秀才公俨,(今名公恩。)联车北行。五月初二日,抵都,居黄君景仁寓斋。时四库馆甫开,雠校事繁。座师董公诰为总裁官,属总校江宁孙舍人溶延先生至打磨厂寓斋,总司其事,岁脩二百金。仲弟亦送入方略馆效力。先生节啬所入,半给仲弟馆费,以半寄归为衣食之资,迎养叔母余孺人、季父希李先生于家,用度益窘。每遇访友或假书,十里五里,无不步行。八月,应顺天乡试,不售。时翁学士方纲、蒋编修士铨、程吏部晋芳、周编修厚辕、吴编修锡麒、张舍人埙共结诗社,首邀先生及黄君入会,每一篇出,人争传之。是以先生遇虽甚困,而友朋之乐,以此二年为最。九月朔日,女纺孙生。是年,得骈体文四十首,诗词约二百篇。

四十五年庚子,先生三十五岁。在孙舍人寓校书。仲弟以思家得咯血疾,新岁益甚。先生质衣具资,遣人送归。时甫近上元,以无衣不克出门,托疾断庆吊绝过从者凡两月。时方南巡,诸臣例献赋颂,先生为山阴梁尚书国治制颂十八章,首邀睿赏。于是都下求属稿者甚众。先生亦精力绝人,日为孙舍人校官书八巨册,类有考证数十条,夜则制进呈册页一通,每至三鼓方休。是年恭遇万寿,颂述之文益多。自二月至七月,所制凡五六十篇,得酬金四百两。时前桥新茔前地一亩,欲为豪家占买,先生得家问,即以所得金之半寄归,先与立券,豪家遂不能夺。仲弟病瘥后,复假贷北来,先生为尽偿宿逋,并取还前典质之物,类皆卖文钱也。八月,应顺天乡试,出闱即为四川查按察礼聘掌书记,入蜀,岁脩四百金。先生以屡困场屋,不复有进取心。九月朔,遂辞孙舍人,暂寓莲花寺,待查公同行。适其方擢四川布政使,未即就道。初七日揭晓,中式第五十七名举人,孙舍人同获隽。查公遂力止先生无行,于是复迁寓舍人宅。是科座师为协办大学士漳浦蔡文恭公新、刑部左侍郎无锡杜公玉林、内阁学士满洲嵩贵公,房师为掌贵州道监察御史清苑李公孔阳。李公阅荐首场,即得疾,二场属吴江丁郎中云锦代阅,三场属嘉定曹中允仁虎代阅。座师以制艺皆散体,已定作副榜第一矣,忽中允得五策,以为顾亭林复生。蔡文恭公取阅,亦深赏之,遂移入前列,以五策进呈。揭晓后未一月,房师即以疾逝。先生与同门生视含敛,并称贷而厚赙之。是岁,与黄君及钦州冯编修敏昌、顺德张解元锦芳唱和,及诗社所作,共得诗百余篇,杂文数十篇。著《三国疆域志》二卷。

四十六年辛丑,先生三十六岁。在孙舍人寓校书。(时移寓贾家胡同。)三月,应礼部试,本房山阴王编修增阅卷呈荐,闱中已定作江南第二本矣。固始吴副宪玉纶为副总裁,旋以军机中书汪君学金卷易之。先是,孙君星衍已入关,并札言陕西巡抚毕公沅钦慕之意,先生遂决意游秦。四月十六日,偕崔同年景仪西行。(崔方至四川定省。)时征逆回京兵入陕,道出山西,因迁道由馆陶、临清至河洛,抵开封而资斧已竭。适旧友杨司务仁基、同年管户部世铭皆在开封,共假资以行。五月望后抵西安,寓开元寺一宿。毕公闻先生来,倒屣以迎,翌日,遂延入节署。时幕中为长洲吴舍人泰来、江宁严侍读长明、嘉定钱州判坫及孙君与先生,凡五人。陕西尚有回警,日偕毕公筹兵画饷,暇即分韵赋诗,常至丙夜。间游牛头、香积诸寺,寻曲江及汉唐古迹。又代庄州判炘修《延安府志》,岁杪方竣。是月二十五日,适汪氏仲姊以疾卒,先生闻讣,哭之恸。仲弟以尚未议叙留都,每月揭资寄之。是年,道中怀古纪游及唱和诗共得二百首,杂文数十篇。

四十七年壬寅,先生三十七岁。在西安节署。三月,偕同人至牛头寺看桃花,抵终南山麓始返。四月,黄君景仁以将赴选谋资入秦,寓开元寺者三月,间旬必偕孙君出访之,或同游名胜,竟日而还。六月,至朝邑访庄大令炘,回途过潼关,赴陆司马维垣之约,(时陆署同州知府,其子户部钟,为先生庚子同年。)留二日,即顺道游华山,宿玉泉院。质明,坐竹兜行二十里,至青柯坪,久憩。(自此以上皆当步行。)遂自千尺㠉直上,小驻媪神洞饮泉。由仙人窆、日月崖、苍龙岭,至三天门。途皆危绝,攀铁索,穿石胁,方得上。先生步行若飞,余人不能及也。从天门东折诣玉女峰,坐洗头盆侧,苍柏满崖,夕阳欲下,天风泠泠,渺非人境。复上谒金天宫,宫在落雁峰下,距峰顶尚五里。道士供果饵毕,因至后山松桧亭,视新月亭址,即秦昭王与天神搏处,时七月哉生魄日也。薄暝,仍回金天宫。蔬食后,出屋视星斗,皆大于瓜,皎洁异常。倦宿东轩,彻夜有声不绝,盖呼吸可通帝坐矣。四鼓,招道童秉炬上落雁峰,视日出。峰顶仅十余步,左为华池,右则铁屋一间,祀老子。时夜尚昏黑,忽闪电自隔河来,八百里中条山毕见。久之,海日始上,霞光万千,较黄山仙掌峰所见又不同矣。蹲久下岭,天尚昏黑无所见。复秉炬,西至莲花峰,视巨灵擘山处,又南折至环翠岩,望山南诸峰,并访陈希夷习静石屋,径从原路下山。未刻,至玉泉院。华阴知县来访,足力已竭,几不能具礼。两日后,始复旧。以初八日返节署。九月,旧友汤大令大奎以输饷至甘肃过陕,相访,并出《炙研琐谈》,属为点定。是岁,凡得诗百余首、文二十余篇,著《汉魏音》四卷,撰淳化、长武二《县志》。

　　四十八年癸卯,先生三十八岁。在西安节署。三月,庄公子逢吉约游郿县。(尊人炘方署县事。)因同由兴平抵马嵬驿夜宿,各有题壁诗,留郿县五日,登太白山,从新开路至上池一勺,久憩。别日复上五丈原,望陈仓岐山,回途过鳌屋,遍访仙游、楼观诸胜。时太仓王上舍开沃主讲鳌屋,因留宿书院中二日,由鄠县归西安。五月,得黄君景仁安邑临终遗札,以身后事相属。先生由西安假驿骑,四昼夜驰七百里,抵安邑,哭之于萧寺中,为措资送其枢归里。时季父希李先生留滞汉口,约先生同归。先生遂自蒲州渡河,由襄阳至汉阳,而季父已先行。座师杜公方鞫狱武昌,喜先生至,邀留旬日,陪游黄鹤楼、西塞山及隔江大别、梅子诸山,至七月望夜方行。八月朔日,抵里门。因为黄君营葬。先是毕公知所居赁宅逼隘,因赠资为购宅,即今花桥北居第也。以十月初三日移居焉。十二月,偕陆同年寿昌、赵表弟怀玉计偕北上,复迂道至句容、江宁,乃克成行。时将南巡,车马皆乏,雇小车前行,除夕,住拈花集度岁。是岁,纪游诗百余首,《澄城县志》二十卷。

　　四十九年甲辰,先生三十九岁。正月十八日,抵都门。二月,偕江阴缪孝廉汝和寓泡子河观音寺。(时已缔儿女姻,其第四子先生婿也。)三月,应礼部会试。试毕偕同人游西山。榜发,荐而不售。本房编修祥庆公阅卷最迟,至四月四日,方以三场并荐,总裁蔡文恭公及纪公昀奇赏之,纪公尤击节五策,必欲置第一。时内监试丰润郑侍御澄,以得卷迟疑之,欲移置四十名外。纪公坚执不允,因相与岔詈不可解。总裁胡公高望调停其事,遂置不录。纪公于卷末赋《惜春词》寄意,出闱,即先诣寓斋相访焉。先生以四月出都,由山西赴陕,道中为《田家诗》寓意,以资斧告匮,迂道访沈运使业富于运城。五月半,抵潼关,闻毕公祈雨太白山,因至盩厔仙游寺相见。翌日,同游楼观,半道闻甘肃回警,毕公即回西安调拨兵饷,先生以病暑留盩厔县署,旬日方返西安。庄公子逵吉绘《元都访古图》,有百韵诗纪事。是月十九日,第三子符孙生。时西安修浚城隍未竟,而西事颇急,毕公属先生及孙君时假出游为名,规画其事。六月,程编修晋芳乞假来陕,抵署即病不起,毕公与先生等日为营画医药,及没,皆躬视含敛。是岁,著《公羊谷梁古义》二卷,诗文合百余首。

　　五十年乙巳,先生四十岁。在西安节署。正月,毕公入觐,并摹唐开成石经进呈,拟荐先生、孙君及吴县江布衣声,书国朝三体石经,即在西安刻石以进,为当轴者所阻而止。二月,偕严侍读长明游紫阁、白阁、圭峰、草堂寺,由浐水桥巡第五桥诸旧迹。时毕公调抚河南,趣先生至开封。遂于月杪由陕入汴。至则豫省方积旱,又河工事填委,不复有关中唱酬之乐矣。五月十一日,季父希李先生卒。十一月,自豫南回,枉道至固始谢大令聘署斋,盘桓旬日,方还里门。仲弟以议叙从九品需次,省先生于开封。先生致书曹州守太谷吴君□署,俾就近食力焉。(后以史氏甥女归其子上舍昭。)回里后,岁歉甚,复节啬衣食,赡诸亲友。间亦与钱大令维乔、蒋太守熊昌诸人,为销寒小集。是岁,得纪游诗百首,修《固始县志》。

　　按:希李先生二子:长名原吉,字思周;次名炳吉,皆先生从弟。

　　五十一年丙午,先生四十一岁。在里中。二月,偕钱大令维乔等买舟至浙江,省从舅氏榕盒先生。时舅氏曙斋先生父子、杨孝廉梦符、孙振学、吴祖健、蒋承曾、陆继曾四上舍并以事至杭,崔浣青恭人暨公子景侃亦往任所,连舫十数,遍游锡山、虎溪,复至元墓、灵岩,流连篇什,继以清歌,极琴尊游览之乐。抵钱塘日,即居蒋表弟重耀寓斋。(榕盒先生子。)间日游龙井、天竺、灵隐、净慈诸名胜,与邵编修晋涵、杨孝廉、蒋上舍、崔公子吟咏,常至彻夜。留月余,复归里中。三月,重赴开封节署。

八月，登封陆大令继萼延修《县志》，并约为嵩山之游。以十月，由郑州密县抵登封，陟太室、少室，访嵩阳书院暨启母石，手拓三石阙铭，信宿少林寺，乃回。甫抵开封，闻榕盦先生之讣，哭之恸。是岁，南北纪游诗约百五十首，著《东晋十六国疆域志》，修《登封县志》，为友人改纂《怀庆府志》。

五十二年丁未，先生四十二岁。正月，偕孙君星衍计偕北上入都，寓绳匠胡同。三月，应礼部会试，榜发不售。以五月初抵里。时竞渡方盛，与庄表兄宝书、陈大令宾、陆广文寿昌，日为泛舟之游。五月，构卷施阁于宅西，稍有树石及小池，日偃仰其中。毕公屡书促行，十一月，偕庄舍人复旦重赴开封节署。是岁，得诗二百首，撰《乾隆府厅州县图志》。

五十三年戊申，先生四十三岁。在开封节署，赋《寒食纪游诗》四十首，和者数十人。八月，毕公擢督两湖，先生偕行，以九月五日抵武昌节署。时杨进士伦亦主讲于此，时与出游晴川、黄鹤诸胜，唱和甚多。岁暮，毕公甫自荆州堤工回署，汪明经中、毛州判大瀛、方上舍正澍、章进士学诚，亦先后抵署，谈燕之雅，不减关中。

五十四年己酉，先生四十四岁。正月二日，计偕北行。毛州判大瀛饯先生于江北三山径，梅已半开矣。由汉阳北上，元夕后抵开封，居同年徐大令书受寓斋数日。渡河至武陟，访王大令复，不遇。因独游济源，谒济渎庙，至盘谷，欲往王屋山，不果。二月抵都，居孙君星衍琉璃厂寓斋。三月，应礼部会试，榜发，不售。五月八日抵里。七月，之杭州访友，留旬余乃归。八月，仲弟选授崇文门副使。时同年李太守廷敬官常州，延修《府志》，并选唐百家诗，以九月进署。十二月返舍，与钱大令维乔、庄公子逵吉为消寒小集。是岁，得诗六十余首。

五十五年庚戌，先生四十五岁。正月元夕，趁山东使船计偕入都。至王家营，以船行甚迟，复由陆取道泰安，登泰山。至高老桥，日已逼暮。欲径上，同伴不可，乃还。以二月杪抵都，居仲弟海岱门三条胡同寓斋。三月，应礼部会试。四月初九日，榜发，获隽。座师为东阁大学士王文端公杰、吏部侍郎后官体仁阁大学士朱文正公珪、工部侍郎邹公奕孝，房师为刑部员外郎后官安襄郧道王公奉曾也。先是朱文正公虽未识面,然知先生名已久,入闱后,欲暗中摸索得先生作第一人。及得李君赓芸卷,有驳策问数条,以为先生,拟第一。复得朱君文翰卷,用古文奇字,又以为先生,遂置李君卷第六,而以朱君冠多士。及拆号,而先生名在第二十六,乃相与叹息,以为名次亦有定数云。殿试,先生卷条对详明,读卷大臣进呈第一,钦定第一甲第二名。五月初一日,引见,授职翰林院编修。七月,派充国史馆纂修官。是秋,先生与仲弟移寓三里河清化寺街,饶有竹木之胜,查给事莹旧宅也。岁除,先生以逋负多,避债至城东数日,除夕抵暮乃归。是岁,偕同年张太史问陶唱酬甚多,所得诗文数十首。

五十六年辛亥,先生四十六岁。在京供职。正月十六日,长子饴孙娶妇,汪氏仲姊季女也。四月,蒋宜人率眷属由水路抵都。十月,石经馆开,派充收掌及详覆官。时至国子监监视刻石,以蒋衡所书《十三经》字多讹俗,有《上石经馆总裁书》,欲一一更正,不能从也。是岁,偕法学士式善、刘检讨锡五、伊刑部秉绶、何工部道生、王孝廉芑孙,唱酬甚多。

五十七年壬子,先生四十七岁。在京供职。三月,考差,引见,蒙记名。八月,充顺天乡试同考官。十四日,又在闱中奉视学贵州之命。向例,未散馆翰林,无为学政者。有之,自先生及同年石修撰韫玉始,盖异数也。九月,榜发,得士董履坦等十三人,副榜希龄等二人。即日至海淀御园谢恩,兼请圣训,即蒙召见,垂询乡贯科第甚悉,并命速赴新任。先生退,即束装。十六日,次子盼孙殇。二十四日,挈家上道,十月半,抵樊城,眷属暨宾友由水程进发,先生驰驿先行。十一月十三日,抵贵阳,巡抚嘉兴冯公光熊等皆出郭相迓。十五日,接印任事,即缄题观风十三府一厅所属生童。以衙署逼窄,捐赀构署后楼阁,即今听事西红香馆、听雨篷、晓读书斋、千叶莲台等是也。十二月初三日,眷属抵署。从子绳孙、悼孙,史甥超宗,并随署读书,延表侄蒋上舍维垣教之。从弟显吉、原吉,再从侄建禾、蒋表弟曜西、汪甥楷、屠甥景仪,及桂阳李秀才、万坤先后至署,佐理阅文及幕中杂事。是岁,得诗七十余首。

五十八年癸丑,先生四十八岁。在贵州任。二月,出巡上游,岁试安顺、南笼、大定、遵义四府。五月回署。六月,岁试贵阳府。八月,出巡下游,岁试平越、思南、石阡、镇远、思州、铜仁六府。十一月回署。先生每课士,皆终日坐堂皇,评骘试卷,积弊悉除。又历试诸府,皆拔其尤者,送入贵阳书院肄业。一岁捐廉俸数百金,助诸生膏火。又购经史足本及《文选》《通典》诸书,俾资讽诵。其在省日,每月必自课之,令高等诸生进署,讲贯诗文,娓娓不倦,款以饮馔,奖之银两。由是黔中人士,皆知励学好古。甲寅、乙卯两科,书院诸生中式者至五十余人,内如胡吏部万清、花给谏杰、黄大令鹤、何编修应杰、张工部本枝、邱编修煌、翟编修锦观、徐进士时英、苏大令廷菜、焦进士承炜、刘进士煜兄弟、贺进士世清等,连翩擢第,余皆领乡荐及登拔萃科以去。五六年间,所识拔之士,无仍为诸生者。是岁,具折奏请以《礼记》郑康成注易陈灏,奉旨交部议奏,为部臣所格,不行。凡得纪游诗及杂文共百五十首,著《意言二十篇》。

五十九年甲寅,先生四十九岁。在贵州任。二月,出巡下游。岁试都匀、黎平二府。都匀试毕,陆行至三脚坉,由都江舟行,古之牂柯江也。至古州,复登陆。时彭提督廷栋兼摄古州总兵,与孙司马鉴出迓,邀游五榕山,入诸葛洞。时方仲春,百卉齐放,菜甲花黄及一二十里,先生尝云:"江南无此春景也。"留一日,始行。沿路苗寨中,皆合队出迎,男吹芦笙,衣锦衣,插雉尾。女则衣黑襜褕,以银圈饰颈,富者至一二十围。晚至馆驿,必东西列亭下唱歌,以荷包及银犒之方去。黎平以岁科并试,留四十日乃行。中途历游南泉山、少寨洞、狮子崖诸胜,奇丽皆目所未睹,先生并有游记。三四五月,科试镇远、思州、铜仁、思南、石阡、平越、都匀七府。五月十四日,返署。先一日,长孙毅曾生。八月,值甲寅恩科,录送士子入闱。九月,科试上游安顺、南笼二府。十一月回署。是岁,所得诗文百余篇,著《释岁》《释舟》二篇。

六十年乙卯,先生五十岁。在贵州任。正月十九日,布政使以下奉邀巡抚冯公及先生至城南甲秀楼,张宴放灯,酒半,得铜仁苗石柳邓戕官起事耗。署按察使张公继辛、贵东道尼堪富什浑公闻信即行。甫曙,冯公继往。自此至任满入都,苗氛未参,数公并在军营,时有书函往复,颇靖规画焉。三月,科试大定、遵义二府。五月回署。六月,科试贵阳府。八月,值乙卯正科,录送士子入闱。九月,以将报满,蒋宜人先率子妇回里。十一月十日,先生自省城启行。督抚密折陈奏声名,以为清廉爱士，数十年所未有。诸生送者，自图云关至贵定，三日中常不绝。熊生焕章、杨生大奎随行，皆新中式无力入都者。十五日，抵镇远，新任学使谈君祖绥亦至，当即交印，由洪江进发。十二月，抵辰州，晤湖督毕公沅、湖南巡抚姜公晟。十九日，抵荆州，姻家崔太守龙见以公事出，晤崔浣青恭人、钱上舍伯坰兄弟。廿四日，抵襄阳，晤房师安襄郧道王公奉曾。除夕，抵河南南阳府度岁。是年，得诗数十首，著《贵州水道考》三卷，门下士为先生校刊《附鲒轩》《卷施阁》二集。

嘉庆元年丙辰，先生五十一岁。元日，偕南阳镇总兵袁果，南阳府知府完颜岱等，至崿殿行朝贺礼。初二日上道，初七日，至荥泽，过河半渡，风大作，舟几覆。薄暮，仍返南岸。因步行，携从子悼孙及两门生至惠济桥行馆草宿。越一日，月夜复渡河，夜半，忽冰凌大下，冲舟至四十里外，方得泊。明蚤，复至荥阳驿，索人夫帆缆，始成行。午刻，抵北岸。十四日，抵安阳，晤同年赵大令希璜。元夕宿磁州。廿八日入都，廿九日，诣宫门复命。时先以任满日，黔省督抚保奏过优，蒙谕见面时题奏。当日军机处将原折先递，旋即召见，谕问黔中课士情形，黔楚苗匪近状，民情安扰，官吏贤否甚悉。又垂询祖、父、兄弟并甲第、师生，良久方遣出。是年，以皇上登极恩诏赠先生父承德郎，母安人。复以本身妻室应得封典，貤赠祖父母如例。二月，僦寓兵马司前街。四月，散馆一等，奉旨留馆。六月，派本衙门撰文。七月，派充咸安宫官学总裁。八月，移寓沙土园八角琉璃井官房，有亭池树石之胜。是岁，得诗约百首。

二年丁巳，先生五十二岁。在京供职。二月廿四日，长孙女生。三月初三日，奉旨在上书房行走，侍皇曾孙奕纯读书。即日移寓澄怀园近光楼下。五月，恩赐葛纱宫扇香串药定有差。蒋宜人率子妇等抵都。八月丁酉朔，皇上释奠于太学，奉旨偕李编修钧简、石修撰韫玉、王编修宗诚分献后殿。是日，四子祚孙生。其母侍姬郑氏□□人，蒋宜人前以多病，为先生购得之，命随入都侍巾栉焉。十月，仲弟以嗣母余太孺人年迈，乞养归，先生垂泪送之，自此亦有归志矣。十二月，恩赐御书福字、风羊、鹿尾诸品有差。是岁，得诗文七十余首，刊《东晋疆域志》竣。

三年戊午，先生五十三岁。在京供职。元夕后，仍迁入澄怀园直庐。正月十二日，仲弟副使君卒于里门。二月廿七日，大考翰詹诸员于正大光明殿,钦命题为《井鮒赋》《春雨如膏诗》《征邪教疏》。先生于疏内力陈内外弊政,至数千言,情词剀切,阅卷者皆动色。初拟二等前列,旋置三等二名。三月初二日,引见,蒙高宗纯皇帝记名。时甫得仲弟凶讣,痛哭不食者累日,即于初七日陈情引疾。二十五日,挈家属从陆路南回。四月二十五日抵里,哭仲弟于厝舍。五月,诣苏州,哭毕公沅于其墓。七月望日,送舅氏曙斋先生暨长子饴孙至江宁乡试。九月榜发,饴孙中式第四十二名举人,曙斋先生亦以年过八十,循例钦赐举人。十月,因长子饴孙至高淳谒房师张君其绪先生,偕至宜兴,遍游善卷、龙池之胜,旋即归里。初十日,叔母余太孺人卒。先生经理丧事,逾月不出户庭。十一月,至杭州访阮学使元、秦观察瀛,寓西湖漱石居,半月而归。十二月,葬余太孺人于前桥先茔,并卜葬仲弟于茔南计家村。是岁,得诗文约百首,刻《十六国疆域志》竣。

　　四年己未,先生五十四岁。在里门。正月,为洞庭包山之游,回舟复至香雪海探梅,月杪返里。二月惊闻高宗纯皇帝升遐,以内廷翰林例应奔赴,随即束装北上。三月初二日抵都,奉旨在观德殿随班哭临,因赴本衙门销假,暂寓同年戴刑部敦元铁厂寓斋。四月,派充实录馆纂修官,偕总裁诸公,首先订定条例,承纂第一分书,即高宗纯皇帝初登极时事也。是月,以高宗纯皇帝升祔太庙,恩诏赠先生父奉直大夫,母宜人。本身妻室并请封典如例。充己未科会试磨勘官,殿试受卷官。五月,奉旨教习己未科庶吉士,分课汤君金钊、张君惠言、贵君庆等十四人,移寓西华门南池子关帝庙。八月,第一分《实录》告成,先呈御览。先生以春初束装匆遽,在都车马衣履一切未具,遂于二十日在本衙门乞假,已准,拟于九月初二日叩送高宗纯皇帝梓宫后南行。时川陕余匪未靖,湖北、安徽尚率兵防堵,时发谕旨,筹饷调兵。先生目击时事,晨夕过虑,每闻川陕官吏偶言军营情状,感叹焦劳,或至中宵不寐。自以曾蒙恩遇,不当知而不言,又以翰林无言事之责,不应违例自动章奏,因反复极陈时政数千言,于二十四日上书成亲王及座师吏部尚书朱公珪、左都御史刘公权之,冀其转达圣听。发书后,始以原稿示长子饴孙,告以当弃官待罪。是日宿宣南坊莲花寺,与知交相别,同人皆惧叵测,先生议论眠食如常。二十五日,即经成亲王等将原书先后进呈,奉旨,传至军机处指问。旋有旨：落职，交军机大臣会同刑部严审，定拟具奏。二十六日，王大臣等在都虞司讯问，并面传谕旨："洪亮吉系读书人，不必动刑。"先生感激圣恩，伏地痛哭，一一如问，指陈无隐。当经王大臣等拟以大不敬律，斩立决。奉旨免死，发往伊犁，交将军保宁严行管束。二十七日即行。时事出仓猝，车马行李，俱无所出。姻家崔大令景俨方在都门谒选，偕同年王编修苏、同里庄上舍曾诒等，日夜摒挡。满洲侍郎成格公，时官户部主事，素未识先生，自以屋券质银三百两为助，方得成行。计在刑部三日夜，及自刑部至兵部，暨出彰仪门，慰问者不绝于道，其中多有未经识面者，先生一一谢之。崔、庄二君及同里张庶常惠言、陶孝廉登瀛，皆送至卢沟桥，信宿而返。二十八日，至良乡，遣长子饴孙旋里，支持家事，遂挈二仆一车夫以行。统计：自京师至西安，二千六百五十里，计程二十六日；自西安至兰州，一千六百九十里，计程十八日；自兰州至肃州，一千四百七十里，计程十八日；自肃州嘉峪关至伊犁，万一千里，计程七十二日。先生行箧萧然，资斧屡见匮乏，赖故交素识，殷勤赠贶，馈食解衣，始得遄行抵戍。在直隶、山西，则如李大令景梅、蒋刺史荣昌、陈大令曰寿；在陕西，则如朱太守勋、庄刺史炘、费大令浚、钱州判坫；在甘肃，则如杨户部芳灿、布政摨、姜按察开阳、唐大令以增、周二尹能珂，皆先生素交也。十月初八日，抵西安，重雇车马，留三日乃行。十一月初四日，抵兰州。十二月初一日，抵肃州，重雇出关长车。除夕，在镇西府度岁。事皆详《遣戍伊犁杂记》。是岁，得诗一百四十首。自西行以后遵旨不饮酒，不赋诗。

五年庚申，先生五十五岁。在伊犁途次。正月二日，自镇西府西行。十六日，抵乌鲁木齐。二月初十日，抵伊犁惠远城。自八月二十七日由都起程，至是凡行百六十一日，始抵戍所。先是，伊犁将军保宁妄测圣意，于未到之先，先递奏折，中有"该员如蹈故辙，即一面正法，一面入奏"等语。奉朱批："此等迂腐之人，不必与之计较。"保公之意始息。到日，派办册房事务，并给西城官墅一所。先生自抵伊犁，除谒见将军外，踪迹不出户庭。所居环碧轩，高柳百株，亭亭蔽日，轩下溪水四周，暇则静坐摊书，间或巡栏闲步而已。是年四月，京师亢旱。皇上虔祷三坛，祈求雨泽，因命清理庶狱，分别减等，又敕刑部及各省，详查永远监禁人犯,分别省释,其在新疆年久未经释回者,俱分别开单,候旨加恩。先生以到戍未及三年,例不开列。自四月二十四日皇上亲祷社稷坛之后,经旬尚未得雨。闰四月初三日,因奉上谕:"从来听言为郅治之本,拒谏乃失德之大。朕从不敢自作聪明,饰非文过,采择群言,折衷而用,兼听并观,惟求一是而已。去年,编修洪亮吉既有欲言之事,不自具折陈奏,转向成亲王及朱珪、刘权之私宅呈送,原属违例妄为。经成亲王等先后呈进原书,朕详加披阅,实无违碍之句,仍有爱君之诚。惟'视朝稍宴,小人荧惑'等句,未免过激。令王大臣等询问,拟以重辟,施恩改发伊犁。然此后言事者日见其少,即有言者,亦论官吏之常事,而于君德民隐,休戚相关之实,绝无言者。岂非因洪亮吉获咎,钳口不敢复言,以至朕不闻过,下情复壅,为害甚巨。洪亮吉所论,实足启沃朕心,故铭诸座右,时常观览。若实有悖逆,亦不能坏法沽名,不过违例奔竞,取巧营私之咎,况皆属子虚,何须置辨?而勤政远佞,更足警省朕躬。今特明白宣谕王大臣并洪亮吉原书,使内外诸臣知朕非拒谏饰非之主,实为可与言之君。诸臣幸遇可与言之君,而不与言,大失致君之道,负朕求治之苦心矣。王大臣看此谕,先行回奏,仍各殚心竭思,随时密奏。军机大臣即传谕伊犁将军保宁,将洪亮吉释放回籍,等因。钦此。"是日午刻,皇上朱笔亲书谕旨,交军机颁发中外。下午以后,彤云密布,即得甘霖,御制《得雨敬述诗》纪事。御制诗注有"纳言克己,乃为民请命之大端"。本日亲书谕旨,将去年违例上书发往新疆之编修洪亮吉,立予释回,宣谕中外。并将其原书装潢成卷,常置座右,以作良规。正在颁发,是夜子时,甘霖大沛,连宵达昼。旋据报:"近郊入土三寸有余,保定一带亦皆深透。天鉴中诚,捷于呼吸,可感益可畏也"等语。是月二十七日,先生在伊犁,钦奉谕旨,于将军署庭,涕泣叩首,恭谢圣恩讫,即呈明将军,以五月初一日东还。统计居伊犁仅及百日。同人言,自辟新疆以来,汉员赐还之速,未有如先生者。有《纪恩》诗四首记事,同人皆赠诗送别。二十日,抵乌鲁木齐。六月初六日,抵哈密。二十一日,抵肃州,换车而行。七月十三日,抵兰州。十六日,次孙宛曾生。是月杪,抵西安。八月十六日,抵开封。九月初七日,抵里,亲故话旧,几如隔世,因自号更生居士。十二月小除夕,女纺孙适江阴缪氏,缪婿梓入赘于家。

是岁,得诗九十五首,补作《伊犁纪事》等诗九十七首,杂文十四篇,著《天山客话》一卷,《纪程》一卷,《外家纪闻》一卷。

六年辛酉,先生五十六岁。在里门。自二月以后,偕里中耆宿,为壶碟之会。每逢花辰令节,与赵观察翼、庄宫允通敏、征君宇逵、蒋通守骐昌、吴封君端彝、陈大令宾、蒋表兄廷耀等,往还唱酬无间,每岁皆然。其于庄大令述祖、臧明经镛堂,则时时相与商榷经义,屡有辩证焉。五月十三日,孙宛曾殇。六月,避暑焦山定慧寺。诗僧慧超、巨超,皆从论诗。同年曾都转燠,邀游扬州平山堂,数日,仍返焦山。七月,孙总戎廷璧邀游太湖东、西二山,遂至消夏湾观荷。十月,松太道李观察廷敬邀游吴淞江,镇洋汪庶子学金邀游趣园,遂自苏州遍游娄东诸胜而返。是岁,得诗二百十九首,文三十一篇。

七年壬戌,先生五十七岁。在里门。旌德谭君子文居下洋镇,自建洋川书院,延课诸郡生童,聘先生主讲席。遂以二月携第三子符孙、婿缪梓至洋川,与诸生讲经谈艺,每至宵分。远近闻风从游者日众。四月旋里。八月,青阳陈明经蔚邀游九华,历天台、东岩诸胜,复游黄山,浴朱砂泉,重至洋川书院。十月旋里。十九日,蒋宜人卒,有《悼亡八首》记事,作《蒋宜人行状》。十二月,吴江徐待诏达源邀游黎里,旬余而返。先生自塞外归,尤喜导扬后进,每遇世交子弟才藻过人者,辄向名公巨卿称道不置。同里如刘编修嗣绾、庄上舍曾诒、黄孝廉载华、丁明经履恒、陆孝廉继辂、秀才耀遹、黄上舍乙生、庄秀才绶甲、周孝廉仪暐、陆上舍镛、高秀才星紫、瞿孝廉溶等,皆得奖励之益。其专心古学者,如刘孝廉逢禄、董上舍士锡诸人,则以汉魏诸儒勖之。其在苏州、松江、镇江、徽州、宁国、池州及浙江东西诸郡,簪屐所至,从游最多,每有异才,必加奖许。其尤邀心赏者,至折辈行相交,请质文字,累累常盈几案,至有数千里转辗介绍,以求诗文题字者,如云南师大令范、袁明经撰,四川郭主簿兰芬等,不可胜计。至如羽士缁流,素工吟咏者,亦欲得一言以为幸。偶归里中,及所过之地,户屦恒满,樽酒过从,论文考古,动辄移晷,先生不惮其烦也。是岁,得诗百七十七首,文三十五篇,著《左传诂》二十卷。

八年癸亥,先生五十八岁。在里门。正月,同年曾都转燠过访,因偕同里赵观察翼、刘宫赞种之、庄宫允通敏、舅氏曙斋先生、庄庶常诱男、谢庶常干,为词馆之会,留宴数日始行。二月,艖政额勒布公聘主扬州梅花书院,因游京口诸山,遂至平山堂看梅。四月,以扬州讲席酬应较繁,辞之而归,仍赴洋川书院。是月廿八日,次孙女生。五月旋里。六月,至焦山定慧寺避暑,旬余而返。八月,仍赴洋川书院。十一月,自洋川由水程沿江至芜湖,张太守祥云、陈孝廉懿本,留游后湖、蟂矶诸胜,遂访孙观察星衍于江宁。月杪旋里,偕同里诸公为消寒雅集,杯酒往还,更迭置宴。十二月,复游上海,偕李观察廷敬及幕中诸客,为消寒会,旬日返里。十二日,葬蒋宜人于前桥先茔昭穴,复迁葬仲弟副使君于穆穴。先生自营生圹,戒子孙毋得更葬,为诗以记之。葬事既毕,因至句容茅山,遍游青元馆、华阳冈、乾元观,与旧友王司马周南谈宴竟日而返。是岁,于宅西西圃小筑泉石,创曙华台、更生斋,得诗二百九十九首,文三十二篇,刊竣《乾隆府厅州县图志》五十卷,著《比雅》十二卷。

九年甲子,先生五十九岁。在里门。正月,率长子饴孙吊平学使恕于江阴。同年邢大令澍邀游长兴龙华寺,遂泛湖至长兴。自长兴访王少寇昶于青浦,李观察廷敬复邀游上海,遍访南园、吾园及叶氏也是园。三月,重赴洋川书院。四月,自洋川至歙县洪源,谒先祠,展大同府君之墓。五月旋里。初七日,第五子龆孙生。六月,送书院诸生至江宁乡试,留居报恩寺精舍匝月。八月,重游上海,李观察邀同先生及吴祭酒锡麒、祝编修堃、赵表弟怀玉诸人,以中秋夜泛月至吴淞江,饮宴达旦,各有诗纪事。十月,如皋汪观察为霖邀游北园,遂偕登狼山绝顶,望海,访水绘园故址,回途溯江,复至焦山小憩。十二月,至苏州,游天平、支硎诸山,久住吾与庵,遂往邓尉香雪海探梅而返。是岁,得诗二百五十九首,文二十一篇。

十年乙丑,先生六十岁。在里门。正月,自宜兴渡太湖,至长兴,偕诗僧巨超游卞山。遂自湖州至天台,遍游天台、石梁、赤城、琼台诸胜,宿桐柏宫国清寺,数日而返。三月,泾县李大令德淦聘修《县志》,设志局于萧公祠。先生日与县人赵舍人良澍、广文绍祖、左明经烜、朱广文焕等,订定《志》例,酬酢往还无间。五月旋里,六月,重至泾县志馆。八月旋里,复为太湖、包山之游,遍访石公山、林屋洞、绿杨湾诸处。九月三日,为先生周甲初度,长子饴孙等于里第授经堂称觞二日。初十日,第三子符孙娶妇崔氏。乾隆辛巳进士,分巡湖北荆宜施道、永济崔君龙见之孙,乾隆壬子科副榜贡生、甘肃两当知县景俨之女也。十月,由京口溯江至星子县,登匡庐绝顶,自香炉峰历石门洞、天池、佛手岩、黄龙洞、秀峰寺诸胜,回途重至泾县。是月七日,次孙女殇。十二月旋里。是岁,得诗三百四十三首,文二十二篇。

十一年丙寅,先生六十一岁。在里门。正月,至杭州,以元夕泛舟西湖,遂至余杭县,遍游径山、大涤山诸胜,宿洞霄宫,回舟复至邓尉看梅。二月,宁国鲁太守铨聘修《宁国府志》,设志局于城北戚氏故居。先生以《泾县志》事将成,命长子饴孙先往编校,自留宁国订定条例,闲访敬亭、南湖之胜。四月,自宁国至泾县,由水程旋里。五月,复至宁国。七月,自宁国至泾县,遂由旌德、太平往游黄山,浴朱砂泉,宿紫云庵。复自黟县祁门溪行至崇安县,游武夷山,遍历九曲溪及天枢、玉女诸峰,入桃源紫云洞,自上饶玉山,舟行旋里。是月四日,孙凯曾生。(第三子符孙所生。)二十三日,第三子妇崔氏卒。八月二十三日,孙彪曾生。(长子饴孙所生。)十月,重赴泾县。十一月,以《泾县志》告成,自泾县至宁国,婿缪梓补江阴县学生。十二月,由宁国旋里。是岁,得诗三百十七首,文二十二篇,著《六书转注录》八卷,编纂《泾县志》三十二卷。

十二年丁卯,先生六十二岁。在里门。正月,往游金、焦二山,小憩定慧寺。二月,舟行至于潜县,游东、西天目山,宿禅源寺,数日而返。重赴宁国志局,第三子符孙侍行。五月旋里,避暑焦山定慧寺。六月,重至宁国。是月二十日,次女生。二十二日,侧室郑氏卒。七月,自宁国至江宁。八月,嘉兴李太守赓芸邀游烟雨楼,遂游常熟虞山,至嘉兴,复渡浙江至绍兴,登北干山,访快阁、天池之胜。十月,重至宁国。十一月,以府志告成,自宁国旋里。是岁,常州大旱,秋雾复伤稼,禾苗不成,饥民皇皇,城邑尤甚。先生首请于蒋太守荣昌,及武进、阳湖两明府,设局营田庙,捐资施赈。先生总理局事,自捐三百金为倡,余按城乡各商贾殷户,酌资劝捐。每日卯刻入局,漏下一二十刻始返,风雨无间。又虑赈籴赈米有疾疫及狼藉粒米之虞,于是改赈以钱。自十二月至戊辰四月,每月放赈一次。计在局四阅月,凡捐银一万七千九百余两,钱十万六千四百余千,所赈饥口二十万四千九百六十余,其乡归乡办者不在此数。闾阎稍苏,而灾厉不作,乡人感之。是岁,得诗二百九十二首,文二十四篇,编纂《宁国府志》五十卷。

十三年戊辰,先生六十三岁。在里门。二月六日,偕阳湖毕明府开煜,在武庙放第二次赈。三月十六日,偕阳湖马明府绍援,在西庙放第三次赈。是月,自江阴渡江至通州,游云台山及狼山,登支云塔观海。四月十八日,偕马明府在武庙放第四次赈。是月,至杭州,小住湖上,游云栖、理安诸寺,回舟复观吴门竞渡而返。六月,避暑焦山定慧寺。是月二十日,适芮氏伯姊卒,先生哭之恸,浃旬不出户庭。八月,率第三子符孙至江宁乡试,回途复至扬州访友,重憩焦山。以中秋月夕,遍游月波台、巨公崖,与诗僧巨超等谈游竟夕。十月,江行至汉阳,访洪山、南湖、晴川、黄鹤之胜,月杪旋里。十二月,游荆溪南山,入张公洞里许而还。初五日,孙序曾生。(第三子符孙妾戈氏所生。)是岁,靖江朱方伯勋居忧,寓郡中,先生偕方伯及其客陈司马玉邻,唱酬往来最数,得诗二百七十一首,文二十篇。

十四年己巳,先生六十四岁。在里门。正月,至苏州邓尉看梅,久憩吾与庵。三月,重游焦山,小憩定慧寺及海门庵。四月廿二日,先生偶患胁疾,服医家消导之剂,月杪渐愈。五月初五日,胁痛复剧,饮食渐减,犹日坐岁寒堂,未尝偃卧,有问疾者,皆自谢之。初九日,服医家降伐之剂,胁痛未减,时有喘逆。十二日,气息渐微,家人环问,频云无所苦。弥留之际,老媪抱幼孙彪曾侍侧,呼先生,犹徐应之。未刻,先生卒,越一日,殡于北江草堂。子饴孙等以是年十二月二十四日申时,葬先生于武进县德泽乡前桥祖茔昭穴。

参考文献

（一）著作

[美]艾尔曼:《经学、政治和宗族——中华帝国晚期常州今文学派研究》,赵刚译,江苏人民出版社1998年版

白兴华:《赵翼史学新探》,中华书局2005年版

包世臣:《齐民四术》,中华书局2001年版

毕沅编:《吴会英才集》,道光中刊本

蔡长林:《文章自可观风色——文人说经与清代学术》,台湾大学出版中心2019年版

蔡冠洛:《清代七百名人传》,中国书店1987年版

曹虹:《阳湖文派研究》,中华书局1996年版

曹虹、陈曙雯、倪惠颖:《清代常州骈文研究》,江苏人民出版社2010年版

常州三杰纪念馆编:《洪亮吉洪深纪念文集》,江苏人民出版社2021年版

常州市地方志办公室编纂:《常州史稿》,凤凰出版社2018年版

常州市地方志编纂委员会编:《常州市志》,中国社会科学出版社1995年版

陈金陵:《洪亮吉评传》,江苏人民出版社2008年版

陈良运:《中国诗学批评史》,江西人民出版社2001年版

陈书录:《明代诗文的演变》,江苏教育出版社1996年版

陈书录:《明清雅俗文学创作与理论批评》,人民出版社 2013 年版

陈书录:《儒商及文化与文学》,中华书局 2007 年版

陈廷焯撰,杜维沫校点:《白雨斋词话》,人民文学出版社 1998 年版

陈文新:《中国文学流派意识的发生和发展》,武汉大学出版社 2003
年版

陈衍:《石遗室诗集》,光绪三十一年(1905)刻本

陈玉兰:《清代嘉道时期江南寒士诗群与闺阁诗侣研究》,人民文学
出版社 2004 年版

陈祖武:《清代学术拾零》,湖南人民出版社 2002 年版

程千帆主编:《清人选评词集三种》,齐鲁书社 1988 年版

戴震撰,赵玉新点校:《戴震文集》,中华书局 1980 年版

戴治修,洪亮吉、孙星衍纂:《澄城县志》,乾隆五十二年(1787)刻本

邓之诚编:《清诗纪事初编》,上海古籍出版社 1984 年版

丁履恒:《思贤阁词草》,咸丰四年(1854)聚珍本

丁履恒:《思贤阁诗草》,咸丰四年(1854)聚珍本

段玉裁:《经韵楼集》,道光九年(1829)广东学海堂刻本

法式善著,涂雨公点校:《陶庐杂录》,中华书局 1959 年版

法式善:《存素堂文集》,嘉庆十二年(1807)程氏扬州刻本

法式善、张寅彭等编校:《梧门诗话合校》,凤凰出版社 2005 年版

法式善等撰,张伟点校:《清秘述闻三种》,中华书局 1982 年版

范金民:《明清社会经济与江南地域文化》,中西书局 2019 年版

范晔编撰:《后汉书》,中华书局 1993 年版

葛金华主编:《江苏地方文化史·常州卷》,江苏人民出版社 2019
年版

葛兆光:《中国思想史》,复旦大学出版社 2000 年版

龚自珍:《龚定庵全集类编》,中国书店 1991 年版

龚自珍撰,王佩净校:《龚自珍全集》,上海古籍出版社 1975 年版

管世铭:《韫山堂诗集》,嘉庆六年(1801)读雪山房刻本

管世铭:《韫山堂文集》,嘉庆六年(1801)读雪山房刻本

桂馥:《未谷诗集》,乾隆六十年(1795)刻本

郭鹏飞：《洪亮吉〈左传诂〉研究》，复旦大学出版社 2014 年版

郭绍虞、钱仲联等编：《万首论诗绝句》，人民文学出版社 1991 年版

郭绍虞编：《清诗话续编》，上海古籍出版社 1983 年版

何文焕辑：《历代诗话》，中华书局 1981 年版

洪符孙：《齐云山人文集》，《丛书集成续编》本

洪亮吉：《洪北江全集》，光绪初年授经堂刊本

洪亮吉：《四史发伏》，光绪八年（1882）小石山房刊本

洪亮吉：《玉尘集》，光绪十年（1884）刻本

洪亮吉等纂：《长武县志》，乾隆四十八年（1783）刻本

洪亮吉著，陈迩冬校点：《北江诗话》，人民文学出版社 1998 年版

洪亮吉撰，刘德权校点：《洪亮吉集》，中华书局 2001 年版

洪亮吉撰，李解民点校：《春秋左传诂》，中华书局 1987 年版

洪饴孙：《青埵山人诗》，光绪十年（1884）陈宝琛西江使廨刻本

胡晓明：《江南文化诗学》，上海人民出版社、上海书店出版社 2018 年版

胡兆量等编著：《中国文化地理概述》，北京大学出版社 2001 年版

黄葆树编：《纪念诗人黄仲则》，学林出版社 1983 年版

黄葆树等辑：《黄仲则研究资料》，上海古籍出版社 1986 年版

黄景仁：《悔存诗钞》，嘉庆元年（1796）刘大观刻本

黄景仁撰，李国章校点：《两当轩集》，上海古籍出版社 1998 年版

纪玲妹：《黄仲则评传》，江苏人民出版社 2012 年版

纪玲妹：《清代毗陵诗派研究》，凤凰出版社 2009 年版

贾田祖：《贾稻孙集》，乾隆四十九年（1784）刻本

江藩著，漆永祥笺释：《汉学师承记笺释》，北京联合出版公司 2022 年版

江庆柏编著：《清代人物生卒年表》，人民文学出版社 2005 年版

江庆柏主编，叶舟、朱隽增订：《江苏艺文志（增订本）·常州卷》，凤凰出版社 2019 年版

蒋士铨撰，邵海清、李梦生校笺：《忠雅堂集校笺》，上海古籍出版社 1988 年版

蒋寅:《清代诗学史》,中国社会科学出版社 2019 年版

蒋寅:《清代文学论稿》,凤凰出版社 2009 年版

金捧闻:《守一斋笔记》,光绪十六年(1890)粟香室刻本

柯愈春编著:《清人诗文集总目提要》,北京古籍出版社 2002 年版

蓝士英:《文章交道两相宜——赵怀玉诗文研究》,凤凰出版社 2017年版

黎简撰,梁守中校辑:《五百四峰堂诗钞》,中山大学出版社 2000年版

李春青:《诗与艺术形态》,北京大学出版社 2005 年版

李德淦、周鹤立修,洪亮吉纂:《泾县志》,嘉庆十一年(1806)刻本

李斗撰,汪北平、涂雨公点校:《扬州画舫录》,中华书局 2001 年版

李金松:《洪亮吉年谱》,人民出版社 2015 年版

李灵年、杨忠主编:《清人别集总目》,安徽教育出版社 2000 年版

李元度:《国朝先正事略》,文海出版社 1967 年版

李兆洛:《养一斋文集》,光绪四年(1878)重刻本

李兆洛等纂:《武进阳湖合志》,道光二十三年(1843)刻本

李兆洛辑,朱隽点校:《旧言集》,凤凰出版社 2015 年版

梁启超:《清代学术概论》,上海古籍出版社 1996 年版

梁启超:《饮冰室合集》,中华书局 1989 年版

梁启超:《中国近三百年学术史》,山西古籍出版社 2001 年版

林昌彝著,王镇远、林虞生标点:《射鹰楼诗话》,上海古籍出版社1988 年版

刘大观:《玉磬山房诗文集》,嘉庆道光间刻本

刘逢禄:《刘礼部集》,光绪十八年(1892)刊本

刘墨:《乾嘉学术十论》,北京三联书店 2006 年版

刘士林:《中国学人之诗研究》,安徽教育出版社 2005 年版

刘世南:《清诗流派史》,人民文学出版社 2004 年版

刘勰著,周振甫注:《文心雕龙注释》,人民文学出版社 2003 年版

刘勇刚:《水云楼词研究》,辽宁师范大学出版社 2008 年版

刘禺生:《世载堂杂忆》,中华书局 1960 年版

龙榆生:《龙榆生词学论文集》,上海古籍出版社 1997 年版

卢文弨著,王文锦点校:《抱经堂文集》,中华书局 1990 年版

卢文弨纂,庄翊昆校补,许隽超、马振君点校:《常郡八邑艺文志》,凤凰出版社 2017 年版

陆继辂:《崇百药斋文集》,嘉庆二十五年(1820)合肥学舍刻本

陆继辂:《合肥学舍札记》,嘉庆二十五年(1820)合肥学舍刻本

陆耀遹:《双白燕堂诗集》,道光二十二年(1842)雕版,同治丁卯(1867)重刊本

陆耀遹:《双白燕堂外集》,光绪四年(1878)初刻本

陆耀遹:《双白燕堂文集》,光绪四年(1878)初刻本

莫道才主编:《骈文研究》,广西师范大学出版社 2018 年版

吕培等编:《洪北江先生年谱》,光绪三年(1877)授经堂刊本

吕星垣:《白云草堂诗钞》,嘉庆八年(1803)刻本

吕星垣撰,许隽超、康锐整理:《吕星垣集》,广陵书社 2022 年版

罗时进:《地域·家族·文学——清代江南诗文研究》,上海古籍出版社 2010 年版

马积高:《清代学术思想的变迁与文学》,湖南人民出版社 2002 年版

毛宪等编,王继宗点校:《毗陵人品记》,凤凰出版社 2013 年版

孟森:《明清史讲义》,商务印书馆 2019 年版

缪荃孙校辑:《国朝常州词录》,光绪二十二年(1896)江阴缪氏云自在龛刊本

欧阳东风编撰:《晋陵先贤传》,同治七年(1868)集贤斋刻本

彭珮云主编:《中国计划生育全书》,中国人口出版社 1997 年版

钱穆:《中国近三百年学术史》,商务印书馆 1997 年版

钱璟之主编:《江苏艺文志·常州卷》,江苏人民出版社 1994 年版

钱维乔:《竹初诗钞》,嘉庆间刻本

钱泳撰,张伟点校:《履园丛话》,中华书局 1979 年版

钱锺书:《管锥编》,中华书局 1996 年版

钱锺书:《谈艺录》,中华书局 1984 年版

钱仲联:《梦苕庵诗话》,齐鲁书社 1986 年版

钱仲联主编:《清诗纪事》,江苏古籍出版社 1987 年版

[日]青木正儿:《清代文学评论史》,杨铁婴译,中国社会科学出版社 1988 年版

上海书店出版社编:《清代文字狱档》,上海书店出版社 2011 年版

邱林山:《洪亮吉诗歌研究》,中国社会科学出版社 2022 年版

沙先一、张晖:《清词的传承与开拓》,上海古籍出版社 2008 年版

尚小明编著:《清代士人游幕表》,中华书局 2005 年版

邵长蘅:《青门集》,盛宣怀辑:《常州先哲遗书》本 ,光绪间武进盛氏刊本

邵齐焘:《玉芝堂诗集》,《四库存目丛书》本

邵齐焘:《玉芝堂文集》,《四库存目丛书》本

沈葆桢、吴坤修等修,何绍基、杨沂孙等纂:《(光绪重修)安徽通志》,《续修四库全书》本,第 651—655 册

沈业富:《味灯书屋诗集》,道光九年(1829)刻本

沈在廷:《经余书屋诗钞》,道光九年(1829)刻本

盛宣怀辑:《常州先哲遗书》,光绪间武进盛氏刊本

石玲:《袁枚诗论》,齐鲁书社 2003 年版

史能之:《毗陵志》,四川美术出版社 2005 年版

寿安堂编:《毗陵二十四孝图说》,同治十二年(1873)刻本

舒位撰,黄硕校证:《乾嘉诗坛点将录校证》,凤凰出版社 2022 年版

孙星衍:《芳茂山人诗文集》,光绪十二年(1886)刻本

孙星衍:《孙渊如先生全集》,光绪二十年(1894)刻本

谭献:《复堂日记》,河北教育出版社 2001 年版

唐鼎元:《明唐荆川先生年谱》,1932 年铅印本

唐圭璋编:《词话丛编》,中华书局 1986 年版

唐顺之:《唐荆川先生文集》,光绪间江南书局刻本

屠寄辑:《国朝常州骈体文录》,光绪十六年(1890)刻本

万廷树修,洪亮吉纂:《淳化县志》,乾隆四十九年(1784)刻本

汪中著,田汉云点校:《新编汪中集》,广陵书社 2005 年版

王昶:《春融堂集》,嘉庆十二年(1807)熟南书舍刻本

王昶辑:《国朝词综》,嘉庆七年(1802)刻本

王夫之等:《清诗话》,上海古籍出版社1999年版

王家范:《明清江南社会史散论》,上海人民出版社2019年版

王家范:《明清江南史丛稿》,生活·读书·新知三联书店2018年版

王其淦等修,汤成烈等纂:《武进阳湖合志》,光绪五年(1879)刻本

王绍曾主编:《清史稿艺文志拾遗》,中华书局2000年版

王卫平主编:《江南文化概论》,苏州大学出版社2023年版

王文荣:《明清江南文人结社考述》,凤凰出版社2015年版

王英志:《清代诗论研究》,江苏古籍出版社1986年版

王英志:《性灵派研究》,辽宁大学出版社1998年版

王豫辑:《江苏诗征》,道光元年(1821)刻本

王运熙:《中国古代文论管窥》(增补本),上海古籍出版社2006年版

王运熙、顾易生主编:《中国文学批评通史》,上海古籍出版社1986年版

王蕴章辑:《然脂余韵》,上海商务印书馆铅印本1920年版

王钟翰点校:《清史列传》,中华书局1987年版

韦佩金:《经遗堂全集》,道光二十一年(1841)江都丁光煦刻本

魏中林整理:《钱仲联讲论清代诗》,苏州大学出版社2004年版

翁方纲:《复初斋诗集》,清刻本

翁方纲:《复初斋文集》,道光十六年(1836)刻本

邬国平、王镇远:《清代文学批评史》,上海古籍出版社1995年版

吴伯瑜、钱泳林主编:《常州文化志》,中央文献出版社1999年版

吴兰雪、杜松柏主编:《石溪舫诗话》,《清诗话访佚初稿》,(台北)新文丰出版公司1987年版

吴蔚光:《素修堂诗集》,嘉庆十八年(1813)刻本

武亿:《授堂文钞》,道光二十三年(1843)武氏《授堂遗书》本

萧华荣:《中国古典诗学理论史》,华东师范大学出版社2005年版

萧统纂:《文选》,中华书局 1977 年版

谢国桢:《明末清初的学风》,上海书局出版社 2004 年版

谢章铤:《赌棋山庄集》,光绪十年(1884)刻本

徐茂明:《江南士绅与江南社会》,商务印书馆 2004 年版

徐世昌编,闻石校点:《晚晴簃诗汇》,中华书局 1990 年版

徐书受:《教经堂诗集》,嘉庆四年(1799)刻本

徐书受:《教经堂谈薮》,《丛书集成续编》本

徐廷华:《一规八棱砚斋文钞》,光绪九年(1883)刻本

徐雁平编著:《清代文学世家姻亲谱系》,凤凰出版社 2010 年版

许隽超:《黄仲则年谱考略》,上海古籍出版社 2008 年版

严迪昌:《清词史》,江苏古籍出版社 1990 年版

严迪昌:《清诗史》,浙江古籍出版社 2002 年版

严明:《洪亮吉评传》,(台北)文津出版社 1993 年版

羊牧之编:《续毗陵诗录》,江苏文艺出版社 1994 年版

杨芳灿:《芙蓉山馆全集》,光绪十七年(1891)活字本

杨伦:《杜诗镜诠》,上海古籍出版社 1962 年版

杨伦:《九柏山房诗》,嘉庆十七年(1812)遂初堂刻本

杨伦撰,许隽超整理:《杨伦集》,广陵书社 2019 年版

杨念群:《何处是江南——清朝正统观的确立与士林精神世界的变异》,生活·读书·新知三联书店 2010 年版

杨廷赞:《九柏山房同怀诗集》,光绪十三年(1887)刻本

杨旭辉:《清代经学与文学——以常州文人群体为典范的研究》,凤凰出版社 2006 年版

姚鼐:《惜抱轩诗集》,嘉庆三年(1798)刻本

姚鼐:《惜抱轩文集》,嘉庆三年(1798)刻本

叶嘉莹:《清词论丛》,河北教育出版社 1997 年版

叶晔、颜子楠编:《西海遗珠——欧美明清诗文论集》,北京大学出版社 2022 年版

伊秉绶:《留春草堂诗钞》,嘉庆十九年(1814)秋水园刻本

袁枚:《随园诗话》,凤凰出版社 2004 年版

袁枚:《小仓山房诗文集》,上海古籍出版社 1988 年版

袁行云:《清人诗集叙录》,文化艺术出版社 1994 年版

恽敬:《大云山房文稿》,光绪十四年(1888)刻本

张伯伟:《诗与禅学》,浙江人民出版社 1992 年版

张方:《中国诗学的基本观点》,东方出版社 1999 年版

张宏生:《清词探微》,上海古籍出版社 2008 年版

张宏生:《清代词学的建构》,江苏古籍出版社 1998 年版

张惠言编:《词选》,道光十年(1830)宛邻书屋丛书本

张惠言撰,黄立新点校:《茗柯文编》,上海古籍出版社 2015 年版

张慧剑编著:《明清江苏文人年表》,上海古籍出版社 1996 年版

张健:《清代诗学研究》,北京大学出版社 1999 年版

张锦芳:《逃虚阁诗集》,清嘉庆刻本

张仁青:《骈文学》,(台北)文史哲出版社 1984 年版

张维屏编撰:《国朝诗人征略》,中山大学出版社 2004 年版

张惟骧编纂,朱隽点校:《清代毗陵名人小传稿》,凤凰出版社 2017 年版

张惟骧纂:《清代毗陵书目》,常州旅沪同乡会刊印 1944 年版

张问陶:《船山诗草》,中华书局 1986 年版

张仲谋:《清代文化与浙派诗》,东方出版社 1997 年版

章太炎:《国学概论》,上海古籍出版社 1997 年版

章钰等编,武作成补编:《清史稿艺文志及补编》,中华书局 1982 年版

赵充之编:《毗陵科第考》,同治七年(1868)刻本

赵尔巽等:《清史稿》,中华书局 1977 年版

赵怀玉:《亦有生斋集》,道光元年(1821)刻本

赵希璜:《四百三十二峰草堂诗钞》,乾隆五十八年(1793)安阳县署增修本

赵兴勤:《赵翼评传》,南京大学出版社 2002 年版

赵翼:《瓯北全集》,乾隆嘉庆间湛贻堂刻本

赵翼:《廿二史劄记》,中国书店 1987 年版

赵翼:《檐曝杂记》,中华书局 1982 年版

赵翼:《赵翼诗编年全集》,天津古籍出版社 1996 年版

赵翼撰,李学颖、曹光甫校点:《瓯北集》,上海古籍出版社 1997
年版

赵震辑:《毗陵诗录》,1922 年铅印本

赵震辑:《毗陵文录》,1922 年铅印本

郑家治:《古代诗歌史论》,巴蜀书社 2003 年版

周济:《介存斋论词杂著》,人民文学出版社 1998 年版

周玉波、陈书录编:《明代民歌集》,南京师范大学出版社 2009 年版

朱德慈:《常州词派通论》,中华书局 2006 年版

朱东润:《中国文学批评史大纲》,上海古籍出版社 2001 年版

朱筠:《笥河诗集》,嘉庆九年(1804)椒花吟舫刻本

朱筠:《笥河文集》,嘉庆二十年(1815)椒花吟舫刻本

朱则杰:《清诗考证》,人民文学出版社 2012 年版

朱则杰:《清诗史》,江苏古籍出版社 2000 年版

朱则杰编:《清诗总集序跋汇编》,凤凰出版社 2021 年版

朱则杰注评:《清诗选评》,三秦出版社 2004 年版

庄存与:《味经斋遗书》,光绪八年(1882)刻本

庄杜芬辑:《毗陵六逸诗钞》,康熙五十六年(1717)寿南堂刻本

庄述祖:《珍埶宦诗钞》,光绪十八年(1892)石印本版

庄炘著,许隽超、吕亚南、李思源整理:《庄炘集》,广陵书社 2021
年版

庄毓鋐等纂:《武阳志余》,光绪十四年(1888)刊本

邹漪选编:《名家诗选》,康熙七年(1668)刻本

左辅:《念宛斋集》,嘉庆二十五年(1820)刻本

(二) 期刊论文

曹虹:《从〈北江诗话〉看洪亮吉对妇女德艺的评章》,《中国文化研
究》2002 年第 4 期

伏涛:《乾嘉常州诗派中的"洪亮吉范式"》,《贵州文史丛刊》2012

　　傅学良:《洪亮吉的人口思想述评》,《东华大学学报》(社会科学版)2005 年第 1 期

　　黄志远:《〈乾隆府厅州县图志〉及洪亮吉其人》,《档案》2011 年第 1 期

　　蒋寅:《洪亮吉的诗学观念与本朝诗歌批评》,《文学遗产》2015 年第 3 期

　　金永健:《洪亮吉〈春秋左传诂〉的经学成就》,《四川师范大学学报》(社会科学版)2009 年第 1 期

　　李金坤:《洪亮吉〈北江诗话〉诗学观及其诗歌呈现》,《中国文学研究》2021 年第 2 期

　　李金松:《洪亮吉的一则佚文及其与金学莲交谊始末》,《中国典籍与文化》2016 年第 4 期

　　李瑞豪:《不一样的"性情"——洪亮吉与袁枚"性情"观的差异》,《文艺理论研究》2008 年第 4 期

　　李瑞豪:《汪中与洪亮吉骈文之比较——从游幕的角度切入》,《唐都学刊》2014 年第 4 期

　　刘青山:《北方盟主与南地才子——法式善、洪亮吉之比较》,《中国文学研究》2014 年第 1 期

　　路海洋:《清代骈林巨子,常州文派宗匠——洪亮吉骈文创作艺术与文学史地位探论》,《广西师范大学学报》(哲学社会科学版)2013 年第 2 期

　　吕东超:《〈洪亮吉年谱〉补正》,《图书馆杂志》2017 年第 1 期

　　冉耀斌:《洪亮吉佚札六通——兼谈洪亮吉与杨芳灿、杨揆兄弟之交游始末》,《飞天》2010 年第 22 期

　　孙振田:《〈洪亮吉集〉补遗一篇》,《江海学刊》2011 年第 1 期

　　王卫平:《洪亮吉的方志学思想》,《史学史研究》1988 年第 1 期

　　王新环:《洪亮吉的方志纂修思想》,《图书情报研究》2010 年第 4 期

　　王英志:《常州"二俊"山水诗论略——洪亮吉的无我之境与黄景仁的有我之境》,《齐鲁学刊》1997 年第 6 期

魏俊杰:《洪亮吉〈十六国疆域志〉谬误举要》,《社会科学论坛》2013年第 11 期

许隽超:《国家图书馆藏洪亮吉致黄易四札考释》,《江苏理工学院学报》2018 年第 1 期

张涛:《试论清儒洪亮吉的石经校勘规划》,《历史文献研究》总第 41 辑

张修龄:《洪亮吉和乾嘉诗坛》,《苏州大学学报》1987 年第 2 期

张艳:《盛衰交替之际的儒士词——洪亮吉词初探》,《南阳师范学院学报》(社会科学版)2013 年第 7 期

后　记

　　江苏是文化大省,常州的文化资源也十分丰富,尤其是清代常州,学派林立,名人辈出。作为土生土长的常州人,在攻读博士学位时,我就选择清代常州诗歌研究作为论文方向,后出版了《清代毗陵诗派研究》(凤凰出版社 2009 年版),之后的研究基本围绕着清代常州文化进行。"毗陵七子"中的黄仲则与洪亮吉这两位生死挚友,如双星闪耀,异常夺目,我在出版《黄仲则评传》(江苏人民出版社 2012 年版)后,一直对耿介正直、博学多才的洪亮吉念念不忘,当看到"江苏文脉整理与研究工程"的"江苏历代文化名人传"课题目录中有洪亮吉时,便觉得我与他的缘分可能要来了。

　　初稿写作历时三年,期间除了上课,心无旁骛,大部分精力和心思都在这本书上,心情也随传主的际遇而悲喜,虽也辛苦,但内心却特别安宁与充实。我有时会到洪亮吉出生或生活过的地方转悠,甚至还沿着他的遣戍之路,从河西走廊,出嘉峪关,穿过戈壁大漠,到达新疆伊犁,实地感受他笔下所写,感慨尤深。

　　书稿即将付梓,要感谢的人很多。感谢江苏省社会科学院江苏文脉研究院的信任,将此课题交给我,感谢陈师书录先生的点拨和鼓励,感谢黑龙江大学许隽超教授中肯的建议,感谢洪亮吉纪念馆朱剑虹女士提供有价值的图片,感谢书稿的审阅专家们,他们严谨细致,指出不少错误或疏漏之处,提出非常有价值的修改意见,感谢江苏人民出版社张凉编审、责任编辑陆宁先生对拙作的辛勤付出。

尽管书稿前后核对、修改十多遍，但"校书如扫尘"，加上本人学识有限，错误疏漏之处在所难免，希望方家不吝指正。

纪玲妹

甲辰年秋月